U0062548

SOZIALTHEORIE
ZWANZIG EINFÜHRENDE VORLESUNGEN

社会理论
二十讲

Hans Joas
Wolfgang Knöbl

[德] 汉斯·约阿斯

[德] 沃尔夫冈·克诺伯 —— 著

郑作彧 —— 译

上海人民出版社

中译本前言

很荣幸我们又有一本书被翻译成中文，有机会在这个幅员辽阔、对全世界的未来都深具影响力的国家，面向广大读者出版。之所以说是"又"，是因为这不是我们第一本如此荣幸被翻译成中文的著作。2017 年，我们的《战争与社会思想：霍布斯以降》（张志超译，华东师范大学出版社）即有了中译本。同年，约阿斯的著作《人之神圣性：一部新的人权谱系学》（高桦译，上海人民出版社）和约阿斯主编的《欧洲的文化价值》（陈洪捷译，社科文献出版社），也出版中译本了。

对我们来说，这样的翻译是促进欧洲，甚至是美国的社会科学家与中国进行对话的重要一步。学术对话，应是互相成长的，所以我们也很期待，中国的读者可以对我们的著作提出批评指教。我们知道，我们的著作只呈现出了第二次世界大战之后到 21 世纪开头十年之间在"西方世界"的话语。但是西方世界的这套话语也对自己有持续的批判，知道自己不能只是为现有关系提供意识形态的正当性，也不能美化现有关系。西方的社会科学界有许多声音，都尝试在面对历史与当下时，能获得并采用真正全球性的视野。

当然，要获得这样的视野，需要做的努力还有很多。我们还必须注意到知识库的具体扩展以及理论体系的改变。而且除此之外，我们当然也仍需要延续古典思想家和社会科学中值得保留下来的传统。这样的知识任务，对我们来说都是最重要的工作目标，也是我们这本书希望能贡献绵薄之力之处。

[德] 约阿斯、[德] 克诺伯
2020 年 9 月于柏林与汉堡

译者前言

这本书是一部很厚的理论教科书（原书超过 800 页）。就我目前所知，这样的书常常要么是出版社想引进，然后寻找愿意接下翻译任务的译者；要么是"大佬"级的学者基于教学项目，召集团队共同翻译。但这两种做法都不是这本书的来由；这本书是我自己主动想翻译，然后才接洽出版社，并由我一人独自完成的。众所周知，学术著作翻译虽然是学术工作中很重要的一项，但今天对于国内的教学和科研人员来说，翻译是完全不被承认的工作。而且国内学术著作的翻译稿费相当微薄，"安慰"的性质居多。所以学术著作翻译在今天绝对是一件吃力不讨好的事。

既然如此，为什么我还会想主动翻译这本书呢？原因跟国内绝大多数进行学术翻译的学者的动机差不多：因为我有一股想为国内学界作点贡献的热忱，这样的热忱让我想做一些不计较得失，只求有意义的事。而翻译这本书的意义，至少有几点。

第一，这本书有助于继续推动国内的社会（学）理论发展，不论是在科研还是在教学上。理论对于社会学来说无比重要。它为这个学科提供了正当基础，可以为经验研究提供切入点与进行方针，并且最终能将所有经验研究凝结成为我们带来知识的社会运作原理分析。中国有悠久深厚的文化底蕴，重视思想的深度而非仅盲目地一味追求技术，所以在今天的中国社会学界，不论各位学者自己的研究兴趣或专长是什么，想来都会还认可理论的重要性。

而正如哈贝马斯（Jürgen Habermas）在 1962 年发表的一篇文章《社会学的批判任务与保守任务》（"Kritische und Konservative Aufgabe der Soziologie"）中所说的，社会学的理论工作至少有两大重点：一方面，维护社会的稳定续存，这在学术研究上也表现在我们必须对古典理论有充分的掌握，继承传统；但同时另一方面，我们必须根据我们当下身处的社会，对古典理论进行翻新，借由在当下所翻新的理论来对我们的社会进行当代诊断，进而建立能改善社会的实践方针（在本书的中译本前言和导论的最后，两位作者也提到了几乎一样的观点）。我有一种感觉，当下国内社会学界在古典理论的讨论方面表现良好，但在重视与推动理论翻新与当代诊断方面略显不足。近年来，关于社会理论当代发展的专著或教科书，不论是翻译，还是我们自己撰写的，都相当欠缺，我们自己也缺乏理论创新的意识或勇气。因此我们可能常误以为社会理论在近年来没有什么发展，但实际上是我们与整个国际最新的发展脱节了却还不自知。我们今天亟需一本介绍近代与当代（相对）较新的理论发展的教材。而本书在新颖度和全面度方面都是很优秀的。

第二，这本书相对来说深入浅出、好读易懂。我们常常可以看到很多理论教科书，虽然是二手介绍教材，照理说应该适合初学者阅读，但却常常翻译或撰写得对初学者非常不友善，甚至感觉比原典还难读懂。这些书之所以出现这种状况，多半是因为作者或译者在缺乏解释的情况下，直接运用与堆叠大量的专有名词，让刚入门的读者摸不着头脑。加上学术的书面用语本来就偏生硬，使得很多教科书不有趣，更不好读。但这本书却几乎没有这个缺点。绝大多数（即便不是全部）的学术专有名词，这本书的作者，约阿斯与克诺伯，在初次提到时都会先耐心地用非常贴近日常生活的例子进行解释，在用字遣词上也刻意以口语化的风格来撰写。因此，即便这本书无法跟引人入胜的小说相比，但对初学者来说应该比其他很多教科书都好读多了。

第三，这本书在国际视野方面比许多其他的理论教材都更为广阔。正如这本书多处提到，且已众所周知的是，最晚从 1970 年开始，社会理论发展的大本营在很大程度上移向（或迁回）欧洲了，特别是德、法两国。当然，这并不意味着英美世界的社会理论就完全不值一晒，而是说我们必须对欧陆的社会理论要有极高的重视。但不讳言的是，可能是因为语言上的隔阂（毕竟德语或法语是小语种），我们今天关于社会理论的知识，还是过于依赖英美国家的输送。市面上可见的社会理论翻译教材，几乎都是译自英文著作。虽然这些书都会谈到欧陆理论，但当中提及的欧陆理论都已经被英美国家作者基于他们的动机、利益、思维模式等因素过滤了一番，难免有不恰当的扭曲或忽略。不过，本书没有这样的毛病。本书是由德国学者撰写的德文教科书，在德国理论的介绍方面无疑是最原汁原味的。这里值得一提的小八卦是，本书的其中一位作者约阿斯跟我私下聊天时谈到，他在出版本书之后，哈贝马斯第一时间就读了这本书，并写信给作者，非常认可与赞赏这本书对他的理论的介绍。不过有趣的是，没过几天，哈贝马斯又赶紧再回信给约阿斯，补充说"其实你的其他章节也是写得很不错啦"。这回信透露出哈贝马斯拿到书的第一件事，就是兴致盎然（或很自恋？）地翻到第九、第十讲看看介绍自己理论的部分。这种与理论大师有着直接互动的情况，想来是绝大多数英美国家的理论教科书少有的。

除了德国理论，本书作者之一约阿斯也会法语，并且显然因为地利之便，所以与法国学界有许多直接的合作，对法国理论有非常充足的第一手资料。例如本书第十六讲对卡斯托里亚迪斯和图海纳的介绍，为我们呈现了更完整的法国社会理论的图景，是其他理论教科书中相对少见的，也因此极有价值。

但这并不代表此书对英美世界的社会理论的掌握就不足了。事实上，本书作者之一约阿斯对美国社会理论的掌握，即便放在美国本土都是数一数二的。约阿斯在德国柏林自由大学读硕士的时候，适逢德国热衷引入美国社会学理论的风潮，其硕士论文对美国的社会角色理论进行了极为细致且全面的梳理，并在之后正式出版，成为德国当时很重要的一本介绍美国最新理论的著作。他的博士论文则进一步仔细、完整地研究了美国知名的象征互动论始祖米德（George H. Mead）的思想，出版后甚至很快就被翻译成英文，在美国影响甚巨。后来他对美国实用主义的研究，也是美国学界很重要的标杆（这些在本书第十九讲有充分的介绍）。此外，约阿斯至今仍长期担任美国芝加哥大学定期客座教授，并曾多年担任德国柏林自由大学的北美社会研究所所长。这都显示出约阿斯对英美社会理论有充分的掌握，甚至本身就是领军人物。而且约阿斯还担任过国际社会学会的副会长。本书最初的原型，就是约阿斯在芝加哥大学的授课讲稿；从本书的章节安排上也可以清楚看到，本书对英美世界的社会理论的掌握同样非常充足。因此本书虽然是由德国人撰写的德文教科书，但在 2009 年也被翻译成英文，成为英语世界相当重要的教科书。以此而言，本书可说是"世界级"的教材。

＊　　　＊　　　＊

其实，我本来是想自己来编写一本当代社会理论的教科书的，这本书仅是我的参考之一。但出于上述三个理由，我在阅读这本书时，发现这本书若只是当作自己的参考，太可惜了。因此决定自己把书翻译出来，以飨读者。原书出版于 2004 年，2011 年出了修订版，加入新的前言，并有一些补充更新。这部中译本即译自修订版。

本书的翻译有两个原则。

第一，本书原文偏向口语化，文笔通畅好读。因此我在翻译上，也要求译文必须通畅好读。但有时候，有一些专有名词或句子，放在德文里可能没问题，但翻译成中文后，无论如何就是无法一目了然。我和约阿斯讨论过，决定当这种情况出现时，要么是我请作者改写成更好懂的句子，要么是由我来改写句子，但会把改写后的句子译回德文让作者决定是否可以这样改写。因此有一些翻译，会与德文或英译都不同，因为这是我和约阿斯根据中文情况来改写的。例如第九、第十讲，原文有一个概念"Rationalitätspotential"，直译是"合理性潜能"；这个词汇对初学者来说八成会完全不明所以。因此在我和约阿斯讨论之后，它被约阿斯改写为更口语的"进行合理辩论的可能性"。或是原文有时候会用上"相对化"（Relativierung）这个词汇，虽然读者不一定会完全无法判断这个概念的意思，但中文翻译起来就是不够流畅。作者用这个词汇，其实多半是要说某个理论不再处于绝对权威的地位。因此我在翻译上，遇到这个词就不一定会按照字面译为"相对化"，而是根据文字通畅度弹性翻译。

第二，本书主要介绍的是英、美、德、法的社会理论，当中也有不少引文。遇到这些引文时，我很希望可以直接从原文来翻译，但可惜除了中文之外我只懂英文和德文，（至少目前还）不懂法文。所以在正文中，关于引文以及所引用的文献，如果是英文和德文，我直接从原文翻译，若有文献资料我也是直接给出原典资料。但关于法文引文或文献，如果有英译，我根据英译翻译；如果没有英译，我才根据德译翻译。文献也是以英译本信息为主。之所以以英译为优先，是因为我预设绝大多数读者多少懂些英文，但可能并不懂德文或法文。因此如果我根据英译来翻译并给出英译本信息，那么读者若有兴趣想对照英译本或进一步阅读完整文本时，能更容易找到资料。出于同样的理由，本书最后的专有名词索引，虽然主要从德文译出，但每个专有名词都同时会配上英文，以使读者能更简单地掌握；至于书末参考文献则完全以英译本为优先。

不过需要补充说明的是，专有名词索引与人名索引所列出的页码，是德文原版的页码，亦是中译版的边码。另外一些细节，例如文中提到的一些学者，在原书出版后、中译本出版前不幸过世了，那么生卒年信息也会随中译本出版而更新；这类小事就不再赘述。

本书在第十二讲介绍吉登斯时，曾提到吉登斯作为近代知名的原创理论家，也编写了大量教科书，这是很不寻常的；有趣的是，这句话也可以用在本书作者身上。本书作者之一约阿斯也位列当代理论大师名录，除了本书第十九讲他介绍了自己的新实用主义社会理论之外，他在战争社会学与宗教社会学领域也有非常深厚的研究，出版了多本影响甚巨的著作。因此本书不是一部由外行人或并不真的进行原创理论研究的教师拼凑而成的讲义，而是由极为专业的学者所呈现出来的长期研究的智慧结晶。然而有时候这也会让本书——正如在导论里作者自己坦言的——表现出作者自己的学术偏好或立场。例如在第十一讲介绍卢曼时，就格外明显。在其他地方，也可以看到作者明显刻意地提到战争社会学或宗教社会学的议题。虽然这不是坏事，因为看看一位理论大师如何在自己建立的独特立场上对其他理论进行批评与提问，无疑也是值得我们学习的；但读者也应该清醒地认识到我们该学习的是作者批判与提问的方式，而不是在毫无反思的情况下将作者的立场奉为教条。

　　*　　*　　*

　　这本书虽然是我自己翻译的，但在翻译的过程中却很幸运地得到了许多人的帮助。首先要特别感谢约阿斯教授。他除了很热情、即时地回复了我所有的问题之外，甚至还在 2018 年秋季邀请我到他目前任教的德国柏林洪堡大学担任客座教授，为我在柏林安排了非常优渥舒适的居住与工作环境，当然也让我得以在这段时间，能时常与他碰面讨论翻译事宜。感谢上海人民出版社的于力平与毛衍沁两位编辑，非常包容我的翻译工作，也时常在第一时间提供协助。也感谢好友，台湾中山大学的万毓泽教授，他指出了前几讲的若干翻译问题，并提供了重要建议。最后要感谢我的四位学生，胡珊、黄心烨、王海亮、吴晓光。在刚开始与出版社联系时，胡珊帮了我很大的忙。黄心烨、王海亮、吴晓光则通读了全书的初译稿，以学生读者的身份提出了许多修正建议，并且也帮我做了不少繁琐的技术性工作。没有这些人的帮助，这本书的翻译不会如此顺利且愉快。

　　常常在学术译作的译者前言（或后记）最后，译者都会说类似"能力有限，力有未逮之处请读者见谅；若有讹误，还请不吝指正"之类的话作为结尾。但我一直很不喜欢这种看似自谦，却其实是大实话的话。因为我总觉得，如果我能力不足，就不该做这项翻译工作。读者花钱买书，并不是为了要包容、见谅一本质量不佳的译著，更不是为了要帮忙指正书中的不足之处。所以在这最后，我宁愿说：谢谢读者购买本书，请安心阅读。希望各位读者不仅能从这本书中获得知识，而且也可以获得乐趣，或许还能进而一起参与到社会理论研究的世界中。未来有机会、有缘分，也许我们能碰面，届时也希望我们能够一起坐下来喝杯咖啡，畅聊学术。

郑作彧
2020 年 9 月于南京

2011 年修订版前言

　　我们很高兴得知，苏尔坎普出版社决定为我们的《社会理论二十讲》出版修订本。这意味着我们这本书在德国得到了读者们的肯定。

　　修订版在三方面有所变动。第一，我们在一些可能会造成误解的地方，作出了更清晰的表述。第二，令人难过的是，我们书中提到的有些学者，在本书第一版出版之后过世了，因此我们对这些学者的生卒年进行了更新。第三，我们在本书最后一章新加入了不少内容，主要是补充了迈耶尔（John W. Meyer）和他的斯坦福学派（这个扩展，我们在 2009 年的英译本里就已经加入了）。当然，还有许多补充扩展都是可以再加入的。到目前为止几乎所有的书评都希望我们这本书能有新的内容或对其他理论再稍加强调一些。但对此需要慎重地考虑与评估，因此最后一章的扩展更新，我们得若干年之后再考虑。

[德] 约阿斯、[德] 克诺伯

目　录

导 论

本书可以追溯到其中一位作者（约阿斯）所开设的课程。1985 年，约阿斯最初在芝加哥大学担任客座教授时，便开设了这门课程。在这之后，约阿斯也一直定期在教授这门课。包括 1987—1990 年在爱尔兰根—纽伦堡大学（Universität Erlangen-Nürnberg）任教期间，1990—2002 年在柏林自由大学（Freie Universität Berlin）任教期间，以及中间几个学期在美国和欧洲各大学的讲学期间。本书另一位较为年轻的作者（克诺伯）在他学术生涯的各个阶段都参与了这门课程的讲授，且持续在改进这门课：在爱尔兰根时是作为学生，在柏林和纽约时是作为助理，如今则是作为汉堡社会研究所（Hamburger Institut für Sozialforschung）所长。

当然，这门课在相当长的时间中一直不断有所变动，之所以不断有所变动，除了因为这些内容当然有必要不断更新之外，也是因为我们必须回应学生的需求、回答他们的问题。而且我们也要顾及，这门课所讲到的各学者的理论思想也是不断在发展的。不过，我们相信现在已经到了一个阶段，让我们课程里的各种构想与理论概览能够走出教室、以出版物的形式呈现出来。我们希望，本书可以满足社会科学相关科系学生的需求，甚至能满足非相关科系，但对这方面有兴趣的读者的需求，让大家能了解大约在二战之后，"社会理论"这个领域在国际上的发展。

为了有助于理解，我们的行文方式维持了课堂上的口语化风格。图根哈特（Ernst Tugenhart）非常优秀的哲学著作《语言分析哲学导论》（*Vorlesungen zur Einführung in die sprachanalytische Philosophie*），以及弗兰克（Manfrd Frank）的《什么是新结构主义？》（*Was ist Neostrukturalismus?*），是我们这本书很重要的参考文献。跟我们的主题领域比较相近的参考文献，还有亚历山大（Jeffrey Alexander）的《社会学二十讲》（*Twenty Lectures：Sociological Theory since World War II*）。我们参考亚历山大的地方，不只在于都将章节设为二十讲，还在于都将对科学理论本身的讨论当作开篇第一章。我们同意亚历山大的观点，认为可以将战后的理论发展区分为三大阶段：第一个阶段，是由帕森斯（Talcott Parsons）的理论和一种（今天看来较为传统的）现代化理论所支配的时代。第二个阶段，是 20 世纪 60 年代末期、70 年代初期。那时，帕森斯的理论开始没落，分裂成百家争鸣的各种"取向"。这些取向中，有些甚至在政治—道德方面是相互攻讦的。在这个阶段，也出现了亚历山大所谓的"新理论运动"。新理论运动意指很多学者开始野心勃勃地试着综合、统整纷杂的诸多理论。新理论运动的发展部分基于各不相同的取向之上，部分则是从全新的主题出发的。

不过关于第三个阶段，我们跟亚历山大的看法就不一致了。也是因为这样，所以本书只有前八章跟他的书在**主题上**有重叠。亚历山大的著作完全是美国中心主义的，并且以类似于历史学的方式为他自己尝试进行的新帕森斯式的理论综合来进行辩护（对此的评论，可以参阅 Joas, *Pragmatismus und Gesellschaftstheorie*, pp. 223—249，尤其是 pp.246—248）。但事实上，从 70 年代开始，理论领域的重心就移向了欧洲。德国（哈贝马斯、卢曼）、法国（图海纳、布迪厄）、英国（吉登斯、迈克尔·曼）都出现了极有野心且丰硕的成果。而且从亚历山大著作的出版年份（1987）来看，他那本书的内容到今天也已经是有所欠缺的了。然而，我们也希望本书不要犯跟亚历山大的著作一样，只是刚好反过来的欧洲中心主义的毛病。所以读者可以发现，本书同样讨论了现代化理论和帕森斯主义的修正与后续发展，并且也讨论了实用主义的复兴、社群主义的形成等理论，这些理论显然是北美思想的产物。

本书在主题、内容方面特别讲求完整、平衡、公平。这也表明了，我们首先乐见本书可以被用于学术课堂教学。不过本书并不是严格意义上的教科书。本书并非中立地介绍确切无疑的知识。跟哲学一样，在社会科学的理论中没有什么是确切无疑的。特别是当一个理论超越了经验研究与解释工作时，如果想追求确切无疑性，通常都是会失败的。此外，在这个领域，中立仅意指在论证上公平、广泛，但不意味着就因此要放弃自己的理论观点。所以我们绝不会害怕被批评或是被评价。相反，我们将本书视为我们对适用于当下的各个社会理论所进行研究的一部分，亦即本书旨在广泛地探讨现有理论的成就、问题与任务。

我们并没有像一般基础必修课的教科书那样，把本书命名为"现代社会学理论"。"现代社会学理论"这个书名，对社会学课程来说当然非常合适；但是这样的书名会涵盖不到那些本质上不属于社会学的相关思路和知识库（比如结构主义和实用主义）。我们在介绍各理论时，首先不是去看这个理论属于哪个学科，而是去看它对探讨社会事物的理论（Theorie des Sozialen／theory of the social）有没有贡献。不过，与英语学圈不同，"社会理论"（Sozialtheorie／social theory）在德语学圈是一个新的词汇，所以我们必须交代一下取这个书名的理由。

我们没有确切的历史资料证明"社会理论"这个概念在英语世界是如何开始被使用的。最晚在 19 世纪末期，在英语世界，人们就已开始不多作解释地使用这个概念了。**一方面**，就像"社会思想"这个概念一样，人们在没有明确界定的情况下，便已将"社会理论"这个概念用于指称后来被人们归于社会学领域的一个思想领域。在这方面，社会理论意指一种一般化的思想表述，其探讨的是社会相关事物以及社会生活规律。不过**另一方面**，这个概念也指涉一种不论是社会学还是其他学科都会有的思想类型，这种思想类型旨在抨击"个体主义"，或旨在超越个体主义。以此而言，"社会理论"与盎格鲁-撒克逊世界的经济学、政治学、心理学思想的核心前提是相对立的；它隐含着一种看待文化进程和社会进程的特殊理论视角。当然，这个视角也不是一下子就很明确的，人们一直有许多关于这个视角的理论争辩。这样一种特殊的看待社会事物的方式，以及对于个体主义的批判，在"社会学"这门学科的制度化过程中，产生了很重要的影响。不过人们可能一开始并没有强烈感觉到这两种不同地使用"社会理论"的方式之间是有张力的。亦即一方面，这是一个针对经验对象的理论概念；另一方面，它又意指一种探讨社会现象的特殊切入点。 10

但是随着这个学科的建立和高度专业化，人们必须清楚认识到这个张力。从追求专业化和以经验研究为导向的社会学的角度来看，理论首先指的是"经验理论"，亦即一种高度一般化的解释性陈述（可以参阅第一讲的进一步说明）。这种对理论的**狭义**理解方式，倾向于不采取规范立场，也不给出意义诠释方针。但是，**广泛**意义下的社会理论，就算在由上述狭义观点所支配的当代，也始终占有一席之地。广泛意义下的理论，至少有助于提供丰富的假设，也可以让一个学科从历史的流变中更清楚地知道自己是什么。本书即是从广泛的意义下来理解理论的。我们之所以这么理解理论，是有充分理由的。

首先，各学科对"理论扮演了什么角色？"的看法，在近几十年来普遍都出现了显著的变化（对此，以下第一讲也同样会进一步说明）。此外，社会学也开始面临来自其他学科的新竞争对手。像"政治理论"这个领域，旨在从规范的层面探讨在妥善规划的、好的、公正的政体中人类共同生活的问题。这个领域的研究时常获得广泛的公众关注。还有在文化科学中，"文化理论"虽然相当笼统，但是至少也作为一个讨论领域而蓬勃发展了起来。其中，有一些很重要的规范问题，比如性别关系或是国际文化关系，都占有一席之地。面对这些竞争对手，社会学理论若还坚持只搞经验解释，必然落后于其他学科。

所以，我们之所以采用广泛意义下的社会理论概念，是因为想避免两个不良的后果。第一，如果我们从狭隘的意义上来理解理论，会让社会学这个学科的理论工作和经验工作彼此对立、互相伤害，进而危害学科的团结。第二，从韦伯、涂尔干、米德以来的社会学传统，一直都蕴含着巨大的潜力，能架设起跨学科的拱顶，把文化面向和政治面向都涵盖进来。但如果我们只狭隘地理解理论，会让我们在面对广大的公共领域、在与各学科对话时，白白浪费掉了原本所具有的这个巨大潜力。我们将本书取名为"社会理论"，就是想架设一个跨学科的拱顶。当然，这不是说本书完全实现了这个理想。本书更多的是一个起点，而不是终点。 11

由于"社会理论"在学术领域网络中处于一个麻烦的位置，因此近来有一种说法，认为要把社会理论当作一个独立的领域来加以制度化，认为社会理论的知识已经足够成熟到让这个领域独立出来（关于这种说法，可以参阅 Stephen Turner, *The Maturity of Social Theory*）。但我们不同意这种观点。相反地，我们认为，把社会理论整个独立出来，会更强化社会理论和社会科学的经验研究之间的对立；这样是很危险的。若没有经验研究提供基础和进行监督，社会理论会失去让自身能与哲学或纯粹意见交流相区别开来的差异。

我们决定用"社会理论"这个概念的原因还在于，我们不是很喜欢，也不太想用"社会体理论"（Gesellschaftstheorie）这个概念（这个概念在英语中很少看到，但在德语中很常见）。与"社会学理论"这个概念相比，"社会体理论"通常被认为是左派的、"批判的"、规范性的概念。不过，就像我们在第十二讲中将会仔细探讨的那样，"社会"这个概念常与以民族国家的方式来描述、根据地域领土清楚划分的秩序等同起来，这使得这个概念一直都是充满预设的。而且也因为这个预设相当显而易见，所以这个概念最终到了今天也很有问题。用民族国家来理解社会，跟所有对社会的理解一样，也必须先要有社会理论作为基础。

12　　本书主要关注第二次世界大战结束后的社会理论的发展。我们的出发点是在这个重大历史事件前不久出版的一本著作，即帕森斯在 1937 年出版的《社会行动的结构》。对于开头提到的有重大潜力的古典社会学传统，我们不拟仔细深入讨论。想多了解古典社会学传统的读者，得去看别的书。但本书当然不会完全忽略不提古典社会学传统的思路。我们会不断提到这些传统思路：在帕森斯的对古典社会学家进行综合的工作当中、在后来的诸多学者的各种观点中都会提到。古典学者之所以经典，就是因为他们的思想一直都相当丰富、取之不竭。不过，越是觉得这些古典学者或是他们作品中的思想丰沛而取之不竭，反而越不能凡事都直接回溯他们的思想。人们必须对已经逝去的学者与已经改变了的今天之间的历史距离进行反思，并且把他们思想中有潜力的部分引进今日的理论工作中。处理当今的问题情况，并以新的、创造性的方式来回溯过去的理论，会让"社会理论"更有活力。我们也希望借本书来呼吁这样一种热忱。

我们衷心感谢阅读过本书手稿并给予批评指教的所有朋友、同事。我们已试着尽力根据建议来进行修改。我们感谢阿德洛夫（Frank Adloff）、贝克尔特（Jens Beckert）、卡鲁彼纳（Silbylle Kalupner）、利尔（Christoph Liell）、林德纳（Nora Lindner）、梅尔丁（Katja Mertin）、摩尔特（Gabriele Mordt）、冯·欧尔岑（Florian von Oertzen）、舒贝尔特（Hans-Joachim Schubert）、瓦格纳（Peter Wagner）、文泽尔（Harald Wenzel）、弗勒（Patrick Wöhrle）、伊贝格（Heinrich Yberg）。当中要特别感谢埃尔福特大学的霍斯坦（Bettina Hollstein），她非常仔细地挑出了本书中的一些矛盾之处，并且因为她的建议而让这些矛盾之处得以解决。

第一讲

什么是理论?

我们把"什么是理论?"这个主题放在探讨现代社会理论的书的第一讲,可能 13
会让很多人感到惊讶。毕竟不少读者在没有把关于理论的"本质"问题当作主题
来讨论的情况下,也都已经上过了像是关于涂尔干、米德、韦伯等古典社会学理
论家的课程。而在上过古典社会学理论课程之后,读者们理当对"理论"都会有
一些直觉上的理解,或是很快就会发展出一套对理论的直觉上的理解方式。无论
如何各位读者至少现在都可以指出韦伯、米德,或是涂尔干处理社会现实的套路
是不同的:韦伯著名的对于国家或政治现象的描述,其基础观点跟涂尔干的观点
完全不同。也就是说,虽然韦伯跟涂尔干都是在对同样的经验事实进行社会学描
述,但他们两个人的对于政治本质的**理论**见解完全不同。米德对于社会行动的见
解显然完全不同于韦伯,虽然他们两个人都在使用部分类似的概念。所有这些学
者都在用不同的**各种理论**(复数!)来当作他们社会学描述的基础。然而,是不是
我们越知道这件事,就可以越了解理论的"本质"是什么? 意思是,如果我们对
所有这些理论相互进行比较、凸显出它们的共通性,找出最小公分母,接着我们
是不是就可以猜想会得到对**一种理论**(单数!)的理解方式? 然后通过这种比较,
人们差不多就可以找出构成(社会学)理论的要素、知道什么是社会理论了!

但可惜这样得出的答案没什么太大用处。自 19 世纪人们建立了社会学并使之
成为一门科学性的学科以来,对于这个学科的研究对象和研究任务就从来没有一
个完全坚定的共识。甚至对于核心概念,人们也从来没有意见一致过。所以一点
也不让人感到奇怪的是,每次学者都会对"正确的"理论理解方式吵翻天。争议 14
的主题之一,就是**理论和经验研究之间的关系**。因为某些社会科学家假设,我们
只有努力进行经验工作,才能为合宜的社会科学理论奠定基础。而其他社会科学
家则完全反对,声称若没有广泛的理论反思在前面引导着,经验研究就一点意义
也没有。没有意义还算好的了,糟糕的话还会给出一大堆错误的研究结果。学者
对于**理论与世界观之间的关系**也有着非常不同的见解:有的学者认为社会学理论
或是社会理论是一件纯粹科学的事,跟政治、宗教的世界观有所区别;但另外的
学者却强调,精神科学或是社会科学从来也无法完全让人们真的相信社会学这门

学科是"纯粹的"科学。对这些学者来说，说社会学是纯粹的科学完全是妄想。与此息息相关的则是**理论和规范道德问题之间的关系**。一派学者认为，科学在原则上应避免发表关于规范、政治、道德等方面的意见，另一派的学者却主张科学要参与社会、政治，认为科学不能"回避""应该要怎么做"（人们应该怎么行动？要如何建立一个好的或公正的社会？诸如此类）的问题。认为科学要参与社会政治的这派学者，认为科学，尤其是社会科学，不能以为只要得出研究结果就好，然后自欺欺人地觉得至于怎么利用它们就完全不是科学的责任。这派学者认为，因为社会科学必然会造成许多后果，所以这门学科不能对自己所生产出来的结果漠不关心。最后，**理论和日常知识之间的关系**也是一个激烈的争论点。一方的学者假定科学——包括社会科学——比日常知识更高一等；但另外一方的学者觉得精神科学和社会科学完全根植于日常生活，并且相当依赖日常生活，根本没资格狂妄地自以为比日常生活还高一等。理论概念本身，就像读者已经看到的，非常有争议，所以上述提到的若想要从现有的古典社会学理论中挖掘出最小公分母，必然是徒劳无功的。因此，从以上这些简短呈现出来的关于理论的争论就可以知道，找出最小公分母的做法是无法回答"何谓理论"这个问题的。

15

如果是这样，那么我们真的有必要详细讨论并搞清楚到底什么是"理论"吗？毕竟读者也都"已经了解了"古典社会学家，也许也都在没有清楚探问理论概念的情况下上完了相关课程。为什么反而现在，在讨论**现代**社会学理论、社会理论的时候，才来管这些关于理论"本质"的基础争论呢？关于这个问题，有两个回答。**第一个**回答是关于历史学的，亦即学科史方面的。在韦伯、涂尔干、齐美尔等所谓的社会学之父将"社会学"这个领域带进我们生活的时候，人们常常必须争取这个学科自己的科学声誉，与其他领域的学科争论社会学作为一门科学领域的正当性。当然社会学家也都在对此相互争论，而且这种相互争论很常见。当社会学最后从20世纪中期开始在各大学里都建立起来之后，这种争论更是越演越烈。现代的社会学，就像整个现代的社会科学那样，最大的特色就是理论方向百家争鸣。所以我们接下来要花十九讲的篇幅来讲解这些多样的理论，不是没有理由的。而在理论的百家争鸣中，科学理论的问题，亦即去问科学本身及其理论的建立，需有什么前提和特质，是非常重要的。各个社会科学理论方向之间的争论，以前和现在常常都是在为了正确的理论理解方式而争论。所以读者有必要对这个问题有一定程度的认识，才能了解现代社会科学的理论发展如何，以及为什么是这样而不是那样。

第二个回答则同时关系到学科史和教育学方面。现代社会科学的特征不只有百家争鸣的众多理论，而且同时还包括了理论和经验研究之间非常糟糕的分化。

16 学者常常好像是在进行劳动分工似的，把自己归类成理论家或是经验主义者和经验社会研究者。由于这种严格的劳动分工，使得理论家和经验研究者这两方群体对于对方的研究结果几乎都漠不关心。但是理论和经验研究不是确然截然二分的。所以在这第一讲中，我们也是想借着探讨理论"本质"的机会，让大家好好思考一下理论是什么，理论对于经验研究有哪些重要价值，以及经验研究如何持续帮助理论更精益求精。我们也想借着这第一讲来告诉读者中一些热忱的理论家（如果有的话），社会理论从来都不是与经验观察或经验假设毫无关联的。所以把经验研究者贬低成"小鼻子小眼睛"是错误的想法。而读者中若有一些很有热忱的经验主义者和（可能）会贬低理论的人，我们也想借着第一讲来说明，经验观察，即便是那种非常陈腐无趣的经验观察，也从来不会不需要理论陈述。所以时不时来研究一下理论，不会有坏处的。因为，尽管有一些流言蜚语说社会科学已经失去了影响力，但事实上社会科学理论的影响力始终都非常巨大，只要想想过去的马克思理论，想想今天报纸副刊和政治专栏中引发许多后续讨论的全球化与个人主义的激辩，就可见一斑。理论不只影响了社会经验研究工具，也影响了所研究的社会世界，因此即便是以经验研究为主要方向的社会科学家，也不应该因为希望避开理论空想，只想专门探究（经验）现实，而忽视了理论。再次提醒：理论和经验研究彼此是密切相关的，仅固守经验研究而忽视理论的态度是不可取的。

*　　*　　*

如上所述，在社会科学中从来没有一个对理论的理解方式是毫无争议的。可是，如果理论和经验研究、世界观、规范问题、日常知识之间的关系无法完全搞清楚的话，那么去问理论的"本质"问题不就没有意义了吗？我们的回答是："当然不是！"出于两个不同的原因，人们无须对此感到绝望、净说风凉话。**第一**，读者很快就会注意到，社会学（如果读者学习社会学的话）不是唯一一个在讨论理论地位问题的学科。其他的社会科学，从政治学、历史学，到经济学，也都面临类似的问题，即便在那些学科中人们不一定把这个问题当作非常重要的基本问题来讨论。而且就像读者将会看到的，就连似乎神圣不可侵犯的自然科学，也无法避免讨论理论地位问题。**第二**，关于理论地位的争论，部分来说可以追溯到很久以前的历史，而在这个争论中，对理论本质的理解方式要达到一个共识是完全有可能的，只不过要经过很多阶段。对此，就有必要精确地考察关于理论"本质"在什么地方和什么程度上存在一致意见，在什么时候和为什么这种一致意见会破裂，以及在这些争论的历史中，人们为何不断尝试重建之前被否定的共识。我们来好好谈一下这个主题吧！

＊　　＊　　＊

　　不同的理论方向和领域之间，在基本的层面，都至少会有个共识，认为理论是一种一般化的、普遍化的陈述。或是反过来也许可以更好懂一些地说：每个一般化的陈述都已经是一个理论了。我们在日常生活中都在运用各种理论，而且一直都是如此！当我们在使用复数形式的词汇而没有实际先去检视是否我们的普遍化陈述真的适用于所有事情的时候，我们就在运用一种理论了："所有的德国人都是纳粹！""男人都是沙文猪！""一堆社会学家老是在说一堆让人听不懂的鬼话！"诸如此类的都是理论。就我们的观察，确实有些德国人有法西斯思想，许多男人确实很瞧不起女人，有些社会学家也还真的没办法说一些大家都听得懂的白话文，所以我们就会推论，**所有**的德国人都是纳粹，**所有**男人都是沙文猪，**一堆**社会学家都不说人话。当然我们没法真的去全面检视，我们不认识所有的德国人、男人，而且有一堆社会学家我们也完全不认识。但如果我们还是发表了这样一种抽象的言论，那么我们就是在运用理论了。人们也可以说，我们借此提出了一套假设。事实上，美国的逻辑学家、符号学家兼哲学家皮尔士（Charles Sanders Peirce, 1839—1914）曾令人印象深刻地指出，我们整个日常知觉和我们的行动，都基于一套特殊的假设网络［他用的词汇是：溯因推论（abductions）］。若没有这东西，我们无法有意义地生活：

　　　　在这个美好的春天早晨，从窗户望出去，我看见了盛开的杜鹃。噢，不！这不是我所看到的，但我只能这么陈述我眼前所见的。

　　　　上文所述只是一种主张，一个句子，一件事；但我所体验到的并不是主张、句子、事情，而是一幅画面，我借着对这件事的说明，使得这件事能部分地被人理解。说明是抽象的，但我所看到的是具体的。当我把任何我看到的东西用句子表达出来的时候，我就是在运用溯因推论。实情是，我们整个知识结构就是一片混乱的纯粹假设……如果我们没有一步一步地运用溯因推论，我们就只能停留在呆滞凝望窗外的阶段，无法造就出（哪怕是一丁点的）进一步的知识。（Peirce, Ms. 692, 引自 Thomas A. Sebeok and Jean Umkersebeok, "You Know My Method". A Juxtaposition of Charles S, *Peirce and Sherlock Holmes*, p.23）

也就是说，理论是必需的，也是不可避免的，因为如果没有理论，就无法学习任何东西，行动也不可能持续下去。没有一般化和抽象化，世界对我们来说就只会是由一堆个别而零碎的经验、感官印象所拼贴起来的一张混乱拼布。当然我们在日常生活中不会动不动就聊到"理论"；但我们需要它，即便我们一点都没有意识到这件事。**科学的**工作和思考也不外乎是这样。不过**专门特别**建立和运用理论，则是另外一回事：人们会就个别的问题来提出特殊的假设或理论，然后试着将这些特殊的理论汇整成一个更具普遍性的理论，将各个一般化的理论串连起来。不过总体来说，理论的提出、一般化陈述的提出，都是日常生活和科学的本质构成部分，因为我们唯有如此才能走近"真实"。奥地利裔的英国哲学家波普尔（Karl R. Popper, 1902—1994）曾相当优雅，不过跟皮尔士没有很大差别地表示：

> 理论是一张我们为了捕获"世界"所抛出的网；也是为了去解释、掌握世界，以及为了将世界加以合理化所抛出的网。我们的工作，就是要将这张网的缝隙编织得越来越细密。（Popper, *Logik der Forschung*, p.31）

这种理解理论的方式，亦即根据理论的一般化功能来理解理论的方式，在今天几乎是没有争议的。

＊　　　＊　　　＊

从历史方面来看，首先关于理论的争论不是在上述的基本层面，而是在下一个层面开始的；不过到了后来，这个争论也尘埃落定了。因为，如我们马上就会说明的，在各种争论的立场中，有一种已经被证明占到上风、获得胜利了。

不是**随便一种**一般化都是科学工作的产物。偏见也是一种理论。偏见同样是一种一般化的陈述，但却是非常有问题，或是错误的。比方从上述提到的对德国人、男人、社会学家的一般化陈述的例子中，就不难发现充满偏见的问题或错误。而科学家要做的正好就是去除偏见，根据各种个别案例**准确地**提出一般化概括（这种通过个别案例或诸多个别案例来推论出一种具有普遍性的陈述方式的做法，在科学理论中也被称作"归纳法"），或是根据理论来**准确地**解释个别案例（此即"演绎法"，从一般化的陈述推导出个别案例）。不过，若要来谈"准确"或"不准确"，人们需要一个标准。这个标准可能会说，唯有坚持去检视真实，或至少能根据真实来被检视，理论才是科学的（亦即不是充满偏见的）。

就是在这一点上，而且从历史层面来看也是在这个时候，产生了争论。因为，对于实际上该**如何**检视真实，有不同的观点。大家比较容易想到的比如，科学的理想就是要被**证明是对的**（即"证实"，verification）。在很长一段时间，也就是在20世纪初之前，这确实是科学家和科学理论家的主要观点。如果要佐证某些假定为真的理论的话，那么当时认为，这些理论假设最好首先需要把所有充满偏见的日常知识从科学中排除掉，才能在绝对稳定的根基上建立起科学知识的新大楼。根据这种看法，正确的观察可以带来普遍适用的命题或陈述。然后通过不断继续下去的个别观察与实验的证明，可以使这些论点和陈述越来越正确。这种被确认为真、被证实的诸多命题和陈述，可以结合起来，积累和整合成许多缓慢地，但持续不断地**被证实的**知识，以此作为构筑知识大楼的砖石。如此，便可以造就一种明确性，造就一种人们所谓的"实证的"（positive）知识。这也就是为什么认为科学就是要进行"证实"工作的那些学者会被称为"实证主义者"（positivist）的原因之一。

不过，这种追求明晰性的实证主义立场，是有问题的。首次指出此类问题的，即是上文提到的波普尔。他认为，对于科学的陈述来说，证实不是一个好的做法，因为大部分的理论陈述在事实上是不可能被证实的。波普尔在1934年首次出版的极负盛名的著作《研究逻辑》（*Logik der Forschung*）中指出，面对大部分的科学问题时，我们实际上都无法确定一个论断是否可以普遍化，无法确定一个理论或假设是不是**真的适用于所有情况**。当天文物理学说"所有的行星都是以椭圆形的轨道绕着它们的太阳旋转"时，其实根本无法穷尽地证实是否所有的行星都是如此，因为我们无法认识整个宇宙中的所有星系，也因此无法绝对肯定地确认宇宙中每一个行星都会以椭圆形的轨道，而不是别的形状的轨道绕着它的太阳转。类似的论点当然还有"所有的天鹅都是白的"。就算有人检查过了上千只天鹅而且这些天鹅真的都是白的，人们也永远不能确定会不会在什么时候突然冒出来黑的、绿的、蓝的天鹅。全称性的陈述无法用尽所有的例子来证明或证实。或是换句话说：归纳性的论据（亦即通过汇聚无数个别案例得出关于总体的结论）是不合逻辑的，或是不会有真正的说服力的；归纳法就逻辑来说是无法证明为真的，因为我们从来都无法排除是否有朝一日会冒出**一个观察结果反驳**了原本**以为**已经被证明了普遍性的论点。实证主义所尝试的，想让法则回溯到所有基本观察，或是从所有的基本观察来推导出法则或是证实法则的做法，于此已被宣告失败。

正是因为这个批判，因此波普尔提出了另一个准则使经验科学跟其他的科学形式，亦即跟日常知识和形上学区隔开，他也因此而闻名。他的口号是，科学要做的是"**证明是错的**"（即"**证伪**"，falsification）。波普尔强调："一套经验科学体系必须要能被经验驳倒。"（Popper, *Logik der Forschung*, p.15）波普尔的立场是，普遍化的陈述或是科学理论虽然无法被最终佐证或证实，但是它可以在各主体之间，亦即在研究社群内部被检验其真实性，让大家去驳倒或**证伪**。这听起来也许没有什么特别的，但实际上这却是一个可以建立起"经验科学"，并使之与其他知识形式区隔开的非常精巧的论点。由于波普尔提出科学论点原则上是可检验与可证伪的，因此他**一方面**将"有……"这种论点摒除在科学领域之外，像是"有飞碟""有神""有像大象这么大的蚂蚁"这种论点，因为这种论点是无法证伪的。我无法提供相反的证据说没有神、没有飞碟、没有大象般大的蚂蚁，至少在理论上可以认为只要时间够久，总有一天也许可以在某处真的找到、确认有飞碟、神、象蚁。波普尔不否认这种陈述可以有意义。很显然，"有神"这个论点对于很多人来说非常重要，也很有意义。波普尔只是要说，在关于神是否存在的**科学**争论中，这种论点不是很有建设性，因为这种类型的论点无从反驳。 22

但**另一方面**，从证伪的标准来看，所谓的全称论点（全部的德国人都是纳粹）是可以检验的，因此实际上是可以被证伪的。因为这种声称或理论只需要一个观察，比方只要观察到有一个德国人不是纳粹，就可以使整个论断完全崩毁。对于波普尔来说，证伪原则是可以让科学陈述与其他非科学陈述区分开来的唯一有益，也是最有效率的标准。

证伪原则的提出，让科学工作迎来了跟旧的"实证主义"科学理解方式及其以证实为主要做法的理念完全不同的另外一种动力。波普尔的立场战胜了实证主义，他不认为科学就是知识的长久积累；从他的立场来看，科学更多是意指对我们的理论假设进行**持续的检验与质疑**，也就是要让理论假设接受证伪的炮火洗礼。只有最好的理论才能在理论彼此之间（达尔文式）的斗争之下存活下来。波普尔认为，科学因此不是一种静止状态。科学既非绝对的知识、真理，甚至连可能性都称不上；科学更多是一个持续不断的前行步伐，一种根据理论陈述而来的"猜想"。人们必须不断对这种猜想加以检验。理论因此永远都只是"暂时被如此佐证"的状态：

> 理论的佐证程度有多高，不太取决于有多少案例可以佐证理论，而是取决于**严格的检验**。理论的论点能够且已经接受严格的检验。（Popper, *Logik der Forschung*, p.213）

因此，科学家不必跟日常世界的知识及其偏见保持距离，而是要作好准备，不断用可能的证伪证据来研究自己的理论，以便淘汰掉所有没有能力存活下来的理论。也就是说，科学家要做的不是去证明自己的理论是对的，而是持续运用证

伪原则，主动去排除掉那些确定错误的理论！波普尔用了一个很好懂的说法言简
意赅地说道："有人如果不把他的想法摆出来让人反驳，那么他就不配在科学江湖
上混。"（Popper, *Logik der Forschung*, p.224）

　　波普尔式的科学理解方式在面对实证主义的科学理解方式时所具有的优势，
到今天已被承认了。一般都认为，比起证实，证伪作为一种科学划分准则是比较
好的。如此一来，科学家就再次对何谓理论以及理论要做什么达成了共识。当然，
波普尔说科学理论就是可以根据真实加以检验、证伪的普遍化陈述，他这种说法
是不是真的就是理论概念的全部意涵，大家的看法不见得一致。不过第五讲将会
提到的"理性选择理论"的代表学者，也认为"理论"这个概念仅仅是一种陈述
系统，在这系统中社会事物很显然必须**借助全称陈述**、借助一种普遍法则，才能
够被解释。对理性选择理论来说，"理论"就**完全只是**一种解释系统："每种解释
的出发点，都是去问为什么这个有趣的现象（曾）会如此存在，（曾）如此运作，
或是（曾）以这种方式改变，人们过去怎么描述它。"（Esser, *Soziologie. Allgemeine
Grundlagen*, p.39）除此之外，若要进行解释，人们就会需要一种全称陈述——而
且，从这种取向的观点来看，正是基于这种全称陈述，解释系统才会被称为"理
论"。其他的思想和反思，若不以提出法则为目标，那么也不会被理性选择理论授
予"理论"这个荣誉头衔。

　　这种同意波普尔理解理论的方式的立场，乍看之下似乎挺有道理的，几乎没
什么需要挑剔的。加上这种关于"理论"的定义也有好处，就是还蛮狭义和精确
的，让人们可以准确知道当在使用"理论"这个概念的时候所指的是什么。但这
种立场当然不是没有问题和理所当然的。因为波普尔的这个说法，在关于理论与
经验研究之间关系的部分，实际上有个还挺严重的问题。由波普尔所提出的证伪
准则的适用性（以及被波普尔击败的证实准则）的基础假设是，经验观察的层次
和理论诠释与理论解释的层次是清楚二分的，亦即认为纯粹的理论陈述可以根据
与理论完全区分开来的纯粹经验观察来检验。也就是说，唯有当我要用来进行证
伪的观察是正确、没有争议的，我才可以确切地对一项理论陈述进行证伪或进行
反驳。观察本身不能也包含理论，因为否则就不能排除说我（因为我的观察很可
能已经暗含着错误的理论）错误地证伪（或证实）了一项陈述。也就是说，唯有
当我们运用直接的、没有理论的观察形式时，证伪（或证实）才可能是没有问
题的。

　　但前面所引用的皮尔士的句子就很有说服力地告诉了我们，事实上不是这样
的。每个日常观察和每个对观察的陈述都已经是由理论所引导的。科学的观察和
声称当然也是。在一个科学社群中，经验观察必须用观察者的语言表述出来，这
种表述要么直接用日常语言来表达，要么——如果在观察过程中运用的是明确的
学科术语的话——借助日常语言来解释和定义经验观察中的各种概念。而这些日

常语言正好都已经会被理论"传染"了。皮尔士指出，**每个**观察都是一种普遍化，而且也都是一种基本理论。观察时所用的语言**无可避免**都会包含了理论，理论让我们把注意力放在特定的现象上，而且我们对现象进行感知的方式也会一并受到理论的影响。这也就是说，我们对个别案例的描述，一直都是一种暗含着一般化的描述。不可能将经验研究与理论完全区分开来。因此，由波普尔提出的观点，亦即认为可以通过不具有理论的经验观察来对理论进行证伪，是不成立的。

如果经验研究和理论之间不是对立的、不是可以严格区分开来的，那么这两者的关系是什么? 于此，我们在导论中提到的美国社会学家亚历山大的建议是很有帮助的。我们这本书后面还会再提到他的工作（见第十三讲）。他不说经验研究 25 和理论之间是对立的，而是说这两者是一种"连续统":

> 科学可以被视作一个智力过程，它发生在两个不同的环境脉络中，亦即在经验观察世界和非经验的形上学世界中。虽然科学陈述可能会更朝向其中某个环境而非另一个环境，但是科学陈述从不会仅由其中一个世界所决定。这两种感觉好像非常对立的科学论据之间的差异，应该要被视作同一个认识论的连续统中的不同立场而已。(Alexander, *Theoretical Logic in Sociology*, Vol.1, p.2)

按照亚历山大的观点，科学思想会持续在他所谓的"形上学环境"和"经验环境"这两个从来不会真正完全达到的极端之间摆荡。这完全符合皮尔士的论点，认为我们不可能不带理论地走进世界。亚历山大尝试用图1.1来表示这个连续统 (Alexander, *Theoretical Logic in Socology*, Vol.1, p.3)。这个图的核心观点是，观察虽然相对靠近真实的那一侧，亦即靠近经验环境的那一侧，但是观察不可能直接复制真实，因为观察主要还是与方法论假设、法则、定义、模式，甚至是一般预先假设息息相关，而这些相对来说都会靠向形上学的环境那一极。这意味着上述认为科学工作就只是"提出被视为解释系统的理论"或"将理论局限在证伪准则内"的想法，是错误的（我们稍后还会再仔细谈这件事）。因为如果科学论证真是在亚历山大所描绘的连续统中摆荡，那么科学理论工作无疑会比"理性选择理论"的代表学者所认为的那样还要复杂。如果一般预先假设、分类、概念等等在研究过程中扮演着像是法则和观察那样重要的角色，或至少不是可以完全忽视不管的角色的话，那么我们就没有理由认为我们的知识仅仅专注在法则

形上学环境

一般预先假设
模式
概念
定义
分类
法则
复杂命题和简单命题
相关性
方法论假设
观察

经验环境

图 1.1

26　和观察之上就能够有所进步。而且同样难以理解的是，为什么"理论"这个概念仅仅意指由法则和观察所构成的陈述系统。实际上，许多社会科学家都会有属于自己的理解理论的方式。

不过我们先回到波普尔的证伪主义有问题的地方，亦即将理论层次与经验层次的截然二分。波普尔自己也看到了这个问题，并为自己辩护："**没有纯粹的观察**：观察会被理论渗透，而且是由问题和理论所引领的。"（Popper, *Logik de Forshung*, p.76）他也指出，每次呈现出来的观察，每次对事件的陈述，每个"基本命题"，都会运用一些概念，而这些概念若没有通过直接的感官资料是无法确定下
27　来的。所以他认为，每次对理论的检验，都会始于或止于某些由研究者根据**惯例**或**决策**而一致觉得正确的基本命题。对于波普尔来说，科学不是盖在石头上的，而是用某种方式建立在（暂时的）信条上，建立在传统或（或多或少是）任意的决策上，以此来将某些关于观察的基本命题认可为正确的基本命题。但波普尔觉得这也没什么关系，因为他认为**如果**对这些命题的质疑出现的话，这些基本命题还是会再变成问题，亦即会再**被检验**。

然而，专门研究科学家的工作方式本身的科学理论家和科学家们，对于波普尔关于证伪过程的辩护都很不满意。在这场辩论中，有一本书特别重要，其知名度不亚于波普尔的《研究逻辑》：美国学者库恩（Thomas S. Kuhn, 1922—1996）在1962年出版的《科学革命的结构》（*The Structure of Scientific Revolutions*）。库恩是物理学家出身，不过却用类似社会学的风格来探讨他老本行（物理学）的研究过程，尤其是物理学（与化学）的历史发展，以及探讨新的自然科学理论是以何种类型和方式形成的。库恩得出了跟波普尔所要求的证伪原则完全不同的惊人发现。在科学历史中虽然有无数阶段，每个阶段都有各种科学论点被证伪了；但库恩在他的历史社会学分析中观察到，一个理论原则上并不会因为当中有论点被证伪了，就真的使得整个理论被摒弃或被替换掉。库恩指出，在自然科学的历史中一直都有从根本上反驳了既存大理论的新发现、新发明等等。法国的近代化学之父拉瓦锡（Antoine-Laurent de Lavoisier）在18世纪发现氧元素时，等于从根本上反驳了当时占支配地位的燃素理论。根据燃素理论的看法，燃素是在所有燃烧物体中挥发出来的物质；但拉瓦锡发现氧元素之后，指出燃烧不是物体挥发出什么物质，而是物体在氧化作用中与氧元素结合。拉瓦锡的发现并没有让旧的、我们今天已知的错误的燃素理论马上被摒弃掉。相反，当时人们还是不断在详细探讨、修改、重构燃素理论，想办法用燃素理论来理解拉瓦锡的发现。拉瓦锡的发现没有被当作证伪
28　的证据，而是仅仅被当作有问题的观察、暂时未解的谜题，一种已被证明了的理论中的"异常现象"。库恩还可以从科学史中举出许许多多类似的例子。而且他注意到（这也是他的要点），坚持旧的理论完全不是因为教条主义或是不理性。因为这种保守主义一直可以给出很好的理由：旧的理论已经在过去被证明了，新的发

现则可以用来扩充旧的理论，或是当作一种辅助性的假设，然后再次整合进旧的理论中。而新的理论则因为还没有被如此加工过，所以可能会充满错误和漏洞、充满测量误差，不会是真正的证伪证据等等之类的。简单来说，在科学实践中，常常根本就没有一个清楚的准则可以拿来判定，**什么时候**一个理论已经被证伪了。

　　库恩在他的书里仅提到了自然科学史。但是在人文科学和社会科学中，当然也可以发现极其类似的研究过程。在人文科学和社会科学中，似乎甚至更难用一个经验观察来摧毁一个理论、完全证伪一个理论。想想看马克思主义就知道了。马克思主义作为一种社会科学理论，当然可以借由社会真实来加以检验，而且马克思自己也这么要求。现在，许多马克思和马克思主义者所阐发和辩护的理论陈述，都（……我们先不要说是被经验真实所证伪好了，而是先谨慎来说）跟经验真实有冲突。马克思和恩格斯预言的社会主义革命没有在发达工业国家中在工人阶级的领导下发生。真正发生了革命的都顶多是在不发达国家中由农民阶级的参与所造就的。马克思和恩格斯在《共产党宣言》（*Das Kommunistische Manifest*）里预测，由经济结构所造成的所有特殊束缚都将会被消解掉，他们特别预言民族国家会消失，而这件事也没有发生。与马克思和恩格斯假设的情况并不相同，19 世纪末和 20 世纪正好是民族主义与民族国家兴起的时代。如果从波普尔的证伪原则来看的话，所有这些观察都是对马克思主义强而有力的反驳，所以最后这个理论必然会被摒弃。但情况却非如此。因为马克思主义的研究很有说服力，所以这个研究取向会借助一大堆辅助假设来说服自己，而且显然也说服了其他成果丰硕的马克思主义取向。高度工业化国家之所以没有导致多数人变成无产阶级，是因为按照其说法，资本主义了解到，可以借由强化对"第三世界国家"的剥削来减缓"自己家里头"的贫穷情况。而且这也是为什么西方国家没有发生革命，反而是在贫穷与被剥削的第三世界国家中发生了革命，因为西方国家的"资本"用自己福利国家的救济金"收买"了家里头的劳工。而且马克思和恩格斯虽然可能过早预言了民族国家的终结，但今天在全球化的时代中，这两个人总是提到的这件事的确出现了，诸如此类。简单来说，马克思理论没有错，只是需要去适应一下历史条件的改变。

　　马克思主义对此辩解得如何，读者可以自行判断。这里的重点只在于，绝对不会只有马克思主义，而是所有的自然科学和社会科学，似乎都普遍会建立起非常多的辩护防线，来反抗经验研究对理论的证伪。实际上，比起自然科学，社会科学的理论某种程度上在面对明确的证伪时是更有抵抗力的。因为社会科学不只会争论究竟证伪应该是什么样子的，而且甚至还会去争论理论到底真正想说的是什么。不像自然科学理论的表达绝大多数都相对清楚明了，社会科学和人文科学中常常会存在一个问题，人们对于理论的确切内容不是真的有一致的意见。读者可能在上古典社会学课程或在阅读二手文献时，就会遇到这个现象。马克思、韦伯、涂尔干等人**真正**在说的是什么？这么多对马克思、涂尔干、韦伯等人的理论解释，哪一个才是原本的、真正的、最终的？一个其内容备受争议的理论，逻辑上也几乎没办法从经验上明确地加以证伪。

＊　　　＊　　　＊

不过，我们先回到库恩的那本《科学革命的结构》。库恩指出，在自然科学中无论如何都不会有真的能够直接有力驳斥某一理论的逻辑论证，没有证伪是真的直接清楚明白地证明了某一理论是错的。库恩说，这也难怪科学研究相对来说在没有什么危机的情况下日复一日。长久以来，人们都是不加深究地运用着当下现存的理论，特别是因为人们都相当信服于当下现存的理论所带来的原则上极其丰硕的成果。这种变得很常规的研究形态，被库恩称作"常态科学"。未解之谜、充满矛盾的事件、出现问题的实验等等，在"常态科学"阶段中都不会被认为是一种证伪，而是被视为异常现象，人们期许可以**在某个时候**用当下现存的理论工具就能排除或解决这些异常现象。"常态科学"这种研究非常坚定地立基在一个或多个过去的科学成就之上，这些成就会在一段时间之内被某个科学社群认可为他们持续的研究工作的基础（Kuhn, *The Structure of Scientific Revolution*, p.10）。

根据库恩的研究，在科学史中，也有一些很罕见的情况，比如**一些个别**科学家因为某些很有说服力的论证或是让人实在太印象深刻的研究，而突然接受新的理论体系。但大多情况下，真正的新理论若有实质上的突破进展，其成功的原因都跟纯粹的科学准则没什么太大关系。新理论之所以有实质上的突破进展，只是因为旧的理论为了要解释"异常现象"而不断合并新的辅助假设，使得旧理论变得太复杂了，所以开始需要一些比较简单的理论。这种需求通常是由**比较年轻**一辈的科学家所强调的。他们会突然告别旧理论，然后他们中有**很多人**会开始用另外的视角来看待新发现和"异常现象"，这就开启了理论创新。这种时刻，被库恩称作"科学革命"。在科学革命的时刻，库恩还指出，会产生一种范式转移：旧的"范式"，亦即一种旧的看待现象的观点、旧的大理论、挂在旧的大理论之下的研究方法，会在一个相对短暂的时间内被新的"范式"替代了，就像在过去，"托勒密的天文学"突然就被"哥白尼的天文学"替代了，"亚里士多德的动力学"突然被"牛顿的动力学"替代了，"粒子光学"突然就被"波动光学"替代了。

在这个库恩所描写的科学革命的运作中，还有个重点在于，从来不是因为一个清楚的**经验**准则，让科学家觉得很有道理、很有说服力，所以才使得科学家告别旧的范式、转向新的范式。也就是说，在科学史中，科学家之所以最后摒弃了长久以来被认为正确的理论，并不是因为经验研究，而是因为非常普通、日常的情况。帮助新的理论有所突破的，常常是"生物学方面的"原因。其意思是，一个世代的科学家老去，然后新一辈的科学家迈出研究步伐，并且不再阻碍理论创新。但这也意味着，"常态科学"的时代和"科学革命"是由（局外人和体制内的研究者之间的，以及老一辈的科学家和年轻一辈的科学家之间的）权力斗争和利益斗争所引导的。科学是一种冒险进取的活动，它不会完全与社会现象脱钩、毫无瓜葛，而且在日常生活中也扮演着一个重要的角色。

库恩认为，旧理论和新理论是"不可通约的"（incommensurable），亦即两者之间无法彼此比较、相互对比。科学革命中前后交替的不是相似的理论，而是非常不同、可说是有着不同世界观（库恩也使用了"世界观"这个概念）的理论。　32

> 因此，我们今天会理所当然地觉得成功的范式之间的差异是必要的，也是不可兼容的。……一个新范式的接受，常常也迫使相应的科学要有新的定义。……一些旧的问题可能要移交给其他的科学，或是完全用"非科学的方式"来说明。原先认为不存在或不重要的问题，可能会因为新的范式而变成科学重要成就的原型。当问题改变了，将真正的科学与形上学的推测、文字游戏、数学小游戏区分开来的标准也常常会跟着改变。从科学革命中凸显出来的常态科学传统，与先前的常态科学传统不只是不兼容的，而且实际上还常常是不可通约的。（Kuhn, *The Structure of Scientific Revolution*, p.102）

当革命成功之后，科学就会又步入"常态"阶段，然后科学家社群的研究就会像以前一样又基于某个不被深究的规则和科学实践规范之上，直到某天新的科学革命再次发生。

库恩的科学理论分析和社会学式的科学分析为科学理论带来了深远影响（他自己也注意到了这点）。因为科学过程绝不是以波普尔试着用"证伪"所统称的原则来运作的。而且根据库恩的描述，我们会发现，科学根本就觉得不要严格按照证伪原则来进行，才是"好事"。因为常态科学，亦即不加批判、习以为常地根据某些理论假设来进行的科学，可以带来丰硕的成果。不去用相反的观察来驳斥理论也完全可以很有意义，因为相反的观察会阻挠和破坏研究实践。把矛盾的观察先当作异常现象来看很有意义，因为人们希望，这些问题可以有朝一日在理论上获得解决。在历史上，实际上科学常常就是这样子进行的。再加上库恩指出，新　33
的，且后来成功的理论，有不少在一开始是被当时广泛接受的经验和观察所证伪的。按照波普尔的证伪准则，这些新的、后来成功的理论当时应该要立即消失才对。库恩认为，波普尔的证伪原则从科学史来看，并不是个好方针，在实际研究过程中也不是真的有帮助。

库恩对科学史进行的社会学分析最后还有一个结论。库恩所使用的概念"范式转移"和"科学革命",教会了我们一件事,就是科学进步并不是持续不断地顺利进行的,而是由平静的阶段和突破性的变革交织而成的。在此,库恩的立场是反对实证主义的,因为实证主义认为科学认识是通过正确的经验观察而缓慢、持续地建立起来的。他也反对波普尔,因为波普尔支持"常态"与常规化科学阶段的重要性。库恩教会我们,科学是一种过程,这种过程与科学理论家在书桌前想出来的理性指导原则是相违背的。在科学中,一些偶然的时刻,像是前面提到的科学家世代之间的身份冲突和权力冲突,才扮演着重要的角色。(若读者们想进一步阅读将科学理论争辩整理得相对简短、描述清楚、助于学习的文献,可以参阅一本值得推荐的著作:A. F. Chalmers, *What is this Thing Called Science?*)

*   *   *

库恩的工作,也带出了20世纪60年代和70年代讨论科学地位的激烈的科学理论辩论。有一派论者批评库恩,认为他的工作为相对主义大开方便之门(他谈到理论之间的"不可通约性",似乎在说人们无法**经验地**判断理论的质量,这把理论看成像是一种很任意的世界观,无法进行理性的讨论);而另外一派论者却赞扬这种从库恩的分析中得到的(他们相信这是可以从库恩的分析中得出的)相对主义的结论。身为"无政府主义者",红极一时的科学哲学家费耶阿本德(Paul Feyerabend, 1924—1994)就说,不论是科学方法还是科学研究结果,都不足以让科学家的野心具有正当性:"科学只是众多意识形态中的其中一种意识形态。"(Feyerabend, *Science in a Free Society*, p.106)意思是说科学只是众多知识形式(包括像是魔法)中的其中一种而已。

但是,不论是科学的保守辩护者还是无政府主义的评论者,对库恩的诠释都是错误的,或至少都是用自己的观点来对其进行片面的诠释。库恩**并没有**声称相互竞争的范式真的是彼此泾渭分明的整体或世界观,也没有说在这些范式之间人们只是在不理性地(意思是,仅仅根据范式在经验上的丰富度)选边站,使得人们顶多就只是像拥护不同的宗教一样拥护某个范式。他只是要说,在许多的例子当中,并没有真的清清楚楚的经验准则可以用来对这个范式或那个范式下判断。但这不是说人们在接受一个理论或拒绝一个理论的时候,可以完全不加论证(关于这里提到的论证,可以参阅 Bernstein, *The Restructuring of Social and Political Theory*, pp.152—167）。实际上，库恩在呈现科学史的时候，绝对没有正面攻击"科学"这项事业的合理性。根据他的看法，从一个理论转变成另一个理论，并非像是一个在词汇表上随便选一个词的过程，也不是什么很神秘莫测地从一套科学论述到另一套科学论述的变迁过程。而是当一个新的范式被采纳时，绝对会有很多**理由**说明采纳新范式必要性的说明。要努力争取范式转移，还是拒绝范式转移，人们都是**很理性地在讨论**，也都彼此**再三斟酌**每个理论的优缺点，即便人们不能指望可以通过"严格的实验"来对此下判断。

此外，库恩的科学史分析事实上几乎也表明了，范式之间常常会有显著的重叠；虽然他关于范式之间的"不可通约性"的表达方式很激进，也很有问题，使 35 得他在表面上似乎不认为范式会重叠，但理论体系之间还是有无数连接通道的。不仅自然科学史是如此，社会科学也是这样。在社会科学中，某些**经验研究的**发现也会受到不同范式的拥护者一致的认可，甚至有不少**理论**陈述在范式之外也获得普遍的认可。

这一切对于社会科学和社会理论来说，又意味着什么呢？至今从科学理论的讨论，尤其是库恩的分析中，有两个结论对于本书接下来的章节有很大的重要性。**第一**，今天社会科学中的理论景观很混乱，有很多不同的社会理论或范式，其中一些理论相互之间还有很激烈的争论，但这不意味着这些理论或理论家彼此之间的意见交换是不理性的。接下来的十九讲，我们会为读者介绍这些理论。读者将会看到（这也是本书的核心主题），每个理论家彼此都会相互沟通，彼此批判性地相互关联，所以这些理论之间都会有某些重叠性、相似性以及相互补充之处。社会学不是立基在**一个单一**抽象、独尊的范式之上的（比方经济学，就有相当清楚的某个特定的理论方向占据支配地位或是霸权地位），社会学也常因为浩如烟海的理论而为人诟病。但这**并非**意味着这个学科因此分裂成，或有必要分裂成诸多彼此不相往来的取向。对于此刻被邀请进现代社会理论世界的读者来说，这是必须先知道的结论。读者可能在学习过程中不会成为通晓本书所介绍的所有理论的专家，我们也不要求读者都要变成专家。更何况就连社会科学的教授也几乎没几个真的能关注所有这些理论的最新方向。但请读者不要因为理论的繁多，就逃到随便一个看得上眼的理论中去。有许多学生真正了解的就只有一个理论，然后只喜 36 欢这个理论，对所有其他理论就弃如敝屣。很可惜的是，不少大学教师也是持这种态度，也就是不少教师就只专注于一个（而且就只有一个！）理论，然后把其他全部理论原则上都视作"坏理论"或没用的理论。如同上文提到的，社会学中不同的取向彼此之间一定都会对话，所以我们会建议读者，在学习的过程中要与**不同的**理论流派交流沟通。这样可以避免片面与盲从。上文提到经验研究与理论之间有着密切关系，如果对理论太过片面与盲从的话，由此而来的经验研究也必然会为之逊色不少。

从波普尔和库恩两人的"辩论"中可以得到的**第二个结论**则直接关系到接下来的章节。如果理论问题不是单单借由经验研究就可以解决的，如果经验研究的层次和理论研究的层次不是截然二分的，如果从上述亚历山大那个图表所清楚呈现的经验环境和形上学环境之间的连续统出发的话，那么显而易见的，社会科学中的理论工作不会像波普尔或理性选择理论家所认为的那样，仅仅提出日常陈述和法则，以及对日常陈述和法则进行证伪而已。社会理论还必须关心亚历山大图表中的"一般预先假设"所指为何。从经验方面的一般化，到将哲学的、形上学的、政治的、道德的基本态度与世界联系起来的无所不包的诠释系统，这些全都涉及理论问题。任何属于社会科学世界的人，都不得不涉及所有这些层次的论证解释。只想局限在纯粹的经验理论中是不够的。[这里无须赘言的是，我们对于理论的理解方式当然也不是没有争议的，因为，如前所述，理性选择理论的代表学者也许不会把本书接下来要介绍的理论视为"理论"。若读者想直接看看关于"什么是（社会）理论"这个问题的争论的话，可以把亚历山大的著作《1945 年以来的社会学理论》（*Sociological Theory since 1945*）的第一章，跟德国的理性选择理论领军人物埃瑟（Hartmut Esser）的著作《社会学：一般性的基础》（*Soziologie. Allgemeine Grundlagen*）的第三章与第四章，好好对比一下。]

如果我们以广泛意义下的理论概念作为基础的话，是不是意味着因为每个人都有自己的理论，以及理论的数量没有阻碍地任意增长，所以理论争论会一发不可收拾？答案当然是"不会"！因为，回到上述第一个结论，社会科学的诸领域已表明，虽然理论是多样的，但对于研究的基本或核心问题是什么，学者的意见还是基本一致的。对这些核心问题进行确认也是可行的。我们相信，社会科学的理论可以说是沿着三个特殊的问题而发展起来的。这三个问题分别是："什么是行动？""什么是社会秩序？""什么造成了社会变迁？"所有的理论家，不论是**古典的**社会学理论家还是**现代的**社会学理论家，都在探讨这三个问题。而且我们还可以再进一步说，这三个问题当然是彼此密切相关的。人类**行动**从来不是纯粹偶然的，而是会形成**秩序**，这些秩序会随着历史而**变迁**。就算以下将会讨论的各个理论家的著作对于这三个问题所强调的重点不一样，可能有些对行动的兴趣大过于秩序，或对社会稳定性的兴趣多于对社会变迁的兴趣，但这些问题仍然总会彼此缠绕在一起。这些问题让人们感到特别有趣的地方在于，回答这些问题的过程几乎无可避免地会使理论家得出某些具有时代诊断意味的结论。因为，在每个理论家那里都可以发现关于社会行动、社会秩序和社会变迁的抽象概念，它们都会或隐或显地表现为他们对于当代社会现状、社会未来"发展路径"，甚至是社会过往状态的具体评估。分析这三个问题，不是单纯在装模作样或是为了理论而理论，而是引导我们进入社会科学领域的核心任务，而且也正是这个核心任务让社会科学对于广大公众来说充满知识性、乐趣和吸引力。这个任务，就是去理解、掌握现代社会的当下，以及发现即将到来的趋势。

我们依此来规划以下章节的结构。我们的论断是，人们可以认为现代社会理论的发展就是不断在追寻关于上述三个问题的答案。这使得从 20 世纪 30 年代起兴起了持续的辩论，这场辩论从一位伟大的美国社会学家那里得到了重要的动力，且后来的理论家，不论是否明显继承他、不论赞成或反对他，到今天都还是不断与他有关。这位学者就是帕森斯。由于他的著作对于现代社会理论来说非常重要，因此我们接下来的三讲都将专门讨论他。帕森斯著作的继承与接受的历史正好很清楚地教会了我们前文所涉及和强调的一件事：从以前到现在，社会学都绝不会轻易因理论方向的不同而分崩离析。社会学，是一个通过沟通、理性的争吵、分歧的争论，不断向前推进理论发展的学科。我们将在以下十九讲为各位读者仔细呈现的整个理论图景，便是以对帕森斯思想体系不断进行的回顾为基础的。

我们将会为所有的读者尽可能仔细地指出，帕森斯怎么理解社会行动，怎么理解社会秩序，关于社会变迁谈到了什么，以及为什么其他一些理论方向与之分道扬镳。其中也会为各位读者简短介绍一些最重要的学者、各个理论方向的奠基者，各位读者可以大概了解这些理论方向在哪些经验研究领域发展出了特殊的长处，以及显露出哪些短处。对经验研究比较感兴趣，或是要培养对经验研究兴趣的读者来说，与经验研究领域有关的理论可能会比较有趣。而这也再次表明了我们不断反复提到的一件事，就是理论和经验研究不是确然截然二分的两件事。

第二讲

帕森斯与他尝试集各家大成的理论

读者在自己的阅读中或在课堂上，想必都已经听说过那些社会学之父或**古典社会学家**，像是德国的韦伯（Max Weber，1864—1920）和法国的涂尔干（Émile Durkheim，1858—1917）。与这两位社会学的伟大人物并列的，不论是过去还是现在，人们几乎都认为还包括同时代的德国的齐美尔（Georg Simmel，1858—1919）和滕尼斯（Ferdinand Tönnies，1855—1936）。此外美国的米德（George H. Mead，1863—1931）、托马斯（William Isaac Thomas，1863—1947）、库利（Charles Horton Cooley，1864—1929）也常被人们提及。现在人们还可以热热闹闹地争论，还有哪些人可以（以及哪些人没资格）名列在重要学者名单、古典社会学理论的"大师名录"上。其中，特别常被提及、引发争议讨论、为人所注意的名字，有亚当·斯密（Adam Smith，1723—1790），特别还有马克思（Karl Marx，1818—1883）。这些人从狭义上来说不算社会学家，但他们的社会学思想，尤其是所建立的理论，对整个社会科学都有巨大的影响。

关于古典社会学家地位的争论，对于某些学者来说是个有趣的主题。但奇怪的是，大部分学者却忘记了，提出大师名录、列出古典社会学家清单这件事，到底要归在**谁**头上；最开始是**谁**在他那至今仍通用的基本排行榜当中，成就了这份大师名录。如果人们提出这个时常被忽略的问题的话，那么就绝对无法避开美国社会学家帕森斯（Talcott Parsons，1902—1979）的名字。正是帕森斯，在20世纪30年代，在这个对全球社会学界来说非常困顿的年代，完成了两个重要工作：把从社会学自成立以来发展得相当杂乱的理论给整合起来，以及将涂尔干和韦伯的著作树立为社会学思想的核心构成部分。帕森斯的第一本主要著作，1937年出版
的《社会行动的结构》（*The Structure of Social Action*），便在尝试着建立大师名录。而且由于他后来成就斐然，所以他这份大师名录也对社会学接下来的发展产生了令人难以置信的巨大影响。今天，不只在学涯路上前行的学生，而且也包括一些这个学科的"老手"，都相信涂尔干或韦伯的古典大师地位已经理所当然到没必要再多花时间思考他们究竟是**如何**获得大师地位的。是帕森斯，多亏帕森斯，就是他在《社会行动的结构》中通过详细的研究证成了他们的大师地位。但这本厚达

800 页、很难懂的书（令人难以置信的是，这本书至今竟然都还没有德译本），不只是一个建立大师名录的里程碑而已。帕森斯更明显的关怀是，将古典社会学家片段零散、深受民族背景和个人背景所影响的诸多著作，汇整成渊博的社会学理论基础架构，以及在整个丰富多样的社会科学中确立起社会学的学科地位。因此我们有很好的理由，在第二讲，甚至是部分第三讲中，呈现与分析《社会行动的结构》这本从许多方面来看都很具有开拓性，但出版后一开始在美国几乎乏人问津、稍晚才被学术界"发现"的著作。

*　　　*　　　*

帕森斯的人生经历虽没什么特别有趣之处，但却呈现了一个典型的、非常成功的学术生涯。所以我们不会对他的传记有太多的关注（关于帕森斯的详细传记，可以参阅 Charles Camic，"Introdcton：Talcott Parsons before The Structure of Social Acton"）。帕森斯于 1902 年 12 月 13 日出生于科罗拉多斯普林斯（Colorado Springs），在那里的一个禁欲新教徒家庭中长大。他的父亲原本是一位公理教会的牧师，后来成为科罗拉多学院的英语系教授兼主任。1917 年他们举家搬至纽约，让帕森斯在那儿作好上大学的准备。他选择就读艾姆赫斯特学院（Amherst College），一开始读生物学（这对于他中期乃至晚期的理论发展特别重要），而后他似乎选定了攻读经济学。从艾姆赫斯特学院毕业之后，1924 年他获得了一笔奖学金，便离开美国前往英国伦敦经济学院继续读书。在那里他跟一些著名的文化人类学代表人物有密切的接触，比如马林诺夫斯基（Bronislaw Malinowski）。1925 年帕森斯前往德国海德堡。韦伯曾在那里生活和任教了很多年，对当地知识圈有很深远的影响；1925 年韦伯甫过世五年，海德堡还可以嗅到浓厚的韦伯精神气息。帕森斯在那儿非常用功，也研读了许多其他伟大的德国社会科学家的著作。1927 年，他以讨论马克思、桑巴特（Werner Sombart）、韦伯等人的资本主义概念的博士论文顺利毕业。不过在毕业前他就已经先回到艾姆赫斯特学院，在 1926—1927 学期担任经济学领域的兼任讲师。1927 年他在哈佛大学取得教职，但当时他还没有决定要在哪一个科系任教。那时他首先教的是关于德国主流**经济学**理论基础知识的课，这也是他博士论文的部分研究主题。这种情况一直持续到 1930 年，当帕森斯对社会学的兴趣越来越浓厚，他开始在哈佛大学社会学系任教，该系是由俄国移民学者索罗金（Pitirim Sorokin, 1889—1986）成立的。但由于个人和学术问题上与索罗金的分歧，所以一直到 1937 年出版了《社会行动的结构》之后，才

41

取得了可望获得终身教职的副教授职位。不过至少从那时候开始，帕森斯都是在社会学系发展的，他的整个学术生涯也都留在社会学环境中。他培养出很多优秀的学生，成为很有影响力的教师，并且从 1950 年开始也同时是一位有着巨大创作活力的学者。1951 年他出版了代表著作《社会系统》，紧接着密集出版了无数专著
42 与论文，且其中大多数有极高的理论水平。20 世纪 50 年代和 60 年代，帕森斯成为最受敬重和被公认为最重要的社会学家。不仅在美国，而且在全世界，甚至在苏联，他都很有影响力。但是到 60 年代末，他的声望就开始走下坡了。他成为猛烈攻击的对象，因为那时的学生运动和影响力很大的学术左派都认为，帕森斯的理论体系，甚至还有他的经验研究论文，基本结构都是保守的、美国中心主义的，因此他们认为必须打破帕森斯"正统的"社会学霸主地位。不消说，帕森斯和他的著作也几乎不符合政治正确。从研究帕森斯生平的文献中我们知道，他在 20 世纪 30 年代非常支持罗斯福的新政，想来他也自认为是左翼自由主义者，这也说明了为什么帕森斯曾受到美国联邦调查局的密切观察。在 20 世纪 70 年代，这些事都影响了人们对帕森斯作品的接受意愿。虽然帕森斯晚期的学术生产力并没有减弱，但人们已经或多或少把他当作过气的学者来看待了，并且觉得帕森斯对于最新的理论学界来说已经不合时宜了。

1979 年 5 月 8 日，帕森斯在慕尼黑巡回演讲的时候，突然于该地过世。令人惊讶的是，帕森斯原本走下坡的声望几乎在他一过世之后就出现了转折。20 世纪 70 年代末期的社会学理论，花样诸多而繁杂，当时各国都明显对此感到不满，因此想试着综合这些理论，借此克服理论纷杂的情况。对于各理论家来说，解决理论纷杂的一个好做法，就是以帕森斯的思想体系为基础来整合各式各样的理论。在美国，以及在德国，都出现了打着"新功能论"，甚至是"新帕森斯主义"的旗帜，以帕森斯为标杆、以理论综合为目标的理论运动。我们在之后（第十三讲）还会再讨论这些理论运动。在德国还有两位战后社会学的重要人物，20 世纪 70 年代末期之后也开始将他们自己的理论与帕森斯著作的核心思想交织在一起。
43 一位是哈贝马斯（Jürgen Habermas），他在 1981 年出版的重要著作《沟通行动理论》（*Theorie des kommunikativen Handelns*），很明显涉及帕森斯的《社会行动的结构》。另一位是卢曼（Niklas Luhmann），虽然他与帕森斯的早期著作没什么关联，但却深受其晚期著作的启发。我们之后（第九讲到第十一讲）也会仔细探讨这两位学者。关于《社会行动的结构》，可以这么说，正是因为帕森斯这第一本大部头著作，一方面用了篇幅很长的章节对社会学重要人物进行诠释说明，另一方面详细解释了他如何系统性地建立理论，并且这两方面被很成功地结合在一起，因此这本著作成为新的**尝试综合诸理论**的发展标杆，亦即这本书将各个理论家非常不同、表面上也相互争执的诸论点，统合成一个无所不包的宏大理论。

* * *

现在我们终于要来讨论这本已经提到很多次，且对社会学历史来说有高度影响力的《社会行动的结构》了。这本书有个有点冗长的副标题："特别涉及欧洲近代学者群体的社会理论之研究"。但这个副标题其实已经指出这本书的绝大部分是从何处得到启发的。为了详细阐述他自己的"社会理论"，帕森斯选择了一个很高明的做法，就是他在建立自己的社会理论时，声称在他之前所有重要大师的理论都会殊途同归到他的理论轴线，然后他同时也一并列出了他认为的理论大师名录。帕森斯认为，1890 年到 1920 年之间，有四位伟大的欧洲思想家，他们彼此并不熟识，也无意朝向一个类似的理论架构，但他们的工作，尤其是他们各自的理论旨趣要点，却在根本上"汇聚到一块儿"了。这四位伟大的欧洲思想家是德国的韦伯、法国的涂尔干、英国的马歇尔（Alfred Marshall, 1842—1924），以及意大利的帕累托（Vilfredo Pareto, 1848—1923）。他们虽然源自不同国家的理论氛围，各自继承的知识传统也彼此略有冲突，但是在他们学术作品的发展过程中，在重要的理论问题上，却可以找到一个共同的分母。经济学家马歇尔与身兼经济学家与社会学家的帕累托，他们的源头是功利主义传统，涂尔干和韦伯则分属法国的实证主义和德国的观念论；尽管如此，他们都逐渐在调整自身的理论根源，而且**彼此完全独立**，亦即相互没有影响的情况下，都对（我们等下马上会解说的）功利主义提出了很类似的批判，并且也都至少开始形塑出一种"唯意志论的行动理论"。也就是说，他们的理论"汇聚到一块儿"了。这是帕森斯的一个很强烈的断言，也是我们接下来思考的出发点。首先，重要的是，**为什么**帕森斯要拥护这种"汇聚命题"？先不用去管那些光看起来就让大家退避三舍的学术专有名词是什么意思，这些专有名词我们晚点再来解释。

这里最重要的，首先是帕森斯所声称的，**他自己**发现并突出了这些伟大的欧洲思想家都没有意识到的相似性与理论汇聚。于此他想做到两件事。第一，他当然声称他成功地通过了特别有趣的诠释开启了一个新的视角，去看待这些至今始终被认为彼此之间存在巨大差异的思想家。这本身就已经是一个很大的成就了。但是对于这个汇聚命题，帕森斯想做得更多。这意味着，第二，他想要为读者证明他自己的理论基础的正确性。帕森斯赞同这四位思想家对功利主义提出的（帕森斯所谓的）批判，并且他想将这种对功利主义的批判，建设性地用来建立他自己的理论。同时他还要求以一种新的、更广泛的取向，来保留，甚至综合这些思想家一些明确的观点。也因为这四位社会科学家在彼此独立的情况下都得出了相同的研究结果（这种情况，今天在自然科学当中人们会说是一种"多重发现"的现象。但这也是因为帕森斯刻意把这四位社会科学家的思想导向他的汇聚命题），所以帕森斯认为他的理论论点如果要有说服力，那么对功利主义的批判就是必要且不可绕过的。因为，如果在不同地方的不同脑袋都提出了对功利主义的不满，并且同时又想超越这些不满去尝试一个新的理论，那么该先对功利主义进行批判45 这件事就不会只是帕森斯个人的想象而已。

> 事实上，在 19 世纪末和 20 世纪初西方和中欧的广阔文化框架当中，实在很难得有四位学者既有着相同的重要思想，而且这些**相同的思想主轴发展过程**，也都由与经验事实有关的理论系统的内在逻辑发展所引导。（Parsons, *The Structure of Social Acton*, p.14）

帕森斯的野心在于，将这四位学者的重要的，但也常讲得不清不楚的思想给过滤一番，然后清楚地分析、表达出来，为社会学（也许甚至是为整个社会科学）提供一个稳固，或是相对来说比较稳固的基础。一方面，他用了篇幅很长的章节来对所提及的这四位学者进行诠释说明，然后把这些章节相互交织在一起；另一方面，他也详细解释了自己的理论建立工作。他同时包含这两方面的呈现方式，跟他的汇聚命题相辅相成，也因此显得很高明、很有魅力，因为他借由这些论证将自己置于早期著名的诸位学者的"肩膀上"，站在"巨人的肩膀上"。借此，帕森斯清楚指出，社会科学（或是社会学）的历史就是一种科学进化史。帕森斯也许是这么想的（读者也可以比较上述引言的结尾）："在历史演进过程中，功利主义必然会因为人类思想的进步而遭受批判，并且人们也可以通过这些批判，尝试（尽管这个尝试是不完整的）从站不住脚的功利主义思想窠臼中逃脱出来（这正是在这四位学者那里可以观察到的）。而我，帕森斯，可以继承这些不完整的尝试，发展出一个更清楚、更确实的理论，即便这个理论未来也可能同样会改变并且将会再持续完善、改进。"

帕森斯在指出"社会（科）学的历史就是一种科学进化史"的同时，写下了社会科学的历史篇章，而且这个历史篇章跟自然科学获得成功的故事篇章颇为类似。社会科学，而且正好就是社会学，明显在不断进化；这种进化对于这个学科（或这些学科）的立足正当性来说有无比的重要性。事实上，帕森斯在《社会行动的结构》中，就一直想摆脱自然科学这个榜样的阴影，力抗已经在根本46 上完备发展且数学化的经济学，由此力图清楚描绘出社会学这个相对年轻的学科的轮廓。因此，他不是偶然地强调科学的进化。但若因此指责帕森斯，说他这种关于社会科学思想史的说法，只不过是出自他对于社会学领域的私心，或只是因为他想自吹自擂说自己是这四位理论家的思想体系的集大成者，那么这个指责是不公平的。如果帕森斯只是想追求这个目标的话，他大可选择简单得多的做法。

这里还值得回想一下的是，帕森斯身为美国人，却将**欧洲的**思想家置于他的诠释核心之中。这点之所以重要，是因为在帕森斯的这部著作出版的年代，欧洲的社会科学对于美国的影响力其实相对来说是比较低的（先姑且不论 1933 年开始日益增加的从德国到美国的移民）。在第一次世界大战**之前**，几乎所有知名的美国科学家都会在人生中的某个时刻到欧洲，尤其是到德国留学。但之后情况就改变了，因为第一次世界大战大大降低了德国的名声。在很多美国人眼中，整个欧洲当时都深陷政治泥沼中。读者只要想想 20 世纪初期意大利法西斯主义崛起、1933 年希特勒上台、1936 年西班牙内战以及法国民族阵线政府就知道了。正因为如此，在美国人看来，几乎无法理解为什么人们要像帕森斯所建议的那样，在建立一门学科领域，以及在大学里巩固这门学科领域地位的时候，偏偏要联系（而且甚至就只联系）**欧洲的**思想家。但帕森斯就是这么做了。由于这些思想家的欧洲背景，帕森斯这样做其实完全无法保证有人会附和他的做法和提议。也就是说帕森斯选择了一条相当不容易的道路。他冒着极大的风险，将那些欧洲思想家（尤其是涂尔干和韦伯，他在书中差不多花了最多的篇幅来描述他们）提高到一个非常崇高的地位。他的这个做法，让他决定性地促成这两位学者成为今天社会学大师名录上的核心角色。人们千万不能忽视一件事，就是这大师名录不只在很大程度上要归功于帕森斯，因为他影响深远地让涂尔干和韦伯的作品成为**美国的**社会学入门书籍。而且，因为他相当有创造性地处理这些学者的思想，以及因为建立理论的方式，让美国的社会学从 20 世纪 30 年代晚期开始，在理论领域方面有了相当大的进步，并被提升到一个新的、非常高的水平。尤其不要忘了，**就连在欧洲**，在那个时代，涂尔干和韦伯的地位也绝对不是（很）稳固的。欧洲的社会学于 20 世纪之初在社会学建立者接连过世之后，是处于某种形式的停滞阶段的。那时候的欧洲社会学停滞危机，固然部分来说是因为当时的政治纷扰，但也有一些知识圈本身的原因。然而正是帕森斯，专注在少数几位欧洲古典思想家身上，以此迫使全世界不断去思考这个学科的基础。正是帕森斯成功地造就了大师名录，也造就了先前提到的对后来社会学史的巨大影响。光就这点来说，就有非常充足的理由，让一本关于现代社会学理论的书从帕森斯开始谈起。

就从帕森斯在《社会行动的结构》中所选择的呈现形式，以及他所谓的汇聚命题开始吧。我们到目前为止的阐述都还仅是在描绘帕森斯作品形式上的结构，还没有具体陈述他书中进一步的理论论点和诠释。接下来会用**三个步骤**，来说明先前向各位读者承诺会交代的学术专有名词。

*   *   *

《社会行动的结构》中很长的篇幅实际上都花在批判功利主义上。对现有思想体系的**批判**，这里尤指对功利主义的批判，是这本书根本的构成部分。帕森斯在建立自己的理论体系之前，先去驳斥这样一个具有影响力的思想潮流，是有道理的。在他看来，在进行建构之前，必须先进行解构。

那么，什么是"功利主义"呢？回答这个问题有点难度，因为这个概念在某种程度上是含糊不清的，而且帕森斯在使用这个概念时常常也不是很准确。尽管如此，我们还是必须弄清楚何谓功利主义，而读者这时候也因此必须先暂时跟我们转到哲学史领域去。

功利主义（utilitarianism）这个词汇是从拉丁文 *utilitas*（功利、效益）衍生来的，首先意指在 18 世纪末、19 世纪起源于英国哲学的一股思潮。这个哲学思潮与一个人名是分不开的：边沁（Jeremy Bentham，1748—1832）。边沁根据人类行动理论和道德理论，提出了功利主义的基本原则。他的出发点是，人类行动服从于"痛苦与愉悦"的制约。也就是说，人们之所以行动，是因为人们总会试图避免痛苦的状态并获得愉悦。换句话说，人行动是因为想要得到效益。边沁由此推导出一个伦理原则，认为人类行动的道德质量，乃根据这个行动在多大程度上可以为行动所涉及的人或为社会带来最大的幸福、最大量的效益而定。这里所简要描述的边沁的基本观念，对英国和北美的思想史有极大的影响，并在那儿拥有很多将这个观念介绍给广大公众的优秀后继者与诠释者。其中一位优秀的后继者和诠释者，是密尔（John Stuart Mill，1806—1873）。他在 1863 年一篇题为《功利主义》的文章中整合了边沁的论点，同时也对这些论点作了一些修正。这里也许可以引述一段密尔自己的话，让读者能更好地了解功利主义者的思想世界。读者可以尤其注意一下这段引述中着重标出的、和行动理论有关的内容：

> 把效益或最大幸福原则当作道德基础的信条，认为行动的对或错，与行动是否增加幸福，或产生不幸成正比。幸福意指愉悦、没有痛苦；不幸福，意指痛苦、没有愉悦。要清楚给出一个由这个理论所设立的道德标准，需要说的事还很多；尤其还必须说明，痛苦和愉悦的概念中包括了什么，以及这个理论在多大程度上留下了一个开放的问题。但是这些还需要补充说明的解释不影响这个**作为道德理论基础的生命理论，即唯有愉悦，以及免于痛苦的**

自由，才是值得作为目的的事。（Mill, *Utilitarianism*, p.118；着重处为约阿斯与克诺伯所加）

密尔跟边沁一样，都将人类行动定义为功利导向的，并根据趋吉避凶原则来进行评估。而帕森斯猛烈批判的，就是功利主义这样一种行动理论的观点。至于批判的原因，我们还会再多说一点。

在进行实质的批判之前，帕森斯先让我们注意到，不是只有像边沁和密尔那样被人们认为是功利主义者，或自称为功利主义者的人，才认为人类行动是功利导向的。帕森斯认为，最晚在 19、20 世纪时，对于人类行动的功利主义式见解，也完全成为某个学科领域（其实就是指经济学）的特征。从经济学的发展史就可以看出，因为一些著名的经济学家，像是李嘉图（David Ricardo, 1772—1832）、杰文斯（William Stanley Jevons, 1835—1882），显然都深受诸多功利主义思想家（部分是仅受到某个个别功利主义思想家）的影响。不过帕森斯没有再对此讨论下去，而是直接声称，**早在**边沁和密尔**之前**，功利主义的论点就已经是英国政治哲学中很重要的核心论点了。他特别认为霍布斯（Thomas Hobbes, 1588—1679）就是典型的这样一位思想家，而且帕森斯也很详细地深入探讨了霍布斯的思想。

帕森斯对功利主义的理解是有问题的，因为他把"功利主义"的概念想得太宽泛了，哲学史中的许多不同流派都被他挂在同一个"功利主义"的牌子下。但他的做法是可以理解的。在《社会行动的结构》中一些很重要的段落，人们必须将之看成是在对思想**根源**进行思想史的分析。帕森斯让大家注意到，在早期基督教时代就蕴含他所谓"功利导向的"（或曰"个人主义的"或"原子式的"）先驱思想了，只是这些先驱思想的特质在中世纪的天主教里被修饰得没那么显著。到了宗教改革时期，人们不太强调个人自由，而是强调个人**目的的自由**，这时功利主义才又激进了起来（参阅 Parson, *The Structure of Social Action*, pp.51ff.）。帕森斯认为可以于此找到功利主义思想真正的开端。功利主义是非常片面的思想。功利主义首先感兴趣的是行动者要使用哪一种手段才能最有效率地达到行动目的。有效率地获得利益，是最重要的事。这个思想传统和同样在近代之初形成的现代经验科学常常有着几乎是密不可分的联结关系。科学理性实验几乎可以被视为一种功利导向的行动。反过来说，从功利主义出发的行动，才是唯一真正理性的行动，或甚至可以说以功利主义的角度来思考的行动才叫作行动。

> 唯有当行动在能利用的各种手段里头，使用对于理性来说是可理解的，且由实证经验科学所证实的、本质上来说最合适的手段，在情境条件当中追求可能的目的，这种行动才是理性行动。（Parsons, *The Structure of Social Acton*, p.58）

以此而言，帕森斯可以论证说功利主义是（用一个本书到现在暂时还没有进一步解释的专有名词、生词来说）"实证主义"的从属流派或分支流派。帕森斯认为，实证主义思潮可说是法国启蒙和法国哲学的标志。而从实证主义的观点来看，"实证的"科学，亦即受过自然科学方法训练的思想，是行动者唯一能贴近现实的理性之路（参阅 Parsons, *The Structure of Social Acton*, pp. 60ff., 亦可参阅本书第一讲）。

到现在我们谈到了帕森斯的概念，他对功利主义的理解，以及他想要，且将要阐明的错综复杂的诸理论。处于他的阐明中最核心位置的，是霍布斯，**就是那位**近代早期的政治哲学家，那位帕森斯认为从功利主义的思想出发最明确提出行动理论的前提，并且尤其系统性地彻底讨论了其后果的政治哲学家。

51　　在霍布斯的主要著作《利维坦》（*Leviathan*, 1651）里头，有一个非常重要的思想实验，帕森斯对这个思想实验非常感兴趣。霍布斯问了一个问题：如果人类在"自然状态"下进行行动，亦即在没有外在规则、限制、法规等等的情况下进行行动，而且还是以符合功利主义的想象的方式、**功利导向**地进行行动，把愉悦提升到最高、避免痛苦的话，那么会发生什么事？当人类这样行动，而且还是在资源稀缺的情况下行动的话，会发生什么事？（资源稀缺是一个还挺合乎情理的情况，因为大概只有在天堂才会有源源不绝的资源，否则到处都会见到争夺资源的情形。）霍布斯很有说服力的答案是，在这种情况下，"暴力与欺诈"必然会盛行，所有人都会施行暴力行动与欺诈行动。因为人们在争夺稀缺资源的过程中，可以毫无规则限制地追求自己的直接利益、效用。其他人要么被逼迫当作用以满足某些人的需求与愉悦的工具，甚至被某些人用暴力奴役，要么被某些人有意地欺骗、或在交易商品的时候被蒙骗等等。这种"自然状态"的结果，就导致了人类日常生活充满了暴力，充满了不安全、不安定的感觉，甚至充满了死亡的恐惧。就连对财产的享用，也都会成问题，因为财产拥有者随时都可能又被其他人击溃，这使得所有事情都充满危险。在这样的情况下，在一个所有人都能不受阻拦地为了自我利益而行事的情况下，是不会有信任可言的。在"自然状态"中，所有人对所有人的战争（"bellum omnium contra omnes"）是人类纯粹功利导向的行动必然产生的后果。

如果真的像霍布斯在他的自然状态的思想实验中所呈现的那样，人类是如此

52　功利导向地行动的话，那么这种混乱不堪、争斗动乱的情况，这种难以安稳自持的状态，最后就只会有一种解决方式，也就是（至少霍布斯是这么认为的）所有人会服从一个单一意志。具体来说，就是所有人会服从单一统治者或国家的权威，让这个权威平息所有人对所有人的战争，建立这个统治者或国家的权力垄断地位，以此强力造就出和平。霍布斯的出发点是，人们在由争斗动乱的自然状态所造成的充满恐惧与难以安稳自持的情境中，会知道只有每个人将自己目前的权力让渡

给国家，这种情境才会有所改善。霍布斯将这种国家称为"利维坦"，一个源自旧约圣经所提到的强大海中巨兽的名字，亦是霍布斯这本名著的书名。这个奇特的名字也显示出霍布斯在面对自己提出的"解决方案建议"，亦即臣服于"利维坦"的统治时，是带着矛盾情愫的。因为这个庞然巨兽虽然可以带来和平，但其代价是造成国家顶端统治者和所有其他人之间内在的（政治）不平等。但霍布斯认为，唯有国家才能让人类脱离混乱状态、达到社会状态，而只有在社会状态中，人类才可以真正在和平状态中享受劳动成果、享受私有财产。

现在人们可以进行一个思想史的研究，探讨到底为什么霍布斯会用这样一种思想实验，为什么会描述"自然状态"而不是其他东西，以及为什么会引入利维坦这种思想主体。这本书其实是在一个暴乱的、充满政治扭曲与社会扭曲的时代写成的，那是血腥的（与教派有关的）英国内战时代。有些人也尝试根据当时英国从农业经济结构开始转变成资本主义的背景，将霍布斯的作品和当时英国新形成的社会结构相关联。霍布斯在描绘他的思想实验时，可能是很具体地在思考他那个时代的英国。以此而言可想而知的是，他相信唯有一个"庞然巨兽"才能压制英国内战的日常暴力情境，以及（这也是这个思想实验的另外一个意涵）早期资本主义的巨大后果。也就是说，他认为一个全能的、专制的国家，对那个时代的问题来说**正是**解决之道。霍布斯的"解决之道"当然不是唯一的解决之道。另一个与此相关而被提及的解决策略，来自经济学。约翰·洛克（John Lock, 1632—1704）和亚当·斯密这两位是在英国特别酝酿了经济科学，并帮助经济科学在英国取得突破性进展的思想家，他们认为人类的功利导向行动如果"转移到"商品交换行动的领域，可以是无害的。洛克和斯密认为，虽然在市场中，每个参与者仅仅在追求自己的利益最大化，但是市场的特殊之处就在于其中所有人的交易行动是互利的。"易货贸易"是一种恰当的功利导向活动。借着这种活动，**所有**参与者都可以获利，也因此持续性的社会秩序，并且正是市场秩序，才得以成为可能。应该要保障市场社会的广泛施行，甚至应该保障社会关系最广泛的市场化，好让功利计算从原本彼此冲突、基于狂热与毫无节制的欲望，最后产生负面效果的情况，"转移到"对理性的市场利益的追求，并且是以相应的和谐协调的方式来追求理性的市场利益。人们可以把这种秩序观念用以下等式来描述：越多市场，就会越少狂热与战争、越多理性的利益追求、越多和平和谐、越多对于所有人来说都很有利的交换（对此可以参考以下著作：Albert Hirsch, *The Passions and the Interests: Political Arguments for Capitalism Before its Triumph*）。

但是帕森斯根本无意进行思想史的阐述。帕森斯感兴趣的是上述论点的**内在逻辑**。帕森斯反对洛克和斯密的与市场交易有关的秩序形成的观点，认为他们的观点在没有根据的、"形上学"的假设基础上，以为市场参与者的利益都是一样的。古典政治经济学的出发点显然都认为，市场参与者可以将他们的目的毫无问

54 题地彼此协调好，并且将这些目的整合成对双方都有利的情况。姑且不论这个假
设是否正确（帕森斯是驳斥这种假设的），帕森斯认为，经济学的这种假设逃避了
霍布斯置于核心而凸显出来的秩序形成问题，也就是**利益实际上无法彼此协调好**
的前提情况（参阅 Parsons, *The Structure of Social Acton*, pp.97ff.）。古典政治经济学的
解决模式，由于毫无根据的形上学假设而未能**彻底**思考霍布斯所抛出的问题。所
以难怪帕森斯会特别聚焦在一开始霍布斯所进行的思想实验。帕森斯的问题，也
是帕森斯所谓的"霍布斯式的问题"或"秩序问题"是：普遍以功利为导向的行
动，究竟如何能够造就秩序的形成？

帕森斯并不否认国家或市场实际上会促成秩序。他的见解是，社会秩序是一
个毋庸置疑的事实。秩序**已然存在，并非**真的是一个谜样的现象。因为实际上我
们在日常生活中会体验到无数的社会规律，甚至若没有国家或市场的影响，这些
规律也还是会实现。读者可以想想，在家庭中或朋友圈中日复一日的互动是多么
的千篇一律，甚至有些人会认为单调无聊，这使得人们相对来说会确信，明天这
些活动也还会这样或那样类似地进行下去。对于帕森斯而言，否认社会秩序的存
在是没有意义的。不应该像许多二手文献所说的那样，以为帕森斯把社会秩序问
题看成是经验问题，然后说他想提出一个由霍布斯（的"专制主义"）或洛克
（的"自由主义"）所考虑的解决方案。之所以会有这种误解，是因为人们错误解
释了帕森斯的论点的真正特征。如帕森斯自己所说的，他更多是对"稳定的秩序
可以**在人类纯粹功利导向行动的条件下**（总是以秩序的形式）存在"这件事提出
质疑。帕森斯在这里使用了一个"超验的"论点［这也让人想起了伟大的德国哲
55 学家康德（Immanuel Kant）］。康德曾深思，什么样的必要条件，可以让物理学成
功地如它现在运作的方式那样运作。康德没有做实验，也没有为物理学的理论体
系添加新的说法，他所尝试的只是去阐明就认知主体方面而言，自然科学研究根
本上得以可能的条件（他将之称为"超验的"条件）。跟康德一样，帕森斯要问的
是**在许许多多进行行动的个人之间，需要有什么条件才会让社会秩序得以可能出
现**。在这种思考超验条件的框架下，他试着指出，所有将人类功利导向行动视为
前提的学者，都无法解释"规范性的"社会秩序的存在，因为规范性的社会秩序
无法通过让他人臣服的统治（如霍布斯所说的）、也无法通过市场机制（如洛克和
斯密所认为的）而形成。再者，就算是通过暴力和市场而来的秩序，也已经立基
于一些将功利导向行动视为前提的思维模式所无法掌握的要素之上。

帕森斯对此的论证，很具体地牵涉霍布斯在论及克服无政府的"自然状态"
时所建议的解决方案。霍布斯没有说清楚的是，人类是怎么，以及为什么会突然
认识到，必须要为了自己的利益而放弃目前的权力，并将之转让给一个利维坦。
因为人们大可问道，谁能保证其他人会跟随我的步伐？也是，谁能保证不是只有
我，而是其他人也会放下武器（以及放弃与让渡权力）？如果有人在自然状态中过

得舒舒服服、有钱有权，那么他为什么要跟随我的步伐？这人大可更希望一直保有他的权力，而且他是有办法这么做的。还有更重要的是，在利维坦形成之后，除了那位获得了众人权力的人之外，其他所有人都失去了权力，但为什么其他所有人甘冒如此高的风险？更何况，虽然一个全能的国家创建之后，可以终止可怕的内战，但国与国**之间**的战争旋即又开始了，而这可能更可怕。究竟集体如何认识到利维坦的必要性，以及总是以功利为导向行动的人类如何突然去统一创建一个利维坦，这些问题在霍布斯的理论中都是一个个谜团。所以帕森斯认为，霍布斯在提出解决方案的时候，显然所设想的人类行动不是只基于效益最大化之上，否则所有功利行动者根本不可能会一致同意要创建一个利维坦。帕森斯于此提出了一个命题，指出霍布斯的秩序问题的答案所牵涉的是，　56

　　　在关键点上将理性概念从它自身的范围延伸到理论的其他方面，指出行动者会去理解作为整体的处境，而非根据眼前的处境去追求自己的目的。并且因此他们会采取必要行动，去消弭暴力与欺诈，并且牺牲他们在未来的利益活动所能获得的好处，来换取安全。（Parsons, *The Structure of Social Acton*, p.93）

　　如果一个**仅仅**将行动理解为功利导向的理论无法令人满意地解释社会秩序和社会秩序的形成，那么，帕森斯的结论认为，功利主义的行动模式必然从一开始就是错误的，或至少是不足的。不过在我们继续讨论帕森斯的论证思路时，先稍微在这里停一下。这里我们先用稍微抽象一点的方式，来简短总结一下帕森斯至今的思路。

　　每个让社会学感兴趣的行动理论（功利主义也是这样一种理论，或是包含了这样一种理论），都必须能够解释社会秩序是如何实现的。因为社会秩序已然存在。在我们的社会中，甚至是在霍布斯时代的英国，社会秩序的实现，不论是当时还是现在，绝对是根据某种特定的规则来进行的，因为社会成员的目的经常都是一致的。但这就意味着，人们不能假定有个完全的"目的随机性"（帕森斯经常用这个概念），也就是说不能假定社会成员的目的是偶然的。如果假设，人类都有自身的特殊目的和功利观念，这些特殊目的和功利观念跟身边的其他人都不一样，或者即使一样的话也是偶然一样的，那么这个假设当然是错的。同样地，说主体们的利害关系反正都是一致的（局限在功利主义的经济学，大多都是这么说的），这种说法当然也是不充分的。长久以来，经济学都没有讨论行动者的目的和功利　57
观念是从哪里来的。经济学家的出发点都是人的行动是功利导向的。然而他们却都没有确切地去研究，行动者到底是如何制定出他们的目的，如何解释他们的功利概念所指为何。更重要的是，经济学家都没有确切地去研究，行动者为什么、在什么样的情况下会做这样的事。帕森斯觉得很不可思议，怎么大家会轻易忽略了这个（帕森斯认为）非常重要的问题。帕森斯认为大家应该进一步去问，如果秩序实际上已然存在，那么行动理论要怎么去**解释**它。并且行动理论要能说明，"目的随机性"这种功利主义觉得没毛病的事为什么其实是不存在的，还有日常生活中各种行动目的为什么通常能毫无问题地协调起来。帕森斯的命题是，在这一点上功利主义理论是没有用的，因为关于"行动的目的，以及行动者的功利观念到底从何而来"这个问题，功利主义根本无法提供有用的答案。以功利主义模式来思考的理论家或是学科领域，会说愿望、需求、功利观念、"目的"之类的东西就是存在。至于这些东西是**怎么**形成的，功利主义对此不予置评，觉得回答这个问题是心理学家或生物学家的任务。但在功利主义这么做的同时，也就错失了去探究人类的行动目的实际上为何常常会如此一致的原因的机会。相反地，如果人们追问"目的"的起源，也许可以得到就算不是最关键，也是相当重要的启发。

也就是说，功利主义无疑有相当严重的理论难题。至少在功利主义影响所及之处都可以看到这个理论难题。在实证主义中（对帕森斯来说，功利主义只是实证主义的一种变体），人们也试着回答这个难题。帕森斯区分出实证主义中试着回答上述难题的两种非功利主义的说法；但是帕森斯认为，所有这些回答都不令人满意。而且，人类行动的主动性在这两种说法中都被忽视了，作为**行动**模式的功利主义模式也在其中遭受破坏。为什么？

1. "极端理性主义的实证主义"在面对一开始的难题（亦即功利主义认为，因为各行动者的目的、愿望、功利观念即使有一致性，也都是偶然的，所以长期的行动协调，亦即社会秩序，是不可期待的）时，认为所有行动者都会遵循类似科学方法的方式来追寻他们的目的。从"极端理性主义的实证主义"的思考模式来看，高度理性的行动者彼此会协调他们的行动目的，而且正是这种追求目的的理性，确保了利益会达到均衡。不论这种全面的理性实际上是否能真的以这种方式造就利益均衡，这种思考模式的结论都会认为，人类始终处于一种让行动完全没有发挥空间的情境当中，而且人类必须接受这种情境。在这种情境当中，选择什么样的手段才是理性的选择，都是被给定好的。帕森斯认为，若情况真是如此，那么人类根本没有能力提出自己的目的。人类最多只会因为科学方法出了差错，所以犯了错误。

> 但这种原则有个无可避免的逻辑后果，就是将目的跟行动情境等同起来，并且摧毁了它们的分析独立性，而这种独立性对于功利主义来说却是非常重要的。因为，若要经验地了解局势的未来状态，那么唯一可能的就是基于对现在和过去状态的了解来进行预测。如此一来，行动会变得完全由行动的环境条件所决定，因为如果没有目的的独立性的话，情境和手段之间的区别会变得毫无意义。行动变成一种理性地适应这些环境条件的过程。（Parsons, *The*

Structure of Social Acton，pp.63—64）

2．"极端反智主义的实证主义"则是相反的，在环境理论的意义下强调环境的决定性影响，或是在遗传理论的观点下强调遗传机制的影响，试着以此把麻烦的各行动者的"目的随机性"给扬弃掉。也就是说，极端反智主义的实证主义认为，正是环境因素，比如具有强制力和局限性的国家社会结构，或是人类的遗传机制，迫使行动只能几乎无可避免地以某种特定的方式或是在某种特定的秩序中进行。这种思考模式刚好跟"极端理性化的实证主义"完全相反。因为极端反智主义的实证主义并不假定行动者的理性能保证行动者会有序地共同行动。秩序之所以会出现，更多是因为有一种力量**超越了**行动者的理性，控制、操纵了行动。也因此某些行动模式和由此而来的社会秩序才会不断重复被再生产出来。但问题是，于此原本功利主义的**行动理论**中的**行动要素**也消失了。因为，就像在自然主义小说家查洛斯（Émile Zalos）的书中有时会看到的那样，这样行动者就不过仅仅是受到环境的推动，或是"糟糕的"遗传机制的牺牲者而已，对选择自己的目的根本无能为力。

对于人类行动来说非常独特的功利观念、"目的"等等，在这两种回答上述难题的尝试当中，直接被当作行动的情境和条件。**功利主义无法解释社会秩序，这也使得实证主义在尝试给出答案时，行动都消失不见了。**

所以，帕森斯总结认为，功利主义的行动模式完全是不足的，因为它无法真正解释关于行动最根本的问题，亦即无法真正解释行动目标从何而来，也无法解释不同行动者的目标为何能相互协调。帕森斯认为，人们必须克服功利主义。上述两种实证主义的讨论就已经清楚显示出了，若要建立一个新的行动理论，那么这个行动理论就必须包含主动性要素。在解释行动目标如何达到协调的时候，人类行动真正主体性的面向、选择自由，必然扮演一个重要的角色。

细心的读者也许这个时候已经想到了，这就是为什么前面所提到的帕森斯在诠释四位伟大的古典思想家时，会谈到想试着建立一个"唯意志论的行动理论"。因为提到选择自由时，都会连带提到"唯意志论的"（voluntaristic；拉丁文：vol-untas，意指自由意志、自由决断）这个形容词，而这正是他在建立自己的理论时想要强调的。但是我们先不继续谈下去，先缓一下。因为尽管帕森斯对功利主义提出了严厉的批判，但他并没有想要放弃功利主义中一些正确的见解。帕森斯认为，实证主义传统正确地强调了情境要素是人类行动的条件。对帕森斯来说，这一点非常重要，因为他以此拒斥了"观念论的"理论取向。观念论的理论取向虽然强调了行动的意志面向和人类的自由，但——至少帕森斯是这么诠释的——观念论几乎总是忘记了限制、约束行动的（物质）条件。帕森斯认为观念论是一种"流溢论"，亦即一种思考方式，认为人类行动差不多都是从集体精神中流溢出来的，都不过是"民族灵魂"、特定的世界观、理念、观念大厦等等的表现。观念论的这种片面性也是不可取的。帕森斯非常有活力地想试着把观念论当中最好的见解，跟功利主义当中最好的见解，综合在一起，使之能够正面积极地推进到"唯意志论的行动理论"。现在，便进入我们对《社会行动的结构》解说的第二步骤了。

*　　*　　*

我们先说结论：帕森斯将他的唯意志论的行动理论，与被视作"规范主义"的社会秩序理论关联在一起，且这两种理论是互相参照的。因为，就像我们之前提过的，帕森斯认为行动理论若要有社会学的说服力，就必须也能解释社会秩序。所谓的"规范主义"同时关系到行动面向**以及**秩序面向，而这两个面向对于帕森斯来说都关涉"规范"这个重要的角色。

首先我们来讨论"规范主义的秩序理论"。规范主义的秩序理论是什么？帕森斯要说的是，每种社会秩序总会以某种形式基于共享的价值和规范（不过根据不同的情况，价值和规范当然有不同的强度）。亦即他声称，功利主义所假定的"目的随机性"并不存在。目的会因为当时现有的共享规范和价值，在许多情况中受到约束限制。规范和价值会事先形构个体的行动目的，并确保各行动者的行动目标对彼此来说都会是合适的。为了让人更确切理解他的说法，帕森斯区分了"规范秩序"和"实际秩序"。我们先来看实际秩序。帕森斯所谓的实际秩序，意指最终**不是刻意地**形成的秩序。在度假旺季时德国马路上的交通堵塞，是"实际秩序"的典型例子。之所以出现塞车，是因为大家都想快点到德国南部度假，但因为节假的缘故，大家的度假时间是同时开始的，所以造成同一时间他们会在非刻意的情况下在马路上"塞得动弹不得"。塞车这种结果，是某种秩序。这是一种并非事先商量好的实际秩序，因为通常人们从家里出发并不是为了要赶着去参与塞车。而且也没有规定通往慕尼黑的路每年至少都必须有一场大塞车，没有规定每个规划度假的德国人每年必须开车走这条路去那里度假。另一个是我们之前提到的例子：从市场上形成的实际秩序。在市场中，商品或劳工的劳动力一致的价格构成，并非由某个人操控的，这种秩序是由许多个体的经济行动所形成的附带后果。所有参与市场活动的行动者并没有进行协议约定，也没有人规定半磅的黄油必须低于一欧元（虽然大部分国家的黄油实际上比一欧元还便宜）。

与此不同的，则是"规范秩序"。规范秩序是帕森斯明显最感兴趣的，并且认为是社会学的主要探讨对象。这种秩序的基础是，诸行动者（有意识地或无意识地）遵照共同的规范、共同的行为准则来采取行为。不论是什么样的形式，这种秩序都可以看得出来是相关行动者，在关于秩序的形成方面，具有一致的意见或是同意这种秩序，即便这种协议和同意是默认、没有明说的。至于这两种不同的秩序形式有什么关联，帕森斯（从规范秩序方面）作出以下描述：

> 从这个意义上来说，秩序意指依循着规范系统所铺设的道路而进行的过程。不过有两个与此有关的深入要点需要注意。第一，任何现存规范秩序的崩坏（从规范的观点来看那是一种混乱状态），都很有可能引起实际秩序（这是一种容易进行科学分析的事情状态）。因此，"为存在而斗争"在基督教伦理观点下是混乱的，但这绝非意味着为存在而斗争没有服从于科学意义下的 62 法则、没有服从于现象的过程一致性。第二，尽管从逻辑上来看，固然很有可能任何规范秩序也许在某些情境下会崩坏成"混乱"，但仍无可否认的是，对于在或多或少遵循着规范要素的过程中存在着的**特殊**实际秩序来说，规范要素是必不可少的。因此，社会秩序就它很容易进行科学分析而言，总是一种实际秩序，但是若没有某些规范要素的有效运作，这种实际秩序是不具有稳定性的。（Parsons，*The Structure of Social Acton*，pp.91—92）

也就是说，帕森斯声称，虽然实际秩序和规范秩序之间有着根本的差异，但唯有通过规范的作用，才能够解释实际秩序为什么会**持续**存在。以上文提到的塞车为例：塞车是一种可以用统计分析来显示的社会秩序（如果许多度假旅客同时驾车前往德国南部，那么在既有的交通网络中，就会有一定百分比的概率在到慕尼黑之前造成大塞车）。但这种堵塞是一种为时很短的秩序形态，所以也不需要什么规范。来看一下另外一种情况，暴力统治。对人类的暴力统治，实际上是一种不以统治者和被统治者之间共享的规范为基础的行动。但暴力统治如果要能够长久持续下去，那么至少部分被统治的人民是接受统治的（即便是不甘愿的）、某种程度上是同意统治的。市场也是一样。我们已经指出，市场的运作可以理解为市场参与者的功利导向行为，在无意间所交织起来的情境。市场参与者并不是为了保证市场的运作，所以才去进行交易的。当然在这件事中还是有一些市场参与者所共享的规范，否则整个市场是无法运作下去的（涂尔干也发现了这件事，可以参阅他关于契约的非契约要素的讨论；帕森斯在不同的著作中也不断指出这件事）。如同帕森斯在之后的著作中强调的，市场参与者表面上赤裸裸的自利行为，63 并不是最终的动机，而是在自利"之下"还有其他的动机，这个动机让市场在不同的文化中有不同的运作情况：

有一个原则上的命题是，"经济动机"完全不是最深层的动机，而只不过是一个要点而已。在这个要点之上，还会再引起许多不同的、与某种情境类型有关的动机。经济动机显著的持续性和一般性，并不是因为"人类本质"中有某种相应的一致性，像是利己主义或享乐主义；而是因为社会行动系统结构中有某些特质，只是这些特质并不是完全稳定不变的，而是会随着制度而变化。（Parsons，"The Motivation of Economic Activities"，p.53）

帕森斯认为，如果这个说法是正确的，如果**每个**稳定的社会秩序也都因为规范而得以实现和运作，那么规范和价值当然也同时就会在行动理论当中扮演着重要的角色。帕森斯认为，除了功利主义者所强调的目标、功利计算等等要素之外，对于行动的分析至少也必须同样顾及价值和规范。但功利主义却忽略了或不讨论价值和规范；这是功利主义犯下的错误。因为规范和价值绝对不是在功利计算下所产生的，也绝不等同于功利计算（但功利主义者却这么认为）。此外，人们也可以想见，我们绝对不会把我们的自身价值变成功利计算的对象。如果在一段"风流韵事"中每次约会都只是在追求性爱方面的满足（亦即每次都只是为了某种功利要素），那么在这种"约会关系"中我就不会轻易投注我认为有重要价值的真感情。我是不会轻易操弄或颠覆我**自身的**价值的。如果我真的操弄或颠覆了我自己的价值，或是这件事发生在我身上了，那么这价值也就不是真正的价值，而是顶多我时时刻刻挂在嘴边，但并没有当真的观念。当然，价值是可以被操弄的。擅长洗脑的广告专家和严刑拷问者，就会不停操弄，或是试着操弄价值。但他们操弄的不是自己奉为信念的价值，而是**其他人的**价值。这两者有很大的差异！所以帕森斯将规范性的事物，亦即规范和价值，定义为"一个或多个行动者认为某事**物自身就是目的**的一种情操"（Parsons，*The Structure of Social Acton*，p.75；着重处为约阿斯与克诺伯所加）。某种程度上，价值比规范还要有更高的普遍性和较强的个人义务特质。帕森斯将价值称为"最终目的"，因为它无论如何都不会变成手段。它实际上就是目的本身，除非我的自我价值崩溃了，否则我不会去质疑此最终价值。路德令人印象深刻的忏悔名言便是："我站在这里，我别无他法！"若真是如此，那么功利观念根本上也就是源自这种最终价值，也就是说功利计算其实立足于个人的、或共享的价值信念（所以帕森斯才会说价值是"一个或多个行动者的一种情操"），因为我唯有基于价值的基础上，才能够确认我的利益、目的是什么。价值和规范自身不能从属于价值计算，因为这两者本身构成了价值计算得以成立的评估尺度。帕森斯相信，功利主义之所以失败的"谜题"是可解的。社会世界几乎都是有秩序的，因为人类行动基本上是由共享的规范和价值所刻画的。

帕森斯根据他自己的这个观点，将人类行动彻底讨论了一番，以此勾勒出一种行动模式。功利主义虽然也运用过这种模式，但却没有超越这个模式。帕森斯将这种模式称为"行动参照框架"（action frame of reference），认为这是一个理解人类行动的基本概念。然后，帕森斯在他所谓的"单位行动"（unit act）中区分出以下几个元素：

1. 行动者。

2. 行动目的（帕森斯的用语包括"目的""目标""意图"）。　65

3. 行动情境。行动情境还可以再区分成行动的"条件"，亦即情境当中行动者无法控制的构成部分；行动的"手段"，亦即情境中行动者能够运用的构成部分。

4. 行动的规范和价值。（参阅 Parsons，*The Structure of Social Acton*，p.44）

回顾一下帕森斯对功利主义的讨论，可以发现功利主义的行动理论当中，已经包含前三个要素，但是缺乏第四个关键的规范与价值面向。我们于此必须补充说明一下，这第四个面向之所以重要，是因为规范性的事物与前述的实证主义不同。实证主义用以解决功利主义问题的概念是氛围和遗传，这些概念否定了人类的自由意志、人类的**行动能力**，但规范性的事物不会如此。之所以不会，是因为我也可以违反规范和价值，我可以喜欢某些规范价值，但讨厌另一些规范价值；某些规范价值对我施加了几乎无法抵抗的力量，但另一些没有。对于帕森斯来说，规范要素是人类行动相当特殊的部分，因此也是他的唯意志论的行动理论的核心。完整的"行动参照框架"如图 2.1 所示：

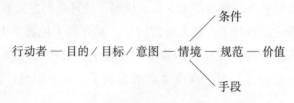

行动者 — 目的／目标／意图 — 情境 — 规范 — 价值

条件

手段

图 2.1

其中，规范和价值对行动方向有两重影响途径。它们一方面会影响行动手段的选择，让行动因为规范的原因而只能选择某些手段，不能选择另外一些手段。如果我拥护某些价值和规范，那么我就不能够为达目的**不择手段**。如果我坚信诚实的价值，那么我就不会为了贯彻某些计划而动用不诚实的手段。但是规范和价值也会以某种重要的方式构筑出**行动目的**（我们前文已经提到这点）。也即，规范　66
和价值会确定什么是我们觉得好的，而不是所有我们所希望的、所想要的自动都是好的。也许我对某些人有性幻想，但我不会觉得任何人都是可以拿来性幻想的；我甚至常常会驳斥某些幻想，因为某些幻想对我来说，在道德层面是无法容忍的。

规范和价值既会影响行动手段，也会影响行动目标；这让人们行动的彼此协调得以可能，而行动的协调正是社会秩序的基础。之所以可以如此，就是因为规范和价值首先并不是一种特别的东西，亦即不是特殊的、仅对某些个人来说才是有效的"建构物",而是某些人类群体所共享的、他们所共有的。

上文提过,我们会用三个步骤来为各位读者讲解《社会行动的结构》;而当我们在此处谈到帕森斯的行动参照框架时,也就同时进入到第二个步骤的尾声了。不过,在进入最后第三个步骤之前,我们想先指出一件事:请读者先试着牢记"行动参照框架"模型,请先试着想想看帕森斯为什么,以及如何将人类行动理解成这个模型,而不是其他模型。这很重要,因为接下来两讲都还会继续以帕森斯这套行动模式为出发点。我们会用这套模型去理解其他理论家。因为,从我们的命题来看,唯有将现代社会学理论大部分的发展视作都在或隐或显地与帕森斯的理论模型进行对话,才能理解这个发展。

*　　*　　*

好,我们现在进入第三个讲解步骤。

前文已提过,帕森斯的汇聚命题是他以一种很特殊的方式对古典社会科学家进行诠释而得出来的,而这在某种程度上是因为他要去"证明"自己理论基础的正确性。帕森斯在他著作的将近前125页,说明了他对功利主义的批判和他自己的唯意志论的行动理论。而对于古典大师的讨论,则开启了他那本书接下来的部分,67 亦即去论证这些古典大师已经移向帕森斯的立场了。虽然有时候不是很明显,但这些大师都已经注意到行动当中规范要素的意涵了。这个相当广泛的诠释,差不多可以总结如下:

英国经济学家马歇尔虽然根本上为现代经济科学铺就了重要的理论基石,并且强烈采用了功利主义的思想,但是他这位当时相当重要的经济学家同时也有意识地追问了需求、功利观念、欲望等的出现、形成(Parsons, *The Structure of Social Acton*, p.134),并且认为这就是经济学的问题。马歇尔清楚看到,经济行动从许多方面来看都与某些价值联系在一起。最明显的就是企业家形象。企业家无疑要追求获利、增加效益;但是企业家的行动也常会以某些根深蒂固的价值为基础,也就是被人们描述为美德和"诚信"的概念,而美德和诚信当然也因此会限制"欲望"和满足欲望的手段。因而经济行动并非只是在追求效益最大化而已。功利导向的行动是有的,但这并不意味着在这一类的行动中价值就完全没有任何重要性。马歇尔很明显看到了(至少帕森斯觉得马歇尔看到了),经济学太少关注行动的价值面向,所以用很成问题的方式将利己主义和功利行动与理性行为,非常粗糙地直接等同起来,因此造成了从经验现实来看相当错误的描述。尤其明显的是,马歇尔认为，企业家的行动不能简简单单被扣上效益最大化的帽子。企业家的理性不是纯粹在追求狡猾机智、自私自利而已。企业家的理性常常表现在伦理义务方面，这种理性与对效率的追求也都常是以道德为基础的（Parsons, *The Structure of Social Acton*, p.164）。唯有如此，企业家才会甘冒某些投资风险，并以坚忍不拔的毅力获得投资的成功。以此而言，帕森斯认为，马歇尔从古典功利主义中清楚指 68 出一条出路，亦即他的研究取向呈现出了帕森斯所偏好的"唯意志论的行动理论"，这个理论尤其看到并接受了影响行动价值的重要性。

意大利经济学家兼社会学家帕累托在许多方面都跟马歇尔的观念有分歧。马歇尔将理性的企业家视为文明化进程的顶峰。帕累托则相反，**不带有任何进化论的历史观**。他压根不相信有一种普世皆然的线性历史图像、不相信"进步"这档事。由于帕累托比起马歇尔，更强调冲突、"暴力与欺诈"，所以他跟马歇尔比起来，对于历史更明显带有一种悲观的看法。此外，他们两个对于科学理论的观念也有高度差异。帕累托的论点是更精雕细琢出来的，并且实际上他所拥护的立场与帕森斯的立场相当接近。不过，尽管马歇尔跟帕累托两人有所差异，但就行动理论方面，两人的结论却是相似的。就帕累托这方面来说，之所以说两人的结论是相似的，是因为他注意到（经济的）行动有非逻辑的面向，而且对此也有深入的探讨。他的分析认为，在经济行动中直觉是很重要的，而且不只如此，人类行动里的仪式和某些主观（非逻辑的）目的也很重要。帕累托在这里抛弃了他作为出发点的功利主义和实证主义的思想体系。并且最后他也像马歇尔一样，碰触到了近似于"最终目的"的观念。

> 个体之间冲突性的经济需求的和解之道，不能局限于经济方面的考虑，因为在这里经济方面的考虑从属于政治的强制力，于是经济分配唯有在一般性的分配正义框架中才有可能。但所有关于分配问题的讨论，都只探讨到个体在要求财富与权力时的潜在冲突而已，而没有指出整体结构底下还有一个统一性的基础。帕累托发现了这个统一性的基础，并且在他最后的分析中，这个基础就在"社会所追求的目的"这个必不可少的存在当中。也就是说，个体行动系统的最终目的是被整合起来的，并且形成了一个单一的最终目的的一般系统。（Parsons, *The Structure of Social Acton*, p.249f.）69

涂尔干没有像帕累托和马歇尔那样，在经济科学中进行理论讨论。帕森斯认为，涂尔干根源于法国实证主义传统。涂尔干的早期著作还深受这个传统的影响，但他晚期的著作（几乎完全）跟实证主义断裂开来。涂尔干在他第一部作品中，将社会结构描写成某种个体必然得面对，且会对个体施加强制力的某种坚硬的、外在的东西。特别是在《社会学方法的准则》中，他提到了"社会事实"。社会事实就像物质要素，也许甚至像遗传基因一样（读者这里可以回想一下帕森斯对于极端反智主义的实证主义的说法），会限制和形塑行动。在讨论集体意识概念时，涂尔干才渐渐将社会事物与物理事物区分开来，凸显出作用于个体身上的各种不同的强制形式。除了自然法则造成的强制力、他人的暴力与权力所造成的社会强制力之外，涂尔干最后还清楚地提出了良知的强制力。良知之所以可以限制个体的行动，是因为个体会感觉到自己深受自己和社会的规范价值的影响，因此只能这样行动而不能那样行动。涂尔干通过他已多次深入阐述过的集体意识概念，以及通过经验观察，最终洞察出社会的、共有的规范和价值内化到个体的可能性。

> 现在，涂尔干那影响深远的经验观察指出，因为个体的欲望原则上是无穷的，所以社会稳定性和个体的幸福两者的一个基本情况是，他们都应该根据规范来被加以管制。但是在这里规范（像是契约规则）所牵涉的不只是"外在的"管制而已。例如当人们进入一段契约关系，其实也就是直接构成了行动者的目的本身。……行动中的个体要素不再等同于具体的主体个人，而是主体个人要被视作不同要素的复合体。在手段—目的的框架中出现的目的要素，不是由"个体"所定义的，而是包含了"社会性质的"要素。对于涂尔干来说，这是相当重要的一步，使得事实上涂尔干的理论与实证主义的社会理论之间出现了彻底的断裂。（Parsons, *The Structure of Social Acton*, p.382）

70

涂尔干从实证主义出发，借着他对于价值现象的阐述，逐渐走近"唯意志论的行动理论"。而韦伯的取向，帕森斯认为是完全相反的。帕森斯认为，韦伯源自德国特别强烈的观念论思潮，所以韦伯从来没有小看规范和价值的重要性。他的危险反而在于，可能会很糟糕地忘记了情境条件和手段对于行动来说有无比的重要性。韦伯的危险在于，他在他的行动类型学中，认识到，也命名了价值导向的（亦即规范的）行动，但从一开始他却特别强调"目的理性行动"这种（功利主义的）类型，因为他想抵抗观念论的诱惑。

> 因此在韦伯方法论工作的早期关键阶段，就已经出现了作为他整个方法论研究出发点的概念，亦即理性行动类型。理性行动牵涉可以根据科学的一般化来加以证实的手段—目的关系。同时，对他来说，此意义下的理性扮演了一个核心的角色，不论是从方法论来说还是从实质上来说都是如此。特别有趣的是，目的行动概念所扮演的方法论角色，正好与观念论理论处在非常关键的对立关系。（Parsons, *The Structure of Social Acton*, pp.584—585）

在阐释了各个著名的社会科学家的著作之后，帕森斯得出了结论。他认为，他可以指出这四位相当不同的学者都迈向了他已清楚阐述了的唯意志论的行动理论，也即指出他们的研究汇聚在一起了。帕森斯指出了经济科学在帕累托和马歇尔那里进行了自我批判，帕森斯自己也对功利主义提出了批判，但不只如此，他同时也表明了，他和社会学对于人类行动显然有更好的理解，能够把实证主义和观念论结合在一起，并且将经济行动也一并吸收进来。于是他提出了一个影响深远的社会学定义，亦即将社会学定义为一门研究**行动**的科学。

于此，我们也就到了对于《社会行动的结构》介绍的尾声了。下一讲，我们主要讨论对这一部重要著作的一些批评，并且再进一步去问，帕森斯在 1937 年出版了这本书之后，有哪些理论取向影响了他后来进一步提出的宏大社会学的方式。

第三讲

迈向规范主义功能论的帕森斯

　　帕森斯在 1937 年出版的《社会行动的结构》，由于内容的野心太大，因此也招致了无数的批评 [对此读者们可以参阅 Charles Camic，"*Structure* after 20 Years：The Anatomy of a Charter"，以及 Hans Joas，*Die Kreativität des Handelns*，p.34ff.]。有一些批评意见是该书一出版之后就冒出来的，但也有不少批评是对该书有正确的认识之后才提出的。我们在上一讲已经提到，《社会行动的结构》不是一开始就被大家马上接受的。但随着时间的流逝，由于对许多学者来说，与帕森斯辩论，对于他们解释和定位自己同样相当有野心的理论来说越来越重要，因此对这本书的批评也变得越来越系统化、越来越广泛。接下来我们来为读者介绍**对于后世的理论发展来说具有重要性的**一些批评，然后在这一讲的第二部分继续追问，帕森斯是否，以及在多大程度上，试着通过他理论体系的进一步发展来回应这些批评，甚至也许还预见了又冒出来的一些批评。

＊　　　＊　　　＊

　　如果人们先去看对于所谓的汇聚命题的讨论，那么人们可以先提出一些基本问题。人们要知道，有一些针对汇聚命题的激烈争辩，不是单纯在吵关于历史编纂学的问题，亦即不是在争辩"谁对这些古典大师可以诠释得（稍微）比较好？"这个问题。毕竟帕森斯要做的是**综合**古典大师的理论。但如果这些争辩主要在于责备帕森斯，说他尝试重建社会学史的工作中有一些重大缺漏或是明确的误解，那么这种责备显然会动摇到《社会行动的结构》中核心论点的可信度，尤其是让他的声称，亦即说他的作品能（正当地）把古典大师的研究再往前推进，再也无法成立。所以我们必须用一些篇幅来讨论对汇聚命题的批评。

　　1. 除了说帕森斯对于四位"古典大师"的诠释并不总是很恰当之外，有的学者的批评意见针对的是帕森斯汇聚命题的具体架构，说他只关注到欧洲学者，**没有美国学者**。实际上，如果想到社会学在美国，比在德国、法国、英国，或是意大利，还要更早成为一门制度化的学科的话，那么帕森斯只关注欧洲学者的做法的确是有点奇怪。美国显然是率先设置社会学教席和出版社会学专业期刊的国家。但美国的社会学却对帕森斯和他的理论路子来说恰恰完全不重要。这件事该怎么来看呢？我们在上一讲褒扬过帕森斯，说他在 20 世纪 30 年代相当艰难的情境当中，不懈地将**欧洲的**社会科学家们"拱上王座"，而且他们就一直稳坐在王座上。但同时这也带来一个不太好的后果，就是帕森斯忽略了其他的社会学形成脉络，或是说在他的论证中对于其他的社会学形成脉络谈得相当简化，也多少有点扭曲。帕森斯回顾美国思想史时认为，美国都是斯宾塞（Herbert Spencer，1820—1902）那一派功利主义、个体主义和/或进化论的思想家在称霸学术舞台，所以人们若想**批判**功利主义或之类的思想大厦，在美国是门儿都没有的。斯宾塞是英国人，他在美国无疑有相当大的影响力和很多追随者；帕森斯也在他的《社会行动的结构》第一章前三页对他有一些讨论。但帕森斯说 1937 年之前美国的思想史完全笼罩在斯宾塞的影响下，这说法是不公平的。如果人们再去想一下美国的**社会学、社会心理学和社会哲学**，那么这种说法何止是不公平，而是根本就是错误的。因为这些领域中有很多相当出色的代表学者，像是米德、杜威（John Dewey）、库利（Charles Horton Cooley）、托马斯、帕克（Robert Park，1864—1944），他们从来也不是功利主义或斯宾塞那一派的人。但帕森斯对他们只字未提，更遑论讨论他们相当有原创性、肩负着美国实用主义哲学的行动理论（见本书第七讲）。如果帕森斯能对此有所讨论，必然能从中得到莫大助益。斯宾塞的思想也绝不像帕森斯所说的代表了美国的社会学。相反地，就像威尔森（R. Jackson Wilsons）一针见血说到的，斯宾塞在社会学或在其他相关学科当中，"**与其说是大师，还不如说是替罪羔羊**"（Wilsons，*In Quest of Community*，p.155）。显然帕森斯不这么想，所以整个否认美国思想史对他自己理论计划的重要性。

74

　　帕森斯**后来**完全承认他在《社会行动的结构》中与此相关的一些诠释上的缺失。但是他也只承认说，上一讲提到的价值内化方面，可以回顾美国的社会学和社会心理学来进行较好的讨论。但此外帕森斯也不再多承认任何事。所以人们可以再想想看，为何他会如此坚持无视美国思想史的一些重要方面。他真的对此一无所知吗？还是帕森斯任教的哈佛大学，和聚集知名实用主义思想家和社会学家的芝加哥大学（而且在 1937 年实用主义是很有影响力的）之间，背后有什么过节吗？之后我们处理与美国实用主义息息相关的"象征互动论"理论方向时，对此会再多谈一点，让读者再清楚了解这里提到的在帕森斯的汇聚命题中有缺失是什么意思。

　　2. 不过，连在**欧洲**思想家的选取方面，帕森斯的做法也不是没有争议的。很奇怪的是，帕森斯在《社会行动的结构》中对齐美尔几乎只字未提，即便如他后来在该书新版前言中坦言，这本书原本计划有很长的篇幅专门讨论齐美尔，甚至 1937 年著作付梓的时候这个章节也提交了。在这样的背景下，他也自我批判地承认，他的确如上述那样忽略了美国的社会心理学和社会学。

> 除了美国的社会心理学家，尤其是库利、米德和托马斯之外，在《社会行动的结构》，以及某种程度上在我随后的著作当中，被忽略掉的最重要的学者，也许就是齐美尔了。有一件也许还蛮有趣的事情是，我其实在《社会行动的结构》里撰写了一章专门讨论齐美尔，但部分出自篇幅因素，所以最后决定删除这一章。齐美尔更多的是微观社会学家而不是宏观社会学家，此外，我认为他不是与其他学者同一个层次的**理论家**。（Parsons, *The Structure of Social Action*, p.XIV, Fn.10）

帕森斯说他之所以忽略齐美尔，决定不在《社会行动的结构》中仔细讨论齐美尔，是出于篇幅考虑，以及觉得这位学者缺乏一个清楚的理论方向。说因为篇幅考虑，这还可以理解，但说齐美尔没有清楚的理论方向，就让人难以接受了。因为齐美尔明明就有一个精雕细琢的理论体系。只是他的理论不是基于人类个体的行动概念之上，而是奠基在**个体之间的关系与相互作用**之上。也即齐美尔的讨论方式不是理所当然地以个体（功利主义导向）的行动作为出发点，并且像马歇尔和帕累托那样讨论规范和"最终目的"的意义。齐美尔的出发点更多的是人类最初的社会性，认为这个社会性来自人类在社会脉络中打从一出生便开始进行的交织性。以此而言，齐美尔当然承认规范和价值的重要性，但人们实际上很难将齐美尔视作一位"寻常的"行动理论家，也很难将齐美尔的著作进展描述为向帕森斯的唯意志论的行动理论靠拢。若把齐美尔包含在帕森斯的《社会行动的结构》中，会危及帕森斯"精心策划的故事情节"。事实上，帕森斯自己在 1979 年一封写给他的追随者亚历山大（本书随后也会讨论这位美国社会学家）的信中也承认了这件事。这也就是说，帕森斯之所以刻意忽略齐美尔，其实也是因为他刻意想把他的理论中的一些问题给隐藏起来。

3. 除此之外，有问题的地方还在于帕森斯对马克思著作的讨论部分。帕森斯虽然没有像讨论另外四位欧洲大师那样专章探讨马克思，但他还是在《社会行动的结构》中的两个不同的地方讨论过马克思。不过这些讨论都过于简短。有趣的是，之所以这么简短，是由于帕森斯出于建立自己的唯意志论行动理论的企图，把马克思诠释成一位非常重要的人物。帕森斯对马克思的诠释是正确的，他说马克思一方面被驱逐至英国之后，越来越致力于提出显然是在功利主义传统中的政治经济学问题；另一方面因为马克思的德国出身，所以马克思也至少有部分内化了黑格尔的观念论思想体系。如果帕森斯正好认为他的行动理论就是要搭起观念论和实证主义（或曰功利主义）之间的桥梁（Parsons，*The Structure of Social Acton*，p.486），那么显然地，他就需要仔细讨论这位在心中融合了观念论灵魂和实证（功利）主义灵魂的学者。

> ……人们也许可以考虑将马克思放在英国功利思想的逻辑框架中来理解，虽然……他跟大部分其他的功利主义者有点不太一样。然而于此，他又将他的分析很大程度地与黑格尔传统中的"辩证"演化理论相关联。所以马克思架起了一座连接实证主义思想传统和观念论思想传统之间的重要桥梁。（Parsons，*The Structure of Social Acton*，p.486）

不过帕森斯很有道理地假设马克思的著作中并没有很成功地将这些理论要素整合起来。然而尽管如此，就帕森斯自己的理论发展方向来说还是很有趣（如果不必要深究的话）的一个问题是，为什么马克思这样一位对世界史有着如此深远影响的学者，没有成功地把所有理论取向真正综合起来。为什么马克思失败了？帕森斯没有为我们提供清楚的说明。

4. 再者，帕森斯假设法国的知识背景受到实证主义的支配，但这个假设也是值得商榷的。法国思想也许根本上是分化的（其实帕森斯也承认这件事），因为否则几乎无法解释为什么法国在约莫19世纪末期，如生命哲学这样的思潮会快速流行起来，以及为什么20世纪前半叶法国会如此热烈地接纳德国的理论传统（参阅本书第十四讲）。为了找出与涂尔干所提出的观点相似，且能支持自己理论路径（亦即特别强调理论和规范）的论点，帕森斯也曾至少回溯了法国17、18世纪的"德育"传统（对此，可参阅 Johan Heilbron，*The Rise of Social Theory*）和托克维尔（Alexis de Tocqueville）的思想。

5. 同样地，帕森斯说德国思想史在很大程度上受观念论的影响，也是可批评的。之所以值得批评，不是因为他这个说法完全是错误的，而是因为"观念论"这个标签可能会使人们很草率地忽略掉在德国思想史中对行动理论来说非常有趣的思潮。诚然，在德国思想史的某个阶段经常提到"民族精神""德意志之魂"之类的词汇。尤其在第一次世界大战期间，德国知识分子会把这些词汇当作针对战争对手的斗争概念，并且说所有在德国可以发现的文化现象，都直接是一种"英雄精神"的体现。以此而言，帕森斯把德国主流思想传统的特色说成一种"流溢论"也不完全错，因为德国的确有一种思想方式，认为文化现象和社会现象不过表达了一种如"民族精神"或"时代精神"的超个人的整体性。但是德国观念论哲学的基础，根本上是一种关于人类行动的观点，这种观点让人们有很好的理由，去质疑占据帕森斯理论核心地位的"行动参照框架"概念。像是赫尔德（Johann

Gottfried Herder, 1744—1803）就对某些行动形式有相当深厚的反思，而且这些反思是帕森斯的概念工具没有掌握到的。赫尔德认为有一种行动旨在表达自我，亦即一种**表现**行动，这既不是（像功利主义所想象的那种）理性主义的举止，也不是（像帕森斯所强调的）指向共同体或由团体所共享的那种规范。加拿大的社会哲学家泰勒（Charles Taylor, 1931—　），借用德国的"表现人类学"，将赫尔德的表现行动概念诠释得很好：

> 如果我们将我们的生活想成是在实现一种本质或形式，这就不只意味着把这种形式具体化成现实，而且也意味着用一种明确的方式界定了这种形式是什么。……人类在实现一个观念之前，不完全事先就清楚这个观念是什么；只有在全部实现之后，这种观念才会变得完全明确。所以赫尔德认为，我的人性是独一无二的，和你的不一样，而且这种独一无二的特质只有在我自己的生命当中才能显露出来。赫尔德说，"每个人都有他自己的尺度，就如同每个人对他人都有自己的观感"。这不只是说每个人都是不同的，不然赫尔德的说法就没有什么新颖之处了。毋宁是说，这种差异界定了我们每一个人想要实现的独特形式。于是首次出现了这样一个问题，亦即是否一种既定的生命形式，是某个个体或某些人的本真表现。（Taylor, *Hegel*, p.16f.）

泰勒这段引文的重要性有两方面（以下也可另外参阅 Joas, *Die Kreativität des Handelns*, p. 113ff.）。一方面，赫尔德和其他表现人类学（Ausdrucksanthropologie）传统的思想家认为，行动不是一个在理性计划下，由事先被给定好的目的、功利观念等等所引导出来的，而是行动的意义是在行动中才慢慢对行动者显露出来的。但另一方面，行动也不是由社会规范引导的；行动更多地可以说是由内而外的，对于规范更多仅仅是遵守而已。读者不妨自己想想看在一些日常生活中的表现行动的例子，例如艺术作品的创作、优雅旋律的吟唱、借助身上的首饰来进行的自我美学展现，或是舞蹈律动等等。读者必然会承认，当我们在跳舞的时候，并不是为了（或至少不只是为了）一个事先被给定好的目的，也不是仅仅在遵守什么规范。不过赫尔德关于行动者的自我表现行动概念，绝不是仅局限在美学形式而已。赫尔德总是明确强调，行动中的自我实现也需要有他人的帮助，或是在日子过得安稳和平的情况下，才有可能；尽管赫尔德的说法被一些相当自负、自称为"天才"的人嗤之以鼻。

赫尔德的非理性主义的和非规范论的行动理解方式，乍听之下还蛮吸引人的。但事实上读者们不妨从日常生活中去想一些例子。在这些例子中，我们之所以会去从事这些行动，不是因为出于不理性的欲望，而是因为我们觉得这些行动本身比这些行动所要达到的目的还要重要。重要的是自我表现，而不是行动目的或遵守规范。我们之后有一讲会讨论新实用主义，那时候会再来谈谈这些现象和问题。这里我们可以先提醒的是，表现行动模式很难用帕森斯的"行动参照框架"来把握，他的行动参照框架在这里是完全行不通的。帕森斯之所以没有注意到这件事，与他特殊的汇聚命题形式有关，也和他急于贬低整个民族思想史传统有关。他没有搞清楚，"民族精神的表现"的概念最初可以回溯到行动的表现模式。所以他批评德国思想传统是一种"流溢论"，是对的，但他忽略这种行动模式，就没什么道理了。

＊　　＊　　＊

　　总的，且一般来说，帕森斯提出的汇聚命题最值得批评之处，就在于他的汇聚命题是一个相对单一线性的进步史观。帕森斯在他的《社会行动的结构》中，在言语之间显然更偏好帕累托而不是马歇尔（帕森斯崇尚帕累托也是因为帕累托**没有**沾染他那个维多利亚时期的进步乐观论的气息），也就是说他对斯宾塞以进化论来建构历史的方式是持批判态度的。但帕森斯自己却也以信奉进步的态度来阐述思想史。这是他的《社会行动的结构》中的一个矛盾，而他自己却没有看到。由于帕森斯的阐述实际上是信奉进步的，所以言语之间都透露着这样一种信念，即认为有一条清晰可见的从古典社会学家通向帕森斯自己的进步道路（这也是"汇聚"这个概念所暗指的意思！）。所以帕森斯可能实际上也认为，他的理论框架比那些古典社会学家更优秀。不过这并不是我们在这里要讨论的要点。我们更多是想警告一件事，就是思想史**通常**是由"赢家"，亦即由得胜的理论观点所书写的。就像我们前文以赫尔德为例所举的德国表现人类学的例子中可以看到的，不论是现在、过去，还是未来，后人总是可以从许多理论取向中学到些什么。就算这些理论被"进步"鄙视，就算这些理论原则上被人们遗忘了，我们都还是常常可以从这些理论中学到很根本的东西。如果认为人文科学可以通过"进步"，将**所有**过去很有用的人类生活与人类行动的经验内涵"全部打包带走"，并且也可以在理论层面涵盖掌握过去的一切事物，那么这种观点对我们来说也太奇怪、太过于自信了。所以不只对于历史学家，而且对于社会学家来说也是，回顾思想史是很重要、很值得做的事，因为人们永远都可以从中发现新东西。当代德国社会学家们也许花了太多的时间去阐释古典学者的思想和社会学这个领域的历史。但这完全是正当，甚至是必要的，因为这有助于去挖掘一些旧的、被遗忘的，但却也因此总是相当"新颖的"前人经验，而且这些经验会有助于改善当下的理论与解决

80

新的理论问题。

*　　　*　　　*

至此，关于帕森斯的汇聚命题的形式和内容，我们已经提出了一些很根本的、我们认为真的很重要的批评意见。其他的一些批评对我们来说则没那么重要，即便可能有一些道理。**不过**，因为有一些不是很重要的批评我们前文还是提到过了，所以我们仍需要对此至少作一些简短的讨论。

81　我们在上一讲就已经提到，帕森斯对功利主义的概念运用得太过宽泛。有论者指责帕森斯，说他关于功利主义的说法是错误的，也忽略了一些功利主义中可以发现的道德哲学和社会理论的论点（即便那些论点可能不是那么重要）。对我们来说，这种批评没有命中要害。因为有一些"更恰当地"诠释功利主义的功利主义捍卫者，常常也很难真正把这个理论方向界定清楚。所以在一些情况下，这些捍卫者所援引的道德哲学的论点和学者，虽说牵涉的范围和内容应算是功利主义的思想，但人们也还是可以质疑这些所援引的论点和学者是不是真的全部都是**功利主义的**论点和**功利主义者**。帕森斯只是说，近代盎格鲁－撒克逊哲学和古典政治经济学大部分都交织着功利主义的论点。但他没有说在这个传统中所有学者都是彻底的功利主义者，他也并没有说被他标为功利主义者的学者都只提出了功利主义式的论点。所以，如果反对帕森斯的命题，是因为认为斯密或其他学者的作品中还有非常不同和多样的道德哲学论点，不是只有边沁的"最大幸福原则"，那么这种反对意见其实没有什么意义（这种反对意见可参阅 Charles Camic，"The Utilitarians Revisited"）。帕森斯也知道他所谈到的学者提出过非功利主义的论点。所以他的论点铺陈首先是关于狭义的功利导向行动模式（＝功利主义）的逻辑和理论上的必然后果，而不是关于历史层面的适当概念定义或学者分类。他没有要谈英国思想史，他首先要谈的是 19 世纪中叶之后，最终基于功利导向的行动模式之上的经济科学。

还有人批评帕森斯所谓的汇聚其实根本上有显而易见的分歧。因此有一些批评帕森斯的学者（参阅 Pope/Cohen/Hazelrigg，"On the Divergence of Weber and Durkheim：A Critique of Parsons' Convergence Thesis"）认为，在涂尔干和韦伯各自的理论发展中，其论点和主题都越来越显著地分道扬镳了，所以帕森斯的汇聚声

82　称是荒谬不合理的，人们要拥护的应该是分歧命题才对。但这也是一个误解。因为帕森斯的讨论不是关于四个他所探讨的学者在全部的思想内容上的汇聚，而是

只关于某一个要点上的汇聚。这个要点就是唯意志论的行动理论的发展与探讨，亦即这四个学者都在处理行动和社会秩序这两个社会学的基本问题。

＊　　　＊　　　＊

讨论完了关于汇聚命题的争辩之后，我们接下来讨论关于帕森斯的"行动参照框架"的争论，亦即对于帕森斯对行动的理解方式的批评。这里同样有一些重要的批评意见。

1. 关于第一个批评意见，读者们可以用前文讨论过的赫尔德的"表现行动"来理解。我们这里再来重新提一个问题，即质疑是不是真的所有的行动都符合目的—手段框架，是不是除了达到目的和满足规范之外，就没有别的行动了。正如在我们对赫尔德的简短解说中可以看到的，如宗教仪式、艺术等等就不符合这种范畴（这里特别可以参阅 Hans Joas, *Die Kreativität des Handelns*）。或是如果读者们愿意的话也可以说，在行动光谱的"另一端"，有一些活动是不适用于目的—手段框架的。读者们可以想想看一些完全仪式性的行动，这些行动往往都是在还没有什么特别的意识、不是真的有什么深思熟虑的情况下就做的。读者们自己就可以想见，事实上日常生活中有很多行动都是这样完成的。比如做早餐。我们一年到头常常都在做早餐，但这并没有什么根据给定的方法而清楚设置的目的，我们也不会在做早餐的时候参照什么规范或价值。我们在厨房做的那些事（如从冰箱拿出黄油、煮咖啡、铺桌巾等等），想必也称不上一系列的计算行动。也许小时候第一次为父母准备早餐可以称得上是计算行动，你必须好好想想早餐是否真的包含弄黄油、煮咖啡和布置餐桌。那时你必须想清楚每个行动环节，并逐一付诸实施。 83
但到了今天你能很熟练地做早餐的时候，小时候做早餐时的目的设置早就已经被"吸收消化"了，我们不会再去多想那些事。这就是仪式化的行动。在执行行动时，早期的目的会直接蕴含其中，无须再多反思当下到底在做什么、要达到什么目标。所有这些，我们在第十二讲讨论英国理论家吉登斯（Anthony Giddens）时会再详细讨论。吉登斯正是注意到，帕森斯的行动框架在这方面是有缺陷的。

2. 帕森斯的"行动参照框架"受批评之处，还在于"客观主义"的偏误。根据这一观点，帕森斯没有真的考虑到行动者面对行动情境时认知的能力与局限。对帕森斯来说，行动者似乎总是清楚看到行动的手段和条件，仿佛行动的手段和条件就明明白白摆在那里、客观地摆在那里一样。但行动者对他的行动状况有多了解，是因人而异的，外在客观地进行研究并不容易。关于行动者在既定条件下会怎么做，社会科学家在得出可靠的结论之前，必须先研究行动者主观的看法（参阅 Warner，"Toward a Redefinition of Action Theory"）。在讨论与规范和价值有关的事情时，情况也是类似的。因为一个社会的规范和价值不是明明白白就摆在那里，或是本就如此的，而是总是被行动者所**诠释**的。反过来说，这些诠释成果也需要被研究，才能理解行动者的行动。仅仅去考虑"客观"存在的规范和价值，在这里是无法有进一步帮助的。这些要点之后都成为社会学理论讨论的核心主题，读者在本书稍后讨论象征互动论、常人方法论和吉登斯作品的章节中，就会看到。

3. 有一个对帕森斯的批评与上一个批评要点密切相关，就是帕森斯在讨论"单位行动"时，虽然指出行动的情境是每个行动的条件，并专门探讨这件事，然而他却避而不谈行动的**后果**。帕森斯的做法仿佛是说，一个行动一旦达到行动的目的，这个行动就结束了。这种分析方式，把单独行动当作完全独立的。但这种分析方式没有想到，行动的后果常常会直接反过来对行动者产生影响。不是只有**不同的**行动者的每个行动会构成一串序列形态；**我自己的**行动也同样会相互串连起来，因为行动也会产生我必须作出反应的后果。帕森斯理应对行动的后果有确切的分析，加上他在《社会行动的结构》中也详细介绍与讨论了帕累托关于行动副作用问题的研究。奇怪的是，帕森斯在描述他的行动参照框架时，却没有考虑到帕累托这方面的看法。后来帕森斯的其他同行，尤其是美国社会学家默顿（Robert Merton，1910—2003），才首次提出行动的"意图后果"和"非意图后果"的重要区分，亦即区分出我有意造就的事和我不想要造成的事。但这个区分可能还是不够的，因为在非意图后果的范畴中，还可以再区分出意料到的非意图后果和意料之外的非意图后果。可能我的行动后果中有一些严格来说是非意图的，而且我很清楚我无意引发这样的后果；然而我还是做了，仿佛我本来就想这么做似的，因为我想得到这个行动所意图的后果，而且这比起该行动中我不喜欢的副作用来说更为重要。在这个情况中我会一并考虑到我行动的副作用，因为我预先知道会有什么副作用。但是当然不是所有无意造成的副作用都可以被预料到，甚至能预料到的是极少部分。社会生活非常复杂，常常一个行动会带来行动当下压根儿都没有预料到的巨大后果。读者们可以想想 1914 年在萨拉热窝发生的刺杀事件。那时候奥地利皇储遭到暗杀所带来的后果，是暗杀者绝对想不到的，因为没有人（包括暗杀者）能够想象得到，这次暗杀竟会引发第一次世界大战的大屠杀（对此的详细解说，可以参阅 Anthony Giddens，*The Constitution of Society*，pp.10—14）。

4. 与行动后果相关的还有一个问题，就是到底在多大程度上，从一个行动者的行动、一个单次行动出发来进行讨论，才是有意义的。帕森斯仿佛假定行动者似乎都是自己自主地在行动；但他这样讨论"单位行动"，是不是导向了一个有偏差的观点？我们在前文谈过，有论者批评帕森斯在《社会行动的结构》中忽略了美国的思想传统和齐美尔的理论，而这种不同于自主的单位行动的观点，难道我们不应该也重视吗？像齐美尔的讨论出发点就不是单一的行动者，而是**社会关系**，因为他有一个很有说服力的观点，即认为社会关系才是让社会行动得以可能的人类原初社会性。人并非一到世界上就是一个行动者，而是首先作为一个什么都不会的婴儿生在社会结构中，然后**才从社会结构中习得行动能力**。因为人是先有社会性，才有行动能力的，所以把单一行动者置于理论中心的做法都是有问题的。美国实用主义者，这里尤其说的是米德，也是从类似的观点出发而提到这件事，而且他们的社会心理学的行动理论的观点更加精致、着重的要点也更加正确。但是，如我们在前文可以看到的，帕森斯在重构他的社会学思想的过程中，却对美国的实用主义"冷淡以对"。读者在本书后面谈象征互动论的章节中，对此会有更深的体会。

5. 帕森斯的行动参照框架受人批评之处还在于，没有清楚交代什么叫作"规范性的事物"。帕森斯在《社会行动的结构》里面谈到规范和价值，关于价值也谈到"最终目的"，但这里却没有真的去交代，规范和价值是否不同，以及如何区分，也没有交代规范和价值到底是怎么可以相提并论的。虽然当他谈到"最终目的"的时候，将个人的"最终目的"和也许是属于整个社会的"最终目的"完全区分开来，但他却没有再去追问，这两者是不是有什么关系。讽刺的是，人们也可以用类似于帕森斯指责功利主义的方式来指责帕森斯：帕森斯说功利主义避而不谈功利观念、愿望、目的等等是怎么来的，但他自己却也不曾努力去追溯价值是如何**形成**的、从何而来的，即便他把价值置于他的唯意志论的行动理论的核心，而且对他的理论来说没有别的概念比"价值"更重要的了。如果我们去读《社会行动的结构》（和帕森斯后来的著作），就会有一种印象，觉得价值就是存在了。但我们要怎么去设想某件事对人们来说变成一种价值了？还有，到底为什么它会变成一种**共享的**价值？帕森斯从来没有谈过这件事，人们要找答案的话得从别处去找（对此，可以参阅 Joas, *Die Entstehung der Werte*）。在后文讨论法国社会学（尤其是图海纳）和新实用主义的章节的时候，读者会再看到对此的详细讨论。

6. 最后一项批评，与前面几个批评的层次不一样，而且**帕森斯自己**也注意到并坦承他理论的这项缺陷。这项缺陷是，在《社会行动的结构》中，他没交代到底人类行动的动力是什么。人们可以拥有某些目标和价值，甚至拥有为实现目标和价值而必需的手段，但实际上并没有让自己去实现这些目标。那么行动的意志、努力、能量从何而来？帕森斯自己注意到，他没有谈到让目标与目的从原本只是假想的存在方式**变成现实**的"努力"、动力。既然他自己都看到了这个问题，那么回答这个问题就必然是他接下来的工作。

*   *   *

这六点对于帕森斯的行动参照框架的批评，请读者务必记牢。原因有二。第
一，《社会行动的结构》当然不是帕森斯的最后一部作品，而是第一部。所以我们
必须去问，帕森斯有没有看到这些批评，然后去处理它。这对于评断他接下来的
87 作品来说不是无关紧要的。第二，读者很快就会从我们接下来的几讲看到，许多
后来的社会学家都在处理帕森斯的行动参照框架，并且现代社会学理论发展的很
大一部分都是在跟帕森斯的思想体系对话。我们列举出来的众多理论和理论家，
都与这六点批判有关。

*   *   *

我们现在进入这一讲的第二部分。请抛开《社会行动的结构》，来关注帕森斯
接下来的著作。综观帕森斯的著作，可以看到两件很特别的事：**第一**，他持续在
润饰行动参照框架。如同前文提到的，他完全知道他忽略了行动的动力问题。他
没有充分分析是什么样的能量实际上驱使着人类实现目标和价值。正是在这个时
候，帕森斯开始潜心钻研精神分析。他甚至接受了训练分析（training analysis），也
着手了解他那个时代其他相关的心理学理论。这都是为了要能解释，哪一种在儿
童幼龄时就已存在的驱动力深植在人格中，并在这个人的一生当中刻画了这个人。
帕森斯对精神分析的细密钻研，清楚体现在他的著作中，并借此对上述六点关于
行动理论的参照框架的批判差不多都一并回应了，并将其作了富有成效的应用。
不过在 1937 年之后，他处理的首先是另一个主题和任务，而且这个主题至少第一
眼看来不太是以理论为核心，而是以经验研究为核心。

1937 年之后，帕森斯首先感兴趣的是医疗工作，并且他花了一年的时间去研
究哈佛医学院的医科学生的行为。医生和律师之类的都是一种"专业"，这些专业
的传统虽然可以追溯到资本主义兴起之前，但在现代（资本主义）社会中这些专
业的重要性一点也没有减少。相反地，医生和律师的数量一直在增加，而且其他
88 有着相同结构的专业也都备受重视。这之所以值得注意，是因为像医生这样的专

业在资本主义社会中是根据市场原则来收费的，但同时在这样的专业地位中也都几乎深植着相应于该地位的伦理，这种伦理清楚地约束了利己主义的市场原则。医师必须根据这种伦理，将自身视为病人的仆人和助手，所以不能做什么事或要求什么东西，都以推进自己的市场地位或经济利益为首要考量。一位紧急重症患者就算没有付钱，医生也还是会帮助他。医生不能做没有意义的手术，即便病人希望医生开刀并且愿意付钱。对于帕森斯来说，这种专业现象之所以重要，是因为这指出了资本主义事实上并不**只**遵循着功利原则，然后一步步消灭所有其他要素。帕森斯认为，在市场逻辑中很清楚地有一种伦理系统，并不是所有非市场的东西都"烟消云散了"（马克思和恩格斯在《共产党宣言》中就是如此预言，还有今天全球化的支持者和反对者也都总是如此声称）。大家可以看到，帕森斯就连经验研究也都有一种理论套路。读者们如果对这方面想多了解一点，可以去阅读帕森斯1939年写的文章《专业与社会结构》（收录于 Parsons, *Essays in Sociological Theory*）。

第二件特别的事情是，1930年末、1940年初帕森斯的研究重点放在政治分析领域。就像其他美国的社会科学家一样，帕森斯也被卷入美国政府的二战计划和战后计划。因为那时候急需熟知敌国社会、敌国的主要问题、重建民主政体前景等问题的人才。因此关于1933年之前和纳粹时期的德国社会帕森斯写过一些很优秀的论文和备忘录。他分析过希特勒崛起的条件，尤其是探问，美国需不需要担心会出现一个"美国的希特勒"。那时候，很多这类的论文没有发表，因为里头牵涉政府机密。不过，如果今天读者们想读帕森斯关于纳粹的研究，当然就没这个问题了。有本选集我们推荐读者阅读：《帕森斯论民族社会主义》（Uta Gerhardt, *Talcott Parsons on National Socialism*, 1993）。或是如果读者想阅读简短一点的文章，我们也推荐他在1942年写的论文《前纳粹德国中的民主与社会结构》（"Democracy and Social Structure in Pre-Nazi Germany"），收录于《社会学理论论文集》（Talcott Parsons, *Essay in Sociological Theory*）。尽管帕森斯的评估在许多方面从今天的历史科学的知识来看，都是过时且有所局限的，但他的分析还是远远好过于当时他在美国社会学界中的同侪。

89

*　　*　　*

从我们到目前为止的呈现方式来看，人们也许可以猜想，1937年之后，帕森斯的研究重点逐渐转向经验问题；或是从他对弗洛伊德和精神分析的钻研来看，他会继续深化他的行动参照框架研究，尤其是试着克服被人们指出的、我们所谓的弱点。但情况并非如此。

从后来非常晚才发表的手稿《行动者、情境、规范模式》（"Actor, Situation and Normative Patterns", 1939）来看，几乎与《社会行动的结构》的写作同时，帕森斯就已经开始思考一个更无所不包的**社会秩序理论**。他认为，他所发展出来的行动参照框架总的来看已经是完备且足够的了。所以对他来说，问题显然在于要再建立一套理论，以掌握和解释不同的经验秩序形式。在我们介绍《社会行动的结构》时读者们应该已经知道了，帕森斯的出发点是观察到，社会秩序已然存在了，所以功利主义的行动概念是错误的，或至少是不足的。他为此发展了"唯意志论的"行动概念，他相信这个概念可以用来理解社会秩序毋庸置疑的存在。在《社会行动的结构》中，对他来说，秩序本身不是重点，所以他在整本书里一直也没有明确把秩序加以理论化。但现在这个部分该补上了。为了要进行这项工作，帕森斯转向秩序理论。在一些二手文献中，人们贴上了一个相当恰当的标签"规范主义的功能论"，而且在他的第二部主要著作，1951 年出版的《社会系统》中，也提出了这个术语。由于读者对这个标签可能还一头雾水，所以我们会先来解释一下"功能论"这个概念，好让读者了解，帕森斯秩序理论的真正方向是什么。

*　　*　　*

功能论是一种思考方式。这种思考方式借由指出社会现象为更大的整体发挥了什么样的功能，来描述（甚至解释）社会现象。比如关于家庭，人们就会指出，家庭为更大的整体社会带来了什么样的（功能性的）贡献。这里人们可能很自然会想到，这些贡献有像养育年轻人，鼓励他们长大之后进入职业生涯（这对社会非常重要），由家长传递社会规范（这对社会也同样非常重要），诸如此类的。人们**也许**会说，家庭之所以会形成，是因为它为社会发挥了重要的功能。这里简短举的例子，也触及一种论点，这种论点的历史源远流长，并且在 19 世纪和 20 世纪中，在许多不同的思想体系和学科领域不断出现。帕森斯采用功能论的思想形态，究竟是受到谁或是什么思想的影响，已经不得而知。也许他在 20 世纪 20 年代，在伦敦经济学院与马林诺夫斯基（Bronislaw Malinowski, 1884—1942）的接触，起了决定性的作用。马林诺夫斯基在人类学研究中大力倡导功能分析方法。也许是因为帕森斯一开始是学生物学的，所以帕森斯注意到，器官对于整个身体和身体在环境中的持存是有**功能**的。又也许是因为帕森斯读过马克思的作品，而这起了决定性的影响，因为在马克思那里也可以发现功能论的论证（当然这种说法会有争

议）。对我们来说，最终到底是谁或什么影响了帕森斯，这个问题最终并不重
要。关于马克思理论脉络中的功能论的论证，只是我们想举出的一个显著的例子，　91
这是为了让读者了解功能论思想的特殊逻辑是有其独特性和难度的，并且让读者
不要把功能论局限在那些明确提及功能论的讨论中。

　　马克思在他对资本主义的分析中，不断强调所谓的"产业后备军"，亦即失业
人口大军的存在。他认为这对于资本主义来说是很典型的存在。这种后备军对资
本主义来说是极其有用的，因为这会减少已经有工作的劳动者提出加薪的机会。
也即劳动者没有真正强而有力的加薪手段，因为在要求加薪的抗议中，还有众多
想要有工作的人愿意接受更低的薪资。所以任何的抗议都是徒劳无功的。这**首先**
也就是说，失业人口大军为资本主义的结构和动力，发挥了必不可少的功能。因
为通过失业人口大军，资本家有可能更低成本地生产和剥削劳动力。但马克思在
他著作中的某些地方进一步声称，失业者之所以存在，是**因为**他们对资本或资本
主义来说是有用的，亦即因为失业者对资本主义系统是有功能的。换句话说，马
克思认为，是资本主义造成了失业者。

　　这乍听之下好像有道理，但是仔细再想一下，就会觉得有点奇怪，因为这**同
时**提出了**两种声称**。当人们提出这种声称的时候（对于许多功能论的论证来说，
这是很典型的声称），其实是很奇怪地把一个现象的原因和结果叠在一起。因为在
前面的声称中，失业原则上是资本主义系统良好运作的**前提**或是（共同）**成因**。
而在后来的声称中，相反失业却是资本主义系统运作的**后果**。从科学逻辑来看，
这是很成问题的，因为一个现象的后果或效果是在稍晚的时间点才能被观察到的，
但前提或成因则当然必须是在事前就存在的。对于功能论的论证，比方像在马克　92
思那里，是把原因和结果叠在一起，或是把效果当作原因来看。我们在运用这种
理论的时候，必须小心谨慎。尤其人们必须清楚一件事，就是当在指称一个现象
的功能时，一般来说并没有**解释**这个现象。在这里可以为读者举一个简单的例
子。动物对家庭，尤其是家庭中的小孩来说，具有重要的功能，因为它们可以培
养小孩一种负责任的态度，或是让小孩可以没有拘束地进入大自然等等。但绝对
不是因为如此，所以家庭当中才出现了宠物。或是如果说之所以会演化出金丝雀
和玳瑁，是**因为**它们对家庭发挥了功能，这当然非常荒谬。这个例子也说明一件
事，就是急于指称或"发现"一个现象的功能，绝对不意味就说出了一个现象之
所以存在的原因。大家要小心，不要简单把宣称功能和解释当作同一回事！

　　不过，如同读者以下将会感觉到的，社会科学，尤其是社会学，与功能论的
声称和解释常常是交织在一起的。在不同的脉络中都会出现这种声称，不论是左
派的学者还是右派的学者、马克思主义者还是非马克思主义者，都是如此。"功
能"这个概念的使用已经非常泛滥。而且在使用"功能"这个概念的时候，经常
既没有仔细解释一个现象对于更大的整体来说**确切的贡献**是什么，也没有解释是

否，以及如何能够通过宣称某个功能而可以**把事情解释得更好**。这也难怪，在社会学中常常可以发现所谓的"功能论的偏见"，亦即假设所有发生的事情对于更大的整体的持存来说，都是必要的，亦即都是有功能的。当失业率提升了，这种观点就会认为这无疑对"资本"来说有功能必要性，尤其是因为如此一来劳工的议价能力就会下降，薪资可以被压低。当失业率下降了，这种观点又可以反过来说，资本如何能够有效使用和剥削劳动力，以及失业率的下降和相应的就业率的上升又因此多么有功能。这为随随便便的论证大开方便之门，而且也没真正解释任何事。我们在介绍吉登斯的章节中会再回过头来谈这件事，社会学领域有一些很尖锐也很聪明的功能论批判者，只不过这些批判者又矫枉过正了，建议社会学应该最好在几十年后把功能概念全部抛弃掉，而不是用比较松散的方式来运用功能概念。

不过，难道功能论的论点因此就毫无意义或是错误的吗？错，并不总是如此。第一，功能论的论点在研究过程中扮演了一个具有启发性、有助于推断真相的角色。虽然事实上在社会科学文献中，当在指出功能关联的时候，很少一并证明这些关联是实际存在的。所以功能论的论点首先都只是一些貌似合理的假设。但假设无论如何都是需要验证的！也就是说，功能论的论点可能也提供了一些能被证伪的假设。就算功能论的论点没有解释任何事，它还是指出了一条能真正解释事情的**途径**。第二，需要说明的是，仅仅只有当一种社会现象可以被指出有**实际上的反馈过程**的时候，功能论把原因和效果叠在一起的典型做法才是能被允许的。也就是说，当马克思说失业者之所以存在是**因为**失业者最终对资本和资本主义是有帮助的，因此是有功能的时候，如果这种说法要能够成立，马克思必须不仅指出失业大军对资本家是有用的，还必须指出，在资本主义中某些行动者（比如资本家）所谋划的策略，实际上产生了某种失业劳动力的储备库，或至少巩固了这种趋势。或是再抽象一点来说，马克思的论点必须指出，某种现象有什么样的后果，以及这些后果如何相当具体地对现象有反馈性的反作用，使得这样的后果同时也是成因。

这种反馈效果可以是简单的，或者动态的性质。关于动态的性质，可以以体温为例。人体会通过补充能量、毛发覆盖、运动等方式来保持一定的温度。如果体温因为过多的运动而上升了，就会通过（冷却性的）出汗来进行反向作用。而如果体温在运动阶段之后大幅下降，让身体感觉到冷了，那么为了发挥保暖的功能，身体的毛发就会竖立起来，身体必须再通过摄取食物以补充能量等等。这里有一种动态的、持续改变的动态过程，让人们可以观察到**具体的反馈过程**。对于这种过程，人们就可以相对没有问题地使用功能论的语汇。当然，是不是在任何环境下或在所有学科中，使用功能论的论点都是没有问题的，也是可以商榷的。

无论如何，对功能论的补充说明已经指出，这种思想体系在社会科学中会很容易导致充满问题的结论。既然帕森斯用功能论来建立社会秩序理论，那么我们也就可以问，他是否能够避免功能论的"陷阱"和问题。但在这之前，我们最后还要再提一件重要的事。我们已强调过，**任何**行动理论都会指向一种秩序理论，也就是说，一种行动理论也会需要一种秩序理论。帕森斯在 1937 年之后，兴致勃勃地把秩序理论的概念化当作他的任务。但是功能论（而且在帕森斯那应该称作"规范主义的功能论"）只是秩序理论的**一个**例子。功能论并非**就是**秩序理论。我们认为，帕森斯的行动理论**不必然**就会导致要采用功能论的观念。但是帕森斯就是转向了基于生物学观念上的功能论（而且同时还使用了"系统"这个概念），如同他在我们上文提到的于 1939 年撰写的手稿《行动者、情境、规范模式》所指出的那样：

> 在某种意义上，社会系统倾向于"稳定平衡"，倾向于**作为**一个"持续运营"的系统以维持自身，并且结构模式若不是稳定地持存下去，就是通过发展历程而持存下去。以此而言，它类似于（但**不**等同于）有机体，从短期来看它倾向于以生理平衡，或曰"动态平衡"来持存下去，长期来看则倾向于以生命循环的曲线来持存下去。（Parsons, "Actor, Situation and Normative Patterns", p.103）

　　帕森斯所说的"社会系统"是什么意思，我们下文在讨论帕森斯于 1951 年出版的《迈向一般行动理论》和《社会系统》这两本阐述功能论最成熟的著作时，会作详细的解释。但首先当然还需要说明，为什么要将帕森斯的功能论标示为"规范主义的"功能论。不过这对读者来说不会太难，因为大家已经了解了帕森斯早期著作，也已经了解其中关于规范和价值的重要性。帕森斯的功能论和其他功能论的不同之处，仅仅在于认为**价值和规范**不论是对个体行动，还是对社会秩序的稳定来说，都具有核心的重要性。研究所有的社会现象，考察这些现象在**规范和价值**的持存与沿袭方面如何发挥功能，实际上会变成帕森斯之后的研究纲领。也就是说，规范和价值对帕森斯的功能论来说是一个出发点，一个最顶层的分析参照点。生物学当然不是这样，对生物学来说最顶层的分析参照点是有机体在环境中的生存。其他社会科学的功能论，甚至是马克思的所谓"唯物主义的功能论"，当然也不是这样。所以**"规范主义的"功能论**是一个很适当的标示，即便帕森斯自己并没有使用这个概念，而是说"结构功能的"分析形式，亦即一种结构功能论的取向（参阅 Parsons, *The Social System*, p.Ⅶ）。

　　读者从上述引文中可以知道，帕森斯在建立他的秩序理论时使用了系统概念。当说到"社会系统"的时候，就已经表明了他知道还有**别的**系统。但我们按顺序来，先解释帕森斯所谓的"系统"到底是什么意思。于此，我们可以来描绘帕森斯在合著的作品《迈向一般行动理论》中，最详尽地发展出来的思想。

*　　　*　　　*

从《迈向一般行动理论》这本书的书名就可以知道，帕森斯将行动理论，也就是他的"行动参照框架"，视作他建立秩序理论的出发点。读者在上一讲已经知道什么是"行动参照框架"了，而且帕森斯实际上对这个概念没有作太多修正。就算他用了一些不太一样的术语，行动理论的地位在帕森斯的思想中依然没有改变。行动者总是在某个情境中行动，也即行动者会与某些对象，不论是非社会的（物理的）还是社会的对象，产生关系。而与社会对象产生关系，意指和其他人（行动者甚至可以把他自己当作这个"其他人"）或是和集体、团体产生关系。在行动过程中，行动者会选择要专注于谁或什么，要以谁或什么为**导向**。行动者的行动导向是一种选择过程。如果这些行动导向集中在一起，产生了规律性，那么帕森斯就会说有一种行动系统。

> "系统"这个词意指在相关的经验现象中存在着一种明确的相互依赖关系。"系统"这个概念的对立面，是随机可变性。但系统不意味着僵化。（Parsons, *Toward a General Theory of Action*, p.5, Fn. 5）

在《社会行动的结构》中，帕森斯最关心的一个问题就是**不同行动者**的行动如何能够结合在一起，因为他想解决功利主义的"目的随机性"的问题。在《迈向一般行动理论》中他又进一步问道，**单一行动者当中**稳定、规律的行动导向是如何实现的。同时，前文提到的批评，亦即指责帕森斯的行动参照框架概念缺乏动机元素，在《社会行动的结构》中从未解释到底是什么驱使着行动者，帕森斯

97 在这里也同时"作出回应"。因为帕森斯运用了他在 1937 年之后对心理学和精神分析所进行的研究。他描述了行动者的人格，如何通过具体的学习过程和早期童年经验 [在童年经验当中，弗洛伊德（Sigmund Freud, 1856—1939）强调亲子关系的性的面向扮演了很重要的角色]，建立起**认知的**行动导向和情绪性的（亦即**情感投注的**）行动导向。与客体联结在一起的情感形式，被帕森斯称为"投注"（这是弗洛伊德的一个关于性欲方面的依恋概念）。认知导向和情感投注导向会借由**可评估的导向**，亦即可以评价或符合价值的导向，来加以**整合**。

> 有机体的整合，需要根据更大的评估单位在很久以后会发生的后果，对

> 被直接感知到的客体和投注的兴趣，进行评估和比较。评估的标准，要么是真实性的认知标准、适当性的判别标准，要么是正确的道德标准。（Parsons, *Toward a General Theory of Action*, p.5）

用比较简单的方式来说：在任何行动中，认知动机、投注动机，以及最后（并且会涵盖了认知与投注动机的）评估动机，都融合在一起，而且这也解释了行动者为什么会被驱使要"努力"和想要去做些什么。

这样的背景下，我们可以明白为什么帕森斯会把人视作"行动系统"。因为在人身上，基于上文提及的童年经验和学习过程，由认知、投注、评价所相互交织出来的**稳定的**行动导向聚集而成。人的行动不是偶然的，行动导向会建立起一种模式。于此，帕森斯提到了"人格系统"，因为人的行动会根据过去的体验表现出一种一致性。

> 这种系统可被称作人格，而且我们将会把人格定义为个别行动者有组织性的行动导向系统和行动动机系统。（Parsons, *Toward a General Theory of Action*, p.7）

行动导向的聚集，当然**不是只存在于一个人中**，而是，如同我们在分析《社会行动的结构》时已经知道的，**也存在于许多人之间**。正是因为有规范和价值，所以会形成稳定的行动导向和行动期待，并且从中产生**不同行动者**有序的相关行动。这就是帕森斯所说的"社会系统"。

> 社会系统……由诸个体的关系所构成，但这个系统是围绕着内在于复数个别行动者的社会互动或从中产生的问题所组织起来的，而不是围绕着伴随单一行动者的行动整合所产生的问题所组织起来的……（Parsons, *Toward a General Theory of Action*, p.7）

然而"人格系统"和"社会系统"并不是在经验上可以真正区分开来的现象，它们没有自身的实质领域，而是一种表述方式，在这里是在呈现（用科学理论的话来说，就是）**分析方面**的区分。要关注人格系统，还是要关注"社会系统"，可以随研究者的兴趣而异。因为一方面，行动者当然是一个人；但同时，他某部分的人格也会镶嵌在与其他行动者的互动脉络当中。所以研究者不能将之当作两个实质区分开来的"对象"或"现象"来看待。

帕森斯还从这两个系统中再区分出一个系统，不过在他发展的这个阶段，还**没有**把这个系统理解为一种**行动**系统。这个系统是"文化系统"，这是与文化象征相关的有序事物。在这里，帕森斯涉及的问题是，观念或信仰系统是如何关联起来的？表述符号、风格或艺术流派，如何建立出一个比较同质的整体？或是社会的价值如何表现出某种内在相关性？

> ……文化系统有自己的整合形式和整合问题，不能简化成人格系统、社会系统，或两者的总和。文化传统本身是所导向的对象，也是行动导向当中的元素，它必须同时根据概念和经验来和人格系统和社会系统相关联。除了体现在具体行动者的导向系统之外，文化即便会作为人造物和象征系统而存在，它本身仍不是以一种行动系统而组织起来的。（Parsons, *Toward a General Theory of Action*, p.7）

99　　读者在这里可以发现，难怪系统在帕森斯的理论中具有这么大的重要性。因为系统牵涉价值与规范，而帕森斯在《社会行动的结构》中讨论行动的协调时，价值和规范的解释就已经处于核心地位了。价值出自文化系统，而且价值必须通过两个过程来牢牢确立在两种行动系统当中：一个是人格系统的**内化**过程，另一个是社会系统的**制度化**过程。因为我们稍后会再仔细讨论制度化，所以这里我们先简略地谈一下内化。

　　帕森斯借着加强对**行动动机**的关注，区分与此相关的认知动机、投注动机以及评估动机，努力对原本行动参照框架当中至少**一项**弱点进行弥补。投注概念指出了与客体的联结和对某些客体的排斥。同时帕森斯也回顾了弗洛伊德的理论要素，指出"性"的重要性，并且强调生物驱力如何转变成特殊的幻想，接着转变为行动动机。而人类的行动驱力和文化价值是交织在一起的，这就是"社会化"过程。通过社会化过程，人类就将投注动机和评估的/具有价值的动机联结、交融在一起，因为比如父母会传递价值、象征和信仰系统，并且这些价值、象征等等，会借着由幼童的性领域所转变来的驱力能量而持续被吸收、接受。也就是说，在社会化过程中驱力会积累成价值，以此驱力就会变成被社会接受的形式。孩童于是就"内化"了社会的规范和价值。

　　一旦考虑到内化过程的重要性，那么文化系统当然就具有极高的重要性了。不过它只是行动系统的一部分。再次强调，"人格系统""社会系统"和"文化系100 统"都仅仅是分析上的区分而已。

＊　　　＊　　　＊

若人们把到目前为止所介绍的帕森斯的论证步骤好好检视一番的话，就会发现，他借着指出行动的认知、投注和评估**动机**，扩展了一般行动参照框架，以此将一般行动参照框架大体上保留下来了。这里真正创新的地方在于，他将系统概念带到一个相当关键的位置，并由此出发来发展他的社会秩序理论。尽管谈到了不同的系统，但所有这一切在他参与编纂的《迈向一般行动理论》中已经初步提出来了。

不过真正有计划地呈现帕森斯这些想法的，是他另一本大部头著作，也就是与《迈向一般行动理论》同一年出版的《社会系统》。在《社会系统》中帕森斯认为，一般行动理论与一般秩序理论，都必须把这三个系统全部考虑进去。不过不同的学科和子学科会有不同的重点。知识社会学的优先任务（也许哲学和神学等等也一样）是分析"文化系统"，心理学致力于"人格系统"，而社会学的任务则首先应该处理"社会系统"。在"社会系统"发现并指出的理论问题和经验现象，应该是社会学的主要研究对象。

当然，唯有我们去处理"一个社会系统具体来说到底是什么"的问题时，社会学的研究对象才会是帕森斯说的那些东西。到目前为止，帕森斯只给了我们一个抽象的定义，只是告诉我们社会系统与另外两个系统不一样。所以帕森斯首先清楚指出，社会（society）就是社会系统（social system）。

> 一个社会系统，会以它自身内在所拥有的资源，来满足长期持存所需的一切本质方面的、功能方面的先决条件；这种社会系统被我们称作**社会**。"社会"这个概念并不是说，社会在经验上无论如何都不应该与其他社会相互依赖，而仅是说社会应该包含作为一个独立持存的系统所要具备的结构基础和功能基础。（Parsons，*The Social System*，p.19）

101

依照帕森斯的说法，社会原则上是一个独立的、自给自足的社会系统，同时社会里面还包含着无数的社会系统，包含着人与人之间与行动有关的有序事物（虽然与行动有关的有序事物并非无所不包），例如机构、团体、家庭等等。团体、家庭等等也是社会系统，只不过不像"社会"这个社会系统那么自给自足。也就是说，各种不同形式的小系统，会跟"社会"这个最大的社会系统交织在一起。

帕森斯在此强调，首先要做的是一般性地分析社会系统的**静态状况**，也就是确立构成"社会系统"的元素，然后去问社会系统的**动态状况**，亦即去问社会系统是如何，以及通过什么方式而变迁与改变。对于社会系统静态状况的强调，也直接造就了"功能前提"的概念。所谓的功能前提，意指让作为"社会系统"的行动系统得以持存的**一种**必要条件。

首先，一个社会系统的结构不能与个别行动者（亦即构成社会系统的生物有机体和人格）的运作条件完全不兼容，也不能与文化系统相对稳定的整合的条件完全不兼容。其次，在这两方面，社会系统仰赖其他系统的最低限度的必要"支持"。也即，它必须与它的角色系统的必要条件有足够的一致性，要能够积极地满足期待，并且消极地避免太多的破坏性的、异常的行为。另一方面，它必须避免文化模式无法界定秩序的最低限度或对人提出不可能的要求，以免产生某种程度上与稳定有序的发展的最低限度的条件不兼容的异常和冲突。（Parsons，*The Social System*，pp.27—28）

就算读者没有完全读懂这一段在写什么，应该也可以看出来，帕森斯在谈论一种会发挥功能的"社会系统"，而且社会系统有一定的稳定性，相对来说不会有冲突。但社会系统若要有一定的稳定性且不会产生冲突，必须使得参与互动的人格系统在社会系统中，发展出足够的动机与这个"社会系统""共舞"，并使得文化系统能提供所需的价值和象征，保证"社会系统"中的互动参与者会有序地参与互动。这种人格系统和社会系统之间的相互渗透，以及文化系统与社会系统之间的相互渗透，对于一个"社会系统"的持存来说，是最基本的前提。此外帕森斯还补充，每个社会系统当然也必须解决配置问题（这里的配置意指财物的分配，这也等于指出每个系统在任何情况下都会需要物质资源），并且必须将系统的内在任务进行分化（*Toward a General Theory of Action*，p.25）。所以现代社会当中的家庭，既需要钱，也需要在家庭成员之间形成一种分工组织，才能无碍地持存下去。

如果人们再追问社会系统的**元素**是什么，那么毫不意外，帕森斯会说是个别的行动以及行动者自身（行动者可以是一个团体或集体）。但他还指出一些其他的元素。这个元素在上段引文当中就已经出现了，也就是"社会角色"：

于是我们可以说，涉及个别行动者，并且是涵盖了从最基本的个别行动者到最复合的个别行动者的社会系统，有三种不同的单位。第一种是社会行动，它由行动者所表现出来，并指向一个或多个被视为对象客体的行动者。第二种是身份角色，身份角色是一位或多位行动者的行动子系统，并且这种行动子系统是具有组织性的。同时这（些）行动者具有被给定的互惠身份，根据被给定的互惠方针对彼此进行行动。第三种社会单位就是行动者本身，所有具有组织性的身份系统和角色系统都会涉及行动者，行动者于此是一个社会对象客体，亦是角色活动系统的"创造者"。（*Toward a General Theory of Action*，p.26）

社会角色，或曰身份角色对帕森斯来说之所以如此重要，与我们已经熟知的秩序问题有关。这个秩序问题产生自若干行动者的行为彼此相互关联的情况：共同行动究竟是如何成真的？即便在日常生活当中，共同行动的实现并不成问题，但从社会科学家的分析观点来看，这是很成问题的、绝非自然而然的。众所皆知，帕森斯的回答牵涉价值与规范。不过价值与规范必须先得到清楚说明，**被转化**成清楚的规范，然后变成制度，沟通和共同行动才不会失败。价值必须借助制度才能变得具体，也就是说价值必须**制度化**。于此，角色概念便有一席之地了，而且角色概念还是 20 世纪 50 年代、60 年代的社会学**诸多**核心概念之一。角色是行为模式，是行为规章的集合。我通常自己会符合、必须符合，也愿意符合这些行为模式、规章。我身边的人也会期待我这么做。如果我的行为让人失望了，亦即作出了错误的行动，那么其他人会以惩戒、鄙视等形式来制裁我。由于角色也道出了价值，所以角色保证了人类有序的共同行动。

> 唯有将制度化的价值内化进行动者，社会结构中的行为动机才会产生整合，更深层的动机才会获得控制而满足角色期待。唯有当这件事以很高的程度发生了，才有可能说社会系统是高度整合的，并且集体利益和构成集体的成员的私人利益才可以说趋向一致。（*Toward a General Theory of Action*，p.42）

事实上，对于帕森斯的这个理论建构的这个阶段来说，角色概念是非常关键的。这可以从两方面来看。一方面，将这个社会学的概念摆在核心位置，跟帕森斯的理论有很清楚的一致性。帕森斯可以借此进一步延伸他尤其在《社会行动的结构》中已经在进行的工作，亦即将社会学和其他科学清楚划分开来。正因为他在分析"社会系统"时极为重视角色概念，所以他可以论证说，社会事物可以不源自自然。帕森斯于此是想与生物学划清界限。但光这样是不够的。凭借角色概念，帕森斯可以指出，社会事物并非直接源自文化（这是要和文化科学划清界限，部分也是要与文化人类学划清界限的策略），并且也不是源自一些个别行动的单纯总和（这针对的是心理学）。凭借角色概念，帕森斯漂亮地论证了社会事物的独特性，也论证了社会学这门学科是必不可少的。

另一方面，角色概念完全体现了帕森斯的"规范主义的功能论"的基本思想。因为角色概念一来详细呈现了规范和价值，二来同时满足了系统的功能要求：

> 从社会系统的运作方面来看，角色是首要机制，系统的基本功能前提是借由角色来满足的。（*Toward a General Theory of Action*，p.115）

凭借角色概念，帕森斯很好地说明了社会系统的某些"任务"是如何，以及通过谁来执行的。比如母亲角色或父亲角色为"家庭"这个社会系统的运作作出了什么贡献。那么，一个学校班上或小团体中的"开心果"或"怪咖"又执行了哪些功能呢？现代媒体社会中的政客角色，对比以前的政客，是否改变了，以及为什么改变了呢？一个大型股份公司的董事会主席的角色该怎么明确定义？这个角色对企业来说又执行了什么功能？所有这些问题表面上都可以再不断提出来，然后在一个整体的理论框架中"加工讨论"。

帕森斯的"角色理论"当然不是说行动者必然会不计个人得失地自动"按照剧本演出"角色。他在著作中某些地方也说了，除了遵照规范的行为之外，个体面对系统时当然也会有完全脱离角色期待，或是以更有创意或另类的方式对待角色期待的情况（*Toward a General Theory of Action*, p.24）。帕森斯的一些同事，比如前文提到的默顿，就注意到，在一个人的角色之内、角色之间，自然总是会有冲突和悖离，这对社会变迁理论来说正好可以是个要点。不过帕森斯的分析所牵涉105 的，一直都是系统的**持存要求**，这也让 20 世纪 60 年代和 70 年代的社会运动，对帕森斯的思想抱持着不信任的态度，因为那时所提出的批判问题，首先就是针对要如何有可能**超越克服**现有的系统，但是角色概念却首先适用于描述**现有**结构的运作。很奇怪的是，帕森斯在那个时候几乎仅仅专注于社会行动和社会秩序。对社会学来说很重要的**社会变迁**分析，很长一段时间被他抛在脑后。不过我们下一讲会再来讨论这件事。

＊　　＊　　＊

无论如何，帕森斯用这种结构功能论的理论，在很大程度上预先为当时社会学的经验研究实践架起了一个结构。我们在这一讲的尾声来简短谈一下这件事。帕森斯的功能论，不只对他的追随者来说，而是对于整个社会学而言，是为经验研究的纲要提供一个出发点，尤其对两个主题领域更是如此。这两个帕森斯自己就曾提过的领域，就是在《社会系统》中的一章提到的角色学习，亦即社会化，以及越轨行为。事实上，社会化研究就是从帕森斯那里得到启发，而蓬勃发展的。比如，在社会学意图自我宣称为独立学科的背景下，社会化研究可以通过对**社会角色学习**的研究，而与生物学和心理学区隔开来。与心理学相区别开来，也正好牵涉一件事，就是社会学的社会化研究涉及的是不同于发展心理学的另一个主题：社会学这里的核心重点不是孩童道德能力或认知能力如何根据自身的逻辑发展起来，而是将人放置到社会秩序中，还有将社会化视为一个一直到老都必须持续进行的过程，而不是仅止于童年的过程。

106 　　另一个主题则正好跟第一个主题相反，主要是犯罪社会学和"越轨行为社会学"所研究的某些人的价值内化**正好不**成功的**那种**状态，或是研究为什么在某些社会领域中价值的内化是不够的，并且因此相应地产生越轨的、不符合规范的行为。帕森斯的理论对这方面的影响是很大的，因为借用他的理论，这个所谓的越轨行为研究的领域可以在理论层面很扎实地建构起来。当然这里必须避免一个可能的误解，就是帕森斯和以帕森斯的传统进行研究工作的社会学家仅仅声称，社会秩序是由价值和规范所凝聚起来的，所以偏离这些价值和规范的行为在任何一种秩序中都是成问题的，这些行为要么被严厉惩罚，要么被讥讽讪笑或摇头叹息。但帕森斯和他同事的意思当然不是说，偏离秩序的行为都是**该**被惩罚的。就算是帕森斯式的研究纲要的批评者有时候也会说，功能论的越轨行为理论可以描述和（也许能）解释偏离秩序行动形式。不过接下来的政治目标或社会政策目标当然就与此理论无关了。

*　　*　　*

不过我们回到纯理论的部分来结束这一讲。帕森斯没有始终停留在这里所呈现的理论立场，这也表现出他在 20 世纪 50 年代的巨大创造性。他不断以他自己所谓的"结构功能论"的理论体系为核心主旨来进行研究。在他进一步的研究中，有些早期的发展没有再继续、中断了，有些则陷入理论的死胡同；但从许多方面来看，他还使在《迈向一般行动理论》和《社会系统》中发展出来的立场更加激进化了。这是下一讲要来谈的主题。

第四讲

帕森斯与规范主义功能论的进一步发展

107 　　帕森斯在 1937 年出版的《社会行动的结构》中奠定了他的行动理论的根本基础，在 20 世纪 50 年代初期出版的《社会系统》与几乎同时出版的姊妹作《迈向一般行动理论》中，大力发展了秩序理论。在这之后，他的研究也通过对后续的理论问题的处理，取得了优秀的成果。当然，很快就显而易见的是，他的行动理论和他的功能论的秩序理论之间有某种张力，也即这两者之间的关联是不清楚的。虽然帕森斯进一步将他的行动理论处理得更精致与更丰富，也用了一些新的观念让他的功能论的秩序概念拥有更扎实的基础，但帕森斯终究都没有成功地将这两种理论模型如众所期待的那样整合在一起。而且，没错，事实完全相反：帕森斯将这两个理论修饰得越多，这两个理论就越明显地无法真正调和在一起。并且回过头来看他 20 世纪 50 年代的早期著作到 1979 年过世为止这之间的理论发展，让人有一种印象，就是虽然他理论的许多焦点都更进步了，但他再也无法完成一种真正的综合，无法造就出一体成形的宏大理论。当我们在这一讲介绍帕森斯这一个阶段的理论发展时，读者如果觉得帕森斯"中晚期"的著作，好像是另外一个理论的基石而不是一种与前期保持一致性的理论的话，这是很正常的。从 20 世纪 50 年代早期以来，我们至少可以从他的研究中辨别出五个有理论重要性，但差异性非常大的理论领域。

　　1. 首先，在与《社会系统》同时出版的（也是我们已经提过很多次的）《迈108 向一般行动理论》中，帕森斯的抱负是持续建构他的行动理论，并以此**直接**走向秩序理论；也就是说，他想将行动理论与秩序理论紧密结合在一起。帕森斯至此发展出来的"行动参照框架"完全是抽象的，也仅仅指出了一些行动的元素，但没有说清楚行动会朝向哪些方向、可以朝向哪些方向，或是也没有说清楚行动会设置、可以设置哪些具体的目标等等。人们也可以说，帕森斯在《社会行动的结构》和在精神分析的影响下所进行的接续研究中，几乎仅仅只讨论行动的抽象"形式"而没有讨论行动的"内容"。但现在的情况不一样了。帕森斯在 20 世纪 50 年代初期为自己立下了一个任务，要将他的行动理论和一个无所不包的行动取向（或行动选项）类型学相关联。借此他想要说清楚，人类行动**可以**采取哪些内容，以及行动有哪些目标或取向是可以预见的。当然，帕森斯已经有了一个榜样，就是韦伯著名的行动类型学（可以参阅收录在韦伯《经济与社会》中的《社会学的基本概念》），其中区分出了目的理性行动、价值理性行动、传统行动以及情感行动。帕森斯想再推进类似于此的系统分类，并勾勒出他所谓的"模式变项"（pattern variables）。模式变项意指人类行动会在五组二分选项当中游移，人类每次采取行动时都必须在这五组互斥二分的可能选项当中进行选择。帕森斯指出，这五组二分选项是：

（1）情感—情感中立

（2）自我取向—集体取向

（3）普遍主义—特殊主义

（4）继承—成就

（5）特定—宽泛

（Parsons, *Toward a General Theory of Action*, p.77）

第一组二分选项牵涉的，是我可以，也必须决定我的行动取向是否强烈地基　109
于情感之上。在我的某些行动当中，情感是重要的，甚至某些情感扮演了决定性的角色。我的私人生活和情感生活即是例子。在其他领域或情况当中，情感是次要的，比方在工作当中，我对学生的指导最好不要带有太大的情绪（也就是"情感中立"）。而我在每个具体的情况下都必须决定，关于我的情感怎样才是适当的。

还有，每个行动也必须在"自我取向"和"集体取向"中进行选择。也即，我做这件事仅仅是遵循着我自己的利益，还是遵循共同体的利益。人不能总是只遵循自己的、也许是利己的目标，有时候也必须考虑到集体和集体目标。

在第三组二分选项当中，关于我所有的决定和行动，都必须扪心自问，我是否要真的遵照着关涉所有人的准则来行动，还是要遵照着仅针对特定团体的准则来行动。帕森斯认为，人类行动总是含有规范面向，所以我必须搞清楚，我认为有效的规范具体来说对谁而言是有效的。我是要根据对所有人来说都是相同的规矩来行动呢，还是根据仅针对我的邻居、朋友或亲戚的规矩来行动？"你不能杀人！"这个规则要保护的是所有人（所以是一种普遍主义的规矩）呢，还是这规则只牵涉共同体当中的人，甚至是某些特定的人，所以杀害陌生人或"非我族类"的人是被允许的，因此属于特殊主义的行动取向呢？

第四组二分选项指出，我的行动和判断必须区分出，我是不是要根据背景、出身、外貌等等来判断其他人，亦即是否根据并非自己造成的一些继承特质来判断他人，还是要根据他人的成就和功绩来评估他人。　　　　　　　110

最后一组二分选项，则是在考虑到所有可能面向，因此也比较宽泛的行动，与专注于清楚而有限的任务，因此也是比较特定的行动之间，进行选择。我作为一家之主的行动是宽泛的，因为我期待的行动包括经济方面（我必须照顾家庭），社会方面（我也许会有参与当地学校的家长会活动的任务），还有情感方面的（我是个深爱小孩的父亲）。而当我身为供暖设施装配人员时的活动，就比较特定。我就只要明确如实完成工作上的任务即可。

＊　　　＊　　　＊

关于帕森斯这个后来非常有名的模式变项，有两个可能的误解一定要避免。

第一，帕森斯提出来的这个行动类型学，显然比韦伯提出来的行动类型学还要复杂。不能简单认为这两者就只是行动类型数量不一样而已，也就是不能把帕森斯的五种模式变项跟韦伯的四种行动类型简单作对比，然后说帕森斯的行动种类不过就是变多了而已。韦伯提出的是四种行动类型，并且一个行动若不是目的理性的，就是传统的，不能同时既是目的理性行动又是传统行动；若不是情感的，就是价值理性的，不能同时既是情感行动又是价值理性行动。但帕森斯的这五个模式变项不是行动类型，而是**二分选项**。因为原则上这五组二分选项是可以结合起来的，所以照理来说从中至少可以推导出 32 种行动类型（因此这个概念才被叫作"模式**变项**"）。读者们可以简单算一下，五组二分选项组合起来是不是共有 32 种行动的可能性或类型。这也意味着，一个情感中立的行动，会因为再结合剩下的四个二分选项，而成为完全不同的情感中立行动。一个情感中立行动可以同时是自我取向的、普遍主义的、成就取向的、宽泛的，或是采取截然不同的变项组合方式，而形成完全不同的行动方向。不过，帕森斯提出的行动类型虽然明显比韦伯所提出的类型还要多，但这不代表什么。类型区分必须在实际研究当中获得证明，可是帕森斯马上就说了，不是所有理论上可以从模式变项推导出来的行动类型，都可以在经验研究中找到。我们可能会怀疑，模式变项也许不像帕森斯所说的那么有创意、那么有系统性，真的可以把实际上**所有**想得到的行动可能性都包含在内；因为读者都可以再追问，是不是除了帕森斯这五个既有的二分选项之外，就再也想不到别的二分选项了。尽管如此，借由模式变项，帕森斯无论如何还是能比韦伯更敏锐地掌握各式各样的行动取向可能性。

第二，当帕森斯说，每个行动者在行动时都会，或必须面临五个二分选项的选择时，他并不是说行动者都是很理性地在进行选择，也不是说行动者在行动时像计算器一样都会对这五个二分选项的复杂选择后果进行反思。帕森斯要说的只是，人们**会进行**选择，不论或隐或显、有意还是无意。然而隐的、无意的"选择"表明"选择"是由这些二分选项事先建构起来的。这种事先建构尤其表现在人格系统、社会系统和文化系统的层次上。当我们面对行动取向的选择，且要完全自由且有意识地下决定时，这三个系统都可以减轻我们的负担，以此为我们的行动开辟一条道路。在人格系统那里，"……在一般的情况下，或牵涉某些特殊的情况，在面对两难的这个决定或另一个决定时，人们会有一套选择**习惯**"。在社会系统的层面之所以事先有结构，是因为社会系统有"角色定义"这件事，亦即"**界定出集体成员的权利和义务，指明角色所要履行的行动，并且也常指明角色扮演者应该要展现出面对两难时会习惯选取哪一边**"。最后，关于文化系统，选择也不完全是自由的，因为在行动中所付诸实践的大多数的价值标准，也正是"具体行动的规则和步骤"（Parsons, *Toward a General Theory of Action*, p.78，着重处为约阿斯和克诺伯所加）。通过教育和我们身处其中的文化，我们在考虑我们的行动取向时，不是完全自由的，而是总会有相关的事先结构在发挥作用。 112

　　正如上述评论所揭示的，帕森斯似乎将他通过"模式变项"的想法所发展出来的行动理论，与我们在《社会系统》一书及其对三种系统的讨论中所看到的秩序理论，成功地结合在一起。因为我们在上述引文中可以看到，帕森斯似乎能够把模式变项"植入"他所提到的三个系统当中。甚至帕森斯借由他的模式变项所能做到的事还有更多：帕森斯很快就指出，模式变项不只对于他的**行动理论**的内容补充方面很重要，而且在描述具体的**社会秩序**时，模式变项也为一直困扰古典社会学的核心问题提供了解答。

　　要了解帕森斯这话的意思，就必须先简短回顾一下**古典**社会学理论。在社会学草创阶段，经常可以看到许多学者在用二分的概念来划定社会秩序类型的范畴。像是滕尼斯将"共同体"与"社会"这一组差异引进了社会学的语汇当中；涂尔干则是谈到了"机械团结"和"有机团结"这组对立，以此划分出某些社会形式。这种简单的二分法不是只有在这些学者那里才看得到。尤其还可以补充的是，只要人们认为，历史过程必然会从机械团结社会朝向有机团结社会、共同体形式必然朝向社会形式而变迁，那么不只涂尔干和滕尼斯，许多他们的后继者也会得出这种简单二分的历史哲学的推论。帕森斯特别注意到这个问题。他直接提到滕尼斯，认为他五个模式变项就是在对滕尼斯非常简化的"共同体—社会"这种二分法进行重构，亦即用我们上面引用到的那五组二分选项进行组合，将**其中的一面** 113 标示为典型的"共同体"的行动类型（"情感"＋"集体取向"＋"特殊主义"＋"继承"＋"宽泛"），将另一面标示为"社会"的行动类型（"情感中立"＋"自我取向"＋"普遍主义"＋"成就"＋"特定"）。这种做法的好处不只在于可以用模式变项更准确地描述滕尼斯提到"共同体"和"社会"这两种社会形式时根本上想表达的意思，而且这种模式变项的做法还可以消解在滕尼斯及其后继者那里可以观察到的这两种社会形式之间原则上的两极化。因为，需要再次强调的是，这五组二分选项彼此之间原则上完全可以用不同的方式组合起来。帕森斯指出，社会秩序是非常复杂的，远比滕尼斯的划分方式还要复杂，因为人们可以混合和组合出各式各样的行动取向和行动类型。借此，帕森斯可以将常常联结了涂尔干和滕尼斯的概念的、潜在的历史哲学抛在脑后。因为，模式变项的要点并不是说早期的传统社会形式就仅仅是情感的、集体的、特殊的、继承的、宽泛的行动取向，然后今天现代的社会秩序就完全是相反的。帕森斯的立场完全不是这样子的（这有时候连他的拥护者都没有搞懂帕森斯的立场）。正是因为通过引入模式变项，所以他清楚看到的是，比如像现代社会，可以被视作混合了**各式各样**行动取向的独特混合物。反过来说，传统的共同生活形式当然也是如此。传统的共同生活不是像滕尼斯式的范畴中所提到的那样，只包含"共同体的要素"而已。这种混合
114 关系，可以用现代医生的例子来很好地说明。就像读者们在上一讲已经看到的，帕森斯很早就说明了医生的工作情况。医生在工作时常常要调和几乎完全矛盾的行动取向。医生一方面必须要以情感中立的方式看待病人的身体，以此来进行科学检查和治疗，而不能对病人的身体产生性欲或其他感觉。但同时医生自己在私人生活方面当然也会有性欲。医生必须承受这种张力，而且这种张力的一部分还会被再强化，因为医生在工作中不能只冷酷无情地表现出科学能力，而且也要表现出感同身受、理解、有情感等方面能力，才能够跟病患一起进行卓有成效的治疗工作。但是，即便人们单单从职业角色的面向来看待医生，也绝不会说医生的行动选择只会牵涉共同体与社会这两组模式变项中的"社会"这一面而已。因为，如同人们可以想见的，医生面对病患时的态度是科学的、冷酷计算的、专注于特殊任务的、情感中立的，这绝不意味着医生行动的取向就仅仅是为了自身的目标和目的。就像我们在上一讲中已经知道的，专业的医生工作，会发展出一种职业伦理，让医生在面对**集体大众**时肩负着某种责任义务，例如有责任义务在每时每刻都必须对病人进行医疗救助，就算得不到任何金钱回报。

也就是说，"模式变项"开启了一种可能性，让人们可以**在整个复杂的情况中**描述各种不同的社会形式。而且帕森斯马上就看到了，这一套概念也可以用来进行比较研究：不同的社会，是如何以不同的方式来组合模式变项的？不同的组合方式又有多不同？例如，如果人们从成就方面的行动取向来看模式变项的组合的话，那么德国社会和美国社会有什么差异？如果我们的着眼点，是去探讨普遍主义的行动取向和行动规范，是如何确立下来或如何转向的话，那么我们如何以此
115 确切区分"原始社会"和"现代西方社会"？必须再次强调的是，帕森斯的一些追随者，根据帕森斯的理论来发展出现代化理论（我们稍后会讨论一下这些现代化理论），但帕森斯在这方面的说法与这些追随者不同，他本身是非常小心的：因为模式变项的每组选项**都不一样**，所以把社会秩序简单二分为"传统社会 vs. 现代社会""共同体 vs. 社会"，帕森斯认为更多只会扭曲现实，而不是澄清现实。如前文说过的，帕森斯的出发点，是各种行动取向会组合成**复杂的**混合情况。不论是所

谓的"原始社会"还是"现代西方社会",都是如此。

＊　　　＊　　　＊

我们对于帕森斯的模式变项的解说,至此听起来似乎都非常正面。这个模式至今也仍是一个分析行动取向和社会秩序模式形态的重要工具。然而帕森斯自己对于这个工具却不一定觉得很满意(以下会说明他不满意的理由),尤其因为这个模式显露出两个彼此相关的问题。**第一**,在一个社会中可能的制度化的行动取向太多了(读者可以想想看,前文已提到,总共可有 32 种取向!),这个模式很难真的被用来以简单好懂的方式,勾勒出一个能将不同的社会进行分类的分层系统,因此人们也实在无法以此毫无问题地进行经验的,以及尤其是比较性的研究。从某种程度上来说,模式变项太复杂了。在之后的现代化理论中所暗含的"传统社会/现代社会"这种二分法,虽然完全不恰当,但是这种二分法说到底还蛮容易应用的,再加上这种两极划分也让现代西方社会与"其他社会"这种清楚,且乍看之下颇有道理的区分得以可能。这就是极度复杂的模式变项所办不到的。**第二**,模式变项也与最初所想的不同,不容易被整合进帕森斯自己的秩序理论中。因为 116 虽然人们可以很容易地想见,"模式变项"会随着不同的人、不同的社会架构、不同的文化,而有特殊的表现,并且会让人格系统和社会系统中的行动以及文化系统中的模式事先就具有某种结构,所以人们可以说,"模式变项"跟功能论的角色理论可以很好地搭配在一起,因为角色也事先为个体指出了行动选项。但是模式变项的**内容**,亦即这五个二分的行动可能性,总的来说与功能论的思想有什么关系,是说不清楚的。"模式变项",以及模式变项在具体的行动当中的具体情况,与所谓的每个系统的抽象功能需求之间,究竟有什么关系?当行动是情感中立的、宽泛的、特殊主义的或诸如此类的时候,这行动为系统的持存需求作出了贡献吗?作出了什么贡献?帕森斯没有答案,就像他在《迈向一般行动理论》中很快就坦言的:

> 应该很清楚的一件事是,需求倾向和角色期待的价值构成部分根据模式变项而来的分类,是建构一个动态的行动系统理论的**第一步**。若要再进展到经验层次上的重要性的话,这些分类就必须和持续运作着的行动系统的功能问题相关联。(Parsons, *Toward a General Theory of Action*, p.96)

在帕森斯接下来的著作的发展过程中，他总在不断尝试以很繁琐的方式（但也因此完全没有说服力）将"模式变项"放置到他的功能论秩序框架中，以此解释"模式变项"如何与行动系统的功能需求关联起来，亦即尝试解释"模式变项"（**确切来说，是这五个二分行动**）如何从那些功能需求中推导出来。他极其固执地想试着证明，从他根据行动理论所提出的模式变项可以毫无问题地推导出一个功能论的秩序理论。但帕森斯或许私底下也注意到了，这听起来不是特别有说服力，而且可想而知，接下来他在理论方面的辛勤工作都总是专注于处理秩序理论问题，并且因此他的功能论观念变得越来越细致，甚至变得越来越极端。这一切也许会让人觉得，在从行动理论走向秩序理论的道路失败之后，他可能必须走另一条相反的道路，就是**从秩序理论走向行动理论**。由此，我们要开始谈 1950 年之后，也即在《社会系统》和《迈向一般行动理论》之后，帕森斯理论的第二个重点。

2. 帕森斯极为重视对功能主义的秩序理论的研究，并且试着将他从各种系统引出的功能再加以系统化。如我们在介绍功能论思想的上一讲中已经大致指出的，在对社会现象的观察中我们可以识别出一系列满足更大整体需要的功能。但光搞清楚这些功能还是不够的，因为每个功能描述可能都很不一样，甚至可能是完全无关的。帕森斯清楚地意识到在这方面要进行系统化，所以他考虑能不能用某种方式来将这些从系统推导出来的功能给总括起来。人们是不是甚至可以声称，所有的社会系统都必须满足一定数量的、可以被清楚命名的功能？从想要把所有功能加以系统化的观点来说，这当然是一个理想状况。而且帕森斯认为，是有可能去正面地回应这个问题的。

在《社会系统》和《迈向一般行动理论》中，帕森斯已经开始作了一些初步尝试了。他尤其确信，要维持系统之间的平衡，至少有两个功能是必须满足的。一个是分配功能，即为特定系统提供所需的资源；以及整合功能，亦即每个系统中的子单位彼此之间能妥善协调（参阅 Parsons, *Toward a General Theory of Action*, p.108）。帕森斯与社会心理学家贝尔斯（Robert Bales, 1916—2004）进行了合作。贝尔斯对小团体动力学作过一系列的研究，但帕森斯在与贝尔斯的合作中又对小团体动力学进行了进一步的研究。通过对小团体的协作的研究，帕森斯认为，事实上，在"有必须满足的功能"方面，小团体的领域当中的一些说法，可能是有普遍适用性的，其普遍适用性甚至超越了他至今所有进行过的功能界定工作。在与贝尔斯、席尔斯（Edward A. Shils, 1910—1995）一起撰写的一部出版于1953 年的作品《行动理论研究报告》当中，帕森斯直接借用了贝尔斯的研究，并指出：

> ……在更广泛的社会学理论基础上，我们中的一个人这些年来密切地分

析小团体互动过程。这个研究同时包含了经验观察方法和理论分析的发展。……我们当前的兴趣不在于经验方法，而在于相关的理论框架。这个基本的取向是将小团体当作一个功能系统来思考。这个取向认为这样一种系统会有四个主要的"功能问题"，这四个功能问题可以被个别描述为：对外在情境状况的**适应**，对目标导向的任务表现中的情境部分的**工具性**控制，成员之间情感与矛盾的管理和**表现**，维持成员的社会**整合**，以让彼此可以成为一个团结的整体。（Parsons, *Working Papers in the Theory of Action*, p.64）

帕森斯和他的共同作者把这些普遍化的小团体命题再加以普遍化，并且声称，不只是小团体，而是**每个**系统策略上都必须满足四个功能。稍微改一下上述的引文，人们可以说，这四种功能即是"适应"（Adaptation）、"目标达成"（Goal attainment）、（系统之间彼此的）"整合"（Integration）、"模式维持"（pattern maintance）（亦即让促进认同的价值不断维系下去；或是更简单地说，就是通过价值的维系来让结构维持下去）。帕森斯也将模式维持称为"潜存"（Latency），因为价值不一定是很明确的，而且大多数价值只是**潜在地**在背后发挥作用。现在，读者们应该会发现，这就是帕森斯相当有名的 AGIL 模型。AGIL 是这四个功能概念的第一个字母，也是每个系统都会有的必须满足的功能。帕森斯的命题是，每个系统都必须适应外在环境或是外在其他系统，每个系统都会有特定的必须达成的目标，每个系统都必须整合它的次要整体和部分，以及每个系统都必须以某些维系性的价值来组织自身。

帕森斯在这部合写的著作中也试着用非常琐碎的方式来论证，模式变项如何可以与这个 AGIL 模型相关，以及人们如果很有决心和毅力的话，也许还是可以接受帕森斯的推理（参阅 Parsons, *Working Papers in the Theory of Action*, p.88ff.）。但无论如何于此已经很清楚的一件事是，他此处的论证首先并非关于每一次的行动，而是关于系统持存的必要需求。我们这里会想说，帕森斯总是致力于以功能论的方式来思考理论问题，因此他也就渐渐不再去管行动了。如我们在他晚期的著作中看到的，他完全不去试着以功能论的方式来描述行动本身，或是从系统需求来**推导出**行动。

帕森斯将系统定义为"维持边界的系统"，亦即可以将自身与环境以及其他系统划分开来。如果人们从宏观社会学的角度来看，那么整个社会就是一个系统。然而从以 AGIL 模型命名的四个功能框架来看的话，那么从这个模型中就可以再得出一个社会子系统的功能分化的理论。于是人们可以说，在（总体）社会这个系统中，可以标示出能满足适应功能（A）的经济子系统，能满足目标达成的政治子系统（G），能满足整合功能（I）的"社会共同体"子系统（帕森斯指的是非政治和非经济的机构组织），以及满足可以促进认同价值维系的持存功能（L）的文

120 化子系统，或是帕森斯所称的"信托系统"（见图 4.1）。

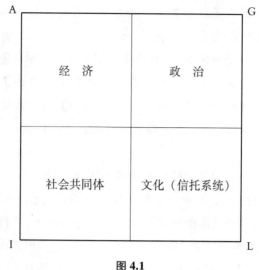

图 4.1

　　这里有趣的一点是这四个功能的分类可以应用于每一个系统。如果把经济系统当作社会子系统的话，人们可以问经济为社会这个总体系统带来了什么功能。但如果是经济学家，把经济当作一个独立整体的系统的话，那么经济学家还可以再接着问，在经济系统**中**有哪些子系统，满足了经济系统必需的四个功能。这个"追问游戏"可以不断继续下去。到了个别企业的层次，到了企业中的个别公司的层次，甚至到了公司中工作团队的层次，都可以追问其中还有哪些部分必须带来哪些功能成就。也就是说，当人们追问必须满足的功能成就时，就会自动提出"功能指涉"的问题，也就是会去问人们是把哪一个系统当作独立整体的系统。如果我的功能指涉是经济，那么我就必须问哪些子系统必须满足经济系统所必需的四个功能。根据不同的观察兴趣，一个系统可以是子系统，也可以不是子系统。在接下来的著作当中，帕森斯随即就用非常漂亮的说法指出：

　　　　经济……是一种很特殊的社会系统类型。它是更广泛的社会的功能子系
121　　统，与其他社会的适应功能中特殊化的子系统区别开来。它是在同一个基础
　　　　之上分化开来的子系统之一，必须与其他子系统区别开来。它也必须与其他
　　　　所有具体的群体区别开来，这些具体的群体，不论它们的首要功能是什么，
　　　　都是有多样功能的。当经济系统作为一个社会系统时，它也会有一个系统所
　　　　拥有的所有特质……（Parsons and Smelser，*Economy and Society*，pp.306—307）

　　然而，凭借 AGIL 模式，帕森斯不只希望能将功能归类加以系统化。同时他似乎也认为，通过这个模式，亦即通过指出每个系统的不同功能需求，可以克服纠

缠社会学理论已久的某些"麻烦的"二分法。关于马克思的上层结构与下层结构二分法，以及韦伯不断重新提出的关于利益与观念之间的分析关系，帕森斯都认为最终可以通过四分的功能模式来去芜存菁，因为人们正好可以指出，社会制度和秩序**总是**从不同的功能需求和相应的过程呈现出一种**复杂的混合关系**，所以关于上层结构和下层结构、利益和观念，**追问谁先谁后是没有意义的**。因此帕森斯也相信，他可以避免从《社会行动的结构》开始就不断遭受到的责难（虽然这些责难终其一生都纠缠着他），亦即说他暗暗地陷于文化决定论当中，过于强调规范和价值。只要借助 AGIL 模式，他似乎就可以指出，他的理论事实上是**多面向的**，因为他考虑到了**不同的**要素和功能。

3. 帕森斯随后继续用与 AGIL 模式相关的秩序理论来进行研究，并且再进一步细化秩序理论。1956 年他与斯梅尔瑟（Neil Smelser, 1930—　）合写了前文提到过的《经济与社会》（*Economy and Society*），在该书中他不仅极其仔细地将四分功能模式运用于一个社会子系统（亦即经济），而且他还指出了这个子系统和其他社会子系统之间的发生**过程**。帕森斯和斯梅尔瑟在探讨经济时提出了一种交换关系理 122 论。经济为其他子系统带来了什么成果？而经济又从其他子系统那里得到了什么样的"输入"？这一切都是为了让功能论的秩序理论能更动态化。到目前为止，帕森斯都在谈功能；而他现在开始要来揭示时间了。功能的满足需要时间。他尝试以此避免人们指责，说他的思想原则上是一种僵固性的思想，说他的理论中不存在变动性（这也是功能论思想长久以来被指责的方面）。强调**过程**，对帕森斯来说是对上述批判的第一个"回答"，他的著作也在发展中不断进一步对此加以细致化。

帕森斯在《经济与社会》中当然也将注意力放在"钱"这个现代社会的支付手段上。他和斯梅尔瑟特别探讨了钱作为一种支付手段究竟是如何发挥作用的。在这个脉络中，这两个人要问的是，钱确切来说到底是什么，以及钱在经济与其他社会子系统的交换过程中，到底满足了什么功能。

但帕森斯没有停留在这个讨论中，而是尝试将他对经济子系统进行的分析中已得到的结论，应用到其他的子系统中。帕森斯很快就形成一个观念，也即媒介（比如钱）不是只有一种，而是有数种。每个社会子系统都会有一种特殊的媒介，让子系统可以内在地沟通，并与其他子系统产生关联。金钱媒介作为经济系统的媒介，对他来说是一个出发点，可以进一步反思在政治、社会共同体、文化中随子系统而异的媒介。这个反思的最后结果，就是他在 1960 年左右发表的数篇论文（亦即《论政治权力概念》《论影响力概念》《论价值投注概念》）。其中，他认为可以将"权力"诠释与定义为政治的媒介，"影响力"是社会共同体的媒介，"价值允诺"是文化的媒介。这实在不是一个很容易理解的思路，因为人们虽然当然 123 可以根据日常生活的经验将钱想象为一种媒介，但关于帕森斯所谓的其他三种媒介就非常难以想象。人们到底要怎么确切地将"权力""影响力""价值允诺"理解**为媒介**呢？

帕森斯在发展他这套思想时，刻意将上述这些媒介以很狭隘的方式类比成"钱"；或是换句话说，正是因为钱完全就是**这样的一种**媒介，因此帕森斯尝试指出，其他三种媒介跟钱有很相似的抽象特质，亦即它们跟钱很像，可以沟通和告知（价格可以告知金额和所询问的市场流通的货物之间的关系），可以储存（人们不必马上把钱花掉，而是留待以后使用），可以转让（我可以把钱给出去，然后交换想要的货物），诸如此类。但这些媒介真的可以类比于"钱"这种媒介吗？帕森斯认为可以。为了让各位读者更容易地了解他的观点，我们把帕森斯对于"权力"作为一种媒介的论证作为例子。帕森斯的媒介理论的评论者和批评者都觉得这个例子，比起也被帕森斯称作媒介的"影响力"和"价值允诺"，稍微好懂一点。

对帕森斯来说，"权力"是一种手段、媒介，**它能控制对于社会有效达成目标来说相当关键的要素**。权力用于在"社会"这个系统中被界定为需要满足目标实现功能的子系统，亦即政治。帕森斯认为，权力跟实现目标的要素是不同的。这个说法是直接从对钱的类比中推导出来的。因为钱，经济媒介，不是生产要素（像劳动或资本等等），就只是媒介而已。在政治子系统当中可以与之相比的要素包括税法、公共事务等等，而这些东西是用"权力"这个媒介来加以控制的。借由权力，人们可以影响政治系统中的税法、公共事务等要素。同时，权力也会对社会的其他子系统产生"输入"的效果，比如权力会向其他子系统指出，政治人物对整个社会来说具有领导性质，能够"领导"整个社会，因此可以对其他子系统提出某些要求，像是通过税收让足够的资源从经济系统流入到政治系统。但是我们让帕森斯自己来说一下他对"权力"的定义：

124

> 权力……是一种被一般化的能力。当义务因牵涉组织系统的集体目标而成为一种正当的义务时，权力可以被用来确保集体组织系统中的单位会执行应履行的义务。并且如果这些单位不服从的话，权力会假设由负面的情境制裁来强制执行，不论强制执行的实际力量是什么。（Parsons，*On the Concept of Political Power*，p.308）

这个定义有许多需要说明之处。而且读者也许可以花一些时间静静地将这个权力定义与韦伯的权力定义进行比较。众所周知，韦伯将权力定义为一种面对反抗时遂行其意志的机会。我们在这里只想指出一点，就是权力被帕森斯视作一种"一般化的沟通媒介"（generalized medium of communication），亦即一种象征媒介，借助这种媒介可以唤起各种极度不同的行动。借助金钱，人们可以标清不同的货物与款项，或是进行投资。而权力（从上述定义来看的话）也与暴力不一样。关于权力，帕森斯谈的是"假设会强制执行"，亦即以权力的执行来进行威吓，只是这个威吓很少会真的实现。如果权力真的都要诉诸实际的暴力的话，这权力也就没意思了，久而久之也会变得非常没效率。不论独裁政府，还是民主政府，都不会只通过暴力来进行国家治理。如果暴力跟权力实际上重叠在一起的话，那么权力也就不再是象征某事的媒介了。也即权力是一种通过威吓（若不顺从，我就会执行暴力手段了），来有效地让他人顺从地执行目标与义务的能力。所以才会说权力有一种象征性质，因为它不是真的每次都马上动用暴力或其他手段，而是**象征**一种会让人顺从地履行义务的能力与效率性。所以帕森斯也就随即接着说，权力可以储存起来，亦即威吓可以存起来，而不必马上付诸实现。权力可以在时间当中延续下去，这就是说权力存起来了！

如果读者们搞懂了帕森斯的思路，那么也就可以理解，帕森斯对于权力的理解与其他的权力概念显然有部分是脱节的。因为对他来说，权力不是纯粹的零合游戏，不会某人的权力增长时别人就会自动失去一定"数额"的权力。帕森斯认为，社会中正当权力的提升，完全不意味着社会当中的某些团体必然失去权力。帕森斯在这里的思考，是用权力来与经济和金钱媒介的逻辑进行类比。如果债务人能以人们对他的经济能力的信任提升他的信用额度，那么政治系统当中的关键行动者也可以通过成功地以象征的方式表明达到目标的能力，在政治系统中提升权力。反过来说，权力也可能会通货膨胀。也即，如果人们不再相信政治行动者有能力影响效用提升和目标达成的某些要素时，权力就会通货膨胀了。这就是帕森斯将权力与金钱所进行的类比以及由此得出的论点。这很有趣，但也跟惯常的权力理解方式完全不一样。

帕森斯以相似的方式，通过金钱的类比，来确立其他的社会子系统，亦即"社会共同体"和"文化系统"当中各自的媒介。正是因为钱是一种非常特殊的语言，一种一般化的沟通媒介，因此对于帕森斯来说显而易见的是，在"社会共同体"当中发现的媒介也会有类似的性质。当然，将这种媒介类比成钱，会比政治子系统的媒介还要困难得多。因为经济跟政治一样，是一种有一定程度范围的空间，一种具体的领域，根据某些可以被清楚命名的规则来运作。金钱在具体的经济领域中扮演了决定性的角色；而若说在严格的政治领域中也有一些像金钱那样性质的东西，并且这种东西就是"权力"，对外行人而言这种说法也完全是可以理解、可以接受的，即便人们可能会觉得有点奇怪，因为"权力"没有钱那么"具体"。但如果要在一个像是"社会共同体"子系统这个模糊的领域当中寻找媒介，那么事情当然就会变得更复杂了。而且帕森斯自己也发现了，这时再与钱进行类比的话，就会有问题了。因为这种子系统不是一种有清楚划分边界的领域，它不像经济或政治一样是一种可以明确界定的领域，而是所有不是经济，也不是政治（当然也不是文化）的东西都可以归类于这种子系统。人们在这里很有理由问，将制度、团体、行动者这些非常不同的东西杂糅在一起的模糊复合体，是不是实际上真的会有一种独特的媒介。但帕森斯还是声称，"影响力"是一种媒介，会像权力和钱在上文讨论过的系统当中一样满足类似的功能。

> 影响力是一种通过有意的（但不必然是理性的）行动，对他人的态度和意见造成影响的方式。其效果可能会，也可能不会改变意见或避免可能的改变。（Parsons，"On the Concept of Influence"，p.406）

经济系统中的钱会将行动者的消费行为和生产行为加以结构化；政治系统中的行动者的权力则会强化义务的履行。但"社会共同体"子系统的媒介"影响力"与钱和权力不一样，帕森斯认为其作用的产生，来自人们借助理由和根据来动员或协调互动参与者的行动。因此帕森斯将"影响力"视为"象征性的说服媒介"，并且同时指出，"社会共同体"当中影响力的多寡，同时也就呈现出这个共同体的团结程度。但如果人们具体去想象"影响力"的作用的话，那么一定会怀疑，这127 种对"影响力"媒介的说法是否有实际上的意义，以及这种说法是否可以揭示社会学意义上的有趣事实。帕森斯所谓的文化系统的特殊媒介，亦即价值允诺，也有类似的情况。"价值允诺"是一种媒介，这种媒介应该能够象征社会文化模式的完整性。"价值允诺作为一种媒介，应被定义为一种一般化的能力，这种能力以可信的承诺来影响价值的履行。"（"On the Concept of Value Commitments"，p.456）帕森斯设想，在社会当中这种价值允诺会像钱在市场系统当中那样循环（"On the Concept of Value Commitments"，p.457）。

不仅普通读者们面对这些定义和表述时可能觉得，很难理解媒介确切来说究竟是怎么起作用的，就算是学术大师也会说"显然，影响力和价值允诺很难像权力那样进行测量、转让、储存"（Jürgen Habermas, *Theorie des kommunikativen Handelns*, Bd. II., p.411）。尤其值得怀疑的是，为了显得对称，而硬要去寻找类似于经济子系统中的钱那样的媒介，是不是真的有实质意义。人们可能会越来越强烈地质疑，帕森斯至少在"影响力"和"价值允诺"这两个媒介方面，只是出于他的理念，认为既然有四种不同的子系统，那就应该有相应的四种媒介类型，所以才会在单纯的逻辑方面推导出这两种媒介，但很少提出证据。事实上，这种媒介理论非常难以用于经验研究，所以也很少有人会试着很认真地处理帕森斯的理论体系（少数的例外，可参阅：Harald Wenzel, *Die Abenteuer der Kommunikation*）。

不论各位读者是怎么看待帕森斯的媒介理论的，不论您如何评判他认为这四个媒介可以相互转换，就像货币可以兑换的这种观点，您接下来还会遇到类似的观点。因为德国的社会学正好都不断地在重新探讨帕森斯的这套思想（虽然有些128 探讨的形式已经大大改变了）。这在卢曼的著作中体现得最为明显。

显而易见，帕森斯的思想在我们刚讨论的论证步骤中，发生了重大变化，或者是根本上转变了。一方面，在识别媒介、讨论交换过程的同时，在《社会系统》中被帕森斯视作有特殊地位的文化系统被放弃了。帕森斯转而声称文化系统不是**行动系统**。文化系统的特殊地位被作废了，帕森斯后来认为文化系统就像其他子系统一样，只是一个普通的系统。此外，在讨论 AGIL 模型、随子系统而异的媒介的同时，他对系统的功能需求的理论解释，越来越有意运用生物学（如果读者们还记得的话，第二讲中我们提过，帕森斯一开始是在生物学系就读的），尤其是控制论（这是一种 20 世纪 50 年代对生物学和其他自然科学产生具大影响力的控制理论），来进行表述。所以在讨论系统的时候，帕森斯会谈到控制论式的等级层次，以此来建立他的**规范主义的**功能论。就像调温器这么一个不起眼的小工具，会通过收集和处理信息来控制空调，以此调节室温，对大型能源系统进行根本性的控制一样，帕森斯认为 AGIL 模型也贯穿着控制论式的等级层次。每个系统的控制中心位于所谓的 L 领域当中，也即社会的价值或文化系统，控制了社会的其他子系统。根本上人们不该说 AGIL，而是应该说 LIGA 系统，因为"模式持存"（亦即"潜存"）优先于整合，而整合优先于目标达成，目标达成优先于适应。这个控制论式的等级层次观念将帕森斯从《社会行动的结构》中就发现的价值中心命题作了精致的总结——至少帕森斯这么觉得。

　　当然，有批评者（我们在后面的章节将会讨论的哈贝马斯，就是这种批评者中最出名的）便指出，这种"用系统理论的套路来融合行动理论的基本概念"是有问题的做法（Jürgen Habermas, *Theorie des kommunikativen Handelns*, Bd. II., p.370）。哈贝马斯指出，帕森斯的理论原先"以行动理论作为优先的基本概念，结果变成以（功能论的）系统理论作为优先的基本概念"（ibid., p.357）。"由于四分的基础功能模型是从行动理论发展出来的……因此系统问题必须通过对行动的构成部分进行分析来解决。"（ibid., p.367）但是帕森斯却试图改造他的功能论的秩序理论，并不断进一步细化这个理论，这最终导致一个后果，就是行动越来越淡出帕森斯的视野，或者行动越来越被认为只是**派生**自系统的功能需求罢了。如此一来，他无法真的将行动理论和秩序理论加以综合起来，而是越来越偏好秩序理论，将行动理论弃置一旁。虽然帕森斯无疑试着在他各部著作中从行动理论推导 AGIL 模型，亦即试着指出，"行动参照框架"如何可以用系统理论来加以改写，似乎帕森斯与我们稍后（见第十一讲）会提到的卢曼不同，从未停止与行动理论建立关联；但是同时帕森斯的这些尝试并不特别有说服力，所以哈贝马斯批评帕森斯的作品渗透着系统理论的优先性，其实是非常有道理的。

　　这个倾向在 20 世纪 70 年代又一次被强化了（参阅：*Action Theory and the Human Condition*）。帕森斯试着借用四分功能模型将**行动本身**在极度抽象的层次上加以概念化。"行动系统"被理解为是一种由四个子系统所组成的合成物。这四个子系统分别是："文化系统"，其功能是"模式维持"，亦即"潜存"（L）；"社会系统"，功能是整合（I）；"人格系统"，功能是目标达成（G）；"行为系统"，功能是适应（A）。而进一步来看，这个行动系统又不过是人类境况（condition humana）系统的子系统。帕森斯认为，这种人类根本生命系统当然又有四个需要满足的功能。其中，行动系统满足的是整合功能，生理化学系统满足的是适应功能，人类有机体系统是目标达成功能，帕森斯所谓的"目的系统"（telic system）则是满足价值维系功能，亦即满足人类生命最终的、超感的或宗教的价值。然而这时候已经很少有人会重视帕森斯的这串思路了。因为连许多他的拥护者都开始搞不清楚，为什么所有与社会学有关的事情都要套上 AGIL 模型，不懂这样做可以获得什么发现。而且帕森斯将某些现象归类到某些功能的做法，有一点任意、没什么说服力。（为什么人类境况系统中的行动系统，满足的是整合功能？行动系统到底整合了什么？）但这并非意味着帕森斯晚期的作品总的来说很无趣，也不重要。正好相反：在这一段创作期中，帕森斯至少提出了两个主题领域，这两个主题领域直到今天还是非常重要的，而且读者应该至少听说过。

4. 最晚在 1956 年与斯梅尔瑟合著的《经济与社会》中，帕森斯觉得他已经成功解决了功能论的根本问题。在给出媒介的运作方式，并对四个社会子系统之间的**交换过程**进行分析之后，他可以声称他反击了人们对功能论的批评，亦即批评功能论只是在描写静止状态而已。因为聚焦在这种过程之上的分析，就是在进行社会动力学的分析。

当然帕森斯很快就承认，他的批评者不会满意这种说法。因为帕森斯和斯梅尔瑟事实上也都只是在描述社会系统**内部**的改变过程，而不是真的在分析社会系统本身的改变。社会基本上是如何变迁的，尤其是如何理解社会从"原始"社会变成"现代"西方社会的改变过程，帕森斯的这一套理论对于这个问题到目前为止都没有太多贡献。

当帕森斯在 20 世纪 60 年代认真处理社会变迁理论时，他所处理的问题以及处理的出发点都相对比较复杂。因为一方面，从他的科学事业一开始的时候（也就是从他第一本主要著作《社会行动的结构》的第一页开始），他很明显就是在反对斯宾塞那宏大的、进化论的、信仰进步的历史哲学思想。他在第一页引的句子"现在谁还在读斯宾塞？斯宾塞已经死了"（Parsons, *The Structure of Social Action*, p.1）就很清楚地表明了他的立场。并且帕森斯在该著作接下来的篇幅中（如同读者在第二讲已经看到的）又指出，帕累托比信仰进步的马歇尔更为优越；这等于又强调了他的立场，因为他认为在讨论历史过程时，帕累托抱持着实在论的观点，亦即非进化论的观点。

不过他在 20 世纪 50 年代末期和 60 年代时，反思了这种坚决的反进化论立场。因为一方面，社会学的一些邻近学科（尤其是非常经验取向的社会人类学）也开始对社会发展进行反思了。在美国的社会人类学领域正好从 20 世纪 40 年代出现了一股值得注意的思潮，人们试着认真探讨斯宾塞和那个时候科学史的一些类似的"思维形式"，认为这些都还是有保留价值的（参阅：Knöbl, *Spielräume der Modernisierung*, pp.203—212）。当然那时候人们同时也都一致同意，在这样一种"崭新的"理论领域，向前探索必然要谨慎。因为人们不会直接采纳斯宾塞的持续进化论，也不会直接采纳他的命题，亦即认为人类的发展某种程度上必然是线性地从简单的社会形态到复杂的社会形态。这些概念显然充满着信仰进步与高度种族中心主义的维多利亚时代精神，那时候盎格鲁-撒克逊人被认为处于创造的高峰。而美国，以及 20 世纪 40—50 年代国际上的社会人类学的想法则完全不一样，人们认为可以不用进化论的想法来思考**演化理论**。演化理论旨在探讨人类和人类社会的发展，但不必然是"进化论的"。读者在这里可能对于"演化理论"和"进化论"两者会有点混淆，所以这里我们先来为读者补充一下达尔文的生物学知识。达尔文及其后继者谈的是演化理论，比如以偶然的基因突变或不同的天择等机制来解释，某种新的生命形式是如何出现的，怎么繁衍开来、存活下去，甚至取代了别的物种。在这过程中不存在什么必然性，没有（科学语汇常提到的）目的论，亦即自然不存在预先决定好的发展方向与目标。相反地，有些突变可能也会走进死胡同；发展是会中断的。达尔文的演化理论不是进化论。

　　若人们运用这种看法，亦即运用人类学与其他邻近的社会科学的特殊观点，那么可以问：人们能不能说人类发展有阶段，但不要同时认为**所有**民族都必然会依序经历同样的阶段，也不要认为西方社会从"原始"朝向"现代"的发展是**必然**（亦即遵循着自然法则）会发生的？

　　帕森斯就是在问这个问题。但很讽刺的是，美国的宏观社会学在 20 世纪 50—60 年代从帕森斯的理论背景下建立起变迁模式的时候，很显然就带着需要修正的进化论色彩。在这一讲开始时我们就提到了现代化理论，这个理论有部分就是借助帕森斯的"模式变项"来建立变迁过程的模型。其命题多半是：宏观社会学的变迁过程，一开始是"简单的"社会形式，其中的行动导向是特殊的、出自个别具体原因的，也没有明确的角色期待，然后随着时间流逝变成复杂的社会形式，其中行动类型是具有普遍性与成果导向的，也具有明确特殊的角色准则。简单来说，就是从"传统"社会到"现代"社会（见本书第十三讲）。

　　与上述观点类似的是，帕森斯认为社会变迁过程是单面向的，他正好就是在讨论"传统社会"和"现代社会"中不同的行动取向的复杂混合，以及其中不同的角色期待。在他的观点中传统与现代的简单对立是明摆着的。不过这也意味着，在面对社会人类学的发展及其优势地位时，他的确受到了现代化理论（虽然是非常粗浅的现代化理论）的影响，并发展出他自己的关于**社会变迁**问题的理论观点。在这之前他几乎仅专注于社会行动与社会秩序的研究，社会变迁主题一直被忽略。

　　不令人意外的是，帕森斯在进行这个理论工作时，又援用了他的四分功能模式。同样不令人意外的，不少读者和评论者认为这种做法非常随意、令人不满。然而有趣的是，帕森斯在《社会》（*Societies*，1966）和《现代社会系统》（*The System of Modern Societies*，1971）这两部著作里提出的一些基本观念，直到今天都还是人们进一步反思社会变迁时的重要出发点。

帕森斯的基本观点，是将社会变迁描述为多面向的，也就是描述为四个面向的，并且声称，社会发展在所有他区分出来的四个基本功能领域中都会发生。读者们可以回想一下 AGIL 模型，帕森斯在这里的命题意味着社会变迁和发展在适应领域（A）是有可能的，帕森斯称之为"适应性的升级"，意指社会有可能会逐渐学习去适应自然环境、更好地运用资源等等。在目标达成的功能领域当中（G），帕森斯认为，变迁过程是可能的，人们可以称之为"分化"，意指社会为了处理各种问题，内部会变得越来越复杂，发展出劳动分工，会有越来越专殊的制度以满足越来越专殊的功能。斯宾塞或其他类似的学者在谈到社会形式从简单发展成复杂的时候，也已经运用过分化概念。不过他们与帕森斯的不同之处在于，他们就只强调分化，并且他们关于变迁的设想是**单面向的**。在整合功能领域中（I），帕森斯将变迁趋势称为"涵括"，然后借这个概念指出，社会可能越来越会将政治和社会的国家市民法赋予居民，以此让其中的居民能作为正式公民而被整合进（政治）群体当中。如同各位读者可能知道的，政治权利的分配，例如赋予选举权，是通过长时间且频繁的争取得来的，而且在许多国家直到近年来才获得暂时性的结果。在许多第三世界的国家，直到今天人民都还没有被赋予这种社会权利。也就是说，实际上不是所有人在他们所身处的社会中都是完整意义上的公民。连在美国，非裔美国人的权利被承认之前，他们的市民权在很长的一段时间中也都是一个话题。帕森斯就经常讨论这个话题（参阅："Full Citizenship for the Negro American?"）。最后，在"模式维持"或"潜存"（L）的功能领域中，帕森斯认为可以观察到一个被他称作"价值的一般化"的过程，因为在这个功能领域中，特殊的价值观念会转化成普适的价值观念。宗教和政治的长久变革即属于这个过程。

帕森斯在进行这些抽象讨论时，谈到了将西方社会形式引向"现代"的某种世界变革系列史，以此将抽象的讨论与有具体内涵的命题相联结。即便如前文所述，帕森斯原则上遵循着多面向的变迁理论，但同时显然他也正是根据这个分化过程，推导出"某种世界变革系列史将西方社会形式引向现代社会"这个说法。也就是说，帕森斯认为，人类社会一开始是一个相对**没有分化**的状态，接着经过了若干革命性的阶段，然后从欧洲产生剧烈、快速的宗教与政治变革开始，出现了功能领域的日益**分化**。工业革命即是在这样的情况下，让经济系统最终从"社会共同体"产生出来。或者帕森斯也说：经济是通过工业革命而分化出来的。最初出现在英国，然后 17、18 世纪也随后出现在法国和美国的民主革命，则让政治分化出来。20 世纪 50 和 60 年代特别在高度发展的社会——如北美和欧洲——出现的教育革命，让"信托系统"，亦即文化系统，分化出来。

上述的这些帕森斯的理论命题，当然也遭受了众多批评。首先又一次受到指责的是，帕森斯太过任意地将分化过程归类到"目标达成"这个功能领域。人们可以质疑，教育革命是否真的与"信托系统"的分出有关。帕森斯这一整套的功能主义的秩序理论，在很多方面都被人指责太过任意。当然，对我们来说，另外一个根本上很难反驳的批判更值得重视，也即，在帕森斯整个变迁理论当中，他所推导出来的变迁过程四面向没有因果性的内容，也就是说他所谓的"适应升级""涵括""价值的一般化""分化"这四个过程，并没有解释任何事情。如果读者们对分化概念再思考一下（20世纪70年代，在继承了帕森斯思想的社会学的变迁理论当中，分化是一个非常重要的概念），可能就会发现一件很奇怪的事，就是分化概念只是在**描述**一个改变过程，只是在说"喔！有东西分化出来了！"但并没有指出这个改变或分化的**原因**。我们还是不知道原因是什么。许多帕森斯理论的批 ₁₃₆ 评者问得很有道理：到底是谁，或是说哪些行动者、哪些团体之类的，推动了这一整个过程？谁该为"适应升级""涵括""价值的一般化"负责？此外，还有一种批评不是没有道理的：帕森斯的演化论取向最终仿佛假定了一个一帆风顺的历史前进过程。在帕森斯描述的过程中，**冲突**和**斗争**都或多或少被粉饰掉了。

不过，人们在进行各种批判的同时，不能忽视一件事，也即帕森斯借由他那原则上相当多面向的社会变迁理论，的确成功明显改善了上述的变迁概念的某些缺陷。一方面，他的演化理论不是进化论：帕森斯绝不认为**所有**社会都必然沿着西方国家所指出的道路前进。没错，他是谈到了"演化共性"，亦即谈到了一些至今只在西方社会才完全实现的制度，像是理性科层制、市场经济、理性主义的法律系统和民主政府形式，认为这些制度只有以现在这种方式来安排才是最适当的，而且这种安排方式下的制度比其他制度安排方式都要好，因为这样能够适应不断变化的环境。也就是说，他的确最终在内心深处还是有着西方社会优越性的信念。但是尽管如此，他还是认为，别的社会形式也是可以有其一方天地的，或是社会可以跳过某些演化阶段。所以他的观念还是明显胜过斯宾塞以及与斯宾塞同样处于维多利亚时期的那些人所抱持的单一线性历史观。而且还有一件事，表明了帕森斯与斯宾塞和其他变迁理论家的不同之处，且因此值得再次清楚强调，就是帕森斯的变迁理论是**多面向**的（虽然在他的论述当中，分化过程比起其他三个过程来说显然更为重要）。借助这种原则上相当多元的取向，帕森斯能够描绘出多种多样的历史发展图像与现代性图像。其他的理论竞争对手，或甚至一些号称是帕森 ₁₃₇ 斯拥护者的现代化理论家，所描绘的图像反而还没有这么多种多样，他们都只是将传统社会与现代社会粗糙地二分开来，以此过分简化了社会现实与社会动力。帕森斯的历史发展图像与现代性图像是非常分化多样的，而且也很符合现实；这一点尤其表现在他一生最后所致力于研究的主题：宗教。关于宗教，帕森斯表现出不可思议的远见，并且他所作出的预测，也比他同时代的人都要更为准确。我们最后来对此进行简短的讨论。

5. 帕森斯最后的一本大部头著作，是一本在 1978 年出版的以《行动理论与人类境况》（*Action Theory and the Human Condition*）为书名的论文集。其中，他致力于宗教问题。这本书在讨论帕森斯的大部分二手文献中都完全被忽略了，但从今天的观点来看，这本书相当特别，很值得一读。

一方面，帕森斯对于现代性和现代社会的诠释，与 20 世纪 60 年代和 70 年代，甚至是今天的大多数社会科学家的看法都不一样。流行的看法认为，现代性的成功、现代社会的形成，是借助市民权与自由权、法治国家的保障、民主制度的成就而来的。这根本上与宗教，比如说基督教，是**对立的**。现代性与现代社会最初兴起自常批判宗教的，甚至持无神论观点的启蒙时代。反对宗教非理性的启蒙时代，必然会实现了，并且能够实现承传至今的民主价值。启蒙获得了最终的胜利，它会不断进一步击退宗教，造就人们所谓的世界的"世俗化"；宗教价值有朝一日终会烟消云散。

138   帕森斯极力反对这种看法。他的许多见解是非常有道理的。虽然我们在这一讲没办法详细证明这件事，但还是可以提出几点说明。帕森斯在《行动理论与人类境况》中详细指出，犹太教与基督教传统深刻影响了培养出启蒙思想家的西方世界。大多数时候，启蒙思想家与宗教的正面对抗并不明显。因为像"包容"、所有人之间的兄弟情谊等观念，对基督教来说并不陌生，这并不是法国大革命之后才创造出来的观念。还有个体主义，我们今天都很习惯将之视作一种纯粹的世俗概念。但就像韦伯早就注意到的，个体主义某种程度上根源于新教教派［可以参阅帕森斯的《行动理论与人类境况》中的一些文章，例如：《基督教》（"Christianity"）以及《重读涂尔干论宗教》（"Durkheim on Religion Revisited"）］。如果帕森斯的观点是正确的，如果甚至像人权也完全起源于宗教的话（参阅：Joas，"Das Leben als Gabe"），那么我们不妨可以想想看，在世俗化的，而且也许还在不断世俗化的现代欧洲社会中，是不是有理由通过一些制度来保护宗教的生存空间，而不是通过法条措施或法律决策弱化宗教。帕森斯的文章至少可以提升我们对这个问题的**敏感度**。

帕森斯甚至试图纠正时下流行的关于势不可挡的世界世俗化的命题。因为显而易见的是，这些命题都有显著的欧洲中心主义特质。如果现代社会中的宗教真的衰退了，那么这个命题也只在欧洲是如此，因为美国的情况完全不是这么一回事，或是这个命题在地球上的其他宗教生活仍相当蓬勃发展的地方也完全不适用。帕森斯的贡献在于他在不同的论文中指出，宗教活动并没有变弱，而是一如既往。如果人们有个印象，觉得世界不断在世俗化，那这也是基于错误的观点。在许多地方，比如在美国，宗教并没有直接消失，而是不断在转化，比如宗教价值仅仅

只是改头换面成世俗的形式（例如兄弟情谊和个体主义）而已。帕森斯指出，世　139
俗化常常被诠释成宗教全面衰落了，世俗价值已经取代宗教价值了，但这种诠释
是有问题的。其实还有一种说法，至少也有同样的说服力，只是很少被考虑到，

> 亦即世俗秩序也许会变得很像由某种宗教，或由广义上的宗教所提供的
> 规范模式。（Parsons, *Action Theory and the Human Condition*, p.240）

　　帕森斯在20世纪70年代要求人们换一种视角来看待常不断被提到的世俗化过
程。这种视角怎么看都与今天惯常的宗教社会学研究的观点是相违背的。但今天
惯常的宗教社会学观点对当代社会的判断常常是很有问题的。20世纪60年代以来
由许多社会科学家所提出的一般的世俗化理论，其实一出欧洲就会完全不适用。
如果人们回头去检视帕森斯那几乎为世人所遗忘的晚期著作，想必对此可以提出
一些修正。

*　　*　　*

　　于此，我们已经到了讨论帕森斯的这三讲的尾声了。读者们可能已经慢慢感
觉到，帕森斯这一生的著作是多么令人钦佩，而且在他之后，也很难再有像他那
样复杂的理论了。如果读者想再次简短回顾他的所有著作，可以参阅：《帕森斯》
（Voctor Lidz, "Talcott Parsons"）。如果想仔细钻研帕森斯的理论的话，有两部著
作值得推荐：《社会学的理论逻辑》（Jeffrey Alexander, *Theoretical Logic in Sociology*），
第四卷；以及德语学界当中最好的一本书：《行动的秩序》（Harald Wenzel, *Die
Ordnung des Handelns*）。

　　这些著作都对帕森斯的大胆进取深表赞同，对他思想的内在逻辑有深刻的描
写和领会。不过，如各位读者已经知道的，人们对帕森斯的著作也常常抱着商榷
态度，而且到了20世纪60年代末期，批评帕森斯的人远比拥护帕森斯的人多得
多。不过，我们要先向各位读者预告：虽然我们在随后几讲会指出，后来的社会　140
学家如何辛苦地致力于研究帕森斯的理论，但我们在这里想再次总结一下对帕森
斯所有著作的主要批评。有一些批评完全出自政治动机。
　　一、第一点我们提过很多次了（因为这个问题经常出现），所以不需要再重复
解说了：总的来说，帕森斯显然没有成功地将他的行动理论与秩序理论整合在一
起。功能论与他的行动理论并不匹配。他没有成功地将行动理论与功能论综合在

一起。

二、亦有批评指出，帕森斯最终将社会秩序解释成价值本身，尤其是他的理论工具并不适合用于冲突研究。这种批评部分误解了帕森斯，因为他的概念是在提出分析，而不是在提供规范。当帕森斯在讨论越轨行为时，他绝非扮演着社会治疗师的角色，保护社会免于社会冲突。但这个批评里头有一点是有些道理的：帕森斯把现代化过程描述成一种顺遂的过程，对其中的张力他几乎都避而不谈。连美国的帕森斯后继者亚历山大，和德国的帕森斯后继者明希（Richard Münch），也都承认这一点。这也难怪，20世纪60年代的左派学生运动，会将帕森斯当作支配性的政治系统和社会系统的代表，而对他大加挞伐。尤其是当帕森斯在讨论西方社会，特别是在讨论美国的时候，他将美国社会中的种种制度视作"在演化方面具有普适性"，认为这些制度的形式完美无缺。当然在今天，人们会用比较淡然的态度看待帕森斯的立场，因为事实上，认为"法治国家、理性科层制、民主、市场就是比其他类型的制度还要优越"这种看法，已经不再被人们觉得很奇怪了。

三、最后，帕森斯常被猛烈批评的一点是，人们认为他的影响和他发挥影响的形式，会导致理论和经验现实很危险地脱钩。对帕森斯和他的"宏大理论"提出这点批评的，就是美国社会学家，也是坚定的反帕森斯学者，米尔斯（C. Wright Mills，1916—1962）。他说，

> 关于人类本质或社会的系统性的理论，都太容易变成一种精致，但相当乏味的形式主义。人们在其中的主要精力都花在拆解概念、然后无止境地重新排列概念上。（Mills，*The Sociological Imagination*，p.23）

不过，就连一些认真钻研过帕森斯理论的学者，也同意这点批评。因为他们担心，整天搞这种宏大理论，最后会忽略经验研究，因为帕森斯提出的很多概念，根本无法获得经验现实的验证。所以默顿（Robert K. Merton）才会反对帕森斯，并致力于宣扬他所谓的"中层理论"。中层理论是一种关于具体的社会现象和社会问题的可验证假设。而默顿提出中层理论的目的，就是为了将经验现实和理论紧密地关联起来。对于帕森斯的这个批评的确有道理；但这个批评也犯了一个毛病：帕森斯当然知道，他提出的许多概念或基本概念，并不保证总能用于经验研究。但这样的理论工作还是必要的，因为唯有如此，才能对现实进行具有丰富内涵的检视。帕森斯自己是否成功地用了他这些概念进行了具有丰富内涵的检视，是另外一回事。当然，进行基本概念研究是否真的有必要，是可以再争论的。但就这点来看，鼓吹中层理论常常只是因为想逃离理论而已，并不是真的要协调理论与经验现实。而且很多所谓"脚踏实地的"社会学家，他们的研究常常也不过就是"无脑的经验主义"，并没有比帕森斯那种抽象的唱高调有趣多少。

　　无论如何，帕森斯的理论为所有后来的理论研究提供了一个标准。令人惊讶的是，他的影响力自 20 世纪 70 年代以来就开始急速下滑，以至于很多帕森斯提过的观点，必须得由其他学者再重新挖掘出来，并且此后这些概念变成这些学者的标志了。在我们讨论之后对理论综合所进行的各种尝试之前，我们必须先来讨论一些自 20 世纪 50 年代以来，成功克服了帕森斯霸权的理论流派。

第五讲

新功利主义

20世纪40年代和50年代，帕森斯学派在美国，乃至于在国际社会学界的支配地位越来越强大。面对这种情况，人们可能会猜想，功利主义思潮大概就此结束了吧。帕森斯非常尖锐地证明了功利导向的行动模式的不足之处。至少他的第一本大部头著作《社会行动的结构》，就指出了人们如何可以从内部瓦解功利主义的思想体系，以及来自不同领域的许多重要的理论家如何因此离开了这个理论模式。帕森斯认为，功利主义始终没能想到，稳定的社会秩序已经是前后一致、毫无矛盾地存在着了。在对功利主义进行强有力、广泛、精准地批判之后，帕森斯颇有道理地指出，社会学中所有的功利导向行动模式已经不再是需要被认真看待的理论取向了。他不反对这种模式对于经济科学来说还是可用的。但他认为，若要用于具有整合性的社会科学理论，这种模式已是不可接受的了。

尽管如此，功利主义在20世纪50年代末期还是经历了某一种类型的复兴；甚至这个复兴就是始于对帕森斯思想体系的强烈反击。这样一种许多人早已不再信奉的思潮之所以会复兴的原因之一，是因为"效益"这个对于功利主义来说极为根本的概念，其意涵有很多层次。很多学者认为，我们可以用不同层次的意涵来说明"效益"这个概念，以此来用不同的方式理解"效益"。这些学者相信，如此一来功利主义就可以回避帕森斯的批评。

我们在前面几讲，将"功利主义"呈现为一种理论方针，这种方针将进行行动的人视作单纯自利地追求效益的行动者。帕森斯在讨论功利主义内在矛盾与问题时，也是把这种观点冠到功利主义头上。这种说法也的确没有错，因为早期功利主义哲学家（如我们提到过的边沁）事实上也曾指出，所有人最重要的行动准则就是趋吉避凶。还有现代经济学之父亚当·斯密也如我们所愿地（虽然语气也有一点嘲讽）清楚说了："我们还没有准备好去怀疑谁是不自私自利的。"（援引自：G. Becker, *A Treatise on the Family*, p.172）

不过，毋庸置疑，我们不能这么狭隘地定义"效益"这个概念。这个概念完全有可能拥有更广泛的意涵。有一些19世纪的功利主义思想家就已经认识到这件事。这些思想家探讨了最大多数人的最大效益；而上述的20世纪50年代社会学中的功利主义复兴，采取的就是类似这种"最大多数人的最大效益"的讨论策略。这让"功利导向的行动"最终可以被理解为一种能提升集体效益或是提升他人效益的行动。以此而言，效益当然不能被定义成一种**利己主义**的概念，而是人们也可以将"功利导向的行动"理解为一种**利他主义**的行为。当然，这种扩展功利概念意涵的方式，也是有其陷阱的。如果人们将利他主义的行动视为功利导向的行动，那么人们会把他人（尤其是接受了善行的他人）的效益获得，解释成是自身行动的原因。或是用经济学的术语来说：人们会把利他主义的施予者，解释成是在享受接受者的收受。这乍听之下好像没毛病，因为俗话就说了，施比受更有福。我们会因为朋友收到生日礼物很开心而感到开心；这个具体的例子让我们可以说，我们自身的效益获得来自他人的效益获得。但这种论证方式的问题在于，如果利他主义的行为，**完全只以**"施予者无论如何也会以此间接感觉到自己的利益提升了"这件事为基础，那么"利他主义"这个词汇就会完全失去其意义了。因为这种利他主义者不过就是一个非常奸诈地乔装成利他的利己主义者。埃奇奥尼（Amitai Etzioni）是一位对功利主义（不论是旧版本的还是新版本的功利主义形式）提出尖锐批判的社会学家。他清楚指出上述这种"他人开心就是自己开心"的功利主义说法的荒谬之处：

> 如果我们假设，人只**会**趋吉（避凶），那么我们必然会说圣人在牺牲的时候是非常享受的了；但如此一来，圣人"一定就是"受虐狂了？（Etzioni, *The Moral Dimension*, p.26）

他在这里无疑点出了这种功利主义的真正问题。而且后来，这种关于功利概念难点的看法，也使得许多经济学家和一些社会学中采取功利主义取向的代表人物，要么就是宁愿使用最原始的效益概念，要么就是完全舍弃了效益概念。

> 的确，在早期的经济分析史当中，人们假设财物在某些可测量的、心理学的意义上，能提供利益或效益。虽然人们已经抛弃了这种让人产生误解的心理学概念，但"效益"这个名称依然保留下来。只不过现在，这个名称仅仅用来指称基于个人偏好而来的选项排序而已。（Alchian and Allen, 1977；转引自：Etzioni, *The Moral Dimension*, p.29）

也因此，从功利主义的角度来进行论证的社会学（有些学者也将之称作"个体主义的社会理论"），常常不用"效益"这个词汇，而是更多会说目的或偏好。因为如此一来，原本有着清楚边界、用"趋吉避凶"这种心理现象的方式来定义的效益概念，就可以只剩下形式上的范畴而已。于此，效益概念仅意指一项假设，

145

即一个行动者会专注地追寻某些目的（不管这目的是利己的还是利他的），这些目的不太会变，且会被行动者排列出一套固定的优先顺序。不说效益，而是说目的或偏好，实际上可以让人们避免效益概念只从"趋吉避凶"这种心理现象来定义时会产生的毛病。当然这时候人们也会马上遇到另一个新的难题。因为"偏好"这种说法的内涵是非常空泛的，这会让人们忍不住去问，我们到底如何能用这样一个既模糊、又更概括的概念，来囊括所有这些具体而高度相异的现象？亦即我们该如何用这种概念，同时囊括利己主义的效益最大化和利他主义的奉献精神？

146　而且这种概念既没有说清楚，偏好究竟是怎么形成的，也没有告诉我们，偏好是不是可以改变的。旧版本的功利概念，至少（刚开始）还有一个"趋吉避凶"的心理学基础，但"偏好"这个词汇就只是个空壳而已，我们还必须通过心理学、生物学、社会学来充实这个空壳。然而，我们该通过什么样的心理学取向、哪一种生物学、哪一种社会理论来填充这个空壳呢？这些都是不清楚的。就连采取新功利主义取向的代表学者都承认：

> 在我们对偏好的构成有一个大致的理论，或有丰富的资料之前，任何基于偏好的解释，都需要读者凭慧根来理解。（Friedman and Hechter，"The Contribution of Rational Choice Theory to Macrosociological Research"，p.203）

以功利主义的角度来进行论证的社会学，都尝试与 19 世纪的旧版功利主义进行切割，或进行修正，而这些做法都有些问题；然而尽管如此，他们的确也得到了新的拥护者，因为人们可以不用再偏执地在基本概念方面，假设个体的行为处事纯粹是利己主义的，而且也可以至少乍看之下回避帕森斯的批评。

在我们讨论 20 世纪后半叶的功利主义复兴，或是被我们称作**新**功利主义的取向之前，我们必须先谈一个问题，这个问题跟功利主义理论的逻辑地位有关，并且在 19 世纪时曾经被热烈地讨论过。这个问题是：当人们谈到功利主义取向，说行动者总是会追求效益最大化、会追寻目的、会试着执行其偏好时，到底是什么意思？这是不是在用人类学式的口吻宣称，人类**总是**（亦即不受时间与文化的影响）会根据效益最大化来行动？还是语带保留地意指，人类**常常**会这样行动，或者**在某些情况下**会这样行动？又或者是说，人类**应该**追寻自身的目的、偏好和效益，即便他们知道情况不总是，甚至很少会尽如人意？

147　如果人们看一下 19 世纪与此有关的争论与讨论的话，可能会注意到，此处至少有三种不同的立场。在边沁那里（这也是第一个立场），实际上是用"趋吉避凶"这个说法勾勒出某一种类型的人类学，亦即声称，实际经验上的人类心理基本机制，就是总会尝试避免痛苦、获取尽可能多的愉悦。而其他社会科学家的想法则不一样。例如韦伯（这是第二种立场），对于边沁的那种庸俗的心理学不是那么赞同。对他来说，边沁如此简化人类决策与行动复杂性的做法，是令人难以忍受的。但同时，韦伯并没有反对在当时某些经济学中占主流地位的（功利主义）行动模式，因为人们运用这种模式，可以将市场的运作回溯到市场参与者那追求效益极大化的理性决策。而他认为，有很多（而且越来越多）社会现实领域，我们也都可以用这种经济行动模式来描述。在现代（资本主义）市场中，我们在一定程度上能有效地掌握市场参与者的实际行为（但在**现代之前**的市场中的行为我们无法有效掌握）。而在不断进展的"理性化过程"中，我们同样可以认为，人们在参与其他领域时也会像在经济领域那样，功利导向地行事，因此经济学的行动模式，也越来越能够适当地用来描述现实。韦伯并没有将功利导向的行动摆在人类学的位子上，而是把行动导向放在类似于历史学的位置中。也即，唯有在资本主义的兴起背景当中，"行动者会追求效益最大化"这个观念才会在现实当中找到对应物（参阅如：Weber, "Die Grenznutzlehre und das 'psychophysische Grundge-setz'", 特别是 pp.395f.）。第三种立场则认为，当谈到人类的功利导向或目的导向时，完全不是要进行经验描述，也不应该想要进行经验描述。对功利导向行动进行分析，应仅旨在了解目的与目标在实际上的可及性，应仅在于给行动者带来启发，让行动者知道在达成目标的路上可能会遇到哪些阻碍，应为行动者指出贯彻目的的最佳道路。根据这种立场，当谈到功利导向行动时，不是要提出一种在经验上能加以确认或证伪的理论，而是要借此提出一个**规范—分析**模型，研究理性地追寻目标所需条件、环境和执行机会，以此开启行动的选项与其他的行动可能性。只有当人类真正的行为与行动很贴近理性规范时，这种规范—分析模型才能在经验上提供实质帮助。国民经济学即是如此宣称的，亦即他们假设，行动者在企业和在市场中的实际行动，以理性观点视之，大致上**应该会与最好的**行动相一致。

148

　　这三种关于功利导向行动理论的科学逻辑地位的立场，完全都不一样，至今也都各有拥护者，但"人类学式的"立场今天已大大失去影响力了。当然也有不少的学者有时候也不知道自己采取的到底是什么立场，不知道自己是在经验层面上，还是在规范—分析层面进行论证的。在社会学的新功利主义发展过程中，人们可以看到，在 20 世纪 50 年代原则上发展出两条理论轴线，这两条轴线部分地与上述勾勒的关于功利导向行动模式的科学逻辑地位有关（参阅 Wiesenthal, "Rational Choice", p.436）。

　　一、所谓的"交换理论"的代表人物，都很坚定地继承早期政治经济学的观点，将社会实体视作是由个别行动集聚起来的产物。例如亚当·斯密，认为市场是诸多个体的经济交换行动的产物。所谓的交换理论家也一样，认为社会秩序一般来说是从诸多个人彼此关联起来的功利导向行动中产生出来的。

149

　　二、"理性选择取向"的代表人物虽然同样仰赖（尤其是经济学领域中所使用的）功利导向行动模式，但他们对于此种理论的科学逻辑地位的观点，多半更是规范—分析性的，而不是经验性的。他们首先并不是从个体的行动来研究社会秩序的构成。他们主要联系霍布斯和洛克那里的政治哲学的契约论，旨在讨论一个问题：个体的理性行动与功利导向行动，如何会带来个体之间的合作？我们怎么看待个体理性和集体理性之间的关系？个体的理性选择行动有什么样的限制与边界，以及开启了什么样的可能性？

＊　　　＊　　　＊

霍曼斯（George Caspar Homans，1910—1989）是美国战后第一批新功利主义社会学家中，相对来说知名度比较大的一位。他的知名度尤其得益于他对帕森斯的功能论提出了出色的批判。霍曼斯原本是帕森斯的学生，而且后来也成为帕森斯在哈佛大学的同事。霍曼斯在 1951 年出版了他的主要著作之一《人类团体》（*The Human Group*），并以此在学术界逐渐获得了知名度。这本著作旨在探讨小团体中的人类行为，不过主要是描述性的研究而非理论研究。这个研究跟帕森斯的思想还有着藕断丝连的关系，并不真的有什么启发性或了不起的内容。但霍曼斯对帕森斯作品的态度，很快就改变了。最晚在 20 世纪 50 年代末期，霍曼斯便陆续出版了一些定位明确的著作，并以此成为坚定的帕森斯批评者。

他对帕森斯以及功能论拥护者的研究的批评，首先至少集中在三个要点上。

＊　　　＊　　　＊

1. 霍曼斯指责帕森斯的理论体系不是真正的理论，因为这套理论体系并没有
150　认真想要对事物进行**解释**。霍曼斯只承认功能论是一种方法，可以让人们**描述**社会对象和社会现象。功能论只提出了一些范畴，这些范畴被相当人为地联结、交叠在一起，但它们并没有呈现出任何理论（参阅：Homans，"Bringing Men Back In"，p.810f.）。这项批判的基础，当然是一种很特别的，并非没有争议的对于理论的理解方式（可见本书第一讲）。因为对于霍曼斯来说，理论是一种，而且仅仅就是一套命题系统，这套命题系统旨在探究自然，乃至世界中各种事物与性质的

关联。

> 要构筑一套理论，命题必须采取一种演绎系统的形式。其中，通常被称作最低阶的那种命题是需要被加以解释的命题，例如宣称"社会的工业化越是彻底，亲属组织就越趋向于核心家庭形式"这个命题。另一种要么是一般性命题，要么是关于特殊给定情境的宣称。前者之所以被称作一般性命题，是因为除了所探问的演绎系统之外，这些命题还存在于其他、也许是很多其他的演绎系统中。的确，很多我们所谓的理论，就是一整组的演绎系统，这些系统共享着相同的一般性命题，但也有不同的待解释物。重点是，每个系统都应该是演绎的。也就是说，最低阶的命题作为一种逻辑上的结论，必须是从特殊给定情境下的一般命题中推导出来的。（Homans, "Bringing Men Back In", pp.811—812）

霍曼斯稍后说了，除非理论具有解释性，不然它什么也不是。根据上述引文，所谓的理论具有解释性，意指复杂和特殊的相关事物（例如上述的工业化与核心家庭趋势），可以从较简单的、符合法则的命题，也就是从个体行为的层次（例如既定条件下的家庭中的个体）推导出来。这里人们也可以瞥见霍曼斯的科学理论计划，也就是建立一套社会科学，这种社会科学可以通过较简单的因果关联来解释复杂的社会事物。霍曼斯觉得，功能论做不到这件事，没有以真正的知识进步为目标。功能论会让社会学走进死胡同。

151

2. 此外，霍曼斯还批评帕森斯的"理论体系"——不过这东西到底能不能被称作理论，霍曼斯觉得是很有争议的——太过规范性。帕森斯的出发点，来自他对规范的分析。与制度相关的、通过规范而有所限制的社会行动，一直处于他的分析的核心位置。这也难怪，对于功能论的社会学来说，角色概念是一个非常重要的概念。但是，功能论的社会学都忽略了一个问题，即规范和制度是如何，以及为什么会被建立起来。之所以这个问题被忽略了，正是因为人们常假设，人类总是在制度性的环境中行动的。如果我们如此看待功能论的"丰功伟业"，并且接受此描述背后隐藏的对于帕森斯的批判的话，以及如果我们想要解释制度和规范的形成的话，那么，霍曼斯认为，我们就必须关注"基础的"行为形式。因为更高层次的、受规范管制的整体就是从这些基本的行为形式中产生的。

> 既然社会学家常将诸如角色、及伴随角色而来的制裁等东西称作**制度**，并且把对应于这种角色的行为称作**制度化的**行为，那么我们也许可以把基础社会行为称作**亚制度**行为。但我们永远要记住，基础社会行为的制度框架从来不是僵化的，而且某些基础社会行为，就算已经被足够多的人执行得足够

久了，还是会被现存的制度破坏并且被取代。也许没有一种基础社会行为在发端之时是没有制度的。（Homans, *Social Behavior*, p.5）

功能论者总是强调（规范）对于行动者的"限制"或强制力，但霍曼斯不同，他借着上述命题指出不受规范约束的选择行动的可能性与事实，并且认为唯有如此才能解释制度的**形成**。

3. 最后，霍曼斯指责帕森斯（当然这项指责也跟上文提到的批评有关），说他的整个社会学都是反个体主义的，或都是集体主义的，因为在帕森斯的理论中，152 个体的行为或多或少都被理解成是制度安排作用下的结果。霍曼斯则完全相反，认为宏观现象都可以被理解为，而且也**只能被理解为**个体的选择行动或决策的集聚或集合。

*   *   *

这些批评都反映在他 1964 年出版的著作的醒目标题上：《把人带回去》，这也是他于同年在美国社会学年会上，就任美国社会学会会长的演说标题。他说，功能论把制度、角色、价值，总而言之，人类行动的**框架条件**，当作主题，也只描述了这些东西；但霍曼斯总结认为，人类的**实际行为**才是分析的重点，我们应该去解释人类的实际行为。但什么是实际行为？

霍曼斯在 1958 年发表了一篇题为《社会行为即交换》（"Social Behavior as Exchange"）的重要的、纲领性的论文，并随后在 1961 年出版了一本著作《社会行为：其基本形式》（*Social Behavior: Its Elementary Forms*）。在这两部作品中他认为，"什么是实际行为"这个问题的回答毋庸置疑能在行为心理学和经济学中找到。霍曼斯将人与人之间的互动理解为"物质与非物质的财物的交换"（"Social Behavior as Exchange", p.597）。这里，他用了典型的功利主义的风格，提出了一个观点，即所有的行动——而且事实上这也是可以通过经验研究来证实的——都会想避免代价、痛苦、惩罚等等，然后将愉悦和奖赏加以最大化。或者换句话说：人与人之间的行动都是在交换物质的与非物质的财物，而这些财物会根据不同的类型具有奖赏或惩罚的作用。如果这些财物具有奖赏的作用，那么行动者会想要多一点；如果具有惩罚的作用，行动者会想要少一点。霍曼斯从一种原则上永恒不变、普世皆然的人类本质出发（*Social Behavior*, p.6），从所谓的行为主义心理学那里借用了人类心理学的研究成果。行为主义心理学在美国的代表人物，是与霍曼斯颇有

交情的斯金纳（B. F. Skinner，1904—1990）。斯金纳的理论命题建立在动物实验的 153
基础上。在实验中，他试着用刺激来制约与影响动物的行为。刺激（意指奖赏或惩罚）可以强化或弱化动物的行为模式。由此，他得出一个解释性的命题，指出一只动物的某个动作若越常被奖赏，它就会越常做出这种动作。比如一只鸽子，若它越常因为啄了某个特定的地方而获得谷物当作奖赏，它就会越常表现出啄的动作，而且就是啄那个地方。虽然霍曼斯没有说人类行为和动物行为是同样一回事，但他的确认为，对于某些刺激会产生什么反应，以及从什么样的学习经验会得出什么结果，人和动物是一样的。

> 于是，我们从关于动物行为的知识所提出的一套命题，对于我们来说，也可以是用来描述和解释人类行为或人类交换的基本命题。（Homans，*Social Behavior*，p.31）

事实上，霍曼斯有很多表述为"如果……，那么……"的句子，也就是几近于自然科学的句子，以此提出了一些命题。比如类似激励的做法与响应行为可能性之间的关联，奖赏价值与行为之间的关联，经济学里提到的边际效应递减原理（"如果一个人在过去越常从他人那里得到奖赏，那么接下来每次奖赏的价值对他来说就会越低"，Homans，*Social Behavior*，p.55），或是挫败感与攻击性之间的关联（"如果分配正义规则越无法抚平一个人的不如意，那么这个人就容易表现出被我们称为愤怒的情绪行为"，Homans，*Social Behavior*，p.75）。

在表述这些句子时，霍曼斯是一位**新**功利主义者，因为他主要采用了基于功利主义的政治经济学前提。然而，他确实在某一方面纠正或修改了"经济人"假设：

154

> ［经济人的］问题不在于他是经济的，亦即不在于他为了某些好处而使用他的资源，而是在于他是反社会的、唯物论的，只对钱与物质财物感兴趣，甚至为此灭亲都在所不辞。经济人的错误之处在于他的价值：他只允许有限范围内的价值。但新的经济人没有这样的限制。他可以拥有任何一种价值，从利他主义到享乐主义都行。只是他不会完全浪费他的资源在这些价值上；他的行为仍是经济的。（Homans，*Social Behavior*，p.79）

也就是说霍曼斯踏出了我们在这一讲开头提到的一步，他与早期狭隘的功利主义的功利概念有所区别，或是扩展了功利概念。由此，他也涵盖了利他主义的行为，且相信可以避开帕森斯对功利主义的批评。但同时我们也应该弄清楚，当他谈到利他主义或价值时，他确切来说所指为何。因为对霍曼斯来说，价值就仅仅是早先奖赏情境下的结果。因为之后还会不断出现新的奖赏或惩罚，所以没有什么必然的价值（即帕森斯所谓的"最终目的"），而价值完全是由行动者的计算而定。这跟帕森斯对于价值的理解方式完全不一样，也跟我们之前用路德的例子（"我站在这里，我别无他法"）所提出的说法完全不同。

霍曼斯这种对于价值的看法，与新功利主义的诠释相似，但却是另一种态度。他不同意价值有如此高的重要性，或是认为价值的重要性还需要再回溯到其他东西上去。霍曼斯的观点中有一点很重要，就是他相信，对于理性的和能正常运作的共同生活来说，最好的道路，就是毫无保留地坦承现存的各种利益以及利益差异。他深信，人类在社会当中的共存，若要以最好的方式运作，就必须承认彼此之间无可避免的自利行为，而且不该用道德来阻止自利行为，因为各种伪善和道德批评总是只会不断造成非理性的冲突。对于许多学者来说，之所以新功利主义取向有不小的部分颇有吸引力，正是因为他们想要"揭穿面具"。人们常常会以身为一个坚定的新功利主义者为荣，因为他们揭穿了看起来高尚无比的道德态度的假面具，回溯到了纯粹的功利计算。一个标准的"道貌岸然的伪君子"——埃奇奥尼借用布伦南（Geoffrey Brennan）和布坎南（James M. Buchanan）的话这么称呼这类人（Etzioni, *The Moral Dimension*, p.249），而且这种称呼也是蛮到位的——会用一些看起来好像很有道理的知识来企图影响跟他对话的人，很理所当然地表现得自己好像高人一等似的。但新功利主义者早就看穿了这类伪君子的卑劣把戏了。

至此，我们已经介绍了霍曼斯对于行为基本形式的分析，从行为心理学推导出来的关于人类行动的解释，以及他的理论建立形式的背景。读者们如果想问，这种社会学跟像是以斯金纳为代表的行为主义心理学有什么不同，那么霍曼斯可能会这么回答读者：差别只在于这主题是社会学家研究的，而且主题比较广泛。事实上，霍曼斯的计划就是有意要将社会学**还原成**行为主义心理学的命题。他坚称他自己是一个"彻底的心理学还原主义者"（"Social Behavior as Exchange", p.597）。依照他的说法，社会学的任务只能是去研究以心理学的方式来加以解释的个体行为，以及以此来讨论这些行为，在许多行动者的相互行动当中，如何集结成更高次的形式。或是反过来说：社会学应该研究中层现象（像是团体当中的行为）或是宏观现象（大型组织结构）如何从个体的"基础行为"产生出来。当然这里我们可能马上就会注意到，霍曼斯的与此相关的宏观社会学研究的成果其实非常微薄，因为他的主要研究工作几乎完全集中在微观领域。再加上，虽然他批评帕森斯那一派的人对于规范只是在描述、没有解释，但他也没有成功跨出新的一步。不过对于霍曼斯的这一个批评还不是主要的。要对霍曼斯提出真正的批评，必须以另外一种方式来进行，而且学界也确实这样做了。这就是我们接下来要进一步讨论的。

*　　*　　*

　　霍曼斯对帕森斯的理论纲要的批判相当尖锐，而且我们上述引用过的一些他的指责，也的确戳到了"痛点"。事实上，我们在上一讲评论帕森斯时，也不断提到，帕森斯某些功能论的归类方式常常非常武断，而且在功能论中，描述与解释的界限常常十分模糊。以此而言，我们完全同意前文提到的霍曼斯的第一个对帕森斯的批评，只是我们并不同意他对理论的那种非常狭隘的理解方式（他的这种理论理解方式也让他的理论研究都用"如果……，那么……"的句子来表述）。霍曼斯批评帕森斯过于强调规范主义，也不完全错。如我们提到的，帕森斯特别是在中期和晚期，认为行动者的行动，正是**源自**基于规范而整合起来的系统的功能需求。只不过人们不能说帕森斯的论述方针完全是反个体主义的。

　　霍曼斯的批判有道理，或部分有道理，是一回事，但他是不是真的提出另一种理论可能性，满足了他自己的知识要求，或至少比他的"对手"还要好，则是另外一回事。霍曼斯的计划是否成功了，人们是可以质疑的。很显然，他的整个理论结构是有一些缺失的。

　　首先，霍曼斯宣称，他的取向符合自然科学研究的标准，他真的在"解释"事情；但这是值得商榷的。因为在他的取向当中，直接浮现出一个循环论证逻辑的问题，亦即：我们用一个根本还有待解释的东西来解释现象。如果我们宣称，人类总是会追求奖赏、追求功利，那么我们当然必须探讨行动者到底是怎么看待他的功利的、怎么诠释奖赏的。但我们该怎么探讨这件事？原则上有两个可能性。157 **第一**，我们可以说，有某个对于世界上任何时代的所有人来说都同等重要的目标。但这样说当然会有个问题，就是也许根本就没有一个所有人都会去追求的具体目标。若说有个目标是所有人一定都会想要的，比方"所有人都追求财富的增加"，那么这种说法在经验上显然并非普世皆然的。因为也是有人（而且不少人）并不追求财富的增加。今天，在社会科学界已经不再有人真的认为"财富的增加"可以被用来定义"效益"了。不同的人、不同的文化，都会对效益有不同的界定。

　　所以人们必须找另外一种讨论效益的可能性。亦即，**第二**，人们对效益有主观的标准。行动者是怎么看待效益与奖赏的？要回答我们的问题，就必须要行动者说明动机，也许还需要行动者告诉我们，是什么促使了行动者的行动。唯有如此，我们才能知道是否每个人都会有功利导向的考虑，并且这个考虑**实际上**造成了相应的行动，或者是否在行动背后其实还有另外的动机。我们需要一个与行为无关的标准，才能测量是否"人们总是会追求效益、追求奖赏"这个命题是正确的。这也意味着，我们必须在行动**之前**就知道行动者事实上将效益视作什么。如果我们之后也观察到了行为，那么我们才会真的看到，是否我们研究的对象进行了功利导向行动。无论如何我们都**不能**从行为本身来**推断**功利结构与奖赏结构，否则我们等于把所有的行动都定义成是在增加行动者的效益，这会让我们必然陷入一个矛盾循环，并且错过所有能提出真正的因果命题的机会，然后理论就会变成一种循环逻辑，毫无价值，因为这个理论并没有解释任何事。我们可以举个例子来看清楚为什么这是循环逻辑。如果我作为一个社会科学家，没有在一个所要研究的行动之前先揭示出相关行动者的功利考虑，同时如果我宣称——这就是霍曼斯在做的事——人类总是会追寻效益，那么我可能会说，抢匪到慈善机构的柜台抢劫，因为他试图增加自己的效益，所以用别人的钱增加了自己的财富。但问题是，若套用霍曼斯的这个命题，我也可以用同样的方式来"解释"一件"完全相反"的事。我可以说，一位捐献者到劳动福利机构的柜台慷慨地捐了一笔钱，也同样是在增加自己的效益，因为这让捐献者感到非常愉快，因为这笔慷慨的捐款让他觉得自己是个大好人，所以捐献者才会如他的行动那般地行动。也就是说，一个人无论做什么事，都可以说成是出自效益考虑才这么做的。这种理论完全没有解释任何事，它完全无法被证伪。自然科学认为证伪是很重要的，霍曼斯也很重视自然科学，但他的理论却恰恰并没有做到自然科学认为很重要的事。霍曼斯猛烈地批评帕森斯的理论缺乏解释性的内涵，但就他自己的理论来看，他跟帕森斯其实也是半斤八两。

再者，霍曼斯理论的基础，即**行为主义**心理学，在心理学领域也已经大幅失去影响力与声望了，因为行为主义贡献有意义研究成果的能力已被证明是有限的。不断追求效益最大化（不管是人还是动物）的假设，对于描述每个行为或行动来说，最终都不特别符合现实。在心理学中，已经出现其他研究取向。就算是动物行为分析，学者也已经在考虑其他研究方式［例如动物学家洛伦兹（Konrad Lorenz）就以"理解"的方式来进行行为研究］。当然，功利主义最关键的假设并没有完全消失，这个假设部分地"迁出"或"移居"到社会生物学和遗传学领域或子领域去。在那些学科中，人们基于达尔文的物竞天择观念来假设，唯有**那些**能将"具有再生产力的适应性"加以**最大化**，并且面对其他有机体或其他类属时能坚持下去的有机体，相对来说才能够生产出能存活下去的后代。也因此才会出现"自私的基因"这种说法。不过令人感到意外的是，在这些领域中，也像上述新功利主义中对于功利概念的争论一样，很快就出现了问题，即无法解释为什么在生物学领域也可以看到一些"利他主义的"行为，例如一些动物对于"亲属"

的哺育或照料。而且也同样令人意外的是，关于这些问题的答案，看起来也跟社会科学的讨论情况几乎一样。生物学家也同样确信，如果一个物种长期将"具有再生产力的适应性"提升了之后，就会形成利他主义的行为，然后生物学家也很"绝妙地"将这种利他主义视作一种基因的利己主义。但这都没有什么说服力。不过，社会生物学和民族遗传学对社会学的影响力一直都很低，我们不用在这里继续深入探讨这个问题。关于到底**"利己主义的基因"**的说法是不是真的有意义，不是重点。对于社会学理论来说真正重要的问题更多在于，基因对人类行动实际上会有多大的影响。到目前为止所提到的社会生物学的发现，无论如何都没有指出，"传统的"社会学一定需要坚实的生物学与遗传学的基础。不过，与生物学和生物学的解释进行持续的对话，对于社会学来说倒也还是一件很值得做的事。

最后（这也是霍曼斯理论的最后一个毛病），人们也可以问，霍曼斯如此激进地推动社会学的微观基础，将复杂的社会现象回溯到个体行动（而且他是从纯粹的心理学观点来看的），是不是真的可行。因为显而易见的，微观情境中表面上的"基础行为"也总已经是被制度预先决定了的，例如在潜意识中发挥效用的规范与价值，受社会影响的导向模式等等。这些制度都无法归因到个体的行动上。弗曼（Franz Fühmann）的短篇小说《三个裸男》［从社会学命题来看，这部短篇小说跟凯勒（Gottfried Keller）的中篇小说《人要衣装》完全相反］很清楚地呈现了这件事。弗曼在描述桑拿浴的时候呈现出一个场景。在桑拿室的时候，毕竟大家都是赤身裸体的，没有外在的权力关系和支配关系的标志，所以照理来说大家都是平等的，应会表现出"基础行为"的纯粹形式。然而这时候，在桑拿室外头的支配结构，还是马上会通过细微的支配仪式与臣服仪式，再次在桑拿室里再生产出来： 160
上司讲个笑话，下属马上就会阿谀奉承地哈哈大笑——即便是在这种大家都脱光在洗桑拿浴的情况下。极端地还原到微观层面的做法，几乎是不可行的。也即，我们若没有将微观情境回过头去和宏观结构相关联，是无法了解微观情境的。而且霍曼斯其实也没有做到他自己强调的理论要求。他描述的社会行为的"基础形式"，终究也还不够基础——甚至可能还太大了，因为我们可以"质疑，是否交换关系也是由规范所引导的，并且形成交换的秩序若没有一个通过制度和规范加以保障的框架（例如'我们必须遵守契约'这项规范），是无法持续下去的"（Wiesenthal，"Rational Choice"，p.436）。而且，如果我们总是必须预设制度是让交换行动能顺利进行下去的前提，那么制度**形成**时会遇到的问题，跟制度**运作**时会遇到的问题，是否可以用同一种方式解决，也是值得探讨的——但霍曼斯却觉得这两个问题都是可以用同一种方式解决的（ibid.）。

　　　　　　　　＊　　　＊　　　＊

　　由于上述所有这些知识上的和理论上的难点，使得最初由霍曼斯发展出来的交换理论也就不令人惊讶地无法真的继续下去。布劳（Peter M. Blau, 1918—2002）的理论著作便指明了这点。布劳在经验研究方面相当多产，特别是在组织社会学和社会不平等的社会学研究方面。但是他也有进一步的理论野心。布劳在1964年出版了《社会生活中的交换与权力》（*Exchange and Power in Social Life*）一书。从这本书的书名上就可以明显看出，他要探讨的是由霍曼斯所阐述的"交换理论"，不过布劳的这个理论路径在社会学中也常被称为"行为理论社会学"。虽然布劳的研究跟霍曼斯有关，但他又把霍曼斯的前提再往前推进了一步。布劳一样讨论了个体之间的交换过程，但他又比霍曼斯多走一步，指出霍曼斯忽略了交换过程也会再生产出权力关系与支配关系。

　　　　相互服务会创造出一种能平衡权力的独立性。对于服务的单向依赖则相反，会保持权力的不平衡。（Blau, *Exchange and Power in Social Life*, p.29）几乎同一时间，也还有另外的学者提出与此相似的观点。（可参阅：Richard M. Emerson, "Power-Dependence Relations"）

　　同时，布劳也与霍曼斯的根本前提保持了距离：布劳没有再继续追求极端的微观基础与微观还原。因为布劳知道，不是所有的结构都可以回溯到个体行为的。所以他理所当然也拒斥心理学的还原主义。在这层意义上，他承认某些价值对于社会过程来说具有积极的重要性，但他却不打算像霍曼斯那样直接将价值追溯到功利计算那里。这也意味着他对于功利定理或奖赏定理的看法在根本上不像霍曼斯那么极端。布劳既讨论"外在"好处，也讨论"内在"好处。所谓内在好处，意指不会得到直接物质性的回报。这让布劳明显超越了霍曼斯狭隘的功利导向行动模式：

　　　　在内在的爱情依恋中……每个个体为对方的付出，并不是为了想要相应的外在回报，而是为了表现与确认他自己的承诺，并且也促使对方能给出对于两人关系的承诺。（Blau, *Exchange and Power in Social Life*, p.77）

不过，所有这些对原初霍曼斯理论框架的修正，虽然很必要也很有意义，但最终也使得这个讨论方向与很多其他理论思潮——包括帕森斯主义——之间没有太多区别。如果我们去阅读布劳的研究，我们可以获得一些关于社会互动的值得注意之处及其形式的有趣洞见；但是，因为布劳在《社会生活中的交换与权力》中也经常提到古典社会学大师齐美尔，使得我们同时也不断想问，他的分析是不是并不需要特别用到交换概念，而是也可用到其他理论语汇。布劳一直以来都在将基于霍曼斯遗产对类似自然科学的理论建立的追求，与对其他大相径庭的理论面向与范畴（例如他不断参照齐美尔）的运用，通通凑在一起，但他对他这个做法一直没有提供清楚的解释。这也造成他的理论纲要虽然对霍曼斯的理论方向进行了许多有意义的修正，但却没有什么真正的建树。今天已经很难还有声称自己在追寻一个独立且与其他研究方向清楚区分开来的理论纲要的交换理论家了。霍曼斯的遗产已经是一个死胡同，对于整个新功利主义的计划来说也当然不再有价值了。 162

*　*　*

在 20 世纪 60 年代中期，在社会学中有另外一种新功利主义理论开始日益盛行，人们多将这种理论方向贴上"理性选择"或"理性行动"的标签。这个理论方向跟霍曼斯的计划不一样。这个方向特别要问的是，诸功利导向的个体彼此合作追求**共同的**事物，是如何得以可能的。这个问题也与 17、18 世纪政治哲学和社会契约论的代表学者相关联。这些 17、18 世纪的代表学者问的问题是：行动个体若要进行共同的行动、缔结契约，必须具备什么样的前提？帕森斯已经根据霍布斯的问题讨论过这件事，并且指出这个问题的答案是规范和价值。新功利主义的代表学者则不从这条途径来进行讨论。他们完全从另外的视角来看秩序问题，而且这并不是他们研究的核心问题。他们的论证核心要点更多是**基于模型理论的假设，而非经验性的假设**。他们的假设是，所有行动者的行动都是功利导向的。而这种模型理论的假设常常会得出一些矛盾、违反直觉的宏观过程结果或整体社会后果。读者可能会觉得这里所说的很抽象，但幸好有一本很不错的书，相对简单好读，而且可以让我们为上述勾勒的抽象问题找到一个从社会学来理解的切入点。这本书就是美国经济学家奥尔森（Mancur Olson，1932—1998）的《集体行动的逻辑》（*The Logic of Collective Action*）。 163

这本 1965 年出版的著作之所以令人印象深刻，是因为它打破了关于集体行动、团体、组织、叛乱、革命等如何形成的流行假设。当时流行的假设认为，集体行动或组织形式，由于当中诸个体有着共同的利益、目标和目的，因此会近乎自动地形成以实现其利益。在很多不同的社会科学理论中，都有这个乍看之下还颇有道理的假设。就连在马克思或马克思主义的理论中我们也可以看到这个假设。马克思或马克思主义假定，诸无产者和诸资本家，虽然都是一个个不同的人，但因为在各自的阶级中有相同的利益，因此会形成有组织的阶级斗争。统一起来的无产阶级出于共同的利益而试图推翻资本主义秩序，资产阶级则试图捍卫这种秩序。

若有人要论证这件事（当然，为了维护马克思的尊严，我们得说，"自在阶级"与"自为阶级"是不一样的），亦即如果有人认为集体行动来自个别行动者对利益的功利导向追求，那么——奥尔森指出——就会面临一个问题。因为事实上，正如法国社会学家布东（Raymond Boudon）那令人印象深刻的描述所指出的，

> 一群有着共同利益、意识到这种利益并且有实现利益的手段的人，当他们构成一个松散的团体时，事实上会因为大家的状况都不一样而一事无成。利益共同体，就算相当自觉，本身也不足以引出一个朝向一般利益的共同行动。集体行动的逻辑和个体行动的逻辑是相当不同的两回事。（Boudon, *The Unintended Consequences of Social Action*, p.30）

为何会如此？为什么尽管表面上集体行动是相当有好处的，但集体行动在"个体会进行功利计算"这个假设下的可能性却极低（如果不是完全不可能的话）呢？原因很简单，因为集体财物或所谓"公共财物"总会遇到"搭便车"的问题。公共财物或集体财物，是几乎所有人都可以使用的。像"新鲜的空气"，就是这类财物，因为事实上所有人都能使用；像"军事安全"也是这类财物，因为在一个国家中，不是只有少数人，而是原则上所有人都可以从中受益。人们还可以洋洋洒洒地举出一系列这类公共财物，像科学知识、国家文化遗产、国家交通基础建设，等等。与无产阶级有关的这类公共财物，在马克思主义的观点中，则是成功的革命。成功的革命会让**所有**无产者（不只是一些或是多数，而是所有）都会得到非常大的好处。但所有这些公共财物也表现出一个特点：**一个人不需要真的出一份心力**，也可以使用这些公共财物。所有人都知道"新鲜空气"很宝贵，作为一个德国人我深以为然。但同时我也知道，我一个人对维护空气质量或污染空气来说无足轻重。我爱不爱护环境，对于我们这片土地上的空气质量来说无足轻重，或影响甚微。但正是因为我知道这件事，所以我的功利考虑就会非常简单：因为不管我有没有出一份心力，都可以获得"新鲜空气"这个公共财物，因此我并不需要对爱护环境多耗费什么心力。我宁愿驾驶一部每开一百公里就要耗费二十公升汽油的车，也不要改换一种虽然有益环境，但会花很多钱和很多心

力的乘车方式。同时我也会想，反正其他所有人都会爱护环境，所以空气不会被污染。我这时候的举止就是在"搭便车"，拿了"公共财物"的好处，但却没有什么贡献，就像我搭乘地铁却没有买车票一样，我想说反正其他人都会买票，所以自己就不想去付这笔钱。在一些工会行动的情境当中也是类似的。当然，我作为一名企业职工，会因为工会提升了较好的工作条件或更高的薪资而得到好处；但同时我知道，我自己对工会策略成功与否无足轻重，有我没我无足轻重。出于这样的考虑，对我来说更符合目的或更合理的做法，就是不去参加工会工作，不作出任何贡献。因为我不需要成为公会成员，工会工作的果实也一样会落到我怀里，反正更好的工作条件和更高的薪资是所有薪资劳动者都可以获得的。也就是说我可以设想，**别人**工作和冒着风险所得到的果实反正我也可以得到。

所有这些例子的重点在于，**不是只有我会这样想，而是其他所有人可能也会这样想**。如此一来我们会得出一个值得注意的结论，就是虽然所有人都能享有"新鲜空气"这项利益，所有公共交通工具搭乘者都能享有"有足够经济支柱的公共交通服务"这项利益，以及所有企业职工都能享有"强而有力的工会"这项利益，但如果所有人的行动都是功利导向，而且没有其他因素的话，那么到最后谁都没有公共财物可用了。这当然是一个非常重要的洞见，因为奥尔森描述的这个问题原则上在**任何**组织中都会出现，因为在组织的运作中，公共财物、集体财物普遍是所有组织成员都可以使用的。让我们用奥尔森的话来说，他在他的书中非常仔细地用工会及其组织的困难之处来解释"搭便车问题"：

> 一个典型的大型组织的个别成员，其情况类似完美的竞争市场中的企业，或是国家的纳税人：他的一己之力对他组织的情况不会有什么值得一提的影响。不管他对他的组织有没有做什么支持性的工作，他都可以享受所有其他人带来的进步。（Olsen, *The Logic of Collective Action*, p.16）

如果我们接受奥尔森的这个观点，那么实际上我们会得出一个新颖的研究视角：研究者的焦点不再只是放在社会问题，以及由此社会问题而来的、表面上客观的利益局势，因为奥尔森指出了，集体行动不会自动就从共同体验到的社会问题和相同的利益当中产生出来。所以我们要问的——回答这个问题也是奥尔森在他的这本著作中想尝试的任务，并且也因此他继续沿袭新功利主义的路径——是为什么某些个体会主动积极地为集体财物出一份心力，以及什么样的社会结构可能会造就朝向共同目的的**共同行动**。

奥尔森对这个问题提出了若干答案。他想借此试着回答，我们如何避免组织当中的"搭便车"问题，以此让共同利益也可以形成共同行动。当然，奥尔森也知道，现代世界中经历了一场革命，让组织变成非常重要的角色，而且集体行动在现实当中相当频繁地发生。问题是：哪些情况于此具有决定性的影响？

1. 奥尔森认为，成员为数众多的大团体和小团体之间有根本的差异。相较于大团体来说，小团体中单个成员能为集体财物、团体目标提供的贡献是较大的。团体越小，单个人的贡献就会越大。所以对于小团体的个人来说，为很有价值的集体财物付出相对较大的成本，完全是合理的，就算有些人会"混水摸鱼"。因为就算是一个人的贡献，也可以预见能为小团体提供重要的集体财物。

> 因此，在非常小的团体中，每个成员都可以得到所有收获中相当高比例的部分。因为团体中少有其他人（加入），所以集体财物常常可以由团体成员自愿的、追求自我利益的行动所提供。（Olsen, *The Logic of Collective Action*, p.34）

但团体越大，个人为集体财物提供贡献的可能性就会越低，集体行动形成的机会也会下降。此外，小团体在根本上比大团体还要容易"监管"个别的成员。也就是说，在小团体当中，个体的行动是更醒目的，大家都知道别人做了什么事。

167 这也意味着会有一种社会控制，某种程度上让人更难"搭便车"，人们也会因此准备好或被逼迫要为集体财物出一份心力。但对于大团体来说，当然情况也是如此。如果大团体能让潜在的"搭便车的人"变得更醒目，就会有更高的机会让大家都一起追求共同的目标。较大的组织让潜在的"搭便车的人"变得更醒目的方法可以是，比如，建立去中心化的小单位或次级单位，建立准联合性质的结构。比起松散的巨型机构，联合性质的小单位中的人，可以更好地相互监管。

2. 团体、组织之类的大部分都是**以强制的方式**来让成员作出贡献。国家税收就是一个例子。当然，所有市民都可以享受由国家税收所支付的集体财物，从自来水到高速公路都是。这也会诱使人们当"搭便车的人"而逃漏税，因为一个人所缴纳的税金，对于建造一整条高速公路来说实在太过微薄，而且反正其他人也都会缴税。但结果就是可能大家都会这样想，然后大家都不缴税。所以国家不能交由市民自愿纳税，而是国家必须监督人民缴纳足额税金，需要的话还要用强制机制，对逃漏税的人施以罚款或重刑。非国家组织也与此类似，必须有某些强制手段，例如驱逐出组织，或是警告会驱逐出组织，让不出心力的成员不再能享有既存的集体财物。或是还有另一种方式，就是组织让成员进入想参与的领域之前，先对成员资格立下严格的规定。例如工会，就是执行所谓的封闭会员制，亦即**只有工会成员**才能被允许在企业工作。如此一来，"搭便车"的问题自然就可以获得

168 改善，因为工会成员与工会贡献量直接就跟工作岗位挂钩。不少的社会科学家都有一个既定偏见，认为不论从哪个角度来看，理性选择理论家都是根深蒂固的自由主义者；但奥尔森显然与这种偏见所认为的理性选择理论家完全相反。奥尔森完全赞同工会应采取强制措施，这是正当的手段，因为这样才能确保工会能够在

事实上有效提供"工会的"集体财物。

> 传统的教条都说，工会单位不应该拥有强制权，因为工会是私人组织；而且传统的教条还认为，公共部门的扩张无可避免地会导致经济自由的丧失；但这种传统教条都是基于不恰当的理解之上的。（Olsen, *The Logic of Collective Action*, p.97）

3. 在不少的组织中，还会提供所谓的"次级效益"或"选择性的激励"，以促使成员有更大的动机留在组织里并贡献一份心力。例如因为由工会带来的薪资提高，不只参加工会的企业职工，而是所有企业职工都能享受得到，所以工会还会为工会成员另外再提供法律保障、休闲旅游、工会自有图书俱乐部的优惠图书等等福利，好让搭便车问题以各种其他方式来得到解决。工会会试图额外提供一些如法律保护、优惠图书等，**只有工会成员**才能享用的非公共财物，以此避免如邀请大家享受免费消费、邀请大家来"搭便车"似的情况。工会就是以此激励成员留在工会，或是吸引更多企业职工加入工会。

* * *

奥尔森的理论，也形成了很多研究主题和在理论上相当有趣的结论。奥尔森自己就已注意到，所谓的多元主义民主理论（即认为民主宪政共同体当中的所有团体，都能拥有或多或少的同等机会让自己的需求得以被听见）是错误的，因为不同的团体在维持组织的续存方面都有不同的困难。单就团体的规模而言，相对小的团体更容易在自愿的基础上被组织起来，且小团体更容易在公共领域有效表达他们的要求（Olsen, *The Logic of Collective Action*, p.125）。由此我们还可以进一步再提出一些主题，例如我们可以研究企业家的组织条件和劳工的组织条件的差异。不过这个基于奥尔森思想，但更超越奥尔森思想的研究方向，绝不会只运用到理性选择理论的原理。两位德国社会学家和政治学家，欧菲（Claus Offe, 1940— ）和威森塔尔（Helmut Wiesenthal, 1938— ），便指出：企业家和劳工组织行为的基础，**必然**是基于截然不同的原则，因为这两者所属的团体规模就不一样，成员动员的可能性也不同（Offe and Wiesenthal, "Two Logics of Collective Action"）。我们也可以用奥尔森发现的理论，来更好地理解德国社会学家米歇尔（Robert Michel, 1876—1936）所谓的"寡头铁律"，亦即任何一种组织，包括民主组织，都会倾向于建立一种统治结构，通过这种统治结构，位于组织顶端的人能够规避"普通"成员必须达到的要求和受到的控制，并且将自己的观念强加在普通成员上，即便根据根本法条或规章，这些普通成员其实本来应该是可以决定组织政策的。法国一位相当出名的理性选择理论代表人物也指出，（大量且难以形成组织的）成员和（少数的）组织干部之间不同的数量关系，会导致：

> 当一个代表了其成员的组织所追求的政策，明显违背了成员的利益时，成员在大部分的情况下并没有办法表达他们对所发生的事情的反对意见。
> （Boudon, *The Unintended Consequences of Social Action*, p.35）

一些研究者在分析社会运动或革命时，最后也会用到奥尔森的部分说法，以凸显集体行动领域某些加速性的效果。德国理性选择理论家欧普（Karl-Dieter Opp, 1937—　）就指出，在革命运动中，当运动规模达到一定的数量时，个体的成本结构会产生戏剧性的改变（Opp, "DDR '89. Zu den Ursachen einer spontanen Revolution"）。人们可以说，当革命运动达到一定的规模时，会让我作为一个人是否一起参加抗议、一起参加抗争等等都变得没什么差异，因为我对于运动可能的成功所能提供的贡献实在微乎其微。如此一来，我会理性地决定"躲在后面"。但同时对于个人来说，参加革命运动的代价也会降低，因为庞大的群体也可以让单个人消失在国家的监控视线之下，而且国家也几乎不可能把这么大量的抗议、抗争群众全都抓起来惩处。民主德国政权垮台前夕在莱比锡爆发了周一大游行，我们可以借用此观点来对比进行分析，因为抗议民众数量的不断增加，越来越广泛的不满很快地凝聚起来，同时个人承担的国家惩罚风险不断下降。于是这形成一种内在动力，因为抗争人数的急遽增长，让抗争行动的成本结构戏剧性地改变，所要付出的成本不断下降，"获胜机会"——即改变政治局势的机会——则明显上升。

＊　　＊　　＊

奥尔森建立的研究方向无疑带来了丰硕的成果。但同时，我们对于这个研究方向自身明显的理论问题也不能视而不见。连理性选择理论阵营内部也看到：奥尔森列举出三个让集体行动得以可能的条件，但这并没有澄清国家如何能执行强制征税机制，以及市民为什么、如何每时每刻都会臣服于统治。奥尔森在这一点上，总将国家或任何一种强制暴力置于预设中了。还有他对于"选择性激励"的论证也没有说服力。因为，首先，这在经验上是不正确的，我们不能说任何一种形式的物质性激励的价值，可以决定或解释一个组织能长久持存还是会短命衰败。其次，这种激励也是必须由集体生产出来的，但这马上就会产生一个问题：谁会 171 愿意提供激励？

> 如果为了确保公共财物的生产，所以我们必须生产出选择性的激励，那么选择性的激励也不过是另外一种公共财物。生产这种激励也必然会被视作是所费不赀的，且因此也是成问题的。（Hechter, *Principles of Group Solidarity*, pp.35—36）

这也凸显出，"选择性的激励"这个概念不过是把一个原初的问题，即为什么会出现集体行动，往后推迟而已。当然，人们也可以再借助理性选择理论，为这个理论缺陷寻找答案［上段引言的作者赫克托（Michael Hechter）正是这么做的］，但无论如何这都已经显示出，奥尔森这个乍看之下非常漂亮的理论，最终不再是那么好用的理论了。

另一个更难反驳的批评，是关于奥尔森理论的运用范畴。奥尔森将他的功利主义导向的个体的模式，清楚地视为一种分析性的模式。但他也随即承认，这种模式不适用于某些经验情况，例如慈善现象或是宗教现象（Olson, *The Logic of Collective Action*, p.6, fn.6）。不过他同时又宣称，对于某些，甚至许多现实领域（特别是与经济组织相关的领域），他的模式非常适用，因为在这些领域人们可以看到个体的功利导向行动，并且也可以假设，事实上组织首先是服务于成员利益的。但是，哪些领域可以算作"与经济组织相关的领域"，当然也是有争议的。当理性选择理论家扩展了奥尔森的理论来研究革命时，人们也完全可以问，用这种理论工具来研究革命的**形成**是否真的是有意义的。奥尔森仅仅批判了马克思的革命理论与阶级斗争理论，但他自己并没有试着分析革命、抗争或社会运动。这其实是蛮奇怪的一件事，因为他的书恰好是在 20 世纪 60 年代社会抗议最如火如荼的时候出版的（参阅：Oliver and Marwell, *Whatever Happened to Critical Mass Theory*, p.294）。而且，仅仅以功利导向或目的导向的个人为前提来研究如革命这类的现象，事实 172 上也是非常困难的（如果不是完全不可行的话）。因为这个前提根本上跟革命的形成是相矛盾的。为什么我会愿意参加这种不只花钱花时间，甚至还会赔上性命，而我一个人能提供的贡献其实却又非常微薄的活动？而且，就连参加投票选举，对理性选择理论家来说也是一大谜题。因为这个理论几乎无法解释，为什么（总是会）有一堆人会去投票，即便人人都清楚知道，他们的一票对选举结果并不会有什么重大影响。为什么他们会愿意千里迢迢、耗费时间去投票站投票？理性选择理论家总是必须借助规范概念或是虔诚的信仰来解释，但只要一回到个体偏好概念或效益最大化概念，规范或信仰又会随即被抛诸脑后。这种出发点本身是完全没有说服力的。探讨社会现象时，任何**极端的**个体主义途径（奥尔森所偏爱的也正是这种途径）都是没有说服力的。奥尔森，一位经济学家，如同一位固执的普通理性选择理论家，他始终认为，个体是**独自、独立地**作决定的，并且作出什么决定，仅取决这个个体对集体财物是不是有所贡献。关于革命的经验研究已不断指出，个体都是在采取行动的**团体**和现存的社会**网络**当中作决定的，而且团体和网络都会影响个体的决定。但——如同理性选择理论中对革命研究和社会运动的研究当中，所谓的"资源动员论"者所批评的——奥尔森的后继者却把抗议分子、革命家等和快递的客户相提并论，认为抗议分子和快递客户一样，都是待在家、坐在沙发上，研究便宜特价商品，在一个舒舒服服的位置上确切地评估效益并将之最大化。不过，资源动员论者对奥尔森及其后继者的批评，某种程度上也可以被视作理性选择理论内部的"家庭纠纷"。因为，虽然资源动员论在一个相当重要的议题上，与"理性选择"决裂，但从另外一方面来看，理性选择理论还是被继续推进下去了。人们可以说，资源动员论对奥尔森及其后继者的理论的批判，不过是"理性选择理论"当中**集体主义的**理性主义观在反对**个体主义的**理性主义取向而已。因为这里还遗留下一个很重要的问题，就是社会运动组织如何能成功地动员对运动目标来说很稀缺的资源（如金钱和时间）。资源动员论的代表人物〔如美国学者欧伯萧（Anthony Oberschall）、麦克亚当（Doug McAdam）、麦卡锡（John D. McCarthy）、萨尔德（Mayer N. Zald）〕承认，社会运动，抑或革命的出发点事实上都是团体。这样一种集体的重大事件，若没有这些团体（规范性地）团结在一起，是不可想象的。因为若非如此，就会出现搭便车问题。个人的政治不满也不会转化成集体行动。以此而言，资源动员论者是与"理性选择"的个体主义理性主义决裂，但他们的声称还是基于理性主义的前提，亦即声称相对稳定的**团体**或**集体**，在试着对抗其他团体或是推翻旧的国家机器时，会对行动进行成本的评估和功利的衡量。所以，资源动员论者认为，在国家机器较为羸弱的条件下，革命之所以发生，是因为

"在当时的社会和年代，为数众多的团体以及强烈忠诚于它们的个体成员**理性地期待**从革命行动或抗争行动中，可以得到**正面的最终利益**……"（Goldstone, *Is Revolution Individually Rational?*, p.161；着重处是约阿斯和克诺伯所加）

但是这种显著的团体理性主义命题，当然也是令人怀疑的。我们在下一讲讨论"象征互动论"时会稍微谈一下这件事。不过我们在这里还对一件事情感兴趣：

奥尔森的研究纲要最后怎么样了？

＊　　＊　　＊

在理性选择理论如日中天的同时，所谓的**博弈论**也日益盛行。博弈论是在二战末期出现的。这种理论主要在探讨一种情境，其中，每个行动者的行动，皆直接根据他认为其他行动者会怎么行动而定。我们马上会来解释这是什么意思。但　174这里我们得先把话说在前头，这是一种以抽象的、分析性的方式来进行讨论的理性主义的行动理论，而这种行动理论采取的是新功利主义的前提。博弈论有部分是用非常绚丽的数学程序来模拟与分析一种或多或少是人为假设的行动情境，并以理论模型的形式，呈现理性行动者的行动逻辑及其共同行动的结果。博弈论跟奥尔森的理论是相关联的，因为两者都非常尖锐地呈现出集体财物问题。博弈论的研究者旨在探讨每个孤立的个体的理性行动如何可能会——如同奥尔森指出过的——导致不是最佳的（次佳的）集体结果与个体结果。而两者也都以同样的方式驳斥"集体效益的获得可能性可以从个体行动来推断"这个偏见。就算表面上有显而易见的集体效益，理性行动者也不是以集体效益实际上所实现的方式来行动的。博弈论也打破了古典经济学的一项假设，即认为个体（在市场上）的行动会（通过亚当·斯密所谓的"看不见的手"）自动地形成一个最佳结果。

博弈论所模拟或建构的每个不同的情境，大部分都有自己的（有时候很奇特或很有趣的）名字，例如"确信博弈""胆小鬼博弈""囚徒困境"。囚徒困境是最有名的，非博弈论家，甚至是理性选择理论的批评者，也总会不断讨论这个博弈情境。我们来为读者简短介绍一下这个博弈情境。

博弈论是这样一种情境（对此，一个好懂，且数学很烂的人也可以理解无碍的解说，可以参阅：Boudon, *The Unintended Consequences of Social Action*, p.79f.）：两个人被逮捕了，他们被指控共同犯下罪刑，但是被分开审讯，所以他们没有机会串供。法官在法庭上给他们如下选项，以促使他们招供：如果两个人都招了，那　175么两个人都得坐五年牢；如果两个人都不招，那么两个人一起坐两年牢。但如果一个人招、另一个人没招，那么招了的那个人可以直接释放，没招的那个人得坐十年牢。

这两名被逮捕的人，我们姑且称作穆勒和施米特。对他们来说，这是一个棘手且需要警惕的情况。对于穆勒来说，无论如何，招供**都会**是最好的选项。因为如果施米特招了，他坐五年牢（不然有可能他得坐十年牢啊）；如果施米特不招，他就可以获得自由了。施米特当然也是这么想的：如果他不招（如果穆勒招了的话），他得承担坐十年牢的风险；但如果他招了，他要么坐五年牢（如果穆勒也招了的话），要么可以直接被释放（如果穆勒没招的话）。虽然可能因为，穆勒和施米特都会理性地行动与招认，所以对他们来说结果都同样很差或次佳。因为这样两个人都会被判五年，而如果他们两个都不招的话只会坐两年牢。这可以下图来呈现，斜线前后的数字是如果他们招或不招的话要坐牢的年数。

		施米特	
		招　供	不招供
穆　勒	招　供	5/5	0/10
	不招供	10/0	2/2

　　读者可能会觉得，这只是虚构出来的情况。事实上，这就是一种模拟的情境。但是这种模拟不只有助于更仔细和确切地分析奥尔森所呈现出来的合作问题，也有助于梳理实际上的冲突情境，并阐明被隐藏起来或至少不是那么清晰的行动选176 项。这样的分析可以用于例如集体行动者的相互交织——像是工会、资方协会和国家，以及揭示由其行动所生产出来的，有时候并不理性的最终结果。读者可以参阅沙尔普夫（Fritz Scharpf, 1935—　）的著作《互动形式：政治研究中以行动者为中心的制度主义》（Interaktionsformen. Akteurzentrierter Institutionalismus in der Politikforschung）。沙尔普夫本人不算理性选择理论那一派。他的博弈论式的阐释只是一种分析的辅助工具。世界强权国家的军备竞赛或是军备裁减，也可以用类似的方式来进行研究，因为集体行动者决定该扩充还是裁减军备，与法庭上的施米特和穆勒这两名被逮捕犯人的情况是类似的，他们的理性选择完全可以产生从外在角度来看其实还有改善空间的次佳结果。

＊　　　＊　　　＊

　　博弈论和理性选择论的另一个我们想介绍的著名且格外杰出的代表人物，是谢林（Thomas C. Schelling, 1921—2016）。谢林长期在哈佛大学担任政治经济学教授，2005 年获诺贝尔经济学奖。他在 20 世纪 60 年代就已经广受关注，尤其是因为他关于运用博弈论讨论军事策略的著作《冲突策略》（The Strategy of Conflict, 1960）。书中，他以相当杰出的方式分析了诸国家的行动选项。这里所谈的国家，是相互对峙的，并且在处于非常不同的情境且拥有非常不同的手段的情况下，过去或现在都受到战争的威胁。但是对我们来说较为重要的，是他在 1978 年出版的著作《微观动机与宏观行为》（*Micromotives and Macrobehavior*）。他在书中用很多例子指出许多不同的情况，像是"无害的"个体行为如何可以产生宏观层面非常有问题的集体后果。关于这个问题，他曾用一个简单的模型或博弈，讨论了城市中的"种族"隔离现象；这个模型也颇为简单好懂：在一个共有 64 格的棋盘上，总共有 44 枚硬币，22 枚是 10 分钱，另外 22 枚是 2 分钱。我们先把硬币随机分布在棋盘上。我们的任务，是移动这些硬币，尽可能让某类硬币不要处于其他硬币当中，177 不要让某类硬币——从棋盘空间分布上来看——成为被其他多数硬币包围的"少数分子"。也就是说，某一类硬币周围不能都是其他类型的硬币，不能在棋盘上某块区域真的变成"少数分子"。我们可以在此规则下，任意将硬币往上下左右移动，然后同类硬币就会越来越聚集在一起。若把这个模型用来模拟城市的种族隔离现象，我们会发现即使人们不是种族主义者，也不希望和其他种族群体在空间上特别分隔开来，也就是说，当他们仅仅希望避免成为其邻近地区的（数量上的）少数群体时，他们的搬家和迁移行为，也会形成具有高度隔离性质的模式。也就是说，"无害的"个体行为也可以因为这样的集聚效果而产生并不是任何人想要的所谓的"反常效果"。布东（Raymond Boudon, 1934—2013）从这样一种普遍存在的结果，亦即非预期的行动后果，得出了关于社会变迁理论的一个有趣的结论：普遍存在的非意图的行动后果，反驳了社会学常常假设的线性历史过程。任何想试着对社会进行规划的意图，都是值得怀疑的。

挪威哲学家与政治学家埃尔斯特（Jon Elster, 1940—　）则更多在讨论个体行动本身，而不是个体行动的集聚后果。埃尔斯特非常详细地剖析了有哪些不同的理性行动形式是可以采取的，以及运用理性的手段可以获得什么效果。在他的《尤里西斯与塞壬女妖》（*Ulysses and the Sirens*）一书中有一篇论文《不完美的理性：尤里西斯与塞壬女妖》（"Imperfect Rationality：Ulysses and the Sirens"），指出行动者可以运用哪些自我约束机制，以确保自己未来的行为不会产生可能的不理性。就如同奥德赛让他的水手将他绑在桅杆上，好让他听见塞壬女妖的歌声时不会被 178 迷惑一样，个体和集体行动者也可以发展自我约束机制。社会会给自己制定宪法，以规范某些程序，并且约束自身的未来，让所有行动选项都不会过于开放。不过埃尔斯特也指出，不是各类目标都可以通过理性而达成或制定出来的。例如"自动自发"这种事就不是能理性地强求得来的。要求人们"自动自发一点！"是没有用的，因为自动自发在很高的程度上是其他活动的附加产物。而且也不是自己想要，别人就会自动自发；因为越是强求越可能反而让人更被动。类似的还有"入睡"。人们越是迫切想要入睡，就越几乎无法成功入睡。同时，埃尔斯特也自诩是一名尖锐的功能论批评者。他以令人难以置信的洞察力，指证许多相当知名的社会学家，都用上了所谓功能论式的解释，并指出这些解释其实都并不是解释，而只是猜测、模糊的假设之类的（可以参阅我们第三讲的介绍）。但值得注意的是，关于理性选择理论本身日益增长的丰富研究结果，埃尔斯特也日益抱持着怀疑态度。在他著作的发展过程中，我们也可以看到他逐渐发现了规范的重要性。所以我们也可以说，埃尔斯特也走上了古典社会学家所走的道路，也就是从经济学步向社会学。这条道路确切的终点，表现在他的著作《心智炼金术：理性与情感》（*Alchemies of the Mind. Rationality and the Emotions*）。在此书中，他回溯到社会学与情感心理学，以试图建立一套基于社会心理学基础之上的社会科学。从功利导向行动模式所延伸出来的经济学，在其中已经没有残留多少痕迹了。

但这种"失败主义"的论调，在伟大的芝加哥社会学家柯尔曼（James Coleman，1926—1995）的著作中完全不存在。柯尔曼是美国理性选择理论的**头号**代表人物。除此之外，他还将关于社会行动的思路和一个很有趣的社会理论命题

179 相关联。柯尔曼一针见血地指出，今天，是协作性的行动者（即组织）决定了社会中的行动动力，且相反地，我们对于个体的行动必须有新的评价。因为，要么这些个体已经被镶嵌在组织中了，要么个体的行动与这些组织是相对立的（Coleman，*The Asymmetric Society*）。柯尔曼的理论在此之所以特别有创意，是因为他是少数几位首次用新功利主义来探讨规范的**形成**的人。不论对于哪个新功利主义流派来说，规范一直是一个很难解释的现象。除非完全否认规范的存在，否则人们的功利计算都得顾虑到规范，但新功利主义中可用的理论概念都无法将规范真正解释清楚。而柯尔曼将规范定义为对某些财物或行动的正当且可被接受的控制权利，并且指出了规范如何在某些情况当中形成。

> 让规范所蕴含的利益以及由此而来的对规范的需求得以兴起的条件，是一个行动对许许多多的他人都会产生相似的外部效应。然而，以控制此种行动的权利为交换对象的市场是无法轻易建立起来的，而且没有单个行动者可以在这样一场为了获得控制权而来的交换中得到好处。这种利益本身不会构成规范，也不会保证规范会形成。这些利益所产生的是规范的基础，亦即受到某些外部效应影响的人会**需要**这些规范。（Coleman，*Foundations of Social Theory*, pp.250f.）

但柯尔曼并不是说，他所描述的这种规范建立情况就是事实上最常见的情况。他所谓的规范形成的条件，在经验上很少见，本身是很有限的，且还缺乏很多需要进一步补充的附加条件（参阅：Coleman，*Foundations of Social Theory*, p.257）。即便如此，柯尔曼在过去和现在都有很大的影响力，因为他学术生涯晚期出版的一部三卷本的巨著《社会理论的基础》（*Foundations of Social Theory*），提出了一种理论

180 综合类型。这种综合类型认为，所有值得一提的社会学理论问题，最终都可以试着

用理性选择理论的观点来解决。德国社会学家埃瑟（Hartmut Esser, 1943—　）也有类似的雄心壮志。他出版的导论性著作《社会学》（*Soziologie*）（共六卷本。虽然每一卷都叫"社会学"，但处理的是各不相同的理论领域），所做的研究工作，与和他同时代的柯尔曼是类似的。

最后这里还要提一下获得诺贝尔经济学奖的芝加哥学者贝克尔（Gary S. Becker, 1930—2014）。他对人力资本理论的持续发展贡献甚巨，为教育经济学提供了很重要的启发。他也始终如一地尝试将经济学的功利导向行动模式应用于社会学所探讨的现象上。除了对犯罪和越轨行为的研究之外，他也将功利导向行动模式用在对于家庭的研究上。他从行动者（家庭成员）的角度来描述家庭，指出不论是父母还是小孩，所有家庭成员都处于一个"性、生计、安全的交易"（Alan Ryan, "When it's rational to be irrational", p.20）过程当中。但是，如同这个简短扼要又具有挑衅性的公式所暗示的，贝克尔对于行动模式的讨论，常常又完全抛弃规范—分析的角度（许多理性选择理论家都已经考虑到规范—分析角度了），这使得他的研究如同边沁一样，都想提出一个如人类学命题般的无所不包的命题，但这是很成问题的。

*　　*　　*

这一讲的最后，我们来总结评价一下。

这一讲我们提到了新功利主义的一些流派。以"理性选择"或"理性行动"为特色的流派，与"交换理论"这个流派不太一样。"理性选择"或"理性行动"这个流派，从规范—分析的模型来理解功利导向的行动者。其循环论证逻辑的问题不像霍曼斯的理论那样那么严重。不过这些所谓的理论家的兴趣当然还是在于，将理论模型套用在现实情况上，以解释现实情况。也就是说，他们的兴趣在于，提出一套适用于**经验层面的**选择理论。不过这里的问题是，在哪些领域当中真的 181 会有这些如此理性、谨慎的行动者。这里也随即显露出这种模型的局限。因为在几乎所有可以想见的情况中，都会有一些强制性的因素，让行动者不可能像理性行动理论所建立的模型要求的那样行事。行动者总是处于信息短缺的状态中，要为我们一些有待处理的抉择与选择情境获得所有必要信息，常常都是非常奢侈昂贵且复杂繁琐的。或是有时候可用的信息又太过广泛，行动者面对所有数据时的概览能力、认知处理能力有限。在理性行动理论和决策理论相关领域中，这些问题都很常见。这也使得许多学者抛弃了功利最大化的观念，而是采用"恰当的满足"的看法来进行研究（Herbert Simon, "Theories of Decision-Making in Economics and Behavioral Science", p.262）。这方面的研究认为，追求"恰当的满足"的行动者不真的是"理性的"，而是一旦找到符合要求的解决方案之后，就不会再去追问对行动来说最适当的手段，或是对决策来说最好的信息。行动者的行动也常常是非常任意的，只要在面对所有实际生活当中遇到的困难时还能够行动就行。行动者是"有限理性"的。不过，如果我们承认行动者是有限理性的，那么马上就必须再追问，"有限"到底所指为何。有限理性的行动者，与理想类型意义上的功利最大化的行动者到底差距有多大？不太大，还是非常大？如果非常大，那么"效益最大化的行动者"这个模式，显然绝大多数时候并不适用于经验地把握社会现象。（相关的批评，可参阅：Etzioni, *The Moral Dimension*, pp.144ff.）

若是如此，就会出现一个很有趣的问题了：哪些人真的会像效益最大化的行动者那样行事？有时候人们在进行经验研究时会遇到这个问题（例如：Marwell and Ames, "Economists Free Ride, Does Anyone Else?"）。有趣的是，大多数人类团体在日常生活当中都离行动理性模式非常遥远。根据研究，只有一类人的行为一般来说会在经验上非常贴近理性模型——经济系的学生！但我们并不知道，这是选择的结果还是社会化的结果；也即我们并不知道这是因为所有经济系的学生都刚好是如此理性地进行选择，还是这其实是经济学的思维方式形塑了他们的行为。但我们可以确定的是，新功利主义的行动模式是非常有限的。所以我们下两讲要讨论的理论方向，不只主张要返回帕森斯那种内涵相当丰富的行动模式，而且还要批评帕森斯提出的行动模式太过简化、内容**不够**丰富。

第六讲

诠释取向（1）：象征互动论

我们在这一讲与下一讲，要来介绍两个社会理论：象征互动论与常人方法论。183
这两个理论不一样，但在很多社会学文献中常被统称为“诠释取向”，因此两者也常常被搞混。“诠释取向”这个概念不是没有问题的，但却呈现出一个很重要的观点，也即社会学在20世纪50年代和20世纪60年代，除了交换理论与“理性选择理论”这类的新功利主义范式，以及除了帕森斯的结构功能论之外，还有另外一个很重要的取向，而且这个取向相当有活力。采取“诠释取向”的学者都拥护一种行动模式，这种行动模式不同于**理性**选择理论，也不同于帕森斯所强调的行动**规范**面向。“诠释取向”从字面上就已经表明了这个标签的意涵。一方面，这个取向表明了对帕森斯与帕森斯行动模式的反对态度。许多“诠释的范式”的代表人物都指责帕森斯，说他关于价值与规范（帕森斯认为这两者总是与行动相关联）的说法，太过简化了。这里所谓的简化，不是说人类行动当中的价值与规范的意义太过简化。完全相反。这里说的是，帕森斯忽略了一个事实，即对于行动者来说，规范与价值不是抽象的东西，也不是在行动中可以毫无问题地实现成真的东西。规范与价值常会随着具体的行动情境而异，必须经由人们加以**诠释**。也就是说，帕森斯忽略了价值与规范是**有赖于诠释**的。这也是帕森斯理论的一大缺陷，导致了在理论层面上一连串有问题的后果。

另外一方面，“诠释取向”这个概念也指出，这个取向的理论常常（但并非必 184
然是）和**人类学**的研究传统，以及**质性**的社会研究方法密切相关。这个取向的研究者都假设，在具体情境当中，不论是规范与价值的实现，还是完全非规范的目的与意图的实现，都是相当复杂、绝非一帆风顺的过程。所以，把人类行动的相关范围仔仔细细研究一番，并**诠释**行动者如何选择行动，是相当必要的。不能只是用一大堆无所不包，但其实相当粗糙且充满问题的数据来进行研究。“诠释范式”的学者会认为，像在问卷调查研究当中常见到的那样，收集一大堆关于意见、信念等等的数据，并不是恰当的做法，因为人类在特殊行动情境当中的实际行为，不是用一大堆数据和统计分析就能够加以解释的。这种对于质性方法的偏好，并非针对帕森斯，因为帕森斯没有讨论什么研究方法上的问题；而是针对那些偏好用定量方法来支撑其理论思想的社会学家。

*   *   *

　　不论是象征互动论学派、还是常人方法论，在过去和现在都常被人们用"诠释取向"来统称。这两个理论有共通性，但是同时也需要强调的是，这两个也是完全可以区分开来的取向，因为它们两个各自的根源是在现代哲学当中互有冲突的两个思潮。我们在下一讲会讨论到的常人方法论，其传统是胡塞尔的现象学；而现在要来讨论的象征互动论，则是来源于美国的实用主义思想。实用主义思潮（我们马上就会进一步讨论这个思潮的内涵）与许多早期美国社会学家都息息相关。像是米德、托马斯（William Isaac Thomas）、库利或帕克（Robert Park），他们
185 的研究都直接与这个思想传统有关，甚至促进并提升了这个思想传统。就其高度仰赖实用主义思想而言，象征互动论并不是一个**全新的**理论。它是"社会学的芝加哥学派"这个研究方向的一个**延续**。社会学的芝加哥学派是托马斯和帕克于20世纪10—30年代在芝加哥大学教导传授并实践得相当成功的一个研究方向。**当时**，这个研究方向在美国社会学界具有极大的影响力。不过之后，自称为帕森斯学派的研究方向在40年代出现，并在50年代获得了霸权地位，社会学的芝加哥学派于是就被排挤出支配地位了。

　　我们在第三讲提过，帕森斯在《社会行动的结构》中重构社会学史时，忽略了（虽然不知道他是不是刻意忽略的）对于社会学的芝加哥学派的详尽讨论。不过，20世纪50和（尤其是）60年代，象征互动论倒是很高调地采取与功能论针锋相对的取向，在社会学学科中脱颖而出，而且象征互动论的主要学者，就是原先"社会学的芝加哥学派"代表人物的学生，亦是最猛烈批评帕森斯理论的一群人。我们等下会对此再多聊一点。首先我们要先来弄清楚，象征互动论跟美国的实用主义，以及与实用主义息息相关的"社会学的芝加哥学派"到底有什么关系。这里有四点特别值得一提。

　　1. 美国的"实用主义"这个哲学传统有趣的地方在于，这是一个关于行动的哲学。以此而言，实用主义对于对行动理论相当有野心的早期帕森斯来说，应该是非常重要的。然而事实是——这可能也是帕森斯之所以在《社会行动的结构》中忽视实用主义的原因——实用主义的行动模式，与帕森斯关注的行动理论，是在完全不同的背景下发展的。帕森斯紧贴着社会秩序问题来展开讨论，并且特别强调将行动的规范面向当作社会秩序问题的"解答"。美国的实用主义的问题重点

则是另外一回事。这个哲学传统的代表人物，有像是我们在第一讲已经提过了的
逻辑学家皮尔士、哲学家杜威（John Dewey，1859—1952）、心理学家兼哲学家詹 186
姆士（William James，1842—1910），以及哲学家兼社会心理学家米德。实用主义
者要问的是**行动与意识之间的关联**，而不是行动与秩序之间的关联。这个问题也
让他们在哲学方面提出了一些新颖的观点（对此，可以另外参阅：Joas，"Von der
Philosophie des Pragmatismus zu einer soziologischen Forschungstradition"）。美国实用
主义中在某种程度上颇具革命性的要素在于，对于这个问题的讨论，为现代西方
哲学带来了一个基本前提。从法国哲学家笛卡尔（René Descartes 或 Renatus Carte-
sius，1596—1650）开始，现代西方哲学就将个体、个人的思想，置于哲学研究与
科学分析的核心。笛卡尔提出了一个论点：所有一切事物，原则上都是可质疑的，
但唯有自己的存在是无可怀疑的，因为任何进行怀疑的尝试，最终都会指向进行
怀疑的意识，意即指向自我。也就是说，就算我想要质疑万事万物，我也无法否
认**我**就是那个正在思考的人，**我**就是那个存在着的人。这即是笛卡尔的名言：我
思故我在（Cogito，ergo sum）。由于每个自我意识都是确实的，所以笛卡尔得出一
个结论，认为哲学研究必须将自我意识视为讨论的出发点。或是反过来说：哲学
研究需要有一个扎实的基础，唯有自我意识、我、自我的确实性，才能提供这个
基础。由此出发，由这个绝对确实的基础出发，哲学家才可以像科学家一样开始
他们的研究。

　　笛卡尔这个一般被哲学教科书称为"笛卡尔的怀疑"的极端做法，以及他为
哲学和科学打下基础的尝试，对欧美文化造成极大的影响。就像前文提到的，他
的思想深深烙印在大部分现代哲学中，至少深刻影响了将个人意识如笛卡尔那样
摆在研究核心的那部分哲学，即"意识哲学"。但是，意识哲学也面临一个很难回
答的理论问题，就是笛卡尔这个被立为榜样的思想步骤（即最终回溯到个体意识 187
及其无可怀疑的存在）也不是没有问题的。因为笛卡尔的怀疑认为，就是只有
"我"才是可以确实观察的，而将世界上其他显然也在起作用的东西——比方物、
我周围的其他人——都悬置不管了。这个被设想为抽象、孤立的我，要如何再次
走向世界、走向物、走向其他主体？也就是说，这套哲学思想造成的严重问题是，
把自我（心灵、精神、意识，或是诸如此类的），跟客观的、有生命或无生命的世
界，极端地二元对立起来了，同时也将非物质实存的心灵跟可见的行动极端地二
元对立起来。意识哲学从一开始就不断在尝试克服这个在理论上令人感到不满、
充满问题的二元对立，虽然最后总是徒劳无功。

　　从美国实用主义在 19 世纪末提出的革命性命题来看，之所以意识哲学无法克
服这个问题，是因为笛卡尔的怀疑本身就是高度人造的思想步骤，所以才会误入
歧途、造成二元对立。实用主义的命题是，笛卡尔的怀疑是非常抽象的、窝在书
房里空想出来的东西，对于日常生活，以及对于哲学和科学的日常生活来说，没

啊用处，也不会有用处。人并不会整天**刻意**怀疑东怀疑西的。一个人如果要刻意怀疑什么东西，必须在某个意识层次上确定有那个东西存在。但人无法**同时质疑**所有事，不然就会瘫着什么事也做不了。如果我很认真地质疑大学是不是一个旨在教学与研究，而非娱乐与消遣的机构，质疑读社会学的意义到底在哪里，质疑到底大学里面有没有真的在上课，质疑学生到底有没有在课堂上，那我一定早就被一大堆莫名其妙的问题压得喘不过气来，被所有同时压在我身上的问题搞得什么事也做不了。实用主义并不是说要对所有传递下来的知识抱持着毫不批判的态度，而是认为要在哲学内采取一个符合"现实、真正的怀疑"的态度（Peirce，"The Fixation of Belief", p.232；关于笛卡尔的怀疑，可以参考：Peirce，"Some Consequences of Four Incapacities"）。所谓现实、真正的怀疑，意思是指在**具体情境**当中、在**行动情境**当中真的冒出来的怀疑。如果人们怀疑笛卡尔的怀疑，那么人们就不会再将个人孤立的意识假设为思想的基准点。如此一来，人们也就不再必然会认为自我是纯粹抽象的、仅仅在进行理性思考的，也不会认为自我与非自我的其余世界万事万物是分离开来的。而是会将自我视作一种**具有感官性质的**自我，一种处于世界、处于共在世界**当中**的自我。如此一来，就有可能把知识过程视作许多个体共同参与的合作过程。总而言之，这是一种完全不一样的哲学提问方式，也是不同于笛卡尔"后继者"的另外一种新的解答。

实用主义者在**具体的行动情境**当中讨论怀疑，并且认为笛卡尔的怀疑没有道理、不重要。但还不只如此。他们开启了一个克服二元对立的可能性。要知道，这种二元对立——即一边是被设想为非物质实存的心灵，另一边是可见的行动——从笛卡尔的前提出发，几乎影响了所有的行动理论。实用主义认为，若是没有行动，心灵、意识、思想之类的都是无法想象的。或是换句话说：思想是在充满问题的行动情境当中形成的，思想和行动彼此之间是相关联的。这种看法也改善或解决了笛卡尔式的二元对立，而且并不是用极端唯物论的立场（即意识完全不过是生物学或生理过程的产物）取代意识哲学的观念论立场（即认为行动源自心灵）的方式来解决这个二元对立。对于实用主义来说，心灵、思想、意识不是物质实存，也不是非物质实存，而是要放在**行动脉络下的功能意涵**来理解。根据实用主义的观点，只有当我们在某一情境当中遭遇到了一个问题，意识才会开始发挥作用。只有在这个情况当中，我们才会去进行思考。只有在有问题的情境当中，才会激发行动者不得不注意到新的东西和面向，并试着处理和理解新东西和新面向——或是简单来说，才会开始进行思考。只有当日常生活当中几乎可说是自然而然的行动之流被问题打破的时候，之前被视为理所当然的情境构成部分才会被重新分析。如果行动者发现了解决方法，那么这个解决方法就会被行动者记起来，未来如果遇到类似的情况，就会拿出来用。

至此，咱们讨论的还只是实用主义思想在**哲学方面的**成果。它在**社会学方面**

的重要性这里好像还没有真的谈到。但在一些论点当中其实我们已经可以瞥见了，例如，在这样一种理论传统当中，行动者被认为是主动的、寻求与解决问题的，而不是被动的、等待某些刺激出现的。或是说，没有什么东西本来就是刺激，而是只有在某些行动情境当中，刺激才会被界定为刺激。不过，一直到杜威和特别是米德之后，实用主义思想才对社会学和社会心理学具有了非常显著的重要性。

2. 米德的思想最关键之处在于，他的分析不只聚焦在面对人类环境的行动情境，而是聚焦在人与人之间的行动情境（对此可以参阅：Joas, *Praktische Intersubjektivität*）。在日常生活中，我会对其他人产生作用，我的行动会引发其他人的行动。我自己就是其他人的刺激来源。当这个人际现象出现了一些相互理解的问题的时候，那我会开始注意到，我是**怎么**对其他人产生作用的，还有其他人是怎么回应我的。可以说，在他人对我的回应中会照映出我的自我。米德正是借助这个思想，奠定 190 了自我同一性建立过程的理论基石，并随即成为社会化理论的核心。他借着实用主义思想工具，清楚阐释了互动情境中的"自我意识"是怎么形成的。其中，重点不是个别的行动者，而是**在一些其他行动者中的**行动者。米德打破了社会心理学和社会学以个人主体出发的基本观点。他强调，社会学和人文科学必须彻底将**主体之间**作为考察重点。但要掌握主体之间的性质，必须要掌握人类学式的**沟通**理论。米德也同样奠定了这个理论的基石。

3. 对于米德来说，人类的独特之处在于会运用象征。物体、举止、声音，都可以被用来进行象征。人类运用象征来指代其他东西、再现其他东西。象征是在互动中出现的（这是重点）。也即象征是**社会**界定的，因此也会随文化而异。动物也会有一些表现行为，但那不是象征。一只狗在龇牙，虽然的确表现出它的攻击性，但我们几乎不能说，这是狗狗们经决议后才采取这种愤怒表现方式的。动物的表现行为是本能决定的，所以是一样的（姑且不论早期发展阶段可能会对这种行为产生一定程度的影响）。具有象征性质的人类举止则完全是另外一回事。右手竖中指在中欧是个很常见的手势，1994 年德国足球球员埃芬伯格（Stefan Effenberg）的"中指事件"却在那时惹起了轩然大波。但中欧一些比较偏僻的地方的人们在那时候却可能不是很了解中指事件为什么如此沸沸扬扬，因为"竖中指"的意思，在那里是用其他手势表现的。关于象征，人们会考虑，是要刻意展现出来，还是要试图避免，是要改变一下做法、还是用嘲讽的方式运用。这些在动物世界当中是不可能的。米德的一项伟大成就正是在于他梳理出了这套说法，191 并且将人类的语言能力摆在这套说法当中的核心地位。不过米德还只是从"发声姿态"来理解语言。

4. 以这套我们稍微简单介绍了的沟通理论，以及对自我意识形成可能性的反思为基础，米德更进一步提出了具有高度原创性与巨大影响力的发展心理学。这个发展心理学所提出的问题是：孩童如何学会设身处地？以及如何随着时间的推移慢慢建立起自我同一性？米德指出，自我是经过数个阶段而形成的。一开始幼儿和孩童还不真正了解自己的所作所为带来的后果，他们还没有办法将自己与客观世界区分开来。他们可能会觉得自己身体的一些部分（比方在被子末端露出来的脚指头）与环境中的其他物体是一样的。小孩子在讲到自己时，也会像在讲其他东西一样。他们在讲事情，不会说"我"，而是会用自己的名字来称呼自己。比如小尤尔根可能不会说，"它弄痛我了"，而是可能会说，"它弄痛尤尔根了"。之所以会这样，并不是因为他还不会用"我"这个字，而是因为他还在用他人的观点，而不是自己的观点来看待自己。小尤尔根知道，**他自己**就是引起他人对他产生反应的尤尔根，而且他会去注意他妈妈、爸爸、姐姐是怎么看**他**的。他会借此获得自己的形象，不过这时这个形象还是一堆散落的、如他人一般的形象［即诸多"客我"（»me«s）］。如果我们能成功地将这些不同的如他人一般的形象综合成一个一般的自我形象，那么我们就可以变成我们自己的社会客体，变成我们自我观察的对象。我们会形成自我，建立起"（自我的）同一性"。小尤尔根在他的名字中看到他自己。他通过不同的行动过程，不只学习到从和他有直接关系的他人身上认识自我，也认识到那些他人所面对的自己的角色是什么样子的。他用游戏的方式（例如过家家、或扮医生看病等游戏）来学习以他人的角度来想事情，以及从他人对自己的反应中得到经验，知道他自己的行动在其他人那里会造成什么影响。他可以吸收他父亲、母亲、好朋友的观点，用游戏的方式学习掌握他们的角色。而在接下来的阶段，通过比赛的学习，亦即学习像足球比赛一样要遵守抽象的规则，他不只可以了解他直接身边的人的角色以及这些人对他的期待，也更可以了解较大群体（比如足球队），甚至是整个社会的一般期待。因为在与各种不同的人的交往过程中，他可以通过他们的反应而照映出自己的自我。而且由于同时也采取了许多他人的观点（从身边最亲近的母亲，到对我来说可能相对不熟的律师、警察、店家老板），因此一个还算能清楚认知的自我同一性才会建立起来。

　　最晚在这个发展阶段，行动者可以看到自己，有意识地把自己当作客体，因为他已经可以采取他人的角色、他人的观点［即"角色取替"（role-taking）］了。但这也意味着，对于米德和与他观点相关联的学者来说，自我不是真的固定、坚不可变的，而是通过根据与他人的互动而不断界定与重新界定出来的。自我更多是一个过程而不是固定的结果，一个持续结构化的成果，不具有隐藏其后的本质。

＊　　　＊　　　＊

　　至此，我们讨论了美国实用主义的重要基本思想。这些思想对所谓"社会学的芝加哥学派"的一些严格意义上的社会学著作，产生了重要的影响（尽管哲学和社会心理学的理论基石，与当时那个学派在芝加哥的一些研究实践，两者之间的关联并不总是一眼就能看得出来）。

实用主义和芝加哥学派在 20 世纪 40 和 50 年代开始，其影响力日益衰退。那时有一位米德的学生努力对抗当时的趋势，当时他也成功召集了一批战友。其中之一就是布鲁默（Herbert Blumer，1900—1987）。他在 1927—1952 年间是芝加哥大学社会学系的成员，之后调任至加州大学伯克利分校。布鲁默在芝加哥时，有意继承米德的思想遗产，之后也成为热烈拥抱米德思想的代表人物之一。同时，他也在**全国的**层次上，不遗余力地将想传承实用主义传统的社会学家们组织起来。某种程度上他也成功了，因为他在 1941—1952 年间被推选担任美国最具影响力的社会学期刊《美国社会学刊》的主编，1956 年亦被选任"美国社会学会"会长。

也是布鲁默，于 1938 年在一篇关于社会心理学的文章中创造了"象征互动论"这个概念。当然，这个概念在这里需要解释一下。"互动"指的是**针对彼此**的**行动**，若干人的行动交错在一起。最初，英文的"互动"（interaction）这个词是用来翻译齐美尔（Georg Simmel）理论中的德文概念"相互作用"（Wechselwirkung）的。后来，特别是对于社会学来说，这个词汇与米德著作中的一个观点相关联，即人类不是孤立的存在，而是总处于**主体之间的**关系当中，会被卷入两人或多人的整个行动交织当中，亦即被卷入"互动"当中。而关于"互动"的形容前缀词"象征的"，我们则要正确理解："象征互动"不是说一次次的互动只是在象征层次上进行的，亦即不是说互动本身不是真的、真实的互动；也不是说象征互动论只关心承载着高度象征意涵的行动，如宗教仪式行动。象征互动论应被理解为讨论"运用象征而促成的互动"的行动理论（这个说法是哈贝马斯提出的），亦即讨论仰赖象征系统（如语言、姿态）行动的理论。"人类行动运用象征来促成互动"之所以会被特别强调，是因为人们从中可以得出一个其他理论无法得出的结论。

"象征互动论"这个布鲁默在 20 世纪 30 年代提出的"标签"，很久之后才广获认可。这个概念在被提出后的二十年间都默默无闻。一直到 20 世纪 60 和 70 年代，才有一系列以此标签为标题的书籍陆续出版。这些书籍有助于让追溯到米德的理论运动获得一个固定的名称。虽然这个思潮究竟有多大的统一性，是值得怀疑的（Plummer，"Introduction"，1991，p.XII）；一个学派或是传统，常常是经由追溯而建构出来的。但是这个思潮有多大统一性、怎么追溯与建构，不是我们这里的问题；我们这里要讨论的是，布鲁默如何继承米德的思想遗产，他大力宣扬的是一种什么样的社会学，以及在社会学辩论中，他和他的战友建立了哪些命题。

布鲁默在一本后来相当著名的、出版于 1969 年的论文集《象征互动论：观点与方法》（*Symbolic Interactionism：Perspective and Method*）中，界定出三个简单的象征互动论前提：

193

194

第一个前提是，人类对于物所采取的行动，乃基于这个物对他而言所拥有的意义。……第二个前提是，这个物的意义来源于或产生自人与人的社会互动。第三个前提：人在处理他所面对的物的时候，会进行诠释，并在诠释过程中运用这些意义，借此修改意义。（Blumer, "The Methodological Position of Symbolic Interactionism", p.2）

这三个命题非常简单，人们也可以将之视为关于人类行动能力特质与沟通特质的社会心理学与人类学假设。读者可能会问：这三个非常简单，甚至感觉没啥水平的说法，真的可以建立起一个理论，且还可以跟比如帕森斯的那种非常复杂的理论一较高下吗？真的可以。布鲁默在这里所提的，还只是前提与假设，而非完整的理论。如果读者真的去钻研帕森斯的理论（或是其他看起来非常复杂的理论），那么会发现那些理论的前提虽然可能不一样，但却可能一样是很简单的。而且也许帕森斯也是会接受这三个前提的！这种情况完全有可能发生。特纳（Jonathan H. Turner）写过一篇论文《作为象征互动论者的帕森斯》（"Parsons as a Symbolic Interactionist"），间接引发帕森斯和布鲁默的辩论。布鲁默和帕森斯各自在1974年和1975年回应了特纳这篇文章。帕森斯在面对象征互动论的攻击时很不高兴地指出，其实他早就已经把象征互动论的思想和前提整合进他的理论了。帕森斯当时的回应，用比较通俗的说法来说，就是："象征互动论与结构功能论的理论哪有什么差别？象征互动论凭什么抨击我？我当然也知道，人类会赋予意义、人会说话啊！"而布鲁默的回答，则可以总结为："亲爱的帕森斯，你只是很表面地同意这些前提，但事实上你根本没有足够认真地看待这些前提。因为如果你真的接受这些前提，并且一以贯之地遵守它，你根本就不会搞出这套你实际上搞出来的理论！"

事实上，从布鲁默这三个看起来很简单的前提出发，的确可以进一步发展出一整套完全是另外一种方向的理论成果，既不同于读者在讨论帕森斯的那几讲当中看到的，也不同于像功利主义那一讲提到的东西。

我们先从第一个前提来看，即人类会基于物所拥有的意义来对物采取行动。这个说法背后暗藏着一件很容易观察到的事，即人类行为不是受客观存在的力或要素的影响而确立或决定的。表面上客观的要素或力，总会得到行动者的诠释，亦即行动者总会为客观的要素或力赋予**意义**。一棵树不只是一棵以物质的形式矗立在我们面前的树而已。对于行动者来说，一棵树还处于某个行动脉络中。对于生物学家来说，树是一个实际的研究对象，可以也必须不带感情地加以分析。对于有些人来说，树很浪漫，因为——比如森林中一棵美丽的橡树——会让他想起他第一次与情人的幽会。对象自身不会决定人类行动，不会"突然扑向人类"，而是反而会从人类那里获得意义，因为对象是处于某个人类行动脉络当中的。不只物质客体如此，社会规则、规范、价值也是如此，不会决定人类行动，因为它们必须先被人类诠释。这也就是说，规范在不同的情境下会对行动者以极为不同的方式"产生作用"，因为不同的情境会决定行动者实际上如何诠释规范。不过这也等于宣称：我们以往有个观念，认为在一个社会中会有对行动具有明确决定作用的规范；但是这个观念，在面对"行动者会运用意义"与"行动者有诠释的空间"这些重要的事实时，完全失效了。这一点我们在第三讲提到对于帕森斯的行动参照框架的批判时，就提过了：有批评者指责帕森斯的"客观主义倾向"，亦即帕森斯没有认真讨论行动者的意义运用，也普遍忽略了行动者的认知能力。

第二个前提"物的意义来自社会互动"，以及第三个前提"意义会在诠释过程中不断产生出来并改变"，并不真的全然令人感到惊讶或多么惊天动地。布鲁默通过这两个前提只是想告诉我们，物对于我们而言所拥有的意义不是在物本身中被找到的。树作为一种物理对象，本身无法推导出树的意义。树本身不包含"树"的观念或意义，树本身也不是一种观念的体现。布鲁默还指出，意义也不是在个体内心中形成的。意义的内容更多形成自人际互动；而且事实上，我们也都是通 [197] 过社会化而隶属于某个文化的。如读者也许知道的，人们会觉得德国人跟森林和树有很特别的关系（这可能跟一些小说有关）。在德国，人们常常会用一些很浪漫的体验来描述树；这在别的文化中可能是完全不可理解的。简单来说，行动对于意义的运用，很大一部分不是个体内心的、孤立的过程，而是**主体之间的脉络**在其中扮演着很重要的角色。同时布鲁默也说（这亦是第三个前提的意涵），已然存在且被坚定地信仰着的意义总会不断改变。就拿"用个人电脑工作"这件很多人现在每天都会做的事来当例子吧。等下这件事就会冒出问题了。对于读者来说，电脑可能现在也不过就是另外一种打字机形式，大家很理所当然地觉得电脑就是拿来打字的，对吧？但假设现在这台"打字机"突然宕机了，所以我们现在得好好研究电脑到底出了什么问题，找说明书来看。这时候我们会开始一个自我沟通的过程，自己问自己，到底哪里出错了，要怎么办，要按哪个键，哪条线该插到哪个接口。紧张兮兮弄了老半天之后，这时这东西对我们来说就会突然有了新的意义，因为我们了解了原来这东西到底是怎么运作的，我们开始会"用不同的眼光"看待这玩意儿了。

这些前提好像没有什么了不起的地方。布鲁默也觉得这些前提实际上很理所当然。但他接下来却得出了帕森斯的功能论和新功利主义都没有得出的结论。

首先，象征互动论的行动理论基础根本上是截然不同的：象征互动论的出发点是**互动**，不像帕森斯在《社会行动的结构》的讨论和新功利主义那样都只谈个人的行动与个别行动者。如布鲁默所言，社会互动是一个"形塑人类行为的过程，而非只是人类行为表现或宣泄的手段或安排"（Blumer, "The Methodological [198] Position of Symbolic Interactionism", p.8）。他人的行动总是个体行动的构成部分，而不只是个体行动的环境而已。所以布鲁默也常常说"联合行动"　（joint action）而非"社会行动"（Blumer, *Symbolic Interactionsim*, p.70），因为这个概念够能说明他人行动和我的行动总是无法分割地交织在一起。

> ……联合行动不能被分解成参与者所表现出的共有或相同的行为。每个参与者都必然会占据着一个不同的位置，从这个位置出发来行动，然后参与各个不同的行动。并不是因为这些行动具有共通性，而是因为这些行动结合成了一个整体，所以构成了联合行动。（Blumer, *Symbolic Interactionsim*, p.70）

与此同时，关于自我的形成，布鲁默和象征互动论者的看法显然也和其他理论传统的看法不一样。他们的看法对行动理论也产生了影响。他们直接援用了米德有关自我意识的形成的看法（见上述），强调人也是**他自己的**行动对象。我可以跟我自己产生关系——之所以如此，是因为我总是已被卷入互动当中，并且我每一次的行动，都会通过他人对我的反应而反射回我身上。我可以借此反省自己、想想自己：我可能会很生自己的气，因为我竟然在那种情况下做出这么蠢的事；我可能会很同情自己，因为我的人生伴侣离开了我；我可能觉得能抬头挺胸、走路有风，因为我成就了一件英雄事迹，诸如此类。"社会性"这个概念在这里显然和帕森斯的行动理论完全不同。帕森斯的出发点，当然是"人是社会性的存有"。帕森斯认为，规范和价值都是在社会当中被制度化，并且内化进个体当中的。如果人不是社会性的存有，规范和价值就不可能有办法发挥它的功能。但对于帕森斯来说，内化过程是一个只会从社会流向个体的单向线性的过程。

而互动论者则是以另外一种取向来想这件事。对于他们来说，**自己和自己沟通**是一件非常重要的事。互动论者不认为有"单向线性的内化"这种事，而是如前文提过的，在互动论者的眼中，自我更多是一个过程而不是固定结构。但这也就是说，这样一种将自我和行动视为过程的观点，会让人们很难运用一些一般在社会学或社会心理学中很常见到的概念：

> 因此，我们无法通过将内在世界简化成固定的组织元素，例如简化成态度、动机、感觉和观念，而以此捕捉内在世界。相反地，我们必须将内在世界视作一个这些元素发挥作用的过程，并且这些元素受制于在这个过程当中所发生的事情。内在世界必须被视为一个内在过程，而非固定的内在心理组成。（Blumer, "George Herbert Mead", p.149）

对于行动理论来说，这个观点意味着，我们的讨论不应（如同新功利主义那样）从给定的目标、愿望、意图、功利计算出发，也不应（如同帕森斯的理论所认为的那样）从固定不变的规范和价值出发，并认为行动都会遵守着规范与价值。所以，帕森斯的理论中所提到的角色概念（见第四讲），对布鲁默来说也很成问题。如果我们考虑到自我的过程性，那么就会发现，角色概念似乎暗示有一种固定的角色期待，人们的日常生活就只是在满足这个角色期待。这种看法会让自我仿佛就只是一个单纯为了生产行动而执行社会期待的媒介。自我在这种观点中完全不具有主动性了（Blumer, *Symbolic Interactionism*, p.73）。

布鲁默的这种说法，直接让社会学至今常见的行动理论的立场全都可以被人们进一步质疑。这里，我们又遇到了在第三讲批判帕森斯的行动参照框架时就提到的一件事。当布鲁默和象征互动论者强调自我的过程特质和人类行动的不固定特质时，他们当然也意指人类不是一个被动的存在，不只是被动地面对刺激而加以反应而已。人类有机体就跟动物有机体一样，都会主动出击。并且如果出现了新的情境，引起了新的关注，那么行动目标也会很快就随之改变。原先的目标和意图之所以可以这么快就改变，正是因为客体处于人类总是会不断进行的诠释过程当中，因此客体持续都在获得新的意义。 200

帕森斯的"行动参照框架"概念，认为有固定的手段和目标。但是这种想法在布鲁默和互动论那里变得可疑。布鲁默认为，人类行动不一定总是处于目的—手段的关系当中。比如仪式、游戏、舞蹈等行动形式，亦即我们在第三讲讨论赫尔德和德国的表现人类学时所提到的表现行动，就不处于目的—手段的关系中。而且布鲁默还认为，日常生活中的行动者，常常都没有真正明确的目的和意图；而且在日常生活中人们必须遵守的规范和规章，也很少是明确的。我们必须做的事和我们想做的事，常常都不是清楚明白的。行动终究都是高度不确定的。行动都是在一个高度复杂的过程中发展出来的，事先没有人能确定任何事情。行动大多数不是被决定好了的，而是偶然的。

这种关于人类行动的观点，跟很多其他社会学家的看法截然不同。比如像功利主义者，他们的讨论出发点就认为功利计算和偏好是预先被清楚地给定的，所以才能理性地选择行动手段。或是像帕森斯，设想有一个预先被清楚给定的规范。但互动论者认为行动在**相当一般的情况下**都是流变的，很少会被决定好。有一位相当知名的互动论者，施特劳斯（Anselm Strauss, 1916—1996），就曾针对这一点说道：

> 　　未来是不确定的，某种程度上只有在发生之后我们才能加以评断、标记、知晓。这也意味着人类的行动必然都是在尝试与探索。除非我们完整越过了整个行动的足迹，否则行动的终点都是高度不确定的。目的和手段，都会因为出现了意料之外的结果，而在流变当中不断被修改。即便是对于生命的主要道路或命运所作出的承诺，也会在过程当中不断被修订。（Strauss, *Mirrors and Masks*, p.36）

201   行动是一个诠释过程，一个在与他人的直接沟通和与自己的沟通中的互动诠释过程。所以任何认为有既定且不变的目标的想法，都是错误的。我们在第十九讲讨论新实用主义时，会再回来讨论这一点。

再进一步来看，因为个体行动从来不是直线前进的，也因为自我被视为主动且过程性的，所以互动论者不认为人与人之间有**固定**的社会关系，也不认为有**固定不变**的较大行动交织（如机构和组织）。很少有事先给定好或界定好的人际关系。当我们与其他人相遇的时候，我们都会去定义我们相处的情境，不论这个情境定义的方式是明确讲定，还是心照不宣。也即每次的互动都会包含着关系层面，这种关系层面不是预先就存在的，而是必须经由**协商**产生。读者们想必都有无数次这样的经验，有时候可能还是让人感到心碎的经验。不妨试想一下和父母的关系：我们小时候一定都曾想要和父母对等地、"平起平坐"地聊天或谈判。有时候我们可能成功了，被当作平等的、理性的、已经长大了的来对待。但常常有时候我们又会觉得，父母端出了老大的姿态，在讨论中我们和父母不是平等的。我们想试着成为一名平等的家庭成员，但失败了。这种情境在日常生活中层出不穷。我们一些好朋友可能愿意让我们"占便宜"，但有些却可能不愿意。或是我们可能也会拒绝我们的朋友，把他们向我们建议的某些情境定义给拒绝了。

由此我们可以说，不论是什么形式的社会互动，都与我们和互动对象之间**相**
202 **互**的承认密切相关。而且社会关系的发展和形态都是易变的，因为情境的共同定义结果无法事先预料，共同的情境定义也可能会破局。比较复杂的、由许多人交织而成的关系网络，如组织、社会，也是一样。因此互动论者认为"社会"是一种行动过程而不是结构或系统，因为结构或系统等概念都很成问题地暗指社会关系是固定的。象征互动论"……不会把社会视为一个系统，不管这系统是稳定的、活动的，还是平衡或什么之类的。而是，象征互动论会将社会视作大量的联合行动事件，许多联合行动彼此密切地联系在一起，许多完全没有一点联系；有些有预兆且重复发生，有些则开启了新的方向。这一切都是为了满足参与者的意图，而不是为了满足系统的要求"（Blumer, *Symbolic Interactionsim*, p.75）。

这也显示出，象征互动论致力于**一贯地**用行动理论来解释和描述群体现象。我们可以发现，新功利主义的代表人物也同样如此。当然，这两派还是不一样的，因为两派的行动模式就不同。象征互动论认为行动是在主体之间构成的。

当然，我们社会科学家的研究出发点必须是行动交织网络，而且我们一般也已经在这么做了。当我们在谈论婚姻、团体、组织、战争等等的时候，我们在谈论的现象，从那些现象的定义来看，都是由各行动者发展出来的。但更重要的是，我们该去想想，这些现象绝对不是完全固定不变的结构，而是从行动者的行动中产生出来的，所以也都会是流变的。就算是表面上看起来稳定的共同行动形式，例如组织，也常常比人们设想的还要流变，因为就算在一般认为是固定的行动脉络当中，行动在一定程度上也还是仰赖于诠释过程。

> 象征互动论不会把组织视为僵化、固定的，而是会视作有生命的、变动的形式。也许组织会活得比其中的各个成员都还要久，表现为超越个体、状态、特殊情境的历史。象征互动论者不会聚焦在形式与结构的特质，而是将组织视作**协商**的产物，它对其中的成员有不同的限制。他们会将组织视为一种在各种组织的部分之间适应、调整的变动模式。虽然组织会创造形式结构，但是每个组织在日常活动中都是被个体生产与创造出来的，并且这些个体都会受制于人类形式的不可预测性与不一致性。（Denzin，"Notes on the Criminogenic Hypothesis: A Case Study of the American Liquor Industry"，p.905）

关于制度的"内在动力"的谈法，或是功能论典型会谈到的"系统需求"，对互动论者来说都是值得质疑的。因为行动本身就是一种诠释，也是这种行动在生产、再生产与改变结构。从来没有什么抽象的系统逻辑在改变制度或是在适应环境。（关于布鲁默对帕森斯的批判，详细的讨论可以参阅：Colomy and Brown，"Elaboration, Revision, Polemic, and Progress in the Second Chicago School"，pp.23ff.）

这种对于社会的看法，马上就导致一个结果：布鲁默和互动论者也同样质疑帕森斯功能论中的规范要素。正是因为互动论的成员认为社会是流变的且有赖于诠释，所以他们不认为社会可以经由某种价值共识而固定下来。如果有人认为社会可以经由价值共识固定下来，那么这个人必然忽略了，社会是在互动中形成的，也忽略了社会是由彼此或联结或孤立的不同的人，以不同的方式交织而成的。社会更多是形成自不同的意义世界和经验世界的交织，例如不同的艺术、犯罪、体育、电视等"世界"（参阅：Strauss, *Mirrors and Masks*, p.177；Blumer, *Symbolic Interactionism*, p.76），而不是通过固定的价值而整合成的整体。帕森斯理论的前提总是认为，通过固定的价值，社会整合可以被经验地研究而不是只停留于假设。

最后，布鲁默从三个简单的前提中，至少提出了一个对于社会学来说非常重要的结论——这个结论也是在对**社会变迁**这个概念当时的一些内涵提出质疑。因为布鲁默在对于行动的描述和对相互情境定义过程的强调中，把诠释要素抬得非常高，所以这种行动过程和定义过程当然也总会出现不可预测性。由于行动在日常生活中不断在追寻与探索，所以行动也总会遭遇不确定性。我们从来无法知道我们的行动到底实际上真正会造成什么结果，我们会不会转换跑道、设置新的目标等等。行动同时包含了**创造性**与**偶然性**。如果是这样，并且如果社会也是许许多多多的人的共同行动，那么每个社会过程，甚至整个历史，也都是一个偶然的过程。

……不确定性、偶然性，还有转变，都是联合行动过程的基本部分。如果我们假设，构成人类社会的是多样的联合行动，那么我们就完全没有理由假定联合行动会依循着固定、确立好的路径。（Blumer，*Symbolic Interactionism*，p.72）

关于这方面，布鲁默在一份庞大，但身后才出版的关于工业化的研究（*Industrialization as an Agent of Social Change*）中，作出了清楚的阐述。工业化，亦即现代工业、城市基本建设、水电设施等等的形成，完全不会决定社会最后会走上哪一条道路。布鲁默认为，如果以为所有的社会在工业化的"冲击"下都会有同样的反应，那是完全错误的。这种看法之所以是错误的，是因为不同社会群体在接触到经济科技"结构"的时候，**所理解到的**都会相当不同。工业化会造成什么样的劳动市场，社会在工业化之前已经具备了什么样的群体，国家或城市在多大程度上迈入了新的工业结构，主政者在多大程度上介入其中等等，这些事情在不同的国家会有不同的情况，这也会让不同的国家因此以不同的道路走向工业化，并且产生不同的后果。不论是发展社会学，还是功能论的变迁理论，长久以来都有一个观点，就是认为现在的西方社会就是第三世界国家未来的样貌，因为所有国家的发展道路都是一样的，第三世界国家只是在同样的道路上追赶西方社会而已。但对于布鲁默来说，这种看法的理论基础非常粗糙简化，也是错误的。因为经济结构不是客观既存的东西，而是在不同的社会中会有完全不同的构造。此外诠释也是一个很重要的环节。社会成员对社会的变革过程都会有不同的诠释，因此会相应地有不同的行动（这里亦可参阅：Maines，*The Faultlines of Consciousness. A View of Interactionism in Sociology*，pp.55ff.）。

205

＊　　＊　　＊

从布鲁默提出的三个前提出发，可以得出怎样丰富的社会学结论，至此已经谈得很多了。布鲁默也由此发展出一个跟帕森斯截然相反的主题纲要。他认为，长久以来占据支配地位的帕森斯的功能论，忽视了其他不同的主题，或是对其他的主题讨论不足。所以，功能论偏好描述稳定的系统状态，布鲁默就反过来致力于对社会变迁现象进行社会学讨论；功能论专注于有序的且不断确立系统的过程，布鲁默就反过来说有必要研究社会解组过程（而且，很有趣的是，布鲁默之所以会说这很有必要，是因为正是在解组过程中，才会有潜在的可能性，让**新的**行动方式与结构得以形成）；功能论把注意力放在持续不断的社会化过程（功能论用的词汇是"内化"），布鲁默就反过来说，必须将社会化过程视为自我控制和社会控制之间复杂的共融与对峙（Blumer, *Symbolic Interactionism*, p.77）。

象征互动论在 20 世纪 50 年代末到 70 年代初之间的鼎盛时期，的确专注于探讨布鲁默提出的一些（但不是全部）主题。这形成一种跟功能论相互分工的状态。象征互动论者主要研究社会心理学、越轨行为社会学、家庭社会学、医疗社会学、职业社会学、集体行为等等；至于其他主题（这里尤其是指宏观社会学主题），就大大方方、心甘情愿地让给功能论去研究。关于社会学的这一段历史，有人说象征 206 互动论是功能论的"忠实反对派"（Mullins and Mullins, "Symbolic Interactionism", p.98）。因为互动论者虽然批评功能论，却又跟功能论在研究主题上相互分工。至少致力于处理这些主题，有助于让"象征互动论"这个流派更加稳固，让这个流派成功地建立起一个真正的研究传统。于此，象征互动论在许多方面都推动了芝加哥学派的经验研究。

1. 首先是**家庭社会学**，像是特纳（Ralph Turner, 1919—2014）的著作《家庭互动》（*Family Interaction*），具体指出了家庭成员并非像功利主义所设想的那样，是一个个功利导向、整天在进行利益计算的个体；但也并非像帕森斯设想的那样遵守着固定角色模式的人。特纳的研究强调，家庭成员其实是会不断尝试新的互动模式的人，总会不断产生新的行动方式，也总会卷入复杂的协商过程。特纳的研究发现，家庭不是固定的结构，而是一种流变的互动过程。

2. 非常能代表象征互动论的另一个研究领域是非常年轻的**情绪社会学**。这个 20 世纪 70 年代中期才出现的研究领域相当有趣，因为一般人们会把情绪当作生理性的，而非社会性的。但是互动论者指出，情绪也深受社会环境的影响。而且更重要的是，人类会**看管**情绪。情绪必须被理解为一种自我互动的过程。像生气、害怕、暴怒的感觉，虽然的确存在，并且会用脸部表情或身体姿态进行身体表达，但是情绪表达当然不是完全不自主的，因为我们某种程度上也会控制情绪。当我们在控制情绪的时候，同时也会去预测其他人对我的情绪的反应，以此让我们用更好的方式或用其他方式来控制情绪（参阅：Denzin, *On Understanding Emotion*, p.49ff）。如果我们的确是这样在看管我们的情绪，那么会有一些问题，比如社会中的哪些地方和哪些群体会特别重视情绪，就很值得研究。这一方面的开创性研 207 究，当属霍希尔德（生于 1940 年）的研究《情绪管理的探索》（*The Managed Heart: Commercialization of Human Feeling*）。这本书讨论的是关于某些职业群体的情绪商品化，亦即把情绪变成商品。霍希尔德指出，有些职业会严格训练人们去控制情绪，以便在遇到坏脾气顾客的时候，还是可以保持友善的微笑、若无其事地面对顾客。比如空服员在狭小的飞机舱中，难免遇到一些突然失去理智的、喝醉的乘客，这时候看管情绪就是非常重要的一件事。

3. 在社会心理学方面，关于**自我认同的建立与发展**的研究，施特劳斯（Anselm Strauss）是一个相当领先且知名的学者。他那本我们在前文引用多次的著作《镜子与面具》（*Mirrors and Masks. The Search for Identity*），是一本非常精彩的随笔小书，在书中他挖掘出与接续了米德和布鲁默的思想。施特劳斯运用了非常敏锐的文笔，描述了一个无穷无尽的人类认同建立与发现的过程。之所以这是无穷无尽的过程，是因为一个人总会对自己的过去有新的诠释，所以过去从未过去。对于施特劳斯来说，社会化是一个一辈子的过程，而非在年轻的时候就结束的事，自我认同也不是在长大之后就几乎不会改变的东西。施特劳斯指出，人的一生中总会不断闯入新的和令人吃惊的事情，因此总会不得不重新诠释自己的过去。施特劳斯特别关注重新界定自我认同的人生阶段，并指出人生是一连串的"身份跨越"过程，而每个人都必须克服这些过程。像是从"没有性别的"小孩跨越到有性欲的青少年，从花心或花痴的青少年跨越到忠于伴侣的配偶，从男人跨越到父亲，从女人跨越到母亲，从生跨越到死。尤其是最后一点，施特劳斯和格拉泽（Barney G. Glaser）合写了一本很有名的书《知道死亡接近时》（*Awareness of Dying*），该书分析了医院中看护者和临终病患及其家属之间的互动。这些互动参与者之间可能会出现一些隐瞒，也可能会有一些坦承与接受自己的时间所剩不多的心碎过程。"行动再也没有未来了"这件事在此也成了行动理论的研究对象。

除此之外，还有一个专门研究自我表现的领域。这个领域有一位学者，以其著作声名大噪，但人们常将之视作象征互动论的边缘人物。这个人就是戈夫曼（Erving Goffman, 1922—1982）。戈夫曼虽然是芝加哥大学一位很有名的互动论学者休斯（Everett Hughes）的学生，也在 1958 年追随布鲁默到加州大学伯克利分校，但他的理论研究常常都是特立独行的。他的思想很独特，甚至有点奇特。戈夫曼是一位非常优秀的日常生活观察家，这个优秀之处首先表现在他的第一本著作《日常生活的自我表现》（*The Presentation of Self in Everyday Life*）中。在这本书中，他很仔细地描述了个人在与他人交往时的表演与表现技巧。他用了一些舞台表演的比喻，来凸显出日常生活像剧场舞台一样，大家都在进行一场艺术般的表演，而且会不断提升演技。有一些社会科学的专业文献会将戈夫曼的这套说法称为"戏剧学式"的行动模式，因为戈夫曼不只在这本书，而且也在他后来的著作当中表明了，行动不是像功利主义设想的那样，会受某些好处引导、追求功利最大化，也不是像帕森斯设想的那样是规范导向的，但也不是像实用主义和"正常的"互动论者设想的那样，总是不断在探索与追寻。他将行动描述为完全的自我呈现：我们行动的目标是为了维护自我形象，为了作为某一种人在他人面前**登场露面**。所以我们都在演戏，其他所有事都没有演戏重要。

在其他经验研究中，戈夫曼研究了在所谓的"全控机构"（total institution）（如精神病院）中的生活（例如他的著作《精神病院：论精神病患与其他被收容者的社会处境》（*Asylums*：*Essays on the Social Situation of Mental Patients and Other Inmates*），
他分析了蒙受残障之苦或种族歧视之害的人的行动策略及其认同，以及他们如何 209
面对他们自己的缺陷、如何生活［如《污名：受损身份管理札记》（*Stigma*：*Notes
on the Management of Spoiled Identity*）］。在他晚期的著作《框架分析：论经验组织》
（*Frame analysis*：*An Essay on the Organization of Experience*）中，他开始将他的观察加以
系统化，并放进一个理论框架中。不论是过去还是现在，戈夫曼的书不只在美国，
而且比如在德国，一直都卖得很好。其中一项原因是，他的书很好读很好懂，在
书里没有太多社会学专业术语，而且他的研究常向读者开启了一些神秘而有趣的
世界，例如精神病。他的文笔也让人们看到如何用一种嘲弄的视角看待我们日常
生活中的行为，这对很多读者来说相当有吸引力。

但也正是因为这种戏谑的文笔，让人们对于戈夫曼的著作有截然不同的诠释。
有一派人指责戈夫曼，认为他提出的行动模式的目标，只在于嘲弄地控制住行动
者所面对的人，而且他对于全控机构的描述，没有考虑到病患的协商权利，也忽
略了在所有机构和组织中行动的过程性和多变性（这些批评可见：Meltzer et al.，
Symbolic Interactionism. Genesis，*Varieties and Criticism*，pp.107ff）。相反地另一派的人则
指出，晚期戈夫曼走向了涂尔干，偷偷采用了涂尔干关于社会仪式意义的观点，
但更创新地推进了一步。戈夫曼

> 明显追随了涂尔干的观点，认为在分化的现代社会中，各种孤立群体的
> 各个神明，都已让位给对一个我们全部的人都共同拥有的"神圣对象"的崇
> 拜。这个神圣对象就是个体自己。（Collins，*Three Sociological Traditions*，pp.157—
> 157）

戈夫曼所分析的一些实际案例更应被理解为双方互给彼此留面子，而不只是
单方面的、策略性的"印象管理"。戈夫曼曾在他对于人与人之间自我呈现技巧的
微观研究中，指出了现代人的神圣性如何在对于人权的信仰中表现出来（更全面
的关于戈夫曼的诠释，可以参阅：Hettlage and Lenz，*Erving Goffman—Ein soziologischer
Klassiker der zweiten Generation*）。

210

4. 象征互动论也运用上述那些读者现在已经很熟悉的相关概念，在**越轨行为**
这个领域着力特别深。最著名，且在这个方面最具开创性的研究，当属贝克尔
（Howard S. Becker，1928— ）的《局外人：越轨社会学研究》（*Outsiders. Studies
in the Sociology of Deviance*）。这本书对于越轨亚文化及其"成员"，对舞曲音乐人、
大麻瘾君子，作了可读性很强、理论内涵也很丰富的研究（对于这些案例的经验
研究是 20 世纪 50 年代进行的；今天人们当然还会谈到吸毒的亚文化，但说到吸
毒，可能首先想到的几乎不是吸大麻了）。贝克尔这本出版于 1963 年的高度原创

性著作，凸显了一件事，就是他并不把越轨行为描述为一次性的行动，而是一种行为序列，一种过程，人们是缓慢地、持续地沦陷进越轨的亚文化中的。贝克尔用了"事业"这个词以指出，人们事实上是一种逐渐陷入根深蒂固的、偏离社会常规行为的沉沦过程。贝克尔第二个惊天动地的论点是，越轨过程不只存在于正慢慢进入亚文化圈的新手和已经身在其中的老手之间，也存在于亚文化和社会审判机构（如法官和警察）之间。这个论点为他的理论带来极大的活力，但也带来极为激烈的争论。贝克尔认为越轨行为并非亚文化固有的问题，而是**社会让越轨行为变成问题**。他强调：

> **社会群体创造越轨的方式，是建立一些规则，并说破坏这些规则就是越轨，然后把这些规则用在某些特殊人群**，将局外人的标签贴在他们身上。以此观点视之，越轨不是人所犯下的行动的性质，而是由其他人将规则和制裁运用在"罪犯"身上的结果。越轨是一类被成功地贴上标签的人；越轨行为是一种被贴上标签的行为。（Becker, *Outsiders*, p.9；着重处为约阿斯和克诺伯所加）

211

贝克尔将日常生活（以及至今的社会学）中一般的观点翻转过来了。越轨行为并非本来就是一种做坏事的、"不正常的"、不寻常的行为。而是随便一种行为，只要社会中某些群体或审判机关说它是越轨的，这种行为就会变成越轨行为。把行为贴上越轨标签的做法，与利益和权力关系有关。社会中有权力的群体，把入店窃盗讲成滔天大罪，却同时将逃漏税仅视作瑕疵行为，法律对其也只是轻判。也是这些有权力的群体，把吸食海洛因的流浪汉赶出公园，自己却在里面办起上流社会的舞会然后肆意吸食可卡因。"哪些人可以强迫其他人遵守他们的规则？他们成功的原因是什么？这当然都是政治权力和经济权力的问题。"（Becker, *Outsiders*, p.17）所谓的标签理论即是由此诞生的。标签理论强调越轨是贴标签的结果，其中比较知名的学者有基塞斯（John Kitsuse, 1923—2003），埃里克森（Kai Erikson, 1931—　），勒莫特（Edwin Lemert, 1912—1996）（关于他们的著作，可见本书最后的参考文献）。读者们应该可以想见，这个理论在动荡的 20 世纪 60 年代，激发了一大群学生，他们自诩要批判权力，拥护标签理论的"弱势群体视角"（贝克尔当时的口号"你要支持哪一边？"，就非常有名）。但后来这个犯罪社会学取向的流行就慢慢降温了。因为很显然，这种只强调社会控制机构角色的做法，无法完全解释越轨行为。但贝克尔理论的另外一个方面，指出某些行为模式的学习是过程性的，即他的"事业"概念，却一直都很有影响力。例如在亚文化研究中，他的这个概念历久弥新（关于越轨行为社会学中的象征互动论，一个简短的概览，可以参阅：Paul

212　Rock，"Symbolic Interaction and Labelling Theory"）。

5. 另一个象征互动论建立起来的重要主题，是"集体行为"。布鲁默自己在20 世纪 30 年代就研究过集体行为，并将之视作每个社会的一个核心现象，因为他相信从中有可能可以认识新的社会模式与社会行动形式是怎么形成的。老一辈的芝加哥学派的一个主要任务，就是分析集体行为。相反地，结构功能论长久以来都完全忽略了集体行为现象。事实上，20 世纪 50 到 60 年代，布鲁默的学生是唯一在研究这个领域的研究者（可以参阅：Shibutani, "Herbert Blumer's Contribution to Twentieth Century Sociology", p.26）。他们说的集体行为，与所谓的谣言、恐慌、暴力性的群众运动等模式不一样。布鲁默的学生看待所有这些社会现象的角度很不一样。他们的研究当中最重要的是去讨论今天用"社会运动"指称的那些现象。在对于美国市民权利运动、国际学生运动、妇女运动、环保运动等等的经验研究中，互动论者跟着"冲锋陷阵"，并且发展出颇为独特的理论观点。这些互动论者参与这些现象的方式，有个蛮有趣的地方，就是他们与一般社会科学的研究传统完全不一样、反其道而行，但也因为如此，所以我们看到了一些没有被传统研究严肃对待的现象。20 世纪 60 年代，在社会运动研究领域中有两个主流的理论取向。一个是结构功能论，当时他们也才刚发现这个领域，并认为社会运动是社会张力导致的。这个取向的问题是，总是将社会运动与其他社会制度组织截然区分开来，会给人们一种印象，觉得好像只有适应不良的群体才会喜欢抗争，而且社会抗争与社会运动无论如何都是非理性的。当时另外一个重要的取向，是我们在第五讲讲过的资源动员理论。资源动员理论的论点是高度理性主义的，仿佛社会运动都是社会群体在评估过风险与（政治）机会之后，仅旨在为了争取权力优势而斗争。互动论者认为，这两个研究方向都忽略了，集体行动不是一种要么理性，要么不理性的行为。此外，集体行为不能仅被视作个体行为形式的集合体。互动论者根据经验研究指出，在具体的大众集会情境中，参与者的行动目标会因具体情境而改变。大众行为是一种过程性的发展，有特殊的动力。这跟认为社会运动是理性地依循目标的观念完全相反。在社会运动过程中——如同互动论的行动模式所期待的那样——新的意涵总是会随着脉络和情境而形成，且与旧的意涵差异巨大。对于 1965 年洛杉矶瓦兹镇发生的种族大暴动所进行的研究指出，事件一开始是一个寻常的意外，几个人在警察执行道路巡逻安检时与警察起了争执，最初也只聚集了一小批人。但很快整件事就发展出新的情境定义，一个交通事故突然被重新诠释成典型的白人警察的压迫措施，一个地方性的暴乱事件突然就变成对抗"白人体系"的起义事件。起初那一小批与警察对峙的参与者中，没有人一开始就有这种起义的想法，而是在共同的行动与事件过程中，才慢慢形成起义的想法，并且才转变了认知、情感以及信仰的态度。这也是一个"产生"新规范的时刻（参阅：Turner, "Kollektives Verhalten und Konflikt: Neue theoretische Bezugsrahmen"; R. Turner and Killian, *Collective Behavior*, pp.21—25）。当新的意涵和行为

模式在新的情境出现之后，情境也会被重新定义，真实会被重新诠释，打破日常
214 生活的例行公事。正在形成的新的象征很快就会吸引人们的兴趣——它会变成超
越个别功利计算的行动焦点，就像法国大革命攻占巴士底监狱之所以会成功，不
是因为这个地方是法国首都最具有策略重要性的地方或是最核心的监狱，而是因
为这个碉堡变成了国王统治的象征。但是，集体行动聚焦在象征上，并不单纯是
不理性的。因为，事实上，行动还是会遵循着最基本的逻辑。不说别的，光"对象
征进行攻击"这件事就不是不理性的。总的来说，社会运动研究中的互动论取向，
对于群众现象，允许有完全另外一种观点，而且这种观点常常比"传统的"社会学
理论还更能够贴近现实（关于社会运动的互动论取向的特殊之处，可以参阅：Snow
and Davis, "The Chicago Approach to Collective Behavior"）。

　　6. **职业与劳动社会学**，也是象征互动论的一个相当重要的主题领域，特别是
讨论具有高度专业性质的职业的社会学（即专业社会学）。当然我们在这里又必须
把互动论拿来跟功能论一较高下了。如第三讲提过的，帕森斯很早就发展出对这
个主题的兴趣。而于此就不能不提到哈佛学派（帕森斯）和芝加哥学派在专业社
会学这方面的竞争。在芝加哥学派这方面，专业社会学跟休斯（Everett Hughes,
1897—1983）这个名字是分不开的。休斯批评帕森斯，认为帕森斯在讨论面对顾
客时的服务态度、大学里时常强调的结合实务的专业知识，以及各专业人士所强
调的职业自我管理的必要性等现象时，太把各专业中被高度推崇的身份伦理当一
回事了，以致帕森斯都没有从社会学的角度再进行更深入的追问。与帕森斯完全
相反，休斯从意识形态批判出发，认为这些现象其实都是在进行权力维持，以及
将其他群体（特别是侵入这个职业领域，以及威胁这个现有的专业中既得利益的
其他群体）排挤在外。他认为这些现象是一种面对顾客时提升自主性的手段。同
样地，他也认为职业团体致力于发展出自身"真正的"专业，亦即致力于将自身
215 加以"专业化"，也都是：

　　　　为了追求更多的独立性、更多的承认、更高的地位，这个专业和其他外人
　　之间更明确的界限，以及在选择同僚和继承人时有更高的自主性。在我们社会
　　中这种情况改变的一个确切证据，就是我们将"学习（所谓的）专业"一事，
　　引入了大学当中。（Hughes, *On Work, Race, and the Sociological Imagination*, p.43）

　　福雷德森（Eliot Freidson, 1923—2003）和阿伯特（Andrew Abbott, 1948—　），
都是在专业社会学领域中重要的休斯后继者（读者可以在参考文献中找到他们的
相关著作）。他们的分析进一步推进了对于帕森斯的批判，而且与第八讲将提到的
冲突理论取向有明显的重叠之处。

　　　　　　　　　＊　　　＊　　　＊

　　上面我们谈的是象征互动论的传统主题领域。但除此之外，这个学派还对其他的"领域"有同样强大的影响力；这个领域就是社会学研究方法。互动论者基于他们看待社会现象的特殊视角，认识到必须以相应于这些现象的特质的社会科学方法，才能捕捉到现实。布鲁默就提到，在经验研究当中，面对实用主义所认识到的社会过程流动性，人们需要一些特别的概念。布鲁默提出"敏锐化的概念"（Blumer, *Symbolic Interactionism*, p.149），这是一种能帮助我们掌握对象意义的概念，而不是只包含现象在其中，却没有解释现象的确切意涵是什么、可以拿现象发展出什么的概念。这个概念后来由格拉泽和施特劳斯在其著作《扎根理论的发现》（Barney G. Glaser and Anselm L. Strauss, *The Discovery of Grounded Theory*）当中提出的方法所充实与实现。格拉泽和施特劳斯发表了一份定性的社会研究方法宣言，在其中依据许多例子他们阐释了贴合经验、循序渐进地生产理论的"最佳策略"。如同很多人在批评帕森斯时提到的，理论不应该仅根据逻辑而从比如行动参照框架之类的抽象概念中推论出来。他们认为，建立理论的理想方法，就是基于经验，谨慎、不带预设地走近研究对象，然后细致地研究这个对象，并且与其他对象进行**比较**以得出相似性与共通之处（许多关于"扎根理论研究法"的描述，都忘记了"比较"这个重要步骤！），然后才建立概念与提出假设。不过，由于本书是谈理论的，所以关于象征互动论的方法论部分，此处不再继续细谈。

216

　　　　　　　　　＊　　　＊　　　＊

　　如果我们要在这一讲的结尾问象征互动论最新的趋势是什么的话，那么一般至少有三点值得一提。**第一**，有一些互动论的代表学者在 20 世纪 80 年代末热烈地参与关于后现代的讨论。他们尤其密切地分析现代社会中的媒体及其角色。上文提过的丹津（Norman Denzin, 1941—　）就是一位这样的互动论学者。他在许多研究中特别把电影当作研究对象，因为他认为，后现代的自我认同若没有电影（或其他媒体）是无法想象的。电影和电视为人们的自我认同提供了参考形象（Denzin, *Images* *of Post-modern Society. Social Theory and Contemporary Cinema*）。显然这里碰触到了一个关于自我认同建立的重要经验问题。丹津关于"顿悟"，以及像是离婚、性侵、地位的丧失、皈依等人生重大转折事件的研究，也是在讨论自我认同问题。不过，他深受一些后现代理论文献的影响，将米德关于"认同建立原则上是永无止境的"观点推得太极端了，使得他关于认同建立的理论有点太夸张、站不住脚。互动论在这里，有过度献身于所谓的"文化研究"因而失去社会科学专业身份的危险。

　　象征互动论中**第二个**值得多说一点的新趋势，是对于行动理论的扩充。在这方面作出重要贡献的，就是我们之前已提到的施特劳斯在 1993 年的重要著作《行
217 动的持续序列》（*Continual Permutations of Action*）。其中，他以相当直观的方式提出了多样的关于社会行动的命题。不过，这个行动理论领域中的进展，多半属于**哲学**和**社会哲学**的领域，因为在那些领域，实用主义正通过广泛的复兴而成为一个名副其实的流派。对此，我们在第十九讲会再详细介绍。

　　这里最后要讨论的**第三个**新趋势，存在于一个大家几乎不作期待的领域：宏观社会学。象征互动论自 1950 年来的发展特征，是跟功能论相互分工，在内容上相当专注于**微观社会学**的主题。虽然布鲁默在开展象征互动论的研究领域时也提到了社会变迁，但他的战友**对此**兴致不高。布鲁默对于工业化有一些讨论，但这些讨论更多是对既有取向提出批判，而不是一个独特、建设性的宏观社会学尝试。

　　互动论者很少参与对宏观社会学的讨论，其实是很令人侧目的一件事，因为"社会学的芝加哥学派"一开始的研究兴趣相当广泛。像是帕克和托马斯就相当擅长于城市社会学，并进行过许多关于移民、种族、集体行为的重要研究。但关于这些宏观社会学的主题，象征互动论在 20 世纪 50—60 年代却只剩下对"集体行为"的研究，其他"较大的"问题就没有得到讨论。可以说，象征互动论首先仅仅推进了旧的"芝加哥学派"的**微观社会学**面向。这也招致了一些并不是没有道理的批评，这些批评指责象征互动论专注在直接面对面交流的行动者之间的微观面向，忽略了历史性，也完全忽略了其他经济、社会权力关系面向，亦即理论中存在着"缺失结构的偏误"（Meltzer et al., *Symbolic Interactionism*, p.113）。

　　事实上，象征互动论对这个问题的克服相当缓慢。宏观社会学研究在他们那
218 里特别坎坷。专业社会学的出发点即宏观社会学，因为其中会研究到诸如医院等职业团体活动组织。关于这些组织，施特劳斯便谈到了"协商秩序"，谈到了存在于每个稳定不变的组织中的结构是一种协商过程的结果。医院绝对不是从一个明确的组织目标出发而构成的结构。很多结构，我们只有将之视为各个不同群体（医生、护士、挂号柜台、病人等等）之间官方或非官方的协议，才能得到充分的理解。"协商"的这种思路，可以让我们对于行动和结构之间的关系有更多细致的思考。也就是说：

　　　　"结构"并非就已"杵在那儿"；它不是一个物体般的东西。当我们谈到

结构的时候，我们是在——也应该要——指涉一种与我们所研究的现象有关的结构性的**情况**。（Strauss，*Negotiations*，p.257）

这种组织社会学的研究也抛出了一个问题：人们是不是也许能用以下方式来理解整个社会：

> 由协商秩序而来的社会模式的特色，在于其中由各种竞争性的群体和个体构成的复杂网络，会将他们的社会情境加以控制、维持，或增进成为符合他们**自身**利益的情境。这些利益、物质和理想的实现，是协商情境、冲突和关系的结果。（Hall，"A Symbolic Interactionist Analysis of Politics"，p.45）

这种基于"协商"概念的宏观社会学讨论，最早可见于丹津一篇令人印象深刻的讨论美国酒精饮料工业运作方式的论文《犯罪诱发假设笺注：美国酒精饮料工业个案研究》（"Note on the Criminogenic Hypothesis：A Case Study of the American Liquor Industry"），其中丹津讨论了相关的集体行动者与结构（如酿酒工厂、批发商、零售商、消费者、法律规范等等），但也很聪明地把历史脉络包含进来。值得一提的是，这份研究也是第一次从互动论的立场尝试掌握政治现象。不过其中的主旨更多是在讨论政治议员的自我表现技巧，将之视作在不同性质的政治行动者之间发生的实际过程（Hall，"A Symbolic Interactionist Analysis of Politics"）。　219

无论如何，象征互动论学派的各个学者，都很有活力地找寻能强化他们的理论与宏观社会学之间的联结的方式，尤其是施特劳斯、梅斯（David R. Mains，1940—　），以及霍尔（Peter M. Hall）。他们都很努力在思考，如何通过关系网络、实践、传统等等来弥合行动者微观领域、组织与社会宏观领域之间的鸿沟。梅斯的"中观结构"（参阅：*In Search of Mesostructured. Studies in the Negotiated Order*）概念是一个很有趣的出发点。上述这三个学者都发现，他们在这个领域中并不是孤单的，因为所谓的微观—宏观问题在（非互动论的）社会学理论传统中长久以来都是很难解决的问题，而且宏观理论的论点至今都无法令人满意。并且很多学者突然都对这个问题感兴趣了起来，这是大家都没有意料到的，因为他们至今还都各自在表面上相当不同的主题领域和高度不同的理论传统之中游移（参阅：Adler and Adler，"Everyday Life in Sociology"，pp.227ff）。此外，读者在后来讨论布迪厄和吉登斯的著作的几讲中会再看到这个问题。他们的部分作品回溯到已经存在于，或类似于美国实用主义和象征互动论中的思想。甚至有象征互动论者声称，今天的社会学中的很大一部分都在无意间与互动论的观点殊途同归（David Maines，"The Faultline of Consciousness"）。这也再次证明了我们在第一讲提出的命题，即在社会学中，许多看起来毫不相干的理论体系，其实都有无数的共通之处！

第七讲

诠释取向（2）：常人方法论

220   我们在上一讲已提过，除了象征互动论之外，还有一个理论流派也被贴上了"诠释取向"的标签，即常人方法论（ethnomethodology），一个其名称无比复杂到令人退避三舍的流派。其实这个名称并不难懂，它是由两个概念组合起来的，只要拆开来看就能明白。前半段译为"常人"的概念，词汇原型是"ethnos"，"民族"之意，指涉与社会学相邻的学科，民族学（ethnology）。后半段则是"方法论"（methodology）。这样就可以推断这个取向大概是干什么的了。常人方法论，即是运用"民族学"这个研究陌生民族的学科的方法，来研究自己的文化，以此发现一些理所当然到我们常常没有意识到的事物之中的一些特质。正是因为我们对自己的文化太过理所当然，所以如果我们可以把它加以陌生化，也许就能揭露出其潜藏的结构。除此之外，常人方法论还有一个更大胆的野心：常人方法论者不只想揭露出**自己的**文化当中没有被意识到的结构特质，他们的最终目标是想发现**整个**人类日常知识与日常行动中普适的基本结构。每个社会的每个成员的知识，让行动得以可能的知识，其结构是什么？这是常人方法论主要想探讨的核心问题，而且对于常人方法论来说，这个问题也正是传统社会学一直忽略的问题。

     这种类型的行动理论的旨趣的出现并不是偶然的。因为常人方法论的奠基者，加芬克尔（Harold Garfinkel, 1917—2011）是帕森斯的学生，1952 年在哈佛大学拿
221 到博士学位，当时他相当信奉帕森斯的作品。事实上，毫无疑问的，加芬克尔的理论工作完全就是以帕森斯的《社会行动的结构》出发的，并且也是帕森斯的战友（这也再次印证了我们这本书的命题，即现代社会学理论是从帕森斯的著作开始的）。

     在《社会行动的结构》的启发下，常人方法论的任务在于重新解释永久的、普通的社会的产物及其可解释性。它的做法是去找寻和解释极端的现象。在方案的找寻过程中，有一些在《社会行动的结构》中已被提及且详细讨论过的主题，为常人方法论在"重新解释"这一方面的旨趣，提供了对比性的出发点。（Garfinkel, "Respecification", p.11）

就像这段引言所表明的，加芬克尔的理论著作发展出了和帕森斯截然不同的方向。更准确地说：在 20 世纪 60 年代变得相当热门的常人方法论，之所以与帕森斯保持距离，不是为了像象征互动论那样，要当那时仍由帕森斯的功能论所支配的社会学的"忠实的反对派"。常人方法论者——其实就是加芬克尔——更多是想要作为整个社会学的根本批判者。加芬克尔认为，整个社会学对社会成员日常知识的解释都不够充分，所以对于社会现实的研究一直以来都没有提供什么实质性的贡献。

＊　　　＊　　　＊

但我们一步一步来，先介绍一下加芬克尔早期的作品。他与帕森斯之间的差别，在他未出版的博士论文著作中就已经体现出来了。在他的博士论文中，他批判帕森斯一直没有真正说明，行动者如何、按照什么样的程序来定义行动情境，在行动执行过程当中哪些考虑会产生影响，以及有哪些前提是必要的基础。帕森斯在理所当然地提到目标与价值的时候，所提出的"行动参照框架"还不够复杂，因为他还没有研究行动者是以什么方式来具体地与目标和价值产生关联的 222（Heritage，*Garfinkel and Ethnometholodgy*，p.9f.）。

加芬克尔在他接下来的工作中对帕森斯的批判更为尖锐。这与他从他的经验研究中的新发现有关。加芬克尔在哈佛大学博士毕业后，在俄亥俄州短暂逗留过，然后到了加州大学洛杉矶分校。20 世纪 50 年代在加州大学洛杉矶分校的时候，他对法院审判过程中陪审团成员的决策行为进行过一项小型研究。研究结果指出，陪审团的行为并不真的遵循一条可以事先说清楚的轴线，就算原本就有明确的法律规范和清楚明白的事实也一样。人们可能会说，在一些案例当中，该怎么判决是显而易见的，陪审团似乎不需要想太多。但加芬克尔指出，事实上对于陪审团来说，怎么把法律规范运用在事实上，**向来**都是很难的一件事。陪审团往往必须先把一个生活中复杂的现实"塞进"一项法律规范中，然后才对这个现实进行相应的诠释。更何况在法庭诉讼过程中，原告与被告常常都还会呈现出完全不同的事实与事实发生经过。加芬克尔也指出，为了搞懂原告与被告双方往往相互矛盾的说辞，判决过程总是会掺杂许多各异的考虑，事件的完整图像也是陪审团一点一滴慢慢"拼凑出来"的。而且在这过程中还不断会冒出新的说辞。所以，加芬克尔指出，我们不应该（虽然也不是绝对不能）假设陪审团——当然也不只加芬克尔所研究的法庭陪审团，而是也可以推及一般日常生活决策情境当中的所有人——**一开始就**清楚知道一项决策所仰赖的必要条件。相反地，常常都是等到**事后，决策策略才仿佛原本就已存在**似的。

> 此处报告的材料指出，陪审团事实上在给出判决之前，对能下正确判决的情况并没有真正的了解。只有在事后的回溯当中，他们才确认他们给出的判决是正确的。只有当他们有了结果，才会回过头去找"为什么"，去找得出结果的东西，以让他们的判决更有条理，让判决能够"冠冕堂皇"。（Garfinkel，*Studies in Ethnomethology*，p.114）

223

这个研究结果也让加芬克尔发现，对社会学来说，不论再怎么讨论规范，都不太足以解释为什么人会有这样而不是那样的行为。仅强调规范和规则，会忽略了行动者为了遵循规范而不断三思的过程是很复杂的。同时人们也会掩盖一件事，即规范也是在不断三思的过程当中才会变得更为恰当的。加芬克尔也认为，研究结果还尤其凸显出帕森斯所奠定的行动理论模式（当然也包括了新功利主义对于行动的看法），是一种过于普世线性的模式。日常行动当中，其实并没有明确的目标与价值，决策所仰赖的价值和目标常常是**事后才**补上的。

到这里，大家可能会猜想，加芬克尔如此批评某些行动理论概念，看起来应该就会转而迎接美国实用主义和象征互动论所论证的"建议"了吧。因为如同我们在上一讲看到的。美国实用主义和象征互动论也同样质疑过线性的行动观，强调社会过程是流变的，所以（比如布鲁默）也同样强烈批判潜藏在帕森斯角色理论中的僵化的规范主义。不过互动论并没有否认所有的角色概念，因为角色概念还可以追溯到米德对于互动的分析。只是互动论的确明显松动了帕森斯的概念。例如影响了互动论角色理论的特纳（Ralph Turner），就将角色中的互动描写为一个不断在"试验"与探索的过程。甚至他认为，与其说人们会完成某些规范期待，不如说人们是在进行"**角色塑造**"。

> 当个体非常肯定地依据角色构筑他的行为，仿佛角色相当清楚而明确地存在时，角色就会在不同程度的具体性和一致性当中"存在着"。这样的结果是，当人们时不时在做出角色的各面向时，很明显地他是在创造与改变角色，并且纯然在展示角色；这样的过程不只是进行角色替代而已，而更是在进行角色塑造。（R. Turner，"Role-Taking: Process versus Conformity"，p.22）

224

但很快就显而易见的是，加芬克尔和常人方法论学者并没有对帕森斯的角色理论进行**这样一种**批判。他们尝试新建立的行动理论，比象征互动论的观点还要再"更深一层"。因为，正如同样是常人方法论的核心代表人物西库雷尔（Aaron

Cicourel, 1929—　）指出的，就算是特纳的具有高度变化性的角色理论，也忽略了比如以下的问题：

> 行动者如何认知到重要的刺激，且会懂得（亦即把刺激置入有意义的脉络，然后）展现行为，产生具有组织性的、会被认为对他人具有重要性的反应？行动者必定原本就具备某些机制或基本的规则，让他能辨识环境，"适当地"调用规范。规范只是表面的规则，而不是让行动者能作出关于角色取替或角色塑造的推断的基础。（Cicurel, "Basic and Normative Rules in the Negotiation of Status and Role", p.244）

换句话说，就算指出了具有创造性的"角色塑造"，我们也还是不知道，角色是如何、依据哪些规则（基本规则！）形成的，行动者具体而言究竟依循着什么来进行角色塑造。

这为我们指出了加芬克尔的理论计划与帕森斯及其他社会学之间的根本差异所在。我们这里先大概列出这些差异，然后在这一讲再来解释清楚这些差异。

1. 加芬克尔与帕森斯的理论格外不同之处在于，加芬克尔**不认为行动的动机与行动的执行之间有密切且连续的关系**。帕森斯认为两者之间是密切且连续的，仿佛只要行动者有了动机（例如，只要某特定的活动所需要的规范或价值内化进行动者当中），行动者就直接会努力完成行动。但情况绝非如此，加芬克尔在他对于陪审团判决情境的复杂考虑过程研究中就已指出这一点。因为帕森斯忽略了这 225 个复杂的过程，所以加芬克尔嘲讽帕森斯理论当中的行动者像是"文化呆瓜"或"判断呆瓜"：

> 我所谓的"文化呆瓜"，意指在"社会学家的社会"当中的人，顺从着一般文化提供的事先建立好的、合法的行动选项而行动，以此生产稳定的社会特质。（Garfinkel, *Studies in Ethnomethology*, p.68）

"文化呆瓜"这个词所针对的，是帕森斯理论当中的行动者被认为没有真正的自我主动性，面对规范和价值都没有自主性，仿佛行动者如被他人控制般盲目尊崇既有的规范似的。帕森斯不允许他的行动者对内化了的规范和价值进行反思。加芬克尔指责帕森斯的理论，将价值与规范描写成仿佛固定的、具有因果作用力的物体一般，行动者必须服从，且最终也会遵守。

如果这项指责是正确的，那么帕森斯与他在《社会行动的结构》中所批判的立场之间的距离也就很危险地离得太近了。帕森斯指责实证主义缺乏行动理论，亦即夺走了行动者所有的自由，行动者被呈现为被环境或遗传天赋所驱使的东西。

也就是说，帕森斯指责实证主义缺乏人类行动的自我主体性面向。而加芬克尔认为，帕森斯的行动模式和实证主义的行动模式根本没有不同，因为实证主义的环境和遗传天赋，与帕森斯的规范和价值根本没两样。实证主义和帕森斯都忽略了行动者的反思能力与再三思考的能力。加芬克尔怀疑，帕森斯的行动模式是否根本无法理解现实的日常行动。

226 加芬克尔之所以批判帕森斯的理论不是真正的行动理论，而是顶多只是一个行动配置理论，是因为帕森斯没有真的填补行动动机与行动执行之间的"空间"。相反地，加芬克尔对一个问题展现出了极为显著的兴趣，即行动在事实上到底是怎么进行的。于此，我们必须通过经验研究才能知道，行动者实际上拥有**哪些知识**，其行动可以追溯到哪些知识构成，行动者如何运用知识，好让社会集体行动得以产生（这里可以参考一下上面西库雷尔的引文）。在此意义上而言，加芬克尔认为应把行动者视作"知识渊博的行动者"，并将行动自身视作"无尽的、不断进行着的、偶然的成就"（Garfinkel, *Studies in Ethnomethology*, p.1）。不消说，这不只跟帕森斯保持距离，也跟新功利主义及其谈到的（固定的）功利计算与偏好保持距离。正是因为加芬克尔不认为行动会如帕森斯所说的笔直地沿着规范进行下去（参照前述加芬克尔对于陪审团判决过程的研究），因此常人方法论者将帕森斯的规范决定论改换成行动者的"规范可解释性"（normative accountability）概念。意思是，当行动者的行动与规范有关时，行动者可以以**事后回溯**的方式顺畅地解释他为何会这样而不是那样行动，但他这样而不是那样的行动不能等同于他**实际上的**行动过程。因为不论是帕森斯主义还是新功利主义，都没有注意到，甚至完全忽略了再三思虑的过程，也忽略了行动者往往事后才试着为行动赋予意义，因此常人方法论始终都怀疑这些理论的解释能力其实是非常有限的（Heritage, *Garfinkel and Ethnomethology*, p.112）。

2. 帕森斯对于规范的强调之所以是不足的，是因为他**从来没有明确说明，行动者究竟是如何理解规范的**。帕森斯总是预设，人们就是可以理解镶嵌在规范当中的语言或其他的象征系统，然后就没有追问，为什么不同的互动参与者在具体的行动情境当中，可以对同样的规范意义拥有同样的理解。帕森斯（当然也不是只有帕森斯）没有打磨出一套语言理论以解决这个不足之处。也许他根本没有认

227 识到一个问题，即规范从来都不是清清楚楚的，规则常常都是非常模糊的。加芬克尔认为，人们绝不能预设，规范的内化自然而然就会带来行动的协调。比如"打招呼"这件事就是个好例子。我们社会中有一个规范或规则，就是遇到熟人时要打招呼，并且对方随即也要回应。但就算我们都已经内化了这个规范，我们关于这个规范的知识对我们的日常生活也并没有太多帮助。因为，如果我们在日常生活中要实际运用这个规范，我们还必须能够清楚区分，我们对**谁**要**怎么**打招呼——哪些是熟人，哪些不是；哪些人只是点头之交，哪些人我们不用打招呼或

甚至不应该打招呼（比方路上不认识的怪咖），我们又是应该如何跟超级好的朋友热烈地打招呼，而且跟单纯认识的人或甚至完全不认识的人打招呼的方式还不一样。就算是遵守一项简单的打招呼规范，也需要许多关于"边缘条件"的知识。人们必须具备所有这些知识，才能够让规范实际"活着"，亦即才能够真正实现规范。帕森斯几乎没有讨论这件事，规范如何被解释的问题他也从来没有真正分析过，而且他的角色概念在这里也没有太多帮助。

3. 最后，加芬克尔与常人方法论者也批判帕森斯，将秩序问题放在一个错误，或相对肤浅的议题层面。他们的论点是，**不是只有行动者之间出现了利益冲突，秩序才是值得提出的问题**。帕森斯在他关于霍布斯问题的讨论当中指出，在严格的功利主义前提的基础之上，社会秩序是不可想象的，因为不受规范的利益对立会造成无止境的所有人对所有人的战争。唯有规范，才能解释为什么人类共同生活可以是稳定的。相反地加芬克尔认为，日常生活中的秩序在**与既存的利益分歧没有关联**的情况下总也已经被建立起来了，因为互动中的行动者一直都会（在没有明显关联上规范的情况下）相互确认对方行动的意义与世界的意义。互动中的行动者总是可以很快确认对方的语言表述是否可理解的，并确认行动是否可以继续衔接下去，而在其中可以完全没有出现帕森斯不断强调的规范。在规范成为议题之前，行动者之间就已经主动建立起某种类型的信任（信任也正是社会秩序的基础）。换句话说，正是因为规范并不真的决定行动的过程，也并不真的会将行动过程加以结构化（可参阅上述加芬克尔对帕森斯的第一点批判），所以帕森斯不断强调的价值与规范的内化根本就**不是**社会秩序的关键支柱。人们还必须寻找让人们在现实日常生活中获得某种保证的**更深**一层的机制。因为有**这些机制**，现实中的日常生活才会明显与规范相关联（这里可以再参阅上述西库雷尔的引文）。人们必须从不同于帕森斯所猜想之处去寻找社会秩序的真正基础。

228

*   *   *

这三点对帕森斯理论的批判（但其实不只是针对帕森斯的理论，而是也针对其他大多数社会学取向）听起来也许有点抽象。但读者在这一讲之后就可以读到比较清楚的解释，因为我们将会为各位读者介绍加芬克尔和常人方法论的一些**经验研究**。不过首先我们要先简短地驶入理论航道，介绍一下常人方法论的理论体系究竟建立在什么样的哲学基础之上。

我们在上一讲提到了，常人方法论和象征互动论这两个被称作"诠释的社会学"的理论流派，都源自现代哲学思潮。互动论有其美国实用主义的基础，而加芬克尔及常人方法论者则主要源自兴起于德国的现象学，特别是胡塞尔（Erdmund Husserl）的现象学。对于常人方法论来说，这个哲学思潮的魅力特别在于，它发展229 出了一种概念，其主旨之一在于发现在人类行动与人类知觉当中理所当然到不被注意到的事。常人方法论的目标正好也是试图让自身的文化加以陌生化，以此发现其潜藏的结构，所以当然也就热烈拥抱这个哲学思潮。

建立了现象学的胡塞尔，1859 年生于当时属于奥匈帝国、今属于捷克的摩拉维亚，曾任教于哈勒、哥廷根，并自 1916 年起任教于弗莱堡，1938 年逝世。现象学的主旨在于揭示我们的意识结构，也就是去研究我们**如何**意识某对象物。这乍听之下不太有趣，但事实上却是很好玩的东西，并且带来了深远的后果。胡塞尔尝试将现象学建立为一个"严谨"的科学，其主要在解释当时占据支配地位的自然主义心理学或实证主义心理学的一些公理。自然主义或实证主义心理学将意识设想为被动的，仅在处理感官资料而已。胡塞尔认为，这些心理学忽略了一个事实，就是意识自己也会发挥作用，亦即将资料赋予意义。胡塞尔的这个观点，有点像我们第一讲引用皮尔士的文句时提到的，任何知觉都必然无可避免地会受到理论的引导。姑且不论这些不同的理论方向的确有一些关联，胡塞尔在这里说的具有建构性的意识作用，也许可以用两可图来当个简单的例子。同一张图，观察者用不同的关注角度，就会看出完全不同的东西，因而得出不同的意义。比如：

图 7.1

从某个注视方式来看，人们会看到一个高脚杯；但用另一种关注方式来看，230 就会看到两张面对面的侧脸。也就是说，知觉会随着关键的意识作用而建立起来，所以读者们在看东西时，并非不带预设。但当然不是只有这个实验的、奇妙的两可图之类的例子是如此。胡塞尔还进一步强调，我们日常生活中的知觉基本上都基于这样一种意识作用之上，而且也仰赖这种意识作用。比如（这也展示出胡塞尔的研究方法相当有魅力的地方），在讲堂课或讨论课上，老师高举一本书，希望学生能把老师推荐的这本文献放在心上。学生知觉到这本书，但事实上学生并不是"看到"书。学生可能远远只看到这本书的封面而没有看到背面，甚至连封面都没有看仔细。学生观察到的只是一个平面，可能这个平面是有颜色的，上头印了一些学生可能读得懂的字。但就这样而已。所以学生"看到"的并不真的是一本"书"，而是学生的意识在知觉中把所看到的图像具体化成一本书，具体化成一个有背面、有很多页数、摸得到、拿得到、能够阅读的感官对象。一本书之所以对学生来说会是一本书，是因为有一连串无意识和自动的心理运作与作用。此外，学生以前已经碰过书，知道书看起来长什么样、摸起来是什么感觉，这些经验也对心理的运作与作用很有帮助。胡塞尔努力想要做的是，揭露我们在日常生活的知觉世界或在进行行动时，早已经在运作的意识作用。胡塞尔将之称为"自然态度"（natürliche Einstellung）。胡塞尔的现象学的任务，就是要去分析客体如何在自然态度中被经验到。为了进行分析，现象学必须和自然态度保持距离，必须进行胡塞尔所谓的"现象学还原"。我们在日常生活中，可能觉得一本书就是那个样子：但现象学家要仔细分析，我们是**如何把一本书看作一本书**的，一本书是**如何**在我们的意识中显现为一本"书"的。这也是加芬克尔之所以对胡塞尔的现象学特别感兴趣的原因。因为胡塞尔试图打破与凸显我们日常的知觉模式，而加芬克尔也是想将我们的世界加以陌生化，以说明其内在结构，并进而论证面对世界时的"自然态度"的意义。

　　胡塞尔的现象学在哲学史上的影响相当深远。他对 20 世纪的很大一部分德国哲学影响甚巨。受他影响最大的当属哲学家海德格尔（Martin Heidegger, 1889—1976）。而在经过复杂的引介过程之后，20 世纪 30 年代开始胡塞尔在法国也有极大的影响力，有些哲学家，如萨特（Jean-Paul Sartre, 1905—1980）和梅洛-庞蒂（Maurice Merleau-Ponty, 1908—1961）也都特别钻研过某些现象学的观念，并且随后与存在主义哲学的观点联结在一起。法国的存在主义，在 20 世纪 40 年代末期和 50 年代，是一个具有巨大影响力的思潮，特别是在西欧吸引了许许多多的知识分子。但影响加芬克尔的倒不是法国存在主义，而是奥地利的一位银行业务员兼社会理论家，舒兹（Alfred Schütz, 1899—1959）。舒兹在 1939 年因为躲避希特勒，因此从欧洲流亡到美国，并且最后在纽约的社会研究新学院（New School for Social Research）任教。舒兹从一开始就对行动理论的基本问题很感兴趣。在他于 1932 年出版的第一本著作《社会世界的意义建构》（*Der sinnhafte Aufbau der sozialen Welt：Eine Einleitung in die verstehende Soziologie*）中，他特别与韦伯的行动概念进行对话，想把行动概念从他认为过于狭隘的、理性主义的束缚中解放出来。舒兹给自己设立的任务比韦伯还要明确，就是借用胡塞尔的观念，剖析对于行动者来说意

231

义是如何构成的，他人的理解是如何得以可能的。舒兹一辈子都在讨论这些问题。
他注意到胡塞尔晚期著作所讨论的一个议题和概念，这个概念最晚在 20 世纪 70 年
232　代有极大的影响（读者们在之后讨论哈贝马斯的章节当中就会读到）。这个概念就
是"生活世界"（Lebenswelt）。

　　胡塞尔在他最后一本较有篇幅的演讲论文集，出版于 1935 年的《欧洲科学危
机与超验现象学》（*Die Krisis der europäischen Wissenschaften und die transzendentale
Phänomenologie*）中，严厉地攻击自然科学日益扩张的威胁及其在整个西方思想当中
显著的霸权。在对从伽利略到笛卡尔的整个自然科学的批判重构中，胡塞尔注意
到，自然科学最初起源于感官世界，亦即起源于实际知觉到的世界，但后来**自然
科学家及"其"哲学家不断将世界加以数学化、数学意识形态化、抽象化，使得
这个起源越来越被排挤掉了**。甚至连心理学，也出现把心理事物收编进数学意识
形态、抽象化的趋势（Husserl, *Die Krisis der europäischen Wissenschaften und die transzen-
dentale Phänomenologie*, p.69）。胡塞尔认为，相对于这种收编，"日常的生活世界"
是一个"被遗忘的自然科学的意义基础"（ibid, p.52）。我们应该从现象学的角度，
来解释（某种程度上也是复苏）日常的生活世界，以及所有其他整个行动脉络。
胡塞尔所谓的"日常的生活世界"，或者"生活世界的态度"，跟上述的自然态度
谈的是同一回事。"生活世界"某种程度上与（自然）科学的宇宙完全相反，它指
的是我们不会去追问、不会想到要去反思的**朴实的世界情境**。它是我们整个日常
行动的基础，我们唯有经过一番努力才能对其提出问题。胡塞尔是这么说的（其
说法与自然科学的思维形式完全相反）：

> ……既存的生活世界的存在意义是一种**主体的产物**，是有所经历的、先
> 于科学的生活的成果。世界的意义与存在有效性都以其作为基础而建立起来。
> 也就是**这个**世界，对于有所经历的生活来说才是真正有效的。至于"客观为
> 真"的世界，科学的世界，则是基于先于科学的经历与思想，基于让世界具
> 备有效性的体会与思想的成果而来的更高阶段的产物。（Husserl, *Die Krisis der*
> *europäischen Wissenschaften und die transzendentale Phänomenologie*, p.75）

233

　　我们行动者总是身处其中的这个"生活世界"，是过去世代、我们的祖父母与
父母的行动与经历的结果，是他们造就了对我们来说如此理所当然的世界，一个
我们在日常生活中至少不会去追问其基本结构的世界，一个构成了我们行动执行
的世界。"生活世界"是我们所有行动与知识的基础。（如果读者们对胡塞尔的作
品感兴趣的话，我们推荐一本轻薄短小又深入浅出的著作：Werner Marx, *Die
Phänomenologie Edmund Husserls*）

　　让生活世界变成一个可以用于社会学的概念，则是舒兹的功劳（关于舒兹这

个人及其作品，可以参阅：Helmut R. Wagner, Alfred Schütz. *An intellectual biography*，以及 Ilja Srubar, *Kosmion. Die Genese der pragmatischen Lebensweltheorie von Alfred Schütz und ihr anthropologischer Hintergrund*）。他在无数的论文，以及一本原本只是不完整的遗稿，但后来由他学生卢克曼（Thomas Luckmann, 1927—2016）整理成书出版的著作《生活世界的结构》（Alfred Schütz und Thomas Luckmann, *Strukturen der Lebenswelt*）中，不断探讨生活世界概念。舒兹致力于阐明**日常知识**的结构。他将日常知识视作生活世界的核心构成部分，而生活世界是一种"现实领域"：

> 对于清醒且正常，处于健康的人类知性态度的成人来说，这个现实领域就是已然存在的。我们会用已然存在来指称那些我们体验当中觉得不成问题的事物，那些一时半刻我们不觉得有问题的事情。（Schütz and Luckmann, *Strukturen der Lebenswelt*, Bd. I, p.25）

舒兹仔细讨论了对他人的理解、对他人行动的理解是如何顺利进行的。人们会用**典型化**来进行理解，例如将之归类到**典型的**动机、**典型的**身份，指认为**典型的行动**——亦即回溯到一些理所当然的社会说明模式，好能弄懂他人的行动。也就是说，理解是一个非常需要有社会前提的过程，我们必须回溯各种由生活世界提供给我们使用的说明模式。即便是我们无法马上说清楚的事，我们也会试着在日常生活中用典型化的范畴来加以掌握，亦即我们也会试着将之**正常化**。我们在日常生活中的整个行动执行，都是要让我们眼前的世界不会出现可疑之处。我们将会看到，就是这一点触动了加芬克尔。 234

因为事实就是这样，因为我们在日常生活中总是很依赖典型化，所以我们的行动可以说都是在熟悉的和理所当然的"视域"中进行的。我们只是有一些知觉模式和行动方式可用于非常不同和特殊的情境，因此我们也不会去追根究底。但同时也有一些情况，比如白日梦、狂欢、濒死体验、科学的理论态度等等，让生活世界变得不再理所当然，在那里突然出现另一种现实或让人想到还有另一种现实可能性（Schütz and Luckmann, *Strukturen der Lebenswelt*, Bd. II, p.139ff.）。

舒兹于此也留给常人方法论一条可以追随的道路。加芬克尔和他的战友萨克斯（Harvey Sacks, 1935—1975）的说法是，"舒兹的作品为我们的社会学实际调查的情境和实践研究，提供了无穷的指导"（Garfinkel and Sacks, "On Formal Structures of Practical Actions", p.342）。

一方面，胡塞尔提出，特别是舒兹所改写的典型的知觉模式与行动方式，还必须**经验地**加以呈现，才可能比作为哲学家的胡塞尔与作为哲学式的社会理论家舒兹所说的要清楚好懂。为了更经验性地"贴近"现象学所意指的事情，加芬克尔提供了一个非常有原创性的方法技巧。他说，将被视为理所当然的知觉模式与行动方式呈现出来的最好、最直接的做法，就是刻意破坏它。因为，当理所当然的事情被破坏之后，相关的行动者必然会感到手足无措；而"手足无措的人"同时也指出了此时有一个日常生活中被视为理所当然的规则被破坏了。加芬克尔是这么说的：

> 要说明具体行动特质的持续性与连续性，社会学家通常的做法是选择几套稳定的、具有组织性的活动特质，然后找出当中有助于其稳定性的变量。不过还有另外一种做法可能会更经济实惠：从一个具有稳定特质的系统开始，然后去问可以做哪些捣乱的事。通过对我们所知觉的环境表现出会造成与会遭受失序特质的行为，通过故意对互动加以捣乱，我们也许可以彰显出社会结构通常是如何被维持下来的。（Garfinkel, "A Conception of, and Experiments with 'Trust' as a Condition of Stable Concerted Actions", p.187）

这种所谓的"破坏性实验"（我们等下就会对此多谈一点），可以彰显"实践行动的形式结构"（Garfinkel and Sacks, "On Formal Structures of Practical Actions", p.345）或所谓实践行动的"语法结构"（Weingarten and Sack, "Ethnomethodologie", p.15），而且这种结构比帕森斯致力于讨论的规范参照层次或规范争论层次还要更深一层。

另一方面，加芬克尔的战友则对"其他的世界"展现出极大的兴趣（舒兹也对此很感兴趣），尤其是非西方文化，以及那里可以观察到的另外一种理性。因为正是通过比较，可以凸显出西方文化及其生活世界中被认为理所当然的事情。当时，对其他生活形式与理性形式进行研究，是一件相当时髦、相当流行的事。但这个风潮很快也引起了很有问题的相对主义之争，亦即在争论科学知识是否能够允许自身声称比其他知识还要高人一等。

不过我们先来讨论破坏性实验。加芬克尔给他自己和他学生的一个任务，就是在一种实验性的情境中刻意偏离人们通常会期待的、"正常"的行为，以此来发掘日常行动中的潜藏结构。这个研究实际上是怎么做的呢？例如，加芬克尔安排了一场国际象棋赛，在这场棋局当中，一边是对这场实验一无所知的受试者，另一边是坐到受试者对面跟他下棋的实验者。然后，实验者故意系统性地破坏棋局、捣乱，比方突然推倒自己的棋子，或是突然挪动对方的棋子等等。几乎所有的受试者都会觉得莫名其妙，而且同时我们的实验者随即就可以发现（这也是对社会学来说最有趣的），受试者会马上想把情境加以**正常化**，也就是试着对这个莫名其妙的现象提出一个正常的解释，好让**他自己搞懂实验者的行为，并且随之告诉实验者正常的情况到底是什么样子的**。受试者可能会把整个情境当作是在开玩笑，或是觉得实验者是不是在用另外一种什么奇怪的规则在下棋，所以他不是在下

"国际象棋"而是什么其他种类的棋，或是实验者是在下国际象棋，但想搞什么把戏（只是笨手笨脚搞砸了），又或者是这场棋局根本只是一场实验，所以根本不是"真的"棋局之类的。对于加芬克尔来说，我们可以从这样的实验中得出一种理论看法，即：不只是这场可以说是假造的棋局，而是在整个惯常的日常行动当中，我们几乎都会竭尽全力试着将不寻常的、令人手足无措的、难以置信的他人行为进行分类，然后将之视为正常的，"以把观察到的行为视作是一种合理而正常的事件的其中一例"（Garfinkel，"A Conception of "，p.22）。我们总是会为对方偏离常态的行为提供（甚至是硬加上）一个可以接受的、可以理解的解释。我们彼此都会完全不由自主地把我们自己行动的**意义合理性**与**可理解性**拿来当作参照。我们在日常生活中执行行动时，都会主动呈现出常态性，为我们自己确保我们世界的常态性，用我们信任的诠释框架来归类那些偏离常态且让我们手足无措的事件，以此来解释那些事件，把那些事件给解释清楚。以这种日常生活中主动的常态性呈现为基础，加芬克尔和常人方法论者认为，我们遭遇的现实不是自动就摆在那里的；毋宁说，现实是一种"反思性的活动"（Mehan and Wood，"Five Features of Reality"，p.354）。

另外一种文献中常提到的破坏性实验，读者自己也可以简单试试看；这种实 237 验与我们行动的身体性有关。行动不只是一种心灵上的活动，也是一个手势、面部表情等发生变化的过程，因此，身体方面扮演一个重要的角色，如同我们从米德和象征互动论那里所学到的那样。在互动当中，比如互动参与者之间**适当的**身体距离，是非常重要的。这种距离会随着不同的文化而有所不同。我们会依着直觉与根据不同的情境来与和我们谈话的对方保持身体距离。而我们可以用破坏性实验来清楚找出这种距离。如果我们在买东西时，和老板靠得太近、鼻尖都贴在一起了，这老板一定会觉得莫名其妙。他一定会马上退后一大步，以和我们再度保持"正常的"距离。另一方面，如果我们在日常谈话中，坚持要与和我们谈话的对方保持 3.5 米长的距离，但这种过长的空间距离却是没有必要的，那么对方一定也会觉得莫名其妙。

又或是在一般的距离无法维持的情况下，我们对于常态化的努力也会马上浮现出来。比如在大城市每天挤公交车或地铁时，我们都会体验到这种情况。挤公交车或地铁时，我们文化中所认为的一般距离自然会受到损害。我们的脸可能会与完全不认识的陌生人贴得只剩几厘米的距离，刹车时手臂或手可能会与他人的下半身或胸部离着"很危险"的近距离。这种极近的距离一般都只有在亲密关系下才会被允许。但我们在搭乘地铁时，当然不是在和别人进行亲密行为。所以在这种不得不人挤人、彼此之间实际上也没什么亲热意图的情形中，我们都会试着将这种情况加以**常态化**，排除亲热的意涵。例如，当我们在挤地铁和一个完全陌生的人鼻尖贴近得只剩两厘米的距离时，绝不会还盯着对方的眼睛看，而是会望

238 向别处，看看天花板或干脆闭上眼睛。

最后，我们还想再多介绍一下破坏性实验，看看加芬克尔的方法是如何受到舒兹思想的影响与启发。加芬克尔从舒兹和他的分析中得知，人类在日常彼此的交往活动当中，对于重要的行动面向和情境面向，彼此都会有一些大致的共识。也即当人们遇到某人、和某人交谈时，人们会习惯不去呈现出自己生平的一些特殊的个人面向，而且，**双方**都会以同样方式参照同样的情境，以此为基础来进行互动。这听起来有点复杂，所以我们用加芬克尔和他的合作伙伴进行的一项实验当作例子来解释一下。

加芬克尔的一个学生（实验者，以下简称 E）拿她丈夫来做实验（亦即她丈夫是受试者，以下简称 S）。实验情境如下：

> 某个周五，我先生跟我在看电视。我先生说他累了。我问："多累？身体累，心累，还是只是无聊了？"
>
> （S）"不知道，我猜主要是身体累了吧。"
>
> （E）"你是说你肌肉酸痛？还是骨头痛？"
>
> （S）"我猜就那样。不用那么较真啦。"
>
> （S）（又看了一下电视之后）"所有这些老电影的套路都是一个样。"
>
> （E）"你的意思是？你是说所有的老电影，还是一些老电影，还是就只有你看过的老电影？"
>
> （S）"你是咋回事？你明明知道我是什么意思。"
>
> （E）"我希望你说得更仔细一点嘛。"
>
> （S）"你知道我是什么意思！有病啊你！"
>
> （Garfinkel, *Studies in Ethnomethodology*, p.221）

这个实验至少清楚指出了三个在理论方面很有趣的情况。

1. 我们在日常沟通中，都会假设行动者的相关面向上有一些我们上述提过的共识。实验里的那位丈夫在说他累的时候，**他就只是**感觉到累，**模糊地**感觉到累意，他说他累并不是在追求什么清楚的目标。他就只是说说而已。事实上我们在
239 日常沟通中很多时候互动双方就只是在瞎聊而已，没有想追求什么特定的、能说清楚的目标。实验里的妻子是一位实验者的角色，有意破坏这种假设，刻意采取一种如医生一般的较真态度，想描述他那可怜的丈夫在说"累"的时候到底是什么意思。在这种晚上看电视的情境当中，在舒服的家里头，妻子的这种态度完全不适当，所以可以想见妻子的这种态度就惹恼丈夫了。

2. 在上述沟通中显而易见的是，日常的谈话是不确切、不确实、模糊的。这在第二部分的对谈中格外明显，因为如果我们从科学的、理论的态度来深究的话，

就会知道事实上"所有的老电影"这种说法其实意思有很多，甚至也根本不是丈夫真正的意思。但这位妻子又再次采取了较真态度，凸显她丈夫话语中意思的不确定性。显然，我们在日常沟通中彼此都会以为我们说的话是清楚的。我们假设，我们说的话有意义，别人也会毫无问题地理解其意义。我们日常世界的结构会让我们能毫无问题地与我们沟通中无可避免的模糊性生活在一起。加芬克尔指出（Garfinkel, *Studies in Ethnomethodology*, pp.38f.），我们可以将日常沟通记录下来，同时试着用精确、明确的语言来领会这些沟通，如此（有可能）可以清晰呈现出默会的假定与假设（见下表）。

表 7.1

丈夫：今天，没有人抱唐纳，唐纳就成功地把硬币投入停车定时器里了。	今天下午，我带着唐纳，我们四岁的儿子，从托儿所回家。当我们在计时停车场停车时，他踮起脚尖，成功地伸手把硬币投入停车定时器里。之前我们都要抱他，他才够得到那个高度。
妻子：你带他去唱片行了吗？	当他把钱投入停车定时器，就表示他跟着你，而你停车了。我知道你会把车停在唱片行；这可以是在去接他的路上，也可以是在接到他要回家的路上。你是接他回来，然后车停在唱片行，所以他跟你在一起，还是你是去接他的路上把车停在唱片行，然后接到他在回来的路上停在别的地方？
丈夫：没有，去了修鞋店。	不，我在去接他的路上，将车停在唱片行。在回家的路上他跟我在一起时，我把车停在修鞋店。
妻子：干吗？	我知道将车子停在修鞋店会有哪些理由。但你去那里的实际理由是什么？
丈夫：我要给我鞋子拿一些新的鞋带。	如果你还记得的话，我有一次弄断了我棕色牛津鞋的鞋带，所以我把车停在那里好去拿鞋带。
妻子：你的平底鞋实在很需要新的鞋底。	我觉得你还可以再做一些其他事。你那时候可以带上你的黑色平底鞋，它很需要换鞋底。你那时候带上那双鞋就好了，那双鞋就可以马上改换如新。

就此而言，继胡塞尔之后，加芬克尔提出，我们的日常语言都渗透着"机遇性的"表述（okkasionelle Ausdrücke）或是"索引性的"表述（indexical expression），亦即会渗透一些词汇，"如果听者没有必要的知识，如果没有假定一些关于说者的生平或意图、使用这些词汇的情境、对话的先前语境、说者和听者之间实际上或潜在的特殊关系，那么听者是无法确知这些词汇的意义的"（Garfinkel, "Aspect of the Problem of Common-Sense Knowledge of Social Structure", p.60）。

240

这种语言的索引性，对加芬克尔来说也是对帕森斯的行动模式的一个重要批评。帕森斯认为，行动者会不加质疑地关联上规范或目标。但对于加芬克尔来说，每一种表述和行动都是复杂的诠释过程的出发点（Heritage, *Garfinkel and Ethnomethodology*, p.140）。这种复杂的诠释过程是行动者所进行的，也是社会学必须阐明的。

241

这也为常人方法论的经验的社会研究带来了一些后果。常人方法论不信任任何没有考虑到日常语言必不可少的**索引性**的研究方法，不信任排除了这种**索引性**的研究方法（例如标准问卷）。他们非常质疑这些研究方法是否无论如何都无法掌握住日常的复杂诠释过程。同时常人方法论者也看到，就连科学过程本身，亦即科学家之间的每次沟通，每次在处理所采集到的数据时，也依赖日常语言，所以科学表面上的客观性也无可避免地会受到日常语言的"污染"。我们科学家对此必须有所反思，而不是不当一回事，才不会得出错误的结果。

> 我们必须假设，在日常生活中可以发现的自然态度，不只在由社会成员**于日常基础上**所执行的实际社会学研究中具有影响力，而是在专业社会学家所执行的社会学研究中也同样具有影响力。社会学研究对专业社会学家的束缚，不亚于日常生活的自然态度对"平民老百姓"的束缚。（Garfinkel，"Aspect of the Problem of Common-Sense Knowledge of Social Structure"，p.195）

加芬克尔所谓的一般社会成员的"社会学研究"，指的是某些常人方法论者不认为科学在面对其他的"世界"时有什么了不起的地位，并且将社会科学自身当作研究主题（Psathas，"Die Untersuchung von Alltagsstrukturen und das ethnomethodologische Paradigma"，p.186ff）。不过我们之后讨论常人方法论所偏好的研究领域时，对此再多谈一点。

3. 从丈夫与妻子之间晚上看电视时的沟通的实验中（尤其是丈夫最后讲的话），也可以最后得出一个对于理论来说非常有趣的观点，就是我们在日常生活中非常信任他人的诠释能力。"信任"对于加芬克尔来说是一个很重要的概念，这牵涉他对帕森斯的第三点批判（见前述加芬克尔对帕森斯的三点批判）。我们可以借此更容易弄懂他为什么会批评帕森斯在错误的层面上讨论秩序问题。

实验中，丈夫对妻子的回答与追问感到不耐烦、最后生气了。不过加芬克尔在其他大量的破坏性实验中指出，这不是这个被实验的丈夫个人的特殊反应。**几乎所有**的受试者，在实验过程中，如果对日常世界的常态性的信任被破坏了，都会有同样的反应。如果日常生活和日常知识的规则被破坏了，如果人们对于日常世界的理所当然的感觉受到威胁了，惩戒就会随之而来，例如受试者的生气、愤怒、吼叫等反应。这跟某些所作所为被惩罚，或是当某些人被当作（越轨的）犯人时会发生的事，完全是两回事。因为这位妻子并不是破坏了人们随时可以指陈出来的明文规定或非明文规定的规范。她伤害和破坏的，**是对世界的常态性的信任**，让丈夫生气的也是**因为这个信任被破坏了**。担保社会秩序的，是我们日常世界的理所当然的有效性，这在很大的程度上是由信任所保护与支撑的。于此，常人方法论可以声称，帕森斯所强调的道德规则根本就只是次一级的本质现象，因为社会秩序乃基于另外一个比帕森斯所想的还要更深的层次之上建构起来的。加芬克尔自己之所以能理直气壮地如此声称，是因为他基于（帕森斯提出的）行动的规范规则与（常人方法论凸显出的）日常行动被视为理所当然、由信任所支撑的稳定性之间的关系，指出：

> "被赋予的规则的影响强度有多大"，或令人尊敬、崇敬，具道德性的规则状态的"影响强度有多大"，不是关键。环境事件的常态性才是关键，因为这种 243 常态性是让我们能界定可能事件的前提。（Garfinkel，"A Conception"，p.198）

加芬克尔认为，关于社会秩序，重要的、基础性的面向不是涂尔干或帕森斯不断强调的道德规范约束力的"强度"，而是日常的常态性。有这种常态性作为基础，人们才会参照规范。或者，套用前文引用的西库雷尔的话，我们可以说：日常知识与日常行动的结构是一种基础规则；规范的可运用性首先就是由这种基础规则所决定的。

＊　　　＊　　　＊

总的来说，常人方法论从一开始就旨在分析日常知识与日常行动的潜藏语法。毫无争议地，常人方法论"发现"了一连串重要的规则与基础规则，其研究结果对行动理论来说，以及对于批判既有社会学理论来说，都非常重要。这不只要归功于其理论观点，让常人方法论在 20 世纪 60 年代非常时髦，吸引了社会学当中的青年才俊。它的吸引力也在于，人们可以用这个理论——看看破坏性实验就知道了——引发一些很滑稽的态度，刻意搞出一些"很蠢"的情况。人们从事破坏性实验，就是想把"从在世界中想**做些**什么事情的人的立场来看没有问题的东西弄得很有问题"（Wieder and Zimmerman. "Regel im Erklärungsprozeß"，p.124）。破坏日常世界的结构中的信任，给人以恶作剧一般的乐趣，而且同时还可以有意识地从中得出重要的结论。常人方法论跟 20 世纪 60 年代很流行的荒诞派戏剧显然还蛮像的，两者都刻意违反规则与规范。这使得常人方法论常常会面临一个危险，就是破坏性实验可能会酿成一些"事件"，损害了这个学派在理论方面所要求的严肃论证。

这个危险，又因为上述的常人方法论对于陌生的、其他类型的文化与理性的 244 强烈兴趣，而更加严重。在嬉皮士运动和反传统文化盛行的时代，吸毒世界，以及卡斯塔尼达（Carlos Castaneda）关于人们不熟悉的印第安世界的著作（这些著作又被错误地认为是民族学著作），对人们非常有吸引力。所以常人方法论当时对于陌生文化会如此感兴趣，也就不令人惊讶了，因为它非常符合那个时代背景。许多常人方法论者感兴趣的就是另外一种世界观，那些世界观——根据常人方法论的前提——会以一种一贯的逻辑运作，而且那些"陌生的"行动者在日常生活中也会不断生产出**他们的**常态性。通过与某部分极度不同的文化语法的比较，可以得出关于我们自己的"世界"的运作方式的一些见解，同时也可以理解陌生文化以及陌生文化关于合理性的看法。常人方法论者再次衔接上舒兹的观点并因此注意到，我们文化的核心前提就是一种客体恒定性前提。也即我们相信客体一直都会是一样的，不会突然改变成完全另外的东西，而且客体（这里指的是无生命的客体）也不会自己移动、消失（参阅：Mehan and Wood，"Five Features of Reality"）。这种观点看起来没什么，但在某些情境下会变成很有趣的情况。

让我们来想象一下，我们忘记把一个对象物（例如一副墨镜）放在哪了。最初我们从户外走进家里相对比较暗的走廊时，摘掉墨镜并把它放在玄关架上。然后过了 20 分钟，我们在这阳光普照的一天又想离开屋子走到户外。当我们走到玄关，墨镜却不见了，而且家里又没有别人，只有自己在家。我们可能会信誓旦旦地认为我们把墨镜放在架子上，但墨镜就是不在架子上。然后我们开始在家里四处找那副墨镜，找了老半天最后在窗台上找到了。这时候我们的反应，可能就是如此解释这整件事："虽然我非常确定我把墨镜放在玄关架上了，但我还真的就没放在玄关架上；我可能记错了。我经常会这样，我有时候真是粗心大意，所以我不知怎的就把墨镜无意识地放在窗台上了。"在整件事中我们的想法可能是这样子，或类似这样子。虽然我们一开始在找墨镜的时候信誓旦旦墨镜就是在架子上，但后来发现它不在架子上时，我们不会真的觉得是因为墨镜自己移动了，不会觉得墨镜因为某种魔法而飞走了，不会觉得墨镜有时候喜欢在架子上、有时候就是喜欢跑到窗台上。如果我们真的如此确信自己将墨镜放在架子上，那么说是眼镜自己飞走了，也并不是个没有说服力或完全不合理的解释，至少并不比事后不甘不愿地承认是自己粗心大意还要来得没有说服力或不合理。我们之所以不会假设是眼镜自己飞走了，是因为我们在我们的文化当中相信客体恒定性（在这个例子中指的是无生命的客体），所以我们会用另外一种合理化的方式来解释这件事。

但有的文化不会如此理所当然地假设客体恒定性。所以上述的例子，这些文化可能就会作如此解释：这个对象物的消失是因为神、魔法神秘力量的作用结果。我们的确可以在某些文化中找到这种解释策略。常人方法论者指出，这种解释策略并不是非理性的，因为这种解释方式在这些文化的前提之上完全是可以想象的。在陌生文化中，行动者也都会不断生产出常态性，始终如一地行动。在西方文化中人们总是会有一些行动逻辑的假设，陌生文化成员也是如此，而且他们也是根据**他们的前提**而以对他们来说非常有说服力的方式来进行假设。

这种思路很快就引起了一个问题：西方文化的合理性程度是否根本不比非西方文化更高；还有，尤其是科学，是否其实并不能声称比其他知识形式（如魔法）有更高的合理性。于此也开始了一场争论得非常激烈，但有时候也不知道在吵什么的相对主义之争（可以参阅如：Kippenberg and Luchesi, *Magie. Die sozialwis-senschaftliche Kontroverse über das Verstehen fremden Denkens*）。这场争论不是让人很清楚到 246底可以得到什么收获。这主要是因为，这场争论出自一个无法否认的事实，即知识都是一时一地的，与其背景有关；但这个事实常常让人直接得出一个结论，就是所有的知识形式都是**同等**有效的，完全不可比较、也不能下评断。但当然完全不是如此。人们当然还是可以理性地比较与判断知识形式与知识库。这种理性比较与判断有时候很困难，人们也许有时候完全无法给出一个清楚的结论。但是在科学中也同样会有这种情况，人们在科学中还是会需要在两个相互竞争的范式中进行选择（如我们在第一讲提到的）。就算没有"决定性的实验"，人们还是可以**理性地讨论与比较**。我们可以用类似的方式，来对照不同文化的日常知识库。

不少常人方法论者没有看到这件事，而是常常从他们的研究得出相对主义的结论。而且至少有一些常人方法论者常常非常热衷于扮演科学批判者，以及社会学批判者的角色。这对这个流派产生了很不好的影响。常人方法论在美国和其他地方，自从 20 世纪 70 年代中期之后，非常快速地失去了影响力，而且直到现在一时半刻也似乎不再能够提供什么新的启发。不过这却无损于在法国可以观察到的一个相反的潮流。在那儿，长久以来一直被忽略的常人方法论现在突然爆红了（参阅：Dosse, *L'Empire du sens*, p.180ff.）。

＊　　　＊　　　＊

如果人们追问这个理论的议题重点是什么，那么就会发现一件事，就是这个理论很少碰触**宏观社会学**领域，而且这个理论流派的学者也几乎不讨论一般都会谈到的社会变迁。常人方法论一直以来擅长的是对**微观情境**的详细描述，以此得出关于**行动理论**的重要结论。这个流派通过危机实验来推动经验研究，以此提出一些对行动理论来说非常重要的说法。在所谓的对话分析当中（Harvey Sacks, Em-anuel A. Schegloff），常人方法论也发展出一些经验研究分支，并广泛地着手分析了 247对话机制（但也包括非语言的沟通，例如眼神交流）（可以参阅如：Schegloff, "Accounts of Conduct in Interaction：Interruption，Overlap，and Turn-Talking"）。至于秩序理论，我们提到常人方法论对于帕森斯的批判，以及与此同时强调的日常知识的理所当然性。而这里也有一些很重要的知识，渗透进"其他的"社会学理论取径。我们在第十二讲讨论吉登斯时再继续讨论这件事。

除此之外，根本上还有五个领域和经验场域，至今都深受常人方法论的影响。

1. 由于常人方法论对传统行动理论概念的强烈批判，以及由于其所提出的日常语言的索引性，因此人们在一般的社会学方法讨论中，也弥漫着一种新的小心谨慎态度。有时候，人们对于数据的采集与获取，也比在常人方法论出现之前，抱持着更强烈的根本反思。这归功于一本至今仍非常重要的著作：西库雷尔的《社会学中的方法与测量》（Aaron Cicourel, *Method and Measurement in Sociology*, 1967）。这本书致力于探讨研究过程，以及某些数据采集工具的适当性。对于任何想讨论定量社会研究的人来说，西库雷尔这本 1964 年出版的著作都是不能不读的文献。另外，道格拉斯的《自杀的社会意义》（Jack Douglas, *The Social Meaning of Suicide*）提出的一些常人方法论的研究方法批判，也有非常直观且惊人的重要性。与涂尔干的《自杀论》不同，道格拉斯感兴趣的是从国家或地方的行政机关**采集自杀数据**的过程。道格拉斯仔细阐述了"官方的"自杀建构中有哪些背景假设和偏见，以此清楚指出，不能"尽信"官方统计。关于涂尔干的某些发现，道格拉斯的说法当然是有影响力的。涂尔干没有认真解释他的数据是不是成立，而且几乎直接就从官方信息得出他的理论结论；道格拉斯觉得这种做法大有问题。面对犯罪数据时，人们也须持类似的保留态度，因为——从常人方法论研究中我们可以学到——人们有时候并不知道，这些相关的数据到底是怎么生产出来的。如果我们去分析犯罪数据，会发现一个很奇怪的现象：警察越多的地方，所测量到的犯罪率就越夸张地高。若说警察越多的地方，犯罪事件就越多，这显然不合理，而且事实也的确不是如此。之所以如此，是因为若有越多警察在工作，就会有越多警察在记录不法行为，所以收集到的犯罪数据就会越多。

2. 上述的最后一点也与接下来这个领域有关：越轨行为社会学。常人方法论在这个领域也非常有存在感。许多监控机构和警察，都会以此对"造成不法行为"的所作所为进行相当精确的研究。有一些学者的著作，例如彼特纳的文章（Egon Bittner, 1921—2011, "Police Discretion in Emergency Apprehension of Mentally Ill Persons"）或萨克斯的文章（Harvey Sacks, "Note on Police Assessment of Moral Character"），都指出了警察在日常值勤时有哪些极大的行动空间，警察在某些情况中会根据有哪些依情况而定的、跟法律条文无关的标准而让他们采取主动，以及关于一些非常普通的事情，警察的知觉结构和一般外行人是如何地不同。

3. 从我们之前的讲述，大家应该也可以想见，许多深受舒兹影响的学者，对知识社会学领域也产生了根本的影响。只不过，这里最重要的并不是由加芬克尔所创立的常人方法论，而是某些与舒兹有关的著作。这些著作与一些古典社会学研究的意识形态批判方面息息相关。其中，特别是伯格与卢克曼的《现实的社会建构》（Peter L. Berger and Thomas Luckmann, *The Social Construction of Reality*），最具 249 有开创性。这本出版于 1966 年的经典之作，用舒兹的思想来强化或修正了古典知识社会学的学者，如马克思、舍勒（Max Scheler, 1874—1928）、曼海姆（Karl Mannheim, 1893—1947）。在 20 世纪 60 年代，人们又再次对马克思的著作产生浓厚兴趣。这本书对当时因马克思的著作而兴起的关于意识形态的"本质"与内容的争辩，提供了非常重要的思想资源。虽然 20 世纪 60 年代在西方社会关于意识形态的、政治的争论，以及知识社会学，后来都失去了重要性，但是伯格与卢克曼的这本著作（虽然我们得再次强调，这本书与加芬克尔的研究方向几乎没有共通之处）却并未失去它的经典地位。

4. 与上一点提到的主题相当类似的，就是科学社会学。因为常人方法论的任务就是去研究，如何在对不同的"世界"的比较中呈现出现实，因此可想而知的是，科学本身也很快成为了重要的分析对象。加芬克尔本人也参与了这方面的研究。他对实验室的现实，对实验室中如何生产与诠释事实的类型与方式，特别感兴趣（Lynch, Livingston and Garfinkel, "Temporal Order in Laboratory Work"）。这一项以民族志为研究方法所进行的科学社会学研究，借由回溯到常人方法论所提出的观念指出，所谓高度理性的研究过程，如何也深受日常行动结构的影响，研究过程是如何受到一些武断的决策所决定的，研究工作的流程如何受到偶然性影响，"事实"是如何断定的，看起来很清楚的研究规则如何经常被推翻或大转弯，研究报告如何也是事后才对真正的过程加以自圆其说（这里可以参考加芬克尔早期关于陪审团的研究），以及连高度专业的实验如何也非常"依赖于"科学家之间的互动，还有这互动如何关键地连带决定了对于数据的评价（参阅：Karin Knorr-Cetina, *Die Fabrikation von Erkenntnis. Zur Anthropologie der Naturwissenschaft*）。 250

5. 常人方法论也对女性主义的研究和理论建立，带来了显著的影响。不过我们在此不再进一步讨论这件事，因为我们会在第十七讲再仔细讨论这件事。

*　　*　　*

这两讲关于"诠释取向"的讨论，在这里就到尾声了。象征互动论和常人方法论，连同新功利主义，在 20 世纪 50—60 年代，都是在力图反抗帕森斯的霸权。但还有一个理论方向，也是在对抗帕森斯的理论，我们到这里都还没有提到。这个理论就是冲突理论。我们下一讲就来介绍冲突理论，然后我们就会顺着时间再继续走下去。届时我们会看到，20世纪70年代出现了一个重大事件，有人开始试图把所有这些批评全部纳入考虑，相当有创意地继承了帕森斯想要进行理论综合的遗志，并且相应地提出了规模非常宏大的新的综合。唯有如此，才能保护这个学科，免于分崩离析成互不相干的"学派"或"取向"。

第八讲

冲突社会学/冲突理论

不论是新功利主义，还是象征互动论与常人方法论这两个诠释取向，都是 251
20 世纪 50—60 年代对帕森斯学派的支配的回应。这些取向首先都是对行动概念进行争辩。新功利主义认为帕森斯的行动模式太过规范性，且总体来说太复杂，这也削弱了所谓的社会学解释力。互动论和常人方法论则认为帕森斯规范论的行动概念还有不足之处，也不够复杂。所以新功利主义致力于复兴被帕森斯否定的功利主义传统，而象征互动论延续着在帕森斯早期著作当中被忽略的美国实用主义理论家的思想，常人方法论则采取了现象学观念的假设另辟蹊径。这三个理论主要处理帕森斯的行动概念，但他们都很少讨论社会秩序问题，更遑论社会变迁问题。

20 世纪 50 年代中期兴起的所谓冲突社会学，必须被特别放在这个背景下来看。冲突社会学呈现了一种对于帕森斯的理解方式，并且处处都在反对帕森斯的命题。许多社会学家认为，特别是秩序理论和变迁理论的概念，由于受到帕森斯对社会现实的规范要素的过度强调，而都被抹除了。帕森斯仅设想有一种稳定的社会秩序，把静态、秩序良好的社会当作无须反思的前提。冲突社会学则提出另外一种相反的理论，凸显社会生活中的权力关系和赤裸裸的利益斗争，并因此特别强调社会秩序的动态性与经常出现的快速变迁。简单来说，社会"冲突"于此 252
被相当有活力地置于社会学理论建构的核心地位。冲突社会学在 20 世纪 60 年代展现出很特殊的吸引力，并不令人感到意外。因为当时各社会运动（尤其是学生运动）风起云涌，对于西方社会——特别是美国社会——的批判日益尖锐，帕森斯的理论也被视作为美国社会状态的反动辩护。但同时我们必须知道，冲突社会学对帕森斯的批判绝对不仅仅来自政治光谱上的**左派**一端而已。

无论如何，这些批评者是想在政治方面有所动员的。帕森斯自己觉得他的部分理论是被粗暴地误解了。在他早期《社会行动的结构》中对于行动理论与秩序理论的分析，或是在他的结构功能论创作时代的中期，都在高度的抽象层面上论证过，他从未为某个特殊的社会秩序或政治秩序——例如美国——进行辩护。他也完全没有要否认社会冲突的存在。他自己认为，他的论证所针对的，更多是康德意义上的"超验"的东西。他要问的是社会秩序得以可能的条件。这个问题的答案，完全无关乎人们是不是经验上真的在某个社会现实看到著作中提到的秩序安稳或充满冲突的时刻。帕森斯的出发点是秩序在经验层面的存在，但他当然也不否认冲突的存在。所以冲突社会学对他的攻击完全是不恰当的，更何况他在20 世纪 60 年代也明显在处理社会变迁理论（见本书第四讲）。所以冲突社会学的兴起是一场误会，是对帕森斯理论的扭曲与片面理解的后果吗？对，但也不对。帕森斯讲的当然有道理，他的行动理论与秩序理论分析不应直接遭受来自经验层面上的批评。他实际上多半也都是在高度理论性的层面与许多他的冲突社会学批评者进行辩论。但另一方面，帕森斯和他的支持者的理论框架的确缺乏敏锐的概念工具来把握冲突。批评者责备帕森斯的著作——包括他的经验分析——呈现出来的景象太过和谐了，大量的冲突与利益斗争被粉饰，总体来说社会变迁被以不恰当的方式呈现成持续且线性的；这项责备绝不是完全错误的。帕森斯晚期处理宏观社会变迁的演化论著作，如我们已经提到的，也没有真的克服上述的责难。以此而言，人们有理由质疑帕森斯理论体系的根基有一种"和谐的成见"，亦即这套理论体系的构成方式，很难将社会冲突当作核心议题来讨论。

* * *

但就冲突社会学本身来说，也是有一些概念上的难点或是歧义性。我们可以把冲突社会学当作一种"××社会学"来理解。就像家庭社会学讨论家庭、宗教社会学讨论宗教一样，冲突社会学讨论的是冲突。这是一种对"冲突社会学"这个概念的理解方式。但我们也可以把冲突社会学当作一种**独立的理论取向**——对我们这本讨论现代社会理论的书来说，这种概念理解方式是我们特别感兴趣的。所以我们在这里也为了这个意涵而保留"冲突理论"这个概念。澄清这一点对我们来说很重要，这可以让读者不会太过一头雾水。从历史层面来看，我们可以在**冲突社会学**中寻找**冲突理论**的源头。

* * *

前文提到帕森斯的理论体系的时候，我们稍微讲到，帕森斯没能成功地将冲

突当作核心议题来理解。我们这里来好好交代一下这件事。虽然帕森斯和他的追 254
随者研究过作为经验现象的冲突，但冲突在他们那里实际上从未能占据**核心地位**。
与帕森斯较为亲近的社会学家，很早就已经开始修正与拆解帕森斯的角色理论。他们
的做法是——例如莫顿（可参阅："Continuities in the Theory of Reference Groups and
Social Structure"）——指出角色之间与角色内在的冲突。亦即他们指出，在同样
一种角色中，常常必须满足不同的、彼此之间有冲突的行为期待。例如小孩可能
会面对来自父亲与来自母亲的不同期望。或是人们几乎都必须满足不同的角色
（例如女性常常同时要满足母亲角色和某个职业工作角色），但各角色彼此之间是
不兼容的，因此产生冲突。但这方面的接续发展并没有要对帕森斯进行根本的批
判，加上莫顿也马上指出，行动者一般来说有一种缓和或克服这个问题的技巧。
他们也无意将结构功能论的重点放在社会冲突分析上。帕森斯的规范论的理论体
系并没有什么更动；在此只是扩展出一个研究特定冲突——即**角色**冲突——的
空间。

　　真正值得注意的进展，是由生于柏林、1941 年移居到美国的社会学家科塞
（Lewis Coser，1913—2003）成功推动的。科塞虽然很赞同帕森斯及其理论取向，
但却在其 1956 年出版的著作《社会冲突的功能》（*The Functions of Social Conflict*）中
提出了一针见血的批评。他尤其指责帕森斯这样的功能论学者主要将冲突视为由
心理所决定的现象，一种个人的错误行为，甚至有时候还将其诠释成"病态的"。
之所以会这样，是因为在这个理论传统中，社会现状被诠释成一种正常状态；偏
离正常状态，都被认为是**个人没能适应社会现状**而造成的干扰。对帕森斯来说格
外如此，他对充满社会冲突的社会过程几乎没有认真感兴趣过，因为他太过偏向
涂尔干、太少重视韦伯了。科塞认为，帕森斯太过赞同涂尔干对社会整合的价值
的强调，相反地就挤压了韦伯关于社会组织冲突重要性的正确洞见（参阅：*The* 255
Functions of Social Conflict，pp.24ff.）。

　　从政治上来看，科塞当然是从帕森斯那里移向了左派那一端，也总是公开捍
卫他的民主—社会主义的理念。但是，科塞对帕森斯的静态社会世界模式的批评，
绝不仅仅源于**这项**差异而已。这更多是文化面向使然。因为科塞是犹太人，他深
受一位犹太学者的影响。这位犹太学者是德国社会学的奠基者之一，在 19、20 世
纪之交曾写过一篇分析冲突的重要文章。这个人就是齐美尔（Georg Simmel）。齐
美尔在 1908 年出版的著作《社会学》中有一篇题为《争执》的精彩章节。他提出
了争执的类型学，分析了这种社会关系形式的后果，给出了关于这种情境的深富
启发性的洞见。在争执情境中，第三方可以利用两人之间的争执。用一句中国成
语来说，就是"鹬蚌相争，渔翁得利"。但对科塞来说重要的不只是齐美尔的这项
观察而已，更重要的是齐美尔清楚表明他偏离了德国当时（也许现在也还是）的
主流文化传统，他不马上就将争执、冲突、争吵等等贴上负面的标签。相反，齐

美尔认为这种社会关系形式是一种积极的关系，因为犹太教在数百年中发展出一种争执文化，在这种文化中，冲突绝不被认为会威胁到共同体的存在。正是这种对于争执和冲突的积极态度，或至少是中立的态度，是科塞所采取的态度，并将之转化到对功能论的论证当中。就像科塞的《社会冲突的功能》的书名以及在其前言当中所表明的，这本书探讨的是社会冲突的功能性。冲突被科塞视为一种社会关系的形式。

256

> 本质上这意味着……没有团体是完全和谐的，因为这样团体会缺乏过程和结构。团体既需要和谐，也需要冲突，既需要联合，也需要解体。在团体当中，冲突绝不是分裂要素。团体的形成就是这两种过程的结果。（Coser, *The Functions of Social Conflict*, p.31）

科塞有时大量引用齐美尔的言论，并以此指出冲突可以"净化空气"，并且可以造就一种安全阀门。绝不是所有的冲突都必然会伴随着攻击行为，而且特别是（这也正好是在反对帕森斯理论的狭隘之处）没有冲突也不意味着社会系统就会是稳定的，因为冲突的缺失可能表示有一种潜在的张力，这种张力随后会失去控制地爆发出来。换句话说，把冲突排解出来，完全也可以是一种稳定的表现（Coser, *The Functions of Social Conflict*, p.94）。科塞甚至在他 1967 年出版的续作《再续社会冲突研究》（*Continuities in the Study of Social Conflict*）里进一步声称，冲突对于整个社会来说常常也有正面的效果，因为冲突对社会来说也是一种学习过程，可以带来新的规则和制度。他认为，如果社会不允许冲突，就没办法拥有学习能力，长久而言也不具有持存能力。

> 对于我们来说有一个观念很重要，就是冲突……可以迫使社会系统要有创新、创造力，使社会系统避免僵化。（Coser, *Continuities in the Study of Social Conflict*, p.19）

我们可以用环保运动来说明这个命题。20 世纪 70 和 80 年代，当时的联邦德国出现了大规模的抗议。那时候冲突冲击了日常秩序，甚至出现火爆的争吵。但是民主程序框架允许冲突，这带来了学习过程效果，让所有政党都赞同环境保护。就算人们实际上对于环保政策的执行并没有特别印象深刻的感受，或是就算不是所有政党都认可生态的重要性，大家也必须承认，当时的民主德国就是因为暴力

257   镇压了生态运动，所以阻碍了社会在这方面的学习，使得民主德国在 20 世纪 80 年代不断产生严重的环境破坏。

虽然科塞对帕森斯多有批判，但科塞根本上还是在功能论**中**进行论证。《社会

冲突的功能》出版的时候，社会学已经出现了另外一些与功能论激进地断裂开来的发展。这些发展用冲突现象来**反对**功能论，并以此一步一步试着将冲突社会学建立为一个独立的、与功能论相竞争的**理论取向**。

在美国，这个运动与本迪克斯（Reinhard Bendix, 1916—1991）这个名字是分不开的。本迪克斯跟科塞一样，都是德国犹太裔学者，1938 年移居到美国，并且先在芝加哥大学，随后在伯克利大学开始了后来极为成功的学术生涯。与科塞相对较快地将齐美尔的理论视为出发点，并且以较为复杂的方式与帕森斯的理论传统联结在一起的情况不同，本迪克斯是在其著作发展过程中慢慢摸索找寻"合适的"学者与一个合适的变迁理论。本迪克斯无疑受到马克思的影响，但从一开始他就敏锐地看到其理论的巨大缺陷，并且运用托克维尔（Alexis de Tocqueville, 1805—1859）和尤其是韦伯的思想工具，来克服该缺陷。这个移向一个适当的社会变迁理论的追寻过程的标志性文章，是他在 1952 年发表的《社会分层与政治权力》（"Social Stratification and Political Power"）。文中，他不认同马克思理论将**所有**冲突都归于阶级冲突，这使得这个理论在经验层面失灵了。但是本迪克斯没有完全与马克思决裂；他认为马克思主义在根本上是一个"有趣的"社会变迁理论。所以马克思的社会学观点还是值得从马克思和他的拥护者那里拯救出来、加以 258 捍卫。

> ……我们不应该……抛弃让马克思主义理论如此有吸引力的重要洞见。
> 在社会中产生的对立，尤其是内在于经济结构当中的冲突，可能——但不必
> 然——会造就集体行动。分析者的任务，就是去发现集体行动产生或没有产
> 生的情况。我相信，由于马克思热衷于预言，使得他预示资本主义有一条确
> 定的发展道路，但这种确定性常常是他用他自己的历史感得来的。而正是因
> 为他的这股热衷，让他没能洞察到关于阶级情境与阶级行动之间的关系的不
> 确定性。（Bendix, "Social Stratification and Political Power", p.600）

在冲突理论，以及以下马上要讨论到的**欧洲的**冲突理论中，我们常常可以看到学者的动机，就是想要将马克思的洞见从马克思那里拯救出来。这里我们先来看看本迪克斯自称的对马克思理论的大幅改写带来了什么后果。从上述引文可以看到，因为本迪克斯对阶级情境与阶级行动之间的关联抱持着怀疑态度，并且认为团体的集体行动就像个别行动者的政治行动那样，相对来说与抽象的阶级情境无关，所以他与马克思理论所深信的那样不同，他不认为社会变迁过程是可预测的。他更多地认为历史过程是偶然实现出来的，冲突团体与社会运动总是不断由"地方情况，历史上的前鉴，以及重大危机"所刻画的（"Social Stratification and Political Power", p.602），所以任何超越历史的普遍性都是值得高度怀疑的。本迪

克斯的命题可以明确地被诠释成对马克思主义史观的攻击。但因为他采纳了马克思的观点，认为历史过程中的冲突是很重要的，因此不令人意外的是，本迪克斯的著作的发展也越来越（即便常常是隐讳地）显示出对帕森斯思想体系的持续批判。

本迪克斯在 1956 年出版的著作《工业中的工作与职权：工业化历程中管理的意识形态》（*Work and Authority in Industry. Ideologies of Management in the Course of Industrialization*）是他的理论发展过程中很重要的一本书。在这部历史比较研究中，他探讨了英国与沙俄早期工业化过程，和美国与民主德国的"成熟的"工业化。本迪克斯所描绘的图像，跟帕森斯对组织的描述，以及帕森斯及其学生在几年后进行的关于分化理论与演化理论的研究，都完全不一样。本迪克斯在该书开头用了很挑衅的冲突理论措辞："不论在哪里建立企业，都是少数人在指挥、多数人在服从"（*Work and Authority in Industry*, p.1）。甚至在描述层次上他的视角也跟帕森斯完全不同。帕森斯总是认为，组织会为了提升效率，以基于价值的劳动分工作为运作方针。受到帕森斯影响的关于社会变迁的文献，都或多或少将历史视为一个线性发展的过程，现代社会结构也是基于深思熟虑的理性来进行运作的。但本迪克斯不同，他认为社会变迁过程是充满冲突的。工业化不是一个自然发展的过程，而是一个许多团体（贵族阶级与市民阶级，工业家与工人，国家官僚人员与管理者）彼此斗争的过程，并且这种斗争会借助意识形态来加以粉饰和正当化。

> 然而，若不是有什么更正当的理由的话，几乎没有人会对指挥感到满意……而且许多人也几乎不会温顺到对这种正当理由完全没有怨言。（Bendix, *Work and Authority in Industry*, p.1）

本迪克斯在这本书的新版前言里强调，他的分析追溯到托克维尔和马克思，但他更为倚重的是韦伯的统治社会学（*Work and Authority in Industry*, p.XXV）。

对于不少冲突理论家来说，在古典社会学家中，韦伯事实上应可视为值得参考的学者。冲突理论传统中，涂尔干被大加挞伐，有时候甚至被认为不值一哂（参阅科塞的猛烈批评：*Continuities in the Study of Social Conflicts*, pp.153—180）；但韦伯不同，他的著作对冲突理论来说是一个适当的出发点，可以用来批评马克思主义和结构功能论。当然，这个韦伯的形象，跟帕森斯在《社会行动的结构》中向美国大众介绍的韦伯的形象，就截然不同了。帕森斯首先是在涉及综合命题时诠释韦伯的。他将韦伯的思想，与源于功利主义和实证主义传统的马歇尔、帕累托和涂尔干，一并视作与他的"唯意志论的行动理论"有很高亲缘性的学者，而"唯意志论的行动理论"又正好认为规范和价值非常重要（见本书第二讲）。本迪克斯在他的著作《韦伯的学术肖像》（*Max Weber. An Intellectual Portrait*）中大力反对这种用规范主义诠释的韦伯形象。本迪克斯在他这本出版于 1960 年的著作中，把斗争面向——亦即韦伯的统治社会学——放在他对于韦伯的诠释的核心上，而不像帕森斯着重在韦伯的宗教社会学的世界观分析。通过不同的焦点，本迪克斯驳斥帕森斯与结构功能论把韦伯当作结构功能论的前辈的说法。本迪克斯用韦伯来隐讳，但相当扎实地批评帕森斯：

> 韦伯将社会视为对立力量之间的平衡，且至少在社会学研究的脉络里，他反对将社会结构诠释为一个整体。对他来说，社会学旨在对社会里的个体的可理解的行为进行研究，而集体——像是国家或民族或家庭——并不"行动"或"自我持存"或"运作"。……韦伯的做法，是将社会设想为一个身份团体的竞技场，每个团体都有自己的经济利益、声誉、面对世界和面对人的态度。（*Bendix*, *Max Weber*: *An Intellectual Portrait*, pp.261—262）

在美国社会学界，可能因为帕森斯范式的支配力量实在太大了，所以谈到"社会冲突"议题时，首先要么提出一种跟结构功能论互补的批判（像是科塞），要么对结构功能论提出一种根本的、隐讳的批判，但并非真的有另提理论的企图。本迪克斯是如此，但另外比如对非学术公众很有影响力的美国社会左派社会评论家米尔斯（C. Wright Mills, 1916—1962），其于 1956 年出版、对美国社会进行的权力理论与精英理论研究著作《权力精英》（*The Power Elite*），也是如此。但在欧洲社会学界的某些部分，尤其是英国和德国，在 20 世纪 50 年代对待帕森斯的著作时更多是持中立态度。这些社会学家在对帕森斯进行根本批判时，也试着发展出 261 另外一种理论方向——**即冲突理论**。

在英国，有两位学者对 20 世纪 50、60 年代的冲突理论特别有影响力，即洛克伍德（David Lockwood, 1929—2014）与雷克斯（John Rex, 1925—2011）。洛克伍德在这段时间以大量关于阶级理论的经验研究而闻名。他以韦伯提出的分类范畴，对蓝领阶级意识与白领阶级意识进行分析。对我们来说比较重要的是，他也是率先对帕森斯的《社会系统》进行猛烈抨击的英国社会学家之一，并且他也借此批判提出一个完全不同于帕森斯的理论观点。他在 1956 年发表（且后来相当知名）的文章《〈社会系统〉评注》（"Some Remarks on 'The Social System'"），强烈反对帕森斯的著作对于规范的过度强调，也反对帕森斯将物质方面的生活机会和非规范的利益排挤到理论的边缘位置。洛克伍德认为，我们应该对规范和物质利益要有同等的对待；对待帕森斯的社会化命题，与对待马克思关于（被某特定群体）剥削与因剥削而来的社会冲突，也应同等对待。于此，洛克伍德绝非不加质疑地运用马克思的范畴。相反地，如同本迪克斯一样，洛克伍德也反对马克思。洛克伍德认为社会冲突不是只由经济结构导致的。他以欣策（Otto Hintze,

1861—1940）的历史研究和韦伯的统治社会学理论为基础，指出军事的与政治的权力冲突也是需要重视的，而且这种冲突恰恰不能简化成经济情况来看。然而，虽然马克思狭隘地凡事都只从经济因素来谈，但只要对马克思的观点加以修正，就可以用马克思的观点对帕森斯的分析策略进行决定性的修改调整。简单来说，洛克伍德强调，帕森斯的理论取向与源于马克思的冲突理论取向，两者是可以"相辅相成"的。所以他要求将这两种取向结合起来，因为社会现实既有规范秩序，

262 也有基于权力的"实际秩序"。在他之后出版的著作，他又刻意回到这一点上来（见：*Solidarity and Schism.*"*The Problem of Disorder*"*in Durkheimian and Marxist Sociology*）。但他在 1956 年时就已经提到了：

> 每种社会情境，都是由帕森斯原则上提到的规范秩序，以及由实际秩序或实际基础所构成的。两者对于个体来说都是"已然存在的"；两者都是外部的、具有强制力的社会世界。社会学理论会涉及（或应该要涉及）社会过程和心理过程，且在这两个过程中，这种双元意义下的社会结构是人类动机与行动的条件。规范秩序的存在绝非会让个体真的以对应着规范秩序的方式行动；同样地，已然存在的实际秩序的存在也不意味着某些类型的行为必然会出现。（Lockwood,"Some Remarks on the 'Social System'", pp.139—140）

雷克斯是英国另一位知名的冲突理论代表人物。他出生在南非，20 世纪 40 年代到了英国，并且以对伦理冲突的分析而闻名。在《社会学理论的关键问题》（*Key Problems of Sociological Theory*）中，雷克斯指责帕森斯的理论发展是相当片面的。雷克斯认为，《社会行动的结构》值得赞赏，"这本书作为社会学思想的分析史是无可比拟的"（*Key Problems of Sociological Theory*, p.96），且基于该书的行动理论观点，冲突的存在也至少是可以想见的。但帕森斯至少在其结构功能论阶段，他的视野就只看得到一种没有间断、顺利制度化的过程，冲突就仅被视为例外（亦即个体的越轨行为）而已了。

> 因为虽然我们也许可以认同帕森斯的观点，主张规范要素会渗透进产生自社会系统的单位行动中，可是这绝不意味着社会系统完全就是由这样的元素所整合起来的。但帕森斯的思想却似乎一直往这个方向移动。在《社会行动的结构》中是如此，在《社会系统》当中显然更是如此。（Rex, *Key Problems of Sociological Theory*, p.98）

雷克斯认为（他的说法跟洛克伍德有点像），帕森斯的思想体系到最后变得很

263 理想化，因为帕森斯不再追问，是否稳定秩序和规范模式，其本身也是权力情境

的表现；是否对于某些私有财产秩序的正当性的信仰，是一个可以回溯到权力冲突的长期制度化的结果。对此，雷克斯指出，韦伯介绍的正当性概念是"**统治**的可能基础之一"，而"非形成自任何一种规范共识"（*Key Problems of Sociological Theory*；着重处为约阿斯和克诺伯所加）。所以他以修辞学的方式和基于批判帕森斯的意图问道，"用权力平衡来进行分析，或用以权力平衡处理利益冲突来进行分析，是不是会比一开始就假设规范的存在还要好些？"（*Key Problems of Sociological Theory*, p.116）但雷克斯没有完全否定帕森斯的观点。他更多的是像洛克伍德，将帕森斯式的"整合理论"和韦伯—马克思的冲突理论视为互补的，因为社会事物的重要，但也非常不同的各问题领域，只有借由将两个理论结合起来，才能够解决。"任何社会都可能会有财富问题、权力问题、终极价值问题，以及宗教问题。"（ibid, p.222）

但是对帕森斯主义最激进的批判以及对冲突理论最重要的辩护，还是首推德国社会学家达伦多夫（Ralf Dahrendorf, 1929—2009）。达伦多夫与洛克伍德同年，是德国社会民主党政治家、反法西斯异议抗争人士古斯塔夫·达伦多夫（Gustav Dahrendorf）的儿子。由于他不凡的才华，所以在德国社会学界，其职业生涯的发展顺遂得令人难以置信。他曾任教于汉堡大学、图宾根大学、康士坦茨大学。同时他也是一位非常成功的政治评论家，所以也一帆风顺地步入政坛。他在 1969 年短暂担任了联邦外事处的国务秘书，1970 年成为欧洲经济共同体议员。他的这条职业之路也促使他走向英国，他 1974—1984 年间担任伦敦政治经济学院的院长，最后也在英国被封爵，成为达伦多夫勋爵（这方面的生平，可以参阅：Ralf Dahrendorf, *Über Grenzen. Lebenserinnerungen*）。

达伦多夫的学业大部分是在英国完成的，并且在洛克伍德和雷克斯**之前**就以 264 批判帕森斯的结构功能论而闻名。也许可以说，英国的冲突理论根本上可以追溯到达伦多夫的贡献。但同时达伦多夫本人也深受英国的社会学传统的影响，且这也使得他的作品在英语世界比在德国还更受欢迎。达伦多夫的重要论文《结构与功能——帕森斯与社会学理论的发展》（"Struktur und Funktion. Talcott Parsons und die Entwicklung der soziologischen Theorie"）发表于 1955 年，这篇文章对洛克伍德与帕森斯的争辩有决定性的影响。这也难怪，在此之后英国社会学对帕森斯的批判中都可以看到达伦多夫的影子了。关于帕森斯理论的发展过程，达伦多夫认为，帕森斯根本没有必要从行动理论转换成**功能论的**秩序理论（读者可能还记得，我们在第三讲已经提到这点批判了）。更何况帕森斯的这个发展还导致他必然错失了因果分析，功能失调分析也在他的理论当中丧失一席之地，使得帕森斯的理论呈现一派稳定的特征。但这个时候，达伦多夫还是希望能扩展帕森斯的理论，而不是反驳他（Dahrendorf, "Struktur und Funktion", p.237）。他在 1957 年出版的著作《工业社会中的社会阶级与阶级冲突》（*Soziale Klassen und Klassenkonflikt in der industri-*

ellen Gesellschaft）也还是保留着这条妥协的轴线。他认为，结构功能论虽然可以分析社会的整合力量，但是缺乏类似的分析工具去解释和描述**结构改变**的力量（*Soziale Klassen und Klassenkonflikt in der industriellen Gesellschaft*, pp.128f.）。和洛克伍德与雷克斯一样，达伦多夫也认为可以用马克思的阶级理论来补充帕森斯的取径，但马克思的理论必须摆脱"形上学"的负累，亦即摆脱历史哲学、人类学，甚至还有政治经济学的负累，完全还原到其在社会学方面最有价值的核心——即对于社会冲突的解释。如此一来，我们才能获得一种变迁理论，解释结构改变的力量。

265 达伦多夫认为，如果马克思的阶级理论要有所超越，那么"关于阶级形成的标准我们不该根据实质私有财产的占有与否，而是应该根据统治地位的占据比例或是否被排除到统治地位之外来判断"（ibid., p.138）。就如同本迪克斯和洛克伍德一样，达伦多夫认为生产工具的控制只是统治的一个特殊情况；统治关系也存在于另外的关系中，而且这不必然需要被简化到经济结构那里去。

> 马克思相信，权威和权力是产生自实质私有财产部分的要素。但是事实上正相反：权力和统治才是不可简化的要素，以法律私有财产和共有财产所标示出来的社会关系才是从权力和统治产生的。……财产……绝不是统治的唯一形式，而只是其众多形态之一。（Dahrendorf, ibid., pp.138—139）

达伦多夫的想法是，权力和统治是社会学根本上的基本概念，其他现象都是从中产生的，社会动力分析也要由此入手。因为，统治之所在，亦是被统治者之所在，而被统治者会反抗任何一种形式的被统治现状。所以达伦多夫认为，统治之所在，亦是冲突之所在，因为大部分的社会都会有各异的统治团体，也会受到不同的冲突的影响。"理论上来说，在一个社会里，会有许多的相互竞争的阶级，就像社会里会有各种统治团体一样。"（ibid., p.195）

借由这种阶级理论，达伦多夫似乎也就拥有了一种可用于**社会变迁理论**的重要工具。他的理论企图尤其表现在随后的一篇论文上：《离开乌托邦的小径：社会学分析的新方针》（"Pfade aus Utopia. Zu einer Neuorientioerung der soziologischen Analyse"）。虽然达伦多夫没有想要将他的冲突模型提升到一种"放诸四海皆准"的程度（Dahrendorf, "Pfade aus Utopia", p.262），但他也还是在1957年提出了一

266 个明确不同于帕森斯的理论纲要。这个纲要相当简洁有力，但与雷克斯、洛克伍德、科塞和本迪克斯都不同。虽然文中和颜悦色地指出，帕森斯的理论方向与冲突理论之间的相互启发是可能且必要的，但整篇文章还是掩盖不住一件事，即对达伦多夫来说，冲突理论才是有说服力的取向，冲突理论才是未来。

> 就我举目所及，我们在解释社会学问题时既需要社会的均衡模式，也需

要社会的冲突模式。而且从哲学的视角来看，人类社会现实同时有着两张面孔：一张是稳定、和谐、共识的面孔，另一张是变迁、冲突和强迫的面孔。严格来说，这无关乎我们选择研究问题时是用均衡模式来理解，还是用冲突模式来解释。不过我有种印象，就是当我们在未来面对我们这个领域的新发展与上述的批判性思维的时候，我们所需要的不只是专注于具体的问题上，而且也要专注在必须用强迫、冲突和变迁的视角来解释的问题上。
（Dahrendorf, "Pfade aus Utopia", pp.262—263）

　　这也让我们将在 20 世纪 50、60 年代发展冲突理论取向的学者们视为同一派的。但关于我们至此所处理的这些取向，事实上我们需要注意，这里并没有**一个**领导性的学者在"推动"一个朝向冲突理论的运动，也没有一本权威的著作能够决定性地，且富有成果地论证出一个新的"范式"。冲突理论中，不存在如功能论的帕森斯、常人方法论的加芬克尔、象征互动论的布鲁默，也不存在如对新功利主义来说影响甚巨的奥尔森的《集体行动的逻辑》。此外，也不存在一个孕育出冲突理论取向的统一的传统。虽然的确如上所述，在古典社会学家韦伯那里这条轴线与此有关。但是齐美尔所扮演的角色也绝非不重要。此外，冲突理论家也都在讨论马克思，虽然他们有些人是出于明确不同的政治目标，虽然他们都试着将马克思的观点与韦伯的观点结合起来，或是用韦伯的工具来矫正马克思的错误，但 267 是，这些学者到底与马克思保持了多大的距离，也是众说纷纭的。在英国，正好有一种始终相对认同马克思主义的所谓韦伯—马克思主义，或被称作左派韦伯主义，对左翼政治来说有高度吸引力。像洛克伍德和雷克斯都算属于这个模糊的流派。尽管这些理论家大多数都显然相当仰赖马克思的思想，冲突理论却绝非一种左派计划。例如阿隆（Raymond Aron, 1905—1983），这位我们于此仅稍加提及的法国"二战"后相当伟大的社会学家，在深受韦伯的影响与身处深受涂尔干影响的法国讨论氛围下，是最早采纳冲突理论立场的人。但他曾在当记者的时候，严厉批判当时拥抱马克思主义的政治潮流，也极力反对当时以萨特（Jean-Paul Sartre）为核心的法国左翼知识分子。前面我们也指出，达伦多夫与马克思的明确关联也相当重要，但他却显然不是韦伯—马克思主义者。达伦多夫是一位社会自由主义者，他谈韦伯只是要对马克思进行**大幅修正**，但是他也不是只谈韦伯，而是也部分谈到了亲意大利法西斯主义的思想家莫斯卡（Gaetano Mosca），或是也谈到清醒地望向政治精英统治的帕累托。

　　如果我们考虑到所有这些不同理论家的这些差异，那么我们能说事实上有一个单一的理论吗？真的有这么一个**冲突理论**吗？答案是"有"，至少在 20 世纪 50、60 年代，在一个所谓××社会学出现之前是存在的。但我们等一下再来谈这件事。首先我们需要先确切指出所有这些理论家的共同之处。我们可以从四点来谈。

1. 冲突理论的出发点不是社会秩序问题，而是该如何对人与人，或群体与群体之间的**社会不平等**进行解释的问题。社会不平等问题当然绝对不是什么新问题，也有很多知名学者在讨论这问题。姑且不论如卢梭（Jean-Jacques Rousseau，1712—1778）的社会哲学著作，在社会学出现之前也有像恩格斯在 1845 年出版的《英国劳动工人阶级状况》（*Die Lage der arbeitenden Klassen in England*）这种新闻学式的调查。又或者对美国城市不同生活条件的制图学研究，如 1909—1914 年之间以六卷本形式出版的知名的《匹兹堡调查》（*The Pittsburgh Survey*）。在社会学作为一个学科出现之时，也不乏对不平等和贫穷进行的分析。然而，真正让冲突理论能不同于单纯的描述，且使之与马克思主义有共通之处的，在于冲突理论从**理论层面**来追问不平等的**原因**。伦斯基（Gerhard Lenski，1924—2015），在其出版于 1966 年的一本讨论社会分层的伟大著作《权力与特权：社会分层理论》（*Power and Privilege. A Theory of Social Stratification*）中，试图结合冲突理论与功能论（但冲突理论的要素明显占优势），提出一些在理论层面上很有趣也很精辟的问题："谁得到了什么，为什么？"如伦斯基和冲突理论家所强调的，社会中的财物分配之所以如此不均，是有理由与原因的。但这原因不是结构功能论所说的那样。帕森斯也讨论过分层和社会不平等。他的命题是，现代工业社会里不同的工资结构整体来说表现了社会核心价值。医生有较高的薪资与处于较高的阶层，是因为医生主掌着"健康"这种被高度评估的价值。冲突理论家恰恰就对他这个命题提出异议，认为社会不平等、不均等的财物分配，**不能**用社会的规范结构来解释。

2. 由此我们也可以推导出第二点。冲突理论对伦斯基提的问题的答案是，社会不平等问题最终是一个**统治**的问题。伦斯基的说法是：因为财物既有身份价值，也有使用价值，且是稀缺的，亦即没有多余的，因此每个社会里人们都会为了财物而斗争。由于不同的原因，斗争中（总）有人会是赢家、有人会是输家。统治地位即是在这种斗争的情况下应运而生，以确保财物的不平等分配可以持续下去。社会中某些团体会积极想要维持特权，而另一些团体则会反抗。这也回答了伦斯基提出的"谁得到了什么，为什么？"这个问题，虽然这个回答并没有充足地确立与界定冲突理论的立场。要确立与界定冲突论的立场，必须通过接下来的两点才有可能。

3. 当冲突理论家谈到**财物**或**资源**，并且指出财物或资源是借由统治关系所确立的，然后统治地位的财物或资源会再被利用来进行掠夺时，所谓的财物与资源的意义其实非常宽泛。冲突理论家指责帕森斯因为显然过度强调规范与价值，所以几乎都没有谈到物质资源。但马克思主义者也有过于粗糙而片面的毛病，因为他们都只谈到**一种**资源类型，亦即**经济**资源，也就是拥有生产工具的权利。而冲突理论家则认为，除此之外还有更多"有趣的"资源，人们会为了资源而斗争，也会运用资源来斗争。而资源的分配则是在统治关系中决定的。冲突理论家尤其指出了**政治**资源（例如担任公职）的重要性，因为政治资源对社会不平等的形成有极大的影响。还有暴力手段、武器，也都是一些不同于经济和政治的资源。暴力手段和武器让统治得以可能，也让享受特权得以可能。而暴力手段和武器都不能简化成经济或政治资源，因为众所皆知的，在人类历史中，暴力手段都是不容小觑的，而且在战争当中大获全胜的社会，并不总是在经济或在政治方面"最进步"的社会。柯林斯（Randall Collins）这位近来冲突论的领军人物，最后指出了**非物质**资源，如"性红利"（下文会解释这个概念），以及由性红利而来的所谓 270 "情绪能量"。这些资源可以由某些特定的人或团体所占据，以此来继续支持这些人或团体的统治。读者在军事史中应该可以看到，"适当的"敌人形象常常可以强化"同仇敌忾"现象；这时候读者应该可以理解，"情绪能量"于此可以是一种很有趣的资源。冲突理论家指出了各式各样的资源，在统治关系里人们都为了资源你争我夺，并因此形成了不平等现象。

4. 最后，对于冲突理论家来说，"纷争"**一直都是**人类历史的特征。纷争来自无处不在的社会斗争，这明显与帕森斯那高度整合的社会图像形成对比，但也不同于马克思主义。马克思主义认为，一旦社会主义的或共产主义的社会形式成功建立起来了，就会有"历史的终结"和阶级斗争的终结。但冲突理论家认为这是毫无根据的，因为马克思主义者只注意到经济资源，而忽略所有其他类型的资源。冲突理论家认为，就算废除了拥有生产工具的权利，就算经济资源被平均分配了，其他纷争（如性别之间的，管理者与被管理者之间的）也绝不会因此消失了。当然冲突有时候会平静下来，但不论是在过去还是现在的历史阶段，没有冲突的时候是极少的。这种"风平浪静"对冲突理论家来说都只是**暂时的**妥协，**短暂的**休战，因为冲突各方中没有特权的那几方不会一直接受这种不平等的资源与财物分配，冲突总是很快就会迸发的。

基于上述命题，冲突理论内部会对帕森斯式的社会学的核心命题进行重新评估、重新诠释；大多数社会现象都会被用"现实的"或"冷静的"视角来看待。冲突理论与帕森斯的理论之间的对立于此也表露无遗。帕森斯认为社会秩序基于 271 价值之上，但冲突理论认为社会秩序只不过是冲突各方之间短暂的妥协而已，这种秩序任何时候都可以被中止。对帕森斯来说，价值是"最终目的"，只要行动者真心相信它，就不能操控它，更不会质疑它；但从冲突理论的角度，更多的是用嘲讽的眼光来看价值，认为价值更多的是社会不平等的帮凶、意识形态、社会不平等的表象。对帕森斯来说，政治权力表达了国家市民的价值允诺，某些人民代表即是基于此种价值而受托执政；但从冲突理论的角度来看，政治权力不过就是在尽可能维持社会不平等，国家则是巩固阶级结构的手段。至于叛乱、革命、暴力起义，在帕森斯眼里是有威胁性的例外事件；但在冲突理论家眼里却是理所当然的事件，这种事件并不是不理性地爆发出来的，而是为了改变社会不平等结构而理性地进行干预。

＊　　　＊　　　＊

　　这种"现实的"、与帕森斯的理论明显可以区别开来的理论观点，激发出了许多研究领域，其足迹在很多"××社会学"当中都可以看到。

　　1. 首先是教育社会学。因为冲突理论对权力的敏锐度，可以为我们带来关于教育制度作用方式的新认识和新洞见。这里尤其让人想到柯林斯的研究。柯林斯生于 1941 年，比科塞、本迪克斯、雷克斯、洛克伍德或达伦多夫都还要年轻。他以最清晰和最有建设性的方式推进了冲突理论。柯林斯师从于本迪克斯，1971 年就发表了一篇相当优异的论文《教育分层的功能理论与冲突理论》（"Functional and Conflict Theories of Educational Stratification"），论证了在分析教育制度时，冲突理论取向可以是成果丰硕且具有优势的。柯林斯指出，在现代工业社会中可以观察到一种趋势，即在学校或大学受教的时间越来越长，企业职工的教育程度也越来越高，但功能论式的说明和解释力对此却没有什么说服力。因为这类的解释都是基于一个很有问题的假设：（因为科技之故）我们越来越需要教育程度更高的劳动力。但柯林斯指出，从经验上来看，没有证据表明工作上的要求变得越来越复杂，也没有证据表明教育程度较高的劳动力实际上会比教育程度较低的劳动力更有生产性。还有，工作上的技巧、能力大多都不是在学校，而是在工作中学到的。这些都让"（因为科技之故）我们越来越需要教育程度更高的劳动力"这种说法站不住脚。柯林斯认为，高学历劳动力不断攀升的质与量没有单一的经济的或科技的强制因素；换句话说，获得某些学校成绩或大学成绩所必须的**知识内涵**，从整个社会来看并没有关键重要性。所以，对于柯林斯来说，这势必需要另外一种诠释方式。而且在表面上相当平等的 20 世纪中，工作上的成功实际上还是跟社会出身密切相关。柯林斯声称，教育提升趋势的原因很简单：**身份团体为了**社会利益和经济利益**而斗争**，或是为了维持身份地位而斗争。柯林斯的意思是，学生在学校首先学的是"语汇和腔调，穿着风格，美学品味，价值与举止"（"Functional and Conflict Theories"，p.1010）。不同风格的学校，会有不同的声望和不同的资金支助（这尤其是美国学校系统的特色），授课对象也是不同的身份团体，因为不是所有家长都有机会将孩子送到高层次、有声望的学习机构里去。如此一来，社会中本来就有的阶层结构就被再生产了，而企业主也会偏好雇用处于较高阶层的人。"（a）学校所提供的，要么是训练精英文化，要么是维护精英文化；（b）老板也是用教育来当作选择文化属性的工具"。（ibid., p.1011）不过至此，柯林斯只解释了为什么社会不平等无法通过教育建设而有根本性的降低。但又是为什么——这也是功能论的教育社会学一开始所要问的——人们的教育水平不断提升了呢？柯林斯的回答是：底层阶级的人努力想通过更好的学业来获得更高的身份地位，亦即借助教育来在社会中力争上游；但中高阶层的人也会再借由提升他们自己本来的教育水平，来回击底层阶级，拉开与底层阶级的距离。

> 由规模最大、最有声望的组织所领导的雇主们，会提升他们的教育要求，以此既维持他们自己的管理阶层，也维持中间阶层的相对声望。（"Functional and Conflict Theories", p.1015）

于是，底层阶级想通过教育来向上流动的做法，仅提升了整个社会的资格水平，但对于阶层结构却没有造成根本的改变，也没有将社会出身与工作成就之间的关系脱离开来。柯林斯在其著作《文凭社会：教育与分层的历史社会学》（*The Credential Society: A Historical Sociology of Education and Stratification*）中继续专门讨论这件事，并且从历史层面提出了更好的基础。值得一提的是，这本出版于1979年的著作，还有上述的早期论文中，柯林斯的命题和我们在之后有一讲会介绍的法国社会学家布迪厄（Pierre Bourdieu）的理论很相似。布迪厄也指出，教育财物（例如学历或学校知识）会被用来与其他想力争上游的阶层划分开来，以此达到——用布迪厄的话来说——"区隔"的目的。

2. 冲突理论的观点在**专业社会学**的研究领域也造就了丰硕的成果。专业人士是帕森斯很感兴趣的一类研究对象。帕森斯之所以讨论这个群体（见本书第三讲），是为了论证，现代社会的发展绝不意味着规范越来越不重要。甚至在一些表面上由目的理性考虑所支配的市场现象，在所谓彻底理性化的资本主义当中，也还是存在着很重要的根基与职业分支，这些根基和职业分支的职业行为还是会强烈受到规范的调整，不会完全受市场逻辑的摆布。所以帕森斯，以及专业社会学中依照帕森斯的方向来进行研究的学者，在描述与分析专业时，都特别会注意身份伦理现象，甚至将这种伦理解释为一种定义专业的核心要素。受冲突理论影响的所谓专业社会学的芝加哥学派，则批评所谓的哈佛学派，说哈佛学派只注意到某些职业团体的官方意识形态。冲突理论家认为，帕森斯强调的、由职业代表人自己强调的身份伦理，不是单纯表现某些价值态度的荣誉而已，而是将之视为一种有用的意识形态工具，确保职业在公众当中的地位，并维持其特权（读者们在这可以比较我们前面谈象征互动论的那一讲）。与此有关的重要著作，是拉尔森（Mafali Sarfatti Larson）的《专业主义的兴起：社会学分析》（*The Rise of Professionalism. A Sociological Analysis*）。该书指出，专业人士，如医生，常常会运用他们所谓的确切的知识和能力，建立起一个"唯一的"职业群体，并以此垄断市场，排除竞争对手（如理疗家、女巫、接生婆等等）。他们也常常会用专业语言来剥夺病人的权利，提升医疗专业人士的权利。最后，这也是为什么某些学术性的职业（如医生、律师），会要求建立能享有特权的完整专业制度，而其他像是工程师等职业却无法享受如此殊荣。

3. **越轨行为社会学**也明显受到冲突理论的观点的启发。这两者的亲近性也部分受到象征互动论与常人方法论的影响。本书第六讲提到的标签理论，就吸收了冲突理论的观点，并指出，**由权力所支持的**、由利益所引导的定义过程，为什么会让某些不法行为和某些肇事者被贴上违法和罪犯的标签，而另外一些不法行为和肇事者却不会被贴上同样的标签。冲突理论家比诠释取向的学者更强调权力面向。

4. 冲突理论观点对一个与新功利主义有关的领域也有影响，即**社会运动**研究里的资源动员理论。资源动员理论基于理性主义的态度，认为社会运动会等待一个有利的政治机会结构，并且动员参与者会尽可能降低成本，把握较高的获胜机会。除了个人之外，团体或阶级也会计算成本与获利。这里也暗含了冲突理论关于统治者与被统治者之间、掌权者与被排除在权力之外的人之间永恒的权力斗争的观点。所以也难怪，某些运动研究者将新功利主义和冲突理论的思想紧密结合起来。我们在第五讲提到的麦卡锡和萨尔德，以及著名的历史社会学家蒂利（Charles Tilly, 1929—2008）就明确指出了两种思想的密切关联（他们的一些研究，可以参阅本书后面所列的参考文献）。

5. **性别关系社会学**，我们在第十七讲会仔细讨论。这个领域也通过冲突理论的论点而变得更加丰富。首先认真看待这个领域的**男性**社会学家之一，就是我们在前面提到很多次的柯林斯。在他的一本系统性地概述冲突社会学的著作《冲突社会学》（*Conflict Sociology*）（出版于 1975 年）中，他认为性别关系对社会变迁过程来说非常重要，也用了一个相对新的视角来将男性和女性之间的不平等加以理论化。柯林斯用非常冷酷、冷静的语言，将家庭描写成一个极为平常的统治结构。在这个结构里，无情的权力关系和支配关系维持着等级制度。即便家庭形式再怎么转换，今天也依然如此。柯林斯认为，人类过去和现在都会想要施用暴力，展现武力，尽情纵欲。但这种能力会因为不同的性别而不同。男性在生理上的强势地位和女性因为生物学方面的原因（例如怀孕期间）的脆弱性，使得从历史的角度看女性处于被男性剥削的地位，且在男性相互间的权力斗争中成为获胜者的奖品。总的来看，家庭就是这种斗争的产物。家庭组织是稳定的性财产占有形式，虽然这种形式在不同的文化和社会中有很大的差异。性统治与性支配还不只如此。在这种统治结构中，财产关系也有一席之地，意识形态也扮演了一个特别的角色，这都可以用来解释性别关系在历史上的易变性。

家庭组织是一种稳定的性财产占有形式，它会受到暴力使用条件的影响。政治组织是暴力组织，所以政治组织是一个主要的背景变量。当政治情况限制个人暴力、支持特殊的经济情境，那么会为男性和女性带来好处的经济资源就会改变两性的权力平衡，且会因而改变两性的行为模式。（Collins, *Conflict Sociology*, p.230）

但是柯林斯认为，在与性有关的行动中也包含着胁迫与暴力的时刻，这也是男女之间的社会分工的根本基础，所以性别分工对于生理方面较为弱势的性别是不利的。这也难怪，女性主义者对柯林斯提出的基本概念都相当心有戚戚焉。帕森斯的社会学，将男性的行动视为工具性的，将女性的行动视为情感表现性的；帕森斯的这种看法，是美国战后小家庭形式的黄金时代的写照。在功能论的以及被认为是父权制的观点中，家庭都被认为满足了"人类对于爱的需求"，而女性在家庭和社会中之所以扮演次等角色不过是因为功能需求所致。但柯林斯的理论完全不与这种帕森斯式的功能论观点为伍。不过柯林斯也不满马克思主义的传统"论断"，因为马克思主义传统一谈到两性关系，都马上将之简化成财产关系，两性之间的问题或两性之间的支配关系在理论层面都是被边缘化的。柯林斯的观念 277 让传统的关于"性别分工"的理论得以被修改，并且得以用特殊的冲突理论形式加以补充。[可以参阅柯林斯和女性主义社会学家查菲兹（Janet Saltzman Chafetz）等人合写的文章：Collins et al., "Toward an Integrated Theory of Gender Stratification"]

*　　*　　*

虽然，毫无争议地，冲突理论的观点为不少经验研究领域带来了丰硕的成果，但这些成果最终并没有向达伦多夫和雷克斯等理论家在 20 世纪 60 年代时所期盼的那样，真的带来了什么重大突破。之所以如此，有一部分原因出于理论内在的困难，即这派理论的根源太模糊了，没有办法建立持续的稳定性。但最终的原因在于，在对现代社会过程进行分析时，越来越难明确指出一个**核心的**冲突模式。

我们先来看一个理论方面的困难，这也是对我们这本书来说直接相关的问题：相比于帕森斯的理论，冲突理论是否毫无疑问地推动了理论的进步。我们可以看到两个彼此部分有关联的面向。**第一，**冲突理论的观点乍看之下特别贴近现实、"切合实际"；而且宣称冲突无所不在，强调社会平静时期只是团体之间、阶级之间的无尽的斗争的暂时休战状态，这种做法与帕森斯截然不同。但人们当然也可以质疑，这么强调冲突，会不会也太过了些，会不会因此不恰当地对冲突理论**所援引的学者**的其他核心观点视若无睹。例如齐美尔就提过，争执或冲突如何在长时间的过程当中产生改变，以及这种改变如何也改变了冲突的参与者。争执的结束，不只是暂时的、当事人或多或少"不太乐见"的休战状态，而是也可能最初的冲突争端在学习过程中慢慢消失了，大家体验到各退一步是有价值、有意义的。

278

但这么说并不是要重提马克思所希望的历史的终结、冲突的终结，而是想指出，虽然冲突总是不断会出现，但争执的结构是可以改变的。齐美尔已认识到这件事。追随齐美尔的科塞也谈到，冲突"净化了空气"。不过20世纪60年代的一些极端的冲突理论家，例如达伦多夫，很快就遗忘了这个看法。他们没有继续探究冲突转变的可能性，即便就连韦伯对此也有一些非常重要的说法。韦伯最终认识到，冲突的和解如果被系统性地"劝服"过，并且发展出科层化、法制化的趋势，那么和解是可以发展出一套自身的形式的。西方世界的历史，在19、20世纪时，曾爆发过激烈的劳动冲突，以及为争取市民权的冲突，为争取女性在婚姻与社会里平等平权的冲突。这些都掀起多个阶段的暴力冲突。但这些冲突随着时间变迁，都渐渐获得了立法改善，并且某种程度上都平静下来了。而且这些经由法律手段而来的和解，不是易变不稳定的。这不只是因为法律本身是稳定的，多半很难改变、或很慢才能改变，而且也因为当和解以立法的方式来进行时，时常必须获得广大民众——包括原本的冲突双方——的同意，而广大民众也会因为都同意以制定法律条文的方式来进行和解，因此具有了相同的价值观而维系在一起。如此一来，我们很难想象冲突还会再以旧的形式爆发出来。我们在这里也可以看到，社会冲突的核心产生了转变——不过与此同时，也出现了一种社会发展趋势（如"立法改善"），是必须通过爆发冲突才能进一步形成的。

读者可以用源远流长的女性运动抗争史作为例子。当然，读者可以发现在现代西方社会里直到今天都还有各种形式的性别歧视，可以轻松指出将女性平等视为眼中钉的男性"沙文主义"。但是我们要知道，广大民众（包括许多男性）都会

279

认为性别平等是一个理所当然，且极有价值的观念，而且严格来说我们很难想象，在社会层面或政治层面这种观念会产生倒退，即女性的法律地位再次倒退到18世纪的情况。虽然家庭在历史演变过程中的性别暴力被柯林斯凸显、强调，而且柯林斯的说法是可被接受的；虽然我们同意，两性之间包含了暴力面向——但我们并没有必要因此得出结论，认为暴力是决定家庭或社会中性别分工形式的**那个最重要的**或**最终的**因素。柯林斯自己就承认，"意识形态"也会影响性别关系。如果我们不用含有贬义性质的"意识形态"这个说法，而是改用"基于价值而联系在一起"这个说法，那么我们还可以看到，冲突——包含性别之间的冲突——不是自然而然就存在的，也不是通过意识形态而一下子就出现的。尽管性别冲突的某些面向也许会以某种形式持续下去，但冲突双方——男性和女性——还是可以建

立法律上的妥协形式，让日子依然"过得去"，因为人们发现法律规定还尚可获得普遍的认可。

这也带出冲突理论面临的**第二个**难题，即在理论层面过度强调行动者的理性，以致犯了和新功利主义和理性选择理论很类似的毛病。我们在提到运用冲突理论的观点带来丰硕成果的各研究领域时，曾指出过，冲突理论和新功利主义或理性选择理论有时候有某种共生性。例如社会运动社会学领域里，冲突理论和资源动员理论就有某种共生性。事实上，这种共生现象并非偶然，因为这两个理论方向对价值和规范都抱持着怀疑态度，都认为价值和规范不过掩饰了"利益"这件事。280 这两个理论都将政治组织和单位诠释为一种粗鄙的统治结构，将国家和法律诠释为确保权力的手段，也总是从启蒙哲学的角度，将文化诠释为意识形态、操控手段。就像宗教发明出"神父"这种神职，把民众骗得乖巧顺从，还诈取民众的钱一样，法律、价值、规范、国家正当性的话语等等，都是永恒的权力斗争中，某些团体精心建构出来的东西。但从经验上来看，这两个理论的所有这些论点都既没有说服力，也并不准确。因为这些都**高估**了人类的目的理性行动的可能性（人类的行动，只有极少数情况才会像冲突理论家或新功利主义者所说的那样，如此以策略性和功利的导向），且**低估**了观念和文化模式的自身动力。观念和文化不是那么容易就可以被操控的，也不能简单诠释为前人企图操控而来的结果。

*   *   *

冲突理论就是因为面临了上述难题，因此没办法如同其拥护者最初所希望的那样，真的带来了什么突破。上述提到的第二点难题，尤其扮演了一个不能被低估，甚至是非常重要的角色。我们已经提到过，冲突理论并没有一个核心的创立学者，也没有一个权威的文献，所以我们很难毫无疑问地说冲突理论家建立起了一个统一的范式。再加上冲突理论中各学者的**政治**立场并不是一致的。所以我们不能说（虽然很多人常常这么说）冲突理论是一种从帕森斯主义移向左派立场的理论。如果对冲突理论进行简化的政治立场归类，很容易把试图用冲突理论来和帕森斯割裂开来的各种不同理论动机全都搞混在一起。"无尽地为权力而斗争"这个命题，也可以被用来为无道德、不道德、弱肉强食等行为进行马基雅维利式的辩护。正是因为冲突理论在政治方面的差异，使得这个理论很难建立起一个持续的、统一的理论方向，也很难保持这个理论最初的形态。所以也难怪，科塞、本迪克斯、雷克斯、洛克伍德和达伦多夫，很少有"志同道合"的后继者。事实上，281

自从 1970 年以来，很少再有青年社会学家会将冲突理论当作**一个独立的理论取向**来拥护。柯林斯几乎是唯一一位认真尝试这么做的人，如我们上述提到过的他在1975 年出版的《冲突社会学》所尝试的那样。柯林斯从那时候就开始著述不辍，直到今天都还令人印象深刻地持续进行各类既深且广的研究。在他的研究中冲突理论的论证模式也一直不断出现，包括他较近出版的《哲学的社会学：全球的知识变迁理论》（ *The Sociology of Philosophies：A Global Theory of Intellectual Change* ）。人们完全可以说，冲突理论的"圣火"已经实际上传递给下一代了。然而，尽管如此，不可讳言的是，柯林斯也离开了冲突理论最初非常清楚的轴线。而且在他的理论中，也嵌入了如戈夫曼等学者的理论要素，而戈夫曼等学者的理论要素几乎不能说是**冲突**理论的基本思想。所以，不论对于柯林斯来说，还是对于整个冲突理论来说，"在社会学里，一个清楚、明确的冲突取向，已经不再存在了"（J. H. Turner，*The Structure of Sociological Theory*，p.162）。

　　清楚、明确的冲突取向的"停滞"，最终也跟社会变化有关。由于社会的变化，因此我们已经越来越难沿着一条有清楚结构的冲突轴线来描绘社会变迁，也越来越难有一个能用以进行冲突理论思考的基础。这些原本都是达伦多夫的关怀与研究的轴线与基础。他在 20 世纪 50 年代中期刻意声称，阶级冲突是沿着统治结构而发展出来的。统治组织之所在，即阶级与阶级冲突之所在。但十多年后，他出版了《冲突与自由》（ *Konflikt und Freiheit* ），在其中就对冲突理论的适用领域提出了怀疑。达伦多夫在书中承认，他最初的理论说法只适用某些冲突，即**在**一个统治组织**中**的冲突，但不适用于伦理方面的和国际层面的争执（ *Konflikt und Freiheit*，pp.15ff.）。他也坦承，就算是大幅修正冲突理论式的阶级理论，这个理论也几乎不再能掌握当代社会的社会变迁了。因为社会领域已经变得模糊了，我们很难一眼望尽不同的集体或个体行动者如何基于各自非常不同的利益而形成行动。达伦多夫赖以建立他的冲突理论的那个原初的、教条式的阶级理论，已经不适用于开辟一个真正的新观点了。

282

> 现代世界的许多政党并非利益团体，并非从基于共同利益的初级团体和权力地位形成出来的。这些政党是政治事件的合成物，它们的社会基础越来越成问题。换句话说，政治冲突的党派与方案似乎已不再直接基于社会利益结构之上。利益仿佛消失，或被满足了，不再出现在团体抗争的竞技场上。对于稍前的政治发展时期来说，我们用一种更一般性的理论来取代马克思的理论，也就够了。这里所谓的更一般性的理论，乃基于权力结构而非财产结构，旨在解释而非假设社会变迁的规律与方向。但今天这种更一般性的理论也已经不足了。新的阶级冲突理论也必须再被取代掉，才能解释我们在这世界上可以观察到的围绕着我们的东西是什么。（Dahrendorf, *Konflikt und Freiheit*, p.85）

这也难怪，"纯粹的"冲突理论（如果有的话）顶多只存在于一个我们到目前为止还没有提到（但在第十三讲会多作一些讨论）的领域，即历史社会学。冲突理论的理论工具，似乎特别适合分析**前现代**社会的宏观过程，或至少是 20 世纪**之前**的社会的宏观过程。这尤其是因为，在这段时期，我们需要关注的行动者或团体的数量是有限的，对每个统治地位的利益的归因也相对简单，所以权力概念与冲突概念似乎对整理历史过程来说有特别的潜力（J. H. Turner, *The Structure of Sociological Theory*, p.211）。关于基于国王与贵族之间，或国家与国家之间的争执而推动的国家形成过程，关于阶级形成过程，亦即关于农夫或劳工形成有行动能力的集体行动者而有分量地站在政治舞台上的过程，以及关于某些团体为了参与政治权力而进行斗争的民主化过程——这些，冲突理论都可以很成功地加以分析。欧洲和北美的现代社会的形成历史，**是充满暴力的**；而冲突理论尤其对此提供了新的洞见。而这个面向是帕森斯的变迁理论和演化理论几乎没有讨论到的。所以人们可以说，冲突理论在 20 世纪 50 年代和 60 年代"移居到"历史社会学那里去了，而且历史社会学从 20 世纪 70 年代末在英美学界非常蓬勃。

＊　　＊　　＊

不过总体来看，冲突理论与前面几讲提到的理论并非真的**截然不同**；以此而言，它也算不上一个**独立的**理论流派。20 世纪 70 年代，冲突理论已经过了高峰期。那时候，社会理论开始着手处理一个议题，这个议题不论对冲突理论，还是对于帕森斯学派来说，都是一个难解的问题，即权力与文化之间的不明关系。人们在批评冲突理论的时候发现，在对冲突过程进行分析的时候，除了关注"权力"这个角色之外，也必须认真关注"文化"这个角色。"如何适当地将文化与权力综合起来"这个问题，也成为一个很重要的动机，引发了社会学界两方的理论辩论：一方是帕森斯与诠释范式的代表人物，另一方是冲突理论家。这个辩论也推动了理论发展。到了 20 世纪 70 年代末期，开始了一波尝试进行理论综合的伟大时代。有一些非常出色的社会学代表人物，致力于保留当时值得保留的理论取径，并将其整合为一个新的综合理论。哈贝马斯（Jürgen Habermas）的作品，很快就在这波讨论中进入核心位置。在接下来的两讲，我们就来介绍他。

第九讲

哈贝马斯与批判理论

284　　如果人们要描述 20 世纪 60 年代中期的国际社会学发展的话，那么就不能不提到当时的一个情况，即理论生产中心出现了明显的转移。如果现代社会学理论的开端，与"帕森斯"这个美国社会学家的名字是分不开的，如果新功利主义、常人方法论、象征互动论以及（极其有限范围内的）冲突理论等这些互相争鸣的理论取向，都兴起自美国、深受美国背景的影响，那么在这之后，社会学的理论工作就开始相当惊人地大幅"欧洲化"了。很矛盾的是，之所以会出现这样的改变，与美国社会学的高度专业化有关。与欧洲相比，美国的社会学很快就建立成一个独立且特色鲜明的大学科系。而这带来的后果是，美国在帕森斯的霸权之后形成的理论多样性，也比欧洲还要早、还要强烈地受到质疑。很多美国社会学家认为这种多样性意味着零碎散乱，容易变成政治的附庸，并且会威胁"社会学"这门学科好不容易才得到的专业地位。所以人们觉得应该把握好**现有的**、似乎"已经受过考验"的理论方向（尤其是帕森斯主义和理性选择理论），然后该做的就只是再进一步细致化这些理论，或是顶多微调一下就好，或者人们干脆避开宏大理论，仅仅专注在经验研究上。简单来说，理论工作不断被边缘化。在美国的背景下，学科的高度专业化和专门化，更加重理论工作的边缘化，因为社会学如果要专业化和专门化，就必须和其他人文学科明确区分开来，不能老是在从事一些很像是别的学科——尤其是哲学——在做的事。

285　　但在欧洲，社会学和哲学之间的区隔一直都不那么鲜明。这显然因此让欧洲的社会学家对理论问题始终保持着强烈的兴趣，并让他们在这时候适时填补上了他们美国同行留下的理论缺口。同时他们——如上一讲最后强调的——随即提出了一个非常迫切的问题：我们是不是可以通过**理论综合**工作，来将这么多样的理论加以去芜存菁？

　　哈贝马斯属于那种自然而然地就将哲学和社会学结合起来的学者。也许正是因为如此，所以他很快就很敏锐地注意到"新的理论综合是否必要"与"新的理论综合是否可能实现"的问题。哈贝马斯在 1981 年出版的扛鼎之作《沟通行动理论》，就是在尝试综合各理论。这本著作也让他在**国际上**声名大噪，让他在全世界，甚至是在学术圈之外，都因被视作 20 世纪最伟大的思想家而备受敬重。不过哈贝马斯的思想发展可一点都不简单，所以我们在这一讲先来简短地讨论一下他的生平以及他早期的著作，下一讲再来介绍刚刚提到的那部扛鼎之作。首先来谈一些哈贝马斯赖以发展出他的理论概念的基本思想。

*　　　*　　　*

哈贝马斯和洛克伍德、达伦多夫同年，都生于 1929 年，并且在一个信仰新教的资产阶级家庭中长大（不过他的家庭却是位于天主教非常兴盛的莱茵区）。他的童年与青少年都被笼罩在纳粹的统治之下。哈贝马斯后来不讳言地承认，他那时候加入过希特勒青年团，并且完全相信了纳粹政府的理念。第三帝国的覆灭对他来说是一个很重要的人生转折点。纳粹政府规模庞大而难以置信的暴行，以及他年轻时竟然轻信了纳粹政府的理念，这两件事都给他往后的人生带来了极大的震撼。若不考虑这些事，就无法恰当地了解哈贝马斯的学术与著述工作。因为我们 286 在读他许多重要的论述时，都要将其看作他在对这一段德国历史黑暗期进行讨论（因为无论如何都需要讨论），以及看作是在对抗这类极权（不论是左派极权还是右派极权）理念的诱惑。

哈贝马斯最重要的学术导师，亦是他的博士指导教授，洛特哈克（Erich Roth-acker，1888—1965），是相当典型的哲学人类学和德国精神科学传统的代表。从他的博士指导教授的背景，以及哈贝马斯的博士论文［这篇论文主要在讨论浪漫主义观念论哲学家谢林（Friedrich Wilhelm Joseph Schelling，1775—1854）］来看，哈贝马斯最初的出身不是社会学，而是哲学。但在 20 世纪 50 年代早期，他也针对政治问题和社会政治问题出版了一些非常成功的著作，同时他亦在一些学术期刊和日报与周报上发表文章［可参阅 1971 年再版的文集《哲学与政治学侧写》（*Philos-ophisch-politische Profile*）当中的一些论文］。这表明了，对他来说光有哲学是不够的，所以他还想关联上其他的学科。因此他在 20 世纪 50 年代中期，就顺理成章地跑去著名的法兰克福大学社会研究所，担任学术助理工作。法兰克福大学社会研究所是 1923 年受到捐款资助而成立的研究机构，以跨领域的马克思主义（也即没有党派关系的那种马克思主义）为研究导向。在纳粹时期曾迁离德国，但二战结束之后，当时研究所成员霍克海默（Max Horkheimer，1895—1973）和阿多诺（Theodor W. Adorno，1903—1969）从美国返回德国，便将此研究所在德国又重建起来了。

1961 年，哈贝马斯虽然还没有取得教授资格，但已受聘为海德堡大学哲学教授，在那里任教至 1964 年。在海德堡任教的时候，他正在撰写教授资格论文。但对他的人生来说颇为戏剧性的是，他的教授资格论文指导者并不是法兰克福大学的学者，而是马堡大学的政治学家阿本德洛特（Wolfgang Abendroth，1906—1985），一位在当时的联邦德国相当有名望的马克思主义者。哈贝马斯并不是完全"自愿地"**挂在**马堡大学下撰写教授资格论文的。他原本是挂在法兰克福大学社会研究所下进行教授资格研究的。但霍克海默不喜欢他，对他有或多或少的
287 刁难，因为霍克海默认为哈贝马斯太过左派、太过认同马克思主义，但霍克海默当时希望能将社会研究所与这个研究所最初的马克思主义根源切割开来。不过，哈贝马斯却在 1964 年，霍克海默因年龄原因卸下教授工作之后，回到了法兰克福，同时也接任了霍克海默在法兰克福大学的哲学与社会学教席（关于哈贝马斯的生平细节，以及早期的工作，可以参阅：Rolf Wiggerhaus, *Die Frankfurter Schule*, pp.597ff）。

1971 年，哈贝马斯离开法兰克福大学，因为他反对、厌恶当时越来越极端化的学生运动，他指责这个学生运动是"左派法西斯"（哈贝马斯的这项指责相当有名）。他后来到施塔恩贝格（Starnberg），在较为清静的（至少那个地方的环境较为清静，民众也平和得多）马克斯普朗克研究院，担任"科学技术世界中的生活条件"研究项目的领导岗位；那时还有另外一位共同主持人韦茨塞克（Carl Friedrich von Weizsäcker，1912—2007）。他在那里撰写了代表作《沟通行动理论》，1983 年返回法兰克福大学（但就只接掌哲学教席）。哈贝马斯于 1994 年退休。不过虽然退休了，却丝毫不影响他一如既往的论文发表产量，他也依然经常在美国各大学客座任教。

在德国，哈贝马斯除了他不朽的**学术**事业之外，他在**公众生活**中也扮演着重要角色，对许多科学和政治方面的辩论有很大的影响力。20 世纪 60 年代德国社会学界的实证主义之争，他是其中很重要的参与者之一（这一讲稍后也会提到这场辩论）。20 世纪 70 年代他与卢曼的辩论，也在社会学界轰动一时。20 世纪 80 年代初，在当时极为激烈的所谓历史学家之争当中，他认为有一部分的德国历史学家企图事后为民族社会主义脱罪，他警告这种做法是相当危险的；在这场争论当中他极具影响力。在同一时间，他也对生命伦理与基因科技的辩论有很大的影响。

288   哈贝马斯的个人生平就介绍到这里。当然，我们还没有交代哈贝马斯的思想基于哪些知识传统，以及他在《沟通行动理论》当中进行的理论综合工作，有哪些渊源。我们认为，哈贝马斯的思想，有三个很重要的知识传统背景。

1. 哈贝马斯的思想渊源，首先毋庸置疑的是马克思主义。值得注意的是，在 20 世纪 60 年代初期学生暴动**之前**，学术界一般不太会积极地关联上马克思主义。这里所谓的"积极地关联上"，是说哈贝马斯讨论马克思著作的方式，和大

部分的冲突理论家（尤其是达伦多夫）完全不一样。达伦多夫讨论马克思的著作，只对以阶级斗争为核心命题的社会变迁理论感兴趣，而将马克思思想的其他要素视作形上学的，非社会学的，所以也完全不具有社会学性质的空想，并弃置不理（他认为马克思在经济学方面的剩余价值学说是错误的，也认为马克思早期著作的哲学人类学内涵没有用）。哈贝马斯不同，他从根本上更全盘地看待马克思的著作，如同他在 1957 年出版的《关于马克思与马克思主义的哲学讨论文献报告》（"Literaturbericht zur philosophischen Diskussion um Marx und den Marxismus"），以及 1960 年发表的论文《哲学与科学之间：批判的马克思主义》（"Zwischen Philosophie und Wissenschaft. Marxismus als Kritik"）当中所指出的那样。他以极高的敏锐度和极为渊博的知识，承接了国际上对马克思著作核心问题的各式各样的讨论，并且非常认真地处理所有这些讨论。与达伦多夫不同，哈贝马斯无意用马克思思想中所谓的社会学核心要素，来反对马克思的哲学空想。相反地，哈贝马斯认为，人们可以发现在马克思主义中，科学论点与哲学规范论点是相互交错的，以及（科学）理论和充分发挥人类潜能的、改变了社会的实践之间也是相互交错的；而这正是马克思整个思想体系中最吸引人的地方。因为通过将这些相互交错的论点结合起来，人们就可以对现有的社会关系进行有效的批判，并且同时还可以超越现有的社会关系。关于达伦多夫，哈贝马斯是这么说的（虽 289 然这段话不太好懂）：

> 社会学最近关于马克思的讨论，都将科学要素与非科学要素区分开来……这种做法将理论模型的形式建构在对象化的抽象层次之上；但这却恰恰是马克思觉得有疑虑的做法。因为这种做法将社会关系圈限在与历史无关的永恒自然法则当中，然后借此将资产阶级关系偷偷转化成颠扑不破的社会自然法则。（Habermas，"Literaturbericht zur philosophischen Diskussion um Marx und den Marxismus"，pp.415—416）

这段话的意思是说，将马克思著作当中的哲学要素剥除开来，会把"冲突无所不在"的这个命题上升成一种自然法则。这会让我们无法设想出突破、超越这种情况的方法，马克思著作当中原本的批判潜力也被牺牲掉了。因为在以这种方式运用马克思理论的（冲突）社会学的描述下，社会现实就只有一种样貌，而完全没有想到社会现实可以是**另外一种**样貌。

哈贝马斯之所以反对达伦多夫和其他的冲突理论家，是因为想拯救马克思理论中关于"解放"的要素（"解放"是当时很流行的词汇）。但他这么做，绝不是要不加批判地全盘接受马克思，也不是天真地想加入某个流派，一起争论谁对马克思的阐述才是"正确的"（这种争执已经吵了几十年了）。哈贝马斯从一开始便有一条清楚的轴线，就是反对当时两种不同类型，但同样相当具有影响力的对于马克思的诠释，并且试着与这两种诠释划清界限。

（1）哈贝马斯毫不怀疑地认为，最初由斯大林认可的"马克思主义—列宁主义"的学说，以及斯大林和后斯大林时期的苏维埃政治模式，是一种毫无前途的哲学计划、失败的政治计划。

> 290　　俄国革命和苏维埃体系的建立，最后带来了**那样的**事实。马克思主义的系统性讨论，以及关于马克思主义的系统性讨论，大部分都被那样的事实给阻绝掉了。这场由脆弱的无产阶级发起的、由小资产阶级与前资产阶级的农民群众所担纲的反封建运动，这场在受过列宁主义训练的职业革命家的率领下于 10 月 17 号肃清了议会与苏维埃双重统治的运动，并不是直接有什么社会主义的目标。这场运动建立了干部与骨干统治，而斯大林就是在这种统治基础上，10 年后，借着农业的集体化，以官僚制的方式由上至下进行了社会主义革命。（Habermas，"Zwischen Philosophie und Wissenschaft"，pp.229—230）

哈贝马斯显然很鄙视这种采用马克思思想的方式，也不喜欢这些共产主义政党骨干带来的政治后果。

（2）但这不意味着哈贝马斯就同意 20 世纪 50 年代某些东欧异议分子对马克思的诠释方式。这些人的理论基础，是马克思那深受人本主义影响的**哲学性质的早期著作**（这一讲稍后会对此再多说一点）。哈贝马斯认为，这些人的工作，有着与冲突理论的马克思诠释方式完全相反的缺陷。因为，如果马克思主义不能被视作纯社会学或纯科学，那么它也不应被视作纯哲学（"Literaturbericht zur philosophischen Diskussion um Marx und den Marxismus"，pp.396f.）。哈贝马斯认为，如果缺乏相应的政治学和经济学分析，那么光有哲学，亦即没有实践政治行动引导的**单纯哲学**，是没有用的。所以人们不能够对马克思著作当中的政治社会学面向置之不理。

当然，马克思主义的政治社会学内容是需要大规模修正的。只不过，这番修正的**方向**虽然是清楚的，但修正的**范围**却还是未定的。这也显示出，哈贝马斯在理论上对当时**每一种诠释**马克思主义的**方式**都是持保留态度的。对于哈贝马斯来说，在他那个时候只有一件事是确定的，就是马克思，或马克思主义的劳动价值291 理论，由于忽略了"技术生产力的科学发展是可能的价值来源"，所以已经站不住脚了（"Zwischen Philosophie und Wissenschaft"，p.256）。还有，经典马克思主义关于下层建筑与上层建筑之间的关系的表述，也不再有说服力了。因为在他那个时候，干预主义国家和福利国家已经介入了市场，所以"（国家）上层建筑的依赖性不再是理所当然的了"（"Zwischen Philosophie und Wissenschaft"，p.228）。最后，在资本主义中也失去了马克思所谓的承担社会进步的力量，因为马克思意义上的无产阶级，亦即在物质方面**极度贫困**的阶级，至少在西方社会中，已经不再存在了。尤其因为最后这一点，所以哈贝马斯非常反对所有在马克思主义中可以发现的一些论点，这些论点在谈到历史的推动者是无产阶级时，都假定存在着"无产阶级"这种巨大主体，但却根本都没有经验地研究，这种有行动能力的集体行动者，究竟是如何建立起来，或是否已建立起来了。最后的最后，哈贝马斯认为，马克思主义的政治经济学与社会学内容，必须通过**经验研究**来加以强化，才能修正得更为可信，而且也才能指出翻新之后的"唯物主义"的理论当中，有哪些原本的马克思主义要素还可以保留下来。

> 唯物辩证法必须通过具体的分析，重新证明其对历史现实的力量，而非把辩证法的框架直接硬套在历史现实上。（Habermas, "Literaturbericht zur philosophischen Diskussion um Marx und den Marxismus", p.454）

但哈贝马斯是如何在马克思主义的瓶颈当中找到卓有成效的出路，且**不需要贬低或忽略当中的规范哲学能量**呢？这与他在他的博士指导教授洛特哈克的指导下，又进一步回溯了另一个伟大的知识传统息息相关。

2. 这里所谓的另一个伟大的知识传统，意指德国精神科学的诠释学传统。诠释学是一门"理解的技艺"。这门技艺旨在对文本，特别是权威文本，进行**理解**。这听起来可能有点玄乎，但这个传统的兴起背景相对来说其实很简单。读者们一定都有种经验，就是有些文本非常难懂，或是意涵非常模糊。这种文本对读者来说，理解起来非常吃力，甚至还需要根据一些方法来思考，文本**如何**、以及**为什么**可以如此理解而不是那样理解，**为什么**这样的诠释而不是那样的诠释可能比较好或比较适当。在西欧的观念史当中，很多重要的文化现象都会出现这种理解问题。

首先而且可能是最重要的，就是关于对圣经进行的"正确"批注。圣经是基督教的权威文本，但这本书绝不好读，里头有很多难懂的比喻，有些叙述对后人来说完全没什么意义，甚至难以置信或莫名其妙。这里就出现了一个问题：到底该怎么理解这样一个文本，以及这样的文本要怎么关联当下的生活？不论过去还是现在，对于虔诚的基督徒来说，圣经既不能仅仅被诠释为一个内容已经无关紧要了的很久很久以前的故事；也不能完全只用几百年后的眼光来阐述圣经。因为若完全只从后人的眼光来看圣经，那人们可能会觉得古人的信仰合理性是有问题的，然后觉得自己的信仰才是"更真诚的"，但这样做显然是不对的。我们到底该怎么适当地理解圣经？怎么阐述圣经？类似的问题也出现在对于古诗的诠释上。有一段时间，比如在欧洲，所有的古希腊或罗马文学都有创作格律，但搞懂这些格律是很难的事，因为这些诗歌语言来自一个对我们来说很陌生的世界，我们得先破译它。破译诗歌对读者来说就是一个与上述情况类似的困难问题。最后还有对法条文本、法律规范的理解。因为在欧陆法律传统中，怎么将一个可能在很久以前制定的抽象规范，和具体的个案、具体的情境相关联，常常是一大难题。如果一位律师想追问，到底立法者制定的这法条是什么意思，到底这个抽象的法律是否适用于眼前的这个具体案例，那么就需要运用上理解的技艺了。

理解的技艺在19世纪与20世纪初期，由于各种原因，在德国大学当中相当兴盛；这在科学史中其实是一件还挺特别的事。人们甚至可以说，这是德国的精神科学在那个时代的一个特长。很多德国人在各个不同的领域——神学、法学、哲学、历史学——致力于理解问题，让诠释方法的水平，亦即对精神科学研究的基础与前提进行反思的水平，达到一个今人难以达到的高度。于此，理解问题也扩展了，不只是对文本的理解，而是也涉及对图像、伟大的事迹、日常行动等等的理解。虽然在过去民族主义高涨的时代，诠释学（比如在历史科学当中）偏向于对精英进行诠释，因为人们常常很需要理解像是马丁·路德、斐特烈大帝、俾斯麦之类的**伟大人物**的所作所为（当然同时也包括对这些伟大人物的所作所为进行辩护，而且这些辩护常常很值得商榷），但这无损社会学使用诠释学的观点来进行研究。有些德国的社会学之父，像韦伯和齐美尔，他们的讨论也都与理解问题密切相关。

哈贝马斯当然也与此相关。他就是在诠释学传统中长大的，深知在进行行动理论研究时，理解有多么重要。唯有对行动进行理解，才有可能对行动加以分类。哈贝马斯后来的作品中的论证风格，深受诠释学思想传统的影响。这使得他的作品有个特色，就是他的论证都是在与过去的学者的对话中展开的。这种做法与其他很多学者不一样。比如帕森斯，他在《社会行动的结构》中虽然系统性地与过去的学者进行对话，但是这对话只是作为他自己的理论的基础，在这基础之上，他就另外运用了完全不相关的其他领域——生物学和控制论——来完善他的理论了。或是比如常人方法论和象征互动论，**完全只基于某些**哲学传统，而对其他传统忽略不管。相比之下，哈贝马斯著作的一大特色，就是从诠释学的角度，致力于理解欧洲历史的整个哲学问题和哲学主题。哈贝马斯非常努力地与非常多的重要的哲学家和社会学家进行对话，以此发展出他自己的见解。他一直都在和这些学者的著作进行"对话"，试着去理解他们的理论问题以及解决方式。所以，虽然他的论证行文常常都非常尖锐严苛，但可以看得出他和所有诠释学家一样，都有个信念，就是很重视前人的（理论）成就，力求保留其洞见。

3. 第三个对哈贝马斯来说无疑相当重要的传统，就是政治学传统。哈贝马斯从一开始就是以西方自由民主思想作为方针的。他年轻时盲目轻信纳粹的经验，他对苏维埃及其所有政治形式的尖锐评判，都让他对民主理念有极高评价，尤其是**英国、法国**和**美国**所强调并制度化的民主理念。对于德国的民主传统，哈贝马斯反而总有点不信任，认为德国的民主传统不够强大到保护德国免于极权的蛊惑。这种不信任感想来与他的生命历程有关。也因此哈贝马斯认为，德意志联邦共和国应该完全接受西方的民主思想，以避免可怕的文明崩坏再次出现。不过，他不只相当景仰西方民主宪法国家，而且他也对马克思主义的某些面向进行了很重要的检视，并尝试建立一个对于实践来说很重要的"唯物"理论。但同时他又很重视诠释学传统。他所有这些思想究竟如何结合起来，以及这些思想对于他的政治立场具体来说究竟意味着什么，这在 20 世纪 50 年代和 60 年代都还没有一个明确 295 的答案。不过毫无疑问的是，哈贝马斯深知并赞扬学术自由的重要性，因此非常敏锐地捍卫能保障学术自由的民主制度系统。

＊　　　＊　　　＊

　　至此，我们交代了三个深深影响了哈贝马斯思想的重要传统。在二手文献中还常常提到另一个对哈贝马斯来说很重要的传统（而且这些文献常认为这是最重要的！），我们到目前为止显然完全没有提到。这些二手文献指出，哈贝马斯是批判理论的代表人物，而且可说是霍克海默和阿多诺的正统继承人。我们怀疑这种对于哈贝马斯的定位是否真的正确，他是否实际上如此深受批判理论的影响。我们接下来简短交代一下我们之所以如此怀疑的原因。首先我们必须解释一下，所谓的"批判理论"是什么。"批判理论"是 1937 年由霍克海默所提出来的关于某种马克思主义形式的概念，其理论内涵主要由上述提到的法兰克福大学社会研究所发展出来的，并且这个研究所的成员在二战因纳粹迫害而流亡时也依然继续着理论研究工作。在 20 世纪 20 年代与 20 世纪 30 年代，这个研究所旨在推动跨学科的、包含精神分析的社会科学研究，所凭借的是一个相当革命性的，但在政治立场上比较不明确的方针。这个方针是，希望能借助马克思主义的理论工具，克服西方世界的政治、经济和社会的危机，但不用真的提出一个革命主体。因为当时的德国工人阶级要么满足于德国社会民主党（Sozialdemokratische Partei Deutschlands，SPD）的改革主义，要么就是加入了日益强盛的纳粹党的军队，因此这个研究所并不信任工人阶级。而且这个研究所也与信奉斯大林的德国共产党保持距离，因为苏维埃的马克思主义，显然也无法满足这个研究所所抱持的崇高人文主义理念。

　　在希特勒"夺权"之后，这个研究所迁移到了国外，研究所成员也被迫移民。但这不意味着这些成员的出版活动就因此减少或完全终止了。这个研究所在 296

1932—1939 年之间主编的《社会研究期刊》，是其成员和支持者的核心出版刊物，在流亡时依然相当有活力。除此之外，这个研究所在差不多同一时间，还有一个很重要的出版物，即 1936 年集体撰写的研究报告《威权与家庭研究》。这份报告基于威玛共和时期所收集的资料，且相当倚重精神分析，并以此研究独裁行为是怎么扩散开来的。人们可以从这份报告得到一些关于纳粹如何崛起的解释。这个研究所最著名的著作，当属霍克海默和阿多诺在 20 世纪 40 年代合写的《启蒙辩证法》。这是一本哲学著作，这本著作的内容就算不是充满悲剧性的，也至少是非常悲观的。其中认为，现代启蒙的、科技理性的世界，会让韦伯所说的理性化不断攀升，最后物极必反，造成（像纳粹所造成的那种）残酷暴力。

　　从我们的观点来看，人们几乎不能说哈贝马斯特别受到这些研究所成员在流亡时所撰写的著作的影响。**就形式上来看**，他全然不具有《启蒙辩证法》那种悲观的历史图像。人们可以发现，他顶多跟法兰克福大学社会研究所早期和草创期比较接近，或是跟在《社会研究期刊》上发表论文的其他作者比较接近。但哈贝马斯其实并不熟悉这些早期著作。而且霍克海默在当时（相当保守的）联邦德国重建社会研究所时，刻意与马克思主义的渊源切割开来。哈贝马斯 20 世纪 50 年代末期在法兰克福大学担任助理时，堪为社会研究所传奇的《社会研究期刊》多半都已经尘封在地下室了。所以人们不能说哈贝马斯受到批判理论的**影响**，而是应该说他其实**一开始并不知道批判理论**，只是他后来有意无意地走向批判理论。到了 20 世纪 60 年代，哈贝马斯的风格才慢慢变得越来越像是批判理论的代表人物，

297　并且同时开始被别人称作所谓的"法兰克福学派"（这是另一个用来指称批判理论代表人物的概念）第二代核心人物。尤其是在 1968 年的学生运动时，哈贝马斯才开始被归到批判理论阵营。这段历史带来的结果，大概就是造成了一些误解。人们应该要知道，事实上哈贝马斯更受到刚刚所说的那三个伟大传统的影响。这也就是说，他的思想是更自主、独立于批判理论的，而不是"法兰克福学派第二代代表人物"这个命题所暗示的那样，仿佛他深深受到批判理论的影响似的。

＊　　＊　　＊

　　如果哈贝马斯的思想发展是来自三个（而不是四个）伟大传统的影响的话，那么人们当然也应该要马上注意到，这些传统彼此之间并不是自然而然地和谐共存或互补。至今，这三个传统之间的关系在大多数情况下都是**充满张力的**。所以人们可能会质疑，哈贝马斯会不会因为受到这些差异极大的传统的影响，使得他

的著作特色就只是一个大杂烩，亦即不同的观念**彼此之间**并没有一个真正的思想主线。不过，事实并非如此。因为针对所有这些影响，哈贝马斯首先用一种尚不成科学的直觉来把握，然后再慢慢总结、梳理成一个越来越具有系统性的观念，**一个以人类语言、人类沟通为主要特色**的观念。哈贝马斯特别喜欢语言，觉得语言很神奇，因为语言让人类的沟通形式非常不同于动物的沟通形式。他对这个主题充满热情，而且他带来的影响相当深远，因为他充满洞见地将语言视作人类共同生活的最重要的东西，并将其与一系列的哲学、历史学和社会学的研究问题相关联。

在**哲学方面**，人们可以将这种见解与在西欧思想史中常被强调的一种观念相关联，亦即语言内在具有和解的力量，**或是具有理性化的力量**。哈贝马斯深信，**语言蕴含着让人们能进行合理辩论的可能性**。在他的著作的铺陈中，他非常仔细地交代了，为什么**理性的**论据会对参与讨论的人产生一种特殊的强制力，以及比较好的论据为什么，以及如何带来共识并协调行动（而且以好的论据来协调行动，显然比其他像是通过暴力或通过市场来进行协调的形式来得更好）。* 在**历史方面**，人们则可以问，人类沟通中能带来的合理辩论可能性，在什么时候，是如何、经由何种途径而发展起来的。比如某种统治形式，随着历史的演进，如何在更好的论据的逼迫下，失去正当性。或是比如政治权力在什么时候，以及在何处，被认为必须**基于论据来自我辩护**才能进行统治（亦即最终要通过民主的讨论形式，统治才能具有正当性），而不再能够比如通过宗教性质的预设而无须对其统治给出交代。最后，上述各式各样的问题都会立即被关联上一个**社会学方面**的问题，这个问题是"上一辈的"批判理论的核心问题，是整个西方马克思主义的核心问题，也甚至是（在政治方面无法清楚归类、较为混乱的）文化批判的核心问题：资本

298

---

* 在介绍哈贝马斯的这两讲中，有两个概念，Rationalität 和 Vernunft，有时会比较拗口，但被明确地区分开来翻译。这两个概念在中文中都可以翻译成"理性"。但在哈贝马斯这里，这两个概念有必须表明的差异，所以这两讲会将 Rationalität 译为"合理性"（或形容词"合理的"），将 Vernunft 译为"理性"。不过，这两个译词看起来也有点难懂。这两个概念是什么意思呢？在哈贝马斯的用法中，Rationalität 意指有理智的，但这种理智仅表现在手段和目的之间的恰当性；Vernunft 也是有理智的，但这种理智更着重目的在道德上的可接受性。例如资本主义的技术合理性或工具合理性，意指资本主义认为有理智，就仅意味着获得（经济）效益的手段是适当的。但哈贝马斯相信，理想上人际沟通若是有理智的，那么在考虑沟通时的手段与目的之间的合理性时，也会同时考虑到目的的道德方面是否可被接受。所以，如下一讲会提到的，哈贝马斯认为沟通合理性也就是沟通理性。但这里必须强调，本书只有在哈贝马斯的意义下，Rationalität 和 Vernunft 才会有这种区分以及被如此分开翻译。在其他学者（如康德），甚至在其他语言（如英语的 rationality 和 reason）那里，这些概念的内涵和恰当的译法并不一定跟哈贝马斯的用法完全一样。所以在本书其他讲（或是虽然这两讲有提到，但主要是在其他讲进行探讨，例如"理性选择理论"或"理性主义"），这两个词汇还是都被译为"理性"。——约阿斯与郑作彧注

主义与内在于资本主义（或至少跟资本主义有亲近性）的技术合理性或工具合理性，想把一切东西都变成商品，并且只允许以符合经济效益的目的—手段范畴来进行思考，这会不会摧毁所有其他的生活形式、摧毁所有其他的思想与行动形式？资本主义和"工具合理性"的所谓的破坏性的胜利前行，是否势不可挡？哈贝马斯赞同批判理论，但是也赞同其他政治立场与批判理论完全相异的文化批判家，认为必须对抗"技术—工具"合理性的胜利前行。不过他**并不赞同批判理论和文化批判的悲观论调，因为哈贝马斯认为，语言潜藏着广泛的（亦即不是狭隘或有限的）合理性，能够在实际上很有效地，或至少很有可能对抗"技术—工具"合理性。**

哈贝马斯后来，即在 20 世纪 80 年代初，便是基于"语言潜藏着合理辩论可能
299　性"的想法，大胆地进行自己的理论综合工作，并声称这个理论综合工作将至今所有社会学理论的优点都统一了起来。但在这之前还有一段过程。我们先回到20 世纪 60 年代。那时，哈贝马斯在不同的研究中，先试水，看看他关于沟通的想法，在社会学中能做出什么东西、做到什么样的程度。也即他在 60 年代所写的各种著作和论文（人们可以把这段时期看作哈贝马斯人生中天分大爆发的阶段。他在这段时期展现出巨大的学术生产力，重要著作一本接一本出版），虽然表面上主题都不一样，但我们应该将"人类沟通具有特殊性"视作贯穿其中的指导观念，来对他的著作加以提纲挈领的理解——虽然哈贝马斯这些试水并不是全部都得到令他满意的结果，有些也走进了死胡同。

1.《公共领域的结构转型》（*Strukturwandel der Öffentlichkeit*），这本 1962 年出版的教授资格著作，也许是哈贝马斯最精彩，也是最好读的书。该书也特别适合当作进入他浩瀚著作的入门读物。这是一本对公共领域的（政治哲学）**观念**，以及特别是这观念在资产阶级时代（亦即 18、19 世纪）的各种**制度**，进行探讨的历史社会学研究。哈贝马斯在这本书中描述了，在尚不具有政治性质的空间——像是咖啡厅、私人读书会与研讨会、俱乐部、宴会等等——中，公共领域一开始是怎么建立起来的。在公共领域中，人们可以自由地讨论文学问题、艺术问题，以及广泛意义上的"社会"问题与事务。而随着报纸杂志的普及化，公共领域便开始政治化了，人们越来越要求参与**政治**发言：

> 具有政治作用的公共领域，首先是在 18 世纪初的英国形成的。有些社会势力为了影响行政决策，因此向具有批判性的公众提出呼吁，好让这些社会势力的要求在进入会议之前能具备正当性。与此实践相关的是，等级会议转变成了现代议会。当然，这个转变过程经历了一整个世纪。（Habermas, *Strukturwandel der Öffentlichkeit*, p.122）

至少在最初的阶段（亦即在由专业政客构成的具有稳定结构的政党形成**之前**），哈贝马斯认为，议会是一个认真严肃地进行讨论的地方，大家都在以更好的 300 论据去争取更好的政策。议会是一个由具有批判性的市民代表组成的会议，而不是（如后来很常出现的）由单纯的利益代言人群聚在一起，各自仅仅单方面地为自己的立场辩护。

在对尚不具有政治性质以及已具有政治性质的公共领域**制度**进行反思的过程中，政治哲学上的公共领域**观念**也随即出现了。这种观念对于哲学家和知识分子来说，是最为重要的。因为只有在自由开放的公共领域，我们才能认识到其他的世界观。只有在公共领域，才有可能先按捺下自己的利益来进行理性的讨论，并且才有机会改变自己原先的利益，可能的话甚至还可以取得共识。也只有在公共领域，如同康德（Immanuel Kant，1724—1804）所猜测的和哈贝马斯在下述引文中相当认同的那样，才能对牵涉共同福祉的事务进行独立的判断。

> 在公众面前，所有政治行动都必须以法律作为基础，并且这个法律在民意面前要被证明是一般性的、理性的法律。在全面照章行事的状态下，由统治所制定的自然法，会被由自然法所制定的统治给取代——如此一来，政治基本上就可以转化成道德。（Habermas, *Strukturwandel der Öffentlichkeit*, p.185）

哈贝马斯对市民公共领域的观念与制度从历史社会学的角度所进行的重构，我们在这短短的介绍中当然无法交代得很清楚。但是人们应该已经可以发现，公共领域的观念，与语言现象，以及与论据交流方面理性辩论的可能性，是相关联的；所以哈贝马斯在这里又表现出了他对于语言的神奇能力是多么充满热忱。以此而言，这也是哈贝马斯首次大规模地尝试，对整个社会或政治的影响作用与语言的重要性进行研究。

虽然该书撰写得相当精彩与具有启发性，但当然也有一些明显的缺陷，而且哈贝马斯后来也坦承有这些缺陷（参阅这本书在 1990 年的中新版前言）。哈贝马 301 斯从文化批判的角度，呈现出公共领域在当代是如何衰败的。也即 18、19 世纪时的各种制度在他的描述下，仿佛政治哲学观念当中的公共领域**真的实现了**；而后，在当代，由于商业化，以及职业政客与政党政治的大行其道，使得公共领域慢慢衰败了。换句话简单地说：哈贝马斯深受文化批判思潮的影响，美化了过去，认为资产阶级时代充满理性，制度可以充分发挥作用。而当代，则无可避免地被他抹上了阴郁的色彩。但这种文化批判的态度是很成问题的，哈贝马斯在他后来的研究成果中——如我们将会看到的——也越来越不再采取这种态度，因为语言分析为哈贝马斯提供了一个方式，让他可以避免文化批判暗含的弊端。

2.《理论与实践》（*Theorie und Praxis*）最初出版于 1963 年，是一本论文集。前文提到的《关于马克思与马克思主义的哲学讨论文献报告》和《哲学与科学之间：批判的马克思主义》两篇文章，也被收录其中。此外，该书也收录了20世纪60年代早期非常理论性的和社会政治学方面的研究，并且特别对后来的学生运动产生了莫大的影响。在直接与马克思主义进行对话的论文当中，哈贝马斯将马克思主义理解为一种"带有实践意图的经验的历史哲学"（Habermas, "Zwischen Philosophie und Wissenschaft", p.244）。此处的形容词"经验的"，意在反对教条的马列主义。也即马克思主义应该，也必须实际上面向经验开放，应该"在科学上可证伪"，因为这样才能让我们"比马克思自己还懂马克思"（ibid.）——当然，这种做法在马克思正统捍卫者的那些人眼中，是大逆不道的。

302   从该书的书名就可以看得出来，该论文集有个很引人注意之处，就是"实践"一直是哈贝马斯的论证中很重要的概念。实践概念在马克思主义的讨论中，有着错综复杂的历史。在知名的意大利马克思主义思想家葛兰西（Antonio Gramsci, 1891—1937）的思想中，实践扮演了一个非常重要的角色。但实践也是东欧社会主义阵营当中的异议知识分子，在反对斯大林主义时所运用的概念。特别是在匈牙利、捷克斯洛伐克、南斯拉夫，异议分子借助马克思主义的思想工具来推动反对意见。虽然现实存在的社会主义，造成了令人不快的现实，但这些异议分子还是坚持马克思主义；当然他们坚持的是另外一种马克思主义，而不是政党理论家所意图编纂出来的那种教条。这些异议分子所仰赖的，是马克思早期的哲学人类学著作。这些著作中的实践概念，可以追溯到亚里士多德的哲学，且贯穿着浪漫元素。"实践"在这里首先并不是意指由目的理性所驱动的活动（比如以维生为目标的劳动），而是表现在艺术方面的人类行动潜能的发展，亦即创造性的自我表现；同时也意指在大家的共同努力下，幸福、理性生活的实现。东欧的知识分子，运用在马克思早期著作当中可以发现的思想主题，来批评政治教条化的马克思主义，并指责在社会主义阵营中，马克思的思想主题没有真的获得制度性的实现，现实的社会情况依然令人感到相当绝望。哈贝马斯在20世纪60年代初期也很依赖并使用实践概念，不过这个概念在他那里主要是关于社会秩序的理性构成。这也暗示了在那个时候，他关于语言分析的理论意涵还没有太多的想法，他还不知道怎么从语言分析中建立出一个基础，以此来批判现状。也就是说，他在那时候完全还没有深入到一种足够细致、可用于社会学的语言理论，所以当时暂时还只能运用马克思早期思想和东欧异议分子所提的概念，以此来批判（人们在资本主义中和在苏联的社会主义那里可以观察到的）技术合理性的蔓延（虽然技术合理性
303 在苏联的社会主义那里，是以另一种方式在蔓延的）。

    在理论与实践的关系中，真正的困难之处在于，我们再也无法将技术的力量和实践的力量区分开来了。科学化的文明必须回答实践问题。但是，当

科学化的过程逾越了技术问题的边界，却还是只以科技合理性来进行反思时，就会出现一种很特殊的危险。亦即关于以实践来掌控命运一事，人们不再追求由公民来达成的基于理性的共识。（Habermas, *Theorie und Praxis*, pp. 308—309）

哈贝马斯的这段话在指责一件事，就是科学和科学技术合理性不断蔓延开来，使得"如何理性地为社会中的共同生活制定规章"这个高度政治性的问题，照理说应由市民共同彻底讨论，却被"降格"成一个单纯的技术合理性的问题，政治讨论则面临被专家一手遮天的危险。哈贝马斯这个对于当代文明的批判，是他运用实践概念而发展出来的。他对实践概念的倚重持续了好一阵子，直到他后来放弃了"技术力量与实践力量"这组二分法之后才停止。因为他后来转而去区分"劳动"与"互动"（参见下文），而所谓互动即意指人与人之间基于**语言的**行动。

3. 德国社会学的实证主义之争，始于1961年在图宾根举办的德国社会学年会上阿多诺与波普尔之间的论战。这场论战可不是什么德国社会科学史上值得称颂的时刻，因为在法兰克福学派的影响下，当时所有论战阵营都在各说各话，而且也因为这场论战的影响，使得当时的整个学生世代都以很有问题的态度，偏激地唾弃实证主义（参阅 Adorno et al., *Der Positivismusstreit in der deutschen Soziologie*）。在这场哈贝马斯也参与其中、起了关键作用的论战当中，阿多诺尖锐地指出，在社会科学中（日益）流行的定量方法是很有问题的。因为定量方法都在以随意滥用的态度对待社会世界，并且把"用技术统治自然"这种做法当作榜样。之所以定 304 量方法值得批判，是因这种做法最后会造成人类的自我奴役。阿多诺这套说法背后的科学观，有很强烈的规范倾向，并且对于"理论"有很明确的立场（虽然就像我们在第一讲提过的，在社会学中，关于"何谓理论"这个问题从来没有清楚的解释）。对于阿多诺来说，理论研究与规范问题从来都是分不开的。科学永远都不能忘记"解放人类"这个目的。但因为定量方法的大行其道，使得科学似乎越来越忘记了这个重要目的，而这种遗忘是非常危险的一件事。不过关于这一点，哈贝马斯并**没有**采取同样的极端立场。哈贝马斯认为在自然科学中，存在这种以随意滥用自然为目标的方法，是很自然而然的，所以他并不同意阿多诺对自然科学采取文化批判的观点。不仅如此，出于某些目的，哈贝马斯其实很能接受社会科学当中的定量方法。不过，基本上来说，哈贝马斯还是很捍卫阿多诺的一个理念，亦即科学应解放人类；所以他也反对阿多诺的对手，波普尔。而波普尔则坚持，科学不应该掺杂规范问题，亦即不应该掺杂应然问题；所以波普尔当然也不接受"科学应解放人类"这种观念。

很多人看这场辩论，感觉像在雾里看花；而且整个辩论也误导了当时的学生世代，让许多学生对实证主义产生了偏激态度。之所以如此，**一方面**是因为阿多诺和哈贝马斯成功地将他们的对手，亦即波普尔，烙印上了"实证主义者"的标签。但波普尔完全不是实证主义者。如我们在第一讲就讲到的，波普尔其实还重重打击了实证主义的思想体系。**另一方面**，这场争论吵得如此沸沸扬扬，仿佛在一个很重要的、触及（社会）科学自我理解的问题当中，每个人都坚守自己的立场、**毫不妥协**似的。然而事实上，哈贝马斯在几年后与波普尔的科学理念的某些方面（如果不是所有方面的话），显然越走越近。以此而言，在这场实证主义之争当中，大家的立场实际上并非真的那么天差地别。

305　　　　4.《知识与旨趣》（*Erkenntnis und Interesse*）出版于1968年。该书虽然包含了一些很有原创性的论点，但某种程度上是实证主义之争的延伸。因此我们应当仅将该书视作一本过渡性的著作，即便书中展现了关于美国实用主义的广泛讨论（象征互动论就是根源于这个哲学传统的。此处关于这事我们只是顺带一提，但对于哈贝马斯后来的著作，这一点其实很重要）。在该著作中，哈贝马斯的对话对象是广泛的各科学领域里，与该领域对自身的理解有关的理论；于此他提出一个命题：没有一种知识形式（包括科学知识）是凭空反思的，也没有一种知识形式只是"纯粹"在反映世界。相反，任何知识都会与一种根深蒂固的、人类学式的旨趣有关。所以该书才会被命名为《知识与旨趣》。在自然科学当中，知识涉及**技术的**旨趣，其主旨在于掌控自然。诠释学的科学传统，则是以**改善**人与人之间的**相互理解**为目标。精神分析的知识与唯物演化论思想的知识，背后的旨趣一个是**解放与批判**，亦即从非必要的统治和压迫当中解放出来；同时另一个是**洞察所有科学知识各自所关联的旨趣**。用哈贝马斯的话来说：

> 自然科学的研究过程，是在超验的工具行动框架当中组织起来的。因此自然科学的观点必然希望通过技术尽可能地支配自然，并基于此观点将自然当作知识的对象。人文科学则是在超验的沟通行动层次上进行研究，其观点必然旨在尽可能对促成相互理解的互为主体性进行保护，并基于此观点来阐释与意义相关的事物。对我们来说，我们可以从这两种超验的观点的表现，认知到是什么旨趣主导了知识，因为这两种观点反映了劳动与互动的结构，亦即反映出与生活相关的事物。但是知识与旨趣的关联，必定是在科学的自我反思过程当中厘清的，而这种自我反思就是一种批判的类型。（Habermas, *Erkenntnis und Interesse*, p.348）

　　在《知识与旨趣》中，哈贝马斯指责波普尔的科学理念相当片面；以此而言，
306　该书当然也是在跟波普尔进行对话。因为波普尔对于科学的理解，是以自然科学知识过程作为基准的；但这种对于科学的理解粉饰了一件事，就是自然科学也不

过仅代表了三种人类知识旨趣当中的其中一种而已。而且波普尔的这种科学理解方式忽略了另外两种具有人类学根源的旨趣，亦即"阐述与意义相关的事物"（或曰追求更好的相互理解），以及从暴力当中解放出来。哈贝马斯对自己提出的要求（而且这大概也是对批判理论所提出的要求，因为他当时就是在批判理论传统当中成功立足的），就是采用一种广泛的合理性概念。这里所提的理性包含技术工具合理性，但不限于此合理性。

不过至少关于他在批判的、解放的知识旨趣方面的命题，哈贝马斯后来的立场不一样了。也即他很快就对某些学科领域（亦即精神分析与亲马克思主义的社会科学）不抱希望了，不觉得这些学科领域会扮演革命性的，或是会支持革命的角色。他不再抱着不切实际的期待。**但是他坚持一个观点，就是人们必须再用另外一种合理性形式来补充技术工具合理性。**这一点，我们在前面的引文当中就可以看得出来。在引文中，哈贝马斯提到了"劳动与互动"的对立，他就是用这组概念上的二分法，取代了他在 20 世纪 50 年代和 60 年代所运用的实践概念。

5. 这组二分法在 1967 年发表的论文《劳动与互动：黑格尔耶拿时期的〈精神现象学〉评注》（"Arbeit und Interaktion. Bemerkungen zu Hegels Jenenser *Philosophie des Geistes*"）一文中首次表达得最为清楚。在这篇讨论青年黑格尔与马克思思想的文章中，哈贝马斯回顾了米德的沟通理论，而且也显然讨论到阿伦特（Hannah Arendt, 1906—1975）的著作《人的境况》（*The Human Condition*）（虽然哈贝马斯没有明确引用这本著作），并以此为基础说明了，**为什么"人"这种类属的形成过程，可以被理解为一种两类行动形式——亦即劳动与互动——在共同作用与相互作用的过程。**如同他援用黑格尔的观点所阐述的："将互动归因于劳动，或是从互动推导出劳动，都是不可行的做法。"（"Arbeit und Interaktion", p.33）但马克思草率或仓促地混淆了这两种行动形式，这也对马克思的理论造成了很大的问题。

> ……通过对《德意志意识形态》第一部分的确切分析可以指出，马克思没有从根本上说明互动与劳动的关联，而是在"社会实践"这个模糊的标题下把其中一者化约成另一者，也就是把沟通行动化约成工具行动。……这会让他以原创观点提出的生产力与生产关系之间的辩证关联，很容易被曲解成一种机制性的关联。（Habermas, "Arbeit und Interaktion", pp.45—46）

哈贝马斯在这篇文章中所针对的对象，显然是马克思，而且也尤其针对某一种马克思主义的说法，亦即天真地认为单凭生产力的发展就可以带动人类历史的进步。与此相反，哈贝马斯坚持认为这两种行动形式是不能化约成同一种形式的。互动，或曰沟通行动，不能跟工具行动或目的行动混淆在一起。这两种行动各自

307

的逻辑——或是人们也可以说：这两种作为行动基础的人类学式的旨趣——是截然不同的。这就是为什么哈贝马斯后来不再使用实践概念的原因（可再参阅上述引文），因为实践概念会致使人们抹除或忽略了劳动与互动之间必要的概念区分。

如果劳动与互动真的不能化约成同一种形式的话，那么关于历史的进程显然就必须换一套说法，而且这一套说法与正统的、从经济主义的角度来说明历史进程的马克思主义基本假设完全相反：生产力的发展本身并无法保证社会进步。因为

> 从饥饿和磨难当中解放出来，并不必然等于从奴役与屈辱当中解放出来，因为劳动与互动之间，不是自动就会发展出关联的。（Habermas，"Arbeit und Interaktion"，p.46）

308   哈贝马斯对"劳动"与"互动"的区分，对于他的思想发展来说非常重要，而且至今依然很重要。批判正统的马克思主义，以及批判东欧异议分子强调实践概念的马克思主义，对哈贝马斯来说是必要的一步。但这一步也付出了一些理论方面的代价，因为这带出了一个问题：按照哈贝马斯的说法，马克思的劳动概念是一种纯粹目的合理性导向的行动。但在马克思早期的著作中，尤其在他的实践概念中，其实也认为**劳动可能具有表达性的特质**，亦即劳动也可能是劳动从事者的自我表现。那么哈贝马斯是不是忽略了马克思早期的这种观点呢？换句话说，哈贝马斯将行动分成"劳动"和"互动"两种类型，是不是太过简化了呢？

6.《劳动与互动》这篇论文在 1969 年又再版了，不过这次被收录到一本论文集中，该论文集以其中一篇论文的题目作书名：《作为"意识形态"的技术与科学》（*Technik und Wissenschaft als "Ideologie"*）。《作为"意识形态"的技术与科学》这篇论文一开始在系统地进行时代诊断，但文章越到后面就越变成一篇社会学式的论文。在这篇文章里头，哈贝马斯运用了他之前对于"劳动"和"互动"的区分，从宏观社会学的角度来分析现代社会的改变。哈贝马斯很清楚地提出了他的问题：资本主义对自身的正当性的辩护方式，产生了根本的结构性转变；我们该如何解释这件事？在当代的资本主义社会中，"国家需由技术专家来统治"这种说法成为了一种意识形态，并且资本主义利用这种意识形态来奠定了**自身的**正当性。这是前所未有的事，我们该如何解释这件事？为了回答这个问题，哈贝马斯援引了马克思的，或至少是马克思式的思想，发展出一个理论框架。但这个理论框架既非科技决定论，也非经济决定论。这个理论框架认为，在社会发展中，不论是科技还是经济，都并不具有优先地位。换言之，哈贝马斯打破了马克思提出的生产力与生产关系之间的辩证关系，因为他在《劳动与互动》当中已经指出了，在马克思的思想中，由于没有对劳动与互动进行概念上的区分，因此生产力与生产关系之间的辩证关系会被误解为一种机制性的关联（可再参阅上述引文）。所以哈

贝马斯提出了另一种辩证关系。辩证的两端，一端是目的合理性行动**系统**或目的合理性行动**子系统**，另一端是社会的制度框架，或更准确地说，是**生活世界**的制度框架，这种制度框架是由沟通过程所调节的（关于"生活世界"这个概念的详细解说，我们在讨论常人方法论的那一讲已经介绍过了。不过我们在下一讲还会再回顾一下这个概念）。于此，行动的二分以社会领域的二分形式再度上演了：劳动，亦即目的行动，是子系统中居支配地位的行动模式；互动，亦即沟通行动，则形成了生活世界。

> 因此我想在分析的层次上对以下两者进行一般性的区分：（1）社会的制度框架，或曰社会文化方面的生活世界的制度框架，以及（2）镶嵌于制度框架当中的目的合理性行动子系统。倘若行动是由制度框架所决定的，那么行动随即就会受到某种期待的指挥与逼迫。这种期待是对于行为的期待，广泛受到认可，并且各种期待会相互交叠在一起。而倘若行动是由目的合理性子系统所决定的，那么行动就会遵循着工具行动或策略行动的模式。（Habermas, *Technik und Wissenschaft als "Ideologie"*, p.65）

哈贝马斯的时代诊断，就是由这套部分借鉴自现象学、部分借鉴自系统功能论的概念组所推进的。在此时代诊断中，哈贝马斯指出了当时在所有西方社会当中都出现的国家结构的重组，也就是从古典的守夜人国家（意指国家的职能仅局限在提供秩序与安全），转变为现代的干涉主义国家和福利国家。于此，哈贝马斯认为，国家已经不像马克思主义者所认为的，仅是纯粹的上层建筑而已。社会批判也不能仅仅是政治经济学批判，因为国家不只参与了分配过程，而是甚至也通过如研究政策或科技政策，直接参与了生产过程。古典政治经济学当然也失去了重要性，因为不论是交换，还是生产，国家都会通过政策来加以调控，所以市场参与者之间的公平交换（至少在自由放任的自由主义阶段，可能会有公平交换，即便一般不相信真的存在着公平交换。对此，可以参阅第二讲提到的帕森斯关于市场公平交换的阐释），最终也都被破坏掉了。如此一来，在今天，还在谈论一种单纯的市场公平正义，是一件很荒谬的事。

但是，在资本主义社会，又是什么替代了"公平交换"这个基础意识形态呢？哈贝马斯声称，是福利国家确保了大众的忠诚度。但同时，福利国家体制也让政治变成一种纯然消极、不再积极进取的角色。因为福利国家政策的主旨就仅在于避免社会功能失调而已，然后只关心如何解决技术和金融方面的问题。这使得政治最根本的实践内涵——亦即建立一个新的观念，并基于此观念形塑出理性的社会关系形态——完全消失不见了。古典政治哲学的一个重要问题，就是探讨何为"美好生活"；但在现在这样一种政治情境中，这个问题，以及关于此问题的公共探讨，都变得不再重要了。政治实践问题变成科技问题（这个观点，哈贝马斯在《理论与实践》一书中便已提出来了。可参阅该书，第303页）；政治问题就只围绕着既存的社会结构**内部**目标在转而已。这使得人民对政治漠不关心，但最终这却有利于福利国家资本主义的运作，因为福利国家资本主义的基础就在于，人民必须得是对专家措施不会怀抱恶意的**被动客体**。

总的来说，这意味着，在公众意识中，由于生产力的潜力已经得到了大规模的挖掘，并且由于大多数人在福利主义的介入下实质上达到了富裕状态，因此哈贝马斯所强调的"劳动"与"互动"这组基本的区分有被忽略抹灭的危险（在马克思的著作当中，这两者就已经被混为一谈了）。因为在今天人们都觉得，社会是否有所发展，似乎完全可以去看，而且**就只去看技术**是否有所进步。换句话说，关于公平正义的问题，以及关于理性社会、关于能让人过上美好生活的社会等"丰满理想"问题，被认为在面对"骨感现实"时只能变成次要问题。哈贝马斯在这里看到一种危险，他在之后的作品中也清楚指出了这种危险，亦即社会的制度311 框架、生活世界，被目的合理性行动子系统挤压到边缘地位。

> 这两种行动类型当中的其中一种类型的结构，亦即目的合理性行动的功能范畴，不仅支配着制度框架，而且还一步一步地吞噬了沟通行动。（Habermas, *Technik und Wissenschaft als "Ideologie"*, p.82）

事实上，哈贝马斯在这里非常精彩地描述了20世纪60、70年代在大部分群众那里相当流行的"技术统治的精神"，亦即相信社会关系在现有的社会组织下具有无限的可形塑性，以及将政策等同于社会现实问题的解决方案，并且认为这一切相当值得庆贺。那时候，美国肯尼迪总统的政府团队，就是由众多聪明绝顶的专家组成的［当时号称"最出类拔萃的团队"（the best and the brightest）］，这就是技术统治精神的展现；此外70年代时任联邦总理的施密特的内阁也是如此。那时，人们都会不假思索地认为，反对政府制定的政策，是不识时务、愚昧无知的。

这一套对西方资本主义的显而易见的批判，同时也包含了一种马克思主义的观点，但哈贝马斯也提到，马克思主义那"历史唯物论的基本假设"是必须要改写的（Habermas, *Technik und Wissenschaft als "Ideologie"*, p.92）。因为对于哈贝马斯来说，"阶级斗争"在今天的社会理论中已经不再能被当作核心范畴了。原因尤其在于福利国家让各阶级都皆大欢喜，阶级斗争平息了，阶级对立顶多只是潜在的而已。再加上哈贝马斯也觉得，"劳动"与"互动"的这组区分，比起马克思提出的生产力与生产关系之间的辩证法，还要更适合用于检视与分析在西方社会中将技术问题与政治实践问题混为一谈的危险。为了不让"劳动"与"互动"混为一谈，哈贝马斯再次强调，目的合理性行动子系统的合理性化，和互动层次的合理性化，必须严格区分开来。倚重沟通的制度组织的合理性化，其主旨并不在于提升对自 312 然的控制，而是在于是否，以及在多大程度上，社会能成功地促进社会成员之间自由的相互理解，并以此消除社会情境中既存的压迫与僵固。哈贝马斯认为，我们应该利用语言中潜藏的理性辩论可能性，推动社会制度的改造，进而合理地形塑社会结构。他关于语言的功能与任务的核心思想，于此再次表露无遗。

哈贝马斯在 20 世纪 60 年代末期的研究，无疑是非常有力的时代诊断；但回顾这些著作，我们显然可以提出两个批判性的问题。

（1）为什么"技术统治"这个意识形态在 20 世纪 70 年代中期、或至少在后期，完全失去了重要性、垮台了呢？当然人们不能认为哈贝马斯有先见之明；而且另一方面人们还必须问：如果才过了十年，"技术统治"这个意识形态就几乎不再具有影响力的话，那么对于 20 世纪 60 年代的西方资本主义来说，这个意识形态究竟有多么根深蒂固，多么重要或必要？因为，一方面，在 70 年代初期群众发起的环保运动与反核运动之下，人们相对来说很快就不再认可技术统治了。同时，年轻的，且经常是受过学术教育训练的西方社会市民普遍也越来越怀疑，是否还能奢望眼前的政治和科学是可行的，甚至对于经济增长本身也越来越感到质疑。另一方面，就连政府自己都不再认可技术统治了，尤其是英国的撒切尔夫人和美国的时任总统里根，一百八十度地转回旧的资本主义正当性模式。在许多英国和美国的选民眼中，福利国家显然不再是一种解决方案，反而是问题。公平交换的市场观念始料未及地又重新获得了说服力和渗透力。国家于是也就收回了相关的经济政策与社会政策了。而哈贝马斯的时代诊断并没有预料到或猜到这个 313 趋势。

（2）第二个异议更多的是在抽象理论方面，而不是政治诊断方面。人们可以批判性地质疑哈贝马斯，他关于"目的合理性行动子系统"的说法是不是太过于简化了。因为哈贝马斯将目的合理性行动与系统概念结合在一起，暗指有一种"专门进行"目的合理性行动的形式，亦即有一种真的彻底**只**根据目的合理性所确立出来的社会领域；但实际上，这种社会领域在现实中几乎是不存在的。就像我们在第三讲看到的，帕森斯指出市场乃基于规范之上。如此一来，哈贝马斯的理论，说得好像**一整个**经济子系统都是由目的合理性行动形式所刻画似的，这就非常成问题。随便一种工业社会学研究都会告诉我们，在企业中很多行动都是在进行协商，或是很多行动都是基于规范、习惯和不合理的特权之上。但这一切，在哈贝马斯的概念策略中，都没有被描述到。不过哈贝马斯很快就发现了这件事。他指出，**行动类型**与**行动系统的类型**是两回事。他承认，社会子系统并非只由一种行动类型所构成的。在后来的《沟通行动理论》中，哈贝马斯又用另一种方式来描绘了这件事。

＊　　　＊　　　＊

　　到目前为止，我们已经介绍了哈贝马斯到 20 世纪 60 年代末期的著作，这是一个生产力相当旺盛的天分大爆发阶段。接下来要来介绍的是，他的著作在 20 世纪 70 年代、20 世纪 80 年代之后，朝着什么方向继续前进，以及如何在帕森斯之后，成功发展出前文常提到的伟大的理论综合尝试。因为到了 60 年代末期，哈贝马斯对社会学的影响力最终都还是有限的。平心而论，人们可以把这个时候的哈贝马斯界定为西方马克思主义者，一位**非常有创意的**西方马克思主义者。之所以强调他非常有创意，是因为他将人类互为主体性的特殊结构运用于他的理论中，这一点与其他新马克思主义学者非常不同。不过他出于很好的理由，总的来说不再信任马克思主义传统，或是不再对马克思主义传统抱着满满的期许；如此一来，光是人类互为主体性的特殊结构概念，是远远无法满足他的理论需求的。而且帕森斯作品的复杂性与多面性，还有冲突论、象征互动论、常人方法论和理性选择理论之间热热闹闹的讨论，光用马克思主义（或是改良过的马克思主义）是很难有说服力地加以综合起来的。那么，哈贝马斯接下来的理论之旅走向何方呢？他是如何形成影响甚巨的综合性理论的呢？

第十讲

哈贝马斯的"沟通行动理论"

20 世纪 70 年代初，哈贝马斯的理论出现了重要的转折。他毅然决然地与黑格
尔和马克思的思想决裂开来，并且在此背景下，和学生运动的乌托邦想象进行激
辩。在此之前，他都还在批判性地继承这些传统；但在此之后，他便断开了与这
些传统的联系。他开始将一系列新的理论元素引入他的思想体系，通过这些元素
来推动他自己的理论综合工作。

哈贝马斯**首先**拒绝了一个观点，这个观点认为历史总的来说可以理解为**"人"**
这种类属的形成过程。马克思即采用了黑格尔的风格，认为人类经过漫长的异化
阶段，最终会在资本主义时代之后臻至宏大主体的境界。但是哈贝马斯强调，这
种**整个的**主体**并不存在**。认为后来的世代都会站在前人的肩膀上，并且因此期待
整个人类的发展是持续不断的，是不切实际的理想。**整个**前人的知识并不会就直
接流传给全部的后人；**整个**后人的知识，也并不是只建立在**整个**前人所知道的，
且以后人不能改变的方式所创建的知识之上。要知道，是一个个的**个体**在学习知
识，并且也是**个体**，（比如在家庭环境中）继承了前人的经验，或是也可能驳斥前
人的经验。人类一直都得重新开始：每个人都是"一无所知"地降临世上，然后
才各自习得自身的知识。

这种说法听起来好像很理所当然，相对来说不算什么大道理，甚至微不足道。
但是哈贝马斯的这一步其实非常重要，因为这意味着他拒绝了在马克思主义思想
中并不罕见的一种观念，即认为后人过得幸福就表示没有辜负前人的苦难与贫困
或是说当下世代只要期待着后代的生活情境会更好，就可以对当下的苦难感到无
怨无悔。这种观念对政治实践来说，是非常危险的思想。在现代历史中，这种思
想总是不断地带来许多糟糕的后果。哈贝马斯认为，人类**不是整个的主体**，所以
在"人"这种类属的形成过程中，不能将个别的发展时期、个别的社会，或是个
别的人所遭遇的苦难与欢乐，草率地拿来进行同等的权衡。哈贝马斯的结论是，
要掌握社会变迁，不需要回溯黑格尔和马克思主义的历史哲学中心思想。所以哈
贝马斯不去追问假想中的**整个类属**的学习过程，而是开始去分析**个体**真正的学习
过程。他开始去研究个体如何学习，以及在哪些行动面向上进行学习，因为学习

过程必须始于每一个具体的个体。当然这并不是说集体没有学习过程。团体，甚至整个社会，也是会学习的。但是这种学习也不过就是在某些情况下，将许许多多的个体的学习过程成功结合起来罢了。人们不能将集体学习视作是**整个**人类在形成过程中自然会产生的结果。

从这条思路来看，许多研究个体学习过程的学者，尤其是**发展心理学**领域中的学者，对哈贝马斯来说就变得很重要了。特别是瑞士心理学家皮亚杰（Jean Piaget, 1896—1980）以及美国社会心理学家柯尔伯格（Lawrence Kohlberg, 1927—1987）的研究，对哈贝马斯来说相当具有参考价值。这两位心理学家在20世纪50—70年代，以相当创新的方式，研究了儿童与青少年的认知学习过程，而且还研究了其**道德**学习过程。之所以参考这两位学者，是因为哈贝马斯在想，如何把社会心理学的知识和演化理论结合起来。个体的认知发展与道德发展阶段，是不是可以用什么方式来对人类的发展阶段进行类比呢？个体的发展、"本体生成"，
317 跟种属、类属的"种系生成"，能不能相提并论呢？如果可以相提并论，那么人们该如何正确地进行类比？下面这段引文，出自哈贝马斯在20世纪70年代的研究。这段引言只是**提问**，而不是**回答**问题。显然地，在他那相对早期的研究中，他还没能给出完全令人满意的答案。

> 构成世界观的要素中，有一种要素有助于认同的确立和社会整合；这种构成要素，就是道德系统，以及由道德系统所给出的诠释说明。面对日益增长的复杂性，这种世界观的构成要素会遵循着一种模式，这种模式与道德意识发展的本体发生学是可以类比的。（Habermas, *Legitimationsprobleme im Spätkapitalismus*, p.24）

就像所有通晓理论，但也因此相当谨慎的演化理论家一样，哈贝马斯只能说，人类发展阶段的顺序是有逻辑的，这种逻辑和个体的认知发展与道德发展之间有一定程度，但还尚待解释的可比性。**至于每一次新阶段的产生，背后是不是有什么机制、原因，就不是该讨论的主题了。**哈贝马斯认为，历史过程的**发展逻辑**和**历史过程本身**，是两回事。演化理论家和社会理论家只能在事后重建发展史的逻辑。至于每个具体的历史过程，就不该再多加解释了。演化论只能进行重建，不能进行因果分析！

> 演化理论不讨论历史整体，也不讨论个别的历史过程，而是将历史整体和历史过程视**作**历史性的、可以叙述的事件后果。历史素材更多是通过对社会演化的考察所得出的。这种演化不是由某一种类属主体来进行的宏观过程。演化的担纲者是行动主体，以及由行动主体整合而成的社会。我们可以以合理的方式，在**事后**将范畴日益扩增的结构建构成一种分层模式，以此来观察

演化。如果我们把结构和经验基础的改变过程区分开来，那么我们就不需要假设历史过程具有**一致性、连贯性、必然性**，也不需要假设历史过程是**不可逆的**。（Habermas，*Zur Rekonstruktion des Historischen Materialismus*，p.248）

318

对于历史学家和任何对详尽的过程分析感兴趣的人来说，上述的说法当然还不够充分，也不令人满意。但这种说法至少已经摒弃了纯理论的、黑格尔主义的马克思主义，也摒弃了这种马克思主义的充满问题的社会变迁理论；取而代之的是基于发展心理学观点的演化理论——而且哈贝马斯还强调，这种演化理论不是进化论（可以参考我们在第四讲谈到的"演化理论"和"进化论"之间的差异，第 132 页）。在哈贝马斯的著作当中，这种演化理论具有相当重要的策略意涵。虽然前文提到了一个还没有解决的问题，亦即什么样的**机制**能让我们假设种系生成和本体生成之间可以进行类比。但姑且不论这个问题，哈贝马斯的论证走向，是想推导出一个命题：在生产领域和世界观领域中，有认知的学习过程和道德的学习过程，而这两种过程彼此之间是相对独立的。这与"劳动"和"互动"的基本区分是相对应的。于此，哈贝马斯再次批评马克思：生产力的提升，并不会自然而然就带来道德进步，也不会自然而然就因此让社会关系更加理性。道德行动有其自身的逻辑，因此在解释社会变迁时，不能只想着从经济的层面来谈。哈贝马斯使用马克思的概念来反对马克思，说道：

> 我们可以将生产力的发展理解为一种产生问题的机制，这种机制**虽然会触发、但不会造成**生产关系的变革与生产方式的演化革新。（Habermas，*Zur Rekonstruktion des Historischen Materialismus*，p.161）

其次，哈贝马斯拒绝黑格尔和马克思的思想遗产的第二步——但某种程度上这与上述第一步有关——是放弃了所有关于理想化的超主体的说法。这里，他要反对的，显然是一位匈牙利的马克思主义理论家，卢卡奇（Georg Lukács，1885—1971）。卢卡奇在 1923 年出版的著作《历史与阶级意识》（*Geschichte und Klassenbewußtsein*）在学生运动中有极为巨大的影响力。一直到了 20 世纪 70 年代，《历史与阶级意识》都还是左派的文化批判的相当重要的参考著作。因为该书的"物化现象"一章，很有说服力地讨论了资本主义的商品形式如何造成文化方面的破坏作用，令人印象深刻、富有启发性。不过，卢卡奇完全将希望寄托于列宁主义的共产主义政党，指望这个政党能终结造成物化以及被物化的状态；卢卡奇的这个想法当然是很有问题的。卢卡奇认为，列宁主义的共产党是客观的无产阶级意识的体现，是唯一能为"自相矛盾的资产阶级思想"与资产阶级社会指引出路的政党。

319

> 如果**有意识地**想要有一个自由王国，就必须有意识地实际走出朝向自由

王国的那一步。……这意味着必须有意识地使自我从属于一个总体意志。这个总体意志已经确立了能真正获得的真正自由，它今天正在认真地走出那困难的、不确定的，还在摸索中的第一步。这个总体意志，就是共产党。

（Lukács, *Geschichte und Klassenbewußtsein*, p.480）

卢卡奇的这个想法相当令人吃惊。令人吃惊的一个原因在于，他宣称，经验层面的阶级意识最终都是无效的，并相反地提出了一个"客观正确的阶级意识"（因为他是一位马克思主义哲学家，对于历史过程的走向显然已经了然于胸）。不仅如此，这个想法令人吃惊的另一个原因在于，卢卡奇将真正的阶级意识和人类的进步，与某一个特定政党直接等同起来，而且这个政党正是列宁主义的干部型政党。

哈贝马斯强烈反对这种思想，甚至是让人能稍微有这方面联想的思想也都同样反对。这也呈现了他是如何反对 20 世纪 60 年代末、70 年代初的部分学生运动的。那部分的学生运动，令人惊讶地高举着列宁主义。许多学运成员，用一些今天看来很可笑，但当时却在某些大学非常具有主导地位的方式，宣扬关于人类历史运行法则的知识，以及由此而来的（革命）行动策略。在《理论与实践》以及《关于马克思与马克思主义的哲学讨论文献报告》中，哈贝马斯指出，对于历史过程的分析，以及关于团体和阶级的行动能力的假设，是不能从"辩证法框架"推导出来的，而是只能在经验分析中进行探讨（参阅第九讲，第 291 页）。由于哈贝马斯对学生运动误入歧途的发展感到非常吃惊，因此他比以往更加坚定地宣称，理想化的超主体观念是错误的。此外，哈贝马斯在著作中也指出，右派黑格尔主义将**民族**的实现视作历史使命，这和那些学生运动很像，都是误入歧途。哈贝马斯力图解构超主体观念，就是为了在政治层面反对左派的和右派的极权主义。

哈贝马斯甚至试着用这种极度怀疑的态度，去检视所有系统性地构想出集体行动者的理论，包括那些在经验层面颇有道理的理论。对哈贝马斯来说，任何"集体行动者"的概念背后，都暗藏着历史哲学中理想化的"超主体"概念。他甚至说，只要是可以驳斥超主体概念的看法，他都会接受。这里他指的就是功能论的系统理论。在上一讲曾提到的引文中读者也许已经可以看到，哈贝马斯在 20 世纪 60 年代末期就已经通过卢曼的作品，了解了帕森斯的系统概念（关于卢曼的理论，可参阅下一讲）。哈贝马斯从卢曼和帕森斯的理论中学到了一件事，就是行动理论的贡献无疑是有限的。如同卢曼 1968 年在他的著作《目的概念与系统合理性》（*Zweckbegriff und Systemrationalität*）（我们在下一讲会对此有详细的介绍）中所尝试指出的，组织、机构等等不是单纯由一个事先给定的合理目的来操控的。或是说，行动者（包括组织当中的执行者）的行动目标和目的设置，跟组织具体的功能运作方式，几乎都是不一致的。组织的目的通常是清楚、明确的，但组织当中

的行动者所设置的目的和目标,却常相当模糊、多样,且相互冲突矛盾。**组织的** 321
运作通常遵守着组织自己的功能逻辑,与个体的行动目的没有关系。对于哈贝马
斯来说,这种观点佐证了一件事,即当一堆人凑在一起、聚集在一起时,每个人
其实都带有自己的目标与目的。集体组织的功能运作方式与逻辑,不能从人类具
体的行动观念当中推导出来。在这里,哈贝马斯认为系统概念非常重要。他很同
意功能论的一个论点,即行动概念对于社会过程的分析来说是不够的。

不过,因为哈贝马斯之所以采纳这种纯理论的论点,是出于他的政治意图,所
以他完全不考虑一件事:系统或集体的确某种程度上可以被**类比**成主体。他这句话
的意思格外明显:"系统不能被当成主体来看。"(Habermas, *Legitimationsprobleme im
Spätkapitalismus*, p.12)哈贝马斯认为任何谈及**整个**无产阶级或是**整个**民族的说法,
以及谈及整个无产阶级或民族的使命的说法,都是荒谬的,因为这种"整个"的
概念之下所指涉的行动交织,并不会真的就总和成一个整体,所以用主体概念来
进行表达是没有意义的。这里也凸显了,哈贝马斯的作品之所以会引入系统概念,
是因为想抵抗学生运动那带着极权主义诱惑的口号。

哈贝马斯的这个政治动机是可以接受的;也即他果断地采取一个反对所有列
宁主义诱惑和民族主义诱惑的立场,并警告不能使用**理想化的**集体主体概念,这
种做法是有道理的。但是另一方面其实也无法反驳的是,集体,或是集体行动者,
事实上是存在的。我们可以问,哈贝马斯如此果断地走向了功能论的系统概念,
是不是太操之过急了?因为这样会让他的理论无法再去设想集体行动者概念。提
及集体行动者的说法,不一定都是基于历史哲学的理想化观念。我们应该从经验
的层面去检视,我们是否,以及在何种程度上可以讨论集体行动形式的某些现象。 322
由于哈贝马斯对学生暴动的荒谬后果感到震惊不已,因此他只想,也只会像帕森
斯那样,完全只用**功能论的**方式来想象社会秩序。对哈贝马斯来说,将社会秩序
想成是脆弱的,是不同集体行动者和个体行动者之间有序的"相互协调"(而且这
种有序的相互协调也只是短暂的存在),并不是办法。与其采用互动论的观点,将
社会秩序视作流动的(参阅第六讲),还不如拥抱功能论的观点会好一些。

于此,便出现了一个难题:如何将功能论与诠释学、系统理论与行动理论,在
政治层面与理论层面结合起来?在 70 年代,哈贝马斯便在尝试解决这个难题;我们
可以将这段时期看作他的探索时期。哈贝马斯从他的时代诊断的研究[即 1973 年出
版的《晚期资本主义的正当性问题》(*Legitimationsprobleme im Spätkapitalismus*)],到尝
试用演化理论工具来重构马克思主义的纯理论分析[即 1976 年出版的《重构历史唯
物论》(*Zur Rekonstruktion des Historischen Materialismus*)],都提出过一些暂时性的结
论。但是真正最重要的,还是他在 1981 年出版的代表作《沟通行动理论》(*Theorie
kommunikativen Handelns*)。我们这一讲接下来,将会花很大的篇幅来讨论这本著作。

＊　　　＊　　　＊

　　《沟通行动理论》是分成两册、总共超过 1 100 页的大部头著作，全书系统性地分成了四大主题区块：一、合理性理论；二、行动理论；三、社会秩序理论；四、时代诊断。哈贝马斯声称，这四大领域必然是密不可分的。不过他的这个声称是值得商榷的。但我们先不讨论这个。我们先来看，他抱着什么样的野心，来处理这些广泛和全面的主题。他的这个研究，也在力求进行理论综合。他认为，社会学已分裂成各种不同理论方向，而他想通过检视各种理论方向的要求与关怀，将社会学统整为一。所以也难怪，《沟通行动理论》明显把帕森斯的《社会行动的结构》当作榜样。人们常常把哈贝马斯的著作只当成哲学著作来看，以致帕森斯的理论在书中的重要性常常被忽略。如同《社会行动的结构》，《沟通行动理论》中系统性地进行理论探讨的部分，也轮番地用一整章来专门对一个理论家进行诠释。如同帕森斯一样，哈贝马斯很仔细地讨论了韦伯和涂尔干。当然，哈贝马斯不像帕森斯那样讨论具有强烈经济学取向的帕累托和马歇尔，而是另外去讨论了被帕森斯忽略的重要社会科学家，像米德，以及批判理论的重要代表人物霍克海默和阿多诺。当然，哈贝马斯讨论的对象还有帕森斯！如第二讲提到的，帕森斯曾建立了社会学大师名录；而《沟通行动理论》出版时帕森斯甫过世没多久，因此帕森斯自己此时也进入了社会学大师名录。

　　《沟通行动理论》第一卷讨论了韦伯和批判理论，第二卷则讨论了米德、涂尔干和帕森斯。这个讨论顺序不是随意的，也不是依照这些学者的年龄先后或著作出版先后顺序来编排的。这个讨论顺序很清楚的是根据社会学的范式转移来安排的（虽然他所认为的这个社会学范式转移顺序，不是没有争议的）。哈贝马斯在《沟通行动理论》的开头，就活力充沛地讨论这些范式转移。从范式转移过程中可以看到，在社会理论中人们已经越来越注意到，将所谓**目的合理性**行动摆在首要地位的理论做法（韦伯和批判理论即是这么做的），是有缺陷的。同时人们也看到了采取另一种行动模式的必要性。这个"另一种行动模式"，即是可以追溯到已经由米德提出，但某种程度上在涂尔干那里也可以看到的**象征互动**。象征互动模式是当时百家争鸣的各理论的殊途同归之处。哈贝马斯认为，如果不去讨论这些理论大师的思想，就没有办法克服各种社会学理论取向到他那时为止所遇到的难题。最后，哈贝马斯讨论了帕森斯。如前文所述，哈贝马斯对行动理论所能涵盖到的范围感到高度质疑，因此他认为帕森斯论证了一件很重要的事，即除了行动理论

之外，某种程度上我们还需要一种**功能论**的秩序理论。不过哈贝马斯也认为，帕 324
森斯的功能论最后是有点太极端了。

我们来大致介绍一下这本书的内容。首先来看看《沟通行动理论》中的第一个重要主题，即哈贝马斯的合理性理论。

1. 要想搞清楚哈贝马斯怎么理解"合理性"，最简单的方式就是去看他如何通过对其他两种非常具有影响力的合理性概念**所进行的阐述**，来发展出他自己的合理性概念。首先，他很显然地在批评一种理论，这种理论仅仅将合理性视为手段与目的之间的适切关系，亦即将合理性等同于为了实现既定目的而对适当手段所作出的最佳选择。这里指的首先当然就是理性选择理论。顾名思义，理性选择理论的合理性概念即是这一类的合理性概念。但这里指的不是只有新功利主义**中**的理性选择理论，而且也包括**所有**功利主义和新功利主义的理论。哈贝马斯认为，这些理论的合理性概念都太过狭隘，因为这一类的理论家都认为，关于目的选择的问题（注意，这里说的是怎么选择目的，而不是说怎么选择手段），完全没有**理性的**答案。从这类思想家的观点视之，目的都是随意、任意、主观的等等，所以对于科学分析，或合理分析来说，**怎么选择手段**才是可分析的，目的是无从分析的。

关于哈贝马斯发展自己合理性概念时的另一个批评对象，他提得非常隐讳，但人们在他对合理性进行的根本批判中可以看得出。这个批判对象，就是后现代主义。我们在第一讲提到无政府主义科学理论家费耶阿本德时，其实就已经稍微碰触到后现代主义了。因为费耶阿本德将库恩的命题加以极端化，这让费耶阿本德成为后现代科学批判之父。我们在之后讨论后结构主义的章节（第十四讲）时，会再详细介绍后现代思想，这里先按下不表。哈贝马斯认为，后现代主义的合理性概念和功利主义与新功利主义的合理性概念同样狭隘。不过两者的差别在于，功利主义将合理性视为非常重要的角色（虽然其重要性仅局限在手段的选择方 325
面），而后现代思想则完全否定了合理性的重要性。对于后现代思想家来说，科学和合理性思想，并不比其他的知识类型（比如魔法）享有更高的正当性。科学不过就是为权力提供依据的另一种意识形态的形式罢了。

哈贝马斯认为，（新）功利主义和后现代思想最终都只会走向死胡同，两者他都无法接受。所以他从更广泛的意义上来讨论理性与合理性，以此提出了"沟通合理性"或"沟通理性"这个概念。这个概念一看就知道与语言有关。这个概念想表达的是：我们不一定非得像功利主义那样狭隘地理解合理性。看我们的日常生活就知道了。当我们在日常生活中彼此聊天的时候，虽然我们会聊到很多非常不一样的现象与观点，但与此同时我们都会期待可以达成一致，亦即期待**可以得到一种理性的共识**。我们在日常生活中运用的理性化功利主义所说的更加丰富。不过，哈贝马斯不是只从直觉上去猜想日常生活和语言中的这种合理辩论的可能性。他还充分运用了语言分析哲学的知识，来对这种合理辩论的可能性进行了详尽的分析。语言分析哲学，特别是美国哲学家塞尔（John Searle，1932——）提出的言说行动理论，对于语言和言说者有着详尽的研究。希尔勒的分析问题，像是：当我们在说话时，我们实际上究竟在做什么？语言究竟会带来什么成效？在言说行动中被表达出来的究竟是什么，以及这些是如何被表达出来的？此外，显而易见地，言说行动会牵涉各种完全不同的世界面向；而这正是哈贝马斯想探讨的。

　　哈贝马斯有一个命题，这个命题也是他那更广泛的合理性概念的基础，即：在任
326　何语言表达中，甚至原则上在任何行动中，都包含了三种"有效性要求"。也即在任何的表达和行动中，我们会建立起与世界的关联；与世界的关联有三种不同的形式，并且原则上我们都已经准备好为这三种关联形式进行辩护。

　　（1）在任何表达中，我们会与世界中的某事或某物相关联，而且我们会声称，某事或某物是这样子而不是那样子。用哈贝马斯的话来说，就是：我们会提出一种**对于真理的有效性要求**（Geltungsanspruch auf Wahrheit）。对于功利主义者来说，合理的或科学的辩论只有一种做法，就是去争论我们关于世界的说法在经验上是否正确。功利主义的这种看法当然不会不重要。但是，我们把自然当作对象、对自然投注劳动力、我们的自然科学和科技——这一切都还有一个很重要的基础，就是我们所提出的关于世界的说法，是可以争论、修改、修正的。就算是在任何的工具行动当中，也都暗藏着这种有效性要求。不过哈贝马斯认为，合理性不是**只基于这种有效性要求**，不是光有这种言说行动就能构成合理的论证，光这样去看语言和行动是不够的。因为：

　　（2）在任何表达与行动中，我们也会界定一种社会关系，并说出某件事从社会观感来看是否恰当，或是从规范方面来看是否正确。用哈贝马斯的话来说，就是：我们会提出一种**对于规范正确性的有效性要求**（Geltungsanspruch auf normative Richtigkeit）。当然，从哈贝马斯的观点来看，人际互动并不会遵守一个固定不变的模式；我们在谈象征互动论的那一讲中就已经提到这件事了。我们说话与互动，往往都得先协商之后才能进行下去。有些人在面对我们时，可能会觉得可以对我们下命令，可以命令我们，可以以领导自居，因为从某些规范来看他们声称他们可以下命令、我们必须服从。但是，我们当然可以明确或委婉地驳斥这种情境。或是简单来说：对方行动的规范正确性，是不是有效的，是可以争辩的。我们大可再提出另一种规范。而当我们在针对这样一种有效性要求进行争辩时，哈贝马
327　斯认为我们原则上都可以用合理的论点来进行争辩。不过不只如此，哈贝马斯还认为，

　　（3）在任何行动或表达中，在关系到我们的体验与愿望，或我们行动是否发自内心，或是否言行一致的时候，还会有一种**对于真诚的有效性要求**（Geltungsanspruch auf Wahrhaftigkeit）。不论是在戈夫曼的作品，还是在一些艺术理论中，都可以看到一种观点：人类的行动和言说，不只与外在世界有关，也不只与由规范所

规定的社会关系有关，而是也会反映言说者或行动者的**主观性**。戈夫曼令人印象深刻地分析过，展现自我是任何一个互动的根本构成要素之一。当我们在与互动对象进行沟通时，我们会在乎我们的行动是否看起来发自内心，是否看起来很矫揉造作，或是否做错了。我们会希望我们自己看起来很真诚，呈现了"我们自己"；我们会希望我们所有的行动都清清白白、言行一致。当然，所有这些情况，我们也可以进行争辩，亦即争辩行动和表达是不是发自内心的。而且我们在日常生活中都已经在这么做了。比方我们会质疑，我们面前的这个人说话是否老实，我们会猜对方是不是只是在做戏而已。哈贝马斯认为，艺术家也是在用类似的方式，要求将艺术作品当作艺术家的自我表现，而**艺术评论**则可以对此进行争辩。

哈贝马斯认为，通过上述命题，可以拓展出比其他合理性概念还要更宽广的合理性概念。并且在这个更宽广的合理性概念中，辩论是可能的。但在这里，我们来看一下哈贝马斯自己是怎么说的：

> 就如同表述性的言说行动一样，**由规范所规定的行动**以及**表现性的自我呈现**也有个特质，就是其表达（这里指的，是有意义的、在其脉络中可被理解的表达）与可被批判的有效性要求是密不可分的。这些表达与事实无关，而是与规范和体验有关。行动者会要求，当他的行为在与一个被承认为正当的、符合规范的脉络相关联时，是正确的；或是要求，一个让他格外触动的体验的表达是真诚的。如同表述性的言说行动一样，这些表达也可能是无效的。一个可批判的有效性要求，有可能可以被互为主体地承认；而这种可能 328
> 性，是其合理性的构成要素之一。然而，在由规范所规定的行动中，或是在表现性的表达中体现出来的知识，与事实的存在与否无关，而是与规范的应然有效性和所显露出来的主观体验有关。通过规范的应然有效性和显露出来的主观体验，言说者并不与在客观世界中的某事或某物相关联，而是与在共同的社会世界或每个人自己的主观世界中的某事或某物相关联。（Habermas, *Theorie des kommunikativen Handelns*, Bd. I, p.35）

这不是说，在每个表达或行动中，这三个有效性要求的提出都是**同等强烈**的。真理的有效性要求在某些行动（比如自然科学实验行动）中，显然会比在其他行动（比如宗教仪式行动）中相对更重要些。然而，在自然科学实验行动中，真理的有效性要求很重要，绝不意味着另外两种有效性要求就不重要了。另外两种有效性要求就算不是最重要的，无论如何至少也都会是次等重要的。自然科学研究也要符合规范，并且人们同时也会看参与实验的自然科学家在表达时是否真诚。不过，这也意味着一个宽泛的合理性概念必须要能适用于**所有**这三种不同的有效性要求。也即人们可以**用理性的论点**对所有这三种有效性要求加以争辩、反驳。

哈贝马斯将这种讨论形式称为"商谈"（Diskurs）。他认为，如果人们拥有一种自由，可以让人们完全免于内在强制束缚与外在强制束缚，那么在这种理想的，或是理想化的自由条件下，人们就可以对所有这三种有效要求进行这种被称为商谈的讨论。也因为人们可以对这三种不同的有效性要求进行争辩，因此在所有这些领域中，学习过程得以成为可能。于此，哈贝马斯便提出了一种合理性模式，这种合理性模式能够涵括——亦即综合——所有其他社会学的（行动）理论中已经包含，但都总是相当片面的合理性概念！

哈贝马斯的合理性概念影响甚巨。虽然他关于第三种有效性要求，亦即对于真诚的有效性要求，讲得有点不清不楚，因为这里显然混淆了不同的面向（日常生活中的真诚与否，以及艺术的本真性，当然是两回事），但是他所勾勒出的另外两种对于真理的和对于规范正确性的有效性要求，大获好评。哈贝马斯的真理商谈理论和道德商谈理论，不论是以前还是现在，对于许多关于伦理的辩论，以及关于认识论和科学理论的辩论来说，都是非常重要的出发点。在第十九讲讨论新实用主义时，我们还会再回来讨论与此相关的哲学与社会学问题。

2. 哈贝马斯的行动理论，与上述的合理性概念密不可分。因为哈贝马斯的行动理论就发展自他的合理性理论。他的这个做法，漂亮又简单。如我们即将看到的，行动的类型会与合理性的类型进行匹配。但同时，这种做法也并非没有问题，而是至少遭遇了两点批判。第一，从合理性理论来建立行动理论的做法，是不是等于在用极为合理性主义的观点与方式来理解行动，然后就忽略，或几乎是刻意无视没有与合理性模式相匹配的行动形式呢？第二，哈贝马斯的这种做法，与美国实用主义中和思维与行动之间的关系有关的哲学传统观点，是不是相矛盾的呢？从实用主义的观点来看（见第六讲），思维不是精神或意识，不是一开始就清清楚楚存在着的，而是在过程中、**在行动情境中产生的**。美国的实用主义认为，当思维涉及行动问题时，思维是实用性的。但因为哈贝马斯的理论发展是从合理性理论开始的，**然后才**推进到行动理论，因此他似乎忽略了美国实用主义的观点。

如果我们对哈贝马斯的行动理论实际上有所了解的话，就会发现他在行文的后面，已经回答了这两个问题。怎么回答的呢？哈贝马斯在根本上区分出三种行动类型，但是这三种行动与上述三种表达或行动的有效性要求之间的匹配，却有点奇妙，因为不是非常对称。大家应该以为，哈贝马斯会把三种行动类型**完全一对一地**对应上他分类出来的三种有效性要求，对吧！是，他的确根据三种有效性要求，区分出三种行动：**基于目的论的**行动，意指以操纵外在世界为目标的行动；**遵照规范的**行动，亦即相适于社会关系的行动；**戏剧**行动，其重点在于自我表现（Habermas, *Theorie des kommunikativen Handelns*, Bd. I, pp.126ff.）。但是接下来，哈贝马斯并没有把这三种与有效性要求相对应的行动形式，当作他的行动理论的讨论出发点。他在根本上区分出来的三种行动类型，其实是：一方面，基于狭义上的合理性行动，区分出**工具行动**与**策略行动**；另一方面，基于广义合理性概念所提出的**沟通行动**。为什么他会这么做？这些行动到底所指为何呢？

工具行动与物质客体有关。这种行动，旨在以征服自然、操纵物体为目的，选择适当的手段。哈贝马斯是这样说的：

> 行动者实现目的、让所希望的状态出现的方式，是在既有情境中，选取能确保成功的手段，以及以适当的方式来运用这些手段。其核心概念在于实现目的，带来最大化，以及通过对于情境的诠释之后，在各种行动选项中进行选择。（Habermas, *Theorie des kommunikativen Handelns*, Bd. I, p.126）

策略行动虽然也是根据目的和手段来进行的，但与物质客体**没有**关系，而是与其他主体有关。典型的策略行动是：彼此交织在一起的行动者在选取最佳行动的时候，把彼此都仅当作能达到目的的工具（可参阅第五讲谈到的博弈论）。哈贝马斯认为，

331

> 如果行动者在预估决策时，把至少一位额外的进行目的导向行动的行动者，一并当作估算成果的要素，那么基于目的论的行动模式就会被扩展成策略行动模式。这种行动模式，通常可以用功利主义来加以解释；人们会假设，行动者会为了追求效益最大化，亦即根据效益期待，来选择与计算手段和目的。经济学、社会学和社会心理学中的决策理论与博弈论，都是基于这种行动模式而来的理论。（Habermas, *Theorie des kommunikativen Handelns*, Bd. I, p.127）

沟通行动则相反，与工具行动或策略行动截然不同，但和上述的遵照规范的行动与戏剧行动也不一样。虽然遵照规范的行动、戏剧行动与沟通行动有一些共通点，即它们都与工具行动和策略行动相反，不是来自**孤立的**行动者，不会想着要操控客体，或是把其他主体当作客体来操控。在遵照规范的行动中，我们必须满足**团体**对我们的行为的期待，意即我们必须遵照**共享的**规范；在戏剧行动当中，我们对于我们的经验的表现，必须**考虑到观众**（Habermas, *Theorie des kommunikativen Handelns*, Bd. I, p.128）。同样地，沟通行动也是基于一个整体的情境，而**不是**基于以孤立的行动者为前提的情境。但沟通行动与遵照规范的行动和戏剧行动不同之处在于，行动者希望在彼此之间造就真切的**相互理解**（Verständigung）。遵照规范的行动的基础，是规范的**自然无疑的**有效性。戏剧行动的基础，首先是被视作**没有问题的**自我表现的形式。唯有沟通行动，将不被人们质疑的前提与被视作理所当然的东西当作主题：行动者会讨论前文提到的那些有效性要求，并且会试着达到共识。"行动者们会试着就行动情境达到相互理解，以此来融洽地协调他们的行

动规划与行动。"（Ibid.）

　　沟通行动的特点，亦是它与遵照规范的行动和戏剧行动的不同之处，在于它**不是**目的论的，也就是说它没有一个设置好的目标。它既非旨在选择某个手段以实现**某个目的**，也非以毫不置疑地遵守**给定的**规范为目标，也不追求**卓有成效的**自我风格展现。沟通行动的特点更多是在于，会把事先给定的目标当作可质疑的问题。因为在沟通行动中，重点是与他人进行真诚的辩论，因此沟通行动不会，也不能想着要完成固定的目标。如果我要与他人进行辩论，那么我要知道，我的目的和目标在讨论中，可以被修改、驳斥，或是可以被**有说服力地**拒绝。也就是说，在这种辩论形式中，所有的对谈人都必须开诚布公，都必须能坦然面对交谈的结果。在这种**公开讨论的情况**当中，没有事先给定的、每个参与者都想达到的目标。换句话说，沟通行动，亦即以相互理解为导向的行动，是非目的论的行动。让我们再来看看哈贝马斯自己是怎么说的：

> 　　沟通行动模式将语言假定为一种能达到完整的相互理解的媒介。在沟通行动中，言说者与聆听者会同时从他们的未受诠释的生活世界出发，同时参考在客观世界、社会世界与主观世界中的某事或某物，以此商定出共同的情境定义。（Habermas, *Theorie des kommunikativen Handelns*, Bd. I, p.142）

　　如此一来，哈贝马斯之所以将沟通行动与工具行动和策略行动对立起来的原因，就一目了然了。沟通行动必然都会假定有其他具有辩论能力的行动者，**而且同时**这种行动是非目的论的。如果要用一个图表来呈现的话，那么我们可以画出如下的一个四格表，一轴是"非社会的行动情境"对"社会的行动情境"，另一轴是"以成果为导向的行动方针"对"以相互理解为导向的行动方针"。

行动方针 行动情境	以成果为导向的	以相互理解为导向的
非社会的	工具行动	
社会的	策略行动	沟通行动

　　如果我们把这个表格，跟帕森斯的行动参照框架相比较，就会发现哈贝马斯实际上已经跟目的论的行动模式断绝开来了，因为他提出了沟通行动概念！帕森斯的行动都还只是指向目标与目的的（虽然他还提到了价值与规范。参阅第二讲和我们在第三讲对此的一些评论）；与帕森斯不同，哈贝马斯的沟通行动的特色正好就在于，它没有要完成**事先给定的**目的，或遵守**事先给定的**规范，而是把目的交给参与商谈的行动者来处理。

　　最后，从哈贝马斯的理论发展来看，这个框架也显露出他想**综合各家理论的**

意图。哈贝马斯想要用他的行动概念，来把社会学中（特别是帕森斯或戈夫曼）发展出来的所有行动模式全部包含进来，把每个学者的意图都加以处理，以此来将所有的理论观点综合起来。沟通行动概念让哈贝马斯在一定程度上站在了以前的社会学家的肩膀上。这跟帕森斯在《社会行动的结构》中的野心完全是一样的。帕森斯就曾声称过，他运用他的行动参照框架概念，将涂尔干、韦伯、帕累托和马歇尔等人已经显露出来的一些直觉想法集结在一起，并且使之变为更明确的概念。哈贝马斯和帕森斯很像，也是通过先对古典社会学家进行诠释来正当化自己的理论。他认为，他从古典理论诠释中得出的那些命题（即第二卷的《米德 334和涂尔干的范式转移：从目的活动到沟通行动》一章）已表明了，在社会学草创时代，就已经出现了沟通行动转向（即便那时候，这个转向还没有那么明显或还不完全）。尤其是米德（即第六讲已经介绍过的象征互动论的祖师爷）和涂尔干晚期（特别是他的宗教社会学著作），实际上已经认识到语言和象征性质的互动的重要性。而且他们的理论也已推进到合理性概念与行动概念，其广度比韦伯谈到的还要大。这些合理性概念和行动概念也是批判理论——即霍克海默与阿多诺的理论——的重要基础，只是批判理论关于世界理性化的命题是非常片面的。

哈贝马斯经由对古典社会学家的诠释所得出来的社会学史，从某些方面来看当然是值得商榷的。尤其是，哈贝马斯用超理性主义的观点来诠释涂尔干的宗教社会学，说涂尔干的理论呈现了"神圣事物的语言化"，这种说法遭受了猛烈的批评（参阅：Joas, "Die unglückliche Ehe zwischen Funktionalismus und Hermeneutik"）。不过这方面我们不讨论，我们要看的是哈贝马斯的**行动类型学**遭受了什么批评。

（1）前文提到的那个表格，有个明显让人觉得很奇怪的地方，就是"非社会的"和"非目的论的"交错空格是空着的。哈贝马斯深信，这一格没有可以对应填入的东西。之所以出现这种情况，是因为，如我们在上一讲提到的，他用"劳动"与"互动"的二分法拆解了马克思的实践概念，并且将"劳动"仅理解为目的合理性行动。所以他认为，与物质客体有关的，就只有目的手段范畴而已。但事实上，是不是真的只有这种对待客体的方式，其实是值得讨论的。至少从美国实用主义的观点来看，对待客体还有一种与目的手段模式无关的行动形式。小孩 335子在玩东西的时候，就与目的手段无关。或是艺术家在处理创作材料时，也没有既定明确的目的。这种以游玩或艺术的方式对待物质客体的情况，对于实用主义来说并非只是一种不重要的现象，因为这种现象蕴含着人类行动的创造性（参阅：Joas, *Die Kreativität des Handelns*，以及本书第十九讲）。哈贝马斯完全没有想到这回事，所以人们完全可以指责说他那无所不包的行动类型学还是太过狭隘与贫乏。之所以会产生这种问题，是因为哈贝马斯只从理性概念出发来建立他的行动类型学，而不是先从现象学的方式来看多样各异的行动类型，再以此发展他的行动类型学。

（2）除此之外，哈贝马斯完全仅致力于将沟通行动与工具/策略行动区分开来，以至于他没有讨论，到底**所有行动的共通点**是什么，所有他讨论的这些行动类型共有的与动物行为的不同之处是什么。从人类学的角度来对人类行动进行讨论，是可行，甚至是必要的，但哈贝马斯却完全没这么做。之所以哈贝马斯这样子是有问题的，是因为他错失了修正与补充他那基于合理性主义的行动类型学的机会。哲学人类学，还有许多心理学和生物学研究，都提出了关于人类行动的特殊的**身体性**的洞见，但哈贝马斯的理论在这方面却没有多提。我们在讨论象征互动论和常人方法论的时候已经稍微勾勒过，人们可以如何思考所有行动都会有的身体面向。在本书稍后，特别是讨论吉登斯、布迪厄，乃至新实用主义的那几讲，我们会再回过头来讨论这个话题。

＊　　　＊　　　＊

3. 哈贝马斯的秩序理论，也是密切、直接地和他的合理性概念与行动概念联系在一起的。哈贝马斯谈到了两种社会秩序的类型，一种是**生活世界**秩序，一种是**系统**秩序。这两种明确二分的秩序类型，某种程度上是他从上述的沟通行动与工具/策略行动的二分所推导出来的。我们在上一讲已经提过，哈贝马斯在20世纪60年代末期就已经使用过"生活世界"和"系统"的概念。在《沟通行动理论》中，他重新充实了这两个概念，并给予新的重要性，以此沿着读者们已经熟悉的、源于帕森斯的这组区分，发展出他的秩序类型。

在《社会行动的结构》中，帕森斯已经注意到可以将"规范秩序"和"实际秩序"区分开来。这意味着，人们也可以将共同行动区分成两种形式，亦即可以区分出两种行动者之间的有序行动模式。其中的一种有序行动模式，产生自共享的规范。另一种行动者之间的有序行动模式，则是在一系列行动中偶然产生的，因此这种有序行动模式是由一系列行动无意地凝聚出来的，而不是遵照规范而来的，例如塞车、股票价格，或是市场上的黄油价格。哈贝马斯就是用这种思路，来定义系统与生活世界（虽然他的定义前后不太一致）。他认为，**生活世界**是一种可以对应帕森斯所谓的"规范秩序"的秩序。这是诸多个体因共享的规范、共同的认可、共有的文化等等，而共同参与其中才形成的秩序。相反地，**系统**，就其结构而言，对应的是帕森斯所谓的"实际秩序"。这种有序模式没有反映出参与者的某些意愿；相反地，这种秩序完全只是由许多个体的行动带来的非意图结果。这种模式来自行动的后果，就如同在市场上，先有市场参与者的购买行为与生产

行为，**然后才**形成某个价格。哈贝马斯想要

　　　区分两种机制：一种是把参与者的**行动方针**相互配合起来的行动合作机制；另一种机制，则是将**行动结果**依据其功能而交织起来，以此将非意图的行动稳定下来。行动系统的整合，在前一种机制中，是通过由规范所确认的，或在沟通中被视为目标的共识所产生的；在后一种机制当中，则通过对 337 个人决策下规定（这种规定是超出行动者意识的、非规范性的）而产生。这两种社会整合形式——一种是**社会的**、与行动方针相关联的社会整合形式，另一种是**系统的**、对行动方针作调整的整合形式——的区分，也让社会概念自身中必须要有相对应的区分。（Habermas, *Theorie des kommunikativen Handelns*, Bd. II, p.179）

　　哈贝马斯这里谈到了两种整合。一种是以**社会整合**的方式来整合社会，亦即社会成员依照共有的**行动方针**而交织起来。这种整合方式，是借用从现象学发展出来的生活世界概念所描绘的情况。另一种，哈贝马斯认为，则是通过**系统整合机制**来整合社会，亦即诸多行动根据**行动结果**而联系起来。哈贝马斯认为，系统整合的联系形式完全只能根据功能来进行分析，也因此需要用上系统概念。

　　关于两种根本的秩序类型的划分，我们已经很清楚了；但哈贝马斯显然还不满意，所以又再区别出了两种整合。但这时候我们就可以问了，两种秩序——即依照**行动结果**而来的和依照**行动方针**而来的有序行动模式——和两种整合之间关联的是什么。哈贝马斯认为，互动对象是否共同在场，也是区分系统与生活世界的依据之一。在系统式的行动协调当中，例如资本主义市场，主要的行动者——比如买家和生产人员——原则上彼此之间互不认识，因此这种行动协调是在抽象的意义上形成的。与系统整合不同，基于生活世界的整合方式，是行动者直接（或至少相对直接）**在一个具体的行动情境中**面对面，亦即大家的身体都是共同在场的，以此确切地协调彼此的行动。

　　　一个情境，是从**生活世界的参照背景**中，根据某主题所提出的、根据行动目标与规划所表达出来的一个片段。生活世界的参照背景有一个中心点，随着时空与社会的距离的扩展，生活世界参照背景会变得更模糊不清，当中的匿名程度也会越高。（Habermas, *Theorie des kommunikativen Handelns*, Bd. II, p.187）

338

　　哈贝马斯不只区分了系统整合与社会整合，他也区分了探讨这两种整合形式的方式。关于系统整合，是由外在的观察者，亦即科学家，通过功能分析来进行

探讨的。而生活世界的特色则在于特殊的存在形式。如我们在第七讲提到的，生活世界这个概念来自现象学的讨论，意指"所有既存事物的确实无疑的基础，以及我不得不处理的所有问题背后那无可置疑的背景"（Habermas, *Theorie des kommunikativen Handelns*, Bd. II, p.199；哈贝马斯这句话援引自：Schütz and Luckmann, 1976, p.26）。因此，生活世界是我们的行动背后，无法完全反思到的背景，它构成了我们的思想与活动背后被视为理所当然的背景。我们无法用像系统式的行动合作机制那种方式（亦即原则上可以客观化、用知识加以掌握的方式）在知觉层次上掌握生活世界。

　　哈贝马斯所有这些试着用来掌握二分秩序类型的**额外的**讨论与划分，显示出他的讨论在理论策略上已经到了一个关键点，但同时这些令人眼花缭乱的讨论与划分也许也掩盖了一些问题。因为，像是行动究竟如何基于共享的行动方针、行动者的共同在场、被视为理所当然的（文化）背景来进行合作，哈贝马斯都没有说清楚。他把所有这三方面都界定为生活世界的社会整合机制，但却没有说清楚，行动合作到底是否，以及在多大的程度上依赖于共同在场。同样值得注意的是，他认为**行动结果**只在系统当中很重要，在生活世界中不重要；但这并不符合我们的日常经验，因为我们一直都得面对我们行动的非预期结果。哈贝马斯认为只有系统整合的研究才会用到功能分析，但如果我们总是会面对非预期结果，那么难道共同在场的情况就完全不需要功能分析了吗？还有，为什么我们一定只能用功能论的分析框架来讨论行动结果呢？如我们在第五讲已经讨论到的，新功利主义（特别是理性选择理论）正是通过对帕森斯的功能论范式的很有道理的批判，以不断深化对非预期行动结果的讨论，使之成为新功利主义的专长领域之一。所有这些有待解释的方面，都让人们最后可以再问一个问题：哈贝马斯真的事实上如愿以偿地将两个来自极为不同的传统的秩序概念（一个是可以粗略地被归为诠释取向的生活世界概念，一个是源于功能论思想的系统概念）成功地混合在一起了吗？还是他只把两个概念硬凑成一对，然后反而造成了无法克服的理论问题？（对此的详细讨论，可以参阅：Joas, "Die unglückliche Ehe von Hermeneutik und Funktionalismus"）

　　无论如何，哈贝马斯现在将两种秩序概念跟两种不同的行动基本类型对应在一起了：一个是"与沟通行动相辅相成"的生活世界概念（Habermas, *Theorie des kommunikativen Handelns*, Bd. II, p.182），另一个**主要是**工具性或策略性的系统中的行动。接着，他又把这个概念体系，继续再用于一个基于演化论的命题，即从历史层面来看，系统与生活世界脱离开来了。他的意思是，社会在演化早期阶段，亦即"原始"部落社会，完全可以被理解为一种基于社会文化的生活世界。那时，社会结构深深直接由受规范引导的互动所决定。换言之，部落成员之间的行动合作完全是根据行动方针在共同在场的情况下进行的。其中，语言是核心且唯一的媒介。行动者们通过语言来相互理解彼此，不会有人把**行动结果**当作单独考虑的方面。但是后来，在社会演化的较高阶段，人们开始把行动结果当作一个可以单独考量的方面了。此时，政治统治以国家的形式建立起来，并且自由市场秩序在资本主义中形成了，这些最终都与通过语言而来的直接相互理解脱离开来了。哈 340 贝马斯借用帕森斯和其他功能论的理论家的话，说这是一种系统分出过程，这种过程造就了像是政治与经济这样的系统的存在。这种系统，是通过在象征层面上进行一般化的沟通媒介（symbolisch generalisierte Kommunikationsmedien）（如权力和金钱）来被加以操控的，并且所有的社会成员不再能依靠直觉来理解这些系统了。

> 系统与生活世界的脱离，在现代生活世界中首先具体反映出，社会系统确实地砸破了生活世界范围，不再与日常实践的沟通理解有关，而且只有自18世纪以来形成的社会科学的违反直觉的知识，才能搞懂这种社会系统。
> （Habermas, *Theorie des kommunikativen Handelns*, Bd. II, p.258）

从术语来看，哈贝马斯很明显借用了帕森斯的思想（如分化概念，或是对于媒介理论的采用）。但事实上，哈贝马斯也尝试用这里所提出的历史命题，来说明他的思想体系中为何会采纳功能论的论点：因为政治和市场已经独立出来了，所以诠释取向已经不足以分析现代社会了；也因此生活世界的秩序概念也已经是一个不足的概念了，使得系统概念的引进是有必要的。而同时使用生活世界概念与系统概念，有助于进行时代诊断，且有可能可以建立起一个批判现代社会的视角。

4. 这里我们便进入《沟通行动理论》的第四大部分，即时代诊断。不过这部分的内容没有什么太惊天动地的说法，因为关于这部分，读者在哈贝马斯 20 世纪60—70 年代的作品中，已经可以（至少粗略地）认识到一些讨论的基本轴线。

这里的时代诊断，直接涉及哈贝马斯的演化论思路。他将社会演化视作一个系统与生活世界逐渐脱离开来的阶段过程，并描述了专殊化的系统如何逐渐从非 341 常简单朴实的生活世界社会分化出来。这里说的专殊化的系统，特别是指市场与国家，这两个系统通过它们自身的特殊媒介（市场的媒介是金钱，国家的媒介是权力）产生出特殊的动力。显然，哈贝马斯的这一套基于演化论的分化理论，跟帕森斯的思想非常相近。帕森斯也将分化解释为历史发展的主要趋势。就连媒介理论，哈贝马斯也显而易见地援用帕森斯的理论体系。但是接下来，哈贝马斯就不像帕森斯那样，继续把系统化需求当作核心重点来推动理论了。他没费尽心思地寻找像金钱那样的媒介，而是完全相反。他小心翼翼地思考，在哪些社会领域中，系统概念可以用来描写社会情境，以及哪些不行。他认为，只有经济以及（某种程度上的）政治，才会在社会文化的演化过程中，从社会成员直接互动的领域分化出来，并且开始通过金钱媒介与权力媒介，以与日常沟通区分开来的方式来发挥其功能。在这两种功能领域中，正是这两种媒介，或多或少地取代了沟通的相互理解。不过，即便如此，哈贝马斯再谈到权力媒介时，也还是相当谨慎、小心翼翼，没有像帕森斯那样直接基于所声称的媒介抽象程度与媒介效用能力就理所当然地将权力与金钱相提并论。哈贝马斯注意到，相比于金钱，权力和日常沟通之间并没有那么泾渭分明地分离开来，尤其当人们在谈到权力的**正当性**的时候（哈贝马斯的这个说法，不只在批判帕森斯，也显然在批判卢曼。可参阅下一讲）。我们在使用金钱的时候，并不需要特别解释什么正当性，但是在运用权力时，就需要有正当性作为基础：

> 342

> **只有在关系到具有正当性的集体目标的时候，权力关系才能跟理念型意义上的交换关系相提并论**。交换过程的利益判断，不需要和交换对象之间取得相互理解。但**众人的**利益不一样。关于众人利益的问题，需要集体成员之间达成共识。不论这个共识是经由传统而事先被确定下来的，还是经由相互理解过程而建立的，都显然是通过语言而建立起来的，而且共识的建立都必须基于充足的潜在理由。（Habermas, *Theorie des kommunikativen Handelns*, Bd. II, p.406）

这样一种政治及其"权力"媒介与日常生活沟通的关联，与功能论一贯的看法截然不同。帕森斯最初所提出的功能论，以及后来尤其是卢曼更极端地呈现出来的功能论，都认为每个系统与子系统都**仅仅**遵照着系统自身的逻辑，所以系统的功能运作绝不会再回过头去关联日常世界的疑问与问题。哈贝马斯不想，也没有按照这种极端的看法。他从**一开始**就想把行动理论与系统理论**综合起来**。所以他也不允许将系统的功能需求当作首要的，把将行动及（在他的行动理论与理性理论中就已经仔细讨论过的）隐藏在行动中的有效性要求当作不重要的。因为，如果语言和行动与某些理性特质有深刻的关联，如果人类与人类社会的发展，可以归因于语言当中的合理辩论的可能性的发展，那么合理性就必须要能发挥完全的效用，而不能让被"基于目的合理性行动的系统"所局限住的、只讲求有效性的合理性，排挤掉广义的合理性。

这种想法直接反映在哈贝马斯的时代诊断当中。他致力于挖掘出生活世界与系统之间的合适关系。这里所谓的合适关系，意指既能符合人类语言中的合理辩论可能性，也能关照到现代社会的效益需求的关系。而哈贝马斯关于时代诊断的命题是：今天，生活世界与系统之间"健全的"平衡被破坏了，系统关系不断蔓延开来，由政治机制和经济机制所控制的系统与过程不断逼迫着、单方面地影响着生活世界。哈贝马斯用一种强而有力的譬喻来描述这件事："系统对生活世界的殖民化"。这个譬喻的意思是说，系统性质的事物获得了压倒生活世界性质的事物

343

的力量。当然这些东西听起来很抽象，但如果我们在这里简短地举例一下，哈贝马斯如何通过他的系统与生活世界当下关系的命题，探究政治的压迫趋势，应该有助于让读者读懂哈贝马斯这里到底在说什么。

（1）哈贝马斯最初采用系统论的思路，是因为想试着在理论层面，避免源自黑格尔主义或马克思主义的集体主体概念，特别是理想化的超主体概念。这我们已经说过了。但同时与此也并非毫不相关的事情是，系统理论的论点的使用，也有助于掌握现代社会，以此来确立某些"事实"（哈贝马斯这种做法，也是在针对极端左派）。哈贝马斯认为，系统从生活世界脱离开来，的确是必要的；所以他也同意经济和（至少某种程度上的）政治有很好的理由分化出来成为独立的系统。因为唯有如此，在社会文化的演化过程当中，才能产生极高的效率。他相当反对左派的乌托邦梦想。他认为，在现代社会中，金钱和合理的（政治）管理是必不可少的功能机制。让生产者直接握有权力，或是废除金钱制度，会极大地失去效率和理性。虽然随着这两个子系统的分化产生了与日常沟通和**日常沟通**的合理性不再有直接关联的领域，但社会的潜在效率却也的确是因为这两个子系统而生产出来的，人们不能，也不应该放弃这种效率。

（2）但另外一方面，哈贝马斯也警告，不能让系统机制毫无节制地蔓延开来、逾越到生活世界当中。什么叫作系统机制逾越进生活世界当中呢？像日常生活中凡事都只向钱看齐就是。比如以下这些情况：在长久的传统当中形成的、自然而然的邻里守望相助，变成看能拿到多少钱才决定要不要守望相助；或是家人因为钱才做家事，比如被宠坏的女儿和儿子因为看在钱的分上，所以才去遛狗、洗碗盘、帮助兄弟姊妹、整理房间。像这种在某些生活领域只向钱看齐的情况，就是哈贝马斯所说的生活世界的殖民化的一种形式。因为在这些例子中，市场交易形式开始有可能危害、取代人与人之间的其他关系形式。规范，或行动协调过程，本来可以理所当然地、公平地发挥效用，但却都被金钱媒介介入，因而完全被金钱媒介替代、或因为金钱媒介而被忽视了。

不过，哈贝马斯认为，造成生活世界殖民化的，不是只有市场，而且还有国家。在福利国家有一种趋势，就是社会关系被非常细致地官僚化了，凡事都看法律规定；而这也会危及生活世界的互动。因为，如果为了遵照某些社会保障要求，因此所有的生活情况都只用法律来加以界定、只从法学观点来加以争辩，那么最终"一般老百姓"就不再有办法彼此对生活情境加以沟通与争辩，而是只能由律师在法官面前进行沟通与争辩，并且也只能由国家行政机关来执行法官判决。在这种情况下，生活世界也一样被排挤到边缘，因为由权力在背后支撑的国家介入，也逐渐代替了日常沟通。

对于哈贝马斯来说，这种对生活世界所遭受的危害所下的诊断，同时显然也具有提出预测的潜力。他认为，系统与生活世界之间的冲突，也表明了现代社会具有一种特殊的抗争潜力。比如环保运动抗议科技不断扩大对自然的破坏。或是有一种比较松散的另类选择运动，特别着重强调对于现代社会过度重视合理性的担忧，担心表现性的行动形式在过度重视合理性的现代社会中再也没有立足空间了。

借由这个时代诊断，哈贝马斯声称他继承了以往社会学家与社会理论家的诊断（当然他这个声称跟他的理论综合企图有关）。他认为，他的概念胜过了马克思、韦伯，乃至阿多诺和霍克海默的旧版批判理论所提出的概念。所以他已能够对马克思的资本主义批判中有道理的地方进行重新表述，让韦伯对现代社会中事理化（Versachlichung）趋势的担忧可以再被人们进一步讨论，用更具建设性的方式采纳与吸收"法兰克福学派"对技术的批判。或是换句话说，哈贝马斯可以用更合时宜的方式，表述出对现代社会异化面向的必要批判，并且也可以仔细地阐明，可以如何在不抱着彻底的文化悲观主义的情况下，继续援用传统左派与在政治方面相对来说不具特殊政治立场的文化批判。因为他认为，通过他的合理性理论，他可以构想出一个适当的尺度，来判断现代社会中分化过程的合理性。而且这个尺度也提供了反抗的希望，因为如果系统机制过于直接地介入日常生活的话，人们就可以根据这个尺度知道必须进行抵抗。

＊　　＊　　＊

哈贝马斯的"生活世界的殖民化"这个说法，由于简单好记又一目了然，使得他的时代诊断获得了极大的反响。20世纪80年代，公众在展开关于社会的当下与未来的辩论时，他的著作也对辩论产生了极大的影响力。不过也是因为如此，哈贝马斯面对了无数对他这本著作的批评讨论，并且他也提出了无数严肃的抗辩。这里，我们仅简短提出三个批评。

（1）哈贝马斯在他的时代诊断中，几乎只讨论系统与生活世界**之间**的相互作用与失衡关系，但几乎没有讨论系统内部可能产生的功能失常。他几乎没有处理经济内部的问题，比如反复的景气循环、垄断趋势等等，也没有讨论政治系统在今天已显露出来的问题，即很难满足不同社会的需求。20世纪80年代，许多西方民主国家的保守主义的复苏，意味着国家撤出了经济领域；此外，经济危机与高度的长期失业也是联邦德国当时的显著问题。但哈贝马斯的时代诊断**对这方面的**发展完全忽视不顾。

（2）在其时代诊断中，哈贝马斯提出，系统与生活世界之间的失衡是社会运动和集体行动者之所以形成的可能原因。但他这套说法实在非常粗糙。因为他虽然解释了"（几乎所有的）社会运动"之所以形成的"肇因"，但他却没有研究"集体行动者"的存在究竟要如何用系统/生活世界这个二分概念来讨论。或是反过来说，集体行动者呈现出来的共同行动形式，似乎正好既不能用生活世界，也不能用系统来讨论，或至少很难直接说它就是生活世界抑或系统。当然，当初哈贝马斯引入系统概念，就是想避免"宏观主体"这个谈法。但哈贝马斯其实没有讲清楚，在他的理论体系中，集体行动者究竟具有哪些系统特质。因为在经验层面上，我们实在不能将集体行动者单纯地诠释成是系统与生活世界关系的失衡程度的**指标**，否则我们对社会就只会有一种非常僵固的理解方式，并且直接就将深刻影响了现代社会（但不只现代社会）的社会、宗教、经济、政治等运动全都简化成系统与生活世界的关系的失衡指标。

（3）哈贝马斯始终无法从他的理性理论中发展或勾勒出一个标准，告诉我们在经验层面系统与生活世界的"正确的"关系应该是什么样子的，以及生活世界确切来说在什么时候、如何遭受到系统机制的逼迫与危害。虽然因为他没有提出标准，所以他可以不需大费周章就指出社会生病了、社会关系受到干扰了。但很显然地，也就是因为他这套理论缺乏标准，所以人们无法意见一致地判断什么时候 347 可以认为系统因为发挥了效益所以是好的，什么时候可以认为系统过度扩张了所以是病态的。哈贝马斯在这方面的讨论常常都只是假设性的。

不过，哈贝马斯的理论发展当然不是在 1981 年出版这本书之后就结束了。如我们之前就提到的，他虽然退休很久了，但还是有非常大的生产力，依然是让人印象非常深刻的理论家。我们这里无法把他之后的著作全部讨论一遍，只能讨论两本特别具有影响力的著作。第一本是 1985 年出版的《现代性的哲学话语》（*Der philosophische Diskurs der Moderne*）。该书根本上旨在和所谓的后现代和后结构主义思想家进行辩论。书中，他尤其批判深受尼采（1844—1900）影响的法国哲学家和社会学家。这些法国哲学家和社会学家极力批判理性，谴责理性总体上就是一种统治计划。哈贝马斯批评这些思想家，说他们过于急躁地把整个理性都抛弃了（即便他们对于狭义上的合理性模式的批评，有部分还蛮有道理的）。如果直接把整个理性都抛弃，那么他们就会都无法认识、重视语言中的理性地辩论可能性。我们在第十四讲谈到在这里被批评的这些思想时，会再回来讨论这个问题。哈贝马斯这本书其实也是拐个弯在为他的沟通合理性和沟通行动理论辩护，以对抗后现代理论对理性的质疑。

《在规范与事实之间》（*Faktizität und Geltung. Beiträge zur Diskurstheorie des Rechts und des demokratischen Rechtsstaates*）出版于 1992 年，同样也旨在进一步发展在《沟通行动理论》中涉及的问题，或更多是在试着解决当时没有解决的问题。该书首先是一本法律哲学著作，书中问的是法律在当代社会扮演了什么样的角色。在《沟通行动理论》中，哈贝马斯并没有清楚说明系统/生活世界这个二分的秩序，**彼此之间**要怎么整合起来，乃至整个社会究竟要怎么整合来。当然他总是坚持生活世界的优先性，因为从历史来看系统是从生活世界分化出来的。但在《沟通行动理论》中哈贝马斯没有说清楚，在伦理方面与文化方面都已分裂破碎的社会，该如何统整为一。因为人们已经没有给定的共识了，而且也无法想象，一个遍及整个社会的、能建立起普遍共识的商谈形式，究竟是什么样子的。现代社会要怎么整合起来呢？人们可能很容易就想到一些做法，比如可以形成某种价值，意即可以通过宗教之类的行为，让人们**信奉**宪法中订定的人权的有效性，或是让人们**信奉**演化原则的有效性，或是可以形成人们对某些民族的文化优越性和政治优越性的**信念**。但哈贝马斯完全不信任这种做法，因为他觉得**所有**这些价值都是分立的，无法真的进行合理的讨论，所以也无法获得共识。

在《在规范与事实之间》，他想到一个做法，就是通过法律来进行整合。因为法律处于系统与生活世界之间很关键的位置，所以他觉得法律可以发挥整合作用。"因为法律可以与金钱和行政权力结合起来，也能以同样的方式与社会团结结合起来，所以法律可以在其整合功能中吸收不同来源的律令。"（Habermas, *Faktizität und Geltung*, p.59）法律保留了沟通理性带来的广泛的合理辩论可能性，因此它是一个很好的工具，能将现代分裂破碎的社会中各种不同的利益通通凑到一起。哈贝马斯认为，今天人们不再能借助一个共享价值来构成集体认同。因为现代社会的分歧太多样了，说可以用一个特殊价值来促成团结一致是无法让人相信的。今天，如果要构成集体认同，只能借助国家宪法的合理约束，以及其中合理的法律程序。哈贝马斯认为，今天，只有基于宪法，意即只有我们被法律规章和法律程序当中的合理性所说服，合理的爱国主义才得以可能。所以，唯有宪法爱国主义，而非价值爱国主义，才是德国、美国、俄国等等的适当的集体认同形式。

很明显地，哈贝马斯给法律加上了一个重责大任，而人们在这里当然也可以问，他是不是太夸大了法律的整合能力。而且人们也还可以再问，他是不是也太草率地否定了通过价值来构成认同的想法。我们鼓励读者可以再回过头去看看第四讲的最后关于帕森斯晚期著作的那部分讨论。

所以我们可以对哈贝马斯提出批判性的问题，质疑他是不是因为预设了世界已不断在世俗化了（即他提过的"神圣事物的语言化"），使得他完全忽略了帕森斯曾敏锐注意到的问题。当然，不是所有价值都是可以普世化的，也许能普世化的价值只有极少数，而且民族主义的那种民族优越性信仰是绝对不该普世化的。但有一些价值，尤其是那些广泛获得认可的价值，的确有很强的凝聚力，而且这种凝聚力不是根据合理性而加以证明的，而是因为这种价值就是成千上万的人心之所向。如果人们对法律是否能够形成认同与形成共识感到怀疑，那么人们至少可以提出这种价值哲学问题，不要一开始就觉得价值在商谈当中完全不值一哂。（此处可以参阅：H. Joas, *Die Entstehung der Werte*）

哈贝马斯最近显然也非常小心翼翼地往这个方向前进（他在 2001 年获颁德国图书交易和平奖时就提过这件事）。但至今这个空白他暂时还没有填补上。至今在他的著作中，他对于价值哲学和宗教理论的问题，始终还是没有系统性、基于经 350 验层面的讨论，而这个问题在今天已经越来越不能绕开不谈了（可参阅我们在第十八讲中关于社群主义的讨论，以及在第十九讲对新实用主义的介绍）。

* * *

最后开个补充书单吧。如果读者想对哈贝马斯的主要著作有多一点的了解，可以参阅：Axel Honneth and Hans Joas（eds.），*Kommunikatives Handeln. Beiträge zu Jürgen Habermas'"Theorie des kommunikativen Handelns"*。书中收录了很多从不同角度来讨论《沟通行动理论》的文章。如果想对哈贝马斯的理论有更全面的了解，可以参阅：Axel Honneth，*Kritik der Macht. Reflexionsstufen einer kritischen Gesellschaftstheorie*，第七章到第九章。更详细的还可以参考这本书：Thomas McCarthy，*The Critical Theory of Jürgen Habermas*。

第十一讲

把功能论发展到极致的卢曼

卢曼（Niklas Luhmann）是德国社会学除哈贝马斯之外的另一号重要人物。卢曼对于我们这本书从第一讲到现在所描绘的，20 世纪 60 年代以来可以观察到的理论的纷杂多样性，感到非常不满意，因此转而进行他自己的理论综合工作。当然在卢曼这里，"综合"不能完全按照字面上的意思来理解。他与哈贝马斯不一样。哈贝马斯实际上对各种不同的理论立场，很努力地以融会贯通的方式来进行诠释，并且他认为在他建立自己的理论体系时，会保留每个理论中有道理的见解，所以在他的理论中还是可以完全辨识出"原本的理论"的某些元素。但卢曼的综合方式则直接得多。他**没有**使用哈贝马斯那种特别显眼的诠释性的做法。他致力追求的，是避开社会学中那些相互争鸣的理论的提问方式，或是改写那些理论的提问方式。他借助的是比帕森斯更加极端化的功能论。卢曼**从一开始**就都在运用功能论的分析方法，在他著作发展的过程中不断扩建出一种"超级理论"，以此尝试提升他的理论的综合——或更应该说：无所不包——的能力。所以和哈贝马斯比起来，卢曼著作的发展是一条相当令人感到惊讶的直线。即便卢曼自己和他的拥护者说卢曼的理论在 20 世纪 80 年代初期有一种理论转向（即我们等下会讨论到的"自我生产转向"），但他的理论基础其实一直都没有改变。

* * *

卢曼于 1927 年出生在德国的吕内堡，跟哈贝马斯同辈，两人的中产阶级出身
352 背景也很类似。卢曼的爷爷是吕内堡的议员，父系家族成员也都是很有影响力的士绅。卢曼的父亲在吕内堡拥有一小间酿酒场和麦芽作坊，母亲则来自瑞士经营饭店的家族。卢曼对纳粹政府没有好感，所以对纳粹政府的倒台、1945 年二战结束的体验，与一般人不太一样。很多人认为这段历史巨变是人生中的重大事件，

觉得一直以来的信念被大大地动摇了；但卢曼对这件事更多的是感到"很奇怪""莫名其妙"。这也导致他后来原则上对社会政治事件抱着"保持距离"的态度。他在 15 岁时担任空军技师，在二战末期被美军逮捕，一直被关到 1945 年 9 月。这段时间他遭到非常不公的对待。所以他和哈贝马斯不一样，不觉得"解放"有什么悲天悯人的、道德上的价值，因为他认为自己被美军囚禁的这件事，无法用"有罪"或"无罪"的范畴来说明。用一个他理论中扮演着核心角色的概念来说的话，他的这段经验的源头是"偶然性"。1945 年 5 月 8 日之前，是一种（纳粹政府的）秩序，之后就完全变成另外一种秩序——什么事情都可以是另外一种样子，而且在 1945 年之后也的确什么事情都变成另外一种样子了。正因社会现象都是偶然的，所以卢曼认为，我们没有必要对道德范畴多费什么心力。不过这种观点和与此有关的理论概念我们稍后才会再多说一点。

我们先继续来看卢曼的生平。战后卢曼先在弗莱堡学习法律，毕业后在行政机关工作。一开始担任吕内堡高级行政法院议长助理，然后到汉诺威担任下萨克森文化部的负责人。但这些工作很快就让他感到很无聊。显然这些工作对他来说没有什么挑战性。所以 1960—1961 年间他把握了机会，获得一笔到哈佛大学进修的奖学金。在那里，他和帕森斯过从甚密。在那之前，卢曼只上过法学的课，还有在他担任下萨克森文化部负责人的时候出于兴趣读过一些社会学的读物（可见 353 他在行政机关工作的时候有多无聊和多么没挑战性……）；一直到去美国之后，他才真正在学术机构中认识到社会学。

这次进修后，他写了一本很优秀的著作，其中卢曼理论性地探讨了他之前的工作经验。这本书是 1964 年出版的《正式组织的功能与后果》（*Funktionen und Folgen formaler Organisation*），一个很有分量的组织社会学研究。书中他从帕森斯式的功能论观点出发，与当时组织社会学领域里的研究进行极为批判性的对话。不过，虽然卢曼出版了这本相当突出的著作，但他当时完全没有想走学术之路。虽然他在 1962 年离开下萨克森，到施派尔担任行政学高校的研究机构负责人，但一直到 20 世纪 60 年代中期，他才被德国战后相当伟大的保守主义社会学家谢尔斯基（Helmut Schelsky，1912—1984）大力鼓励，走上社会学之路。1966 年，卢曼在谢尔斯基的支持下，一年内（！）就完成了博士论文和教授资格论文，并随即就到谢尔斯基主持改革的比勒费尔德大学任教。在这所大学一般科系和社会学系的建立过程中，出现了一件小事，这件小事后来很有名，也彰显出那时候卢曼的理论野心：卢曼在那时被要求提出研究计划，而他在申请书上非常扼要地写下："研究名称：探讨社会的理论；运行时间：30 年；所需经费：0。"（关于这段故事的详细经过，可见：Luhmann，"Biographie im Interview"）

但到了 60 年代末期，卢曼仍自认在社会学领域他主要是组织与法律社会学家，而不是社会理论家。一直到 1971 年，发生了上一讲稍微提到过的哈贝马斯与卢曼

之争 [《探讨社会的理论，还是社会技术学?》（*Theorie der Gesellschaft oder Sozialtechn-ologie?*）一书即是两人的辩论文集]，事情才出现改变。卢曼借着功能论—系统理

354　论的取向，成为哈贝马斯最重要的对手。这也让德国社会学在理论相当兴盛的 20 世纪 70 年代里，由哈贝马斯和卢曼各占了半壁江山，其他理论在这两人的光芒下都相形失色。至少**在德国**，卢曼获得了巨大的成功。也由于卢曼非比寻常的学术生产力，因此他的影响力从那时候开始就不断攀升。其影响力至今在德国的社会学界——而非哲学界——肯定比哈贝马斯大。1995 年创立的《社会系统》（*Soziale Systeme*）——一份卢曼学派最重要的期刊——即反映出卢曼的巨大影响力。因为德国除此之外没有任何一个理论学派，可以独立创立一份期刊。

　　不过卢曼一直到 80 年代才真正在**国际**知名。当时，在日本和意大利都有无数的卢曼追随者和卢曼信徒。而且在这些国家里，卢曼的影响力不只在社会学，也延伸到法学和政治学。不过有趣的是，卢曼的影响力在美国社会学界一直都很小。究其原因，一方面，可能是因为卢曼不像哈贝马斯有麦卡锡（Thomas McCarthy，1945—　）那样极富天分的"译介者"将德国的讨论脉络介绍给美国公众。另一方面也可能是因为，总的来说，卢曼的理论太过抽象，因此专业化程度极高，且常以经验研究为导向的美国社会学，对卢曼的理论必然会持怀疑的态度。除此之外，卢曼在德国被当作帕森斯的接班人，同时也被视作结构功能论的另一种现代版本；但美国的帕森斯拥护者却觉得卢曼的理论偏离了帕森斯，认为卢曼不值一晒。

　　尽管"被美国漠视"，但在 20 世纪 80 和 90 年代，卢曼依然成为一位越来越时髦的思想家，某种程度上变成了一位明星学者，大家都很喜欢引用他的著作和看法，即便很多人可能根本不懂卢曼在说什么。虽然他在 1993 年就从比勒费尔德大

355　学退休了，但一直到他 1998 年过世之前，他还是在万众瞩目下保持着巨大的学术生产力。而且他过世后，大量已完成与未完成的手稿还是不断地被整理出版，使得卢曼的著作清单依然看不到尽头。

＊　　＊　　＊

　　就像我们前两讲介绍哈贝马斯的著作那样，我们对卢曼的介绍，也先来谈谈他所归属的，或深刻影响了他的知识传统。和哈贝马斯一样，在卢曼这里，至少有三个思潮需要被提及。

＊　　＊　　＊

1. 影响卢曼学术生涯的一个关键时刻，就是他与帕森斯的相遇。卢曼的很多观念都要归功于帕森斯。但卢曼当然完全不是一位"正统的"帕森斯信徒，他的思想非常独立于帕森斯的理论。卢曼更多的是吸取了帕森斯的**某些**思想，至于帕森斯思想中其他许多非常重要的论点，就完全被他搁在一旁了。

卢曼感兴趣的不是帕森斯的**行动理论**；整个**早期的**帕森斯似乎并没有特别让卢曼印象深刻。他所提炼的，是帕森斯创作中后期的结构功能论、系统理论的思想体系。但即便在这方面，卢曼也还是非常具有独特性，因为他将帕森斯的理论基石逐步推向极致，最终明显地将它整个改写了。帕森斯一直以来的问题是，每一种社会现象对于一个较大的集体或整体的功能是什么。例如家庭会为社会发挥什么效用。帕森斯的出发点是一个（稳定的）系统结构，这个系统结构是通过理论家可以发现的某些功能效用而持存下来的。这种结构功能论的取向，以及帕森斯那偏好先列出结构，然后再去找出相应功能的分析方式，不是令卢曼满意的做法。卢曼接受帕森斯的批评者对结构功能论的指责，特别是有些批评者指出，对于社会科学来说，结构或系统的持存所需要的东西，并不能被清楚界定出来，因为社会的结构或系统和生物有机体不一样，没有实质意义上的死亡。任何一个理论，如果用任何一种类型或方式，先将结构或系统当作出发点，**然后才**探问其功能，实际上都会面临这项指责所揭示的问题，因为社会现象的稳定或存在，无法与某一项功能直接明确等同对应起来。

所以卢曼决定把帕森斯的分析策略翻转过来，也就是特别强调系统理论的功能主义的要素。如此一来，他就可以得出一个和帕森斯明显不同的立场。卢曼所运用的术语便指出了这件事：他想用"功能结构论"的系统理论，取代帕森斯的"结构功能论"的系统理论：

> 结构功能论的系统理论的不足之处，在于它的原则，亦即在于它将结构概念置于功能概念之前。将结构概念置于功能概念之前，让结构功能论有可能完全只把结构当作问题，以致只去追问结构的建立、系统的建立有什么意义。但是如果人们把基本概念的关联反转过来，也就是将功能概念置于结构概念之前，那么就可以获得另一种可能性。功能结构论要问的是系统结构的功能，但不需要把一个无所不包的系统结构当作提问参照的前提。（Luhmann，

"Soziologie als Theorie sozialer Systeme", p.114）

借着这样的理论转换，卢曼跟帕森斯的理论体系至少在三个（彼此有关联的）方面区别开来。

第一，因为卢曼不从系统结构的**持存**（即系统必须维持其状态）出发，所以秩序问题对于卢曼来说就不如对于帕森斯那样成为社会学的**整个核心问题**（秩序问题从帕森斯的行动理论开始就已经非常重要了）。因此卢曼的构想，并不依赖于（应该要）维系社会团结的价值和规范。这使得他自然也就将帕森斯理论当中规范主义的基本要素抛在脑后了。读者们应该还记得，帕森斯在晚期的系统功能论阶段指出，有的子系统需要发挥"潜在的模式维持"这项功能，而且整个控制论的控制等级中最高等的位置即"托付给"这项功能。但卢曼将帕森斯的规范主义从理论基础中完全排除出去。此外，卢曼还从经验层面认为，现代社会里规范和价值已不再扮演整合的角色了。

第二，如果我们不再根据具体的持存需求来界定系统，如果我们和帕森斯不一样，不再需要或不能够再论证价值和规范的整合作用，那么我们就必须用抽象，而且是非常抽象的方式来理解系统。卢曼在根本上从生物学中汲取了灵感。生物学会去观察与分析有机体如何在多变，且原则上始终威胁着有机体的环境中，通过不断调节自身的体温而稳定地持存下来。卢曼把这个原本属于生物学的模式应用到**社会**整体上，并将社会系统定义为一些彼此相互关联的行动，而且这些行动会跟其他彼此相互关联的行动**区别开来**。系统，包括**社会系统**，是与环境相区别的。这里的"环境"指的不只是日常用语中所说的那种自然生态环境，还指所有不属于系统的一切。

> 社会系统只能从经验上来观察，如果人们把社会系统想象成**行动系统**的话。[……对于]在社会科学中，以及在较新的生物学、自动调节系统技术、心理学的人格理论中都被大力强调的功能的系统理论[而言]，……稳定性不是一个系统最根本的本质，仿佛其他的可能性都被排除掉似的；而是一个系统是否会稳定下来本身就是问题。稳定问题是面对着变换不定的、独立于系统而改变的、无情的环境而解决的，所以系统的运作方针必须要能朝向其他可能性。我们不能将稳定性当作不变的本质来理解，而是要将稳定性理解为一种系统与环境之间的关系，理解为一种系统结构与系统边界在面对变换不定的环境时的相对恒定性。（Luhmann, "Funktionale Methode und Systemtheorie", p.39）

卢曼的功能—结构的系统理论，显然也等于一种"系统／环境的理论"

（ibid.）。这也让卢曼不必将他的组织分析局限在组织的内在运作，而是可以把更 358
广泛的脉络包含进来。借此，他可以摆脱传统组织理论的核心假设，不用再认为
组织的内在目的或某些内在价值终究会控制组织的进程。相反，卢曼指出，所有
的组织都要更复杂，系统和子系统跟环境的关系非常多样，不能采取简单的假设。

　　第三，卢曼最后指出，社会系统的基本问题不是通过一种固定的结构就能彻
底解决的。社会系统的基本问题总是**只能暂时地**以某种形式相对成功地处理掉。
这些问题在适当的情况下也可以用别的形式和结构来解决（但也依然只是暂时解
决）。于此，卢曼完全和以帕森斯为代表的持存功能论（即相信，系统可以被指认
与界定出一种固定的特质）分道扬镳了。卢曼将他的功能论称作"对等功能论"。
对等功能论认为，在适当的情况下总是有对等的（即其他具有同样效用的）解决
方案可以被提出或被发现，以（暂时）解决系统的问题。唯一的条件就只有：

> 　　将系统结构加以组织起来的方式，以及将系统结构加以制度化的方式，
> 必须使系统在必要的范围内，能允许自身具有多变性，以持续地适应环境。
> （Luhmann，*Funktionen und Folgen formaler Organisation*，p.153）

　　卢曼在如此致力于这样一种对等功能论的同时也获得一个好处，就是他表面
上可以避开后来对原本的功能论的根本批判。我们在第四讲提过，功能论的论点
不能跟因果陈述混为一谈。当我们指出"一个次级单位能为一个较大的整体发挥
一项功能"的时候，并没有解释为什么这个次级单位会产生。也就是说人们批评
功能论只是一种描述或因果假设，而非真正的解释。

　　卢曼从他学术生涯一开始就很直接地在和功能论的指责者与批判者进行辩论， 359
并且用他的对等功能论的观点来直面挑战。他马上就承认，行动的功能不能被当
作行动实际上之所以出现的原因。卢曼注意到，功能论者总是试着用不同的持存
功能论的论证方式来加入限定条件，或是作出间接的因果说明；而之所以如此，
是因为这样才能够"解释"系统的持存或稳定性。但卢曼认为，这种做法不论在
经验上，还是在逻辑上，都是站不住脚的。所以卢曼认为，功能论者最终必须要
了解和接受一件事，即功能论的任务完全不是作出因果说明（参阅：Luhmann，
"Funktion und Kausalität"）。表面上似乎不可避免，但实际上很有问题、甚至根本
是错误的因果科学式的持存功能论，应该要被替换成对等功能论。最终放弃因果
说明不应该被视为一种缺陷。因为，卢曼认为，我们必须承认，我们本来就几乎
无法对复杂的行动系统找出最终的原因和结果。预言、预测几乎是不可能的。但
这对对等功能论来说却是个好机会，因为对等功能论并不是要指出**某特定**功能效
用实际上为什么会出现，而是要指出可能性的多样性，亦即指出让系统可以稳定
区分出与环境之间的边界的对等效用。这种由对等功能论而来的思想，探讨的是

可能性的范畴，这可以让一位研究社会的理论家在理论上讨论许许多多极为不同的因果关系所产生的各种作用情况。功能论在因果说明方面的无力，本来应该是它的弱点；但在卢曼转变定义后，却变成了强项。对于以功能论来进行研究的社会学家来说，重点根本不在于找出具体的因果关系，而是在于**可能的**因果关系。这也意味着，功能论的理论是一种启发性的、引导知识的纲领。借此，关于环境中各系统的各种有待解决的稳定性问题，我们就可以更开阔地用不同的方式提出

360　问题。

> 未来，功能论的思想也许该以新的方式界定人类自由。功能论的分析要做的，不是告诉行动者，他的行动的稳定且完美的最终目的是什么，也不该告诉行动者一个正确设想的目的是什么。功能论的分析该做的也不是试着根据法则来解释行动的原因。它要做的，是从一种选择性的、抽象的，也因此是可替换的观点来说明行动，好让人们能将行动理解为众多可能性当中的一种可能性。……对社会法则提出或验证一套假设，无法让社会科学解决社会生活的稳定性问题。社会科学要做的，是把稳定性问题变成一个分析的核心参照观点，然后从这个参照观点出发，去研究各种能将行为期待加以稳定下来的功能对等可能性。(Luhmann, "Funktion und Kausalität", p.27)

2. 另一个让卢曼饶有兴致地吸纳，也因此对卢曼思想影响甚巨的，是生物学研究的理论发展与经验发展。我们已经看到，他的功能论式的系统/环境的理论采纳了非常多的生物学知识。在卢曼的晚期著作中，他依然还是相当依赖生物学。

当然，对于卢曼来说更重要的是，在不同的方面（虽然是以他自己高度选择性的方式）将生物学关联上德国的"学科"。这个学科指的是"哲学人类学"。哲学人类学（过去）是一种跨领域的"经验性质的"哲学。这门学科旨在运用特别是生物学、人类学和社会学的知识与知识工具，来探讨人类存在与人类行动的特性。这种研究和思想在德国文化圈很受欢迎，人们可以在德国观念史里找到很多知名的哲学人类学开创先驱（对此可以参阅：Honneth and Joas, *Soziales Handeln und menschliche Natur. Anthropologische Grundlagen der Sozialwissenschaften*）。例如第三讲提到的，18 世纪晚期赫尔德的表达人类学，或是 19 世纪人们不能不提到的费尔巴哈（Ludwig Feuerbach, 1804—1872）的研究，以及马克思早期哲学人类学著作。20 世

361　纪还有舍勒（Max Scheler）与普雷斯纳（Helmuth Plessner, 1892—1985），这两位更是哲学人类学的代表人物。通过这些学者，哲学人类学变成一种很有力的哲学思潮，亦变成在广泛的公共领域也产生影响的文化批判。除了舍勒跟普雷斯纳之外，盖伦（Arnold Gehlen, 1904—1976）也是常被提及的代表人物。盖伦才华横溢，但因为他与纳粹的纠葛，使他成为一位很有争议的思想家。他在施派尔和亚

亨执掌社会学教席，其极端保守的政治社会立场有很大的影响力。

　　盖伦的代表作《人：其本性与在世界中的位置》（*Der Mensch. Seine Natur und seine Stellung in der Welt*）最初出版于 1940 年，二战之后又经过改写而不断再版。这是哲学人类学奠基著作之一，其中将人视为一种"有缺陷的存在"。这种说法乍听之下很奇特，但盖伦要谈的情况其实相对来说很好解释。盖伦指出，人相对于动物来说，并不真的会受到本能或驱力的束缚与约束。动物或多或少是通过本能和驱力而对既存的环境**直接**产生反应，也就是说对刺激产生反应，然后这种由刺激所产生的行为几乎是自动进行的。而人类，盖伦认为，相对而言是一种有缺陷的存在，因为人类恰恰**缺乏**这种驱力和本能。这种本能的缺乏，同时也是一种面向世界的开放性；这为人类在另外一方面开启了一个机会，即人类的行为得以从本能驱力的功能中解放出来。人类也因此获得一种更主动，且特别是更广泛的学习可能性。如此一来，"行动"才得以可能。如盖伦所言，人类不是"被注定好"的，不是受驱力推动的；而是人类必须"找出"自我，并且人类相应地可以、也必须通过智慧，通过与他人的接触，以形塑出人类自己的世界。

　　但也由于缺乏本能，使得人类被迫自己设法获得行为的确定性。习惯和常规可以为人类**减轻负担**，让人类不需要每次行动都得特别三思与刻意控制，让人类能够没有问题地、轻易地依赖早先学习的成果，避免让行动一直成为过大的负荷（Gehlen, *Der Mensch*, p.65ff.）。这里已经涉及"减轻负担"这个概念。这个概念对于盖伦的制度理论非常重要，最后也对卢曼的理论建构产生很大的影响。因为不只个人的常规与习惯，制度与传统也可以减轻人类的负担。也就是说，制度

> 　　这种形式之所以会出现，是因为人类本质上是充满风险的，不稳定的，情感过于丰富的，而制度可以让人类经受住彼此与自己的这种本质。制度是一种让人们可以指望与信赖自己和他人的东西。在制度里，大家可以一起处理与推动生命的目的。另一方面，人类在制度里的所作所为可以遵循着一种稳定的确定性，这最大的好处就是内心生活可以获得稳定，也让人们不必在每个场合都要处理自己的情绪或是作出基本的决定。（Gehlen, "Mensch und Institutionen", p.71）

　　这样的论述很容易让人得出一种保守的结论。盖伦认为，人类这种有缺陷的存在，需要减轻负担，而制度可以为人类减轻负担；这种论点让盖伦推导出一种为强大国家进行辩护的言论，从而让他成为德意志第三帝国的拥护者。任何对这样建立起来的社会结构的批判之词，在他看来都是造成"西方社会衰败"的帮凶。这样的态度，让盖伦成为德国 20 世纪 50、60 年代保守的文化批判的要角。

　　卢曼援用了盖伦的重要思想。之所以如此，是否因为他们两人有相似的政治

动机与文化批判动机？对此我们持保留态度；这很难回答。卢曼这样一位相当置身事外的科学家，极少清楚表达他的政治立场，只在他的作品里非常隐晦地稍加显露而已。无论如何，卢曼出于理论方面的原因而运用了盖伦的"减轻负担"概念，并将之转换成他的系统理论的语言，即后来变得非常流行、读者可能都听过的说法"化约复杂性"。不过，这样的概念转换过程跟卢曼自己的理论计划有关，而且与盖伦是大相径庭的。盖伦就和所有的哲学人类学家一样，都将人类置于反思中心、将人类定义为一种做出行动的存在，所以都属于行动理论家；但卢曼不一样，他对那样一种行动兴致索然。

363

　　这也难怪，"减轻负担"这个观念在卢曼那里主要是出于**系统理论**的目的而使用的。如我们已经看到的，卢曼在原本帕森斯的系统理论体系中强化了功能论的要素，而他对于盖伦思想的援用则又开启了一个特别的可能性。卢曼问了一个帕森斯并没有持续重视的问题："系统，或是作为系统的结构，其功能究竟是什么？结构本身的功能是什么？"而这个问题，卢曼现在可以回答："系统的功能就是化约复杂性！"制度，稳定的结构或系统，都是在确立某种互动形式，缩限互动参与者的行动可能性，减少原则上无穷无尽的行动可能性的数量，借此，不仅可以造就个体的行为确定性，而且还可以造就有序的人际共同行动。如同盖伦指出，人类的行动能力有赖于能减轻负担的常规、习惯和制度，卢曼也认为，

> 　　由于人类的注意力注定只能聚焦在很小的范围内，因此唯有建立系统才能成功提升效率。系统可以确保信息在有意义的脉络中被加以处理。（Luhmann, "Soziologische Aufklärung", p.77）

　　社会系统和其他系统借着确定相对有限的行动可能性，化约了原则上无穷复杂的环境，以此让"提升效率"得以可能。同时，系统也与环境，例如与其他系统，划分开来，而其他系统也只会偏好一些相当特殊的行动可能性。如同我们不断强调的，系统降低了环境的复杂性；但与此同时，系统本身也会再次建立起一个复杂的结构。众所周知，国家机关或大型公司企业都会在自身内部分化出极为细致的组织结构。

364

　　3. 最后，另一个影响了卢曼的是胡塞尔的现象学。我们在第七讲介绍常人方法论时已经谈过这个哲学传统了，所以读者们应该已经知道现象学的基本观念了。不过，常人方法论首先感兴趣的是胡塞尔晚期的生活世界概念，但卢曼主要关联的是现象学关于知觉心理学方面的研究。胡塞尔和美国的实用主义有点像，认为知觉不是一种被动的过程，而是一种必须依赖意识主动性的过程。在知觉心理学的研究脉络中，胡塞尔运用了如"意向性""境域""世界"或"意义"等概念，以指出我们的行动和知觉无法涉及整个世界，而只能专注于或涉及世界的一个片

段而已。所以对我们来说，意涵和意义都产生自某特定知觉境域。这种关于个体知觉研究的现象学观点与范畴，被卢曼借用到社会系统中。卢曼把系统当作几近于主体一般来处理与理解。一般的系统与特殊的社会系统——如我们在前文看到的——化约了复杂性；而世界无穷的复杂性，是功能分析的最高参照点，因为意义就是通过这种化约才能产生的。功能分析的出发点不再是（帕森斯所认为的）**持存**，而是必须从世界的复杂性问题出发。唯有如此，才能了解系统的功能。如果没有系统所发挥的化约效果，我们会沉没在无边无际且原则上无法理解的知觉之海里头。唯有通过系统的建立，意义才是有可能的，因为系统会迫使我们专注在一个相对较小，且原则上可处理的世界片段。意义是在心理系统与社会系统里生产出来的，借此才能确定出什么东西是可以被思考、被说的，而什么不行。在"经济"这种从属于社会的子系统里，每个沟通与行动最重要的参照点是（金钱）支付和"获利"，而不是美学享受、体育修养或正直态度。系统只能知觉到世界的片段，在非常**特定**的世界境域背景下，以非常不同于环境当中其他系统的方式来进行运作。卢曼或多或少地隐约认为，系统的结构方式跟胡塞尔所说的个体的知觉方式是类似的。系统和个体的知觉都是有限的，人们唯有了解系统和个体知觉世界的形式和生产意义的类型与方式，才能理解系统和个体的知觉内在逻辑。

＊　　＊　　＊

　　我们现在已经指出了决定性地形塑了卢曼思想的三个影响因素。但我们很难说这三个影响因素，比起我们在第九讲提到的哈贝马斯作品发展的三个影响因素，是同质还是异质的。但这不重要。在哈贝马斯那里，三个不同的影响因素被某些重要的直觉联系在一起；在卢曼这里也一样。卢曼将帕森斯、哲学人类学、现象学的基本观念，都综合了起来，而且因为他运用了他在政府机构从事法律相关工作的经验，并且他从行政部门（即正式组织）的问题出发，将他的理论分析推向了各种不同经验领域，所以他的理论综合很有说服力和穿透力。不过，哈贝马斯受到语言效用的鼓舞，因此对自由讨论的合理性力量与政治公共领域的重要性特别感兴趣；但卢曼则是着迷于发展出正式组织的政府机构的执行与程序，想探讨正式组织如何在环境当中维持下来、与环境区隔开来，以及在许许多多的例行常规中发挥功能。

　　如此一来，卢曼和哈贝马斯的差异便显而易见了。哈贝马斯以语言效用作为主轴，朝着一个显然具有规范性的方向推进，并且借着潜藏在语言中的合理辩论

的可能性的观念，试着推动对现存社会结构的根本批判。卢曼则不同。他大胆的
理论工作是坚决非规范，甚至是反规范的。他完全不搞社会批判。他顶多会去问，
社会批判，或是对于价值和规范的呼求，在现代社会里到底可以有什么功能。卢
曼这种原则上非规范的立场，可能跟前文提到的他在 1945 年的特殊经历有关。但
这里重要的不是他的生平背景，而是在卢曼的理论框架中，"偶然性"概念总是占
有一席之地。事实上，卢曼对社会现象和秩序的"偶然性"相当着迷，亦即认为
所有事情都可以是另外一种样子。卢曼将"偶然"定义为："既不是必然，也不是
不可能，某件事（现在、过去、未来）是这个样子，但也可能会是另一个样子。"
（Luhmann，*Soziale Systeme*，p.153）

　　卢曼的定义最初源自亚里士多德，在詹姆斯（William James）那里也可以看
到。詹姆斯在他 1907 年出版的著作《实用主义》（*Pragmatism*：*A New Name for Some
Old Ways of Thinking*，尤其请参阅 p.137ff.）中运用了偶然性概念来标示某些政治立
场，亦即标示某些谨慎的、反乌托邦的改良主义。这种改良主义意识到任何政治
行动的局限，也即政治行动的结果是"偶然的"、无法真正预料的，因此当权者的
政策改革应一小步、一小步地制定。卢曼也同样提到任何社会秩序的极度偶然性，
认为社会秩序可以完全是另一个样子；但他一如既往地得出与詹姆斯极为不同的
结论。

　　前文提到过，卢曼放弃了清楚的因果陈述；即他是用偶然性命题来为他的做
法加以辩护。不只如此，偶然性命题也可以为他运用对等功能论的方法提供正当
性。社会现象原则上的偶然性也深刻影响了卢曼的**论证风格**。正是因为社会秩序
"既不是必然，也不是不可能"，所以人们必须放弃道德判断，因为道德总是假定
某些行动必然会带来某些结果。正因为这个观点，卢曼著作的字里行间让人明显
觉得他**有系统地**、且**一贯地**刻意不作道德判断（"一般"读者肯定很不习惯卢曼的
这种风格）。这带来了一种明显的"把熟悉的事情给陌生化了"的效果。加上卢曼
的用语极度抽象，就算在描述一些平凡无奇的事情时也极度抽象，这更加深了这
种陌生化的效果。卢曼坦言，理论的"旨趣无关乎承认或治疗，也无关乎状态持
存，而是首先，且尤其关乎分析，亦即关乎打破规范性的外表，无视经验和习
惯……"（Luhmann，*Soziale Systeme*，p.162）

　　这种陌生化的效果在文学中也扮演了一个重要的角色。例如布莱希特（Bertolt
Brecht）认为，我们在舞台上就是要将日常生活的表象加以"陌生化"，才能凸显
出日常生活的可变性。不过，布莱希特在著作中还是充盈着道德与政治活力，但
卢曼完全没有。卢曼想达到的陌生化效果，让人联想到如霍夫曼（Ernst Theodor
Amadeus Hoffmann）或蒂克（LudwigTieck）等浪漫文学家。他们企图运用讽刺的
形式，在文学中表达出关于理想与现实之间不可避免的分裂。

　　就像有些浪漫主义的讽刺家一样，卢曼某种程度上也挺"冷眼旁观"的。这

366

367

位社会理论家虽然指出了，社会中的人为什么会相信规范、价值、宗教等等，但他自己却冷眼旁观，且用一种或多或少颇为淡然的讽刺态度来处理他观察到的事情。卢曼好像不存在于社会中似的；他某种程度上像是一位超然于世的分析者，像是"人世间之外"的旁白。但很大程度上正是这种态度让卢曼的思想相当有吸引力，这种态度正是让卢曼的理论自 20 世纪 80 年代以来获得大批粉丝的原因。如同马克思主义和功利主义（参阅本书第五讲）各自的拥护者因为想揭露出某些事而聚集在一起一样，卢曼也是以类似的方式获得了他的"信徒"。不过马克思 368 主义者和功利主义者都认为真理要素是最重要的，他们都想揭露在精美的"规范"外表下的经济真相和利益相关／利己主义的真相；但卢曼却刻意放弃这种定位。他所指出的"凡事都可以是另外一个样子"虽然也有揭露的效果，但因为**偶然性问题**，所以他从一开始就不打算去追求真理。他的观察，带有一种嘲讽的、保持距离的神情；他的立场，就是高高在上地给予启发。但他的理论也因此在某个时代发展出很特别的吸引力。卢曼在他自己生前最后的大部头著作中提到了一种浪漫主义式的嘲讽，不过他（一如既往地）并没有表明他是否真是一位嘲讽家：

> 人们……总还是可以选择，看自己是偏好表达出悲天悯人、感同身受的呈现形式呢（但这样做，不采取立场是几乎不可能的），还是偏好（浪漫主义式的）嘲讽的反思形式，无论如何都带着距离感来表达被卷入了各种事态的情况。（Luhmann, *Die Gesellschaft der Gesellschaft*, p.1129）

根据这种（间接）指出了浪漫主义式的嘲讽的说法，我们可以合理地说，卢曼是战后"怀疑论"世代的一位特别的代表人物。卢曼的幕后推手，前文提过的谢尔斯基，便在一篇很有影响力的社会学研究里描述道：这个世代，由于尤其被纳粹蛊惑过，因此失去了所有伟大的信念，也因此已经不再准备步上道德与政治的战场。当然，卢曼许许多多的拥护者比卢曼年轻得多，无论如何都不再属于**战争世代**；他们的那个世代，是在 20 世纪 80 年代，被描述为玩世不恭、享乐主义的世代。但他们在他们的父母于 60、70 年代表面上徒劳无功的抗争之后，也同样失去了对于伟大信念的信仰，因此也同样抱持着"怀疑论"的态度。

关于卢曼的知识来源和他的核心观念，我们就介绍到这里。由于他巨大的生产力和由此而来的出版的大量著作，因此我们在下文的讨论中无法总览他的整个 369 著作发展过程。我们要做的，是简单介绍他一些特别重要，或是能让人们相对容易地了解他思想的著作，以及介绍他著作发展过程中最重要的一些阶段。我们以下将分三个步骤来进行介绍。

*　　*　　*

1. 卢曼在 20 世纪 60 年代出版的著作，主要致力于组织社会学、法律社会学与政治社会学的主题，也只有一小批专业人士对此感兴趣。不过，如果我们只去看卢曼所处理的经验材料，会忽略卢曼在这些研究里所勾画出来的庞大的理论观点。也就是说，他在这些研究中，已经在为他后来的宏大理论作准备了。所以，用一种以理论为旨趣的视角来回顾卢曼的这段创作期，是必要的。

根本上，这段时期有三本专著是特别知名且富有影响力的：前文提到的出版于 1964 年的《正式组织的功能与后果》，1968 年出版的《目的概念与系统理性》（ *Zweckbegriff und Systemrationalität. Über die Funktion von Zwecken in sozialen Systemen* ），以及最后在 1969 年出版的《通过程序以进行正当化》（ *Legitimation durch Verfahren* ）。接下来我们简单探讨一下这些书里的论证观点，为各位读者讲解卢曼的思维方式，以及根据经验研究领域来讲解卢曼和其他社会学理论家的根本差异。

《正式组织的功能与后果》中充斥着经验材料，主要旨在与过去组织社会学的核心假设进行对话。这个领域的古典学者，如德裔意大利学者米歇尔斯（Robert Michels，1876—1936）或韦伯，都尝试用统治与服从的概念来描述与解释组织，尤其是科层组织。韦伯和米歇尔斯假设，目的理性行动模式（某些情况下，这种模式适用于个别行动者）和组织所追求的目的之间有选择的亲近性。换句话说，韦伯和米歇尔斯将科层组织理解为一种大型的理性行动者，理解为被规划好满足某些目的，也依此运作的宛如机器一般的东西。韦伯在他的《政治著作选》（ *Politische Schriften* ）相应地描述道：行政科层组织是（也必须是）首长手中顺从的工具，它必须实现政治负责人的规定。科层制度是一种等级组织，位于顶端的人规定目标，然后分派给底下的人，即底下部门的负责人、官员、行政专门人员等等。

卢曼怀疑这种方式是否真的能适当地描述组织和科层组织。他参考了各种各样从米歇尔斯和韦伯那个时代就已经出版的经验研究。这些研究还指出，在科层组织中所谓的非正式关系扮演了什么样的一个重要角色，上司与秘书之间良好且充满信任的关系是多么重要，科层组织里友谊关系有多么重要，各部门之间"原本"不存在的信息管道可以多么有用。一个小小的半官方途径，一通短短的非正式电话，比起经过层层大量正式职员通报的缓慢、恼人的正式官方途径，还能更快地解决问题！如果人们把韦伯以理念型描述的正式组织与科层组织当作基础，

370

那么上述那些非正式过程都只会被当作"卡住齿轮运转的小石子",当作干扰,或至少不会被认为是有实际意义的现象。但这样就会忽视组织实际的运作情况。

这个组织社会学研究的结果,指出了组织成员的行动动机绝不必然总是会和组织顶端所设置的目标相一致。这个结果同时也指出了,古典组织社会学关于科层组织的理念型的重要假设,在运用上必须谨慎、大打折扣。我们也可以在比如象征互动论里看到这样的观点。例如"协商秩序"这个观点,就强调了在极为规范的机构里的社会秩序本身,是具有流动性的(可参阅第六讲)。

不过,卢曼想走得更远。他不只想补充或部分地改写现有的研究,还想撼动古典假设的**核心**,甚至想驳斥用固定的组织目的来理解科层组织的做法。卢曼认为,目的的设置对于组织分析来说,完全不重要,或只有极低的重要性。

> 人与人在大多数情况下,是出自自觉地意识到的理由,或甚至是为了某些目的,而联合在一起的:为了满足需求,为了解决问题。理由或目的为人与人之间的联合奠定了形式上的意识形态基石。不过,理由是一回事,但在长期的生活和工作中出现的问题,则是另外一回事。不是所有的需求,不是所有有意义的冲动和机会,都可以被归入基础结构的范畴,即使对其进行或大或小的修改与调整,也不行。人与人之间的联合会形成社会系统,社会系统必须满足复杂的需求,必须在多个方面得到保护。(Luhmann, *Funktionen und Folgen formaler Organisation*, p.27)

读者可能会想到,我们在第十讲提过,这个论点对哈贝马斯来说也极富洞见、非常重要。哈贝马斯接受这种想法,认为行动理论无法阐明宏观社会学的脉络,因为在集体层次上是看不到个体的行动目标的。这就是为什么哈贝马斯会采用系统概念来建立他自己的理论的关键原因。

卢曼认为,维持一个组织或系统所需要的远非仅仅实现某个时刻被确定下来的目的。如果人们承认这件事,那么任何一个组织或系统的部分与部分领域所需要得到满足的,也不只是所认为的目的而已(ibid., p.75)。系统或组织分化成子单位和部分,无论如何都不是起因于最上层的组织目的或系统目的。否则系统或组织的运作方式会大大受限,无法适应环境。因为:

> 一来不是所有对系统来说甚为必要的效能,都与单一或数个彼此互不冲突的系统目的有关。系统因其目的而得到维持,前提是它的环境是稳定的、完美有序的。但因为这样的前提从来不能完全成立,因此所有系统除了自身的目的之外,都还必须发展出进一步的自我持存策略。系统唯有拥有这样一种自我持存的机制,才有被讨论的意义。二来具体的行动从来不是只与一个

目的有关，仿佛行动无视自己的副作用似的。行动总是会带来各种各样的后果，这些后果对于不同的系统问题来说，有的是好事，但有的是坏事。每个实际的行动，每个具体的系统子结构，在这个意义上都是有多重功能的。（Luhmann, *Funktionen und Folgen formaler Organisation*, pp.75—76）

如果人们也接受卢曼的这个说法，那么就会得出一个结论，即系统"不是根据一个单一尺度，如目的，而加以理性化的"，而是必须"以多重功能的方式来加以组织起来"（ibid., pp.134—135）。组织社会学必须注意到这件事，不能再从"完全一致性与绝对的稳定性是系统必不可少的"这种想法出发。相反地，人们必须接受一件事，就是系统偏偏需要不一致性，才能在一个原则上从来无法被完全掌控的环境中持存下来。

＊　　　＊　　　＊

如果人们在多年后再回过头来看卢曼这第一部正式大作，可能会觉得很奇怪，因为卢曼在这段时间还对行动理论的问题相当感兴趣，至少还讨论与此有关的问题。他不只从组织或科层机构的层面，而且也从个别行动者的层面，对主流的目的—手段范畴提出了有力的批判。值得注意的是，他还引用盖伦的著作《原始人与晚期文化》（ibid., p.100, Fn.20）。盖伦在书中，运用了美国的实用主义以指出，行动并非总是在实现目的与目标，而且也有无目的的活动，并且，在其中行动本身变成了目的（读者可以参阅我们在第三讲对帕森斯提出的批评，也可以参考第六讲）。盖伦的这个看法，促使卢曼对行动理论进行讨论，让卢曼提出，韦伯和米歇尔斯的科层模型之所以有问题，是不是因为出于有问题的行动理论，亦即出于各种理由而不合理地将目的理性置于优先地位，并倾向将行动的其他形式当作是有问题的，或是没有理论意义的。韦伯（和米歇尔斯）都在宏观的层面将秩序形式，如组织和科层机构，以理念型的方式加以描绘。他们都将目的理性行动置于核心位置，却忽略了现实中的组织和科层机构的运作过程。象征互动论也提出了这样一种、或类似这种的批评。象征互动论试着运用"协商秩序"这个取向，打破在社会学中根深蒂固的超稳定组织的观念。象征互动论大幅运用实用主义的行动理论修改了韦伯的说法，以提出关于组织运作的更贴近经验的观点（读者可以再次参阅第六讲）。

不过卢曼**没有**走上象征互动论的道路。他并没有对原本的组织社会学所赖以为基础，但很有问题的行动观念加以修正，没有借此修正来从更好的行动理论出发以攀登上"更高的"集结层次。他的策略更多是想直接"转移"到系统理论。

这个策略在《正式组织的功能与后果》中还体现得不太明显，但在他下一本自 20 世纪 60 年代开始相当知名、主要仍是组织社会学的著作《目的概念与系统理性：论社会系统中的目的功能》（*Zweckbegriff und Systemrationalität. Über die Funktion von Zwecken in sozialen Systemen*）中，这个策略就很明显了。该书的标题与副标题就表明了他的计划。

在该书中，卢曼更直接、更仔细地与**行动理论**中有问题的目的概念进行对 374 话。他特别引用了杜威和美国的实用主义，来批判将行动视为由目标所控制和与目的有关的过程的观念，以及批评"目的论的行动模式"（参阅 *Zweckbegriff und Systemrationalität*，p.18ff.）。杜威（盖伦也曾援引过他）不从因果主义的角度来理解人类的行动流，亦即不认为一个原因在产生行动时，也会自动决定接下来的行动该怎么做，因为因果主义——后来的象征互动论和常人方法论也如此强调——完全忽视了行动者的反思性、思考能力，以及面对新情境时的创造性（参阅：Joas，Die Kreativität des Handelns，p.224ff.；亦可参阅第六讲与第七讲）。

卢曼同意这种说法，但他不继续去找一个更好的、非目的论的行动理论；他更多的是立即从系统理论的观点**去问，目的和价值满足了哪些功能**，或是具有哪些功能，尤其是当行动者声称他们是根据某些价值和目的在行动的时候。卢曼知道，或似乎知道，自然科学和社会科学都几乎无法得出清晰的因果链。他声称，就因果模型的可运用性来看，"我们从来无法确切预知某原因必然会产生什么结果，而是只能根据对实际引发作用来说必不可少的因果脉络中的可能原因的分布，得出各种或然性"（Luhmann，*Zweckbegriff und Systemrationalität*，p.26，Fn.7）。

关于价值，他的说法也是类似的，认为价值在现实中从来不会给出清楚的行动指示，而且我们也无法想象价值会明确操控行动。但是为什么在日常生活中，像在组织或科层机构，我们都会谈到目的设置、谈到所谓的引导价值呢？卢曼的回答是，目的设置与价值对于行动者的用处仅仅在于化约复杂性而已。目的设置，亦即"行动者实际上可以以可预见、预料的因果作用作为目标"这个背后的想象，跟价值设置一样，可以将行动者的行动境遇加以结构化，以有助于理性地解决问 375 题。卢曼提出了一个命题：

> 人们应对复杂性的潜力，掌握与处理复杂事情的能力，主要在于下意识的知觉过程。相反地，所有较高的、能有意识地进行选择的思维能力，在同一时间能全面掌握的变量非常少。只是在一个装着四只苹果、一个装着五只苹果的果篮之间进行选择，尚不困难；但如果篮子里装的是多种水果，选择就会变得困难得多，即便价值差异明显增大。我要么根据强烈的主要偏好来

下决定——例如我就是喜欢香蕉胜于其他，要么就是进行价格比较。但不论是哪种方法，都是在走弯路，因为首先都得化约复杂性。出于同样的原因，当人们必须同时处理背后有许多因果要素相互交织的选项时，人们是无法马上全面掌握各种因果关联的。面对这样的困难，就像我们的果篮例子的简化做法一样，把原因和结果区分开来，是有助于克服困难的。因为这种做法可以让其他要素保持不变、只改变一项要素。在此之后，我们还可以将同样的模式运用在所有或部分其他要素上。（Luhmann, *Zweckbegriff und Systemrationalität*, pp.31—32）

因果假设跟价值一样，其功能都在于化约复杂性。但这同时也就是说，科学理论所教导我们的、以因果假设来进行研究的**科学**，是不会有意义的。并且，如果我们无法作出毋庸置疑的因果陈述，那么科学就必须找到另一种思维方式；如果不同的行动概念论点都需要被摒弃，因为目的和价值概念都没有特别的用处的话，那么——卢曼建议——我们事实上就只能采用一种新的思维方式。当然他的建议是，此处应提出系统理论，**他的**系统理论。他的系统理论虽然仅仅探问功能对等性而已，但还是可以解释目的设置、价值设置与因果宣称的**功能**。

我们还可以把这本书的标题理解为"目的理性"，以和"系统理性"比对。卢
376 曼认为，（目的论的）行动理论，及对目的的强调，因其科学理论方面或其他方面的弱点，使得我们不得不转向系统理论。如同我们接下来会看到的，随着他的学术发展与他的系统理论的继续扩建，卢曼慢慢也将行动本身当作系统的一项成果。提及行动或行动者，意义就只在于将沟通加以结构化，以及将沟通归因于某特定的人格系统或社会系统而已。在无尽的沟通流中，提及行动，有助于将脉络加以结构化，以及将当下与过去区分开来。对于卢曼来说，"行动"变成了一件必须运用系统理论才能理解的事。

*　　　*　　　*

至此，卢曼所发展和描绘出来的系统理论，虽然受到帕森斯的影响，但和这位伟大的美国社会学家的系统理论明显很不一样。这种不同在 20 世纪 60 年代还没那么清楚，但在这里要提到的第三本书《通过程序以进行正当化》里就非常明显了。帕森斯晚期的系统理论是从社会价值整合出发的。帕森斯谈到了"控制论式的控制等级层次"（参阅第四讲），指出社会系统或社会最终是通过价值而被整合起来的，并且会通过"潜在的模式维持"这项功能而凝聚起来。也就是说，帕森

斯的规范主义的理论的核心出发点，是社会有一个可被指认出来的控制中心。

　　这整套说法完全被卢曼改换了。卢曼郑重指出，现代社会是功能分化的社会，科学、经济、政治等等功能领域都遵循着它们自己的逻辑，它们不需要被一个顶层系统或价值来按级分置。这不是说今天已经完全不存在"分层的"或其他种类的分化形式。今天还是有阶级，贫富之间、社会的核心与边缘之间还是有差异。但是现代社会是根据不同的**功能**领域来加以分化的，没有清楚的"上""下"之分，不再有等级原则。

377

　　卢曼在他对于民主政治和法律系统的分析中，非常清楚地论证了他的这个观点。卢曼认为，民主选举或诉讼程序并不与一个最顶层的价值连接在一起，并没有与真理或正义相关联；所以也不能说，政治系统或法庭的正当性所依赖的，是借由选举来找出真正的或正确的政策，或是借由过程秩序来下一个正确的判决，亦即遵循与执行某个价值。但帕森斯认为是有一个顶层的价值的。哈贝马斯与帕森斯的看法是类似的。在哈贝马斯较近的法哲学著作中，他认为基于规范的法律——而且也只有法律——能发挥巨大的整合作用（参阅上一讲）。但相反，卢曼完全打破这个传统的假设。真理与公正对他来说不再是能充分描述现实的概念了。

　　　　此刻……在真理发展的过程中，现代思想已经更明确地定义了真理概念，并且把真理概念与非常严格的方法前提关联在一起。自然法思想因此被瓦解了，法律因此被加以实证化了。这意味着决策程序的基础已经改变了。这一切让我们很难看到，除了**偏见**之外，我们如何还能坚持认为真正的知识和真正的公正就是目标、就是由法律所规定的程序的本质，以及——若是如此的话——我们如何还能达成这样的目标。（Luhmann，*Legitimation durch Verfahren*，p.20；着重处为约阿斯和克诺伯所加）

　　当然，我们今天还是会谈到真理与公正；但对于卢曼来说，这些讨论都只是在满足特定的功能，以能够在"化约复杂性"这个意义上减轻负担而已。今天，正当性已不再通过市民对于崇高价值的信仰与期待而建立起来，不再通过正确或真正的决策而建立起来。正当性在今天是政治系统或法律系统自己建立的。也即，正当性之所以能建立起来，是因为人们参与了自由选举或法律诉讼，特别是因为参与了程序，所以觉得自己可以接受决策，至于具体的决策内容是什么并不重要。像选举或法律诉讼这类的程序，转变了真理问题或公正问题，使之最终只与各当事人对每次的程序有关。而接受与否，**在心理上是否能接受**则取决于人们在政治系统或法律系统中，是不是被分派了不同的角色，然后因为他们必须扮演角色，所以不得不接受程序规则。卢曼以法律诉讼为例，进行了以下的描述：

378

当诸参与者发生争执时，为了获胜，他们会服从某些行为规则，将自己的行为置入正在进行中的程序，然后党同伐异。当判决还没有被决定下来之前，这种做法是被允许的。每一方都被允许反对另一方，但冲突结果并不会因此而受到影响。以此而言，各方的平等原则是很重要的程序原则。(Luhmann, *Legitimation durch Verfahren*, pp.103—104)

卢曼认为，真理问题或公正问题在这里不再能发挥什么作用了！决定决策的正当性，以及整个系统里的子系统的正当性的，是程序的参与；决策与整个社会所共享的价值或规范之间，既不可能有联结，也无法设想能有什么联结。这也就是说，卢曼将规范主义，乃至于帕森斯的系统理论，全都抛弃了；对于必然会探究真理或公正概念的社会批判分析，也都敬谢不敏。唯有子系统自己的逻辑，唯有它自己的特殊程序和步骤，才是最终能决定子系统的稳定性和动态性的东西。虽然子系统策略上与环境密不可分，但子系统有自身的动力，不会受到外界的目的设置或价值设置的操控，也并不依赖外界的价值。卢曼的这种关于社会子系统自身动力与自身逻辑的想法，后来变得越来越极端，也成为他的理论的新的基础。

2. 20 世纪 70 年代和 80 年代早期，卢曼继续出版了大量的著作，用他极大的生产力来探讨各种不同的理论问题与经验问题。卢曼的核心兴趣还是法律社会学、组织社会学与管理社会学，也出版了一些很有影响力的书，像是 1968 年出版的《信任》(*Vertrauen*)、1975 年的《权力》(*Macht*) 这两本小书，以及 1981 年的大部头著作《福利国家政治理论》(*Politische Theorie des Wohlfahrtsstaates*)。在这段时间，卢曼也出版了数本题为"社会结构与语义"(*Gesellschaftsstruktur und Semantik*) 的相当广博的知识社会学研究论文集。在这些论文集中，他呈现了在现代社会，亦即不再是层级结构化的，而是功能分化的社会中，许多重要概念的意涵，**还有**语义，是如何改变的。关于浪漫主义的"爱情语义"的研究就是在这个脉络下出版的〔即 1982 年出版的《爱，是激情》(*Liebe als Passion. Zur Codierung von Intimität*)〕。

虽然有这么多的著作，但人们还是可以说，卢曼的取向在根本上并没有改变。理论是一样的，只是运用在新的领域上。所以这些著作也招致批评，因为理论框架都是一样的，所以研究的结果没有什么新奇之处，即便可能有些细节还算有点意思。

一直到 20 世纪 80 年代初，他的理论才出现了新的变化，特别是他在 1984 年出版的代表作之一《社会系统》(*Soziale Systeme. Grundriß einer allgemeinen Theorie*)。这本书也是他对哈贝马斯在三年前出版的《沟通行动理论》的回应。卢曼在该书中表现出来的转向，严格来说也不是什么转向，而仅仅是他系统理论思想的进一步极端化。**一方面**，卢曼抛弃了帕森斯和他自己早先的观点。他不将"系统"的提法仅用在分析上了，他不认为系统理论仅是在进行社会学分析，也不认为这个理论工具不过是用来更好或更恰当地检视现实而已。他开始将系统重新理解为是实在的。意思是，他假设社会现象事实上就具有系统特质，就像他在《社会系统》第一章开头几句清楚说到的：

380

> 以下思考的出发点是：假设存在系统。也就是说，以下的思考不始于认识论的怀疑，也不再倡导系统理论"仅在分析方面具有重要性"。我们应该避免将系统理论极其狭隘地诠释为仅是一种分析现实的方法。当然，我们不能把陈述与陈述的对象搞混；我们应该意识到，陈述就只是陈述，科学陈述就只是科学陈述。但是，就系统理论的任何情况来说，陈述关系到现实世界。系统概念所指涉的东西，实际上就是系统，所以系统理论的责任就是要去证明自己对现实的陈述能力。（Luhmann, *Soziale Systeme*, p.30）

最后一句——要证明系统理论面对现实时的能力——究竟是什么意思，以及我们如何证明一个社会现象是否真的是**系统**，卢曼并没有讲明白，而且这一句看起来更像是一个很教条的断言。但卢曼就是迈出了这一步，并且同时宣称，社会学至今的所有理论问题都可以用他的系统理论涵括进来。他把理论综合的任务完全放进系统理论当中。卢曼自己认为，系统理论是一个"无所不包（也就是说，连它的对手都包括了）的……超级理论"（Luhmann, *Soziale Systeme*, p.19）。

另一方面，卢曼自己声称他的系统理论乃建于新的基础之上。他说，系统理论思想自从几十年前在自然科学中成功建立起来之后，一直在不断持续发展，所以现在也是时候让社会科学的系统理论知识一同向前推进了。卢曼将系统理论思想区分为三个阶段（参阅 *Soziale Systeme*, pp.20ff.）。第一个是还相当不成熟的阶段，即从部分与整体之间的关系来思考系统。这种系统观点，认为整体大于部分的总和。但由于种种原因，这种说法没有什么建设性，也不怎么正确。系统理论第二个阶段的发展在于，不再把整体与部分之间的关系当作主要问题，而是把系统与环境之间的关系当作问题。系统理论的第二个阶段认为，系统自己会与环境划分开来，但同时也向环境开放，好能够适应环境。读者可能会注意到，卢曼自己在 20 世纪 60 和 70 年代就是抱持着这种态度，所以特别强调系统在面对环境时的"适应成效"。但卢曼说，系统理论现在，尤其在生物学和神经心理学中，已经出现了新的发展，开始质疑迄今的系统—环境模式，并以"**自我指涉的系统**"理论取而代之了。这是什么意思？

381

这里的意思，用最简单的话来说，就是认为我们若要了解生命有机体，最好**不要**把有机体跟环境之间的交换当作重点，而是要去关注有机体的**运作封闭性**。有机体虽然因为要从环境汲取原料，所以在**生理上**是开放的；但是原料的处理，却完全依照系统内部的逻辑。同样地，在有机体内部流通的信息，也遵循着有机体自己的逻辑，而非由环境决定。对此，充满洞见且令人印象深刻的探讨，来自两位拉丁美洲科学家的神经生理学研究，马图拉纳（Humberto R. Maturana，1928— ）与瓦雷拉（Francisco J. Varela, 1946—2001），他们也是卢曼主要的援引对象。马图拉纳与瓦雷拉在对颜色感知的分析中，非常惊讶地发现，眼睛内视网膜下的某些神经细胞的活动，与光的物理性质之间，显然没有什么确切的关系。光源与神经系统之间没有明确的因果关系（详细一点的介绍，可参阅：Kneer and Nassehi, *Niklas Luhmanns Theorie sozialer Systeme*, pp.47ff.；更难一点的，可参阅：*Lehrbuch der evolutionären Erkenntnistheorie*, pp.147ff.）。如果确实如此的话，那么人们就可以像马图拉纳与瓦雷拉那样宣称，神经系统是一个**封闭系统**。意思是，神经系统或知觉器官没有生产出一个完全仿造环境的仿造物，而是用**它自己的运作逻辑**建构出**它自己的世界**。

382　　生命器官的运作，是一种自我生产与自我关联的系统。马图拉纳与瓦雷拉将之称作**自我生产的系统**［自我生产（Autopoiesis），由 autos（自我的）和 poiein（产制）两个词所构成］。这是一种组织上封闭且自主的系统，至少在系统自身内生产其构成要素这方面来说是自主的。当然，系统与环境还是有接触的；或用专业术语来说，系统和环境之间有"结构耦合"。但系统的重要构成部分不是由环境供给的。外界只能刺激系统，但系统是用它自己的逻辑和处理方式来回应刺激的。此外，生命系统的特质也不是由其组成部分所决定的，而是由组成部分的组织模式，亦即由在组成部分之间产生的过程所决定的。神经系统不是由神经元所决定的，而是由神经元之间的信息传输类型与方式所决定的，而神经元即是用它自己的方式来对由视网膜所传递来的刺激产生反应。

　　卢曼将这套生物学和神经生理学的知识运用在社会系统上。其实马图拉纳与瓦雷拉非常怀疑他们俩的理论怎么能这样用在社会科学上，但卢曼完全不管他们的质疑。心理系统和社会学家特别感兴趣的社会系统被卢曼理解为自我生产的系统。关于这个"自我生产转向"的意义是什么，卢曼是这么说的：

> 在一般系统理论中，这第二个范式转移（即从系统—环境理论转向了自我指涉系统理论）引出了一个显著的转变，即从对设计与控制的兴趣转向对自主性与环境敏感性的兴趣，从规划转向演化，从结构稳定性转向动态稳定性。（Luhmann, *Soziale Systeme*, p.27）

　　卢曼在这里指出，他的功能论还可以更极端一点，亦即将他的功能分化概念再推向极端。事实上——我们等下会再多说一点——这个新的理论工具，有助于他完全抛弃社会整体性的观念。功能分化的子系统，例如科学系统、知识系统、383 宗教系统、艺术系统、法律系统、教育系统、政治系统，在卢曼看来都仅遵循着它们各自的逻辑。这些系统是根据自己的符码［当然，这里与帕森斯的在象征层次上进行一般化的沟通媒介（symbolisch generalisierte Kommunikationsmedien）理论有明显的相似处，可参阅第四讲］来运作的，有自己特殊的纲要，因此不受外界的操纵与控制。外界仅能为这些系统带来刺激。至于这些系统对这些刺激要怎么回应，则由子系统自己的纲领来决定。如此一来，"对总体社会进行规划"这种观念就完全没有意义了（这也就是"从规划转向演化"！）。卢曼对规划、设想等做法都抱持着无人可及的悲观态度，而且让政治对经济的介入企图显得无比可笑。但是，国家对于科学系统与法律系统的日益干涉，在卢曼看来也是一样的情况。

> （政府）关于发展经济、确保德国地位、增加就业率等等的说法，所发挥的功能跟霍皮族印第安人的祈雨舞一样重要；这个功能就是让大家觉得（政府）在做事，不是只在呆等事情自己好转。（Luhmann, *Die Politik der Gesellschaft*, p.113）

显然对于卢曼来说，政治方面的所有谈论和所有作为，不会为经济带来什么影响或改变。"只有经济才能造就经济"——卢曼毫不怀疑地接受了持自由主义立场的前德国经济部长的这句名言。不过他还补充道，艺术、科学等等也同样如此。艺术是艺术系统造就的，科学是科学系统造就的。现代社会是依照**功能**而分化的；这些功能领域不再是一个等级结构。所以卢曼认为，规划或控制都已经是完全没有用的概念了。系统和子系统会演化，而这是不可计划的。这显然是一类很特殊的时代诊断，我们在这一讲最后会再仔细讨论这件事。

现在，卢曼关于"现代社会以功能分化为优先"的命题取向，从所谓的"自我生产转向"开始，明确地变得更极端了。不过另一方面，对于卢曼来说，虽然他更新了理论，但显然他并不需要因此就改写或抛弃他之前对社会或社会子系统的描述。以此而言，自我生产转向只是把功能论的螺丝拧得更紧而已。

不过，我们更感兴趣的地方在于自我生产转向带来的理论后果。卢曼自称，这个后果是"要素概念的极端时间化"：

> 如果人们想将自我生产系统的理论转化到行动系统领域，那么人们必须将系统要素视作没有延迟性的，即不断通过要素系统而进行自我再生产。（Luhmann, *Soziale Systeme*, p.28）

在将自我生产模式应用到社会事物的过程中，卢曼是很认真在谈"要素的时间化"的。卢曼将系统区分成机器、有机体、心理系统与社会系统，然后将社会系统视作社会学的主要研究对象。在其中他格外强调，系统理论跟（他所谓"旧时代欧洲的")主体概念是决裂的，而且也必须决裂。相反，在借助马图拉纳与瓦雷拉的启发以建立理论时，重点是其他要素，其他"没有延迟性的、会不断通过要素系统而进行自我再生产"的那些要素（见上述引文）。卢曼在这句话里想指出的是，系统的构成要素不是人，也不是行动，而是沟通。沟通是社会系统的基本单位。在沟通中，意义被生产出来，并且会不断与意义相关联。人——卢曼惊世骇俗地说——不是"社会"这个系统的部分；并且不是人在沟通，而是沟通在沟通（Luhmann, *Die Gesellschaft der Gesellschaft*, p.29f.; pp.103ff.）。沟通虽然依赖于心理系统，依赖于人类意识，但因为我们从来也无法真的看透另一个人，所以沟通总只与所沟通的东西有关。

385

这种说法的结果是，社会（和心理）系统不是通过固定的整体来定义的，而是通过意义不断的再生产来定义的。在这种情况下，系统分化的理论所关涉的是每一次的沟通形式，而不是人或行动。科学系统之所以是一个整体，并且之所以可以不断自我再生产，是因为科学系统就只与真理有关，它只根据"真"与"假"的区分来运作。在科学中，真的陈述和假的陈述会被不断反复参照，假设的正确性会被不断测试。"科学"这个系统之所以可以被指称出来，是因为这里有一种非常特别的沟通形式，有一种非常特殊的"二元符码"在这里被不断运用。科学系统之所以是一个整体，不是因为某些人属于这个系统。众所周知，科学家不会只是科学家而已，科学家同时也可以是与政治和经济有关、寻求法律、追求艺术的市民。所以卢曼认为，一个具体的人是无法被固定在系统中的，具体的行动也不行。因为在不同的脉络中，在艺术和科学中，行动都可以出现。对于系统来说，重点只在于让意义得以生产出来的符码：

> 人们不能说人是从属于功能系统的，不能说一个人就只属于一个系统，不能说人只会参与法律而不参与经济、只会参与政治而不参与教育系统。如此一来，人们就不能再声称社会是由人所构成的，因为人显然并不能被安置于社会子系统中，不能被安置于社会中。（Luhmann, *Die Gesellschaft der Gesellschaft*, p.744）

各种社会系统——最无所不包的社会系统就是社会——是通过持续不断的**沟通**界定出来的。唯有沟通终止之处，才是社会终止之处。所以在一个沟通涵盖到全世界的时代，"世界社会"就需要被提及了。对卢曼来说，以民族国家作为分析社会过程的出发点，已经是完全过时的做法了。

386

卢曼的社会学的基本核心概念，是沟通和意义，而不是"行动者"或"行动"。对卢曼来说，提及"行动"或"主体"，只是在进行归因或归属而已。心理系统提及行动，不过就是在提及一个可以清楚划分开来的、归因于个体的过程。

归因是为了化约复杂性。而卢曼当然"知道"，行动自身不是真的存在的，至少行动不能被用来描述现实过程。

> 行动是通过归因过程而被建构起来的。行动是通过被归因于系统的诸多选择——该出于何种理由？在何种脉络？借助何种语意（该借助"意图""动机"，还是"兴趣"呢）？——而实现的。这种行动概念无法对行动进行充足的因果解释，因为这种行动概念显然忽略了心理事物。（Luhmann, *Soziale Systeme*, p.228）

卢曼以此，将所有可能的行动理论问题全部抹除。并且，卢曼也可以——至少在他的系统理论的前提的基础上——声称，他的功能论的超级理论实际上能够将社会学理论迄今的所有知识全都囊括进去。

3. 我们已经讲到，卢曼那极端的现代社会功能分化命题，以及他对人世间的可规划性所抱持的极端悲观态度，表达出了他的某种时代诊断，也表现出他的一种保持距离的观察者姿态。他长久以来不相信社会状况是可以改变的，并且嘲讽地旁观各种徒劳无功的社会参与活动。

卢曼很少将他著作中的这些时代诊断要素展开来细谈。所以，有一本他很坦率地进行时代诊断的小书，很值得我们在这一讲最后简短讨论一下：《生态沟通：387 现代社会能应付生态危害吗？》（*Ökologische Kommunikation. Kann die moderne Gesellschaft sich auf ökologische Gefährdungen einstellen*?）。如书名所示，这本书旨在回应自 20 世纪 70 年代以来重要性不断攀升，且借着绿党在德国的成立而对政治或社会政策产生极大影响的环保运动。看看卢曼**如何**回应环保运动，颇能获得启发。

卢曼在该书一开始，先对他的理论进行了一个颇为详实且易于理解的介绍。这也让该书成为卢曼的一本对社会学初学者来说最容易上手的著作。他又一次说明，现代社会（我们今天总的来看可以将之视作一个个国家社会）是由不同的子系统所构成的，像是政治、经济、法律、科学、宗教、教育（顺带一提，在 20 世纪 80 和 90 年代，卢曼对这些子系统都分别写了相当广博的著作）。这些子系统都有自己语言，使用一种"二元符码"，以此来处理系统中的信息。例如经济，"是一种关于金钱支付的运作总和"（Luhmann, *Ökologische Kommunikation*, p.101），以"拥有/没拥有"或"支付/不支付"这组符码来运作。科学以"真/假"这组符码来运作，今天的政治系统则以"执政/在野"这组符码来运作。没有一个子系统会越俎代庖去管其他子系统的事，也没有一组符码比其他组符码更重要。

当然我们还可以进一步再去问经济和政治的关系，艺术和宗教的关系，科学和法律的关系。但是我们不能认为某一个子系统可以控制或领导其他子系统。经济只能通过"支付/不支付"（而不能用任何其他的语言）来回应政治。艺术在面对宗教的影响时，也只能用美学符码来进行响应，宗教也是只能用"超越/内在"这组符码来回应法律的影响。没有一组符码可以简单地转译成另外的符码。

卢曼的这个观点无疑很有趣。如同我们在帕森斯的理论中已经可以看到的那样，这种观点是一种研究启发法，它可以让人们更为敏锐地看到，各个社会子系统是以何种特殊逻辑在运作的，以及如果可能的话，子系统之间的交换过程——如果真有交换的话——是以何种方式进行的。人们也许可以借此拥有一个比马克思的上下层建筑概念更现实的观察方式，来分析社会过程（帕森斯便认为他的AGIL模型，就能够提供这样的观察方式）。

但是，当卢曼提出的命题认为社会（子）系统是自我生产的系统，这些系统只按照自己的系统逻辑来运作，外界只能给予刺激，但无法施加操控的时候，卢曼自己也阻绝了任何关于计划与控制的希望了。子系统只能彼此观察，只能将外界影响它们的企图转译为自己独特的语言——它们只能做到这一点！政治系统就是因为这样的局限，所以对其他系统策略上总是不得其门而入的。所以才会有"只有经济才能造就经济"这句名言。但这也让人们想问，卢曼这个极端的假设是否符合现实。

但首先我们先来看卢曼这本书副标题的问题：现代社会是否能应付生态危害，例如切尔诺贝利核灾事件？卢曼的回答，想必读者现在都已经不会感到惊讶了，当然是"不能"！卢曼的理由虽然简单，但很有启发性。在现代高度分化的社会中，人或团体已经无从看到"整个"社会了，所以也无法警告整个社会要避免危害，或是保护整个社会免于危害。所以，说要发展出整个社会的意志来避免所谓的生态危害，都是完全可笑、定会遭遇失败的。

卢曼这样一位语出惊人、言语犀利的浪漫主义嘲讽者代表人物，也是从这种观点出发来看待环保运动的。他认为绿色运动都是狂妄的、道德上自以为是的（Luhmann, *Ökologische Kommunikation*, p.235）。

卢曼完全就是这样看待现代社会所遭遇的危害的。在他生前出版的最后一部巨著中，他说：

> 环境过度开发的实际后果，还没有超过极限；但大家没用太多想象力就去想象事情不能继续这样下去。（Luhmann, *Die Gesellschaft der Geselslchaft*, p.805）

卢曼对于我们影响已发生的事情的能力持根本性的悲观态度。当然我们为环保采取了各种措施，像是定下废气排放值、关闭核电厂等等。只是我们不能认为我们真的从外部影响或操控了政治系统，不能认为真的采取了"有效的"措施。我们顶多能说，政治系统用自己的沟通逻辑来遭受与响应刺激。对于卢曼来说，"新社会运动缺乏理论"。当然他的意思是，新社会运动缺乏他的系统理论与以功能分化为先的洞见。所以他对这种运动的评价极低：

> 所以人们大多数时候都可以看到这些目标和假设是如何简单和具体地固定
> 下来，进行敌我区分，然后下道德评断。（Luhmann, *Ökologische Kommunikation*,
> p.234）

对于卢曼来说，这些道德态度都是令人难以忍受的，因为在现代功能分化的社会中，没有一个立场可以代表整个社会，所以上纲到道德的做法都是不恰当的。再加上在环境领域中，因果链几乎是厘不清的，所以关于谁有错、谁没错的问题根本是无解的。环保运动跟仇视外国人的抗议，两者的道德平台高度没啥两样（参阅：Luhmann, *Die Gesellschaft der Geselslcahft*, p.850, Fn.451）。在卢曼眼里，这两者的立场都**很**愚蠢、自大。这一类的抗议或运动，对于构成了现代社会的功能分化来说都是有害的。卢曼在这里，似乎采取了一个想将现代社会加以拟人化的立场，有的加以赞扬（如各种现有的政党），有的加以责备（如令他难以忍受地上纲到道德的"绿党"）。但是，尽管卢曼对这些德国绿色运动和参与其中的知识分子不单纯是嘲讽，而根本是恶意挖苦和持相当宿命论的态度，却还成为一位相当时髦的学者。为什么会这样，其实让人很难理解。可能要在环保运动的复杂的历史形成背景下我们才能搞懂吧。

无论如何，在批评生态人士时，卢曼的态度有点像是传统的保守知识分子。所谓的卢曼推手，谢尔斯基，其于1975年出版的相当知名、内容满怀抱怨、有时相当反动的著作《劳动是其他人在做的：阶级斗争与知识的神权统治》（*Die Arbeit tun die anderen：Klassenkampf und Priesterherrschaft der Intellektuellen*），也是用这种态度与生态运动辩论。顺带一题，卢曼觉得谢尔斯基的著作是很突出的"批判性的反思"，所以他不懂为什么谢尔斯基的这种反思会被认为是"保守的"（Luhmann, *Die Gesellschaft der Gesellschaft*, p.1108, Fn.382）。

卢曼对于生态运动的批评，从**理论**方面来看完全是很有问题的（至于他在政治方面的评估怎么样，可以是另外一回事）。因为卢曼把（生态学）对**特殊的分化形式**的警告，和对功能分化**本身**的批评，混淆在一起了。卢曼的说法仿佛是认为，生态学对现代工业社会生态危害的警告，都是想要回到**现代化之前**的，即没有功能分化的社会。但这不只在经验层面是错误的，因为抗争者始终各自属于非常不同的团体；而且卢曼自己在理论层面上也缺失了对另一种可能性的想象，亦即没有想到社会也可以用**另一种方式来分化**。在现有的西方工业社会中，就社会分化的工业化形式来看，各个国家相比起来都有极大的不同。经济、宗教、政治、法律等等的制度结构都随国家而异。所以我们完全有理由可以假设，不同社会在过去和在未来都一直有关于分化**形式**的不同争辩。决定分化形式的是政治民主过程，即约阿斯所谓的"分化问题的民主化",而不是(卢曼那类的)社会理论家。卢曼那极端的操控悲观主义似乎过于夸张了。为制度形式而斗争的确无法预见结果,但仅仅用"刺激"这个概念去谈事情,也是无法谈出什么所以然的。因为争辩的确也造成了各种冲突阵线,也造成了争取特殊制度结构的各"赢家"和"输家"。当我们在本书后面讨论到图海纳与贝克的著作时,就会看到,我们还是完全可以有另外一种说明生态运动的理论观点。

＊　　　＊　　　＊

最后我们推荐三本相关文献吧。对于卢曼的作品、他的系统理论的导论著作多不胜数。但大部分有个很严重的缺点,就是它们几乎都只从系统理论的观点来谈卢曼,所以常常对卢曼完全不加批判,甚至把他的系统理论讲得仿佛是社会学392 中唯一的理论似的。但有三本书是比较出色的:霍斯特的《卢曼》(Detlef Horster, *Niklas Luhmann*),这本书之所以值得推荐不只是因为他的介绍比较简明,也是因为在其中还有一些卢曼生前最后几年所做的有趣的生平采访。克内尔和纳塞希的《卢曼社会系统理论导引》(Georg Kneer and Armin Nassehi, *Niklas Luhmanns Theorie sozialer Systeme*),也许是最扎实地介绍卢曼理论的导论著作了。相较起来,威尔可的《系统理论:基本问题导论》(Helmut Willke, *Systemtheorie. Eine Einführung in die Grundprobleme*),如书名所示,是对系统理论思想进行全面介绍的一般性著作。

＊　　　＊　　　＊

介绍卢曼的这一讲,就到此结束了。20 世纪 70 和 80 年代在德国最宏大的两个理论综合,我们之后就不再谈了。不过,就像我们之前提到过的,在这段时间之前,社会学的理论生产深受"美国"影响,但之后,不只是德国社会学,而且**西欧的社会学**都开始占据主导地位了。其他地方也有尝试进行理论综合的学者,例如一位 70 年代开始主导许多争论的英国学者,吉登斯。

第十二讲

吉登斯的结构化理论与较新的
英国权力社会学

之前几讲介绍的德国"宏大理论家",无可避免地要详细介绍他们的生平,因 为这样我们才能展现他们理论体系的核心思想。不过关于吉登斯(Anthony Giddens),这种做法没有那么必要。只要了解英国社会学在 20 世纪 60 年代以来的趋势背景,那么就算不用介绍吉登斯的生平,也可以很好地解释他的理论综合尝试。我们这里先来回顾在第八讲讨论过的冲突理论,因为这对吉登斯后来的两个理论发展来说尤其重要。

1. 20 世纪 50 年代和 60 年代初,英国的冲突理论与雷克斯和洛克伍德这两个名字是分不开的。他们跟达伦多夫不一样,并没有完全和帕森斯的理论取向决裂。他们只是想让冲突理论成为与帕森斯的功能论并驾齐驱的取向。当然,冲突理论的拥护者从未满足于仅仅"并驾齐驱"而已。众所周知,在理论方面野心勃勃的洛克伍德,就想要在权力理论与冲突理论取向,和功能论(与诠释)取向之间的对立之外,找出突破点,亦即他想进行某种类型的理论综合。以此而言,后来哈贝马斯、卢曼,还有吉登斯所进行的"宏大的"理论综合尝试,在洛克伍德那个时候就已经被做好了事先准备工作。

洛克伍德有一篇在各方面都非常重要的论文,即 1964 年发表的《社会整合与系统整合》("Social integration and system integration")。这篇文章基于在第八讲就提过的韦伯—马克思式的传统,对各种功能论与冲突理论的取向进行分析。这些分析指出了功能论与冲突理论中颇有道理且内涵相当丰富的理论说法,并通过洛 克伍德自己创造出来的一些概念,来推进一种具有内在一贯性的理论框架。在 20 世纪 50 年代时,洛克伍德的立场认为,我们不能将功能论和冲突理论当作互斥的。规范—共识—秩序,与权力—异化—冲突,并不是相对立的,而是**这两组现象**在社会世界中虽然各有特殊之处,但又总是会随着不同的社会而以不同的方式联结、交织在一起。达伦多夫的理论(还有雷克斯的部分理论),都只片面地关注权力、冲突和异化,而这样的理论会忽略社会现实的核心面向,因为冲突几乎无法脱离价值系统的形式与发展而被适当地讨论。"因为，现有的权力结构，价值系统的本质，对于潜在冲突的形成、强度与方向都有极大的重要性。"（"Social integration and system integration", p.248）这样一种观点特别关注权力与文化的关系、目的理性工具取向与其他理性形式之间的关系（稍后的哈贝马斯即是这么做的）。这也率先设置了一个很重要的理论目标，大部分之后的理论综合就是朝此目标前进的。

洛克伍德认为太过极端的冲突理论是有问题的。之所以有问题，不只是因为这种理论忽略了文化与权力的关系，还因为它对于社会变迁的阐述不够系统，也没有注意到社会变迁虽然常常与冲突相伴，但也不是所有冲突——即便是极为严重的冲突——都必然会导致社会变迁。"冲突在社会系统里可以既难以摆脱、又相当强烈，但却不会造成任何基本的结构改变。"（ibid., p.249）也有一些冲突，在社会制度结构的改变方面造成了社会变迁，但在其他方面却没有造成改变。显然人们必须将两类问题区分开来。**一类**问题是，一个社会里的行动者或团体、阶级，

395 是否彼此在相搏与斗争；**另一类**问题是，社会结构是否事实上因此产生了改变。这样的思路，让洛克伍德提出了读者已经很熟悉的一组概念，即**社会整合**和**系统整合**。这组概念后来被哈贝马斯援用了，虽然其意涵也被哈贝马斯改变了。洛克伍德认为，一个系统里**行动者之间的关系**（社会整合）和系统的**部分之间的关系**（系统整合）必须区分开来。完全可以有一种情况是，在一个社会中有很多的矛盾，即很多系统问题，但在行动层次上却不必反映或表现出这种矛盾，亦即不必有可见的抗争、公开的冲突、阶级斗争等等。反过来说，也可能社会有抗争或冲突，但却不影响社会子系统之间的关系。洛克伍德这种对于社会整合与系统整合的区分，显然反映了西欧左派的政治经验，也就是经济危机不必然会导致阶级斗争，反而在经济繁荣的时代却有可能产生阶级斗争。

洛克伍德认为，极端的冲突理论最终缺乏这种洞察力，因为冲突理论感兴趣的只有显性的冲突，而非系统整合现象。冲突理论只讨论表面上的冲突，而没有去追问，冲突是否，以及如何导致了真正的系统变迁，也没有追问社会系统的部分是否，以及如何被冲突撼动或是受到牵连。对洛克伍德来说，运用系统概念与采纳功能论的思想，对于分析现代社会来说不只是可行的，且根本就是必须的。只有**同时**处理社会整合问题**以及**系统整合问题，我们才可以建构出一个有说服力的社会理论。洛克伍德也是从这一点出发，来批评帕森斯的（规范主义的）功能论。他认为帕森斯的功能论完全只以规范的（社会）整合为优先，认为**所有的**机

396 构和子系统只是体现了整个社会所共享的价值，没有认识到系统部分的张力。而且帕森斯的功能论也几乎没有想到——用马克思的话来说——"物质基础"与制度秩序之间的矛盾。洛克伍德指责帕森斯，因为其无处不在的规范整合的观念，所以遮蔽了社会的系统整合的可能问题。

我们在这里简短介绍的洛克伍德的理论，非常知名，而且也呈现出了朝向理论综合的**征兆**。但洛克伍德自己还没有完成**真正的突破**。这可能与他太过倚重马克思的思想有关（虽然他对马克思也有批判）。洛克伍德不断强调，马克思理论建立了社会整合和系统整合之间的复杂的相互作用。但洛克伍德自己缺乏足够的理论工具和哲学工具，无法像哈贝马斯那样，在维护他的这个观点**的同时**摆脱马克思理论的核心面向，尤其是摆脱马克思作品中功利主义和经济主义的思维模式。这使得他几乎没有办法综合性地掌握权力和文化的关系。不过，洛克伍德的思想还是可以继续发展下去的。在英国，将之发展下去的就是吉登斯。只是吉登斯用另一种方式诠释了"社会整合与系统整合"，所以在吉登斯的理论中，几乎看不到洛克伍德原初的意涵成分，也看不到后来哈贝马斯的成分。

2. 吉登斯著作的发展背景，除了包含洛克伍德那未完成，但极能激发灵感的理论综合尝试之外，还有在 20 世纪 70 年代的英国相当盛行的、在历史层面进行辩论的权力社会学，一个——如第八讲最后已提到的——"移居"到历史社会学的冲突社会学。

历史取向的权力社会学或冲突社会学在当时的英国开始爆红（在美国情况也类似，但在当时的联邦德国则迥然有异）。之所以如此，至少有三个原因。**第一**，英国有一些非正统的马克思主义历史学家与知识分子，如汤普森（Edward P. Thompson，1924—1993），霍布斯邦（Eric Hobsbawm，1917—2012），或是安德森（Perry Anderson，1938—　）。他们有着丰富的研究成果，他们的著作部分有强烈的社会学性质的反思。而且他们那史料丰富的历史学研究，也将社会学和他们最新的分析在历史层面关联在一起，因为他们觉得社会学很有启发性。正好社会学中已有的韦伯—马克思主义的思潮（雷克斯和洛克伍德即属于其中的代表人物）也开启了规模极大的历史学议题。**第二**，英国比德国还要早受到埃里亚斯（Norbert Elias，1897—1990）的影响。埃里亚斯在纳粹时期从德国出逃，他那出版于 1939 年的伟大的历史社会学著作《文明的进程》（*Über den Prozeß der Zivilisation*），在德国一直到 20 世纪 70 年代后期才广为人知。他在漂泊过数个国家之后，最后 1954 年在英国莱斯特大学（University of Leicester）担任讲师。在那里，他由于优秀的教学能力而对英国社会学产生了很大的影响。他的宏观历史社会学的核心命题，是国家的建立过程会产生规训作用。意思是，这种宏观过程，会将自我控制逐渐内化到人的内心当中，以此对一个人最私人的感知带来决定性的影响。这对于聚焦在权力和社会冲突的社会学来说，当然非常有吸引力。**第三**，20 世纪 50 和 60 年代，对于（英国的）福利国家发展的社会学研究在英国相当盛行，这些社会学研究有着强烈的理论取向与历史取向。蒂特马斯（Richard M. Titmuss，1907—1973）和马歇尔（Thomas H. Marshall，1893—1982）即是代表人物。对于历史社会学感兴趣的社会学家，也会和这方面的社会研究有所关联。

受这种学术氛围的影响，20 世纪 70 年代以来有些青年社会学者就是从历史社会学起家的；吉登斯与这些青年学者也有所往来。首先不能不提到的就是迈克尔·曼（Michael Mann, 1942—　　）。他以数卷从社会学的角度进行的极具野心的世界史研究《社会权力的来源》（*The Sources of Social Power*）轰动一时。1986 年出版第一卷之后，他就收到多所美国大学的盛情邀约，后来他到加州大学洛杉矶分校任教。迈克尔·曼被视为左派韦伯主义者，且从一开始就对帕森斯主义和马克思主义同样感到疑惑，因为他既不相信整个社会可以通过价值来加以整合，也不相信劳工运动原则上的革命角色。他在 20 世纪 70 年代开始作为一位阶级理论家，出版了数本劳工意识和西方社会知识分子角色的研究。但很快地，在 20 世纪 70 年代末期，他就转而对历史感兴趣了。对他来说，似乎唯有借助历史社会学分析，才能对一些表面上理所当然，但实际上却很成问题也很有害的社会学思想前提加以究根问底。迈克尔·曼至少修正了三个原先的社会学立场（参阅：Haferkamp and Knöbl, "Die Logistik der Macht"）：

（1）迈克尔·曼很极端地尝试瓦解整体论的社会概念。社会学从一开始的成立阶段，就将整体论的社会概念当作分析的核心范畴，但没有想到，"社会" 被想成一个封闭的整体，其实这与在 19 世纪时稳固下来的民族国家息息相关。也就是说，民族国家概念和社会概念是等同的。在前现代或北美和欧洲之外的地方，像民族国家这样一种自成一体的整体其实是不存在的，因为彼时彼地还没有严格控管的边界。或是像早期现代的神圣罗马帝国，有很多在小地方据地为王的政治体，这些政治体无法用自成一体的 "民族文化" 整体概念来掌握。社会概念在这样的脉络下是没有用的。迈克尔·曼由此得出结论认为，人不能用 "社会"（society）来界定，而只能说是一种具有社会性质的存有（social being）。他想借此让社会概念不再是社会学的**基本**概念。

（2）在讨论整体论的社会概念时，迈克尔·曼谈到了只有部分重叠的**权力网络**。迈克尔·曼的核心命题是，人类是在不同的网络（他提到了四种权力网络：意识形态的、经济的、军事的，以及政治的）中游移的，或是说人类 "被迫" 通过这些网络来进行或多或少有序的共同行动。基于此命题，至少有三个理论策略的目标是他想达到的。**首先**，迈克尔·曼反对马克思，认为马克思老是将自己局限在 "经济原则上是优先的" 这个出发点。这是曼无法忍受的。他完全从冲突理论的传统出发强调，会产生冲突的资源或权力来源是有很多种类型的。四种权力来源中，哪一种在特定的历史时刻是最主要的，要经验地视当时的情况而定。**然后**，迈克尔·曼便开启了一个直接朝向历史分析的社会学，因为他随即就遇到一个问题：历史上，人类建立组织的手段，究竟是经济、政治、军事，还是意识形态？权力网络是如何发展的？历史上人类的组织能力有提升了吗？在这些问题上，迈克尔·曼堪为历史社会学分析大师，指出了人类通过哪些传播手段和运输手段，联结成一个稳定的网络，以及这样的联结尝试在哪些历史的十字路口又不断失灵。**最后**，迈克尔·曼借由那四个只有部分重叠的权力来源的说法，避免倒退回整体论的社会思想。因为他借此开启了一种看法，即有一些权力网络的影响范围比较大，但有一些权力网络的影响范围比较小。也就是说，如果我们将"社会"视同于民族国家，那么我们不能不假思索地认为，政治、经济、意识形态与军事的权力网络的扩展从以前到现在都是同一个样子的。这同时也开启了当代政治学—社会学的争论，例如关于时常被提到的"全球化"的争论。因为从迈克尔·曼的权力网络理论来看，今天哪些网络全球化了、哪些没有，都必须完全按照各自的情况来判断。

（3）曼也正是基于他的历史研究，特别关注对于"社会"（特别是现代西方"社会"）的形成来说战争所具有的意义。领导人和国家各部长对于"社会内部 400 的"关系的形成方面，总是扮演着很重要的角色。之所以如此，是因为国家间常常会爆发战争，而且对战争来说相当重要的税收，对于社会结构来说有极为重大的影响。迈克尔·曼反对在社会学中颇为流行的对历史过程的"内因性"观察，亦即认为社会的发展主要，或甚至仅仅基于特定的内在逻辑（就像帕森斯的演化理论所认为的），或仅基于生产力的进步（马克思主义就是这么宣称的）。相反，曼指出，影响阶级构成形式，乃至于影响"社会"总体结构的，往往是**外因性的**力量，例如军事暴力的突然冲击。德国著名历史学家尼佩岱（Thomas Nipperdey，1927—1992）在他三大卷的《德国历史（1800—1918）》中，以一句稍嫌夸张，但不无道理的话作为开头："开端，是拿破仑。"（p.11）他这句话是想告诉大家，如果大家不去关注拿破仑的统治机构和他的军队所扮演的角色，那么是无法理解德国 19 世纪早期历史的。因为德国"社会"就是在**对此的反应上**开始了史无前例的动员和改变，亦即开始了"现代化"。迈克尔·曼很强调国家的角色以及由国家引发的战争，这也是他的事前准备工作，他想以此修改社会学中流行的线性史观，尤其是以和谐主义来诠释现代性的那种说法。帕森斯那一群人长久以来就是持这种说法的。但当然也不是只有帕森斯他们才这样，而且这种说法在 20 世纪 80 和 90 年代的一些时代诊断中就已经被大力否定了（参阅第十八讲）。

*　　　*　　　*

大约在同一时期，跟迈克尔·曼交情甚笃的霍尔（John A. Hall, 1949—　）也是强烈基于冲突理论观点的历史比较研究者。霍尔在 1985 年撰写了一本非常精彩的文明比较研究著作《权力和自由》（*Powers and Liberties. The Causes and Consequences*
401　*of the Rise of the West*），并且在接下来的时间，从社会学的观点出发，处理关于国际
外交、战争与和平的问题（此处亦可参阅：*Coercion and Consent. Studies in the Modern
State*）。他很多论点都和迈克尔·曼的方向是一样的，他也认为，国家军事在现代
社会的兴起中扮演着核心的角色。

　　吉登斯承接了这些学者，并接受了他们的许多思维模式。当然吉登斯对他们
也不是照单全收，因为他很快就看到，迈克尔·曼和霍尔所推动的宏观社会学缺
乏行动理论的视角。洛克伍德将权力与文化的**综合**视作重要任务，但迈克尔·曼
和霍尔却没能完成这个任务。简单来说，因为迈克尔·曼和霍尔几乎是纯粹的冲
突理论家和权力理论家，而非文化理论家。迈克尔·曼仅仅只是将经济的权力网
络和意识形态（也就是文化的）权力网络**并置**在一起，而没有去问这两者**之间**的
关系究竟是什么，没有去问经济如果没有被嵌入意识形态、文化，是否还能够存
在。不论是韦伯还是帕森斯（如同我们在第二讲和第三讲提到的），都不断致力于
这个问题。但不论是迈克尔·曼，还是霍尔，都没有适当地处理这个议题。吉登
斯认为这个取向必须被修正，而这个修正则唯有基于广泛的行动理论的反思才得
以可能。而且吉登斯在进行秩序理论的思考时，一直都没有"忘记"这个行动理
论根源，所以他的秩序理论比起哈贝马斯还要更一以贯之。就像我们所批评的，
哈贝马斯在追求一个适当的秩序理论时，由于受到卢曼和帕森斯的影响，因此太
快踏上功能论的，但也因此缺乏行动者视角的道路。

＊　　　＊　　　＊

　　影响吉登斯研究的学科脉络，我们就介绍到这里。在我们接下来探究吉登斯
的理论立场之前，首先简短看一下他的生平，这样读者对于这位当代英国社会科
402　学最出色的人物才可以有更鲜明的认识。吉登斯的学术生涯的重要阶段是在英国
的精英大学——剑桥大学——中度过的，也担任过相当知名的伦敦政治经济学院
的校长。他生于 1938 年，比他德国的"竞争对手"哈贝马斯和卢曼小差不多十
岁。和哈贝马斯和卢曼一样，他很年轻时就展现了令人惊讶的巨大学术生产力。
他一开始在 1971 年出版了《资本主义与现代社会理论》（*Capitalism and Modern Social
Theory*），该书也是一部在英语学界相对来说颇具影响力的教科书。其中，他对古
典社会学家涂尔干和韦伯进行了很有创意的诠释。此外，从一开始，他就在和帕
森斯的理论进行对话，也和帕森斯对社会学史的诠释（也就是我们在第二讲已经

向读者介绍过的《社会行动的结构》这本书）进行辩论。吉登斯尖锐地反对帕森斯的**规范主义的**秩序理论，也不同意帕森斯关于古典社会学思想的说法，即认为古典社会学思想的形成都来自与功利主义的理论争辩。吉登斯更倾向于一种**政治学的**诠释，并从社会学形成之初在时代诊断方面的贡献来看，认为社会学的缘起是为了要回应自由主义自 19 世纪末以来的危机（可参阅他在 1973 年发表的论文："Classical Social Theory and the Origins of Modern Sociology"）。

　　不过，除了社会学史的研究之外，吉登斯也在 1973 年出版了在国际上极具影响力的著作《发达社会的阶级结构》（*The Class Structure of the Advanced Societies*）。在该书中，他与马克思和韦伯的阶级理论进行对话，并从中对资本主义社会和国家社会主义社会的阶级结构进行分析。他特别深入讨论了劳工阶级与中产阶级的发展趋势。吉登斯在书中表现得像是一位左派社会理论家，但他没有"照搬"正统的马克思思想，而是颇具创意地结合了马克思**与韦伯**的思想，也就是前文提到过的韦伯—马克思主义。在书中，吉登斯也提出了一个后来相当有名的概念："结构化"（structuration）。吉登斯用这个概念是想描述一件事，即从历史经验来看，阶级和阶级界限**很少是稳定的**，而是阶级形成过程中大多具有**多变的**"阶段"，其既受社会生产方式的影响，也受可能会产生改变的世代间的流动的影响（见：*The class structure of the advanced societies*, p.107ff.）。吉登斯最初是在阶级理论的框架中使用结构化概念的。但他后来在 20 世纪 70 年代末、80 年代初，就开始一般性地将其应用于社会过程，并且为其提供了行动理论基础，以此来突破社会学中大多过于静态的概念。吉登斯不说（稳定的）结构，而是说**结构化**。因为他想指出，社会总是具有动态的运作过程，亦即社会总是会形成表面上似乎挺稳定的结构，但也总是会消失，并且会不断**被行动者**改变。这里，他也在探讨一个 20 世纪 60 年代初由英国马克思主义社会理论家汤普森（E. P. Thompson）所推广而很有影响力的思想，这个思想在汤普森的名著的书名《英国工人阶级的形成》（*The Making of the English Working Class*）中就已经隐约透露出来了。他刻意说是劳工阶级的"形成"而不是"兴起"，因为他想指出阶级是一种由行动者积极推动出来的过程，而不是一个从自身开展出来的东西。汤普森是一位马克思主义者，但他反对马克思主义的阶级理论家，因为这些阶级理论家都过于重视结构（即生产关系），以至于忽略了行动主体。吉登斯跟着汤普森的步伐，但是把从阶级形成过程中得出的洞见更进一步延伸开来。吉登斯一贯的行动理论观念，让他认为结构是被形成的，**而且也是**可形成的。然后，他将这个观念更一般化地扩展成**结构化**概念，指出行动者总有意**或**无意地推动着结构化。这种说法和读者已经知道了的卢曼的系统理论大相径庭，也和稍后在第十四讲会介绍的结构主义的看法截然不同。

　　20 世纪 70 年代中，吉登斯开始吸收社会学的各种不同理论思潮，并进行批判的评论。像是常人方法论与象征互动论（如 1976 年出版的：*New Rules of Sociological*

403

404

Method），或是结构主义和德国批判理论（如 1979 年出版的：*Central Problems in Social Theory. Action*，*Structure and Contradiction in Social Analysis*）。20 世纪 80 年代初，他开始出版了数卷，但最后没有真的完成的与历史唯物论对话的著作（*A Contemporary Critique of Historical Materialism. Vol.* I：*Power*，*Property and the State*）。书中更明显地体现了，当时在英国开始兴起的从历史社会学角度出发的权力理论和冲突理论，是如何强烈地影响了吉登斯。

他巨大的学术生产力表面上涵盖了很多领域，吸收各种相当不同的理论取向；不过在 20 世纪 70 年代末期之前，他的工作仅仅是对这些理论进行一些评论而已，没有什么理论原创性。那些著作没有什么内在的洞见和一致性。但后来，在哈贝马斯的《沟通行动理论》出版的三年后、卢曼的《系统理论》出版的同一年，即 1984 年，吉登斯出版了一本非常有系统性的著作，并用这本书证明了他并非没有原创性的评论家。这本书就是《社会的构成：结构化理论大纲》（*The Constitution of Society. Outline of the Theory of Structuration*）。在该书中，吉登斯将他所吸收的各种不同的理论焊接成一个一体成形的框架。我们以下对吉登斯理论的分析，主要便是集中在他这本具有系统性的代表著作上。

《社会的构成》出版两年后，他又出版了第二本跟历史唯物论进行对话的著作《民族国家与暴力》（*The Nation-State and Violence*）。这是一本很重要的历史社会学著作，其中认为政治权力对于现代性来说扮演着很关键的角色，并对战争也多有关注。

1989 年，吉登斯出版了一本厚达 800 页的教科书《社会学》。这是一件很不寻常的事，因为像他这样名气非常大的理论家，通常不太会写这种入门教科书。20 世纪 90 年代初，他出版了一系列讨论现代性的小书，像是《现代性的后果》（*The Consequence of Modernity*）、《现代性与自我认同》（*Modernity and Self-Identy. Self and Society in the Late Modern Age*）、《亲密关系的转变》（*Transformation of Intimacy*）。这些著作销量很好，但远不如他在 20 世纪 80 年代中期的著作那样系统和重要。美国社会学家亚历山大（Jeffrey Alexander）甚至很不屑地说这是如同健怡可乐般的"健怡吉登斯"（Giddens light）。事实上，这时候吉登斯已转向政策顾问工作了。他与布莱尔（Tony Blair）交好，提出了所谓"第三条路"的新版欧洲社会民主计划。他出版了许多著作，试图提出一个不再相信国家的左派政治路线（见 1994 年出版的：*Beyond Left and Right. The Future of Radical Politics*）。人们可以说，吉登斯迈向国策顾问之路，让他的知名度甚至在国际上又再次显著大幅提升了，但却不一定提升了他的学术声望。他近年来发表的多是政党宣传性的著作，显然不再追问社会学的问题了。但他在 20 世纪 80 年代中期的那些著作，却是综合性的社会理论的一个发展里程碑。（他后来的著作，及其关于时代诊断的面向，我们会在第十八讲再回过头来介绍。）

＊　　　＊　　　＊

好，现在来看看他的这本系统性的主要著作《社会的构成》吧。以下，为了避免重复讲到上文已经介绍过的内容，所以我们这里就只呈现吉登斯用以提出上述他那些理论立场的论证。这里至少有 6 个**行动理论**方面的要点值得一提（以下亦可参阅：Joas，"Eine soziologische Transformation der Praxisphilosophie. Giddens' Theorie der Strukturierung"）。

1. 吉登斯在 20 世纪 70 年代吸收了常人方法论与象征互动论，当时他也采纳或改写了这两个理论流派发展出来的许多观念。这里的重点是，他当时就已经强烈 406 反对帕森斯的行动参照框架了。帕森斯从单位行动出发，并以此尝试确认每个行动的要素。吉登斯认为这个出发点是错误的，例如分析哲学，以及由分析哲学延伸出来的一连串社会科学与人文科学思潮，也同样采用这种错误的出发点。吉登斯认为，行动不是由一个个原子式的单一行动所构成的，并不是一个封闭的行动接着下一个封闭的行动，我们也不能把行动当作孤立且单一的进行分析。吉登斯运用了现象学以及实用主义、互动论的观点，认为我们必须将行动想成是整体的、持续不断的行动流。

> 人类行动是作为一种绵延而产生的，是一种持续的行为之流，如同认知一样。有目标的行动不是由一些或一连串分开的意图、理由和动机所构成的。"行动"不是"动作"的结合。唯有当我们对绵延的体验经历给予零碎的关注的时候，才会看到"动作"。（Giddens，*The constitution of society*，p.3）

吉登斯认为，我们只有在回溯时刻意把每个动作独立出来，才会说有（一个个封闭的）行动。但行动不是这样进行的。我们的讨论出发点必须是持续的行动流，即一种——用法国哲学家柏格森（Henri Bergson，1859—1941）的概念来说——绵延（durée）。

为了抵御过于理性主义的哲学与心理学，柏格森在他 1889 年完成的关于我们意识过程特质的博士论文里，运用了绵延概念。因为他想指出，"我们的自我若要继续存在下去，就必须避免自己的当下状态与之前的状态分离开来"（Bergson，*Time and Free Will*，p.100）。

柏格森的作品里某些观点，对胡塞尔（即现象学的创建者，也是常人方法论 407

在哲学方面来源的奠定者）和詹姆士（William James）（实用主义的奠基者之一）都产生了影响。柏格森不将我们的意识视为前后接续的一个个思维，而是视为一种体验之流。思维内容就是在这个体验之流当中流转、相融的。就像"当我们在回忆里想起一段旋律时，所有的音符都是交融在一起的。就算这些音符是相继的，我们能不能说，我们还是会把它们统觉**在一起**呢？"（Bergson，*Time and free will*，p.100；着重处为约阿斯和克诺伯所加）柏格森特别感兴趣的，是当我们的主观时间意识被"空间化"，亦即臣服于一个客观的框架、臣服于物理时间时，所遭受到的扭曲。"时间"议题，就主观经历到的时间性方面，在柏格森之后，并且也因为柏格森，成为了1900年后文化批判的一个常见议题，不论在文学〔如普鲁斯特（Marcel Proust）的文学著作〕还是在哲学〔如海德格尔（Martin Heidegger）〕中都是如此。吉登斯援用了这些思想（从上述引文便可看出来了），但他把这个思想应用到行动上。柏格森说得有道理，意识状态的确是一种"绵延"，除非我们刻意去将之拆解、间断开来。但吉登斯认为，这个思想若仅局限在**意识过程**，就太狭隘了。因为我们也必须如此去理解**行动**。行动同样不是动作的前后接续，而是持续的流。唯有出现了阻碍，唯有回溯地反思，行动之流才会被间断、拆解成单一的动作。

2. 吉登斯用与常人方法论和象征互动论类似的方式，反对一种观点，即认为行动有**事先被安排好的**清楚目标。当然这个反对意见也是在针对帕森斯的行动参照框架。不过，这种从目的论的角度来理解行动的方式，倒也不是只有在帕森斯那里才看得到。帕森斯将行动描写为是在实现目标。行动者立下目标，考虑情境条件，根据现有的规范和价值采取可用的手段。吉登斯反过来强调，人类行动很大一部分**并没有**事先确定好的意图。意向不是外在于行动的，行动者不是先设置一个目标，然后再为了达成目标而行动。目标常常是**在行动当中**建立起来的。行动者是在行动中才越来越了解自己想要干什么，而且在行动中还会再不断进行修正。吉登斯所认为的意向，跟传统行动理论的意向，也因此是不一样的。吉登斯将意向理解为在行动过程中，能反思地自我控制的能力。他将之称作"行动的反思监督"（reflexive monitoring of action）（Giddens，*The Constitution of Society*，p.3）。行动不单纯是在实现所定下的目标和意图。而且，吉登斯认为，人类会不断回过头来看看自己在干什么，自我观察，然后在过程中改变目标和行动方式。"监督"这个比喻就是在表达这个情况。现实的行动是一个很复杂的过程，不是一般认为的"定下目标—行动—达成目标"这个时间序列。

可能因为吉登斯认为行动**先于**意图，所以他放弃对行动进行分类。他总是很高调地和帕森斯，还有哈贝马斯进行辩论，但却刻意不对行动进行分类，是颇引人注意的一件事。对吉登斯来说，行动显然是一个极为流动性的过程，所以把这个过程静置成不同的类型是没有意义的。但是，对他的宏观社会学分析来说，不去系统地反思能对行动产生影响的不同"途径",是很危险的。如果不推敲出一种行动类型学,那么他的权力理论可能会变得相当单一,让关于文化独立性的观点缺乏立足之地(见第272页)。

3. 吉登斯从"传统的"行动模型偏转到另一个,但却与原初模型很有关联的要点上。他不只声称,常常是先有行动、明确的意图才建立起来;他还质疑理性主义对行动的理解方式,也就是质疑是否行动是由行动者**有意识地**操控着的。相 409 反吉登斯认为,日常生活常常是由**常规**——即先于意识的机制——所推动的。他的命题是,行动在很大的程度上都是在常规里进行的,而且也**必须**在常规中进行。吉登斯想做的是,把常规概念从其负面含义中解放出来,并且摆脱一种"要么是自主、完全清楚明了的行动,要么是沉闷而老套的行为"的截然二分的想法。他想打破一个观点,即以为"自主行动"和"常规"是非此即彼的对立概念。他最令人印象深刻的解说在于他对极端危机情况的讨论(参阅:Giddens, *The Constitution of Society*, pp.60—64)。关于集中营里被囚禁者的报告描写到,有不少被囚禁的人,其习惯的每日常规在囚禁条件下被完全破坏了,以至于他们完全丧失了行动能力。而且行动能力如此彻底地丧失,不是单单集中营拘禁的残酷生理条件可以解释的。这样一种常规的破坏带来的心理震惊,使已遭受的巨大生理痛苦雪上加霜。被囚禁者的死亡,往往就是来自身心叠加的痛苦。

> 对生活普通常规的破坏与刻意持续攻击,造成了高度的焦虑。而且,与身体管理的安全性有关的社会化反应,以及社会生活可预期的框架,两者也因此被剥离开来了。这样一种焦虑的激增,表现为行为模式的倒退,也侵害了基于对他人的信任的基本安全系统。相反,惯常日复一日的社会生活……涉及本体的安全。这种安全的基础,在于在可预期的常规与邂逅之中能自主地控制身体。(Giddens, *The Constitution of Society*, pp.63—64)

这也就是说,常规和行动自主性不是截然二分的。唯有维持常规,行动才有可能。常规不只是,甚至主要不是局限,而更多的是一个赋予了可能性的面向。即便吉登斯并没有特别强调或指出,但实际上他这种观点与美国的实用主义 410 非常类似,也与与实用主义相关的象征互动论很类似。实用主义者也常指出"习惯"对于人类行动能力的重要性。

4. 对于人类行为常规特质的强调,随即带出了吉登斯的下一个要点,而且这个要点是大多数的行动理论所忽略的。当我们在讲常规、"习惯"的时候,我们几乎无可避免也会说到人类的**身体**和人类行动(从上述引文中就可以看到了)。因为我们知道,我们许多日常行动的执行都是身体几近自动地活动的。我们在小时候的某个时刻就学到了怎么系鞋带。我们长大之后,系鞋带时已经不再需要动脑筋想怎么系。这个活动已经变得像成语所说的"心闲手敏"了。这类活动，在日常生活中比比皆是，读者只要想一下一定马上可以列出一大串清单。从骑自行车，到用电脑键盘打字时手指之间的协调，都是如此。吉登斯认为，只把**有意识**地控制的身体活动当作"行动"，并把身体活动和"真正的"行动区分开来，是不对的。他更多地认为，唯有行动与先于意识的身体控制不可分割地交织、交融在一起，才能造就出健康的、正常的人。对于脑部受到创伤的病患的研究便指出，他们常常无法正常地运作他们自己的身体。也就是说，病患必须有意识地专注于他的手臂，才能伸手去拿东西。病患在日常生活的活动中必须有意识地控制他的身体，并耗费健康的人并不需要耗费的大量力气。健康的人和他的身体之间一般说

411　来并没有这种"工具性的"关系，因为他自己**就是**身体。对他来说，行动总是基于常规化的身体活动而进行的；行动与常规化的身体活动是息息相关的。如同美国的实用主义（参照第六讲），吉登斯也反对身心二元论，反对将"单纯的"身体运动与"真正的"行动对立起来。他用一种很讽刺的方式指出，这种二元论对于描述脑部损伤病患的问题来说很适用，因为这恰恰就不是日常人类行动。于此，另一个要点紧随其后。

　　5. 因为吉登斯通过常规概念触及了人类身体的议题，所以他也比其他的行动理论家在根本上更强烈地承认**人类互动时身体的核心地位**。例如他强调，人类身体不是一个整体，因为人类学和社会学研究已经从各方面论证了，人类面部在表达和沟通时比其他身体部位都更重要。像是"面无表情"或"表情生动"这种说法就清楚表明了，表情、姿态、表达行为等等，因为都和面部有关，所以特别具有道德含义。也就是说，把身体互动只当作沟通中不重要的构成部分来看待，绝对是错误的。吉登斯非常同意美国社会学家戈夫曼（见第七讲）的说法。戈夫曼对日常人类表达行为有着非常敏锐的观察，他的研究总是不断指出自我呈现时身体是如何处于核心地位的。吉登斯吸收了戈夫曼的观点，并多少有意地以此来反对像哈贝马斯那类的理论家，因为他们把沟通在根本上化约成**语言**表述。吉登斯认为，沟通不是在两个会提出某些有效性要求的智能机器之间进行的过程。至少在面对面沟通上，语言也总是会和身体，也就是姿态与表情，交织在一起。互动的含义内容不是在语言中就能油然而生的！所以在吉登斯的理论里，"共在"概念

412　非常重要，因为在言谈或互动中彼此共处的行动者，不只有灵魂，而且当然也有身体。对于吉登斯来说，"共在"、意识能被看到和知道，自己的视线能被对方观察到，**就是**人类互为主体性的基础经验，**就是**最根本的经验，所有其他的沟通和互动形式都是源于此。

　　6. 最后，吉登斯——与帕森斯相反——极为关注行动的认知面向。帕森斯的"行动框架"很明显地有客观主义的偏好，所以没有再去追问，行动者**如何**知觉到行动的条件。帕森斯假设，所有行动者都会如实地知觉到行动条件。而吉登斯则

明确将被知觉到和没被知觉到的行动条件区分开来。他像加芬克尔和常人方法论者一样，把行动者视为"有知识的行动者"，在日常生活中会运用某些，但因人而异的知识状态。吉登斯也将人类行动的非预期后果区分成不同的形式（Giddens, *The constitution of society*, p.8ff.；此处也可参阅本书第三讲）。不过，他与一些功能论者（如默顿）不同，他没有把非预期行动后果用来论证**功能论的**秩序理论。有些功能论者在探讨功能论时会谈到非预期后果，有部分原因是因为他们声称，这种繁多的非预期副作用之所以会存在，是因为固定模式不是经由主体而再生产的。例如市场，不能仅回溯到参与市场的行动者的有意图的行动；市场是有意图的行动和无数行动副作用掺杂在一起的令人捉摸不定的混合体，而我们只有借助系统概念，才能有意义地了解市场。但这种说法对于吉登斯来说（还有对于理性选择理论家也是）没有说服力。他的结论和功能论者及系统理论家不一样。他认为，每个行动都不可避免地会有的副作用，恰恰会破坏系统的功能性。正是因为总是会不断出现新的副作用，所以**关于稳定的系统状态的说法与相应的功能论的秩序理论，都是很有问题的**。人们当然可以指认出同一个结构，但结构都是不断在流动的，从不是始终不变的。从结构化思想的意义上来看，结构总会被行动者生产出新的、不同的样貌。吉登斯因此提到了"结构的双元性"：结构的影响作用虽然是有限的，但也就是结构才让行动成为可能；结构表面上虽然是固定不变的、会不断被行动者再生产出来，但结构也总是会因为行动者的再生产而不断转变。

*　　*　　*

吉登斯的行动理论及其特色，就谈到这里。不过上述的最后一点，让我们从行动理论走向了秩序理论，也让我们必须去问，我们要用什么概念来掌握许许多多的人的行动的交织。吉登斯的秩序理论有以下几点特色。

1. 如我们已经指出的，吉登斯是一位反功能论者，而且非常反对功能论。他在 20 世纪 70 年代和 80 年代初期，就与功能论有非常激烈的辩论，并且吸收了反对功能论思想的各种科学理论的论点（关于这些论点，可以参阅本书第三讲）。吉登斯同意一种批判的说法，即认为功能论把原因和结果很奇怪地堆栈在一起，并且在理论中暗示了一个实际上并不存在的因果关系（Giddens, "Commentary on the Debate"）。但他自己对此的批判，也不是仅依赖科学理论，而是也运用了经验研究。吉登斯认为，功能论之所以是错的，是因为功能论假设社会关系是固定的，而且还假设行动者对此是无能为力的。吉登斯的结构化观点的基础正好与功能论的假设完全相反。结构化观点的基础是，行动者不只会再生产结构，而且也会生产和改变结构。吉登斯批评功能论在谈到系统时，都很成问题地假设社会结构是414 超稳定的，但这种假设根本站不住脚，而且这种假设在分析历史**变迁过程**时也会遭遇不必要的困难。

但这不是说吉登斯就因此完全拒绝在社会科学中运用"系统"这个概念。吉登斯非常清楚，社会世界中**也有**非常稳定的行动模式。很多行动者，甚至是许多世代的行动者，也会执行相同的行动，让行动非常稳定，而这时候系统概念是可以用的，且是有道理的。但不能就因此说**所有的**社会结构和过程都是稳定的。帕森斯将系统当作一种**分析性的**概念来用；卢曼则完全从**本质论的**方式来假设系统是存在的，所以不假思索地使用功能系统论的概念工具。但吉登斯不是，他是从**经验的**层面来理解系统的：系统概念只有在某种经验条件下才能运用，即人们在观察一个社会现象时能假设其"系统性的程度"很高。意思是，唯有当人们真的可以确切无疑地观察到，共同行动的结果会不断通过反向耦合而对行动者的行动的初始条件产生反作用，并且因此会不断产生相同的行动形式时，人们才真的可以用"系统"来进行讨论。但这种系统在社会现实中是很少见的。就算真的有，"我们也应该根据社会系统所呈现出来的'系统性'的程度，将之视作变异范围极广的变量。而且，我们也许可以在物理系统或生物系统那里发现某种内在统一性，但社会系统很少会有这种内在统一性"（Giddens, *The Constitution of Society*, p.377）。

如果吉登斯认为功能论或系统理论的秩序理论是不可行的，如果吉登斯在著作各段落也都批评了哈贝马斯，认为哈贝马斯在其理论的某些地方太过不假思索地采纳了功能论的秩序理论，也太过不假思索地将之与他另一个秩序理论概念415 "生活世界"并置在一起，那么吉登斯当然马上就会面临一个问题，即他自己要用什么来"代替"功能论的秩序理论。吉登斯的"商标"，即在于他实际上非常一贯地致力于从行动理论发展出社会秩序理论。也就是说，他没有要用一种无主体的系统理论来补充或甚至代替行动理论。他的权力概念让他没有去这么做。当然，他的权力概念的意涵，跟一般日常的理解方式和许多其他社会学家的理解方式，都不一样。

2. 我们这里先说，吉登斯的权力概念和行动概念是直接联系在一起的。如我们将会看到的，把两个概念联系在一起，并不是理所当然的做法。但这符合吉登斯一贯的行动理论论证轴线。因为，如果人们从单一行动者及其行动出发，然后慢慢"上升到"越来越复杂的整体，那么人们几乎会不由自主地注意到权力现象。因为许许多多的行动者，就是借由权力而联结或被捆绑在一起的。这乍听起来很抽象，所以我们现在来一步一步讲解，让读者更了解吉登斯的想法。

首先值得注意的是，吉登斯认为韦伯的权力概念是不充分的。韦伯对权力的定义是："权力意指自我意志在社会关系中即便遇到阻力也还是能够得到贯彻执行的机会，不论这个机会的基础是什么。"（Weber, *Wirtschaft und Gesellschaft*, p.28）用博弈论的概念来说，这意味着权力是一种零和游戏。权力的总和是不变的，某人获得权力，其他人就会失去权力，反之亦然。当社会科学家以此权力概念来进行研究时，几乎无可避免地会特别关注、有时候几乎是仅仅关注**权力分配**问题。但在社会学史中，这个定义也饱受批评，因为这个权力概念是不充分的。帕森斯就明确提出过他对此定义的不满。如读者在第四讲已经看到的，帕森斯将权力视为一种媒介。不论这种论点好不好，帕森斯的说法的确有一定道理，就是权力也是 416 可以累积的，或是可以**在权力关系参与者不必一定得失去权力的情况下生产出权力**。权力像资本一样，是可以增加的。人们在一个团体里通过合作而得到的权力，可以比每个人单枪匹马时能拥有的还要多。在这种情况下，权力可以在没有"输家"的情况下被生产出来、积累起来。

吉登斯采纳了帕森斯的这个看法。在政治哲学——如阿伦特（Hannah Arendt）在 1970 年出版的著作《论暴力》（*On Violence*）——中，人们也可以看到类似的看法。吉登斯也因此对权力的**生产**特别感兴趣。吉登斯很认真地再迈出了一步，强调**每个**行动都是跟权力联结在一起的。在某些语言里，"权力"和"做"有着相同的词源。法文的"pouvoir"就同时有"权力"和"能（做）"的意思；英文的"power"也同时有"权力"和"力量""能力"的意思。所以吉登斯认为，"行动"和"权力"的意思是一样的，都是指"能涉入世界"。

> 行动取决于个体对事件过程或对事情的先前状态"造成差异"的能力。一位行动者，一旦失去了"造成差异"的能力，亦即一旦失去了运作某种权力的能力，他就不再是行动者了。……换句话讲，从"造成转变的能力"这个意义上我们也可以说，行动在逻辑上是包含了权力的。就"权力"的这个最广泛的意涵来看，权力在逻辑上先于主体性，先于行为的反思监督的构成。（Giddens, *The Constitution of Society*, pp.14—15）

在这种把行动与权力等同起来的观点中，很难想象会有完全不存在权力的情况。吉登斯认为，许多关于权力和统治的社会学分析都忽略了，被统治者和臣服 417 于权力的人，也完全可以有很大的行动空间，并且统治者如果要实现目标，也必须依赖于被统治者的合作。以此而言，被统治者也是有权力的。被统治者可以通过自己的行动"造成差异"，亦即可以至少用这种或那种方式，来逼迫某种程度上需要依赖被统治者的统治者。而统治者也不拥有绝对的控制可能性。吉登斯颇有道理地将之称为"控制的辩证法"或"统治的辩证法"，并以此来描述一个情况，即，"在一个已确立起来的权力关系中，较少权力的人，可以用这样的方式来控制较多权力的人，以此来使用资源"（Giddens, *The Constitution of Society*, p.374）。

这种看法在文学和哲学中也扮演着一个很特殊的角色。例如启蒙时代的作家狄德罗（Denis Diderot）的小说《宿命论者雅克和他的主人》（*Jacques the Fatalist and His Master*），或是黑格尔的著作《精神现象学》（*Phänomenologie des Geistes*）中提到的主奴辩证法，都可以看到这种思想。但我们当然不能过于夸大被统治者的权力。因为，例如在监狱或甚至是集中营这种全控机构中，这种关于被统治者（即被囚禁者）的权力的思想，可能会让我们随即错误地用在规范方面很成问题的方式来进行情境描述。不过另一方面，我们从戈夫曼的分析和象征互动论那里已经知道了，在各种机构（连全控机构也是）中的生活，的确多少还是会有可协商的部分（即"协商秩序"。读者们可以再回去看一下第六讲）。也就是说，具体的机构形成与运作过程，总是由统治者和被统治者双方共同参与的，被统治者总还是会有有限的行动空间和"权力"。

　　这也难怪，在冲突论传统下，吉登斯和迈克尔·曼的观点很类似，都不认为权力的基础只有经济而已。吉登斯所运用的权力概念更多是**多维度的**。并且他承认，权力地位的基础可以是不同的资源（他区分了"分配性资源"和"专断性资源"两种理念型）。当然有经济资源，但也有政治资源、军事资源，而且不要忘了还有知识资源。关于知识资源这一点，显然要归功于法国理论家福柯（Michel Foucault）的著作（参阅第十四讲）。吉登斯非常强调知识资源，因为他和福柯一样，都不认为知识和知识库、言谈与言说形式等等是中立或"无辜"的，而是这些都有可能将人与人之间的关系加以结构化，并且是**不平等地**结构化。

　　至此，我们谈的是吉登斯关于"权力"的看法里一条非常抽象的轴线。但是我们已强调过，吉登斯之所以会这样定义权力概念，并将之等同于行动，是因为他想尝试从**一贯的行动理论观点**来发展出一套秩序理论框架。这是什么意思呢？

　　吉登斯探讨这些问题的方式，在某些方面不是我们一般习惯的做法。因为他虽然从我们在前几讲已学到的一些理论出发，但他在使用这些概念时，却又把其意涵改得和我们之前学到的不一样了。有一组对吉登斯的秩序理论来说特别重要的概念尤其如此，即哈贝马斯和洛克伍德提到的"社会整合"与"系统整合"。哈贝马斯和洛克伍德对于这组概念的定义虽然有差异，但至少两人还有个共通点，就是这两个面向必须用不同的理论工具来掌握。社会整合问题要用行动理论的工具来讨论，系统整合问题要用功能论的工具来谈。但吉登斯想违背这种理论的二元论。他认为，在建立一套秩序理论框架时，没有必要借助功能论的分析工具。只要人们正确地运用将行动与权力并置起来的观点，那么人们可以一以贯之地用行动理论来进行论证。

　　吉登斯与其他行动理论家（特别是与哈贝马斯）的不同之处，在于他非常强调人类的身体面向，并且采纳了戈夫曼的观点，格外关注表达行为、表情与自我呈现。所以他认为直接的"面对面"互动特别重要，因为这时候身体是有直接影响的。吉登斯将"社会整合"理解为在场且相互观察的行动者的行动的交织，也就是在**共同在场**的情况下的行动交织。在此议题脉络下，吉登斯进一步将秩序理论的观念与常人方法论和象征互动论相联结。帕森斯提到了规范，或是哈贝马斯提到了各种有效性要求的平衡，以此来解释共同在场时稳定的相互关联；但吉登斯认为，我们不需要像帕森斯和哈贝马斯那样做，也可以解释这种相互关联。因为那样一种秩序理论，要么太表面了（帕森斯就是这样），要么太过理性主义了（哈贝马斯就是这样）。相反，他强调，秩序是基于一个更深的层次之上建立起来的，这个层次一方面是象征表达（不论是语言表达还是身体表达）的可理解性，另一方面是对日常世界的理性的信任（读者们可以再去参阅我们在第七讲关于常人方法论对秩序理论的论点的详细介绍）。

但有趣且新奇的是，行动的联结现在已经**摆脱了时空距离**。行动者在行动时**不一定得**共同在场了。这里就出现了吉登斯所谓的"系统整合"问题。这里他没有要回溯秩序理论原本的观念，因为一方面，主要进行微观社会学探讨的常人方法论和互动论，在这方面没有提供什么有说服力的解释；另一方面，哈贝马斯和"正牌的"系统理论者使用的功能论工具，又很成问题，所以吉登斯也不觉得是可取的。那他想怎么办？

空间和时间对于吉登斯的"社会整合/系统整合"这组区分来说，扮演着重要的角色。然而，就算行动者因为共同在场与没有共同在场的行动交织方式（必须）不一样，也不意味着行动理论在这里就没有用了。完全相反，吉登斯在这里 420 依循迈克尔·曼的看法：我们必须从历史的角度，来研究人类或团体的行动能力如何随着时间而改变，我们发明了哪些科技来让人类可以摆脱时空距离而交织起来，还有不同的文化因此发展出哪些权力能力（这里，权力**生产**或权力**积累**的观念便登场了）。这种和行动挂钩起来的权力概念，完全足以为宏观社会学给予启蒙。所以吉登斯认为，我们完全不需要功能论的论证模式。

这些研究问题，吉登斯特别直接地在我们前面提到过的著作《民族国家与暴力》中进行探讨。这本著作是在《社会的构成》隔年出版的。在这本相当历史取向的研究中，吉登斯分析了比如技术和科技，对于如美索不达米亚平原上的早期国家来说，充当了什么样的前提条件。他特别强调图记和书写的重要性，因为图记和书写具有让统治得以延续下去的可能性。他认为，书写的发明是让大量人群能基于权力而联结起来的基本前提，因为只有通过信息的存储，国家管理才能运作。

> 书写提供了一个编码信息的手段，能用来扩张国家机构对人与物的管控范围。就算是最简单的符号标记形式，都能作为一种辅助记忆的装置来让事件和活动的规律有序得以可能，否则事件和活动是无法被组织起来的。信息

的存储，既允许将一定范围内的事件加以标准化，同时也能让这些事件有效地协调起来。一份表格，便能够对物与人加以记录与相对排序。也许正是在这一个最基本的意义上，书写（就算是最简单的记号）强化了时空伸延，也就是说，让社会关系比在口头文化中跨越更广大的时空跨度。（Giddens, *The Nation-State and Violence*, pp.44—45）

通过书写以固定下来的信息，也大大强化了"监视"的程度（"监视"这个概念，是吉登斯从福柯那里借来的），也因此让国家的建立得以可能。按照"知识即权力"的看法，信息储存与信息处理的技术的发展，在历史洪流中也总扮演着决定性的角色。如同吉登斯在讨论现代欧洲国家的发展时所指出的，印刷术就权力生产方面而言造就了大幅度的进步。统治者在他所建立且极权掌握的国家里，拥有前所未有的能力，可以收集信息，控制信息，甚至今天还可以对信息以无与伦比的方式加以集中管理，以此来统治他的臣民。在民族国家时代，这一切都可以基于根本上已广为人知的科技，不断变得更加精致缜密。

当然，我们于此可以问，今天已相当普遍的**计算机科技**，对于现代国家的权力结构产生了什么后果。吉登斯自己没有系统性地处理这个问题。但是，根据他的"统治的辩证法"命题，他想来不会说统治已**单方面**地强化了。因为，虽然在专制时代和民族国家时期，中央集权国家的权力的确提升了，但宗教团体和政治团体的能力也同时成长了（读者可以想想欧洲启蒙时代英国的异议分子或批判统治的知识分子）。他们同样掌握了印刷的权力，因此也可以生产出反抗的权力。人们也可以用同样的方式观察到，国家监管基于计算机而来的权力，和以网络为根据、无法完全控制的社会团体的反对权力，彼此之间也有着"辩证"的关系。

吉登斯认为，关于许许多多人的跨越时间和空间所进行的行动的联系，完全可以基于行动理论的思想来加以描述。人们不需要一个由功能论提供的没有行动者的秩序理论。的确，功能论的秩序理论在这里是没有用的，因为我们已经认清了社会结构的流动性，也认清了统治与控制的辩证事实，亦即统治与控制不过就是不同行动者和行动团体之间不稳定的协商过程。这些事实和"结构和系统是固定的"这种想法是不兼容的。

3. 上述关于行动可以跨越极广的时空距离而连接起来的说法，以及借助权力概念将微观结构和宏观结构连接起来的观点，标示了一种很特殊的秩序理论。吉登斯就是通过这些观点，和帕森斯的想法保持了距离。因为利益冲突借由规范和价值缓和下来后并不会带来**宏观社会**秩序。对吉登斯来说，秩序问题处于一个更根本的层面上。吉登斯对此的想法，和加芬克尔及卢曼比较像。虽然吉登斯在谈到社会过程的时间面向时，读者们可能会感受到一件事，就是吉登斯把主观体验到的时间和客观过程（例如城市一天中不同时段的不同交通流量）的时间很不幸地混淆在一起了。但姑且不管这件事。重点是，吉登斯在此基础上，和迈克尔·曼非常像，都特别关注科技机制与科技资源，关注运输工具和传播工具，因为这些都让许许多多人拥有了联结彼此的可能性。规范不是不重要，但其重要性只是次要的。因为唯有在人们能够（依赖某些科技）彼此广泛地联结在一起**的前提下**，人们才有办法共享规范和价值。唯有在某些权力能力的基础上，价值、意识形态、文化模式等等才能传播开来，让不是只有一些人或团体、而是多数人都能接触到这一切。

所以，吉登斯跟迈克尔·曼一样，也一贯地反对将社会概念视作社会学的核心概念或基本概念。因为人们应该先从历史—经验的层面上去研究，稳定的人类网络是如何借助运输工具和传播工具得以建立起来，以及研究不同的网络是否可被搭接起来，让现实上具有鲜明的空间边界的社会结构得以形成。吉登斯和迈克尔·曼一样，都警告人们不能将前现代的政治结构与现代的民族国家当作同一件事，以为前现代的政治结构也是由相对同质的文化、受到监管的边界所标示出来的。以前的帝国和统治结构可能是完全另一种样子的。那时候不会谈到相对同质的文化，因为根本就没有传播工具，可以将那样一种文化传播给许许多多的人。那时候也没有清楚划分的疆界。前现代的帝国边界更多是"渐层的"，亦即权力网络在远离核心政体中心的外围是逐渐减弱的。当然在古代的城市国家管理中，也是有权力高度集中的政治结构的。但是，要从专制国家跨越到现代民族国家，还需要有权力能力的大幅提升，同时也还要有市场的发展、工业技术、越来越高的国家施政能力等等，也就是说要有对大量人民进行管理和监视的能力，以及所有这些要素能共同发挥作用。

> ……现代国家作为民族国家，在许多方面都变成一种特别卓越的权力容器形式，变成一种有着领土疆界（虽然内部有着高度的区域划分）的行政整体。（Giddens, *The nation-state and violence*, p.13）

吉登斯认为，当今天人们谈到"社会"，以及把社会隐含地等同于现代民族国家时，都会让我们忘了去问，民族国家到底有哪些特殊之处，以及与早期的"社会化形式"相比，有什么特殊之处。

但是吉登斯于此还不只是想抛弃"社会"这个概念而已；他还想抛弃一种一统性的、渗透一切的、制约宏观结构过程的逻辑观念。就现代（西方）民族国家方面，吉登斯认为马克思主义把现代西方"社会"诠释为"资本主义社会"，完全是错误的。马克思主义的这种诠释，仿佛说社会生活的特征就只有一种权力资源（即经济），所有其他事物都是由这种权力资源决定似的。但吉登斯觉得这种说法在经验上是不成立的。现代民族国家的运作不是只能用经济逻辑来理解而已，也

424　不能将所有其他权力形式都简化成经济逻辑。吉登斯更多地认为，现代性和民族国家，从以前到现在，都是由不同的制度复合体所构成的充满张力的领域。吉登斯借着将基于不同资源和规则之上的若干权力形式区分开来，而将"资本主义、工业主义，以及国家系统"这几种复合体区分开来（Giddens, *The Nation-State and Violence*, pp.287ff.）。**资本主义**动力在过去的确是现代性的形成的重要出发点，但是资本主义动力在过去和现在都与造成**工业现代性**的**科技**动力是不一样的。例如在苏联的权力领域，工业化也可以在**非资本主义**的情况下发生。至于民族国家系统，不是由工业主义，也不是由资本主义所产生的，而是发展出一个自身的、根本上是双重的动力。**一方面**是最晚从法国大革命开始，在欧洲形成的各个民族国家（注意，是复数！）的合作中产生了庞大的**军事动力**，军事动力也深层地刻画了现代性。吉登斯在这里又和迈克尔·曼很像了，也很敏锐地意识到宏观社会暴力所扮演的角色。比如**在哈贝马斯和卢曼的理论里**，都没有这种宏观社会暴力的一席之地。**德国**社会学家都没有关注这一点，是很奇怪的一件事，因为对于"德国"社会的历史来说，国家暴力明明就扮演了一个很重要的角色。**另一方面**，管控机构也运用了监视技术，发展出自身的动力。监视技术让20世纪的极权统治形式得以可能；同时管控机构所发展出的自身动力，既不能化约成工业过程，也不能化约成资本主义过程，更不能化约成军事过程。

　　吉登斯认为，个体和团体一直都想防止市民社会被全能的国家控制。所以民主化运动之所以会发生，首先可以说是因为要抵抗现代民族国家的管控渗透进社会关系。当然我们在这里可以批判地问，民主是否就仅是权力与反抗权力之间的

425　辩证而已。由于吉登斯没有对行动进行分类，所以这让他的说法最后会产生一个问题，就是忽略了平等、公平、政治意见表达、公正等等的观念也是有其文化根源的。虽然民主化运动也的确和权力形势有关，但**单单就**权力形势是不足以解释民主化运动的。吉登斯想将权力与文化加以综合起来，但他可能只完成了一半。因为他那非常精致复杂的行动理论的分析焦点，过于专注在行动的权力面向上，太少关注到行动也是镶嵌在文化里的。

　　另外，吉登斯在运用一个对他的宏观社会学来说非常重要的概念"监视"时，非常依赖福柯的说法，但同时吉登斯又不断反对福柯那缺乏行动者的理论概念。不过吉登斯的这种做法是可以原谅的。我们在第十四讲会提到，一方面，福柯的分析在讲到权力技术的使用或推动时从来不提行动者。在福柯那里，权力"如幽灵一般徘徊"在历史中，但无法捕捉、无法分配。这对于像吉登斯那样坚定的权力理论家来说，是无法忍受的。另一方面，福柯在分析权力的时候，总是过于夸大权力的作用。因为，至少在福柯的晚期著作中，他对行动者及其行动不是真的感兴趣。所以从福柯的观点来看，身体只是权力技术的施加对象，身体是一个被权力技术与规训技术形塑与雕琢的对象，完全没有自主性。吉登斯则相反。对于

吉登斯来说，行动者一直都有行动能力，所以也一直——在"统治的辩证法"的
意思上——都可以反抗、抗议、抗争（参阅：Giddens, *The Constitution of Society*,
p.289）。吉登斯常用一种说法来反驳福柯，即福柯的"身体"没有"脸"。意思是，
福柯的身体概念没有回顾到任何事，也没有指出这个"客体"中无法化约的"主
体性"。

在这里，吉登斯和卢曼的差异也相当明显。也许读者已经注意到了，吉登斯
在谈到制度复合体之间的张力时，和卢曼关于现代社会功能分化的命题，有一定 426
的相似性。在卢曼那里，个别的子系统只会依照自己的逻辑来运作。再也不存在
什么共有的符码或共有的语言了，子系统只会被干扰或刺激而已。这两个理论家
的不同之处在于，吉登斯认为卢曼那种**极端地**认为制度复合体或子系统复合体是
不相干的看法，是没有说服力的。而且更重要的是，吉登斯认为这些复合体的边
界是**行动者**划分出来的。确定制度复合体的内在逻辑和边界的，是行动者——不
论行动者是有意还是无意，是明智的还是被误导的。

＊　　　＊　　　＊

这里，我们要进入到这一讲的尾声了，同时也要来介绍一下吉登斯关于社会
变迁的看法。我们在讨论吉登斯的秩序理论时提到，他是极度反功能论的。正
好——想来不是凑巧——功能论的思想，在变迁理论这方面的构想，非常受到演
化理论的启发。但姑且不论后来这种构想是在哪个领域继续发展下去的，重点是
演化理论也是有不同版本的。帕森斯的演化理论是由"分化"作为所谓的主要过
程出发的（参阅本书第四讲），只是他还根据他的 AGIL 模型再提出了其他变迁面
向，如"适应升级""价值的一般化""涵括"。我们可以不无道理地说，后来社
会学的演化理论没有再对帕森斯的这套说法新加上什么重要的东西了。我们甚至
还可以问，比如卢曼的演化理论命题，比起帕森斯的社会演化说法，是不是反而
还退步了，因为卢曼非常，甚至仅仅坚持在功能分化命题上，使得帕森斯理论的 427
其他面向都被他淡化处理了。再加上卢曼也完全没说清楚，除了什么"系统内的
沟通的自我逻辑"这种奇怪模糊的东西之外，到底是谁或是什么推动了功能分化。

吉登斯完全不信功能论那一套，顶多只在经验的层面允许使用系统概念。而
且他也总说，行动的副作用（不论这个副作用有没有被认识到，是有意还是无意
地造成的）会破坏几乎每个系统的功能性。所以他也因此不太认为（社会）系统
会有由内生机制所推动的"发展"。他认为，行动者是"有知识的行动者"，会以

特殊的方式一次又一次地使用各种不同的权力资源来达成他们的目标。所以他不相信可以把历史塞进线性的（进化论的）描述方式。正因为行动者如此机智，以及他们那不能忽视不管的行动副作用，所以历史总是会发生重大事件、出现新的开端。也许在那之后，**在每一段特定的时间**中，我们可以观察到一种持续的发展。但因为我们也总有可能会看到极端的不连续性的出现，所以吉登斯主张，我们应用"情节片段"来理解历史与变迁。吉登斯认为，我们是可以颇为清楚且连贯地勾勒各个情节片段或时期，但我们不能用基于演化论的、总体的叙述方式，将人类历史描绘成一个整体。不论是某种"主轴过程"（例如分化）还是单一因果（如马克思主义说的阶级斗争），都无法充分地掌握复杂的人类历史。

> 没有任何钥匙可以解开人类社会发展之谜，将之简化成单一公式；也没有钥匙可以这样来解释不同社会类型之间的主要转变。（Giddens, *The Constitution of Society*, p.243）

社会变迁是一个错综复杂的过程，不是用一个简单的公式就能描述的，更遑论用一个简单公式来解释。全球化过程也是一样的。吉登斯在20世纪90年代初期，在公共领域和大众领域对此多有讨论。他从一贯的理论观点出发，认为全球化不能首先被视为一个经济过程，而是必须被视为一种多面向的过程，而且我们必须用时空范畴来掌握。

> ……全球化概念最好被理解为一种对时空伸延基本面向的表述。全球化牵涉在场与缺席之间的交错，以及"远距离的"社会事件与社会关系和地方的脉络性之间的交织。我们应该根据时空伸延与漫长而易变的地方情境及地方活动之间持续的关系，来理解现代性在全球的蔓延。（Giddens, *Modernity and Self-Identity*, pp.21—22）

不只是全球经济结构会与地方脉络碰在一起，因此改变了世界和人们知觉世界的方式；还有移民、难民、游客与媒体，也会将过去在某种程度上"有效地"分离开来的各种脉络带到一起。而这对人类的个人认同会造成难以预测的后果。这也让吉登斯进一步对时代诊断进行了思考。不过，因为这方面与德国社会学家贝克（Ulrich Beck）有关，无法三言两语交代，所以我们到第十八讲再来讨论。

总的来说，吉登斯的"情节片段"式的历史与变迁观，相比于演化理论以线性方式来进行建构的方式，的确有优点，这让我们不能视而不见。此外，迈克尔·曼和吉登斯不断强调大范围的宏观暴力的重要性，这也是在补充论证历史过程中的**不连续**时刻。但我们还是可以批判地追问，吉登斯对演化论的一般批评是不是太过了。人类总是会不断确认自己的历史，并且尝试为自己的历史生成赋予意义。人类会根据所设想的未来，为了诠释与控制当下，而诠释过去（Joas，"Eine soziologische Transformation der Praxisphilosophie"，p.219）。也就是说，历史的连续性并非由社会学家或理论家虚构出来的，而是许许多多的主体的确"做"出了这 429 种连续性。

如果我们完全不去追求一种解释历史的公式，那么我们就会不得不把所有不同的过去都整合成**单一种**历史（参阅第十七讲关于利科的讨论）。

*　　　*　　　*

在介绍了哈贝马斯、卢曼和吉登斯的理论综合尝试之后，我们已经把 20 世纪 70 和 80 年代这一类的研究中最有影响力的都介绍完了。这段时期其他的理论尝试，以及之后的发展，我们接下来继续为各位读者介绍。不过在这之前，我们在下一讲先来讨论一下新帕森斯主义。属于这个旗帜之下的学者，要么非常倚赖"旧的"帕森斯理论框架，也就是虽然帕森斯蒙受许多批判，但他们依然相信从帕森斯的著作中可以找到原则上是"正确的"理论取向。要么他们专门讨论宏观社会学议题，并且虽然他们在讨论中对社会变迁理论有系统性的反思，并且顶多只能接受社会秩序理论，但是他们和帕森斯，后来的哈贝马斯、吉登斯、甚至卢曼不一样，不觉得因此要急切地去进行行动理论研究。不过，今天的**理论综合**工作已经不能绕过这三位理论家的成就了。读者必须将这件事谨记在心，并且当我们在接下来几讲为读者介绍后来的理论取向时，读者应该检视一下，是否这些理论取向能与上述学者的综合工作一较高下。

第十三讲

"帕森斯主义"与"现代化理论"的翻新

我们在前面四讲已向读者介绍了最重要的几个理论综合尝试。这些在 20 世纪 70 和 80 年代尝试进行理论综合工作的学者，都在将不同的理论传统相互联结起来，并且用帕森斯的那套方式建构出新的宏大理论。但我们说 20 世纪 70 年代后理论创作的重镇转移到欧洲，读者千万不要误以为美国的社会学在理论方面从此就完全不重要了。虽然大家可以看到，帕森斯被新功利主义、象征互动论、常人方法论和冲突理论批评得体无完肤，但这不是说帕森斯的思想体系在 20 世纪 70 和 80 年代就完全失去吸引力了。帕森斯那无所不包且具有多重层次（即便并不总是那么缜密）的作品，给人们很大的诠释空间。这也就是说，帕森斯的弟子多少可以独立于他们"师父"的思想，开创出自己的道路。尤其是帕森斯的**社会变迁理论**，人们可以从各种不同的方面对之进行修正。帕森斯自己虽然也在不断发展他的变迁理论想法（见本书第四讲），但因为他总是在用比较抽象的方式来论证他的演化论想法，所以他的想法能被推进的程度是有限的。至少对于更偏好严肃的经验研究的社会学家来说，帕森斯那一套在历史方面讲得不清不楚的说法，大部分都让人很难接话。

这里就不能不提到**现代化理论**。虽然如果没有帕森斯的作品，我们是无法理解现代化理论的；但另一方面，现代化理论的一些作品，却和帕森斯理论在一些
核心要点上背道而驰。到底什么是现代化理论？简单来说（以下可以参阅：Knöbl, *Spielräume der Modernisierung*, pp.32f.），现代化理论是一种社会变迁理论，这种理论试着通过历史比较法，来掌握社会的发展历史。现代化理论有几点假设：

1. 现代化是一种全球性的过程，始于 18 世纪中期（或甚至更早）的工业革命。一开始在欧洲，但渐渐也涉及所有的社会，而且总体而言是不可逆转的。

2. 历史发展，或是所谓的现代化过程，是**从所谓的传统社会转变为现代社会**，同时现代与传统于是也成为一组对立的概念。

3. 在传统社会或第三世界国家，以人情态度、价值、角色结构为主。用帕森斯的模式变项来说（参阅本书第四讲），可以用"继承""特殊主义""功能宽泛"等概念来说明，并且可以将之诠释成阻碍了经济发展和政治发展。

4.与传统社会相反，欧洲和北美文化圈的现代社会，则是以**成就相关的**价值与**普遍主义的**价值，以及以**功能特定的**角色模式为主。

5.不同国家的社会变迁，都会以相对一致的形式，线性地朝向现代社会。

更简单一点来说，现代化理论的目标，就是从历史的层面来解释西欧与北美的资本主义经济与民主政治的形成，并且同时去弄懂世界上**其他**地方的经济成长与民主化的条件。这整个理论设计，是为了想提出一个可以和马克思主义一争高下的宏观理论。与马克思主义那僵化的上下层建筑概念截然不同，现代化理论采用了"模式变项"，是一个本质上较为弹性的理论工具。它是**多**维度的，所以可以避免用简化的方式掌握极为复杂的经济、政治、文化的共同作用。和马克思的经济决定论不同，在现代化理论这里，经济、政治或文化，**没有**一个在理论基本概 432 念上会被认为占有因果优先地位。

这样一种理论，在20世纪50和60年代早期，出于很多原因，相当受欢迎。

1.对于严格意义上的社会学来说，这样的现代化理论，与帕森斯那非常抽象的文风不同，是很具体的，所以也足够用来进行真正的经验研究。而且在50年代的时候，帕森斯关于社会变迁的想法还没有真正发酵。他的演化理论是到了60年代才发展出来的。现代化理论的魅力首先在于，人们首次有了一个普适，却同时又好上手的变迁理论，而且可以声称至少比马克思主义有说服力得多。

2.这种现代化理论的吸引力还在于，现代化理论家可以借用帕森斯的模式变项，声称继承了古典社会学家的遗产。因为，如果读者还记得的话，帕森斯之所以提出"模式变项"，是因为想将在社会学之父们那里常可以看到的二分概念（如"共同体"对"社会"，"机械团结"对"有机团结"等等）进行更确实的分类，并且把其中一些有矛盾的地方理得更顺。当现代化理论家回溯到帕森斯的这种模式变项时，他们表面上可以正当地说，他们无疑将古典社会学者一些历久弥新的知识继承进"新的"理论了。当然这种说法忽略了，帕森斯之所以提出模式变项，是因为最终想**扬弃掉**这些二分概念。因为他相信，虽然古典社会学家这些二分是有道理的，但是社会现实太过复杂了，不是单用几个简单的二分概念就可以掌握的。当现代化理论家说，历史是一个从"传统"社会到"现代"社会的过程，是一种从继承、特殊主义、功能宽泛的人情与角色结构，转变到成就相关、普遍主义、功能特定的社会时，这些现代化理论家反而陷入了帕森斯正想避免的二分法。但是这些现代化理论家与帕森斯的差异原则上可以忽视不管。现代化理论表 433 面上就是因此相当有吸引力、相当精彩，瑕不掩瑜。这些现代化理论家大多自认完全坚守着帕森斯式的传统，而且其他人也没提出什么异议，因为帕森斯自己也没有明确要跟现代化理论划清界限。

3.除了狭义的社会学之外，整个社会科学也对现代化理论颇感兴趣，因为现代化理论是跨学科的。事实上，"模式变项"这种特殊的掌握方式，对于历史学家、政治学家、经济学家、心理学家以及社会学家来说，都很有用、很有启发。现代化理论许诺了一个真正跨学科的社会科学研究实践。

4. 之所以许诺了实践，也是因为人们相信，这套理论亦能用来引导非西方世界的发展过程。

事实上，现代化理论就是产生于某种"实践性质的"脉络的。当时美国杜鲁门政府试图回击苏联对后来所谓"第三世界"的国家的影响，而现代化理论即源自这个背景。1949 年，美国政府为了想稳定第三世界国家，提出了一个很庞大的计划，即经济援助那些没有（或还没有）被共产主义影响的国家。一种全球马歇尔计划应运而生。非欧洲的贫穷国家，应在美国的经济与知识的援助下，在经济方面自力更生。但后来大家很快就发现，援助者和发展专家在拉丁美洲、亚洲和非洲的工作，完全和一开始想象的不一样。很多原本善意的协助，除了因为语言障碍，还因为文化或社会方面的障碍而失败了。大家觉得无论如何都得克服这些障碍，但却不知道该怎么克服。这时候，社会科学专家便被招募进来参与这项计划了。这些专家对发展阻碍进行了辩论，最后很快就得出了某种基于帕森斯理论体系的理论论证模式，觉得这种模式特别有说服力。这种理论模式基于"模式变项"的动态发展观。大家都觉得这是最适合用来描述，甚至是解释发展过程的理论模式。所以大家马上就用这种理论诠释开始进行大范围的跨领域研究。这些研究的目光超出了西方世界，开始关注一些以前从未想过会如此系统性地加以研究的地方。虽然韦伯和涂尔干也处理过欧洲外的主题，像是探讨世界宗教的经济伦理，或是澳洲与北美原住民的世界观；但他们的研究所依赖的，都是非社会学家的经验研究。而现代化理论改变了这一切。社会科学，特别是社会学，不论是在文化方面还是地理方面，都开启了一片新天地，并且允诺能为实践提供贡献。因为，如果"贫穷"国家的发展阻碍，可以用经验的社会研究方法来加以分析的话，那么这些分析同时也应该可以为克服障碍给出一把钥匙。

因此，20 世纪 50 年代末、60 年代初，出现了一系列相当重要的研究，这些研究都属于现代化理论和战后社会学的主要著作：贝拉出版于 1957 年的《德川宗教》（Robert Bellah, 1957, *Tokugawa Religion*），勒纳出版于 1958 年的《传统社会的消逝：中东的现代化》（Daniel Lerner, 1958, *The Passing of Traditional Society. Modernizing the Middle East*），李普塞特（1922—2006）出版于 1959 年的《政治人》（Seymour Martin Lipset, 1959, *Political Man*），斯梅尔瑟出版于 1959 年的《工业革命中的社会变迁》（Neil J. Smelser, 1959, *Social Change in the Industrial Revolution*），罗斯托（1916—2003）出版于 1960 年的《经济成长阶段》（Walt Rostow, 1960, *The Stages of Economic Growth*），麦克里兰（1917—1998）出版于 1961 年的《成就社会》（David McClelland, 1961, *The Achieving Society*），阿尔蒙德（1911—2003）和维巴（1932—2019）出版于 1963 年的《公民文化》（Gabriel Almond and Sidney Verba,

1963，*The Civic Culture. Political Attitudes and Democracy in Five Nations*）。这些社会学和政治学、经济学和心理学的著作，虽然它们的理论在细节上都是不同的，但大致都从上述五点假设出发。

435

为了让读者更好地想象上文这些很抽象的讨论，我们这里来为读者简短介绍勒纳的著作。一方面，他这本书的书名就使用了"现代化"这个概念，而且这个概念也因为他这本书而更广为人知。另一方面，他的理论模式相对简单，或是甚至可以说，过于简单。

勒纳认为，现代社会生活依赖很多先决条件。现代社会中的每个人，如果没有高度的心理流动性的话，是不会主动参与社会事件的（*The Passing of Traditional Society*，p.202）。心理流动性意指一种被勒纳称为"同理心"的特殊感觉状态。他将同理心理解为一种能根据抽象的准则来思考与行动的能力，并且人们能以此超越狭隘的人情范畴与家庭领域（这两者是传统社会的典型领域）。现代社会会根据某些原则来运作，而这也打破了人们在传统社会中似乎都会有的听天由命态度，让人们不再受到特殊的家庭结构和亲属结构的严格束缚。勒纳认为，唯有"同理心"，才能让人们摆脱传统社会的压迫，并将自己视为现代社会的**主动成员**。

> 传统社会是非参与性的。它就是按照亲属关系，把人安排进各种彼此不相干，也与中心不相干的共同体里去。它没有大都市的那种劳动分工，也没有发展出什么经济互赖需求。由于缺乏这种相互依赖的纽带，所以人们的眼界就仅局限在地方上，他们的决定只与他们所认识的人、认识的情境有关。因此传统社会不需要遵循次级象征所表述出来的超个人的、共享的教条——即国家"意识形态"。意识形态，可以让人们在不认识彼此的情况下，参与政治辩论，或比较彼此的观点以达到"共识"。（Lerner，*The Passing of Traditional Society*，p.50）

勒纳仔细地探讨了易于接受现代社会的人或是现代人的精神特质或心理特质。他相信，在 20 世纪 50 年代的中东地区，总的来说虽然仍存在着相对僵固的传统社会，但那些地方同时也已经显露了现代化的势头。在大城市的人口稠密地带或其附近，都可以看到这种势头。这些地方，实际上也为（现代）心理流动性提供了前提。因为，根据勒纳的一个非常单纯的命题，唯有在大众媒体（报纸、广播等等）被广泛使用的地方，唯有在被大城市通过媒体设施所影响到的地方，才会促进能引发同理心的知识与相应的角色模式。写作与阅读能力即便不是**唯一的**，也是其中的一种很重要的提升大众心理流动性的工具。勒纳声称，在现代化过程中，特别是在大城市中，现代大众媒体可以为口头的和直接的沟通形式提供补充，甚至会部分替代了这些沟通形式。对于社会成员的心理改变以及对于整个社会变迁

436

来说，媒体传播既是这种改变与变迁的表现，也是这种改变与变迁的肇因（Lerner, *The Passing of Traditional Society*, p.196）。

虽然勒纳的现代化理论"编织"得相对简单，其他的理论家可能有较为不同的说法，但认为历史乃从"传统"社会朝向"现代"社会发展的观念，还是所有现代化理论家的研究的共同构成要素。而且这种思维形式也暗含着对于进步的期许，即希望通过理论与实践的紧密结合，可以引导非欧洲国家的发展。

然而这种带着上述五项假设的现代化范式，没有持续太久。这个范式的鼎盛时期差不多只有 15 年。20 世纪 60 年代末，这种范式就遭遇到猛烈的批评了。另一个宏观社会学范式取而代之（以下我们马上会看到），它不再抱有一种想对大面积社会变迁过程进行描述与解释的现代化理论观念。为什么现代化理论会这么快成为众矢之的、被边缘化呢？对此，有一些不同的说法。其中，帕森斯的学生亚历山大（Jeffrey Alexander），亦是我们在这一讲要仔细介绍的学者，他的说法可能 437 是最主流的（"Modern, Anti, Post, and Neo: How Social Theories Have Tried to Understand the 'New World' of 'Our Time'"）。他声称，现代化理论是时代精神下的牺牲品。现代化理论本身没有什么问题，也不是不能与时俱进，但在 20 世纪 60 年代的学生动乱中，社会科学都被政治化了，现代化理论对青年世代来说也因此失去了吸引力。事实上，现代化理论描绘出了非常清楚的"现代"的图像；它将在欧洲与北美世界以不同形式塑造出来的制度系统与价值系统，呈现为是值得追求的。相应于此，在所谓第三世界的"现代化"，被认为会，也应该以各种方式迈向"现代的"制度与价值。但亚历山大认为，正是这种观念被左派学生运动视为眼中钉，并因此在（北美）大学里各社会科学院系弥漫的政治氛围下，被认为不再适当了。大量的示威游行在抗议越南战争、美国帝国主义，也抗议对美国非洲裔族群的压迫。这些抗议都似乎指出了，美国和西方的这些系统绝不是什么值得第三世界学习的规范榜样。现代化理论的规范发展方针也在这种情况下被抓出来讨论。在 20 世纪 60 年代晚期和 70 年代群情激愤的氛围中，极左派的知识分子将现代化理论诠释为**种族中心主义的**产物，所以毫不留情地批判这种理论，认为它不过是想把西方那套很需要商榷、很有问题的系统灌输给其他国家而已。亚历山大认为，由于现代化理论有帝国主义之嫌，所以当时很大一部分的青年，或较年轻的社会科学家，都转向了现代化理论在宏观社会学方面的竞争对手——马克思主义。他们认为马克思主义对（他们所身处的）西方社会提出了根本批判，因此很有吸引力。亚历山大的结论是，现代化理论是左派的时代精神下的牺牲品，因为这个理论的缺点，实际上并没有严重到我们要完全将之弃如敝屣的地步。所 438 以亚历山大认为，现代化理论完全是可以重获新生的！

当然，关于现代化理论在 20 世纪 60 年代末之所以会"消亡"的原因，人们也可以给出另一个说法。这个说法与对这个理论的振兴能力的另一种判断有关

（参阅：Knöbl, *Spielräume der Modernisierung*）。这种说法认为，现代化理论不是被外在的左派时代精神给"谋杀"的，而是这个理论自取灭亡的（这和亚历山大的说法非常不同）。现代化理论并没有一个稳定的基础。它有个很致命的弱点，就是这个理论虽然采用了一些帕森斯理论中的一些概念，但总的来说，它这种采用只是断章取义，并发展出一个在帕森斯那里并不存在、过于简单的社会变迁过程观。这个理论从一开始就很成问题。"传统的"和"现代的"社会的对立，虽然乍看之下好像没毛病，但这其实掩盖了一个问题，即现代化理论希望自己是一个社会**变迁**理论，而不是仅在对不同的社会状态进行静态的描述分类。是谁或是什么，将社会变迁从传统推向现代？这里的因果关联是什么？现代化理论似乎并没有回答这些问题。像勒纳说，大众媒体打破了旧时社会传统结构，并让新的、现代价值模式蔓延开来，带动了经济发展。但他的说法马上就会带出一个问题，就是这些科技创新是如何、通过谁而被广泛使用的？传播科技的创新本身就依赖着经济前提（没有经济增长过程，大众媒体被广泛使用的程度必然是相当有限的）。而如此一来，勒纳的解释模式马上就显露出循环论证的问题了。在勒纳那里，经济变迁最终被认为受到媒体的影响，但媒体本身也唯有通过经济变迁过程才能发展出其 439 影响力。这种解释就变成一种循环了，也即，人们用有待解释的东西来解释东西，然后又用如此解释出来的结果去解释原本那个有待解释的东西。

在现代化理论讨论的内部，产生了一种观点，即如果人们想要提升这个理论真正的解释力，那么就不能只参照科技发展趋势。所以，为了要提出清楚的因果说明，人们必须试着指出现代化的**担纲者**，指出实际上推动了社会的现代化的**社会团体**。但这当然是很难的，因为我们常常并无法明白确切地指出谁是担纲者。政治精英并不总是心甘情愿地踏上**西方**现代化道路，而是常常还更接受在莫斯科或北京所实现的社会主义社会模式。一些中间阶层的，例如技师或科学专家，虽然好像属于这一类对西方社会模式很感兴趣的现代化担纲者，但这一类人在第三世界国家的数量其实大多是稀少的，因此他们是否足以担任能带来影响的现代化担纲者，是很成问题的。虽然的确，我们大概不能真的希冀务农民众推动建立起以西方为标杆的社会形式，但现代化理论并没有说清楚，到底谁或是哪些团体，可以推动让大家都公认的现代化。"谁会想要执行现代化，还有谁能够执行现代化"这个因果问题没有得到解释，这也因此让现代化理论的说服力很有限。

最后，现代化理论的核心假设，即将传统结构与现代结构清楚二分，也很成问题。只要人们仔细想一下，就可以发现，西方社会的"传统特征"绝没有完全消失。美国看起来是现代西方社会，但那里的宗教传统还是相当生气蓬勃；美国也是一个宪政爱国主义国家，但宪政爱国主义也是一个有两百年历史的政治与法 440 律传统。像英国等欧洲国家的君主制结构也依然维持至今。人们可以看到众多像这样实在无法简单无疑地说是"现代"的现象。如果"传统"与"现代"实在很难被**明确区分开来**，那么现代化理论的"**从传统到现代**"的**变迁命题**自然而然就很成问题了。除此之外，现代化理论将帕森斯的"模式变项"运用在历史面向上，可能也会带来不好的后果。帕森斯之所以发展模式变项，是为了想捕捉常令人感到头大的社会**复杂性**，例如一个社会中即便有着一些特殊主义的价值，但其中的角色模式依然可以具有功能特定性。但是这种观点与大部分的现代化理论家的观点是不一样的，因为现代化理论家把帕森斯的模式变项中的一半归于传统（特殊主义的、功能宽泛的、继承的等等），一半当作现代的（普遍主义的、功能特定的、成就相关的等等）。而这样做，帕森斯式的复杂性就又变成一个二分架构了。然后再把这个架构投射到历史过程，自然就会得出一个"从传统到现代"的简单变迁命题。

所有这些现代化理论的困难之处，终究会带来一个后果，就是这个范式的内在批判在 20 世纪 60 年代末期越来越激烈，让这个理论从内部就开始分崩离析了。也就是说，埋葬了现代化理论的——与亚历山大的说法不同——不是单纯的"时代精神"，而是现代化理论家自己，因为他们自己都觉得这种过于简单的命题是站不住脚的。

之所以说是现代化理论家自己埋葬了现代化理论，是因为还有一个证据，即正好就是那些与现代化理论有关的学者，对后来的社会学理论发展产生了特殊的影响。这些学者并**没有**将帕森斯的取向给简化掉，而是相反，采纳了帕森斯理论中的复杂性。事实上，帕森斯培养出了一些学生，正是致力于此。虽然他们和帕

441 森斯不一样，志不在发展出一个抽象的普世理论，而是**同时**对理论研究和经验研究感兴趣；但他们同意在几乎所有社会里，不同的（"传统"与"现代"的）结构还是复杂地交织在一起，因此就这点而言帕森斯的洞见没有被抛弃。于此，这些学者中有一些踏上了新的理论道路，一条远离了原本的帕森斯主义，也与现代化理论完全分道扬镳的道路。

*   *   *

这里，值得一提的是席尔斯（Edward A. Shils）。席尔斯虽然没有出版过什么惊世巨作，但他的一些重要的小研究和小论文，从理论和经验的角度看也为国际理论辩论指明了方向。席尔斯的学识非常渊博，对芝加哥大学和英语世界的许多精英大学都很有影响，并且其影响力超出了社会学界，遍及整个知识圈。最后他甚至在文学界都名留青史，因为诺贝尔文学奖得主贝娄（Saul Bellow）的小说《拉

维尔斯坦》(*Ravelstein*)里的角色"科贡"(Rakhmiel Kogon),原型就是席尔斯(可见:Bellow, *Ravelstein*, pp.130ff.)。当然我们这里感兴趣的首先不是席尔斯这个人,而是他的社会学作品。读者们可能还记得,席尔斯在20世纪50年代初期,跟帕森斯合写了一些很重要的著作,像是1951年出版的《迈向一般行动理论》,以及1953年出版的《行动理论论文集》(*Working papers in the theory of action*)。但不要忘了,席尔斯比帕森斯还有更强烈的经验导向,他最后也发展出了新的理论观点。

席尔斯很早就通过军事社会学研究而崭露头角了〔可以参阅他和贾诺维茨(Morris Janowitz, 1910—1988)在1948年合写发表的:*Cohesion and Disintegration in the Wehrmacht in World War II*〕。这篇文章在50年代促进了小团体研究的蓬勃发展。但对我们来说更重要的是,他在这些年很认真地探讨了知识社会学问题,特别是关于知识分子的社会学。这也让他得以弥补现代化理论的不足之处。因为,席尔斯认识到,现代化理论如果想认真掌握现代化的肇因,那么就必须以一个具有一致性的行动理论作为基础。他的建议是,必须探讨发展中国家的精英,特别是那里的知识分子(参阅:Shils, "The Intellectuals in the Political Development of the New States"),因为知识分子的创造潜力就算不是最重要的,也是非常巨大的。虽然席尔斯对知识分子的研究很快就指出,我们无法像现代化理论的观点所期待的那样,简单地对知识分子的行为加以预测,所以席尔斯的研究没有真正给出什么明确的结果;但他对原本的现代化理论的发展和修正,还是作出了很大的贡献(以下可以参阅:Knöbl, *Spielräume der Modernisierung*, pp.228ff.)。

但席尔斯不只如此而已,他自己在理论方面还努力地从现代化理论和帕森斯自己所陷入的窠臼当中解脱出来。他的研究暗含的主要命题是,**不论是现代化理论还是帕森斯,对文化的理解都是不充足的,而且这正是他们的软肋之所在**。席尔斯深受韦伯的影响,也受到早期社会学芝加哥学派和另外他所熟识的一些学者的影响(见本书第六讲),所以他所迈出的第一步,是去追问文化和权力的关联。他开始系统地阐释韦伯的卡里斯玛概念,但却是用涂尔干的思想工具来进行阐释的。

席尔斯援引了涂尔干(但也援引了帕森斯,见本书第四讲)提出了一个命题:**任何社会——包括现代社会——都有某种关于神圣性的观念**。所以我们绝不能像韦伯或其他现代化理论家一直以来所相信的那样认为,现代社会里的一切事物都世俗化了,或将会世俗化,不能认为现代社会里任何的神圣性都会因为世俗化而烟消云散了。

> 所有的社会,都会把某些审判标准、某些品行和思想的准则,以及某些行动的安排,视作神圣的。这些社会仅仅在承认、允许这些事物进入到神圣的范围、参与其中的程度等等的强度和自觉方面不一样而已。(Shils, "Tradition and Liberty: Antinomy and Interdependence", p.156)

虽然人们与神圣性的关系无疑会随着现代化过程而改变，但这种变迁更多应该说是升华而不是消失。为了把"宗教在现代化过程中是升华的"这个命题说得更清楚、更有说服力，席尔斯引入了涂尔干的神圣概念与韦伯的卡里斯玛概念。他把某些事物或人的神圣性质，等同为卡里斯玛的性质。他认为，具有卡里斯玛性质的事物和具有神圣性的事物在各个社会里无所不在。他借助人类学的思路来声称：所有人显然都需要秩序，这就是为什么在所有社会里，都有具有卡里斯玛性质的事物。谁有权力建立和保护秩序，谁就会被认为具有卡里斯玛。一个人若被视为圣人而备受敬畏，那么他就可以更有效率地使用权力来维持秩序。

> 能促成或创建秩序的事物或人，都会引起感召响应。不论那是神的律则、自然律则、科学律则、实证律则、整个社会，还是甚至一个特殊的法人团体和如军队那样的机构。不论这些事物或人是具体化了、表述出来了还是象征化了有序宇宙或任何当中的重要部分，都能唤起敬畏与崇仰之情，唤起卡里斯玛之情。人需要秩序，才不会手足无措。秩序能提供条理，持续性，以及正义。(Shils, "Charisma, Order and Status", pp.125—123)

韦伯把卡里斯玛概念主要运用在人身上，但席尔斯不是。就如上述引文里可以看得出来的，他把这个概念也用在政治角色、机构、象征符号，甚至是某个阶层上。这种做法的要点在于，他撷取了韦伯的卡里斯玛概念的那种破坏性的、非日常的特质，然后又把卡里斯玛和神圣性说成是日常的正常"现象"，亦即说成一
444 种**满足了稳定社会的功能**、部分还甚至以此**维持了社会常规**的现象。这方面，他后来广为人知的研究，是关于 1952 年英国女王伊丽莎白二世的登基加冕典礼（参阅：Shils and Young, "The Meaning of the Coronation"）。在这份研究中，席尔斯将卡里斯玛诠释为稳定秩序，而非松动秩序。

从这个基本想法出发，席尔斯有两个目标：**一个**，他想对集体价值约束力的形成与持续性，提出一个比结构功能论更有说服力的解释。价值对于社会成员来说，是如何，以及为什么会有如此的约束力？关于这个问题的答案，帕森斯和现代化理论家相对来说没有提供什么贡献。**另一个**，席尔斯想脱离古典现代化理论，因为这些理论都是简单地从现代社会来定义传统的。席尔斯认为，把传统与现代二分是行不通的，所以他把他关于神圣性和卡里斯玛的命题，跟传统概念结合起来。席尔斯认为，当社会成员把行动与现象，和某种卡里斯玛的或神圣的性质联结在一起时，行动或现象就会带有传统的味道了。

> 毫无反思地接受传统，并不是说这种接受就是不分青红皂白、木然的。对传统的接受，也是有主动的、外向的、积极的方面。传统的判断准则与规章的

有效性，会指引与引发人们内心自发的道德倾向，引发人们想要通达终极的真理与正确，以寻找、求得传统的指引和纪律。（Shils，"Tradition and Liberty：Antinomy and Interdependence"，p.155）

传统若要拥有生命力，不是单单靠某些行动的重复进行就可以了，而是这些行动还必须持续与神圣性或卡里斯玛结合在一起才行。席尔斯认为，神圣性在现代社会里不会丧失意义，而是会高度升华。同样地，传统也不会轻易消逝。传统不是单纯过去的沉积而已，而是具有蔓延下去的生命力。就算是现代民主社会，也是会追溯传统的。读者只要想想一些国家纪念日，或是像一些隆重的就职典礼、向宪法宣示等仪式就知道了。 445

传统在现代社会里不但不会轻易消逝，而且还会主动地吸收与延续。这里，席尔斯提出了**精英理论**的说法。他说，每个人都需要秩序；这种对于秩序的需求，解释了卡里斯玛性质是怎么来的。而创建秩序的，一般是精英分子。席尔斯的命题是，**精英分子**就是吸收并延续传统的具体担纲者。他们通过他们的权力地位与权威地位，保证了政治秩序、社会秩序与文化秩序，所以**他们**具有卡里斯玛的性质，所以也**正是他们**让传统生生不息。"伟大的权力乃是通过它对秩序的控制以展现出来的。它发现秩序，创造秩序，维持秩序，或是毁灭秩序。权力确实是一件非常重要、与秩序相关的事。"（Shils，"Charisma，Order，and Status"，p.128）在这个脉络下，席尔斯也引入了"核心"和"边缘"这一对概念，但他是从文化社会学，而不是像其他学者那样从经济地理学或政治经济学的角度，来谈这对概念的。他用这对概念提出了一个命题：每个社会都会有一个非常重要的价值系统，也都会有一个非常核心、由精英所承担的制度系统。这里的"核心"，涵括了象征秩序，价值秩序，以及信仰观念秩序。这些秩序对一个社会来说非常重要（Shils，"Center and Periphery"，p.93），同时也会弥散到"边缘"这样一种不属于核心的社会区域。精英的卡里斯玛性质非常强，由他们造就的文化成果非常令人印象深刻，所以就算是在"边缘"区域，他们还是充满吸引力。

借着这样的理论转向，席尔斯在帕森斯主义中向前跨出了很重要的一步。即便他并没有从他这些想法发展出一套持续的研究计划，他还是为后人铺平了康庄大道。他的研究不只以创新的方式来运用卡里斯玛概念和传统概念，也运用了"核心"和"边缘"这一对概念。这让他不用再像早期帕森斯那样把文化仅视作一种（与行动无关的）意义脉络，仿佛文化无根无形地"悬浮"在行动者上空似的（见第三讲），或是像晚期帕森斯把文化视作与行动者无关的"控制论系统"（见第四讲）。席尔斯更多的是在帕森斯主义中给出了一个用行动理论分析文化的机会，亦即让人们关注到具体的行动者，以及由行动者造就的文化成果的重要性（关于席尔斯这方面的成就，亦可参阅：Stephen Turner，"The Significance of Shils"）。于 446

是，想来也非偶然的是，席尔斯的一位学生，成功地推进了席尔斯的思想，逐步发展出庞大的研究计划，这个计划远远超过了帕森斯主义，也超过了现代化理论，至今都影响甚巨。

＊　　　＊　　　＊

　　席尔斯的这位学生，就是艾森斯塔特（Shmuel N. Eisenstadt, 1923—2010）。他出生于波兰，1935 年搬到了巴勒斯坦。在耶路撒冷，他担任知名社会学家与宗教哲学家布伯（Martin Buber, 1878—1965）的助理。布伯是来自德国的移民，从 1938 年开始就在耶路撒冷的希伯来大学执掌社会哲学与一般社会学教席。艾森斯塔特在很年轻的时候，就很积极地与当时社会学界的诸多知名大佬联系接触，为相对孤立的以色列社会学寻求国际合作。于是他在伦敦政治经济学院遇见了席尔斯，在哈佛大学遇见了帕森斯。席尔斯和帕森斯都很尽心竭力地栽培艾森斯塔特，也让他因此参与到关于结构功能论发展与现代化理论发展的激烈争论中。但艾森斯塔特最终走出了自己的路。虽然他因为他的老师席尔斯和帕森斯，无疑深受功能论的影响；但同时，他在漫长的过程——这段过程持续了数十年之久，而且似乎最终没有结束——之后，成功摆脱并持续修正原初功能论的前提。**这让他迈向了一个实际上几乎不会再被视作功能论的理论**。严格来说，艾森斯塔特最终离开了功能论的影响范围，因为他越来越清楚这个理论模式的弱点是什么。影响他如447　此发展的，显然是他早期接触的布伯哲学，以及该哲学对于人类行动的创造性的强调。艾森斯塔特在自己的生平回顾中也是明确这么说的（对此，可参阅该书的导言：Eisenstadt, *Power, Trust, and Meaning*）。

　　不过，艾森斯塔特不是一位纯粹的理论家。他对功能论持续且一贯的修正，都是来自他的经验分析。他的整套计划，是韦伯式的世界宗教及其对社会进程影响的比较研究（这是艾森斯塔特的作品里除了理论之外，最令人印象深刻的面向）。我们等下会讨论这些经验研究，但这里我们想先为读者介绍艾森斯塔特在**理论方面的创新**。他对帕森斯和原初的现代化理论，采取批判的态度，这些批判要点里有一些在本书前几讲已提到过了。

　　1. 艾森斯塔特同意席尔斯为功能论开启行动理论面向的做法。帕森斯将功能论极端化成一种系统理论，行动者在这个理论中不再有一席之地，或是说这个理论的分析内容已不再对行动者感兴趣，因为行动者只需要满足系统需求就好。但艾森斯塔特跟席尔斯一样，认为这是错的。艾森斯塔特认为，理论必须将行动者包含到分析中，而且对于宏观社会学方面的分析来说，**集体**行动者是特别重要的。在他的研究中，士绅，宗教领袖及其追随者、组织、军队等等，一直都扮演着很重要的角色。而且和席尔斯一样，艾森斯塔特的研究也特别指出推动了社会变迁（或是用更专业一点的话来说：推动了现代化进程）的**关键**行动者。如同席尔斯，艾森斯塔特也特别关注**精英分子**。

2. 这种强调行动者做法的后果，就是艾森斯塔特不再像帕森斯那样讨论系统或是子系统之间的交换过程。艾森斯塔特更多是将交换过程诠释为权力担纲者之间为了资源而进行的**斗争**。通过这种冲突理论式的说法，艾森斯塔特和功能论思想体系的核心要素——即均衡状态——分道扬镳，而且他还提出了一些重要的进一步想法。

3. 如果人们将分析重点放在行动者身上的话，那么就会知道，不是只有"系统内部"的行动者才是需要讨论的。事实上，艾森斯塔特开启了一个视角，即人们唯有考虑所谓外在影响与外在情境的作用，才能适当地研究社会进程。社会从来不是完全自主自治的独立单一体，而是总会与其他的社会有所交流、贸易，或是与之发生战争等等。功能论的社会模式很难探讨这个现象，因为它理所当然地把"整个"社会当作分析的最高的与最终的参照系统。艾森斯塔特开启的视角，也让人们突然可以质疑功能论在面对"诸多社会"之间持续增长的"国际"联系时，若仍只考虑系统内在条件与内在要素，认为有一种社会均衡状态，是否还有意义。因此，艾森斯塔特致力于挖掘社会**之间**的文化关联。他的这种研究做法，也让人们所理解的社会，在根本上比原本的功能论更多了动态性。

4. 这种将高度不同的"内在"与"外在"的影响与行动者全包含进来的做法，同时也让人们无法忽视各种制度化过程与整合过程的不同后果与结果。帕森斯的功能论从来没有认真讨论过特定价值是**如何**制度化的，社会的整合与稳定在帕森斯那里也更多的是一种假定而不是研究出来的结果。而艾森斯塔特认为这是不充足的。因为他对社会进程的分析聚焦在具体的（集体）行动者，因此他很快就注意到，价值的制度化决不是一种简单且毫无问题的过程。价值是可以被诠释的，而且行动者会争取自己的诠释，并且会不断为了让价值能**正确地**或**真正地**制度化而斗争。相应地，社会也不是将某一个特定的价值系统整合起来就一劳永逸了，相反，已经建立起来的整合形式总有可能会遭受质疑，因为对立团体总会想推动另一种价值的诠释、争取另外一种制度化形式。

这里，社会学的分化定理（至少就这个概念原本的用法来说）也是可质疑的。分化是由结构功能论所（再）引进的概念，用来描绘社会变迁的轮廓。这个概念的假设是，社会变迁有一个不止息的、线性的分化进程，会从简单的整体变成许许多多越来越专殊的单元，然后这些单元会再整合成一个复杂的整体，以造就能提升这个整体系统运作效率的结果（参阅本书第四讲）。艾森斯塔特反对这种理解分化的方式。因为他认为，制度化过程和整合过程的结果是开放的，价值制度化和社会整合实际上不是理所当然就会成功的。虽然的确是有一种分化进程，但因为分化进程是由行动者推动的，所以分化的结果与形式不是能用理论推导出来的（这种看法跟功能论者和现代化理论家的假设大相径庭）。分化进程根本不能保证最后是成功的！艾森斯塔特和（帕森斯式的）功能论与现代化理论截然不同，他提出了一个后来相当有名的分化后果的类型学。他强调，（1）制度方案可以是失败的，（2）分化进程也可能倒退到更低的分化层次（去分化），也就是说我们不能把分化假设成是一种进步，（3）我们不能排除分化是部分的，意思是一个社会中

450　只有部分领域会分化出来，其他领域不会，而这必然导致社会发展的"不同时性"，以及最后（4）分化过程当然也可以是成功的，也就是制度成立了，能将分化出来的新单位整合起来（参阅：Eisenstadt, "Social Change, Differentiation, and Evolution", pp.111ff.）。但这种分化成功的情况，绝对不是通常的情况！

　　5. 正是因为如此，人们必须抛弃在现代化理论和在某些社会学演化论中，关于普世线性发展、持续进步的假设。历史过程是由行动者之间的某种冲突情况所决定的，我们不能直接预设分化会是成功的。进步绝不是必然会发生的。我们同样不能认为，不同社会的历史都会殊途同归、归于西方社会模式。艾森斯塔特指出，就如同我们不能假设发展中国家迟早都会步上西方现代化道路一样，我们也不能简单假设所有地方的冲突情况都是类似的，或是冲突结果会是类似的。由于各种外生因素，以及由于不同团体之间的冲突，我们必须考虑偶然性与无法预见的过程。这种偶然性和无法预见的过程，往往证明了历史不是只有一条线性发展道路，不会殊途同归。

　　6. 所以我们要知道，诞生于欧洲和北美的现代性，同样不过形成自某种偶然的情况而已。也就是说，这种发展历程不是必然会出现的。西方人应谦虚地看待自己的过去，打破面对其他文化和文明时的自信与优越感，质疑传统与现代的二分对立。唯有如此，人们才能认真思考，既然这一切都是偶然的，那么西方现代性是否也不过就是某种传统的产物、一种——艾森斯塔特最后所谓的——非常特

451　殊的文化"符码"的发明而已。虽然西欧和北美地区近代以此发明和其他的文明保持了距离，但不能因此很有信心地认为其他地方就会以西欧与北美为样板来发展自己。艾森斯塔特认为，不论过去、现在还是未来，人们都必须考虑各种不同的传统，西方现代性只不过是其中一种而已。这种看法，和**整个**现代化理论的核心假设是背道而驰的。

　　艾森斯塔特理论方面的创新就讨论到这里。不过如果我们不同时去看他的研究对象和研究方式，他的理论看起来就会太抽象了。更何况，如上所述，艾森斯塔特的思想不是纯粹地就理论谈理论，而是在和经验问题进行对话的。

　　20 世纪 60 年代之前，艾森斯塔特虽然已经在国际上出版多本著作，绝非无名

之辈，但一直到 1963 年开始，他才因为一本野心勃勃的著作而站到了整个国际社会学的聚光灯下，即《帝国的政治系统》(*The Political Systems of Empires*)，一本从古埃及、印加文明、古代中国，到拜占庭和欧洲专制制度的对不同庞大科层帝国的比较研究著作。这本著作引人注意之处，一方面在于它对帕森斯主义和现代化理论进行了修正。书中艾森斯塔特聚焦在不同行动者，或不同团体、统治者、科层组织等等之间的政治斗争。对此我们前文已有所涉及。但除此之外，另一方面，这本书最不可思议的地方是，艾森斯塔特的讨论无所不包，他对非常不同的时代与区域中的诸多现象进行了比较，而且他的现代化理论还探讨到了**距今相当遥远的古代时期**，这是古典现代化理论很少讨论到的。古典现代化理论主要讨论的还是"最近"的过去，顶多在讨论欧洲历史时回溯到宗教改革时期而已。因为在现代化理论里，人们还是相信其研究主要为了实践，所以没必要反思过于遥远的历史。但艾森斯塔特完全不是这样。他当然也是想生产出"当下的"结果，但同时他心里也很清楚，历史不只是与当下相关的社会学的一个麻烦前奏曲而已。他的出发点是，**非常遥远的过去**也会造就非常关键的转折点。如果人们想理解各大陆之间不同现代化历史的开始与经过，就必须要对那些非常遥远的过去进行比较性的理解。

唯有追溯到很久很久以前的历史，才能开启一个新的视角。帕森斯的演化理论也是这么做的（参阅本书第四讲），虽然艾森斯塔特本身**没有**参与进帕森斯的理论转向（这一点很重要）。因为艾森斯塔特的目标恰好就是想发展出一个**非进化论**的社会变迁理论，以避免古典现代化理论和社会学演化理论的缺陷，取而代之的是一个考虑到行动者之间的冲突和偶然过程的行动理论。不过艾森斯塔特真正设计出他自己满意的理论时，已经十年过去了。其中，对他产生帮助的，是 20 世纪 70 年代中期，在宗教科学与宗教历史学圈再次出现的一场辩论。这场辩论的主题，是一个相对较旧的思想：德国哲学家雅斯贝尔斯（Karl Jaspers，1883—1969）提出的所谓"轴心时代"的命题。

雅斯贝尔斯在他 1949 年出版的历史哲学著作《论历史的起源与目标》(*Vom Ursprung und Ziel der Geschichte*)中提出了一个问题：我们是否可以把历史当作一个整体来进行思考，并且勾勒出一个其有效性不因观察者立场而异的世界史结构？像黑格尔这类的哲学家，都理所当然地将基督教的启示录当作世界史的出发点与轴心。但在 20 世纪，这种观点已经不再被接受了，因为人们已经意识到种族中心主义的危险性了。雅斯贝尔斯很有道理地强调，"如果世界史真有一条轴心，那么这条轴心不能只适用于基督教，而是必须适用于所有人"(*Vom Ursprung und Ziel der Geschichte*，p.14)。要找出一条非种族中心主义的轴心，似乎不太可能；然而令人意外的是，雅斯贝尔斯却显然能为读者"提供"这样一条轴心。他指出了一个并不是不为人知的经验事实：世界上**所有**规模庞大的宗教（顺带一提，他这里也说到了古希腊哲学）的起源，都是在公元前 800—前 200 年间——这段时间，即是雅斯贝尔斯所谓的"轴心时代"。

> 不寻常的事物，都集中在这段时间。在中国，有孔子和老子，中国所有的哲学方向也是在这段时间形成的……；这段时间在印度，《奥义书》成书，佛陀降生。且跟中国一样，所有的哲学类型，从怀疑论到唯物论，从诡辩术到虚无主义，也是在这段时间发展出来的；在伊朗，琐罗亚斯德传授他那富有挑战性的善恶世界观；在巴勒斯坦，出现了从伊莱贾、以赛亚、杰里迈亚、第二以赛亚等先知；在希腊，我们可以看到荷马，巴门尼德斯、赫拉克利特、柏拉图等哲学家；还有悲剧作家，修昔底德，阿基米得。（Jaspers, *Vom Ursprung und Ziel der Geschichte*, pp.14—15）

这些东西方、印度、中国等高级文明的知识进程，相互平行，彼此独立无关联地出现，而且也没有受到彼此的影响。雅斯贝尔斯认为，这段进程取代了神话时代，引领出了一个系统性地反思人类基本存在条件的时代。这个平行的发展状况是怎么来的，雅斯贝尔斯无法，也没有想要解释。对他来说重要的是，轴心时代文明之间的相互理解是可能的，因为虽然这些文明没有共同的起源，但他们都**面临着一个有着非常类似问题的情况**（ibid., p.20）。

雅斯贝尔斯除了在该书一开始对人类存在条件进行了缜密的反思之外，对于所谓的"有着非常类似问题的情况"究竟是什么情况，他没有给出清楚的解释。20 世纪 70 年代，轴心时代这个概念又再次被人提起，但参与讨论的宗教历史学家和神学家对这个概念渐渐得出一种共识，即所有这些宗教和哲学的共性，最好用**"超越性"**这个概念来把握。换句话说，超越性的思想，**就是**轴心时代文化（当454 时）的特色。但"超越性"是什么意思？

超越性指的是，每个宗教和哲学的世界和神祇，虽然在空间方面都相隔千万里，但大家都会设想有一种超脱尘世的、超越性的国度存在着。以前，在神话时代，神是入世的，他们就是世界的一部分。神的世界和人的世界并不真的是分开的。神灵是可以被影响和操控的，因为他们是世界的一部分；或至少在神的国度和人的世界，其运作方式没有太大差异。但轴心时代新的救赎宗教与哲学，将神世和人世之间劈开了一个巨大的鸿沟。这些宗教和哲学的核心思想，都是认为神世才是最原本的、真正的、不同凡响的；而人世则相反，是有缺陷的。

这样的想法带来的不只是两个世界的差异而已，而是"凡俗世界"（人世）和"超越世界"之间前所未有的**分裂**。这个分裂带来的后果是相当巨大的，因为这种想法与神圣王国是不兼容的。也即统治者不再被认为具有神性，因为神是在另外一个世界的。还有，如此一来，统治者就越来越不得不接受神的考验以证明自己。

统治者属于人世，而且统治者必须在彼岸的真实世界面前证明自己。这让一种新的（统治）批判形式得以可能，这种新的批判形式也带来了一个全新的历史进程动力，因为人们总是可以挑出统治者没有做到神之戒律的地方。同时大家也可以用更极端、愤懑的方式，就真正的神或真正的神律批注等问题进行争辩。这也会带来不同伦理集体和宗教集体之间，或长或短的冲突和分化。知识分子，如神职人员、先知等等，所扮演的角色比在轴心时代之前更为重要，因为这些人背负了一个困难的任务，即诠释那遥不可及、人世不再能轻易掌握的神的意志。这种超越性的观念，开启了历史。也即，历史可以被设想成一个全新的斗争场域。用抽象一点的方式，可以说：这种超越性的观念，让人世出现了根本上对秩序重构的需求。从这时候开始，社会秩序被认为是可以依托神的指示而加以改变的；这是人类第一次可以设想一个有着明确目标的彻底变革！这种源自轴心时代的观念，有着相当巨大的效应，让新的社会动力应运而生。

艾森斯塔特援用了这个轴心时代的观点，特别是在他 1978 年出版的著作《诸社会的革命与转变》（*Revolution and the Transformation of Societies：A Comparative Study of Civilization*）中，他用了一种比较特殊的方式来理解雅斯贝尔斯的命题，并以此为基础，进行一个非常有野心的研究计划与理论计划。他的这个计划，开启了一个全新的社会变迁分析视角。艾森斯塔特提出了一个命题：所有轴心时代的宗教，会以不同的方式来化解凡俗世界与超越世界之间的张力，这也让不同的轴心时代文明有着不同的变迁速度。简单来说，艾森斯塔特相信可以描绘出一种化解张力的类型学。怎么描绘呢？

艾森斯塔特的论点是，在某些文明中，人们会以世俗的方式来化解张力，例如儒家思想（古希腊和古罗马有部分也是这样），会发展出一种哲学和伦理，以最终能保持和稳定社会关系。

> 正统儒家文化思想的要点，是培养出社会、政治和文化秩序，以此作为维持宇宙和谐的主要方式，化解张力。……儒家思想强调在现有的社会框架——家庭、家族、朝廷——中适当地履行世俗的职责和活动，以此作为解决超越秩序和凡俗秩序之间的张力，以及作为解决个人责任的终极方式。（Eisenstadt，"This Worldly Transcendentalism and the Structuring of the World"，p.171）

这种以世俗的方式来扬弃超越世界与凡俗世界之间张力的做法，是**在人世间**的。也即，人们通过培养出当下的社会秩序来追寻宗教神圣性。换句话说，为神的意志服务的最好方式，是**入世**地完成被指派的任务，并且顺应社会秩序，而不是脱离俗事、隐遁山林。

但人们也可以用宗教的方式来化解张力。对此，艾森斯塔特把佛教和印度教（这两者都是非人概念的超越性的国度）与一神论的宗教（这些一神教的神，是人格化地处于宇宙中的）区分开来（Eisenstadt，"Cultural Traditions and Political Dynamics"，pp.163—164）。在佛教和印度教那里，解决张力的方式完全是**出世**的。佛教徒和印度教徒的行动强烈地指向彼岸秩序，对这些教徒来说，**他们努力的目标并不是为了改革人世**。一神论的宗教，像是犹太教、基督教、伊斯兰教，对张力的化解则摇摆于入世与出世之间。**不过，这些宗教如果执行了入世的化解想法的话，那么就会有强烈的改革人世的要求。**

这些论点听起来好像很复杂，实际上也真的很复杂。我们这里先稍微停一下、总结一下。艾森斯塔特的核心命题是，轴心时代赋予历史一个大幅加速进程的潜力，这个潜力来自凡俗世界与超越世界之间的张力。但怎么"加速"，则取决于消解张力的方式。如此一来就不难懂了：纯粹出世的做法，如佛教和印度教，不论过去还是现在，都不太会激起政治和社会的变革。所以艾森斯塔特拥护接下来的一个命题：一个文明，如果该宗教的特征是其信仰有可能具有**入世**的方针，尤其又以**改变**社会而非培养社会为目标，那么这种文明的变迁过程就有可能广泛且快速。

这种"加速的"或"快速的"变迁过程的说法，非常奇特，人们也可能会提出质疑。这种说法到底指的是什么？社会变迁速度是可以测量的吗？测量标准又是什么？事实上，艾森斯塔特并不真的有什么测量标准，他不是在自然科学的意义上进行"测量"。不过，关于不同的变迁速度此一命题，他还是可以给出最低限度的说服力的。他要大家注意到一种情况，这种情况只有拥有真正广博的历史知识的人——比如艾森斯塔特！——才会注意到，即："革命"可以被定义为快速且广泛的社会变迁结果，但革命绝不是到处都会发生的。只有在轴心时代的文明里，"大革命"才有可能发生，或是只有在那时的文明里，人们才会尝试进行，或是想到要大革命。

＊　　　＊　　　＊

艾森斯塔特认为，不论是过去还是现在的"大革命"（典型的像是美国革命，俄国革命，或是法国大革命），都会有一些基本的观念史背景，而且这种观念史背景与轴心时代基本的世界重构需求是息息相关的。非轴心时代的文明（例如日本的历史就没有轴心时代）就没有这种思想史基础，所以也没有具有宏大目标的、极富影响力的行动者。日本即便在 19 世纪有极快速的经济变迁，似乎为革命性的起义暴动或至少是想揭竿革命的尝试提供了可能性，但从来没有发展出相应的意识形态模式。连 19 世纪后半叶的大政奉还或明治维新，也缺少意识形态或象征的要素。而在如北美或欧洲现代社会的"大革命"，或在任何有轴心时代的文明中，都具有弥赛亚主义或普世主义的特质（参阅 Eisenstadt, "La convergence des sociétés modernes", pp.137ff.）。

458

就算**所有的轴心时代**文明都有革命的意识形态基础，但这当然不是说所有这些地方都会发生革命。是否发生革命，取决于行动者所处的特定情况，以及当然还有——这里我们又回到了轴心时代宗教**之间**的差异——凡俗世界与超越世界之间张力的特定化解方式。后者要说的是，凡俗世界与超越世界之间的张力的特定化解形式，特别会"鼓励"颠覆**整个**现有秩序，或让现有秩序淡出历史。艾森斯塔特认为，所以也难怪在以**入世**行动方针为主的一神教文明中，会出现第一场"大革命"。因为，与改变世界有关的行动主义，比起遁世或保守的态度，会为革命计划提供更有力的前提。具体地说，就是在犹太教、基督教和伊斯兰教中，都有重要的思潮，能够，且想要强烈地表达入世的目标。

以入世为导向的宗教，例如基督教（而不是伊斯兰教，即便伊斯兰教的根源也可以归于轴心时代的宗教），为什么为革命提供了温床呢？这和行动者所处的具体情境，特别是**结构性的**条件，息息相关。虽然伊斯兰教也有强烈的弥赛亚的特质，而且到现在都还是，但伊斯兰教的政治扩张和地理扩张，超出了阿拉伯半岛，削弱了国家与市民的地位。所以伊斯兰教也缺乏近代欧洲或北美那些让革命动力得以可能的要素。基督教文化圈不只有高度的社会动力，而且也有特定的结构情况能实现这种动力。近代欧洲出现的革命的加速，在经过了不同的中间阶段之后，也让西方文明在世界上持续占据着支配地位。

459

艾森斯塔特的理论设计就先讨论到这里。我们再说一次：艾森斯塔特的命题主旨，是每个宗教，以及通过宗教而建立起来的文明，都有自己的变迁速度，而速度差异，则取决于凡俗世界与超越世界之间张力的不同消解形式。他不相信韦伯的说法，即如果非西方文明发展较慢，且最终落后于西方，是因为这些非西方文明的宗教还留有神魅要素或传统要素、缺乏彻底的理性化。他指责这种种族中心主义的观念，并相反地强调，不论是过去还是现在，所有宗教都有理性化的可能性。只不过，这些宗教用不同的方式来运用理性化，以消解超越世界和凡俗世界之间的张力。每个文明都在此脉络下发展出自己的传统。在欧洲和北美，这种传统则产生了所谓的（西方）"现代社会"的情况。

艾森斯塔特关于西方"现代社会"的说法，和现代化理论家所说的现代社会，不是同一回事。艾森斯塔特所说的现代社会，有深植于轴心时代的犹太—基督教传统的根源，而且这个传统在 18 世纪又明显改变了，某些情境让行动者发起了革命，所以又创建了新的、动态性的出发点。根据艾森斯塔特的说法，西方现代社会不是在哪里都必然会发生的历史原则产物。西方现代社会来自一个很偶然的源头；这也意味着，其他文明漫长的发展道路，几乎无法如此简单地就衔接上西方现代道路。其他文明有他们自己的传统；或更应该说，其他文明也有他们的**各种**（注意，是复数！）现代社会！所以对于艾森斯塔特来说，传统与现代的二分法没有意义。所有今天的非西方文明都是现代的，它们最晚在欧洲近代殖民扩张的时候就被根本地改变了，在与欧洲的碰撞当中就受到深刻影响了。这些文明将来自西方的冲击加工与吸收进自己的传统，因而产生了改变，但是发展出了的是另外

460 一种现代性。所以艾森斯塔特的用词始终都是"多元现代性"！

　　艾森斯塔特这些"大部头著作"想论证的，就是这些观点（虽然这些论点听起来都仅是理论推论而已）。艾森斯塔特的知识极为渊博，所以他能够"消化"极为庞大的历史素材，并且能够深入掌握世界上许多地方的历史发展。这样的研究方式让人最印象深刻的成就，也许就是他在 1996 年出版的磅礴著作《日本文明》（*Japanese Civilization. A Comparative Veiw*）。他一字一句地"埋首苦读"关于日本的文献，以解释为什么这样一个国家既没有经历轴心时代，也没有接受过轴心时代的宗教，并且由于其源头是非轴心时代的，所以没有发展出大革命，并在许多方面都和西方社会截然不同，却最晚在 19 世纪时在经济方面衔接上西方社会，并且还能和西方社会一较高下。

　　如果读者正确领会了艾森斯塔特的研究方式，并且同时熟知他相当渊博的历史学—社会学研究兴趣，那么各位可以去读一下他的一本篇幅较小的导论著作《现代的多样性》（*Die Vielfalt der Moderne*）。该书浓缩了艾森斯塔特对欧洲、美国、日本的历史分析。同时，这本出版于 2000 年的著作，也简短介绍了他如何基于轴心时代的命题，以解释当今不同宗教的原教旨主义的出现（读者可以回想一下前文讲到的，轴心时代文明的弥赛亚特质）。而且艾森斯塔特较近的研究讨论的都是当代现象。

　　如前文所述，艾森斯塔特的理论反思的基础，是他相当令人钦佩的关于各种地理脉络与时代脉络的经验知识。由于他的研究相当广泛，所以他自称，他是当今唯一真正的韦伯继承人。但我们也是可以对艾森斯塔特的著作提出一些批判问题的。我们在这里至少简短地提四点。

　　1. 艾森斯塔特自 20 世纪 60 年代以来的诸多著作里都指出，要分析社会变迁过

461 程，就必须要抽绎出各种（来自内部与来自外部的）行动者和影响。但问题是，艾森斯塔特的"轴心时代转向"是不是又回到一种往内部找成因的观察方式呢？虽然艾森斯塔特当然不否认外部成因，但关于文明动力，他还是根据文明**内部**特定的知识史或宗教状况来进行解释。这也让他面临低估外部影响的危险。这和下一点有直接关联。

2. 我们在介绍艾森斯塔特的时候，不经意地用了"文明"这个概念，这是他自己就这么用的。但这个概念很难定义。艾森斯塔特强调文化特质：他认为，文明是通过相当特殊的宗教问题或哲学问题来标示其特色的。但人们可以批判地追问，这些文明实际上是不是统一与同质的，以及文明与文明之间是否真的是泾渭分明的。吉登斯曾批判人们常把"社会"设想为封闭的（见上一讲），类似的批判当然也可以用来针对文明概念。此外，如果文明在过去和现在都不是那么统一的，那么"社会变迁动力会随文明而异"的说法也就是有问题的了。

3. 艾森斯塔特在研究轴心时代的根本变革时，必然会专注在精英分子上。之所以说这是必然的，是因为这个时代的历史资料来源，大部分时候都会忽略一般老百姓的生活。艾森斯塔特的论证采取的是精英理论的途径，但是他在讨论近代时期时也依然采用这种做法。艾森斯塔特和他的老师席尔斯一样，也是专注在由精英分子所造就与留下的意识形态（亦即知识产物）上。但我们可以批判地问，如果这研究包含更广大的大众阶层的价值与行动，是不是会对历史过程有不一样的评断，并因此得出不同的结果。比如我们可以这样反驳艾森斯塔特的论点：革命在不少时候都是起因于微不足道的理由，并且常常都是**在变革过程中**、甚至是**在事后**，革命才被赋予了象征意涵，之后我们又将此意涵很简化地——但也正因此很成问题地——诠释成是本来就有的、潜在的"革命计划"，并说成是知识分子发起的。

4. 艾森斯塔特专注于轴心时代以及那时候的意识形态变革，这种做法也慢慢陷入一种危险，即把一般社会变迁形式或现代化过程的**结构**条件的重要性给贬低了。虽然在他不断强调行动者与精英分子的情况时，完全是从结构的层面来讨论的，但另一方面令人感到奇怪的是，像是殖民主义，以及与殖民主义息息相关的对非洲、南美、澳大利亚或亚洲的原住民所施加的赤裸裸的暴力等现象，在艾森斯塔特的研究当中却毫无重要性。虽然他也区分了自我决定的以及由外在暴力所造就的"现代化"的差异，但他的著作中却很少谈到轴心时代的问题与**那些**结构性的给定条件之间的关系是什么。

462

*　　*　　*

至此，关于帕森斯主义和现代化理论的翻新，我们的介绍还仅缩限在席尔斯和艾森斯塔特的著作，并从这两位学者的理论重要性中，明确证明了帕森斯主义和现代化理论被翻新了。但是，读者不能因为前文的这些铺陈而得出错误的结论，特别有两点相关的可能误会，是我们想叮咛的。

第一，帕森斯当然不是只有席尔斯和艾森斯塔特这两个弟子而已。美国社会学自 20 世纪 50 年代以来，其帕森斯传统就与一些学者的名字是分不开的，而且这些学者至今都还是相当有名望的。我们这里提两个最具代表性的人物。一位是贝拉（Robert Bellah，1927—2013），他是与帕森斯关系非常密切的同事，50 年代时就已经相当专注于探讨日本的现代化过程。我们在前文已经提到他在 1957 年出版的《德川宗教》，并将之视作现代化理论的经典文本。但同时，比起其他大多数把传统与现代进行相对简单的二分的现代化理论家，贝拉与帕森斯那复杂的论证方
463　式走得更近。

《德川宗教》首先是一本关于对日本特殊价值模式（这个价值模式，让这个亚洲国家在 19 世纪末成功迎头赶上西方国家）进行历史研究的开创性著作。贝拉采用了韦伯的提问方式，尝试找出在日本的价值模式中，什么东西在功能上等同于新教伦理，造就了日本的蓬勃发展。但他的研究之所以如此重要，还有另外一个原因。他的研究指出，日本经历的工业化过程，和比如美国的工业化过程，完全不一样。美国工业社会以经济价值为优先，但日本的现代化不是这样的。在日本，**政治**扮演了关键的角色，经济价值必须让位给政治价值。具体来看，日本的工业化过程和现代化过程，是由政治精英所推动的，而且推动的方式对西方世界（尤其是英语世界）来说是很陌生的。日本会步入现代化，其基础是所有社会精英分子对天皇家族的极为特殊的效忠，以及所抱持的以效益为导向的**军事**价值。军事价值在 19 世纪遍布整个日本社会。从这一点出发，贝拉提出了一个质疑：几乎所有的现代化理论家，都将"模式变项"利落地剖成两边，把某一边的变项归于传统、某一边的变项归于现代；但模式变项是否真的可以被这样利落地划分成两边？因为比如像日本，特殊主义的价值导向就不能直接说是被归于传统的。同时，"现代化过程只有单一维度的方向"这个命题也很成问题。贝拉认为，现代化并非简单、毫无疑问地由理性价值与世俗价值所支配的。这也意味着，在现代化过程当中，宗教并没有消失，而是——贝拉在这里的说法，和帕森斯与席尔斯颇为类似——在**新的**地方转变成**新的**形式。贝拉不像许多现代化理论家那样简单地主张世俗化命题，而是主张一种"宗教演化"理论。

464　　关于"宗教在现代社会中仍然有力量"这个命题，贝拉在 20 世纪 60 年代和 70 年代特别以美国作为"研究对象"，继续进一步的阐述。他指出，从 18 世纪美国国父，到 20 世纪的肯尼迪，美国的政治动机始终都伴随着宗教动机。他援用了卢梭提出的概念"市民宗教"，来进一步掌握**这种**后传统世界的宗教现象（参阅：Bellah，*Beyond Belief*）。贝拉认为，美国的认同始终有极深的宗教根源，而且没有证据指出这种根源有重大的改变。贝拉基于这个假设，在 20 世纪 80 年代和 90 年代对具有经验性质的时代诊断提供了很重要的贡献。我们在第十八讲会再仔细讨论

这件事。

斯梅尔瑟是这里另外一位值得一提的帕森斯主义者。在帕森斯主义的展开或接续发展方面，他扮演了很重要的角色。斯梅尔瑟还在当学生的时候，就和帕森斯合作出版了我们在第四讲提到过的著作《经济与社会》。在这之后，他也一直参与规划帕森斯的理论发展，或是排除结构功能论的缺陷。他在 1959 年出版的《工业革命中的社会变迁》(*Social Change in the Industrial Revolution*) 提供了一个很重要的贡献，就是让"分化"这个概念成为现代社会学的一个基本概念，它既是帕森斯建立他的演化理论的基础，也是后来所有功能论者，甚至到卢曼，都继续沿用的核心概念。斯梅尔瑟一直都在打磨分化概念；但在打磨的过程中，也修正了一些一开始过于简单的观点。他今天已不再基于"分化是一个普世线性的过程"的观点了。即便他始终声称："分化依然是当代社会的主要特质"(Smelser, *Problematics of Sociology*, p.54)，但他在不同的研究中还是强调，分化过程会造成心理、政治、社会等等的耗费，所以也会有分化不下去的时候 (参阅：*Social Change in the Industrial Revolution*)。以此而言，斯梅尔瑟原则上也转向了艾森斯塔特的立场。

斯梅尔瑟作为第一批功能论者，在解释集体行动，特别是社会运动现象时，也试图排除帕森斯主义的理论缺陷。帕森斯没有这样的理论，而且似乎显然也不 465 需要这种理论，因为他很坚定地专注在没有行动者的系统理论，强调子系统之间的交换关系。跟艾森斯塔特一样，斯梅尔瑟根本上极为强调结构功能论中的行动理论面向，而且也因此对集体行动者特别感兴趣，因为集体行动者对于解释**宏观过程**来说显然特别重要。他那出版于 1962 年的著作《集体行为理论》(*Theory of Collective Behavior*) 对集体行动的说明，就试着既不从完全的非理性、也不从完全的理性出发。即便斯梅尔瑟发展出来的模式并不是很协调一致的 (对斯梅尔瑟的批判，可参阅：Hans Joas, *Die Kreativität des Handelns*, p.298ff.)，他依然为功能论的研究开启了一个新的研究领域。

第二，虽然我们这一讲以帕森斯主义的翻新为主旨，特别强调了艾森斯塔特的研究，但这并不是说他在 20 世纪 70 年代和 80 年代初就已广获关注。至少在 70 年代，艾森斯塔特著作的命运就与**所有**其他与帕森斯走得近的著作一样，在国际社会学界都处在边缘地位。如前文提到的，这尤其是因为，帕森斯，或是与帕森斯扯上关系的演化论思想，甚至是像艾森斯塔特的较新的研究取向，在 60 年代后期都被质疑其意识形态，然而这种质疑常常是不公平的。人们将帕森斯断然地等同于内容相对简单的现代化理论，这使得种族中心主义的批评者也对帕森斯的学生"扣上帽子"。这使得大部分对宏观社会学感兴趣的学者在 60 年代之后另寻出路，而且尽可能远离那种根本不可信的现代化理论。不只是古典现代化理论内部构想很有问题，如同艾森斯塔特对其的持续修改所显示出来的，就连实践方面， 466 现代化理论也显然是失败的。因为人们在现代化理论中所怀抱的希望在现实中并

没有获得满足。第三世界国家并没有获得什么实际上的发展，甚至还相反：许多
国家越来越落后于西方世界。这也出现了一个问题：第三世界最急迫的问题，是
否其实就是由西方世界造成的**剥削关系**？西方国家对第三世界国家做的，是否并
不是帮助他们发展，而是——如许多左派的、专注于南美洲研究的经济学家和社
会学家所讨论的命题所言——害他们一直**低度发展**？这些社会科学家声称，南美
社会由于西方社会强加的不利的贸易条件，以及由于当地极少数相当富有的资产
阶级，而遭受到系统性的剥削。这方面特别知名的著作，是两位巴西社会学家卡
多索（Fernando H. Cardoso，生于 1931 年，1995—2002 年间曾任巴西总统）与法
雷拖（Enzo Faletto，1935—2003）于 1969 年出版的《拉丁美洲的依附与发展》
（*Dependencia y desarrollo en América Latina*）。从书名中的一个关键词，"依附"，人们后
来发展出了一个很庞大的理论计划，即所谓的依附理论。在依附理论中，人们又
建立起一套概念"核心"与"边陲"。但这套概念与席尔斯或艾森斯塔特的理论不
同，并不是针对某个社会或文明的文化理论概念，而是完全的**经济学的**概念，**针
对的是整个世界（经济）**。核心（这里牵涉的主要是西方世界国家）剥削了边陲
（也就是第三世界）。

　　到 70 年代，这个理论取向越来越常被用来当作马克思主义的分析工具，因此
也越来越极端化。这种理论变化与美国学者华勒斯坦（Immanuel Wallerstein，
1930—2019）息息相关。华勒斯坦原先是非洲史与非洲政治专家，后来以所谓的
"世界体系理论"闻名于世。他试着用他的世界体系理论，去探讨自 15 世纪欧洲
扩张以来的世界史。他的出发点是，世界经济是由一些核心国家的世界城市所控
制的，因为人们就是在这些城市控制资金与贸易流动的——从这段时期一开始的
塞维利亚和阿姆斯特丹，到 18—19 世纪的伦敦，然后是今天的纽约——，华勒斯
坦也将国家系统描述为是在根本上依附于经济结构的。这让华勒斯坦可以用一把
理论性的普世之钥，将世界分为"核心""半边陲"与"边陲"，并以此描述与解
释宏观社会学的变迁过程（参阅：Wallerstein，*The Modern World-System*，3 vols.；简
短概览可见：Wallerstein，*Historical Capitalism*）。

　　尽管华勒斯坦的模式相当简化，而且他的许多解释是有问题的（因为他把所
有历史现象最终都说成是不平等的经济交换过程），但世界体系理论以及类似的研
究取向，在 20 世纪 70 年代与 80 年代早期，依然是世界社会学最有影响力的宏观
社会学范式。那时，现代化理论在经验层面显然是失灵的，而马克思主义所指出
的显著的剥削关系，表面上很能够有说服力地解释"发展"的失败。这种被越来
越多人接受的观点也"波及"到对帕森斯主义加以翻新的尝试。国际层面的宏观
社会学的争辩，很明显地受到依附理论或是华勒斯坦的世界体系理论的支配，像
艾森斯塔特这类的思想就很不受青睐，帕森斯与（后）帕森斯主义者也因此处于
很被动的地位。

　　　　　　　　　　　*　　　*　　　*

　　到了 80 年代中期，情况发生了大转变。为什么会如此，原因是很多样的。**第一**，至少作为共产主义政体的马克思主义，由于苏联的解体，陷入了一个再也掩盖不住的危机。而华勒斯坦和依附理论的那种西方马克思主义，也很努力在争取自己的解释权，因为，**第二**，所谓亚洲四小龙——如韩国——的经济奇迹，是世界体系理论和依附理论无法解释的。所以，**第三**，甚至已经被抛弃的现代化理论又再次蓬勃起来（经历了某种类型的重生），因为亚洲四小龙的例子指出了西方系统与制度系统的优越性。90 年代，至少有一批人，如另一位很重要的帕森斯的弟子，美国学者蒂尔亚基安（Edward A. Tiryakian, 1929—　）[特别是他的文章《现代化》（"Modernization：Exhumetur in Pace"）]，以及德国学者查波夫（Wolfgang Zapf, 1937—　）[特别是他的文章《现代化理论与不同的发展路径》（"Die Modernisierungstheorie und unterschiedliche Pfade der Entwicklung"）]，都是持这种说法。以及最后，**第四**，连帕森斯本身在国际社会学中也被再次挖掘出来了。至少他无所不包且内容颇为异质的理论体系的某些部分，被一些学者解释为是很重要且很丰富的。这些重新挖掘帕森斯的学者，有不少是颇令人感到意外的，例如哈贝马斯，各位读者可以回想一下第十讲。

　　这一切都带来一个结果，就是帕森斯的理论突然又被强化，再次回到理论辩论的中心。这一批新世代的社会学家，比帕森斯、席尔斯、艾森斯塔特、贝拉或是斯梅尔瑟都年轻得多，他们都在将帕森斯的理论从根本处加以翻新。在德国，这个理论运动最重要的代表人物是敏希（Richard Münch, 1945—　）。敏希是班堡大学教授，1985 年出版的《行动理论：重构帕森斯、涂尔干与韦伯的贡献》（*Theorie des Handelns. Zur Rekonstruktion der Beiträge von Talcott Parsons, Emile Durkheim und Max Weber*），是一本想和哈贝马斯的《沟通行动理论》一较高下的著作。敏希对这些古典社会学家进行比较的根本目的是想表明，帕森斯绝对是一位极为优秀的理论家，因为他那追溯到康德所发展出来的"唯意志论的行动理论"，乃基于无所不包的文献回顾，所以几乎没有什么需要更改之处了。也就是因为帕森斯的康德式的思维方式，让他得以避免所有的还原论。涂尔干、韦伯，以及那个时代的理论家，或多或少都有还原论的问题。虽然帕森斯著作中是否真有如此深刻的康德哲学内涵，不是完全没有争议的 [已有一些学者进行了帕森斯的批注工作了。例如卡米克（Charles Camic, 1951—　），极为强调帕森斯早期著作的经济学脉络。

468

469

文泽尔（Harald Wenzel，1955—　）则指出帕森斯如何地受到美国哲学家怀特海（Alfred North Whitehead）的影响]，但敏希还是为帕森斯的思想的重构提供了很重要的贡献。不过，这种重构有其背景，即敏希与卢曼的辩论。敏希认为卢曼把帕森斯的遗产给浪费了，将功能论带上一个错误的方向。卢曼把子系统的分化说成子系统彼此之间不会"交谈"，只会互相干扰。卢曼的这套说法，把功能论推得相当极端；但这么做是没必要的，只会失去帕森斯原本关于"子系统彼此之间会相互'渗透'"的洞见。（西方）现代社会的特征，恰恰就在于子系统之间**不是完全**彼此泾渭分明的。文化模式和价值在不同的系统都会产生影响。特别是在西方国家的发展特征，就在于价值系统与社会系统是会彼此渗透、相互影响的。这在今天都没有太大改变。所以敏希与卢曼相反（但跟帕森斯是一致的），坚守着社会**规范整合**的命题，并认为这个命题直到今天都还是有效的。在敏希的理论体系里，这个强烈的规范要素在他后来的著作中都还是被不断提起。他对现代社会的讨论，以及他对英国和美国、德国和法国的比较研究，都有几乎等同于文化决定论的假设（见：*Struktur der Moderne. Grundmuster und differentielle Gestaltung des institutionellen Aufbaus der modernen Gesellschaften*，以及：*Die Kultur der Moderne*，2 Bde.）。近年来，敏希依然出版许多时代诊断的著作。

美国学者亚历山大（Jeffrey C. Alexander，1947—　）对帕森斯的著作采取的是比较批判，也比较保持距离的立场。1983 年，他凭着四大卷的《社会学的理论逻辑》（*Theoretical Logic in Sociology*）在江湖上"一鸣惊人"。书中，他对马克思、涂尔干和韦伯进行了钻研，并且和敏希很像，都赞扬帕森斯的著作，认为帕森斯的著作非常优秀地综合了许多理论。不过，亚历山大在根本上比敏希更为强烈地指出，帕森斯在很多时候，自己都"忘记了"自己的洞见。他的理论架构，原则上是很多面向的，但却被他自己窄化成观念论的理论（例如他将行动的物质要素给慢慢排除掉了）。此外，他无法自持地将他的理论模型直接等同于现实，他的演化论分析也是以美国社会当作历史的一种终点。亚历山大对帕森斯的批判非常尖锐。但同时，他也发起了一种"集结运动"，将江湖上的功能论者与帕森斯主义者号召起来，并创造出了"新功能论"（neo-functionalism）的标签。这个集结运动要做什么呢？亚历山大认为，虽然帕森斯的功能论中行动理论的要素是该强化，但帕森斯的功能论本身原则上并没有什么太大的毛病。而且更令人感到意外的是，最晚从 20 世纪 70 年代开始，有一批社会学家逐渐崭露头角，他们的研究取向，与通过行动理论加以修改、翻新的帕森斯主义，正好相一致。亚历山大在 1985 年的时候声称：功能论绝没有消亡，它活得好好的，只是它的理论设计需要一些改变，所以它被称为"**新功能论**"。亚历山大很宽泛地把很多差异极大的学者都视为新功能论者（艾森斯塔特、斯梅尔瑟、贝拉，连卢曼，甚至是哈贝马斯，都被算在内。参阅："Introduction"，p.16），并指出他们至少有五个共享的命题。（1）将社会视为可分析的系统或模式。（2）分析焦点更多地在于行动而非结构。（3）社会整合命题是理论假设，而非经验陈述。（4）坚守帕森斯对人格、文化与社会的区分，因为唯有如此，才能避免还原论，也才能理解这三个领域之间充满张力的关系。（5）社会变迁最重要的方式，是分化（"Introduction", pp.9—10；另可参阅：Alexander and Colomy, "Toward Neo-Functionalism"）。

471

最后的第五点，对"新功能论者"——至少是亚历山大贴上标签的那些学者——来说特别重要，所以在文献中这些学者有时候也被称为"分化理论家"。因为，这个本质上源于结构功能论和现代化理论的分化理论，可以用作描述与解释社会变迁的重要工具。但这个理论也大大偏离了原本的分化观。人们从经验上已经有了新的认识，不再一开始就认为分化效果会是正面的，而是也会是负面的，也就是会讨论失灵的分化，或是去分化等等（参阅：Colomy, "Recent developments in the functionalist approach to change"）。众所皆知，艾森斯塔特在60年代就看到这件事了。不过，即便艾森斯塔特的看法也许还获得了一些正面的评价，但新功能论者与（新的）分化理论家依然面临了一个对他们的批判：如果在讨论分化的"主要进程"时，老是在谈分化的**例外**，那么提"分化理论"的意义在哪？如果大家都觉得，历史进程不会直奔目标前进，而是总会出现偶然现象，那么大家到底为什么还要用分化概念来进行探讨？分化理论是新功能论的核心，但它相对来说似乎没有什么说服力。因为如果正面、负面、成功、失灵都被说成是一种分化，那就表示分化概念根本已经空泛到无法让人说出什么有实质内涵的东西（参阅：Joas, *Kreativität des Handelns*, p.326ff.）。同样地，人们也可以问，"新功能论"这个标签中的"功能论"这个概念，到底是什么意思。这个概念的内涵也相当空泛了，因为很多被归于"新功能论"的学者，其实已经不再谈系统与功能了。不过也就是因为这样，所以在诸"新功能论者"当中，功能论的"传统主义者"——如巴伯［Bernard Barber，可参阅他的《新功能论与社会系统理论》（"Neofunctionalism and the Theory of the Social System"）］——就强烈呼吁大家要注意系统概念，因为唯有如此，才能更适当地运用功能分析。但这终究是徒劳无功的。因为新功能论"运动"恰恰就是在系统概念这一点上，达不成共识。这使得人们大可怀疑，是否真的有一个叫作"新功能论"的流派。

472

即便如此，帕森斯主义的翻新不能说没有得出重要的洞见，也不能说它没有什么重要的发展。但有一件事的确是值得争议的，即从帕森斯著作的遗产中是不是真形成了一个**一致性**的理论框架，可以让人实实在在地贴上一个单一标签。我们更倾向认为，没有"新功能论"，顶多只有一个个的学者，致力于翻新帕森斯主义（艾森斯塔特无疑是头号大将），但他们都是用各自不同的方式！

亚历山大似乎有时候也看到这件事。他很明确不自称是"新功能论者"，如他在1998年出版的著作的标题——《新功能论及之后》（*Neofunctionalism and Af-*

ter）——所指出的。事实上，亚历山大本身的重要性不在于他建立了一个引人注意，但很成问题的概念标签，而是在于他跟其他人一样，在一个很重要的面向上重新开启了帕森斯的著作。特别是从 20 世纪 90 年代以来，他致力于吸收各种不同类型的文化理论分析，以排除帕森斯理论中的重大缺陷。因为帕森斯将"文化"描述成极为同质的、毫无内在张力的。他对每一个文化的描述也不是基于经验上的"深描"（thick descriptions）［这是帕森斯的学生、文化人类学家格尔茨（Clifford Geertz, 1923—2006）提出的概念］，而更多只是设想出来用以分析的东西而已。亚历山大的计划是，向格尔茨或特纳（Victor Turner, 1920—1983）等文化历史学家和文化人类学家学习，特别是从方法上探究文化的变迁过程。亚历山大想指出，文化论述常常是一种基于二元符码的结构（如"敌—友""纯粹—不纯粹"等等），并且基于这种二元性而发展出其动力的（可参阅亚历山大的以下文章："Culture and Political Crisis：'Watergate' and Durkheimian Sociology"，"Citizen and Enemy as Symbolic Classification：On the Polarizing Discourse of Civil Society"；对亚历山大这种做法的评论，可见：Wenzel, "Einleitung：Neufunktionalismus und theoretisches Dilemma"）。亚历山大和席尔斯与艾森斯塔特的意图一样，但做法不一样（见本书边码第 442 页），他将"文化"视作帕森斯理论的核心面向（但帕森斯很奇怪地没有进一步分析文化），并加以深入探讨。和席尔斯不同，亚历山大更多的是去讨论卡里斯玛或神圣性的破坏面向，以及因其破坏带来的秩序真空情境。他也与艾森斯塔特不一样，没有去关注遥远历史的进程，而是较为关注近代与当代，特别是文明社会得以发挥功能的条件，以及探讨二战后人们如何处理大屠杀事件。亚历山大的研究想指出，帕森斯的理论能直接运用于这些讨论上，且能得出丰硕的成果；而且未来依然不断会有人投入到该理论的诠释与推进工作，不论这群人届时会打着何种旗帜、标签。

　　这一讲虽然也提到了以色列社会学家艾森斯塔特与德国社会学家敏希，但主要都还是以美国理论传统为主。不过我们在接下来的三讲，会飞向另一个国家，甚至可以说这是另一个世界了——我们去法国吧！

第十四讲

结构主义与后结构主义

　　如果读者将到目前为止的十三讲回顾一遍，可能会有一个印象，觉得现代社
会学理论仿佛主要是美国、英国和德国的事，其他国家只是配角。但这不是事实。
我们到目前为止的介绍之所以会呈现出（地理上的）重点区域，是因为这些国家
的社会学传统很关注彼此，而且大多数时候会对彼此有很及时的回应，所以让我
们至今的十三讲在某种程度上得以按照时间顺序来探讨："一开始是帕森斯；然后
主要是美国的帕森斯批评者；再是欧洲的哈贝马斯、卢曼、吉登斯进行了理论综
合工作，并且他们也在相互批判；之后就是对帕森斯遗产的批判性推进。"我们到
目前为止的历史"剧情"就是这样上演的。

　　不过，至少如果人们对**法国**为现代社会学理论所作出的贡献给予应有的重视
的话，那么这种简单漂亮的"剧情"架构就不适用于这一讲了。因为法国的社会
科学与人文科学，在 20 世纪 60 年代末构筑出了一片自给自足的大陆。这是由于法
国一直以来都有着活跃且丰富的知识传统，这个传统为这个国家的独立（如果不
说是"孤立"的话）发展提供了基础，特别是社会学。法国社会学深受涂尔干著
作的支配，这种情况是其他国家所没有的。在第一次世界大战造成的中断之前，
法国社会学几乎就等同于涂尔干学派。涂尔干在 1917 年过世之前，不止深刻影响
了法国社会学的讨论氛围，而且他的弟子也都位居许多学术要职。涂尔干在学科
制度的奠定工作方面极为成功。法国的社会学能这么快就立足起来、成为广获承
认的大学专业院系，几乎完全就是涂尔干一个人的功劳。虽然今天人们都几乎自
动会将韦伯视作**最重要的**德国古典社会学家，但其实他那时候在德国学术圈中的
地位，绝对不是像今天人们所以为的那样毫无疑义。更不用说，德国社会学设立
独立教席的时间点，远比法国晚得多。在美国，具有领头地位的芝加哥大学社会
学与人类学系，虽然成立时间与法国几乎是同时的，但是芝加哥大学没有一个像
涂尔干对整个法国社会学那样对全美占有绝对支配地位的人物。芝加哥学派更多
是一个网络，不像涂尔干学派可说是一个层级分明的企业。

　　涂尔干和涂尔干主义者在第一次世界大战之前并不是没有竞争对手的，但涂
尔干和涂尔干主义者毫无争议的是法国所有社会学讨论的参照点（不论这个参照

点是正面的还是负面的），而且至少涂尔干及其追随者的知识遗产在今天的法国都还是极为重要的。就算是法国社会学最前沿的理论辩论，如果我们没有相应地将之放到对涂尔干的诠释的脉络下，是无法弄懂这些辩论的。所以，在讨论这一讲的主题——法国的结构主义与后结构主义——之前，我们有必要对法国社会学发展先进行简短的回顾。因为这个理论知识所发源的地方，深受涂尔干著作的影响。

＊　　　＊　　　＊

虽然涂尔干的思想，在法国从 19 世纪末到今天都一直很有生命力，但涂尔干学派随着"祖师"的辞世，当然也经历过某种衰落历程，而且这种衰落当时还因"外在"的情况而加剧。涂尔干在建立基于他的观念而成长起来的社会学研究方向时，获得了很大的成功；但因为他不少成就非凡的弟子在第一次世界大战时战死沙场，使得涂尔干成果中的很多部分也随之化为泡影。虽然这个学派在 1918 年后也由个别很优秀的要角传承下去，但涂尔干大部分存活下来的弟子，也没有能力在特别是理论的部分很有生产性地推进下去。那些"很优秀的要角"，包括莫斯（Marcel Mauss, 1872—1950）与哈伯瓦克（Maurice Halbwachs, 1877—1945），这两人直接受教于涂尔干，并传承了他的遗产。还有巴塔耶（Georges Bataille, 1897—1962）和凯卢瓦（Roger Caillois, 1913—1978）也不能不提，他们在 1937 年创立了存在时间很短暂的社会学院（Collège de Sociologie），把涂尔干的宗教社会学的某些主旨和超现实主义"搅拌"在一起，弄成一个让文学领域很感兴趣的理论混合物。后来德国的知识分子，如本雅明（Walter Benjamin, 1892—1940）和迈耶尔（Hans Mayer, 1907—2001），也与社会学院有所往来（参阅：Mayer, *Ein Deutscher auf Widerruf. Erinnerung*, Bd. 1, pp.236ff.）。但总的来说，在 20 年代，涂尔干学派以及整个法国社会学的情况，就和当时社会学的芝加哥学派及德国社会学一样，学科创造力日益衰退，研究取向越来越没有生命力。

法国知识图景的新的、非常值得注意的改变，出现在两次大战期间，而且这个改变首先还不是出现在社会学界，而是在哲学界。当时法国开始引入了"德国思想"，特别是在俄国移民科耶夫（Alexandre Koève, 1902—1968）的引介下，大家首次开始一窝蜂地阅读黑格尔、马克思、弗洛伊德的著作，以及像是胡塞尔和海德格尔的现象学思想。在社会学方面，则是通过阿隆（Raymond Aron），让法国社会学成功地吸收了韦伯的著作。我们在第八讲就提到过的阿隆，是法国在二战后相当具有引领性的记者，随后也成为很重要的战争与国际关系社会学家。此外，有一批年轻的法国知识分子，是在范围相对广泛、深受德国思想影响的哲学（也有部分是社会学）的辩论当中成长的，这些知识分子在 20 世纪 40 年代初期尚被德国占领的法国，就开始颇具影响力了。如萨特（Jean-Paul Sartres），他在 1943 年出版的《存在与虚无》（*L'Être et le néant: Essai d'ontologie phénoménologique*），是一部哲学运动宣言，这个运动在德军占领与维希政权皆结束之后，才真正以"存在主义" 477这个标签蓬勃发展起来，并且在 20 世纪 40 年代末期与 50 年代，主导了法国的知识辩论。萨特早期著作的写作背景，是法国受他国统治，且日常与纳粹有所合作的时期；他的那些早期著作，尤其面向在这样一个受压制的世界里孤立的知识分子们，绝望地向他们呼唤本真性与责任心，呼唤每个人心中的道德感。如同萨特传记的作者科恩索拉尔（Annie Cohen-Solal）所写到的（*Sartre*, p.303），萨特的这些早期著作，是在"宣告主体在面对世界时的绝对优先性"，因此也是"最深刻的笛卡尔式的作品"。

从这样的立足点出发，萨特在 1945 年后与其他优秀的哲学家——例如梅洛-庞蒂（Maurice Merleau-Ponty）——进行合作，部分也是在与之对话，并以此推动了一些哲学辩论。与此同时，萨特自己的文学著作，以及萨特的情人波伏娃（Simone de Beauvoir, 1908—1986）的小说，还有和萨特保持了长久友谊，却因为政治观念的差异而决裂（这场决裂当时还闹得沸沸扬扬）的诺贝尔文学奖得主加缪（Albert Camus, 1913—1960）的文学作品，唤醒了一种对广泛大众产生积极影响的生活态度。当时社会大众都兴致勃勃地阅读存在主义的作品。之所以如此，与当时日益激烈的政治争论有关。那时候，萨特曾短暂地拥护法国共产党，但是大家都不知道萨特的主体主义理论，与他作为斯大林式干部党的党员身份之间，要如何协调起来（参阅：Kurzweil, *The Age of Structuralism*, pp.2ff.）。

法国知识分子在 20 世纪 50 年代的生活，就是弥漫着这种现象学、存在主义与左派激进主义的混合物，但这种混合物从这时候开始也慢慢失去影响力了。这主要也是因为，此时有一个来势汹汹的以"结构主义"为名的反对运动——我们这一讲要介绍的主题终于在这里登场了——出现了。存在主义在面对结构主义时，为什么会这么快就丧失了其重要性，人们很难找出一个明确的原因。政治原因绝不是最主要的。虽然萨特的政治参与行动很摇摆不定（他一下加入共产党，一下又突然退出共产党），让很多他的支持者感到莫名其妙；但后来的结构主义者**就这方面**而言和萨特也没啥两样。很多结构主义者也是很鲜明地站在左派这一边，甚 478至还是法国共产党的支持者。要解释这件事，也许必须从哲学和科学方面来看。布迪厄和帕瑟隆（Jean-Claude Passeron）即是这么做的（见："Sociology and Philosophy in France since 1945: Death and Resurrection of a Philosophy without Subject"）。他们认为，法国哲学与社会学在其发展历史中，总不断在太过主体主义和太过反主体主义（即客体主义）之间摆荡；所以结构主义的兴起，只不过是萨特的主体主义到达巅峰之后物极必反的现象而已。我们可以在萨特的著作看到一种观点，即认为主体拥有个体选择可能性，个体是有自主的行动可能性的，或是即便总是遭受威胁，但人类还会有自我实现的机会。而结构主义正好对这一点大加挞伐（这也是我们稍后会深入探讨的结构主义的第一个特征）。这也是萨特很容易遭遇到的批评，因为他长久以来几乎都只把自己关在哲学里，很少涉及人文科学和社会科学的其他学科。对于那些新兴起、发展势头强劲的学科，更是如此。他对语言学和弗洛伊德的精神分析，始终保持距离，甚至相当排斥。这在他的《存在与虚无》（*Being and nothingness*：pp.458ff., 557ff.）中特别明显。对于想找寻新道路和新关联的哲学家来说，萨特的这种做法是不足取的。这也难怪，这些哲学家常常都很刻意地和萨特及他的哲学研究方式分道扬镳（参阅：Dosse, *History of Structuralism*, vol.I, p.3）。萨特也是在对这些批评的响应中，才试着努力将各社会科学整合进他的思想中。

*　　*　　*

不过我们先慢慢来。当我们谈到"结构主义"时，读者想必马上会发现，这里头藏着一个我们在前面几讲就已经很常看到的概念："结构"。事实上，这个词479 汇已经告诉我们一些很重要的事，这事与归在这个标签底下的理论家的意图有关：

> 结构主义者与众不同之处，首先在于他们热切、强烈地抱持一个信念，即所有人类行为和心智运作背后都有着结构。而且他们相信，这个结构具有凝聚力与意义，人们可以通过条理的分析来发现这个结构。（Gardner, *The Quest for Mind*, p.10）

不过，这段引言所指出的特征，乍看之下并没有什么特别之处。像帕森斯、卢曼、哈贝马斯或是吉登斯，不都可以说是"结构主义者"吗？不对！因为结构主义者**对结构有着非常特殊的理解方式**。

帕森斯和至此我们讨论过的理论家，并**没有**费心仔细解释结构概念。当帕森斯说到"结构"的时候，最多也就意指一种建筑图示，一种由许多部分构成一个更大整体的集聚模式。在帕森斯之后，社会学一般都是以像这样模糊的方式来运用这个概念。它大部分时候是一个万用概念，可以在任何可能的脉络下用于不同的目的，所以也很难被赋予一个独特的定义。像是"城市结构""生活世界结构"

"交通结构""组织结构"等等，所有这些加上了"结构"这个词汇的概念，意思几乎都不一样。

相反，结构主义者对结构有着独特的理解方式。这种理解方式，是 20 世纪上半叶**在不同的（人文）科学领域里**，在对人类语言与人类思想的特性探究中显露并发展出来的（参阅：Caws, *Structuralism. The Art of the Intelligible*, p.11ff.）。社会科学中结构主义运动最根本、最重要的推进，是由**语言学家**进行的。于此，首先必须要提到的名字，是索绪尔（Ferdinand de Saussure，1857—1913），以及他身后出版的课堂讲稿，即 1916 年出版的遗著《一般语言学教程》（*Cours de linguistique générale*）。他的这本著作在语言科学里引起了一种思想革命，也深深影响了 20 世纪 480 50、60 年代的法国结构主义和法国的许多社会科学。索绪尔思想中的革命性要素是什么？这位富有影响力的日内瓦语言学家促使了什么样的改变？为什么他的思想在数十年之后会获得如此庞大且跨学科的支持者？我们这里得先介绍一下索绪尔的著作，如此一来我们才能理解基于索绪尔的著作所建立起来的社会科学的结构主义。

有系统、持续性地对人类语言的研究，是在 18 世纪末、19 世纪初才兴起的。当时的语言研究，采取的完全是历史学的路子。那时候，语言科学和历史语源学几乎是同义的。当时人们的兴趣，是将语言现象放到历史进程中来进行编排分类，亦即去研究，字词如何随着时间而改变，例如探讨拉丁字词如何慢慢演变成德文，古高地德语经由哪些步骤演变成中世纪高地德语和当代标准德语，或是派生语言如何从原语言发展出来，等等。正好就是在（德国）浪漫主义的影响下，人们运用一些主要概念，如"语言家族"或是语言的"族谱"，来描绘（各种）语言的历史变迁，并将之呈现为如有机体般的改变过程。

索绪尔和他后来的追随者与诠释者，很极端地与这种历史语源学决裂，反对将语言的**历史**考察视作语言学的主要研究主旨。他们的做法，和过去研究无文字记录的语言（如印第安人的语言）的学者一样，聚焦在一个问题上，即一个单一的语言是如何内在地构筑起来的，以及一个语言如何具有能被描述的**稳定状态**。这种新的分析焦点所跨出的（就算不是唯一最重要的，也是相当重要的一个）步伐，即是索绪尔将言谈、人们每次所说的话［即"言语"（la parole）］，和具有抽象（社会）系统的语言［即"语言"（la longue）］，区分开来。他认为，后者才是他的语言学最根本的研究对象。语言

481

> 是每个属于同一个语言共同体的成员，通过言说实践所共同储存起来的宝藏。该语言的语法系统潜在地存在于每个人的脑袋中；或是更准确地说，存在于一群个体的脑袋中。因为语言绝非单一个体就可以完成的，它只有在集体里才能完美存在。（Saussure, *Course in General Linguistics*, p.13）

　　索绪尔的"言语"和"语言"这组对读者来说可能看起来有点不明所以的区分，背后究竟藏有什么样的想法呢？索绪尔是这样想的：当我在说话，亦即在发出一个或一连串的声音时，说话本身是一次性的事件。因为每当我在重复发出像"树"这个声音的时候，如果用声波测量仪来测量，会发现每次发出的声音的物理模式都不会是完全一模一样的。**不同的**人在讲出"树"这个字的时候，情况更是如此。这种原则上总会存在的声音的物理差异，也引发了一个问题：我们是怎么知道这个发音声波每次皆不一样的字都是"树"的意思呢？索绪尔认为，很简单，因为我们听到"树"这个声音的时候，都会假设，我们要把当下的物理声音当作**有思维内容**的发音［也就是说，这个发音是指涉着某物的；这种发音在索绪尔那里称为**能指**（signifier）］；同时我们知道，这个发音与所设想的那个有枝干、有叶片或是针叶的东西［那个被指涉的东西，即**所指**（signified）］是联系在一起的。将所设想的东西和发音，亦即所指与能指结合起来的东西，被索绪尔称为"符号"。一个符号就是一个非物质的构成物，由（概念性的）所指和能指所构成的。所指是所设想的那个树；而能指，则是那个发成"树"的音。

　　在对所指和能指之间的关系进行必要讲解的时候，索绪尔坚决反对所谓的语言再现模式，**反对认为"所指和能指之间的关系是本来就该如此"的观念**。索绪尔指出，我们不可能单从字词的发音就能推论出这个字词的意思是什么。同样地，一个字词的发音几乎不会自然而然地就长出一个预先存在的意涵。索绪尔更多地认为，能指和所指（概念）之间是相互独立的；或是更一般地说，所指与能指之间的联系是任意随俗或武断的。咱们举个例子就会很好懂了。"车辆"这由两个音节构成的发音，不过就是意指一种用轮子在移动的东西；但是我们都知道，在其他语言中，例如英语，则是用另外一套发音（如"vehicle"）来指涉这个概念。什么能指会搭配上什么所指，当然不是说话的人自己说了算，而是由传统所决定的。语言是有历史的；某个符号，是在某个时候"虏获"了某个意思的。索绪尔不断强调，语言本质上是社会性的！

> 语言，在任何制度中，都是最不具创新性的。它与社会大众的生活是直接合为一体的，而社会大众的生活本质上是惰性的，而且特别会产生保守性的作用。（Saussure, *Course in General Linguistics*, p.74）

　　符号的非实体性，以及语言是一套基于传统之上的符号系统，这两点索绪尔都是用他先行区分的"语言"（la langue）和"个别言语"（la parole）来进行论证的。语言的存在显然与个人言语无关；毋宁说，语言让言谈得以运作。因为，唯有当语言是一套稳定、即便没有实体的符号系统时（索绪尔会说，语言是一种形式而不是实体），我们才能让用不同发音声波发出的语音拥有**固定的**意思，我们才能一直说话，并确定我们产出的是同一个意思。

索绪尔从这一套前提设想，尤其是所指与能指之间的任意性，所得出的结论是，语言符号的定义不是每个符号自身能确立下来的，而是**来自符号与其他符号的关系**。不论是文字，还是口说，都是如此。假如在某个语言的词汇库里，有着"相信""认为""知道""猜测""觉得"等不同的字词，那么每一个字词就是因为和其他字词不同，才得以有意义。如果有某个字词不存在了，那么那个不存在的字词的"整个内涵就得转移到它的竞争对手那里"（ibid., p.138）。唯有当我们有不同于"相信"这个字词的其他字词时，"相信"这个字词才能被分到特殊的意思，亦即让"相信"这个字词能有稍稍不同于"知道"或"觉得"的意思。 `483`

同样的观点，我们来举一个音韵学的例子。人类都会有发声器官（如声带、舌头、嘴唇等等），这些器官几乎可以发出无穷多样的声音。但每种语言实际上只会运用到所有可能的发音里极低比例的部分。有些语言会用到鼻腔发音，有些语言的"s"是发清音而非浊音。像德语并没有英语的"th"这种发音。所以每个德国人如果是成年后才到成人培训教育中心学英语的话，都会觉得"th"这个音很难发，让他的英语总是讲得结结巴巴，痛苦万分。或是中国读者如果学过德语的话，应该都会遇到"r"这个音无法正确发声的困扰，因为汉语完全没有小舌音。如此一来我们可以说，语言结构揭示出了某种逻辑，因为特定的语言里可能只会有特定的发音组合、不会有其他的发音组合，所以只有特定差异会被认识到、其他差异不会被认识到。就连语言的音韵学特质，也不能仅通过单一发音来进行研究，而是必须分析诸多（承载着意涵的发音的）个别音素的**差异**与**组合**（ibid., p.142）。

这也意味着，各种字词与各个发音的意涵，不是通过符号本身而产生的，而是通过每种语言中，特定字词组的各个字词之间的特定差异，或是各种发音之间的对立，而产生的。我们唯有将各字词（和发音）区分开来，才能把它们确立下来。一个字词/发音，唯有与其他字词/发音区分开来，亦即唯有与其他字词/发音有**差异**，才能拥有意涵。要理解语言，我们必须**相对**地思考、在**关系**范畴中思考。而此时，我们就碰触到**结构**概念了，虽然索绪尔本人更喜欢说的是"语言**系统**" `484` 而非结构。

*　　*　　*

至此，我们介绍了两个命题。其一，所指与能指之间的关系是任意随俗的

（乃至于符号总体都是任意随俗的）；其二，语言是符号系统，唯有通过对符号之间的关系进行分析，才能对符号加以释义。第二个命题在一定程度上也解释了，为什么索绪尔的观点，在语言学之内和之外都引起了人们的兴趣。这两个命题，也让语言学（随后还有许多社会科学）得以可能踏上严格意义上的科学的道路，因为这让人们可以用非常客观且科学的方式来研究语言。也即，人们在研究语言时，不用再老是去关注"主体如何赋予意涵"这种本身就很有问题，且很容易引起争议的问题，而是只需要去关注能指的相对关系就行了，因为意涵是基于这种相对关系构筑出来的。而人们可以从这个命题再进一步假设，只要对能指的组合进行客观分析，就可以研究言说者或主体自己**没有意识到的**语言**结构**，并以此指出意涵是如何构成的。或是换句话说：索绪尔的这一套想法强调，能客观描述的深层的系统本身，才是最重要的。我们虽然可以通过对系统的分析，探究出符号的意涵，但意涵只是表面现象而已，所以不过是次要的。萨特在与语言学进行辩论时，总是极力反对索绪尔的这种立场（这里可以再去参阅：*Being and Nothingness*，例如 p.510）。

在索绪尔的推动下——虽然这种推动很晚才看到成果——语言科学转变成了"坚实的"、近似于自然科学的学科。因为，如果索绪尔的前提是对的话，那么语言学就不再有那么多的历史学成分，不会遇到一大堆诠释问题（这是历史学家和人文科学总是会遇到的问题），而是表面上可以生产出客观的、近似于自然科学的知识。或是更一般地说：语言学似乎不必再用诠释学的方式来进行研究了！诠释学建基于这样一种观点（见本书第九讲），即象征秩序唯有通过诠释才能加以探485　讨，然而因为人们总是可以给出新的诠释，所以这种讨论永远不会得出一个明确的结果，诠释过程永远没有终点。而这种结构语言学似乎可以避免这种"永无止境的诠释"的诠释学问题，因为人们相信，语言系统可以客观地给出最终的"解释"。人们终于可以实现科学梦了；亦即终于可以详尽探讨语言结构，揭示意涵的形成过程，而且**根本不必分析（语言）主体如何给出意涵**。这铺平了一条可以"抛弃"（赋予意义的）主体的康庄大道（Dosse, *History of Structuralism*, vol.I, p.59）。这里又呼应了我们在前文提到的说法，即法国的精神总是不断在极端的主体主义和极端的反主体主义之间循环反复。

*　　*　　*

索绪尔的结构方法很快就获得很多支持者。其他国家的语言学家开始运用他的方法来进行研究（虽然这些运用方式有一些修改），而且也激发起人们对非语言的符号系统的研究兴趣。语言只是各式各样的符号系统**之一**；既然如此，其他这类系统（像是手语、象征仪式、礼仪、军事信号）何不也来用类似的科学工具进行研究呢？连索绪尔自己最后也都这么觉得，所以他后来也致力于发展出一套一般性的符号学说［即他所谓的"符号学"（sémiologie）。见：*Grundfragen der allgemeinen Sprachwissenschaft*, p.199］。如此一来，社会科学家受这种思想吸引，运用这种观念与结构方法对非语言的符号系统，乃至对有规则的社会关系进行研究，不过就是迟早的事了。

于此，有一个学者对法国来说特别重要，后来也被称作"结构主义之父"；这个人就是人类学家兼社会学家列维-斯特劳斯（Claude Lévi-Strauss, 1908—2009）。他把这套结构语言学的思维模式，引介进人类学和社会学，并且发展出一种关于"结构"的理解方式。这种理解方式在社会科学当中非常新颖。如果读者们回头去看第 479 页（此处指本书边码）那句引述的话，也许就可以清楚知道这种理解方式是什么：结构主义者所说的结构，是所有行为和**所有心智运作**的基础。列维-斯特劳斯就是遵循着这种纲领，并且野心勃勃地去探究**人类精神与人类文化的无意识结构**。

486

*　　*　　*

列维-斯特劳斯生于布鲁塞尔，在那里的犹太裔法语知识分子家庭长大。他在索邦大学攻读哲学和法律，但很快就转读人类学和社会学，后来很偶然地在巴西圣保罗大学获得了社会学教授职位。列维-斯特劳斯在 1934 年任教职，并且在聘期结束后，1938—1939 年间组织了一批深入巴西中心地带的探险队。他利用这次的探险对南比夸拉人（Nambikwara）与吐比卡瓦希普人（Tupi-Kawahib）进行了田野研究。1939 年他返回法国服兵役，但因为 1941 年纳粹德国攻陷法国，因此他又不得不离开法国。他到了纽约，结识了美国知名人类学家博厄斯（Franz Boas, 1858—1942），并与来自俄国的知名语言学家雅格布森（Roman Jakobson, 1896—1982）结下友谊。雅格布森是第一个使用"结构主义"这个词汇的人，并带领列维-斯特劳斯进入一个新的知识领域，即结构语言学。1945—1947 年，列维-斯特劳斯在华盛顿的法国大使馆担任文化专员。40 年代末期，他出版了两本讲述他在巴西田野研究的人类学著作，让他开始为人所知。其中一本，是 1949 年出版的《亲属关系的基本结构》（*Les structures élémentaries de la parenté*），这本著作标示着结构人类学

的诞生。接下来，1955 年他出版了一本非常重要的著作，这是一本很有影响力、文
辞优美，讲述他在巴西探险经历的游记：《忧郁的热带》（*Trises Tropiques*）。这本著作

487 让他很快就攀上事业高峰，最后在 1959 年于知名的法兰西学院——**就是那所**非常
有名的法国教育机构——获得了社会人类学教职。之后他也出版了一系列的著作，
当中有不少都大幅跨越到邻近的其他社会科学。他也获得了许多荣誉，特别是
1973 年当选了法兰西科学院院士。1982 年他自法兰西学院退休。

*　　*　　*

　　只要大家去读一下列维-斯特劳斯那第一本大部头的、很快就极负盛名的著作
《亲属关系的基本结构》，那么就算在今天都可以想见，这本书在当时是如何在法
国部分的社会科学领域引起轰动的。这本书第一从哲学的角度，反思文化与自然
的关系，第二从人类学的角度详细地描述了极为复杂的亲属关系结构，第三讨论
了结构主义的基本理论构思，声称这套理论构思可以洞悉亲属关系的复杂性；然
后将这三方面的讨论结合了起来。这也让这本书，即便有一些命题对民族学者来
说是站不住脚的，但依然无损其独特的魅力。

　　这本书的标题就在某种程度上是有针对性的，至少列维-斯特劳斯是刻意取
这样的书名的。就如读者也许已注意到，他是在对涂尔干晚期的知名著作《宗
教生活的基本形式》（*Les Formes élémentaires de la vie religieuse：le système totémique en
Australie*）致敬。但列维-斯特劳斯完全不是正统的涂尔干主义者。相反地，像是涂
尔干对乱伦禁忌的诠释，就遭受他断然的驳斥。不过，他倒是颇为倚重涂尔干的
学生，莫斯，在 1923—1924 年出版的著作《礼物》（*Essai sur le don*）。这本著作指
出了礼物交换对社会运作的重要性。莫斯（顺带一提，莫斯也是涂尔干的侄
子）认为，礼物的赠送、接受、回赠，在古代对社会团结来说是一个最重要的机
制。赠送（不论是什么形式的赠送）是一个能建立双方互惠的可能性，因为礼物

488 造就了一个将人与人联系起来的期待与责任。列维-斯特劳斯讨论的是一个看起来
截然不同的主题，亲属关系结构；那么他究竟是如何运用莫斯的思想呢？

　　列维-斯特劳斯的论证分两个步骤。首先他声称，自然与文化之间的差异在
于，自然缺乏规则与规范。唯有建立起（由语言所中介的）规则和规范，文化才
有可能发展，也唯有通过规范和规则，人类才得以成为一种有文化的存在。"没有
规则，我们就没有可信的标准把自然过程与文化过程区分开来。"（*The Elementary
Structures of Kinship*，p.8）因此，列维-斯特劳斯说，任何事物，只要是普世所有人

类都会有的，即属于自然范畴；只要是由特殊的规范或规则所决定的，即属于文化范畴。文化的角色，就在于用（有规则的）组织来取代偶然，并以此确保群体能作为群体而存在（ibid., p.42）。但是，如同列维-斯特劳斯也发现的，这种说法虽然清楚好懂，但一旦人们想去探讨一个人类学家和涂尔干都始终很感兴趣的现象的时候，就会出现问题了；这个现象，就是乱伦禁忌。因为，一方面，乱伦禁忌是一种规则，因为在动物那里，看不到人类这种严格的乱伦禁忌。但另一方面，列维-斯特劳斯说，乱伦禁忌又是普世的、每个文化都会有的。

> 也就是说，这里牵涉一个现象，一个既有自然特征，又有文化事实特征的现象。这对于前述的理论来说，就是一个矛盾了。乱伦禁忌既有本能与天性那样的普世性，也有法则或制度那样的强制特质。为什么会这样呢？乱伦禁忌的地位和意涵是什么呢？（ibid., p.10）

在这一点上，列维-斯特劳斯运用了莫斯关于在古代社会中交换关系的思想。乱伦禁忌，亦即特定亲属关系内禁止通婚，是为了确保人们会"向外"通婚。男人或女人要向另一个团体的男女嫁娶，必须和另一个团体的男女结婚，因为乱伦禁忌禁止团体内通婚。乱伦禁忌强制人们一定要"族外婚"，保证人类会在**团体之间**被"交换"。所以列维-斯特劳斯认为，亲属关系结构，乃基于普世的乱伦禁忌以建立起来的，它可以用类似于礼物交换或经济交换的方式来进行说明。乱伦禁忌有助于团体双方的互惠关系，建立团结联系，因为人类（尤其是女人）能通过其劳动力生产经济财物。男人借由放弃自己团体的女人，以同时开启更广泛的"联姻集团"。意思是，男人们可以希望"族外"的女人带着劳动力嫁进来，同时与那个团体建立起团结关系和互惠关系。在某些特别清楚符合"普遍化的交换"的亲属关系结构中，人们可以看到：

⁴⁸⁹

> 普遍化的交换建立起一种定期运作的系统。A 把女儿或姊妹转让给 B，B 把女儿转让给 C，然后 C 再把女儿转让给 A。这是最简单的公式。普遍化的交换总是包含着信任要素（尤其是当这个循环的中间参与者越多，以及当越来越多的次级循环加入主要循环时，尤为如此）。人们必须信任，这个循环将是会成立的，嫁出去的女人可以得到娶进门的女人当作补偿，即便这种交换需要等待一段时间。（ibid., p.256）

乱伦禁忌与族外婚对各团体来说有着明明白白的功能，因为这让不同的团体得以建立起联系，具有整合的效果。列维-斯特劳斯同时还声称，"结婚"从字面上来看就是一种交换形式：

> 因为结婚就是交换，因为结婚就是交换的代表形式，所以对交换进行分析，有助于对团结的理解。正是馈赠与回赠、嫁出和娶入，促进了团结。（ibid., p.483）

490　不只如此。如果亲属关系结构，就如同莫斯所分析的礼物交换系统那样，是**一种符号系统**，那么人们就可以像研究语言一样来研究亲属结构，亦即原则上同样可以用结构语言学所发展出来的方法来进行研究。列维-斯特劳斯认为，随社会而异的亲属关系结构，都可以回溯到一个基本原则。索绪尔已尝试指出，可以通过揭示语言（"la langue"）的理念结构，来洞悉人类言谈的复杂性。列维-斯特劳斯走得更远。他认为，所有的符号系统，不管是语言、亲属关系结构，还是古代礼物交换系统，最终**都是遵循着某个内在于人类心智当中的逻辑**。如果我们能找出这个逻辑，那么，根据列维-斯特劳斯的观点，我们就拥有了一把能分析所有符号化的事物的钥匙。他相信：

> 人类心智的无意识的运作，甚至是人类长久以来最具有任意性的创造活动，都是由一种内在逻辑所引导的。而适用于研究这种内在逻辑的方法，与一般用来研究现实世界的方法，没有本质上的区别。（ibid., p.200）

关于人类心智运作的方式，列维-斯特劳斯在《亲属关系的基本结构》里已经很清楚地呈现他的想法了，但这个面向在他后来的著作当中才真正明确表达出来。他认为，人类心智都是一种"二元"结构，都是以对立的方式在"工作"的。这种观点，他借用自他的好朋友，语言学家雅格布森。雅格布森修改了索绪尔著作中的命题，认为语言不只有一种可以清楚确立出来的结构，而且这个结构还是**二元的**。人类都是通过一些对立来辨识语言的，如辅音对立于元音、浊音对立于清音、大声对立于小声等等。这些东西，在每个语言当中都会以某种规则来相互对立。而列维-斯特劳斯最后得出了一个结论：社会符号系统，例如亲属关系系统和礼物交换系统，也都是基于这种对立之上。例如"内"对立于"外"（像是族内婚
491　和族外婚即是这种对立），或是赠礼对立于收礼（在礼物交换与基于此的相互性那里即是如此）。所以列维-斯特劳斯认为，虽然人们也许不能说，

> "人类共同体的趋势是自动且无意识地根据严格的数学规则，分解成完全对称的要素"［弗雷泽（James G. Frazer）］；但人们也许必须承认，**二元性、交替性、对比与对称性**，不论其形式是清楚勾勒出来的，还是非常模糊的，都并不是一件非常值得解释的现象。相反，**这种现象毋宁说这是心理实在与社会实在的一种基本且直接的事实，这种事实反而是提供解释的出发点。**

（ibid., p.136；着重处为约阿斯与克诺伯所加）

亲属关系基本结构的二元性（如"内"与"外"），虽然对于团体来说有维系社会团结的功能，但我们之所以会在现实中观察到这种二元性，**不是因为**它有功能，而是因为它表现出了"人类心智的基本结构"（ibid., p.136）。正是心智的结构，将人类历史**在无意识的情况下**导向了特定的路径。当然，人类历史有偶然的、无法预见的结果。例如由于自然灾难、政治动乱、经济危机等等因素造成了印第安人迁移。"但一般性的历史结果，显示出**有一种整合力量**，独立于上述因素，**影响了历史，使之趋向为具有系统的性质**。"（ibid., pp.76—77；着重处为约阿斯与克诺伯所加）

列维-斯特劳斯后来又进一步发展了这种分析形式。特别是他指出，关于所有人类文化形式的二元结构，不只适用于分析亲属关系系统，而且也适用于其他种"对立"。他在 20 世纪 60 年代中期，陆续出版了数卷《神话学》（*Mythologica*），对例如神话故事的结构进行分析。像是第一卷的副标题《生食与熟食》就是想论证人类心智的二元性，特别是想指出人类思维中的"烹饪"概念即是自然与文化的一条很重要的分界限。

列维-斯特劳斯的这些著作非常深奥难懂，用字遣词总是相当文雅，写得像是神话故事似的。但我们的兴趣不是去解读这些著作，而是去探讨列维-斯特劳斯思想世界的理论背景，因为借此读者们可以清楚知道，为什么结构主义的思想在那个时代会这么有魅力。 492

列维-斯特劳斯对法国文人圈的影响，无疑来自他著作中不断会出现的"浪漫"题材。他从来都毫不掩饰他对卢梭（Jean-Jacques Rousseau）的赞赏，并在他后来的著作《野性的思维》里，把原始的"野性的思维"，解释为不同于西方科学理性的一种（更好的）思维模式（关于列维-斯特劳斯著作中的浪漫元素，可参阅：Axel Honneth, "Ein strukturalistischer Rousseau. Zur Anthropologie von Claud Lévi-Strauss"）。仅仅这样的说法，就让那些不怎么喜欢西方文明及其后果的知识分子，感到很有趣了。前文提到的那本旅游文学著作《忧郁的热带》出版的时候，正好是西方政治去殖民化时期，也是对殖民主义感到越来越良心不安的时期。而《忧郁的热带》以一种极富表现力的图像，让人们的目光转向了另一个不久将消亡的原始世界，许多知识分子都觉得这个世界就像是另外一种类型的世外桃源。但列维-斯特劳斯著作中的浪漫面向，只是一个方面；此外他的著作里还有另一个非常清楚的（虽然与浪漫面向形成鲜明对比的）**科学性的**方面。

列维-斯特劳斯总是不断强调，他的思想渊源与榜样，是结构语言学和马克思。一个是由索绪尔等人所推动的语言研究。另一个重点在于马克思所强调的**潜藏**结构的重要性，亦即我们唯有把握潜藏结构，才能解释表面现象。对社会科学来说，像列维-斯特劳斯这样的结构主义说要把握"潜藏"的结构，意思是他们要找的是人类**没有意识到的**结构。这种思想方式直接带来的结果是，人们要解释文化，不用追溯到主体那里去，不用（甚至不能）去诠释主体。如同列维-斯特劳斯不断强调的，在土著那里，他们觉得社会是怎么运作的，和他们社会实际上的组织方式，常常是相矛盾的（参阅：*Structural Anthropology*, vol.I, p.133）。但这不成问题，人类学家可以自己去确实地定义所发现的无意识结构，自己去挖掘出"集体现象的无意识本质的本源性"（ibid., p.18）。正是这种通过结构分析，以及对无意识结构的挖掘，保证了人类学的科学性。人类学和社会学值得以结构语言学为方针，因为结构语言学是社会科学和人文科学中，至今最接近自然科学的学科。

> ……在所有的社会科学与人文科学里，只有语言学可以和精确的自然科学并驾齐驱。原因有三个。（a）语言学有普世的研究对象，即用以表述的语言，这是所有人类团体必定会有的。（b）语言学的研究方法是同质的。换句话说，不管所研究的语言是现代的还是古代的，是"原始的"还是"文明的"，所用的方法都是一样的。（c）其研究方法基于单一基本原理。所有的专家们，即便可能会有一些小分歧，都还是会一致承认其研究方法。（*Structural Anthropology*, vol.II, p.299）

让列维-斯特劳斯的结构主义富有吸引力的，正是这种（自然）科学式的内涵，而不是其浪漫风格。列维-斯特劳斯显然触动了当时法国知识分子的神经，尤其是他用他这套理论，与"不科学的"现象学和存在主义进行论战。现象学和存在主义都以个人的经验作为出发点，并且因为执着于"主体性的幻想"，所以相信个人的经验就可以解释任何事。列维-斯特劳斯相反则认为，"人们若要获得真实，首先必须抛弃个人经验，然后再把这种经验整合进一个客观的、不带感情的综合中"（*Tristes Tropiques*, p.71）。列维-斯特劳斯将萨特的存在主义视作极端的笛卡尔主义，因而大加批判。因为萨特就只从自我来思考，所以陷于一连串的偏见当中（*The Savage Mind*, pp.245ff.）。列维-斯特劳斯对萨特著作中的这种特质的批评，并没有错。不过他对萨特哲学的毛病的解决方案，并不是移向**互为**主体的理论，而是如前文所提到的，完全走到反主体主义的一端，**拒绝主体性，只探求心智的客观结构**，一种穿过主体、无关乎主体，且支配人类社会及其发展的结构。一种思想诞生了：这种思想，承诺在对不同的社会生活领域进行分析时，能具有一种真正的、至今都还被认为是不可能的科学性。列维-斯特劳斯的著作，都在宣传这种关于"符号系统不涉及主观意向"的观念。这种观念极为讲究客观性，允诺人文科学将可以完全地科学化。因此，可想而知，列维-斯特劳斯的这个观念受到很多学者的拥护。如果亲属关系系统、经济系统和神话，真的都可以被视为符号系统的话，那么这种结构方法，何不运用在**所有**社会现象上呢？所有社会科学学科，何不都接受这种结构分析方法呢？

事实上，在 20 世纪 60 年代中期达到巅峰的结构主义运动，就都在这么尝试。至少在公共影响方面。结构主义者成功地把非结构主义者排挤得越来越边缘。一些强烈批评结构主义的学者，例如图海纳（Alain Touraine），就说巴黎在 20 世纪 60 年代简直就是被结构主义者整个"霸占"了。这样说虽然有点夸张，但的确那时候到处都是结构主义者。在**精神分析**方面，可以看到拉康（Jacques Lacan，1901—1981）和他的弟子的崛起。他们以很特别的，亦即结构主义的方式来诠释弗洛伊德的理论。在**哲学、社会学和政治学**，有阿尔都塞（Louis Althusser，1918—1990）和普兰查斯（Nicos Poulantzas，1936—1979）等理论家，他们重新诠释马克思的著作，排除掉他们觉得不科学的要素。他们（尤其是阿尔都塞）的做法是，用马克思后期所谓以科学的方式，亦即用结构的方式，所进行的政治经济学批判的论证，反对马克思早期哲学式的、人类学式的做法。巴特（Roland Barthes，1915—1980）是伟大、敏锐的结构主义**文化理论家**，他分析了法国大众文化（*Mythologies*）。最后，结构主义思想也进入到**历史学**中，塑造了我们随即要介绍的（历史）哲学家福柯（Michel Foucault，1926—1984）。这些人都是当时法国知识界魅力极大的明星学者，支配了法国的讨论脉络，后来也成为全球知名的知识分子，让结构主义在迟一些时候也"流溢"到别的国家。然而，这种"原本的"或"古典的"结构主义的光辉时刻没有维持太久。最晚从 20 世纪 70 年代末开始，结构主义的光环就开始没落了。这与上述各学者的个人悲剧有关。普兰查斯 1979 年跳楼自杀，巴特 1980 年 8 月死于车祸事故，阿尔都塞 1980 年 9 月勒死了他的妻子，并随后被送入精神病院。拉康在患上失语症的情况下病逝于 1981 年。福柯 1984 年因艾滋病过世。这些人在同一段时间的悲剧命运，也宣告结构主义时期的终结（参阅：Dosse, *History of Structuralism*, vol.1, pp.xx—xxi）。

若人们回头来看这些思想家的知识遗产，那么很快就会发现，至少就与社会科学有关的方面，人们后来对这些理论的态度，与先前的结构主义热潮相比天差地远。结构主义的遗产并没有被深深烙印在大家的印象中。而且完全相反：法国的马克思主义，在经过对苏联的"古拉格"事件进行激烈的辩论后，便开始不被人们接受了，1989 年的政治风波更是一大打击。所以虽然马克思主义在知识界依然很有活力，但人们对其的讨论已几乎不再援引普兰查斯和阿尔都塞的观点了。巴特的文化分析虽然很精彩，但很多是带有戏谑性质的短文，所以无法达到文化社会学的更系统性的要求。至于拉康推动的以结构主义的方式进行的精神分析诠释，仅擦了社会科学最外围的领域的边。就算是在精神分析内部，人们也很怀疑拉康到底有没有严肃地对待自己的事业。由于拉康写的东西常常几乎让人根本读

495

496　不懂，所以他的批评者辛辣地嘲讽拉康干脆叫"拉扯淡"（Lacancan）算了。

　　不过，对于福柯的遗产，人们的态度不太一样。他的著作对很多领域，包括社会学，无疑都有很深远的影响。我们现在来介绍他。福柯在"结构主义的舞台"上登场，是一件值得关注的事，因为他的结构主义式的论证方式，采用的是**历史学的取向**。就算列维-斯特劳斯总是不断强调，结构人类学应该要有对于历史过程的洞察力，但同时却显而易见的是，他在根本上有兴趣分析的，仍仅是不变的结构，以及由于这样的结构，因而处于稳定、几近被冻住的状态的社会。他偏爱的是"共时性"（即某个当下时刻）的分析，而不是"历时性"（针对历史变化）的分析。其实在索绪尔那里，就已经和历史语源学保持距离了，所以索绪尔的结构语言学主要进行共时性的观察。而福柯从历史的角度，仔细地研究了法国、西方的文化，可说是为结构主义的视角注入一股新的气象。

　　当然，我们把福柯当作像列维-斯特劳斯那样的"古典"结构主义者有点难。福柯无疑采用了一些结构主义的思想。但他在很大的程度上，也采用了"结构主义之父"那里看不到的新的理论要素，所以不少福柯的诠释者，都将福柯称作**后结构主义者**。这个标签是什么意思，我们这里（暂时先）不讨论。这里先值得一提的是，福柯**没有**列维-斯特劳斯那样的野心，他没有要找出人类心智中的普世基本结构。福柯的著作，没有想科学地追寻终极的基础结构。之所以如此，与福柯深受尼采和继承尼采思想的学者的影响有关。尼采及其追随者并不认为西方世界的历史是进步的，也强烈怀疑是否真有一种普世有效的理性。此外，福柯相当着
497　迷于欧洲现代社会的"阴暗"哲学家或作家。这些人并不带着乐观的态度假设启蒙是一种进步，而是反启蒙主义者，并对所谓的启蒙理性又再进一步追根究底。福柯正是因为深受这种反启蒙的传统的影响，所以并没有完全致力于列维-斯特劳斯的那种科学计划。

　　若想了解福柯的思想世界，最好从他在 1961 年出版的大部头著作《古典时代疯狂史》（*Histoire de la folie à l'âge classique*）开始。这是一部非常详细丰富的书，福柯为了这本著作详细查阅了无数欧洲国家的档案馆。这本书旨在分析西方对待疯癫的方式，以及从文艺复兴时代到 19 世纪这段时间关于疯癫的思想。福柯的分析散发着难以抵挡的魅力，连社会科学家也深感着迷。这尤其是因为，他让人们感觉到，欧洲文明的特质，是深刻地由理性和非理性（即疯癫）之间的辩证所刻画出来的。疯癫与理性是一体两面的，也许甚至疯癫就是理性的真面目。福柯认为，西方历史不断回过头来致力于探讨疯癫，就表明一件事，即在疯癫这里可以发现一个被理性隐藏起的真理。

　　　　西方人从中世纪早期开始，就与一个被模糊地称为疯癫、痴呆或失去理性的事有关。也许正是因为这种隐讳的存在，西方理性才会有了某种深度。无论

如何，理性与疯癫在西方文化里，最初是一体两面的事。（Foucault, *Madness and Civilization*, p.xiii）

福柯在这本书中写到，文艺复兴时代里的神经病和疯子，还是被整合进社会的，无论如何都并没有与社会隔离开来。在这段时期，疯癫是人们在日常中会遇到的现象。但在福柯所谓的"古典时代"，社会对待疯子的形式改变了。16世纪的 498 一个特色，就是发明了医院。疯子，和穷人、生理患病者、罪犯等一同被关在医院里。人类于此开始了广泛的拘禁举措。通过拘禁，疯子（和其他可能的囚禁者）一同被隔离开来，亦即被社会排除出去。一直到了18世纪末，人们才开始将疯子当作"悲惨的失去理性者"，与其他类型的被拘禁者区分开来。这时候人们成立了疯人院、精神病院，疯子首次被转移到医生那里去，并且与所有其他人区别开来，完全仅被当作医学的对象。

福柯将这一段自文艺复兴以来的历史过程，视作一种驯服疯癫的尝试。但就只是一种尝试，人们绝不能把这种尝试想成是什么启蒙的进步。在文艺复兴时代，疯子还是被整合进社会当中的；但在19、20世纪，医学成为管辖疯癫的唯一领域，而对福柯来说，这造成了一件事，即疯癫完全变成了一个客体。我们因而遗失了疯癫的真相，疯癫与我们之间"异化"了（ibid., p.461）。有的人相信科学带来的是进步，这些人往往总参考改革论者的说词；但福柯压根不相信改革者自己的那套说词。在18世纪，人们把不治之症患者、罪犯、穷人，与疯子区别开来，但福柯不认为这种区分有什么人道主义的动机，不认为这是因为想对疯子有更适当、更人道的对待方式。这种隔离的动机，仅仅只是想保护那些悲惨的人免于发疯，因此将疯子更严格地监禁在疯人院和精神病院。

> 对于疯癫在现代文明里所占据的位置来说，重要的（也许是最关键）的是，在监禁世界里，当人们将犯罪与疯癫、恶行与疾病进行区隔时，人们不再把医务人员当作**仲裁者**来请教，而是将他们当作保护其他人的**门卫**，让这团混乱的危险不散溢出监禁之墙。（Foucault, *Madness and Civilization*, p.363）　499

福柯的这套历史重构其实完全是值得商榷的。同样的历史材料，我们也可以换另外一种说法来讲述：由于我们不将疯子视作像你和我一样的人，而是将之想成另外一个物种，所以我们反而能接受疯子的存在。收容疯子，我们也可以说是迈出接纳与整合疯子的第一步，非常有跨越性的一步。

无论如何，福柯在接下来的时间，都不断用不同的历史研究，推进了他批判与质疑启蒙的研究计划。其中，他的一本关于刑罚史的研究，特别值得一提，即1975年出版的《规训与惩罚》（*Surveiller et punir. La naissance de la prison*）。福柯在这本书一开头，令人毛骨悚然地描述了 1757 年在巴黎，刺杀国王未遂的达米安遭受残忍的公开严刑拷打与处决的场景。福柯用这个场景作为开头，是有用意的。他接下来话锋一转，指出刑罚举措在接下来的几十年大幅改变了。刑罚越来越不是以身体作为目标，而是针对犯人的行为或心灵。身体的刑罚退场了，（越来越少被判决的）死刑，越来越是在公众视野之外执行的。相反，步上台前的，是尝试对每个犯人加以规训，塑造他们，操练他们的身体与心灵。这种新的刑罚观念的象征，就是现代监狱的诞生。当然，监狱"自古有之"。但"现代"监狱的新颖之处在于，它在建筑设计和组织架构方面的建立方式，都是要让身处其中的所有犯人随时随地都会被监视到，或者是让所有犯人都会觉得自己随时随地都在被监视着。最明确构想出这种监视与规训的观念的人，福柯归于一位各位读者在第二讲时就遇到的学者：功利主义者边沁。边沁在他那个时代，是一位非常伟大的刑罚改革者。他呼吁要改变刑罚技术，并制定了一套监狱规划。在这套规划里，每个将犯人孤立地关押的牢房，都设置得让狱卒可以在一个中心点随时观察到所有犯人的

500　行为举止。持续不断的监视，能够重新形塑与规训犯人，使之适应社会规范。这个观点直到今天都仍是不过时的！

　　在边沁设想的这个监狱中，所有牢房环形地围着一个中间的监视区，在中间的监视区可以看到所有牢房。他将之称为"全景敞视监狱"（这里可以参阅：*Discipline and Punish*, pp.200ff.）。同时，全景敞视监狱也伴随着一种新的刑罚形式。但是，就像福柯在这本书里所标示的根本要点指出的，这种监狱与刑罚形式不意味着进步或是更人道。这种新的、原则上没有暴力的刑罚技术，与福柯在此书开头所描绘的严刑拷打与处决场景，如果要被视作完全对立的，是不会不恰当的；但福柯却没有这么论证。他想指出的是，从酷刑和处刑机构转变为监狱，不过是一**种权力技术的改造**。刑罚固然不再**摧毁身体**，但**权力对身体和精神的作用被有效率地提升了**。监狱的形成，不过是在现代形成的一套全新的权力技术与规训技术中的一个要素而已。现代早期的军队改革，对士兵建立了一套系统性的操练，要士兵能快速将步枪上膛，在交火时维持战线或阵形。随后，在作坊和工厂里的工人那里，也出现了同一种对身体的操练方式。监狱的诞生，不论是过去还是现在，都不过是权力史的一个进程步伐而已。

　　重点是（我们在介绍吉登斯的那一讲时，已经提到过了），福柯的权力概念，不是一种中心式的权力概念。意思是，福柯并没有设想在某处会有一个特别有权力的人，对士兵、工人或犯人施加权力。福柯认为，权力**没有所在地，它是去中心的，沉默的，不显眼的，但无处不在的**。福柯的这个思想，完全反映了 1968 年"五月风暴"失败之后许多知识分子的心情。福柯在他后来的著作中，用他那阴暗

501　的语言，将他的权力概念的特质进行如此表述：

对于权力的可能性条件……人们不能在某中心点的原初存在中寻找它，也不能在会产生次要或派生形式的唯一至高无上主权那里去寻找它。持续产生权力的，是一种会晃动的力量关系基石，而且权力的状态总是局部且不稳定的。权力无所不在。但这不是因为权力有一种特权，能将一切东西合并到它那无可抵抗的整体，而是因为在每个时刻，在每个点，甚至是从这个点到另一个点之间，都会产生出权力。权力无所不在，但这不是因为它囊括了一切东西，而是因为它来自任何地方。……权力不是一种制度，不是一种结构；它也不是我们天生拥有的某种力量。它是特定社会里的一种复杂策略情境的名字。（Foucault, *History of Sexuality*, Vol.1, p.93）

权力之所以无处不在，也不在任何地方，是因为（这也是福柯的权力理论另一个特殊之处）权力与"话语"（discourse）、特殊的言说形式，以及科学言谈和语言是密不可分的。福柯引用尼采的观点认为，这反过来也可以说，科学与对于真理的追寻总是会生产出权力。这个对读者们来说也许不是非常能理解的命题，福柯在他晚年出版的《性史》第一卷表达得最为清楚。在这本副标题为《求知的意志》（*La volonté de savoir*）的著作里，福柯反对启蒙式的、左派的压抑假设。意思是，福柯不认为"性"这种事，在"黑暗"的、饱受压抑的基督教道德之苦的中世纪时，受到排挤与抑制，然后因现代医学、精神分析等等才成功获得解放。福柯眼中的这段历程完全是另外一种面貌。虽然，没错，现代社会越来越不会通过禁止与管制来对性进行抑制，但这必不意味着对性的规范就比较少了。完全相反，福柯注意到，在18、19世纪时，关于"性"的话语爆炸性地增加；生物学、医学、道德哲学、精神分析、神学等等的话语，都渗透进性当中。性的各种形式都被详细地记录与描述。性被各科学检视得一清二楚，而且科学也影响了人们在性欲方面如何看待自己。福柯认为，若觉得人类的性在现代获得了"解放"，或以为至少所有这些话语为性带来了意外的解放效果，那就未免太天真了（*History of Sexuality*, Vol.1, p.130）。这一切更多的是生产了**一种新的权力形式**，但没有一个中心控制机构在负责这种权力。持续扩张的话语非预期地带来了规训与塑造人类的效果，将权力内化进人中，使得没有人在下命令，但大家都在听从权力。科学，一种对真理的探寻，是一种求知的意志，同时也有不可预见的权力作用相伴随着。福柯的一般命题是，真理与权力是分不开的。所以福柯的研究总是一贯地追问一个问题：

权力用来生产真理话语的权利规则是什么？或者换句话说：在我们所处的这个社会中，哪一种权力类型能够产生出具有权力效果的真理话语？（Foucault, *Society Must be Defended*, p.24）

福柯从这个问题又进一步提出一个很挑衅的命题："主体"就是由科学话语所建构出来的。主体概念是对人类的无尽渗透所建立出来的。意思是，主体是权力的结果，或是更确切地说，是**一种特殊的权力技术的结果**。这种特殊的权力技术，是近代，特别是 18、19 世纪构筑出来的，并且也正是这个技术对人进行了越来越详尽的检视。人类主体不是一直都是那个样子的，未来也不会是那个样子的。人类主体是在历史当中借由某些权力形式建构出来的。只要这种支配的权力形式改变了，人类主体也就会再次消失。福柯有一些名言，如"人类的终结""主体之死"，即出自他一本在 20 世纪 60 年代中期出版的大部头著作《词与物》（*Les Mots* 503 *et les Choses. Archéologie des scoemces humaines*）。书中他清楚地指出，

> 有一件事是清楚无疑的：人在人类知识里，并不是一个最古老的，也不是一个永恒不变的问题。如果人们撷取出一个很短的时间跨度以及一个有限的地理区域，例如 16 世纪以来的欧洲文化，那么就可以清楚发现，人是一个很年轻的发明。……人是一种发明。我们思想的考古学便清楚指出它的发明时间相当年轻。而且也许它也快要到了终结的时候。（Foucault, *The Order of Things*, p.387）

"人类的终结"这个命题，是福柯第一次清楚表现出他的结构主义的特征。这个命题首先是对（法国的）现象学的严厉批判，尤其是对萨特的主体哲学（对此可以参阅：Eribon, *Michel Foucault*, p.156；或是：Dreyfus and Rabinow, *Michel Foucault: Beyond Structuralism and Hermeneutics*, pp.44ff.）的批判。福柯认为，主体绝不能被当作哲学分析的出发点，因为他仅仅是特定历史阶段的权力关系的产物。结构主义的反主体主义，从福柯这里开始，以一种全新的类型和方式，亦即以历史学的方式，获得了正当性。

福柯思想中的结构主义特征，也表现在他对现象的共时性检视的偏好。虽然福柯是一位极为以历史素材来进行研究的哲学家，但令人讶异的是，历史研究并不是他真正的兴趣。福柯自己在《词与物》的前言里就清楚指出，他对于历史因果问题并不真的感兴趣。当然，他并不是从未处理过因果问题，但他感兴趣的首先是话语形式的**形态**，而**不是它的形成与发展**。在对"监狱的诞生"进行分析时，福柯也会不断稍微提到监狱的诞生与资本主义的形成之间的可能关联，但是原则上这些关联到底是什么，福柯是留给读者自己去思考的。权力的无所不在，以及它不在任何一处，似乎是无关乎因果问题的。

为什么福柯会刻意回避因果问题呢？如果我们回头去看一下上文在《词与物》里引用的句子中提到的"考古学"，就可以清楚看到原因。福柯使用这个概念，似乎是想暗示，他要研究的，是人作为知识对象，在历史上是什么时候出现的。这 504

暗含着一种反进化论的想法。虽然这位人文科学的"考古学者"在探讨他的历史渊源，以挖掘、展示出我们现代社会幽暗的、被隐藏起来的那一面，也就是挖掘出我们今天的思想前提。这些前提就是因为被掩埋住了，所以经历启蒙洗礼的现代才会对进步如此乐观，觉得自己一片光明。但挖开被掩埋之处，并不是为了想进行治愈，考掘的目的不是为了提供什么治疗，以让今天的人们对他们是怎么来的能有更好的理解。完全相反，福柯认为，话语的更替没有目的也没有方向。话语就像文物一样一层一层地被埋在不同的地层，彼此之间并没有什么关联。不同地层的权力对不同地层的话语是鞭长莫及的。我们也不能设想不同地层的话语会彼此转换、前后相继，以此将历史视作一种"发展"。历史更多的只是一场盲目的权力的游戏。在这场游戏里，没有"进步"这种事，也不用妄想在其中探求任何什么其他的意义。福柯借用了尼采的观点，将这种揭露权力和知识的复合物的方法，称为"系谱学"。这个概念意指一种历史回想，但这种回想不是要强化什么价值维系，而是为了揭露与摧毁。

　　福柯的话语（discourse）概念，与前文（第十讲）提到的哈贝马斯的商谈（discourse）概念截然不同。福柯的话语概念原则上是共时性的，其与结构语言学的关系是显而易见的。福柯早期著作里提到的"话语"，是一种陈述系统，一种彼此关联、以有序的模式建立起来的一套陈述。福柯在后来的著作中，虽然让这个概念更为"丰富"了，让"话语"既可以被理解为一套陈述网络，也可以被理解为在特定机构（如司法机构、医院等等）里的权力技术。但福柯相对来说没有讲 505
清楚的是，**"话语"是如何改变的**。就像列维-斯特劳斯没有问心智的结构是从哪来的一样，福柯也系统性地绕过了一个问题，即我们该怎么去想象话语的形成。福柯会讨论话语"起源"的情况只有一种，就是在他提及一个他并没有进一步讲清楚的基础层次概念"知识型"（episteme）的时候。每个时代都有它的知识型，每个时代都是由它的一个深层的知识概念范畴标示出自身特质的，并以此为基础形塑出随时代而异的话语。就像言语是语言的一项机能（索绪尔）、亲属关系系统是人类心智基础结构的一项机能（列维-斯特劳斯）一样，福柯将话语和与话语息息相关的权力作用，仅理解为作为基础层次的知识型的一项机能。虽然每个时代都有其典型的知识型，但知识型却不是真的能从历史学的角度来研究的东西。被结构主义者强烈指责（福柯也有隐含的指责之意）的萨特，对于福柯这方面的意见是很切中要害的：

　　　　有件事正好是最有趣的，但福柯却没有为我们解释，即：每个思想是如何基于这样的条件而被结构化的，以及人是如何从一个思想跨越到另一个思想的？要探究这件事，就必须把历史带回研究中。但这却正是他拒绝做的，虽然他的视角是历史的，他研究了不同的时期，之前的和之后的。但他却用

幻灯片取代了电影，用一连串的定格取代了动作。（援引自 Eribon，*Michel Foucault*，p.254）

如果我们去回顾福柯早期和中期的创作，那么就会注意到他的立场变得越来越极端。虽然他早期的著作《古典时代疯狂史》断然反对进步乐观论，但同时他的思想还是承认有一种原则上"纯真的"真理——所以他那时才会将疯癫描述为理性的"另外一面"。但他后来越来越强化了他的（尼采式的）权力普世主义，连真理也被他视作与权力密不可分的，并因此他越来越诋毁真理。在福柯那里，逃脱权力之网已经是不可能的了，真理也不再能够提供解放。

不过我们在这里可以问，这样一种极端的立场是不是真有说服力，以及在理论上是否真有益处（至于另外其他对福柯的批判，可以参考本书探讨吉登斯的那一讲）。这当然是值得商榷的，而且显然——至少我们认为——连"晚期的"福柯自己也深感这值得商榷。因为，就算人们愿意同意福柯的许多理论前提，并且能接受他的历史诠释，但人们还是可以质疑，我们真的被权力完全包缠起来了吗？例如我们很努力地争取人权，但却被描述为这不过是一种权力话语，并且将所有关于"解放"的思想都解释为不过是一种幻觉，这种理论真的有益处吗？而且，虽然福柯不相信有一种伟大的解放抗争，但他还是很积极参与许多小型的政治抗争与社会抗争。那么，他的理论立场和他的政治参与之间的关系又是什么呢？（参阅 Eribon 著作中关于福柯生平的部分）

人们可以说，福柯在他人生的最后也提出了这个问题，或至少类似的问题（亦可参阅 Dosse，*History of Structuralism*，vol.II，p.336ff.）。他原本规划了数册的性史研究，但他后来没有完成。他这个研究规划的改变，是值得注意的。《性史》第一卷《求知的意志》（1976），与《规训与惩罚》（1975）几乎是同时出版的，只是他的论证从权力普世主义转到了"性"这个领域而已。但他后来生平最后出版的几卷，内容基调却改变了。《性史》第二卷《快感的享用》（*L'usage des plaisirs*）与第三卷《关心自我》（*Le souci de soi*），比第一卷晚了将近八年才出版。这一大段时间内，福柯的立场显然出现了转变。因为福柯突然又谈到了"主体""自我"，而且他讨论的方式不再是早期那种嘲讽的态度，虽然他也没有对这个转变表现出自我批判的态度。在《性史》第二、第三卷中，福柯描述从公元前 4 世纪的希腊，到公元 1 世纪的罗马，性是如何作为道德领域被建构出来的。福柯认为，道德一方面形成自规章与法典，另一方面则来自主体化的形式，来自自我实践，亦即来自如苦行主义的自我作用形式（参阅：*The Usage of Pleasure*，pp.30ff.）。福柯以相当悲天悯人的态度，探讨相比于后来相当严格的基督教，道德主体在古希腊罗马时期是如何构成的，以及性生活是什么样子的。在这些研究中，人们已经看不到嘲讽式的权力普世主义。就像《性史》第三卷《关心自我》的书名指出的，福柯不只想致力于区分不同的个体主义形式（*Care of the Self*, p.42），而且他也想描述，斯多葛哲学在强调要关心自我的同时，如何也造就了"他人价值的提升"（ibid., p.149）。相比于福柯的早期著作，他在这里不只提到了主体，还提到可以用什么方式来发现本真的存在，亦即提到了一个不能仅被描述为"权力技术的结果"的主体！

＊　　＊　　＊

　　或许人们会惊讶于福柯的著作发展最后竟出现了这个转变，并同时因此质疑在他著作里占了相当大比例的权力普世主义，是否真有说服力与益处。但我们不讨论这件事。虽然有这些问题，但福柯的遗产对社会理论是相当可观的。福柯通过他那新颖的权力概念，让我们敏锐地察觉到，就连语言也是会产生权力作用的。这建立起了一个对权力更为敏锐的社会科学。以此而言，福柯推动了一个从帕森斯那里便已出现开端的更能确实掌握权力关系的趋势。帕森斯以韦伯那纯粹是消极的、基于零和游戏观念的权力概念为基础，进行了扩展（参阅本书第四讲与第十二讲），注意到权力的生产作用。但帕森斯完全没有想到，权力虽然可以有生产性，但却不会因此就缺少压制性。福柯指出，例如科学，虽然让知识有了大幅的提升，但它伴随着其（积极的）权力作用，同时也与显著的规训机制与形塑机制是密不可分的。任何话语，包括科学话语，总是会在强调其他东西的同时把某人或某物排除在外。这就是权力作用的基础。人们不用很惊世骇俗地将福柯的这套说法，转化成对科学的根本批判，并且带有根本的相对主义（虽然福柯是这么建议的，他的拥护者也是这么理解的）。因为就算不这么惊世骇俗地诠释福柯的命题，也不会有损他对社会学的重要性。他为整个世代的社会科学家开启了一个新的眼界。尤其是像女性主义理论家，就通过福柯的理论，注意到一种虽然没有血腥、直接的暴力，但因其隐匿性而无损其作用的权力机制（见本书第十七讲）。

　　福柯还有一个"提升敏锐度的贡献"。虽然很多人批判福柯对现代社会的总体阐述，但福柯的研究，让人们在面对用进步来诠释历史，以及对当代抱持着相当乐观的诊断（在福柯那个时候，社会学和尤其是现代化理论，即是如此）时，能有一个必要的抗衡力量。福柯的做法虽然有争议，但他让人们注意到现代社会的"阴暗"面，为人们开启了另一种诠释空间，打破人们对于不断进步所怀抱的自信心。在他之前没有人这样做，连阿多诺都没有。

*　　*　　*

　　现在我们来介绍这一讲的第二个主题，即所谓的**后**结构主义或**新**结构主义。虽然这同样源自法国，但这两个概念在法国却不常见。反而在德国，以及尤其是美国，才比较常用这两个概念。但这概念的确可以用来当作标签，标示一些从结构主义传统出发，但却偏离了这个传统，并想发展出新理论方向的法国学者。如上述，有一些人就将福柯诠释为后结构主义者。因为，很简单，福柯相比于列维-斯特劳斯，完全带出了新的要素，例如他诉诸尼采，并且以此质疑了西方世界的理性。此外，福柯几乎不关心结构概念，所以他也可以说是"没有结构的结构主义者"。但他在推动历史研究并追问其起源时，他的学术态度无疑是很严肃的。

　　不过其他可以没什么太大争议地被归类为后结构主义的学者，其学术态度就不一定有这么严肃了。这些人之所以被称为**后**结构主义者，是因为他们都告别了列维-斯特劳斯的结构概念**与**科学理念。他们对科学没有热情，并且面对要将人文科学加以科学化的旧日梦想时，持嘲讽的态度。质疑科学计划，对这些后结构主义者来说是很稀松平常的。他们不再讲求科学性，取而代之的是以游戏人间的态度来处理文本。

　　在哲学界，这个运动虽然在 20 世纪 60 年代中期就已经开始，但一直到 20 世纪 70 年代末才流行起来。其中的代表学者有德里达（Jacques Derrida, 1930—2004）和利奥塔（Jean-François Lyotard, 1924—1998）。这些后结构主义者为什么会抛弃索绪尔和列维-斯特劳斯的结构概念呢？这在德里达出版于 60 年代的《书写与差异》（*L'Écriture et la Différence*，此处可特别参阅：*Writing and Difference*, pp.351—370）对列维-斯特劳斯的批判中，能最为清楚地看到原因。德里达深受现象学家胡塞尔与海德格尔的影响，并尝试用结构主义来击垮结构主义。当人们谈到结构时，总无可避免地会面对结构整体性的问题。因为结构唯有与一个意义中心相关联，才能维持它的内在凝聚性。换句话说，唯有当存在着一个中心观念时，才能确定结构是什么，亦即确定什么东西实际上属于结构，而不仅是一个表面现象而已。若没有一个以秩序为基础的观念，任何关于"结构"的说法都是空洞的。但，什么是结构的中心呢？是谁，或是什么在维持这个整体性呢？像列维-斯特劳斯等古典的结构主义者，虽然都说维持结构整体的当然**不是**主体，那么到底是谁在维持结构整体，他们却都没有说清楚。然而对他们来说似乎又毋庸置疑的是，**的确有**这样一种整体，而且必须有这样一种整体。德里达就是在这一点上提出了批判，指出这种立场的内在矛盾。因为，如果真有一个意义中心，那么这样一种意义，就只能通过结构各部分的差异才能成立。读者们可以回想一下前面提到的，根据语言学的观点，意义与意涵唯有通过差异才能产生。但如果是这样，那么这个所谓的意义中心一点也不中心，而只不过是结构的一个构成部分而已。德里达认为，这样就矛盾了。所以，如果有人认为存在有一种整体性的实体，那么这种观点就只是形而上的想象，而这种想象根本不值一哂。他进一步认为，既然缺乏中心，那么结构就绝不会是稳定、同一的。而这，如同弗兰克（Manfred Frank, 1945——）在阐述德里达的立场时很漂亮地说到的，也就意味着：

> 每个意义、每个意涵和每个世界观，都是流动的，没有什么能逃脱差异的游戏，没有任何一种对存在和对世界的诠释，是自在、自为、亘古有效的。（Frank, *Was ist Neostrukturalismus?*, p.85）

"古典"的结构主义，都希望通过指出一个固定的、客观的结构，来回避（历史）阐述与诠释始终所具有的不确定性。但这个希望，被德里达的这个观点摧毁了。结构只能被想成是**去中心化的**，有赖于诠释的，所以德里达认为，根本不存在一个对文本（和社会规则）的最终诠释。用德里达的话来说："由于并不存在一个超验性的所指，因此符号意涵的领域与游戏，是无尽蔓延的。"（*Writing and Difference*, p.354）在对文本的阅读与对社会规则的诠释当中，我们不再是去找到与找出一个确切的意义，而是只不过在**发明**意义，持续地创新意义，因为世界上根本就没有什么"最终诠释"这种东西。在这之后，德里达用一种时而富有启发性、时而任意，但大多时候颇为过激的修辞术，来重读大量的哲学文本。结构主义的 511 客观主义，最后竟然造就这种诠释实践的主观主义。这实在很讽刺。

诠释学也同样认识到诠释的主观性。但诠释学和德里达及其后继者的立场是相反的。诠释学假设，进行诠释的主体与被诠释的文本之间是有对话关系的。不过德里达命题的出发点，是后结构主义哲学。我们这里对后结构主义哲学所作真的只是非常粗略地概览而已（详细的介绍，可以参阅一本精彩的著作：Manfred Frank, *Was ist Neostrukturalismus?*），但读者们也许从我们这个简单的呈现当中可以推想，哲学界中的后结构主义的辩论，也给社会科学界带来了挑战。因为他们提出了一个命题，即"自我"是多重、复数的，不具有单一性，而是持续在符号游戏中变换身份。这个命题直接冲击到传统的社会化理论与社会心理学的立场。因为，正如文本并没有一种最终、单一的诠释一样，人们也可以声称，人类没有一个固定的身份。人类自身的存在，更多地只能被想成是一场在不断转换身份的游戏。当然，这种声称在经验上是不太站得住脚的（对这种声称的批判，可见：Joas, "Kreativität und Autonomie. Die soziologische Identitätskonzeption und ihre postmoderne Herausforderung"）。

哲学家利奥塔的著作，对整个社会理论来说可能更为重要。比起德里达，利奥塔的作品更以时代诊断为目标。他最著名的著作是 1979 年出版的《后现代状况》（*La condition postmoderne*：*rapport sur le savoir*）。这本书，是利奥塔应魁北克省政府的委托，所撰写的一部关于知识的未来的著作。在书中，利奥塔就新的信息科技与传播科技的政治影响，以及这种影响为民主社会带来的后果方面，提出了一些很有趣的想法。但这些想法的有趣之处不在于这"报告"本身，因为人们可以从512 其他学者那里听到与利奥塔的想法类似的说法，而且他们的说法在社会学和政治学方面，讲得比利奥塔还好。让这本书爆红的根本原因，在于其中所谓"宏大叙事的终结"这个命题的冲击力。利奥塔认为，现代性的特征在于，科学还可说是所有讨论的一个毋庸置疑、无须追问的参照点。但在今天，一个后现代的时代，科学不过是**所有语言游戏当中的一种**。科学并不比其他话语还更能保证自身的正当性。"知识，尤其是它在当代的形式，不等同于科学。"（Lyotard, *The Postmodern Condition*, p.18）再也没有一个明确的参照点了。再也没有一种话语可以无所不包，可以为所有其他话语提供一个最终判定、将之统合在一起的效用了。后现代社会的科学，也必须参照其他非科学的话语、非科学的"叙事"，才能证成自身。自19 世纪末以来，人们就对理性不断提出坚实的批判（读者们想想尼采就知道了）；这个趋势在今天已经越来越强烈（ibid., p.39）。最顶层的叙事，以一个无所不包的宏大历史诠释来分派每个个别叙事位置的宏大叙事，已经消亡或终结了。这不只发生在科学那儿，而且也发生在像马克思主义（值得注意的是，利奥塔在 20 世纪 50 年代也是个马克思主义者）或以进步的逻辑（如"先锋派"这种概念）来描绘艺术发展的美学理论那里。"后现代"这个概念，有着不同的根源，并且有部分的根源还可以追溯到很久以前（可参阅：Welsch, *Unsere postmoderne Moderne*）。在20 世纪 70 年代早期，主要是从建筑学开始使用这个概念的。因为对许多人来说，建筑风格似乎已经不再可能有什么发展的了，能做的就只有将所有以前的建筑风格用一种很嘲弄的方式结合起来。这种建筑理论与建筑实践的观点进一步流行开来，认为我们再也无法想见艺术能有什么实质的进步了。利奥塔这个关于语言游戏的必然多元性的命题，其中的挑衅之处在于，他的"宏大叙事之死"并不是在513 描述一段衰落的历史，而是在描述一种新的可能性的开端。利奥塔认为，在后现代社会里，人们虽然知道宏大叙事终结了，但完全不用为这个终结感到惋惜。

> 大多数人已经不再对失去的叙事感到惋惜。但这绝不会因此让他们退化成野蛮人。之所以他们不会因此成为野蛮人，是因为他们知道，他们自己的语言实践与沟通互动就是正当化的唯一源头。对所有其他信仰"暗自窃笑"的科学，已经教导他们现实主义的残酷艰辛。（Lyotard, *The Postmodern*

Condition，p.41）

利奥塔**在政治方面**的目标，是认可在一个社会中不同但平等的语言游戏、行动形式、价值与生活方式。利奥塔的看法，受到如同性恋权利运动或女性运动极为热情的拥护，但也激起了西方社会的多元文化主义辩论。**在社会学和哲学方面**，利奥塔的论点也同时抨击了帕森斯和哈贝马斯，因为这两人一个讲求价值，另一个讲求理性地追求共识，都抱持着旧的统一性的观点。而利奥塔的命题，是所有这些语言游戏［这个概念，是哲学家维特根斯坦（Ludwig Wittgenstein，1889—1951）提出的］都有无可避免的多元性。他的这个命题，可能会让读者想到我们在最开头那一讲提到过关于库恩的范式概念的争论，以及范式的"不可通约性"的说法。利奥塔把这种论调推得更极端。他认为，任何追求统一和共识的做法，都是极权的，甚至是恐怖主义的。连哈贝马斯那种讲求不受支配力介入的商谈理论，在他看来终究也都是一种压制。因为哈贝马斯认为在语言中，潜藏着合理辩论的可能性，共识也因语言的这种性质而得以可能；但利奥塔认为，哈贝马斯对于共识的追求是一种很成问题的宏大叙事，企图摧毁语言游戏本来的多元性（ibid.，60ff.）。利奥塔的结论是，后现代是极为多元的，无论从哪个方面来看都是如此（对这个命题的批判，可以参阅：Benhabib，"Epistemologies of Postmodernism：A Rejoinder to Jean-François Lyotard"）。

利奥塔最初关于"语言游戏与生活形式具有不可避免的多元性"的哲学命题，开启了社会理论与时代诊断的讨论，而且这个讨论范围相当广泛。在社会学中，514关于后现代的争论，其立场既极端，又不怎么极端，既可理解、好懂，但又难以理解、不可思议。人们可以想见，德里达和利奥塔的命题有个危险，就是科学的标准都被他们抹消了。因为如果再也不存在稳定的意涵与诠释，同时如果科学也不过是众多语言游戏中的一种，那么科学和虚构、高雅文化与大众文化就差不多可以当作同一回事了。在这样的前提下，人们根本不用再去在乎如何运用方法以检视经验证据。这种抹消科学标准的做法，吸引了一批学者。其中最有名的也许就是社会学家鲍德里亚（Jean Baudrillard，1929—2007）了。他那大胆的命题，让他有时候也成为国际媒体文艺版面的知名人物。他在1976年出版的《象征交换与死亡》（*L'Échange symbolique et al mort*）和其他著作中，宣称生产已终结了，并接着宣称劳动与非劳动、生产与消费之间没有差别了。今天，在符号游戏中，一切清楚的差异都变得模糊了，社会范畴和政治范畴早就再也无法指认出他们自己造就出来的东西。当代的特征在于，真实不过是种拟像；再也没有什么事物是实在的了［鲍德里亚有一本德文著作，书名就是《实在事物的垂死挣扎》（*Agonie des Realen*）！］。但鲍德里亚的这种说法，并不妨碍他提出一个引人注意的命题。这个命题清楚显露出他的思想来源是**某一种**从马克思主义那里得到启发的文化批判（这种文化批判也解释了为什么有不少原先的马克思主义者会转变他们的思想方式）。
这个命题是：

> 在一个资本过程停止作为一种生产过程的阶段，同时也是一个工厂消失
> 了的阶段：整个社会看起来就是一座工厂。（*Symbolic Exchange and Death*，p.18）

人们在这里可以问，究竟是这种单纯而荒谬的声称，还是鲍德里亚作为一个
社会学家，竟如此有自信地完全无视各种各样对社会进行经验研究所得出的知识，
更会让人感到不可思议。鲍德里亚的创作的一个短暂的"高峰"，是他 1987 年出
版的著作《美国》。而在 1991 年海湾战争的准备阶段，鲍德里亚最终宣称，这场
战争不会发生；等到这场战争真的发生了，他又似乎不觉得有自我批判的理由。
他的命题是，这场战争只是一场拟像。虽然他用这个命题重新提出了一个重要的
事件感知要素，但他表达这个要素的方式实在太夸张了。虽然他确实引起了媒体
对他的关注，但连他一些一直以来的支持者也都开始不想理他了。

有不少后现代的讨论都有误入歧途的危险，然而也不都是如此。例如在马克
思主义的脉络中，还是有学者的研究非常有意思、值得一读，例如 1935 年出生的
地理学家哈维（David Harvey）的著作《后现代的状况》（*The Condition of Postmoder-*
nity），以及 1934 年出生的文化理论家詹明信（Fredric Jameson）的《晚期资本主义
的文化逻辑》（*Postmodernism，or，The Cultural Logic of Late Capitalism*）。这些后现代的
讨论都和马克思主义的文化社会学相关联。除了马克思主义的辩论之外，最系统
性地进行后现代讨论的学者，也许当属鲍曼（Zygmunt Bauman）（见第十八讲）。
他用关于大屠杀的辩论作为背景，重新讨论了利奥塔关于生活形式与语言游戏多
元性的命题。因为非常显然的是，不是所有的生活形式都会被人以同样的方式接
受。例如忠实的纳粹分子，就致力于将所有的"非我族类"消灭掉。鲍曼刻意转
换讨论的方向，极为严肃地讨论宽容的伦理，并且探讨一个更有内涵的差异概念。
在哲学中（但也大幅跨越到一部分的社会学），则有新实用主义学者罗蒂（Richard
Rorty）在讨论后现代理论家的命题。罗蒂非常有活力地把主体性的主题又带回讨
论中。要知道，主体性在受到后结构主义影响的后现代辩论中，一直以来都被刻
意忽视不顾（见第十九讲）。

*　　*　　*

若我们回顾结构主义与后结构主义，那么就会发现，这两者首先是因为它们

的**时代诊断潜力**而产生影响力的。福柯和利奥塔的著作尤其如此。而这些理论，516
由于其固有性质，因此没有"产生出"系统性的关于**社会变迁**的思想。此外，这
些理论也由于主体的去中心化取向，以及极端的反主体主义，所以在其中是看不
到**行动理论**的。因此结构主义和后结构主义实际上很难被归入社会学史。我们的
命题是，社会学理论是沿着"社会行动—社会秩序—社会变迁"这些概念而发展
的；但这种命题在某种程度上不适用于结构主义和后结构主义。这两种理论不论
是过去还是现在，可能也因此**在国际上**都处于社会科学界里理论探讨的**边缘地位**，
不处于中心位置。然而，在狭义的人文科学界，特别是文学，这两个理论有时候在实
际上是占有支配地位的。显然，人们必须跨出结构主义与后结构主义取向的限制，才
能够关联社会学。我们下一讲要来专门介绍的布迪厄（Pierre Bourdieu）就正是这么
做的。他有着法国结构主义背景，但却又极为强调行动理论的要素。

＊　　　＊　　　＊

　　这一讲的最后，我们来开一个推荐书单吧。如果读者想对法国结构主义的
"革命"有一个更仔细且深入的描述概览的话，那么多斯（François Doose）两卷本
的《结构主义史》（*History of Structuralism*）就是不可错过的。弗兰克（Manfred
Frank）的《什么是新结构主义？》（*Was ist Neostrukturalismus*），是一部课堂讲稿，对
从列维-斯特劳斯、福柯到德里达的后结构主义或新结构主义的思想，有令人印象深
刻的介绍。在这些优秀的哲学家的带领下，读者在非常复杂、常常令人感到混乱的后
结构主义辩论丛林中，不会迷失方向。如果，关于这一讲所处理的对于社会理论来说
最重要的学者——亦即福柯——的作品，读者们想要有个批判性的概览的话，那么
我们首推霍耐特（Axel Honneth）的《权力的批判》（*Kritik der Macht*）中的相关章
节，以及德莱福斯等人（Hubert Dreyfus and Paul Rabinow）的《福柯：超越结构主
义与诠释学》（*Michel Foucault. Beyond Structuralism and Hermeneutics*）。最后，另外两本关 517
于福柯生平的著作［Didier Eribon, *Michel Foucault*（*1926—1984*）；James Miller, *The
Passion of Michel Foucault*］，可以让读者更为了解这位极为优秀的思想家的一生。

第十五讲

在结构主义与实践理论之间

——布迪厄的文化社会学

我们在这一讲要来处理的这位学者，和哈贝马斯、卢曼或吉登斯有点像，很早就已经在致力于理论综合工作，也因此自 20 世纪 70 年代开始就成为国际上最有影响力的社会学家之一。这位学者就是布迪厄（Pierre Bourdieu）。他的作品深受他所处的国家的知识氛围的影响，也就是 40 和 50 年代的法国知识氛围，以及当时现象学者和结构主义者之间的辩论。但让他与其他我们介绍过的"宏大理论家"有所不同的，并不是因为他受到这种国家与文化的影响。我们在前面几讲已经看到，像是哈贝马斯和吉登斯，是如何地受到他们国家的学术脉络和政治脉络的影响的。但布迪厄的研究方式与他的德国和英国的"竞争对手"相比显得突出的地方在于，他非常注重理论与经验的结合。布迪厄首先是经验主义者，他是从他的经验研究中发展，并不断精炼出他的理论概念的。他这种建立理论的做法，有好处也有坏处，我们等下会对此多说一点。而布迪厄也因此首先不能被视为理论家，而是文化社会学家。他是用他的经验研究来系统性地引出理论讨论的。

布迪厄生于 20 世纪 30 年代，与哈贝马斯和卢曼是同一辈的。有件事对于理解布迪厄的作品很重要，就是他出身自一种极为俭朴的环境以及法国极为偏僻的省份。布迪厄总是不断强调他的出身背景：

我青年时期有很大一部分，是在法国西南地区一个很小、很偏僻的村庄度过的。而我如果要满足教育机构的要求，那么我要放弃的不只是我那特殊的腔调而已，而且还必须放弃许多我原本所经历与获得的东西。（Bourdieu and Wacquant, *An Invitation to Reflexive Sociology*, p.204）

虽然布迪厄的出身条件显然不太好，但他读大学时，还是进入法国最高学府，并且由于后来他受到声名显赫的法兰西科学院的聘任，因此他在社会上也有相当高的知名度。布迪厄的人生，是典型的出身寒微，但力争上游而功成名就的人生。

他没有一个亮眼的基础教育背景能让他凭恃。这因此让他有很正当的理由，用一种很抽离的态度看待法国的教育系统、高教系统，乃至于整个知识圈，而且他在学术生涯中，不断以教育系统当作主题，进行了无数的研究。他采取了典型的社会学局外人、"边缘人"的思维模式，以一种特别的，尤其是批判性的洞察力，批评"正常的"社会运作：

> 在法国，你如果出身自一个偏远省份，出生在卢瓦尔南方，那么你就会有一些和出身自殖民地没两样的特质。它会让你不论是主观上，还是客观上，都处于局外人的位置，让你和法国社会的中心机构处于一种很特殊的关系，也因此和那些知识机构处于很特殊的关系。有一种很微妙（但又没那么微妙）的社会种族主义形式，是你察觉不到的。(ibid., p.209)

　　然而布迪厄在法国（各文化机构）的社会学之路，不是笔直往前与理所当然的。我们在别的宏大社会理论家那里，像是哈贝马斯与卢曼的身上，也看到这种生平，他们也不是一开始就明确地走在社会学之路上。布迪厄以极高的天赋，在巴黎高等师范学校读哲学，这是法国所有学科中名望最好的。他一开始似乎也是想专心读哲学的，因为他毕业后曾在法国某一省的中学当过一小阵子的哲学老师 520（在法国，在进大学的人文科系工作之前先到中学当老师，是很常见的一段经历）。但布迪厄对哲学越来越失望，并对人类学越来越感兴趣。于是他自学而成为进行经验研究的人类学者，最后变成社会学家。他之所以离开哲学，转向人类学与社会学，有部分原因是因为列维-斯特劳斯这位明星出现了。结构主义人类学通过严格的科学要求，对学科教条里哲学的传统优势地位进行了抨击。布迪厄觉得自己受到日益蓬勃、前途光明的人类学的吸引，所以心中也充满了结构主义的那种反哲学（见上一讲）的情绪。在他的著作中，我们常可以看到他因为这种情绪而声讨哲学的纯理论的理性。

　　但布迪厄之所以走上人类学和社会学的道路，也受到他外在的生活情况的影响。他在 20 世纪 50 年代下半叶在阿尔及利亚服兵役，并且在想来非常艰困的阿尔及利亚战争环境中，收集了材料写成了他第一本著作，《阿尔及利亚的社会学》（Sociologie de l'Algérie, 1958），用学术的方式探讨了他在这个法国殖民地的经历（对此可以参阅：Derek Robbins, The Work of Pierre Bourdieu, p.10ff.）。同时他也对卡比尔人（北阿尔及利亚的贝贝尔民族的一支）进行了田野研究，并出版了一系列的人类学文章与论文。他最后将这些作品集结、扩展成《实践理论大纲》（Esquisse d'une théorie de la pratique, précédé de trois études d'ethnologie kabyle）一书。这本在法国出版于 1972 年［然后在德译本与英译本（Outline of a Theory of Practice）里又增加了很多篇幅］的书，相当知名且很有影响力，因为他在这本书里，离开了他原本追随的列维-斯特劳斯的结构主义，并同时发展出他自己的概念，想以此建立起一个真正具有综合性的理论。

521 　　几乎在进行人类学研究的同一时间，布迪厄开始利用他从人类学中发展出来的理论观点对**法国**社会进行社会学分析，特别是分析法国的文化系统、教育系统与阶级系统。就布迪厄的社会批判所遵循的要旨来说，马克思的作品在许多方面都是他的模板与榜样。20 世纪 60 年代，布迪厄对此发表了一系列的论文，有些文章之后编成了论文集《摄影：一种中产阶级品味的艺术》（*Un art moyen*）。布迪厄（和他的共同作者）在这些研究中，尝试描述人们对于艺术和文化的感知，如何随着阶级的不同而有极大的差异，以及阐释阶级斗争如何可以通过不同的对艺术与文化的掌握来进行。阶级之间的区隔，是可以通过对艺术与文化的截然不同的理解来进行的，而（法国）社会的阶级结构就是这样或多或少在无意间再生产出来的。布迪厄的这个命题，在他也许是最有名的文化社会学著作《区分》（*La distinction. Critique sociale du jugement*, 1979）中，特别得到强调。

　　在这之后发表的作品中，布迪厄更多的是在补充与完善他之前就提出的研究方向与理论方向。在**文化社会学方面**，有两项大型研究是比较重要的：1984 年出版的《学术人》（*Homo Academicus*），是一项对于法国大学系统（特别是在 20 世纪 60 年代末期的危机）的分析研究，以及 1992 年出版的《艺术的法则》（*Les règles de l'art*）则对法国 19 世纪下半叶艺术领域的自主性的形成，进行了历史社会学的研究。此外，布迪厄也出版了一系列具有**理论方面**的野心的著作，像是 1980 年出版的《实践的逻辑》（*Le sens pratique*），以及 1997 年的《帕斯卡尔式的沉思》（*Méditations pascaliennes*）。不过，人们可以说，这些理论方面的研究，其实不过是布迪厄在扩展

522 他于《实践理论大纲》中就已经提出的概念，并反驳对这些概念的批评而已。他的**理论几乎没有什么发展**。布迪厄的理论体系和其他我们到目前为止讨论过的宏大理论家不太一样。借用建筑学的术语来说，他的理论的地基、墙面、天花板很早就盖起来了，他后来的理论工作都只是在粉刷墙面与装修而已。也就是说，他在 20 世纪 60 年代发展出来的理论，后来一直没有什么重大改变。

　　唯一随着时间而有根本转变的，大概就是布迪厄这个人或说他的角色了。布迪厄在政治上虽然是积极左派的，但相对于其他法国知识分子的活跃程度，布迪厄没那么高调，常常都很低调，所以一般大众不觉得他很左派。之所以他让人感到难以捉摸，也与他时常高调地批判法国一些受到万众瞩目的知识分子（例如萨特）有关。布迪厄认为这些知识分子常常很明显地高估他们的学识能力，自以为自己对公众有责任、该忧国忧民，但其实他们根本没有这种学识能力。可是布迪厄最晚自 20 世纪 90 年代开始（直到他 2002 年过世），也放弃了他原本的保守态度，开始越来越成为很具有代表性的全球化批评者，这因此几乎很自然而然地让他变成他自己从不希望成为的那种受到万众瞩目的知识分子。他在 1993 年出版的

《世界的苦难》（*La Misére du Monde*）中，就经验性地指出全球化对不同生活领域和文化造成的负面结果。但我们得知道，布迪厄最终并没有成为一个单纯在针砭时事的角色，因为他还是有很强烈的经验研究取向，而且他明显有一种会让人联想到涂尔干的野心，即强化社会学在法国的学科地位，并将之与哲学和社会哲学区隔开来。布迪厄很热衷于扩建他偏爱的社会学**经验研究**机构，而且他是带着权力意识在做这件事的。他在他于 1975 年创办，且担任主编的一份面向一般读者的杂志《社会科学研究论丛》（*Actes de la recherche en sciences sociales*）中，也不断声称他对 523 经验研究的偏好（关于布迪厄的学术生平，可以参阅一份布迪厄的访谈，收录于：*In other Words*：*Essays Towards a Reflexive Sociology*, pp.3—33）。

*　　*　　*

　　我们接下来会以几个步骤来介绍布迪厄的理论。（1）首先我们会讨论他早期在理论上比较重要的著作，《实践理论大纲》，因为其中已经有他整个论证方式的基本框架了。就算我们会谈到他后来的著作如何不断再精炼、深入解说，也只是要让读者更明白，布迪厄为什么，以及用了哪些概念，来回答他在相对早期的时候就已经提出的问题。（2）然后，在不断关联他早期著作以及同时为读者介绍布迪厄的概念时，我们也会批判性地检视布迪厄所拥护的行动理论模型，以及他所拥护的这套理论模型有什么问题。（3）接着，我们会呈现布迪厄理论的整个样貌，并找出他这整套理论里的致命弱点。（4）之后，我们会简短但生动地介绍布迪厄的文化社会学研究中一些比较有特色的面向，（5）以及最后阐明他的著作的后续影响。

*　　*　　*

　　1. 我们先来谈谈他早期对于卡比尔社会的研究。这份研究被冠上了一个很有纲领性的，但很需要进一步说明的书名：《实践理论大纲》。我们在介绍布迪厄的学术生平时已经谈到，布迪厄在 20 世纪 50 年代很着迷于列维-斯特劳斯的人类学，并且用在结构主义中很常见的重点议题来对卡比尔人进行人类学的田野研究，也就是研究卡比尔人的亲属关系模式、婚姻行为，以及他们的神话。这样的研究，旨在阐述在该社会的这些过程的逻辑，以及这个社会如何在某些规则基础上不断进行再生产。然而，布迪厄进行的这些研究的结果，与本来预期的结果不一样，尤其与结构主义的前提不相符。他的研究结果指出，人类活动时并没有恒定不变的（婚姻、交换、沟通）规则。人类活动时，几乎不能说是**遵循规则**；或是如果在遵循规则，也是为了要遮掩一些露骨的利益。尤其是遮掩利益这一点，在他这本书的开头篇章用"荣誉"这个现象讲得特别清楚。在卡比尔社会（但是当然也不是只有在卡比尔社会），荣誉扮演一个极为重要的角色。荣誉似乎不能跟鄙俗的经济利益关联在一起，因为"令人尊敬的行为"和唯利是图的行为正好是相对立的。唯有**不贪婪**、**无法**被收买的人，才是能拥有荣誉的人。在这方面，卡比尔社会有特别明显的仪式，亦即唯有遵循这样的仪式，才能说一个人的行为是值得尊敬的，或者他是一个拥有荣誉的人。但布迪厄说，这种荣誉的仪式，常常只是在掩饰利益。行动者常常都知道荣誉与利益之间是有关联的；或就算不知道，也会在无意中造就之间的关联。人们维护荣誉，常常正**因为**人们在追求利益。

> 展示聘礼的仪式，是两方团体的彻底对峙。在这个对峙中，经济利益不过是一种指标或是说辞。花了更高额的嫁妆将女儿嫁出去，或下了更重的聘金为儿子求娶对方的女儿，都是维护或建立声望的方式。……这两个团体像是平常在讨价还价似的，在进行反向的叫价，然后心照不宣地让对方不断出价以提高金额。因为在婚姻市场中，提高他们商品的象征价值的明确指标，对双方都有好处。然后在激烈的讲价之后，若新娘的父亲还能郑重地退还大笔聘金，那就更能为人所称颂了。退还的款项越多，他赢得的荣誉就越大，仿佛这种慷慨的行为让整场交易更为圆满了。这样做的意图，是想把叫价变成荣誉交换。之所以双方会如此公开激烈地这么做，只是因为想用荣誉竞赛与象征利益最大化的追求，来掩饰对物质利益的最大化的追求。（*Outline of a Theory of Practice*，p.56）

在荣誉仪式的背后，是一些相当露骨的利益。但如果人们从结构主义人类学的角度来描述这种规则的逻辑，会看不到这种露骨的利益。此外，因为如此，所以规则绝不是一成不变的，而且规则也完全不是如教条的结构主义者所认为的，会决定人有什么行为。布迪厄观察到，行动者会违背与行动者的利益不一致的规则。所以他得出一个结论：在规则与模式、仪式与规章方面的人类行动，都会有"不可预测"的要素，而这种要素让整个结构主义的规则概念及其背后默认的前提，都很成问题了。相反地，布迪厄认为，遵循规则，总会伴随着冲突时刻：如果规则没有完全被忽视的话（虽然忽视规则是完全可能会发生的事），那么每个由规则所引导的交换行动、对话、婚姻，至少可以保护或实现参与者的利益，以及让互动参与者的社会地位变得更好。意思是，行动者会有意识地把规则当作工具。

> 每次的交换都包含着一种被或多或少掩饰的挑战；而挑战与响应的逻辑，就是让每次的**礼尚往来行动**不断推向极限。面对慷慨的赠送，只能报以更慷慨的回礼。如果礼物太过贵重，让收礼者无法回礼，收礼者很有可能就会觉得蒙羞了。若我们把一些现象——例如挑战与响应的辩证法，以及更常见的像是礼物馈赠的往来、你言我语的往来，或甚至互换女人——看作仅具有礼尚往来（这个词汇在这里的意义是比较宽泛的）的功能，那么我们就会忽略一种结构性的矛盾，这种矛盾可以让这些现象在礼尚往来的功能中，或是通过礼尚往来的功能，来实现政治性的支配功能。（ibid., p.14；着重处为约阿斯与克诺伯所加）

布迪厄在这里指责结构主义，说结构主义过于理想地描述规则与文化模式，而完全忽略了社会行动者的利益相关行动。布迪厄认为，人也是会操纵规则和模式的。人不是社会分层系统的被动客体而已。正是因为行动者会追求利益，所以我们必须将"正式的与惯常的"（ibid., p.38）、（在理论层面）建构的模式和行动者的**实践**区分开来。挖掘出社会规则，也许是很有帮助的；但如果要探究行动者的**实践**，光去看规则是不够的。

526

> 人类学家建构出来的逻辑关系，和"实践的"关系——之所以是实践的，就是因为这是持续被实践出来的，是被一直继续下去的，而且是会被涵化的——是截然不同的，就像地图上的几何空间，是对所有理论上可能的路线与通道进行想象的再现，而这和经由实践性地持续使用而踩出来的轨迹、道路，是截然不同的。（ibid., p.37）

这些最后就成为了对结构主义的彻底批判（《实践理论大纲》这个书名，就指出了这件事）。此外，他也拒绝将启发了结构主义的索绪尔语言分析范式运用在社会世界（ibid., p.24）。这当然同时也让列维-斯特劳斯的结构主义人类学与社会学在理论方面和经验方面的丰硕研究成果，变得值得怀疑了。

> 索绪尔式的建构方式，若想构筑出讯息的结构性质，那么唯一的方式就是（先简单假设有个普通的讯息发送者和接收者，然后）忽视讯息的功能性质，亦即忽视一件事：讯息是在使用讯息的特定情境中产生的；或是更准确地说，讯息是在使用讯息的（由社会所结构化的）互动中产生的。只要我们

把焦点从语言结构转向语言所要满足的功能，亦即转向行动者实际使用语言的情况，那么我们就会看到，单就**符码**的知识，不足以让我们掌握实际发生的语言互动。（ibid., p.25）

布迪厄认为，正是这种将焦点转向"研究客体"实际上的实践情况的做法，凸显出了结构主义分析的不适之处或不足之处。用更抽象的概念来说：布迪厄在原本的结构主义理论框架中，再引进了行动理论的要素，也就是引进了行动者不符合规则、唯利是图的行为要素。这明显地改变了结构主义范式。如他后来在其他地方所说的，他特别批评结构主义对行动理论的漠视，因为这种漠视让结构理论里的"行动者都消失了，把行动者的角色简化成结构的承担者"（*The Rules of Art*, p.179）。

527

但布迪厄并没有完全和结构主义决裂。他始终都和结构主义的思维模式有所联结，所以他始终将他的取向称作"生成的"或"建构主义的结构主义"（例如可参阅：*In other Words: Essays Towards a Reflexive Sociology*, p.123）。不过我们必须去看布迪厄的著作发展，才能更清楚地看到这种联结。而他的著作发展乃基于他极为重视的经验研究方针，这也让他自己的概念不用总是必须对立于其他的理论取向才能描绘出来。在他的大部头的理论著作《实践的逻辑》中，他提到他将"相对性的思想引入了社会科学"，并且"与本质论的思想决裂"（*The Logic of Practice*, p.4）。这都显示出结构主义是以何种类型和方式"刻画"了布迪厄的思想。布迪厄的思想很依赖结构主义（有时候还有功能论）。所以对他来说，分析的重点不是单一行动者，而是行动者彼此的**关系**，或是系统或（我们之前提到的一个概念）"场域"中各位置之间关系。布迪厄将"场域"定义为一种空间，这种空间中的

各位置（或节点）都是被结构化了的，而场域的特质即由在此空间中的各位置而定。对场域特质的分析，可以与这些位置的占据者的特质无关（位置占据者的特质部分的还是由其位置所决定的）。场域的一般法则是：各场域，像政治场域、哲学场域或宗教场域，即便都不一样，但都会有不变的运作法则。不论我们在什么时候研究一个新场域，不论是19世纪的哲学场域、当代的时尚场域，还是中世纪的宗教场域，我们既可以发现这个场域特有的性质，同时也可以推动我们对于场域的普世机制的认识。（Bourdieu, *Sociology in Question*, p.72）

这也就是为什么对个别行动者的行为进行分析是没有意义的。许多行动理论家都在没有确定行动者在其"场域"中的位置的情况下，就毫无反思地对个别行

动者的行为进行分析。布迪厄认为，行动在其特定的"场域"中才会有意义。"场域"提供了行动的可能性，但只提供**某些**可能性，换句话说，也排除了其他种行动的可能性。行动者是受到制约的。宗教场域的行动逻辑，必然与比如艺术场域的行动逻辑不一样，因为不同场域的制约是不同的。制约和界限影响了行动者的行动配置，不论是先知还是信徒、艺术家还是欣赏者，都是受此影响的。所以如果要解释宗教现象或艺术现象，但却仅去研究行动者（例如先知、艺术家、作家）的生平背景，通常都不会有什么建树（参阅：*Pascalian Meditations*, pp.115ff.）。

　　有鉴于此，布迪厄都刻意不去谈"主体"，而更多的是说"行动者"。对他来说，行动者是"相当主动、积极行动"的，而这是结构主义所忽略的。不过福柯用具有挑衅意味的结构主义口吻，提到"人的终结"或是"主体之死"，也是有道理的。因为也只有这种（结构主义式的）观点，才会谈到（场域中的）关系的重要性，并以一些好理由驳斥萨特或其他哲学家和社会学家那种"主体自己能造就自主性"的观点（参阅：*Practical Reason*, pp.viiiff.）。布迪厄极有热情地捍卫这种结构主义式的"知识"，并以此为基础，批判一种他所谓的"生平幻觉"的社会学或哲学思潮。所谓的"生平幻觉"，意指人们以为一个人的生平，是这个人自己创造的，以为人生是一个始自主体最一开始的奋斗，然后随着生命历程的发展而形成的整体。但布迪厄毫不留情地批判这种幻觉。他非常直接地指出，生平事件的意义与社会价值压根就不是主体自己建构的，而是来自行动者在社会空间中的"位置转换"，而且正是这种位置转换显示出生平事件的意义，然后这些事件对行动者来说才有了意义（*The Rules of Art*, pp.258ff.；亦可参阅：*Practical Reason*, pp.75ff.）。人才不是什么"主体"，而只不过是在场域中深受场域塑造的行动者而已！

　　不过我们先暂时不去谈布迪厄后面的作品，而是先聚焦在《实践理论大纲》这本书。该书虽然有些地方的表述不是那么简洁扼要，有些关于布迪厄的立场的更清楚的说明，要到他后来的著作中才会出现，但他想进行理论综合工作的想法，在该书中就已经端上桌了。因为他在该书中明明白白地说，每一种行动理论的立场，**单单在孤立的情况下这些立场各自本身**是不够的。不论是象征互动论，还是社会学的现象学思潮（如常人方法论），都没有能力破解社会学中真正有趣的事情。布迪厄认为，这些行动理论都太过不假思索地采取行动者的立场。意思是，他们都太过**天真**地看待世界中既存的事物，忘记了真正重要的是行动者**彼此之间的相对位置**，也忘了去看看行动者处在哪一个场域。布迪厄为了加强他的"客观主义"的立场，因此借用了结构主义的观点。但布迪厄又认为结构主义的某些方面太过唯心主义了。所以他又追溯到相当"简单有力"的唯物主义的马克思主义，去讨论生产条件，指出婚姻仪式就是基于生产条件进行的，若不看这种生产条件，是无法理解婚姻仪式的：

为了回答实践的实际功能的问题，而去嘲笑功能论的那种形式有多么天真，是不够的。的确，将婚姻的功能普遍地定义为意在确保群体在生物性层面的再生产，因此被群体所许可的一种运作形式，完全没有对卡比尔的婚姻仪式作出任何解释。但如果运用结构分析，而忽略了仪式实践的特殊功能，不去探讨**生产配置的经济条件与社会条件**，忽略了正是基于这个条件而形成了婚姻实践以及对于实践功能的集体定义（婚姻实践即是在这种定义里运作的），那么这种功能分析也是肤浅的，无法对仪式实践有更多的理解。（*Outline of a Theory of Practice*，p.115；着重处为约阿斯与克诺伯所加）

布迪厄对他所谓的主观主义的行动理论抱持批判态度，并且最后宣称了**客观主义的分析形式的优先地位**。**社会学的观察者**可以运用这种分析形式来确立一个 530 社会场域的结构。这种结构对行动者有一种强制力，但大多数行动者都不会意识到场域的强制力。华康德（Loïc Wacquant）是一位和布迪厄关系非常密切的社会学家，他比较了涂尔干分析方法的"客观主义"和布迪厄的客观主义，指出：

> 涂尔干的"社会学方法"的第一准则，就是要系统地排除掉先入为主的观念，要超越主体主义的观点，来对世界的实际理解进行分析。因为行动者的视角会随着他们在社会空间占据的位置而系统性地改变。（Bourdieu and Wacquant, *An Invitation to Reflexive Sociology*，p.11）

但对于布迪厄来说，单单（以客观主义的方式所进行的）结构主义是不够的。同样采取客观主义立场，亦即忽略了行动者的功能论也一样不够。布迪厄不想让他的社会学取向忽略行动者的行动能力与行动强度。可是这也就是说，布迪厄的学术之舟，想要，且必须（他自己也明白这么说）从"现象学"或"主观主义"这个斯库拉女海妖和"客观主义"这个卡律布狄斯大漩涡之间穿越航行过去。对布迪厄来说，所有这些认识方式，**单单自身**都是不够的，所以他想追求第三种社会学认识方式，一种他早期著作称为"实践学"的认识方式。这种认识方式超越了"客观主义"，严肃看待行动者的行动。但这种认识方式要能够成功，还必须指出，"在客观结构（场域）和被结构化的配置（行动者）之间，有一种辩证的关系"（*Outline of a Theory of Practice*，p.3），也就是行动和结构有一种会相互决定的交互关系。

比较细心的读者可能会在上述引文中发现一件事，就是布迪厄的这种说法很像我们在介绍吉登斯那一讲时提到的东西。布迪厄也提到了"结构化"这个概念。虽然布迪厄的结构化概念，不像在吉登斯那里被赋予了主动且系统性的意涵（这部分是因为布迪厄并不是"纯粹的"社会理论家，而且可能甚至明确拒绝像吉登

斯所进行的那种关于社会本体论的探讨），但依然很明显的是，布迪厄所追求的立 531
场与功能论和结构主义相反，他以结构的"人造性"为出发点，强调结构会不断
由行动者再生产出来。但同时他——不同于纯粹的行动理论家——又强调结构的
因果作用力。

＊　　　＊　　　＊

2. 至此，我们只是大致描绘了布迪厄的理论取向。我们所提到的他的一些说
法，主要只是一些他的意图。关于理论综合工作，我们目前谈到更多的是布迪厄
的抱怨，而不是他真的进行了什么综合工作。当布迪厄说他想进行的研究既不是
"现象学的"也不是"客观主义的"时，都还只是用一种消极的方式来阐述他的研
究计划。问题是，他要**怎么**于行动者层次上在他的研究取向里建立起一个行动理
论的要素？他要**怎么**具体地设想一种既会推动结构化过程，又会被这种过程给结
构化了的行动者行动？人们很容易会想去问布迪厄和功利主义与功利主义式的行
动理论之间的关系，因为布迪厄很常谈到行动者的"利益"。而且事实上，也有学
者（参阅：Axel Honneth，"Die zerrissene Welt der symbolischen Formen"）将布迪
厄的取向诠释为一种结构主义与功利主义的混合物。不过布迪厄的反应是对这种
诠释极为不满、极力驳斥。布迪厄实际上在许多著作中都极力批评功利主义和理
性选择理论。这也形成他的著作中的一个重要面向，亦即他的理论跟功利主义和
新功利主义观点的基本假设是完全不兼容的。但我们还是可以合理地质疑，他著
作中的其他面向，甚至连他这个重要的面向是不是太容易让人联想起功利主义了。
我们参阅第五讲来想想看，布迪厄的行动者跟功利主义所设想的典型行动者，有
什么不一样？

　　布迪厄对功利主义思想的**第一个**批评点，前文已经提过了。由于功利主义思 532
想将孤立的行动者置于中心，所以功利主义忽略了关系层面的分析，但关系层面
的分析正是布迪厄关于社会世界运作的最重要的观点。布迪厄在这方面不只批评
了功利主义理论，而且原则上也批评了所有的行动理论取向。于是，更特殊的**第
二个**批评是，功利主义取向没有系统性地去探问效益计算与利益是从哪里来的。
"因为理性行动理论预设有一个预先构成好的普世利益，所以这种理论几乎不去探
问不同形式的利益的社会起源。"（Bourdieu and Wacquant，*An Invitation to Reflexive
Sociology*，p.125）此外，布迪厄在他的人类学研究中总不断指出，现代西方资本主
义社会的典型理性经济计算，根本不存在于其他社会。布迪厄认为，功利主义者

把在现代资本主义社会里形成的行动计算，普世化成人类本质。布迪厄的**第三点**指责，更重要，且更典型。他说，功利主义者把理论逻辑和实践逻辑搞混了。

> （这种理论所）设想的行动者，不过就是在把认知主体（sujet connaissant）的幻想投射到行动主体（sujet agissant）身上，然后构成一种怪物，这种怪物有着思想者的头，以反思的、逻辑的方式，思索着置身于行动之中的行动者自己的实践。……这种"幻想的人类学"把行动——不论是不是"经济的"——建立在行动者的有意识的选择之上，并且幻想这种行动者不受到经济或社会方面的约束。（Bourdieu and Wacquant, *An Invitation to Reflexive Sociology*, p.123）

这段引文中，布迪厄首先提了功利主义对实际的行动过程抱有一种错误的幻想，因为实际的行动不是完全理性、不是完全具有反思性的。功利主义设想的理性和反思性，只有在特殊情况（像是在受保护的科学空间中）才是可能的，而这种情况在实际的实践条件中很少存在。虽然行动旨在实现利益，但多数行动都并不是**有意识**地在遵循利益。布迪厄在这里的立场和吉登斯有点像，也和美国实用主义有点接近（可以参考美国实用主义的"习惯"这个概念）。布迪厄认为，大多数行动遵循的是实践逻辑，这种逻辑常常是由常规要求塑造的，所以不需要理性选择理论家所说的那种反思能力。我们的行动方式，是由社会化、早期的经验等等塑造进我们的身体里的，或者这些会制约着我们的行动方式。我们大部分时候都是无意识地在运用这些行动方式。行动的形式就是这样被预先决定好的。布迪厄将他这套概念称为"惯习"（habitus）（"惯习"这个词汇最初是由胡塞尔提出的）。"惯习"是布迪厄理论的核心术语，他很早就发展出这个概念，并且不断在用这个概念来将他的理论与其他理论方向区别开来。

在《实践理论大纲》里，他将惯习界定为一种"持续的、可转换的配置系统"。也就是说，惯习

> 整合了所有过去的经验，像行动母体、知觉母体、思想母体般地运作，让无限多样的任务的完成得以可能。这要归功于惯习能以模拟的方式来调用图式，以此解决类似的问题，以及归功于它能不断修正由结果所得出的、辩证地产生的结果。（Bourdieu, *Outline of a Theory of Practice*, pp.82—83）

布迪厄这些话看起来很复杂，但其实解释起来很简单。他的出发点是，我们从小就会在家庭、学校、工作场所经由训练而获得某些思维的、知觉的和行动的图式，这些图式原则上可以让我们顺利地面对不同的情境、解决实际的任务等等。我们的身体活动、品味、对世界最老套的诠释，都在我们小时候就形成了，并且

533

让我们在很关键的程度上能够持续地行动。

> 通过惯习，生产惯习的结构统治了实践。这种统治不是一个机械性的支配过程，而是借由方针与限制，通过惯习的创造性的运作而对实践进行统治。惯习是一种后天获得的、具有生产性的图式系统，会根据构成惯习的特殊条件而客观地进行调整。惯习会产生符合该条件的思想、知觉、行动，而非其他。……因为惯习是一种造就各种产物——思想、知觉、表达、行动——的无穷能力，所以惯习的界限，是由它在历史和社会中的生产条件所划定的。它所取得的自由，既受到制约，又有制约性。它完全不同于不可预测的新生创造物，但也不同于在最初的制约下单纯机械性的再生产。（ibid., p.95）   534

从这段引文中我们可以看到，"惯习"这个概念不排除让某些行为具有创造性与创新性的活动空间；但另一方面，我们又不能完全走出或割断这种惯习行为，因为惯习就是我们人生故事和自我认同的一个面向。有些细心的读者可能已经发现了，这里存在着布迪厄的文化社会学研究和他的古典理论研究之间的连接线。显然地，在一个社会里，没有**单一的**惯习，而是不同的阶级会培育出**不同的**知觉形式、思维形式与行动形式，而阶级正是在这种差异中进行再生产。不过这不是重点，重点是，布迪厄想试着用这个惯习概念，来摆脱功利主义和新功利主义实际上所持有的典型的意识哲学式的、高度理性主义式的假设。

如果如我们所说的，布迪厄很明确地和功利主义划清界限，并且表明他的理论体系和功利主义思想是不兼容的，那么为什么很多人（而且这些人并不是恶意诠释者或肤浅的读者）还是会不断指责他的理论"很像功利主义"呢？这是因为，布迪厄虽然的确批判了经济学式的功利思想，但是**他的批判形式不足以让他和功利主义思潮明确地区分开来**。

读者在本书第五讲可以看到，功利主义也是各种各样的。像所谓的新功利主义就和旧功利主义的一些假设分道扬镳了。新功利主义用"偏好"这个概念，取   535
代了"效益"概念，因为新功利主义恰恰认为纯粹的（经济）效益计算只能解释很小部分的行动。虽然布迪厄运用他的惯习概念，有力地驳斥了"行动者是**有意识地**基于理性而行动的"这种模式，所以对"原初的"功利主义的批评是又更前进了一步；但他同时却又像**所有的**功利主义者一样认为，人类（不论有意还是无意）总是会遵循着自己的利益（或偏好）。按照布迪厄的说法，人通过社会化而进入"场域"，在场域学习采取适当的行为。人会掌握场域的竞赛规则，将对**赢得**竞赛来说必不可少的"策略"内化进自身中。"策略"的目的就是让每个场域的参赛者能力争上游，或至少维持原本的地位。虽然布迪厄由于他对功利主义的批判，因此深知"策略"这个（功利主义式的）概念是很有问题的（参阅 Bourdieu and

Wacquant, *An Invitation to Reflexive Sociology*, p.128），但他还是很常用到"策略"这个词汇。

> 仅仅将场域的历史说成一段为了垄断知觉与欣赏的正当范畴而进行斗争的历史，还不够；场域的历史就是在**斗争**中形成的，它就是通过斗争才具有时间性的。（Bourdieu, *The Rules of Art*, p.157）

行动者为了实现利益而进行的斗争，就是推动场域历史变迁的要素。只不过在场域运用的策略不只是在追求经济利益。布迪厄是强烈驳斥经济学或原初功利主义的观点的。但他却说，策略的运用，是为了在场域中的竞赛中获取收益。若是在经济场域，这种收益**可以是**金钱上的获利；在其他场域，策略的运用则可以是为了提升名誉或声望（名誉或声望不是必然或直接可以转换成金钱的）。但也就是说所有场域的竞争，都是为了追求其中相关的**利益**的！

536　　这种论证方式，无疑显露出一种基于功利主义思维模式的前提，我们在冲突理论那里就已经看到过这种前提，而且布迪厄也明显提到这种前提："社会世界是一个为了定义什么是社会世界而不断进行斗争的场所。"（Bourdieu and Wacquant, *An Invitation to Reflexive Sociology*, p.70）"斗争"这个概念，在布迪厄的著作里出现的频率和"策略"一样高。而且他在不少地方都表现出他在观察研究对象时，热衷于嘲讽研究对象行为是多么虚伪，认为这些对象的主观动机根本不值一哂；他这一点跟功利主义和冲突理论简直如出一辙。

> 最有利可图的策略，通常是由那些不经过任何计算，在最绝对"真诚"的幻觉中，由客观地符合客观结构的惯习所产生的。而且这些不经策略计算的策略，还可以为策略的始作俑者带来他们几乎不会提及的一个附带收益：社会对他们表面上的无私给予嘉许。（Bourdieu, *The Logic of Practice*, p.292, fn. 10）

事实上，这种功利主义的、冲突理论的，甚至还带有马克思主义式的论证模式，在布迪厄理论的另一个核心概念中，表现得更为明显，也就是"资本"这个概念。这个概念补充、完善了他的"场域"和"惯习"概念。

布迪厄之所以提出资本概念，要归功于他所面对的一个难题：他必须解释，行动者在场域中，到底是为了什么收益在斗争的，行动者在运用行动策略时究竟是在投注什么。（原本的）功利主义的想法，认为社会生活就是一场为了（经济方面的）收益而进行的斗争。但布迪厄反对这种说法。出于同样的理由，他也批判马克思，因为马克思同样将对经济方面的收益的斗争置于核心，忽略了探讨其他形式的收益（参阅："The Social Space and the Genesis of Groups", p.723）。

布迪厄踏出了在他之前的冲突论者就已经踏出的逻辑的一步。**布迪厄想指出，社会斗争不是只为了金钱效益和经济资本**。但很奇特的是，他以这种类型与方式踏出这一步，意味着——此处又再次跟冲突论很像，参阅本书第八讲——他与功利主义或马克思主义的观点并**没有完全断裂开来**。因为他为了确切指出社会斗争 537 究竟是为了什么，他用了一个来自马克思主义经济学中属于"资产阶级"的"资本"的这个概念。只是他把资本的意涵又扩展开来，区分出**不同的资本形式**。在《实践理论大纲》中，布迪厄批判马克思主义只注意经济资本，因此完全忽略了布迪厄所谓的"象征资本"。布迪厄用了很容易让人联想起功利主义的语汇说道："马克思在根本上只知道、只在他的理论体系里允许直接的经济利益的存在，至于在'感觉或激情的非理性'领域中所有其他的利益形式都被排除掉了。"（Bourdieu, *Outline of a Theory of Practice*, p.177）经济计算应该要适用于**所有的收益**（功利主义和冲突论者则是会说：适用于所有资源!）：

> 实践并不会天真无邪地再现出"前资本主义的"社会（或再现出资本主义社会的"文化领域"），而是相反，它总是会符合经济计算，就算是当它脱离了（狭义的）利益计算的逻辑、追求那些非物质性的和难以量化的东西，因而在表面上没有利益性的时候，也是一样的。（ibid., p.177）

布迪厄认为，马克思完全忽略了有些行动，由于不直接追求金钱方面的收益，所以乍看之下是不理性的，但实际上也还是在追求**其他**的收益。布迪厄将这种收益称作"象征性质的"，因此他在经济资本之外又补充提到"象征资本"。像是慷慨的赠礼、挥霍浪费的行为等等，都依然可以让人们获得特殊的收益，如（优异的）地位、权力、声誉等象征性的收益。人们可以用这种象征性的收益和底层的人区分开来。这种象征资本对于社会的阶级分等来说是有利可图的，因为在某些条件下，象征资本可以转换成"真正的"资本。一个有较高声誉的人，有名望的 538 家族，喜欢高调炫耀的达官贵人，常常也更可能获得经济资本。就像俗话说的：钱（象征资本）是会生钱（经济资本）的。象征资本从经济角度来看不是不理性的，而是象征资本的积累也是一种维持经济资本机会的精明策略。象征形式的资本是一种"信用借贷"，许多经济的机会正是以此为基础所形成的。所以布迪厄说，象征资本是"'经济的'……资本的一种转化的、蒙上了一层面纱的形式"（ibid., p.183）。

> 因此，只要描绘全面的象征收益的收支平衡表，并且记得资产的象征面向和物质面向并不是分化开来的，那么就有可能掌握被经济主义驳斥为荒谬的那些行为所蕴含的经济理性。在收割季节结束之后多买两头牛，说这是因

为需要它们来踹谷，但实际上是想让大家知道他们家获得大丰收了；然后在正需要牛的秋耕之前，又佯称因为没饲料了所以把牛卖掉——这种行为从经济方面看起来很反常，但我们不要忘了，所有的物质收益和象征收益都可以通过这种行为（即便很虚假）来积累，以增加这个家庭在夏末时节谈亲事时的象征资本。这种虚张声势策略是一种很完美的理性，因为事实上，婚姻（在最广泛的意义上）是一种经济交流的事，而且这种世界无法单纯从物质财物来看。（ibid., p.181）

但就像上述关于卡比尔社会研究的引文中读者可以猜到的，象征资本的高度重要性并不限于"原始的"或前资本主义的社会。虽然的确，布迪厄说，前资本主义经济"全然是一个象征暴力之处"，因为那儿有赤裸裸的剥削关系，极大的物 **539** 质不平等用象征的方式加以掩盖或掩饰（或是反过来说，也用了身体暴力来残酷地执行）。而这种做法在资本主义社会已经改变了（布迪厄在这里的说法和马克思很像），因为资本主义社会的统治实践不再用符号来加以掩饰，而是以另一种方式（亦即关于货物、金钱、劳动力之间的合法交换的意识形态）来加以正当化。但这不意味着象征资本在现代社会就因此不重要了。完全相反，布迪厄的文化社会学研究，就用非常清晰、时而带点嘲讽的视角剖析现代社会（特别是现代法国社会）的"象征资本"。他认为，对于现代社会的分析，不能仅看到经济形式的资本、忽略了人类的象征资本。

布迪厄后来不怎么进行人类学研究，而是越来越着重于对法国社会的分析。并且他也试着把相对模糊的"象征资本"这个概念解释得更清楚些。他在经济资本之外，区分出了"文化资本"和"社会资本"；有时候他也讲到"政治资本"。不过有些评论者认为布迪厄理论的资本概念也太泛滥了。但我们不用把他所有的资本概念及其差异一个个都搞懂，而是只需要知道他在著作中所区分出来的最有名的经济资本、象征资本、文化资本和社会资本就可以了。因为"经济资本"的意思相对来说比较清楚，所以我们这里就仅简短介绍一下其他三个资本概念。

"文化资本"这个概念，**既是**如艺术作品、书籍、乐器，**也意指**行动者通过早期的社会化过程"吸收而得"的文化能力和文化知识，**而且还有**头衔（如博士头 **540** 衔、学历等等），因为这种头衔一定程度上也反映了这个人的文化知识。

"社会资本"则意指一种资源，这种资源来自人们因作为成员而属于或参加进一个团体，或是因出身自一个显赫的家庭，或是因上某些精英学校或精英大学，所以拥有了某种社会关系网络。人们可以运用这种社会关系网络来达到某些目标。就像俗话说的：有关系就没关系（这里可以参阅布迪厄的一篇论文："The Forms of Capital"）。

"象征资本"是一种更高层次的概念，由经济资本、社会资本和文化资本的共同作用所产生的。这三种"初级的"资本类型会总的建立起一个人在一个社会或某个阶级圈子中的声望、名誉、名声、声誉（参阅："The Social Space and the Genesis of Groups"）。

借由这些资本概念，布迪厄得以提出一种社会结构的模型。他还提醒人们要注意到，这些资本形式部分是可以交易或是彼此可以交换的，亦即是可以折算的。要确定社会某阶级中的一个人的地位，就必须既研究这个人能够运用的**资本总额**，也要研究与之相关的**资本结构**（也就是要去看哪些资本形式构成了这个人的总体资本）。例如，在现代社会，大学教授的经济资本一般来说在排行的中间段，但同时大学教授有极高的文化资本（如有很多头衔，而且不只拥有很多书，还看了很多书），且相对来说在不同人际圈里都有不错的社会关系。因此要判断一位大学教授的社会地位，必须从多维的面向来看。为了介绍布迪厄的分析方式，我们在这里为读者举一个例子，这是一个基于布迪厄的理论模型所发展出来的，但**简化过的**阶级模型。这是个只探讨文化资本与经济资本的模型，德国学者埃德（Klaus Eder）也曾用这个模型对联邦德国进行过研究（Eder，"Klassentheorie als Gesellschaftstheorie"，p.21，Fn.6）。这个模型的垂直轴是可用资本的绝对总额，水平轴是 541 两种资本的相对比重。

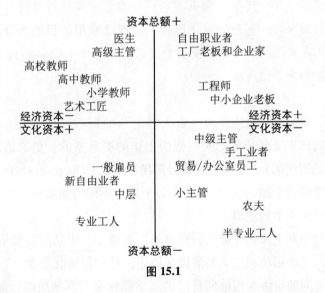

图 15.1

在这个图中，医生和自由职业者的资本总额很像，但资本的构成完全不同。医生相较之下经济资本较低，但文化资本比起自由职业者来说相对较高。农夫一般来说没有特别高的文化资本和经济资本，而艺术工匠则拥有不对称的相对高的文化资本和相对低的经济资本。当然大家也是可以去争论，图中艺术工匠的文化资本和大学教授的文化资本彼此的关系位置是不是"正确的"。而且在图表中确立 542 各职业的资本位置的方法也是需要再进一步检视的。不过这不是我们在这里的重点。

这里我们只需要弄懂一件事，就是这样一种更细分过的社会文化分析，比起教条式的马克思主义，不只更有说服力，而且也是一个更符合当代情况的阶级理论。这些不同的资本概念，显然也填补了在马克思主义中文化社会学方面的空缺。这也就是为什么，很多原本的马克思主义者会对布迪厄的理论感兴趣。因为这些更细分过的资本概念，能够让人们在不需要使用新的理论的情况下，与马克思保持**某种**距离。

但是，当我们回到我们最初的问题，即布迪厄理论体系与功利主义足迹的关系时，布迪厄在从经济学延伸出不同的资本概念的同时，也强化了在布迪厄理论中（我们先前提到过的）功利主义和冲突理论的"质感"，因为他对文化领域的描述，所使用的概念原则上和对描述经济领域的概念是一样的。在他的描述里，这两个领域行动者的利益都扮演着关键角色，差别只在于资本的类型和投注的形式。这两个领域的斗争和较劲每每都关系到收益与损失。布迪厄那关联惯习概念的行动模式，在不同场域原则上都是一样、没什么差异的。

> 我（用惯习概念所）提出的行动理论，其实是想说大部分的人类行动，除了行动意图之外，还有一种很不一样的东西，即通过习得而来的配置。这种配置让行动可以，也应该被诠释为一种**以这或那的目的为导向的**行动，而且这种目的导向不是行动者刻意去设想的。（*Practical Reason*, pp.97—98；着重处为约阿斯与克诺伯所加）

这也难怪，布迪厄在表达他的"宏大理论"的野心时，其说法几乎掩盖不住543 他那经济学和功利主义传统的源头。他的工作的更重要的、更长远的目标是，提出一套（他自己所谓的）"实践的**一般经济学**理论"（*The Rules pf Art*, p.183；着重处为约阿斯与克诺伯所加），以此掌握在各个极为不同的场域中，因利益而为各种不同的资本类型而斗争的逻辑。

这样一种与功利主义相呼应的行动理论，导致了一个结果，就是"超个体的"或集体的现象，只能用功利主义的前提来描述，对于布迪厄来说，"文化"只是一场竞赛，其中不同的阶级在用他们自己的美学品味来与其他阶级区隔开来（Bourdieu, *Zur Soziologie symbolischer Formen*, p.72）。而"公共领域"这个被杜威和哈贝马斯给予甚高评价，在政治理论中关于没有强制性介入且多元的交换的思想，对于布迪厄来说也主要是一个高级官员阶层在18、19世纪策略性地推广开来的观念，因为高级官员阶层想以此来与他们的竞争对手——例如贵族——一争高下（*Practical Reason*, pp.23—24）。在这些例子（但绝不是只有这些例子）里，从布迪厄的观点来看，凡事都与资本收益有关，只是"资本"的意涵不一样。在某些场域，行动者就算不一定会意识到要追求利益（因为已经变成惯习了），也还是都会遵循竞赛规则，追求**与该场域**有关的利益。出于这个原因，布迪厄在他晚期的作品会特别用"幻象"（illusio，其字根 ludus 意指竞赛）而不用"利益"这个概念，因为他想澄清，"利益"不是只意指经济学的那种（有意识的）利益。

> 我更倾向用"幻象"这个词，因为我谈的是一种特殊的利益，一种在特定历史的场域运作里既是作为前提，也是由其运作所生产出来的利益。很矛盾的是，"利益"这个词汇会让人们不分青红皂白地指责经济学主义。事实上，我把这个词汇当作一种刻意的、暂时的还原论的手段。从历史来看，自从人们发明了现代艺术观，且在文化生产场域获得了自主性之后，唯物论的提问模式就被排除出文化领域。但借由还原论的手段，我就可以把唯物论的提问模式引入文化领域。（*An Invitation to Reflexive Sociology*，pp.115—116） 544

布迪厄相信"幻象"这种说法足够且彻底地与功利主义保持距离。同时他认为，这样可以不用像哈贝马斯区分目的理性行动与沟通行动一样区分出不同的行动类型。布迪厄认为，像哈贝马斯的那种区分，只会忽略不同场域里不同的非物质的收益形式的存在。不只存在不同的行动形式，而且还有不同的资本类型。在各个场域里，行动者会尽可能精明地积累这些资本。布迪厄认为，哈贝马斯对行动的区分，只不过是以观念论遮盖住了这个事实而已。但布迪厄自己也忽略了，尽管他如此批判功利主义，但他这样恰恰也是一种新功利主义的立场。新功利主义也不谈行动形式的类型，而是试着用行动者的不同"偏好"来进行讨论。新功利主义同样认为行动类型学是没有意义、没有用处的，解释行动是一件太容易的事了，因为行动说穿了就是在实现偏好而已。

不过，布迪厄引人注意之处还不只在于他看起来和（新）功利主义很像。有趣的是，布迪厄的立场本身似乎也不是没有矛盾的。因为，如果我们接受他的"惯习理论"，亦即如果我们同意行动不是完全被决定好了的，那么布迪厄的理论还是会面对一个问题，即该怎么解释行动者的**行动限度**，要怎么解释行动在**由惯习所设下的界限之内**的弹性。在场域中，行动者会有某种惯习；那么行动者在场域中，具体来说，是如何实现各种"利益"的呢？毕竟，可想而知的，在由惯习所开启的行动多样可能性中，规范的、情感的等等各种行动形式，还是很重要的。若要阐明这种行动多样性，行动类型学也还是很有帮助，甚至是很必要的。因为通过对不同行动类型的区分，我们才可以避免用过于狭隘，甚至是又回到功利主义的那套方式去理解行动。但布迪厄却不关心这件事！对他来说，这个问题似乎并不存在，所以我们在他的理论中可以看到这个空缺。这也显示出，例如布迪厄 545 在研究艺术时，只说明了文学家和画家如何努力地进行建立与区分的工作，以及如何被逼着做这些工作；至于艺术家的创造性，布迪厄都避而不谈。当然也不是说创造性都与各个"场域"的逻辑无关。布迪厄批评很多人对于艺术家的自我创作，都太过从观念论的观点去谈了；布迪厄的这个批评是有道理的。但如果惯习不能被视作一种决定论的概念，那么这位理论家就必须着力于行动的**非决定论的**面向，也就是可以被称为"行动的创造性"的面向。

＊　　　＊　　　＊

3. 至此，我们（批判性地）介绍了布迪厄理论的前提，也或多或少个别地呈现了他的一些基本概念，也就是场域、惯习、资本。现在我们要来为读者介绍布迪厄思想中这三个概念的关联，以此让读者更了解布迪厄的整个理论体系，并同时指出他这个"静态"体系中一些有问题的部分。

布迪厄理论的逻辑出发点，是由场域概念（或者布迪厄会说是复数的诸场域！）构成的。社会现实是由各种场域组成的，各场域有自己的竞赛规则。行动者如果想在场域中赢得所欲的收益——亦即各种特殊的资本形式——的话，就必须遵守竞赛规则。再说一次：科学、政治、教育、体育等场域的规则都不一样。这种说法在某种程度上很容易让人想起特别是卢曼的系统理论的那种分化原理。事实上，布迪厄在这里，跟卢曼及其支持者所拥护的思想，相对来说走得比较近。他们都认为，社会世界会分成不同的领域，因此现代社会不再能建立起一个统一性。但在这里，布迪厄也和这类理论有同样的毛病：他没有办法很有说服力地告诉大家，**场域有很多，但到底是有多少**？（布迪厄的出发点似乎是认为，场域的数量非常多，这个数量只能通过经验性的历史研究才能确定。但是他的这个说法没有什么帮助，而且他自己的研究也只涉及社会世界的一小部分而已。参阅：*In Other Words*, p.88）还有，**我们该如何划分出不同场域的边界**？分化理论家，以及特别是卢曼，对这些问题都有很详细的理论思考，但他们从来都没有给出令人满意的说法。布迪厄在他学术生涯很晚期的时候才为他的"场域"铺下理论基底。他几乎没有意识到上述两个问题，而且他后来也不像卢曼那样对这些问题有什么系统性的讨论。布迪厄的"场域理论"和卢曼的系统理论，至少在两方面是不一样的。**第一**，和卢曼不同，布迪厄把斗争视为核心概念，也就是说他是用冲突理论的方式来分析场域的。但卢曼在分析"系统"时，对斗争从不感兴趣。

如果，在文学和艺术场域，我们确实能将构筑了可能性空间的各种立场视作系统，亦即这些立场形成了差异性的、具有独特与对立特质的系统，那么这些系统特质不是（如同自我指涉原则所暗示的那样）从其自身内部运动发展出来的，而是通过生产性的场域内部的冲突发展出来的。场域是力量关系的中心，而非只是意义的中心而已。而且场域也是斗争的中心，斗争的目标则是要转变力量关系，也因此场域是无尽的改变的中心。人们在场域的既定状态里可能会观察到的一致性，其表面上朝向了一般运作的方针……都是从冲突和竞争中诞生的，而不是结构的什么内在自我发展。（*An Invitation to Reflexive Sociology*，pp.103—104）

第二，布迪厄还有一点与卢曼不一样，就是布迪厄不认为场域与场域之间是截然区分的，所以也不认为场域之间不可能建立起统一性。这也难怪，布迪厄作为一位法国人，一个极度中心化的国家的市民，会认为国家具有一种元功能。他将国家视为一种"元场域"，其通过自身的能力，造就一种强制性的规范，并且始终有能力在各个场域之间扮演一种"仲裁者"之类的角色（*Pascalian Meditations*，p.127；亦可参阅：*Practical Reason*，p.33）。布迪厄的这个命题，也让他和极端的分化理论家与卢曼得以区隔开，而且必须强调，他也没有大谈社会规范整合，这让他和帕森斯或敏希也很不一样。

在每个场域都会有其主导性的竞赛规则，这个竞赛规则会刻画出一种特别的惯习。进入这个场域的人，不可避免地会去适应、必须适应这种特别的惯习。科学家、政治家、运动员等等都会有其特殊的惯习，从他们的言谈、举手投足、喜好等就可以看出来。这不是说每个政治家的言谈、举手投足、喜好都是一样的，不是说他们的行为都是被绝对地决定好了的。常有学者批评布迪厄是决定论者（例如可参阅：Luc Ferry and Alain Renaut, "French Marxism（Bourdieu）", pp.153—184, in *French Philosophy of the Sixties*），但布迪厄（如我们在前文就已经看到的）是坚决反驳这种批评的，并且不断强调，行动者只会以一定程度的可能性（即便这个可能性非常高）来吸收某些惯习，而且惯习也还是允许行为有可变的可能性。

因为惯习是一种生产各种产物（如思想、知觉、表达、行动）的无穷能力，并且惯习的限制是由它所处的生产的历史情境与社会情境所构成的，因此惯习提供的既受到制约，也可发挥制约性的自由，远远不具备能造就出不可预测的新生事物的创造性，但也远远不会像机器一样仅在对原初条件进行再生产而已。（*The Logic of Practice*，p.55）

但是，即便有这样的可变性，随场域而异的行动以及场域本身，依然多少是稳定不变的。之所以如此，是因为场域作为一种知觉、思想和行动的图式（布迪

547

厄在这里采用的是常人方法论的观点），倾向不断地自我确保与自我再生产。因为惯习会深植进人之中，变成这个人的一部分，所以人会（不自觉地）偏好维护自己的一部分。我们总会想不断确保我们自己所信任的世界，不会想摧毁我们对安稳的日常世界的信任。这也就是说，惯习会通过"对身边的地点、事物、人的系统性的'选择'，以此让自己免于危机和危险的挑战"（ibid., p.61）。如此一来，通过这种在场域里建构出来的惯习形式，场域可以不断确保他自身的原初形式，亦即确保有一种不断以相同的结构化方式来进行的过程。

> 因为惯习……是一个历史的产物。惯习会把建构社会的工具投入于实践性的世界知识、投入于行动，但这种工具本身也是社会建构的；换句话说，这种工具是由被它结构了的世界所结构的。（*Pascalian Meditations*，p.148）

如果从一种更系统理论式的观点来看，可能会说惯习表现出了社会场域的"分化"。但惯习不只是如此而已。惯习形式也是特定**阶级地位**、特定社会氛围的产物，同时也再生产了这些阶级地位与社会氛围。

> 惯习概念的功能之一，就是可以用来解释具有统一性的风格，一种统一了单一行动者或整个阶级的行动者的实践与财物的风格。……惯习是这种生产性的、统一化的原则，它会把某个地位的内在的、关系性的特质，重译成一个统一的生活风格。（*Practical Reason*，p.8）

布迪厄一直以来都在致力于探讨（法国）教育系统的问题。尤其他的目标是想指出，不同阶级会有不同的惯习；就算表面上整个社会都实施了精英教育方式，也还是几乎不可能让惯习因此就不会有那么鲜明的阶级差异。对，布迪厄认为，事实根本相反：教育恰恰就是在强化行为形式的阶级差异性，恰恰就是在持续地再生产社会不平等（可参阅布迪厄的一篇文章："Reproduction"）。我们在第八讲介绍冲突理论家柯林斯的时候，便看到过与这种命题很类似的说法了。

布迪厄用了惯习概念，描绘社会结构如何经由再生产而以几乎一样的形态维持下去。但这也出现一个问题，就是布迪厄究竟是如何想象**社会变迁**的。之所以我们可以提出这个问题，也是因为，比如，布迪厄不太觉得观念或意识形态能有多大的作用或产生改变的力量。当提到"统治的正当性"这个古典社会学的概念时，就更明显了。对于布迪厄来说，这个韦伯所提出的概念是很有问题的。因为，例如在讨论"法理型统治"的时候，韦伯暗指人们会**有意识地**讨论统治是否合于法理；但布迪厄认为事实上根本不是这样子的。布迪厄认为，人从小就很习惯成自然地处于统治结构中了。在像是幼儿园、学校、工厂等机构中，特别是底层阶级的人，都会被灌输"该理所当然地忍受社会不平等"这种想法。底层阶级的人几乎不被允许妄议国是（*Practical Reason*, pp.53—54）。统治也不是通过意识形态或正当化的话语来维持的，因为绝大多数老百姓根本也不懂什么是意识形态或正当化的话语。统治更多的是通过让人民持续习惯服从于现有的权力不平等而维持下去的。

> 如果我渐渐避免使用"意识形态"这个词，那么这不只是因为这个词的多义性以及由此造成的歧义性。而是首先因为这个词会让人们去设想一种观念秩序，以及一种借助思想并针对思想的行动秩序，使得人们忘记了有一种维持象征秩序的最有力的机制，即一种**双重自然化**。这种双重自然化一方面来源于社会事物既被铭刻进物中，也被铭刻进身体中（不论是统治者的身体、还是被统治者的身体，不论是依照性别、种族、社会地位，还是依照什么可以辨识出来的要素来进行铭刻的），另一方面则来自象征暴力的效果。就像一些如"天生的差异"或"天分"等日常词汇所凸显出来的那样，既定秩序要获得正当性是很简单的，因为它在社会世界的现实中几乎是自动就会持续下去的。（*Pascalian Meditations*, p.148）

然而，这样的立场很容易让人立即想质疑布迪厄理论如何面对变迁理论的问题。而且这也让布迪厄理论特别被指责是一种（负面意义的）超功能论。因为，从布迪厄的理论来看，（从规范上来看很成问题的）不平等的权力结构，就算场域中一直都存在着斗争，但还是会自己不断进行再生产并稳定化，这使得不平等权力结构的突破几乎是不可能的。社会变迁理论在布迪厄的理论体系中不太有一席之地。在《艺术的法则》（*The Rules of Art*, p.253）中有一些评论，认为文学场域和绘画场域是最能让人期待有变迁过程的，亦即可以期待有**更年轻的**世代进入场域。布迪厄用福楼拜和波德莱尔当作例子，来从历史的层面证明这件事。他探讨了这两个当时的新人如何在文学场域建立并施行了新的美学形式，使得文学场域的结构产生了显著的改变。但布迪厄很少提出一种真正的社会变迁理论、**一般性的**变迁理论。相反，他认为，因为每个场域各有既存的资本形式的配置，所以会有不同的变迁模式。而由于他只研究少数的几个特定场域，所以他的著作必然会排除掉对于一般性的变迁的讨论。

550

*　　*　　*

4. 布迪厄的理论的**时代诊断潜力**，突出表现在他对全球化的批判（不过我们不拟对此进行详细的探讨）上，也表现在他的**文化社会学**的著作，尤其是 1979 年出版的相当著名的《区分》中。不过，他这类研究的概念性方面、理论方面的纲领，在他很早期的时候就已经提出来了，尤其下面这一段引言可能最让人印象深刻：

> 事实上，在交流与区分的竞赛——一场**根本上属于文化性质的竞赛**，同时也是一场根据阶级结构客观地组织起来的竞赛——中，用经济学观点所标示出的那些最艰困、贫穷的团体和阶级，不过只是一种对照工具。意思是，这些团体和阶级只是用来凸显出其他团体阶级的必要对照物，只是用来当作一种"自然而然的事"。这一场象征性的区隔的竞赛，是在一个很小的空间内进行的。这个空间的边界是由经济限制所设定出来的，特权群体便通过这个竞赛留在特权社会中。同时，特权群体也据此而得以掩饰特权群体与贫困群体真正的对立，即统治上的对立。（Bourdieu, *Zur Soziologie symbolischer Formen*, pp.72—73；着重处为约阿斯和克诺伯所加）

就像布迪厄在这段引文中声称的，文化是一场区分竞赛，在其中会带来阶级差异，将阶级差异建构得显而易见。布迪厄对文化的定义相当宽泛（读者们可以对比一下他的文化资本概念。他的文化资本概念也很宽泛，像是绘画、书、知识、专业能力，甚至是头衔等等，都被包含在内），并涉及美学判断。《区分》这本书首先便涉及一个很有挑衅性的声称，即就算表面上看起来最个人的看法（关于饮食品味的意见、关于音乐作品的美学意见、关于一件衣服"穿起来如何"的意见等等），也都是由阶级惯习所决定的。这个命题要说的是，"品味"，美学判断，也是有阶级性的，一开始就是由阶级所决定的，因为品味和美学判断反映了一个人所具备的经济条件。

布迪厄这个命题既有吸引力，又很有挑衅意味。这首先是因为，他饶有趣味地通过一些表面看起来最平凡无奇的事情，对人们最毋庸置疑的感觉提出了质疑，而让人们感到很讶异。涂尔干的《自杀论》也有这种震撼读者的效果。涂尔干将一件看起来最由个人自己决定的事（亦即自杀）诠释为一件**依社会而定**的现象。这类论证告诉我们，我们的观点不是我们自己的观点；这种论证会让人感到很惊讶。但布迪厄的工作，特别是《区分》，之所以很有挑衅意味，除了以上的理由，还因为：他把美学（亦即艺术里关于美与真的学说）等同于一般日常的品味，或至少认为两者是近似的。布迪厄想指出，被美学理论奉为伟大的音乐、伟大的绘画、伟大的文学的那些作品，事实上也只是从对应于某种经济地位的观点来看是伟大的。他认为，高雅艺术一直以来都是阶级竞争的产物。一件作品是不是高雅艺术，是由统治阶级界定的。统治阶级把**他们的**美学眼光定义为"正统的"艺术，

同时将这种美学的阶级决定性给掩盖粉饰掉。布迪厄的"反康德主义'美学'" 552
的计划，就是想揭开美学的神秘面纱、揭露美学的真相。

在这样的背景下，布迪厄把所谓的"奢华品味"和"实用品味"区分开来。
实用品味是典型的社会底层阶级的品味。这种品味只在乎能不能直接解决生活的
物质问题；这种品味与日常的稀缺经历、经济不确定感有关。在这种情况下，人
们不可能还有什么时间和精力去管自己过得精不精致。相应于此，底层阶级的眼
光和生活习惯，和统治阶级的眼光和习惯也是完全不一样的。饮食习惯就是一个
很显著的例子。

> 社会最顶端的阶层特别认可一种节制饮食以追求苗条身材的新伦理。但
> 面对这种新伦理，农民和尤其是工厂工人，还是保持他们享乐放纵的伦理。
> 一个喜欢吃喝玩乐的人，不只是喜欢吃吃喝喝而已；他可以通过与大家一起
> 吃吃喝喝，处于一个扫除任何拘束与沉默的欢乐情境，以此象征和建立起一
> 个慷慨、跟大家打成一片的关系，亦即一种简单、自由的关系。（*Distinction*,
> p.179）

但表现出实用品味的当然不是只有饮食习惯；底层阶级**所吃的东西本身**基本
上也会和统治阶级所习惯吃的东西不一样。布迪厄用了大量的统计数据和通过敏
锐的观察指出饮食文化的差异，并不厌其烦地再指出，上层阶级倾向于（这种倾
向有时候是有意的，但更多时候是无意的）通过精致的用餐来和底层的饮食文化
区隔开来。上层的奢华品味是一种区隔、**区分**的尝试，以此不断再生产出阶级差
异与阶级边界。知识分子、企业老板、记者等等，会理所当然地去吃中式料理、 553
越南料理、缅甸料理。但一位工人，就算他负担得起，也根本不会想到要去吃这
些料理，因为他对于"好吃的东西"的想象完全是另外一回事。（当然，各阶层
的人觉得什么料理好吃，也是根据不同的历史情境而定的。）出身上层的人，会
通过社会化而习得某种饮食品味与相关的惯习，并且这个人会以此几乎自动地和
其他阶层的人明确地区隔开来。不只是餐桌礼仪，而是连表面上最个人的品味，
也会区分出"贵族"和"平民"。过去是如此，布迪厄认为即便在当代也是
如此。

艺术的理解接受能力，也有类似的随阶级而异的模式。由于没有经济压力，
因此奢华品味和与此相关的美学，是无目的的、在表面上无关利益的。所以上层
社会的人，相较于底层阶级的人，会更从抽象艺术出发，像是布拉克（Georges
Braque）、德劳内（Robert Delaunay）、马列维奇（Kazimir Severinovich Malevich），
或是杜尚（Marcel Duchamp）等人的绘画艺术作品。底层阶级的人则搞不懂这种
无关利益的东西。他们更多的是从生活实用性方面来看待艺术。他们会觉得布拉

克的画不知道是在画什么、丑爆了，所以会更偏爱把施皮茨韦格（Carl Spitzweg）或是弗里德里希（Caspar David Friedrich）（而非德劳内）的翻印画作挂在卧室里。工人和一般市井小民在看到马列维奇的画作时，常常都会问"这也是艺术？"但富有艺术思维的知识分子，可能对马列维奇的画作特别感兴趣、感到印象深刻。因为要欣赏马列维奇的画作，是有门槛的，而这也因此具有（布迪厄所设想的）区分效益，能把艺术门外汉"撇在身后"。同样的情况也存在于音乐领域。工人只会听古典音乐，所以更偏爱斯美塔那（Bedrich Smetana）的《沃尔塔瓦河》，而觉得肖斯塔科维奇（Dmitri Shostakovich）的音乐是不好听的"噪音"。

布迪厄不厌其烦地在各种领域，像是体育、政治意见、电影、服装，或甚至是休闲安排等等，探究这种相似的模式。对他来说，这些领域都表明一件事：是 **统治阶级** 在这每一个文化场域中定义了某些活动的正统性。是统治阶级通过他们的区分需要，把最新的前卫艺术形式解释成**真正的**艺术，然后把所有以前的艺术形式说成是肤浅的品味、不是真正充满艺术内涵的东西。尤其是如果较低阶级的人正准备吸收"较旧的"艺术形式的话，统治阶级更会这么做。

总而言之，布迪厄的研究最后得出一个命题，即人们在特定的阶级中会习得相应的惯习（一种总体的知觉、思维、行动的框架），这种惯习会定义某种"生活风格"。这个阶级会借此在文化上与其他阶级区隔开来。在一个社会中，不同的生活风格即是象征竞争的表现，这是一种阶级间致力于进行区分的竞争。布迪厄认为，这是一件特别值得我们理解的事，因为我们唯有理解这个现象，才能更好地呈现出社会的阶级结构及其动力。教条化的马克思主义，由于在文化理论方面的空白与忽视，因此始终无法对阶级结构及其动力有适当的呈现。

布迪厄的时代诊断的论点，即是基于这一套文化社会学的描述所得出的。不过他的视角限于阶级不平等的持续再生产，因此不太有什么改善状态的展望。这至少与这一讲开头提到的布迪厄的一个角色，即法国教育体系和全球化的公共批评家，是矛盾的。因为我们可以问，他是一个公共批评家，但他的诊断似乎又是说社会结构是无可改变的、坚固的，那么他所扮演的角色和他的理论内涵之间该怎么调和呢？不过布迪厄自己相信这个"矛盾"是可以解决的，因为他认为，唯有人们认识到，且承认社会的结构化法则，自由才是可能的。"社会学提供解放的方式，就是将人们从自由的幻觉中解放出来。"（Bourdieu，转引自：Dosse, *History of Structuralism*, Vol.II, p.67）事实上，"人是有自由意志的"这句话本身就是一种权力话语，因为这种话既忽略了自身行动可能性的边界，也忽略他人行动可能性的边界。社会情境决定论的说法，还反而比较可能是能提供解放的话语的出发点。布迪厄总是宣称他的学术研究就是想带来这种解放话语。特别是在他人生最后的十年间，他尝试动员左派知识分子，以对抗在他看来越来越具有威胁性的生活情境全面经济化，以及对抗自由放任的自由主义思想的霸权。一个会发展出这样活动的人，其世界观绝不会是悲观的。所以布迪厄的时代诊断虽然呈现出社会不平等模式的持续再生产，但他还是有抱持着希望的面向。

讲到这里，对于布迪厄的理论的介绍也差不多要进入尾声了。我们为读者推荐一本入门著作：《布迪厄导论》（Markus Schwingel, *Pierre Bourdieu zur Einführung*）。不过我们在最后还有一个任务，就是去看看布迪厄的理论带来了什么样的影响。

＊　　　＊　　　＊

5.布迪厄的著作都已被奉为经典，在社会学内部有很大的影响力。像是**政治社会学**和**社会不平等社会学**，都很深受布迪厄思想的启发。例如在法国，布迪厄身边围绕着一群伙伴，延续发展布迪厄的研究方向，或是将他的研究方向运用在其他新的主题范畴。这里特别值得一提的，是对特定阶层和职业团体所进行的历史社会学研究。博尔坦斯基（Luc Boltanski）出版于 1982 年的《干部：一个社会阶级的形成》（*Les cadres. La formation d'un group social*），即是当中颇具代表性的一本著作。在**德国**，不平等研究特别会和布迪厄的理论相关联，并且特别专注在生活风格概念上［可以参阅埃德（Klaus Eder）自 1989 年以来编纂的一系列的著作：*Klassenlage, Lebensstil und kulturelle Praixis*；另外也可参阅：Hans-Peter Müller, 1992, *Sozialstruktur und Lebensstile*］。不过，布迪厄的理论在德国有时候会被滥用，例如德国在使用生活风格概念时，越来越脱离了阶级理论（但德国的生活风格概念也不总是基于布迪厄的思想）。生活风格好像是人们可以自由选择似的，使得有人因此认为，德国社会再也无法辨识出"真正的"阶级（可以参阅像是 Gerhard Schulze, 1992, *Die Erlebnisgesellschaft. Kultursoziologie der Gegenwart*）。这并不是布迪厄的思维方式会有的论证形式。至于**北美**，加拿大法语区的女性学者拉蒙（Michèle Lamont）在 1992 年出版的著作《金钱、道德与礼仪》（*Money, Morals, and Manners: The Culture of the French and the American Upper-Middle Class*）特别引起轰动。该书发挥布迪厄的精神进行了社会结构比较研究，但某种程度上又超越了布迪厄，因为拉蒙检视了布迪厄所忽略的阶级的道德话语，没有急于把阶级的道德话语化约成其他要素。出生于 1957 年的拉蒙令人印象深刻地探讨了美国和法国的各个上层中产阶级，对于彼此关于道德层面的美好生活与美好行为的想象与观念，被多么明确地划分开来，以及道德态度又是多么适合清楚划分出阶级之间的边界。

布迪厄的影响，对于**历史科学**来说，也同样相当大，因为像是"资本""场域"或"惯习"概念，很显然可以克服历史科学既存的一些理论不足。最值得一提的例子，是一本深受布迪厄理论影响，但其主题也是布迪厄自己也不断在讨论，但我们在这一讲不会再进一步深入讨论的著作，即夏勒（Christophe Charle）的《知识分子的诞生：1880—1900》（*Naissance des "intellectuels"：1880—1900*）。这本平易近人的书，生动探讨了1880—1900年那个时代的知识分子的形象是如何构成的，知识分子运用了哪些不同的策略来和"竞争对手"保持距离，以及如何从国家和教堂中解放出来。

*   *   *

557　　　法国的知识分子，当然不是只有结构主义、后结构主义或"生成结构主义"（布迪厄）这几种取向而已。在法国，还有一些社会学家和哲学家自称为反结构主义者，并且也因此在国际上很有影响力。在下一讲，我们就来介绍这些学者和他们的研究。

第十六讲

法国反结构主义者

（卡斯托里亚迪斯、图海纳、利科）

我们在第十四讲已经提到，自20世纪50年代开始，结构主义便支配了法国的 558
知识圈。虽然20世纪70年代末，"古典的"结构主义失去了重要性，但结构主义
对法国知识圈的支配性依然没有太多改变。因为有些声名鹊起的所谓后结构主义
或新结构主义的学者，依然支撑起了至少部分的结构主义遗产。这让非结构主义
的人文学者和社会科学家，在法国很难得到人们的青睐。再加上这些非结构主义
的人文学者和社会科学家的立场，经常被批判，或甚至被指责为"主观主义"。这
些在结构主义霸权时代下过得不太顺遂的学者，就是我们这一讲要来介绍的。卡斯托
里亚迪斯（Cornelius Castoriadis）曾提到，结构主义简直是一种"语言学的流行病"。
它的"肤浅的伪语言模式"，把明明很清楚的思想搞得很难懂（Castoriadis, *Crossroads
in the Labyrinth*, p.120）。结构主义者的这种"统治"，让一些非结构主义的法国思
想家长时间在国外比在法国本土还要有影响力，因为他们的著作受到（结构主
义）的严重排挤。这种情况一直到近年来才出现改变，到近年来法国的知识公共
领域才开始认真评估那些反结构主义思想家的重要性（亦可参阅本书第二十讲）。

关于法国重要的反结构主义社会理论家和社会学家，我们先从一位学者开始。
这位学者很难说属于哪个学科领域，而且也不是在法国出生的，但是他和结构主
义的理论辩论非常重要，也和马克思主义有过非常重要的对话，因此在法国知识
生活领域当中是一位很重要的人物，影响力相当广泛。这个人就是卡斯托里亚
迪斯。

559

卡斯托里亚迪斯1922年出生于伊斯坦布尔。但因为他的家庭被土耳其驱逐出
境，所以他是在雅典长大的。不过当时雅典的政局也非常不稳定（以下关于卡斯
托里亚迪斯的介绍，可参阅：Marcel van der Linden, "Socialisme ou Barbarie"）。在
迈塔克萨斯（Ioannis Metaxas）的独裁笼罩下，卡斯托里亚迪斯加入了希腊共产党
青年组织。但他加入不久后，当希腊共产党为了抵抗1941年4月纳粹德国对希腊
的侵略，而与其他主流政党合作时，卡斯托里亚迪斯便退出了共产党。

　　卡斯托里亚迪斯在雅典攻读了法学、经济学和哲学。1945 年，希腊内战
（1944—1949）期间，负笈巴黎攻读哲学。当时，巴黎已经处于我们在第十四讲提
到的知识氛围了，亦即马克思主义和存在主义的激烈争辩氛围。在这段时期，他
的政治立场也出现改变。但他并没有跟左派革命计划分道扬镳，而是在 1949 年成
立了一个独立的政治团体，并创办了一个对今天来说堪为传奇的期刊，《社会主义
或野蛮》（*Socialisme ou Barbarie*）。这份期刊的成员，包括了我们前文已提到过或稍
后会介绍的知名知识分子，像是勒夫特（Claude Lefort）、利奥塔、莫兰（Edgar
Morin，1921—　）。这份期刊旨在讨论一个问题：革命团体如何组织起来，并同时
避免在历史上总不断上演的官僚化及其可怕的后果，如在俄国革命那里所发生的
那样。

　　卡斯托里亚迪斯当时的正式身份是经济学家，但他也在那份期刊上用了各种
笔名（因为他是外国人，不被允许参加政治活动），发表了无数的文章，讨论了马
克思主义、资本主义、苏联统治系统。20 世纪 50 年代末期，他对于马克思的批判
越来越尖锐。最晚从 1963 年开始，他就和历史唯物论的基本思想彻底决裂了。也
因为对马克思主义的态度所造成的立场冲突，《社会主义或野蛮》在 1965 年停刊。
不过这份期刊在后来有很大的影响力，因为在 1968 年巴黎的五月风暴中不少重要
的参与者［例如孔-本迪（Daniel Cohn-Bendit）］深受这份期刊的革命风格的影响
（参阅：van der Linden，"Socialisme ou Babarie"，p.1；亦可参阅：Gilcher-Holthey，
"*Die Phantasie an die Macht*"：*Mai 68 in Frankreich*，pp.47ff.）。

　　《社会主义或野蛮》停刊之后，卡斯托里亚迪斯开始接受精神分析培训，成为
精神分析师。虽然他很认真看待精神分析师工作，也发表了很多关于精神分析主
题的作品，但这不意味着他没有想成为社会理论家的野心。相反，大概正是因为
他对多种学科的涉猎，所以他能够从西方马克思主义的故纸堆中发展出新东西。
例如他在 1975 年出版的主要著作《想象的社会制度》（*L'Institution imaginaire de la
société*），便让人印象深刻。之后他也出版了许多著作［例如我们前面引用过的《迷
宫中的十字路口》，就有英译本（*Crossroads in the Labyrinth*）］，展现了卡斯托里亚
迪斯源源不绝的生产力。当他在 1997 年过世的时候，还留下了许许多多未发表的
手稿，直到今天，乃至未来都有待整理出版。

*　*　*

　　当我们去看卡斯托里亚迪斯的作品时，会发现他的这些作品很难被归类到我

们至此所讨论的各种理论取向。他的理论立场太独特了，我们只能用最简单的排除法来标示他的理论立场，亦即去看看他抨击了哪些理论。我们来以三个关键词作为重点来谈：卡斯托里亚迪斯的反结构主义，反功能论，反马克思主义。他正是在对这三个理论方向的批判当中，发展出他高度原创的方向。

1. 毫不令人意外的，卡斯托里亚迪斯和结构主义有特别激烈的争论。因为在法国，面对之前我们提到过的结构主义的霸权，与之的争论实际上是无可避免的，卡斯托里亚迪斯深受梅洛-庞蒂思想的影响。梅洛-庞蒂是一位现象学家，对人类的身体性和自我的互为主体性特别感兴趣。在根本上，梅洛-庞蒂在其晚期著作中，比萨特还要强烈地与结构主义的观点，尤其是与语言现象有关的部分，进行辩论。卡斯托里亚迪斯也在梅洛-庞蒂的影响下对结构主义的命题进行了批判。虽然他同意结构主义关于符号任意性的命题，但他没有在这个命题上止步不前。相反，他在此提出了与结构主义基本思想在根本上相违背的符号理论要素。

卡斯托里亚迪斯认为，符号系统（如语言）组织起了世界，并与世界相关联。语言当然不是世界的摹本；它并非仅对世界进行了再现而已，也不像我们在前几讲提到的那样，认为不同的语言会造就不同的世界观。但这当然也不是说语言就完全与现实无关、完全是任意的。卡斯托里亚迪斯援用了梅洛-庞蒂，指出语言"是被世界的'如此存在'（Sosein/being-such）从内在来进行加工的"（Castoriadis, *Crossroads in the Labyrinth*, p.125）。结构主义有个很典型的**双面的**符号概念，亦即符号的意义，唯有根据能指与能指之间的关系，才能辨识出来，或换句话说，所指完全要视能指之间的关系而定。但卡斯托里亚迪斯抛弃了这个概念，取而代之的是提出了**三面的**符号概念，在原本的双面概念之外再注意到了"参照物"，亦即符号所关联的世界。

> 事物在文化和语言当中所呈现出来的相对性是无可置疑的。但如果不直接借助事物本身那无可名状的非相对性，我们也无法指称出其相对性。如果语言，以及思想，是存在的，那么这要归功于无数重要的事实，像是：有树存在着，有地球，有群星；有许多日子，有光。树生长于地球上，群星在夜里闪耀。在此意义上，这些事物是通过语言而被说出来的。（ibid., p.126）

这种关联参照物的符号理论，必然会让卡斯托里亚迪斯偏离结构主义。因为，从这样的观点出发，符号首先并不是世界中的客体，而是一种"符号客体"，亦即**它关联着现实中的某个东西**。不过，如果符号并不是简单反映现实而已，那么这就只能意味一件事，即符号是被"创造的"、被发明的、被"设置的"。"符号之为符号，不过就是一种被制度化的图形、形式和规范，一种社会想象力的创造。"（Castoriadis, *The Imaginary Institution of Society*, p.252）

符号的任意性，是社会的创造性的结果，一种社会创造性的表现，所以在一个社会中这个（而不是别的）符号被确定来指称这个对象或事物。但与此同时，卡斯托里亚迪斯在他的符号理论中，也将主体概念置于核心地位了，这是一种集体主体的概念，即"社会"。

如果符号系统（如语言）是社会创造性的表现，且语言同时也结构化了世界，那么这也就解释了为什么不同的社会和文化会通过语言而组织起不同的世界。如卡斯托里亚迪斯所说的，每一种语言、每一种文化都会以创造的方式构筑出某种意义核心、中心意涵。言说、思想、行动，就是围绕着这个中心而组织起来的。这种中心意涵是每个文化世界的一部分，并且会变成其自身的现实。

> 不论是关于一些想象［像玛纳、禁忌、正义（dikè）、命运（chréon）、神圣，或是神］，关于一些概念（像城邦、共和、国民、政党、存有、理性、历史），还是关于高雅、可爱、舒适等，这一切都是基于某种实体、有赖于这些实体的，即便人们无法用相机照下这些实体、无法逻辑地定义这些实体。这种实体会形成一种整体，构成一种形态，造就出每种文化的总体性……、非实和极为实在的参照物。（Castoriadis, *Crossroads in the Labyrinth*, pp.130ff.）

符号系统是被社会加以制度化的。借助这个命题，卡斯托里亚迪斯"在结构主义背后再次揭示出主体性在意义支撑方面的成就"（Joas, *Pragmatismus und Gesellschaftstheorie*, p.156）。但卡斯托里亚迪斯关于"社会的制度化"的说法，不是说他563 完全只去看**集体**主体性的过程。完全相反。他认为，语言也同样需要**个体**的创造性。语言不会约束言说主体，也不会被强加上一种强制系统。典型的结构主义的说法"主体是被说出来的"在这里也因此是被驳斥的。语言更多的是：

> 一种没有固定边界的领域，主体在这之中悠游着。但前提是，在这个领域中得"有人"在悠游。也就是说，如果没有言说主体的话，我们无法设想语言的存在。（Castoriadis, *Crossroads in the Labyrinth*, p.133）

新的意涵之所以可以形成，旧的、表面上长期被遗忘的所指之所以可以再次复活，是因为有主体说了这个语言，并且语言在被言说的过程中持续地改变了。梅洛-庞蒂也曾强调，主体对于理解语言来说是非常重要的。借着强调个体和社会的创造性，卡斯托里亚迪斯便可以对所有急于将人类存在的历史性抛诸脑后、对社会变迁和社会世界的特质缺乏适切理解的理论，进行根本的抨击。以此，我们就可以接下来看他的功能论批判了。

2. 卡斯托里亚迪斯对于功能论的反对，首先在于方法论的部分，并且他的反对相对来说是较为传统的：与生物学或医学的功能论思想不同，**社会的**需求是不可能被明确界定出来的。因此卡斯托里亚迪斯认为，我们也不可能确认出满足社会需求的制度。

> 唯有当一连串的功能持续得到满足（生产、孩子的养育、管理集体、解决纷争，等等）的时候，社会才得以存在。但不能把社会的存在仅化约成功能的满足而已，其解决问题的方式也不是一劳永逸地通过它的"本质"所决定的。当出现新的需求时，它会为自己发明与界定出新的方式，以回应它的需求。（Castoriadis, *Crossroads in the Labyrinth*, pp.116ff.）

这段引文的最后一句话，已经超出**原本的**功能论批判的范围了。卡斯托里亚迪斯在这里想让人注意到一件事，即制度世界与符号性的事物是不可分割地交织 564 在一起的。虽然制度本身不能仅化约成符号性的事物，但制度只有在符号性的事物当中才能存在（ibid., p.117）。制度的成就在于：

> 把符号（能指）跟所指（再现，秩序，做或不做什么的命令或刺激，最广泛意义上的行动的后果）关联在一起，并使之具有效力，亦即使这种关联在相应的社会或团体里具有或多或少的强制力。（ibid）

可是，恰恰在这个制度的符号面向，功能论是失效的。符号系统不依循功能论的逻辑，因为符号虽然不是与现实完全没有关联，但符号的形成并不是本质上必然得产生自它与现实的关联（ibid., p.118）。符号体系不是与所有现实过程都是对应的，而且这些符号体系也没有满足什么与现实过程相关的功能。符号体系更多地表达了一个社会的创造性，而且这个社会还会不断造就出新的符号、改变原本符号的意思、**连接各种符号**等等。这最终当然也就意味着，符号性的事物并**不是被决定好的**，各种制度也**不是被决定好的**。功能论的思想都默认了这类的决定论，并且因为认为制度是和符号交织在一起的，所以否认社会的创造性。试着将制度还原成"本来就具有的"需求，是一种很荒谬的做法。相反地，卡斯托里亚迪斯认为，社会科学的任务是要去研究，**需求是如何通过文化和社会而被界定出来的，以及哪些制度被制造出来以满足这些需求。**

卡斯托里亚迪斯的这种说法听起来并没有特别惊天动地，但是却有个很显著的后果，尤其是在对马克思主义的某些前提的批判方面。因为，如果制度都是和符号交织在一起的，并且如果同时所有的社会关系都是通过制度而界定的，那么这也就是说，经济关系，所谓的"下层建筑"，也是被设置的（ibid., p.124f.）。而这直接可以得出一种说法，即没有什么是"外在于社会"的，没有什么可以规定 565

社会结构。马克思主义的一种很典型的尝试做法，就是把经济指认为一种近乎自然的事实，认为经济会影响社会事物。但在卡斯托里亚迪斯的论点下，马克思主义的这种做法看起来就会变得很空洞了。因为如果经济本身就是一种会随文化而异的社会创造产物，那么"经济具有最终审判性质的决定力量"这种马克思主义中典型的说法，就一点意义也没有。这里，我们便进入了卡斯托里亚迪斯的马克思主义批判。

3. 卡斯托里亚迪斯这方面的批判的基本脉络，在1964—1965年的《社会主义或野蛮》这份期刊上发表的文章中就已经被提出来了，但是在他的主要著作《想象的社会制度》里又通过进一步的改写而再次出版，亦即这本书的第一部分"马克思主义与革命性的理论"。卡斯托里亚迪斯在这里选择了一条很奇特的路径。他呈现他的各种对于马克思主义和历史唯物论的解读，然后指出，所有这些诠释和说明，最终在理论层面都是站不住脚的。

这里说的主要是在马克思和恩格斯的著作，以及在许多对其著作的诠释里可以看到的一条论证分支，一种人们可以称其为历史唯物论的**科技决定论**版本的分支。这条分支是说，人们可以"用一个社会的技术状态来解释这个社会的运作，以及用技术的发展来解释一个社会如何转变到另一种社会"（ibid., p.66）。卡斯托里亚迪斯认为，这种观点预设了一个前提，即技术与科技发展是自主的，意思是，技术与科技发展是外在于社会的、与文化意涵无关的解释要素。但卡斯托里亚迪斯非常怀疑技术是否事实上真有朝向自主发展的内在趋势，也很怀疑技术是不是真的是一种首要推动力。他的看法是，科技决定论假设自然不过就是一个"等着被人类剥削的储存库"（ibid., p.19）。这样一种对于自然的看法，其实是把今天西方社会对自然的理解方式，以一种站不住脚的方式加以普遍化的观点。因为不是所有的社会都会与它的环境发展出这样一种工具性的关系，而且也不是在所有的社会中科学都只会被当作一种剥削环境的手段。

> 古希腊用于生产的技术，当然远远落后于科学发展已能达到的可能性。但这跟希腊世界的社会情境和文化情境是密不可分的，而且与希腊人对自然、劳动和知识的态度也是密不可分的。（ibid., p.19）

人类是否用技术来掌控自然，这是否会不断带来技术变迁甚至是社会变迁，都是和社会对自然的态度有关的。卡斯托里亚迪斯认为，现代资本主义是一种文化蓝图，并且和这样一种对于自然的控制观是密不可分的。马克思和恩格斯，以及特别是马克思主义的科技决定论式的说法，把基于资本主义的观念错误地普遍化了，以为这种观念在每个历史时期都存在，还将之物化为一种社会法则。这不只从历史来看完全是错的，而且其实科技本身也是社会建构的。科技是"被选择的"，取决于社会的符号创造性，并且人们运用科技的方式也会随文化而异。

不过，在马克思和恩格斯的思想体系当中，人们还可以看到一种**功利主义的动机**，这也常跟科技决定论连在一起。马克思和恩格斯假设，生产力的发展是历史的推动力。他们在这里提到了一种"人类行动里不变的动机类型，简单来说就是经济动机"（ibid., p.25），认为正是这种动机，让人们孜孜不倦地利用和剥削人类和自然。在卡斯托里亚迪斯这里同样认为，人类学和历史学对于不同的人类经济形式的研究，一直以来都证明了马克思和恩格斯所假设的超历史的不变动机是错误的。拥护功利主义版本的历史唯物论的人，都"把当代社会的运动与组织形式扩展出历史整体之外了"（ibid., p.26）。

567

卡斯托里亚迪斯对马克思主义的第三种解读是，认为马克思首先试着**将资本主义经济构想成一种封闭系统**，并将之连同劳动价值理论来一起理解。马克思深信他已经解读了商品的价值表现，并声称，决定货品之间的交换关系的，是社会劳动花在货品生产上面的量。这个观点本身很有吸引力，但这个观点若要能贴近现实情况，必须有一个前提条件，就是人类劳动的质与量是具有可比较性的。但人类劳动真的是可以比较的吗？如果是可比较的，又要怎么比较？

> 在"具体的劳动"（像是做裁缝、砌砖墙等等）的这种现实情况中，劳动是异质的。用机器裁出一尺的亚麻布"中"的劳动量，和用旧式裁缝机裁出一尺亚麻布的"具体的"劳动"中"的劳动量，可不是同一回事。若认为有某一种劳动，一种大家根本看不到也做不着的劳动，一种"简单抽象"且又"对社会来说极为必需"的劳动，那么这种观点**必然**是有问题的，也一定是很成问题的。（Castoriadis, *Crossroads in the Labyrinth*, p.263）

马克思陷入一种观点，就是认为有一种"简单抽象的"或"对社会来说极为必需"的劳动，所以他才会声称，有一种比较标准，可以用来衡量劳动，以及用来确立商品间交换关系的可能性。卡斯托里亚迪斯认为马克思的这种观点非常荒谬。因为根本没有人知道"对社会来说极为必需"的劳动到底具体来说是什么东西。进行货品生产时所需的"一般平均的"劳动时间，也没有标准可言。除非我们假设科技是不会进步的，或是假设"生产者之间的竞争都会让实际的劳动时间保持在恒定的情况，并且实际上都会落在平均值上"（ibid., p.268），但这种对完全竞争以及据此而想象的理想市场的假设，是不切实际的。那么，一种能定义对社会来说极为必需的劳动的标准，到底是什么呢？马克思从来没有给出清楚的答案。就连"简单"或"抽象"的劳动，也没有定义。之所以会这样，卡斯托里亚迪斯认为，显然是因为劳动毕竟不是商品，和所有其他商品都是不一样的。"生产"劳动的条件，和生产货品的条件，完全是两回事。而这一点正是马克思所忽

568

略的，或是他不想看到这件事。

> ……如果要说一位空航机长的价格高于他的劳动力"价值"，那就等于很荒谬地假设，清道夫之所以让自己有那样的资质、之所以做那样的工作，都是在为了让他的"价格"可以压低得等同于他的"价值"。马克思预言，在资本主义发展的终点，这个问题不会得到解答，而是会被**抹除**：**如果**资本主义事实上会把所有劳动变成大工厂里无技能性的劳动，那么就不再有"简单的"劳动了。但情况并非如此。（ibid., p.273）

劳动力的价值不是固定的，因为劳动者的生活必需品是无法被准确确定的（ibid., p.320），而且资本家其实也无法确切知道他可以通过劳动力的购买得到多少收益。最后，资本家并没有办法预见科技会如何地变迁，也无法预知劳工是否愿意配合，还是会冥顽不灵（Castoriadis, *The Imaginary Institution of Society*, pp.15f.）。但如果劳动力的价值本来就不能被准确确定，因为劳动力的价格牵涉协商、冲突、估价等问题，那么其他马克思所谓的资本主义经济的"运动法则"就不是法则，而只是一种描述，一种在特殊历史情境中才适当的描述——或是其实根本也不适当！

卡斯托里亚迪斯认为，马克思自己也看到了他的劳动价值理论中有不协调的地方。他对于资本主义特征的描述，总是摆荡在三个不兼容的诠释之间，亦即：**第一**，正是资本主义，将人类与人类所执行的劳动造就成同质的单位；**第二**，人类与人类所执行的劳动本来就是同质的，只是至今都被隐藏起来，是资本主义将之揭露出来；**第三**，资本主义将实际上不同的东西在**表面上**呈现成同质的东西（*Crossroads in the Labyrinth*, p.276）。这三种说法不可能同时都是正确的。

569

*   *   *

卡斯托里亚迪斯检视完马克思主义或历史唯物论的这三种不同的可能诠释之后，得出一个结论：这三种诠释严格来说都是站不住脚的，所以我们必须完全抛弃马克思主义的理论。这种对于马克思的批判，在理论上比哈贝马斯还要更极端得多。但是卡斯托里亚迪斯和哈贝马斯不一样的地方在于，卡斯托里亚迪斯**并没有**因此就抛弃了演化论的思想与极端的"社会自主性"的计划。这也和卡斯托里亚迪斯的行动理论的特质有关，因为他的行动理论的基础和哈贝马斯的完全不一样。这是什么意思？

首先，他们的马克思批判形式不一样。如同我们在第九讲看到的，哈贝马斯至少还认为，马克思的经济学理论适用于（18、19 世纪的）自由主义的资本主义。到了 20 世纪，国家在越来越多方面进行干预，并且工业生产越来越科学化之后，马克思主义的价值法则才变得不适用了。对于哈贝马斯来说，尤其因为这个原因，所以他认为马克思的"生产范式"过时了，必须用沟通行动理论来取而代之。

可是卡斯托里亚迪斯认为马克思的经济学理论根本上就是错的；它连对 19 世纪的实际经济关系都不适用。也就是说，他认为，这种"生产范式"一开始就是错误的，因为马克思至少在他的作品的核心部分，就已经运用了一个错误且片面的行动理论，所以也自然就进一步忽略了个体和社会的创造性。但另一方面，卡斯托里亚迪斯又非常坚持马克思的**某些**观点（这也是他和哈贝马斯最关键的差异所在）。哈贝马斯相信，他可以提出一套很有说服力的行动理论。他相信，只要完全撇开马克思，耐心地批判现有的社会学的行动理论（例如功利主义的行动理论或是帕森斯的规范主义的理论），并且援用在英美世界发展出来的言说行动理论，570 就可以建立他自己的行动理论。这种做法让哈贝马斯完全忽略"实践"概念，亦即有创造性、创意性的活动，因为不论是现有的社会学行动理论、还是语言哲学与语言理论，都没有这个概念。

但这正是卡斯托里亚迪斯想避免的事。他想保留尤其在马克思早期著作中可以看到的实践概念，并且将这个概念的意涵内容变成他的理论的根本核心。对他来说，回溯这个概念的历史是非常必要的。实践概念可以一直追溯到亚里士多德。在亚里士多德的著作中，实践扮演着核心角色。哈贝马斯试着通过他的沟通行动理论，来削减功利主义和规范论的行动概念的地位；而卡斯托里亚迪斯则是通过实践概念：因为对卡斯托里亚迪斯和亚里士多德来说，实践是一种非目的论的行动，它既不遵循工具—目的模式，也不是按照事先给定的规范进行的。实践行动意味着对未来是开放的，也因此对不确定性也是开放的，意味着新事物的创造，意味着逃离理性的、被规范固定下来的秩序。

> 不管做什么，不管造就出来的是一本书、一个小孩、一场革命——"做"都意味着勾勒出一个未来的情境，一个从任何方面来看都是未知的、无法事先想到与控制的情境。（Castoriadis, *The Imaginary Institution of Society*, p.87）

卡斯托里亚迪斯援用了亚里士多德的理论传统。亚里士多德的理论传统，在 20 世纪的哲学当中，即便有一些很重要的哲学家拥护者［例如奥克肖特（Michael Oakeshott, 1901—1990）；麦金泰尔（Alasdair Macintyre, 1929—　）；最有名的当属阿伦特（Hannah Arendt）］，但还是扮演着次要的角色。不过近来，亚里士多德的哲学有水涨船高的趋势［可以参见我们在下一讲将提到的纳斯鲍姆（Martha Nussbaum）］。这种传统尤其以**情境**行动（像是教育行动或政治行动）的形式来构筑行动理论。在教育领域或行动领域中，人们并没有一个可以按图索骥的技术知识，也没有一个可以事先清楚描绘的行动规范，再加上人们也无法完全知晓所有的行动条件。在这些领域中，行动者显然必须以开放的态度面向新的、未知的事物。

571

卡斯托里亚迪斯比所有其他亚里士多德传统中的学者，甚至比阿伦特，当然也比哈贝马斯，都还要强调人类行动的创意性、创造性的面向。如果我们用一句简短的话来比较哈贝马斯和卡斯托里亚迪斯，也许可以说，哈贝马斯想用"沟通"来突破功利主义和规范主义的行动模式的紧箍咒，而卡斯托里亚迪斯则是想用"想象"来突破。他所谓的想象，意指一种创造性的想象力。他认为，人类的行动、实践，都是由这种想象力所引导的。

卡斯托里亚迪斯把亚里士多德主义再赋予了一个强而有力的创造想象力概念，这也是在他的代表作《想象的社会制度》中令人印象深刻地指出的。他非常有说服力地论证与描述了社会是如何不断有突破性的创造力的：我们不能把制度看作在执行功能而已，而且符号领域也不是被决定好的；总是会有新的符号被"创造"出来，总是会不断出现新的意涵，而这些意涵又会造就**新的**制度，推动社会朝向不可预见的方向变迁。这种关于新的符号和新的制度总会不断形成的思想，几乎必然会对人类提出一种特殊的人类学定位。因为事实上，人们必须自问，这种新的符号究竟是如何出现的。而卡斯托里亚迪斯的回答是：

> 人类是一种哲学动物（就算人类自己都没有意识到这件事）。人类在把哲学当作反思而提出哲学之前，就已经在提出哲学问题了。人类也是一种诗意的动物，因为人类会在想象中回答这些哲学问题。（ibid., p.147）

想象，创造性的想象力，一种"唤起想象的能力"（ibid., p.127），是人类心

572 灵运作的成果。"想象"意指一种发明，

> 不论这种发明是一种"纯"发明（"一段全新的故事"），还是一种改编、一种意义的改动，把现有的符号再赋予了一个有别于"正常的"、合法的意涵。（ibid., p.127）

这种想象必须通过符号、语言、文化赋予的象征等方式来表达。这也解释了符号的特质：符号虽然都会指涉某种现实的东西，但它同时也与想象性的要素交织在一起。正是因为想象会运用符号，也会不断改变符号、玩弄符号的意涵，所

以符号会处于一个持续改变的过程。但这同时也意味着，由于符号会造就制度，所以社会世界也从未是静止的。卡斯托里亚迪斯运用这个观点，来对现存的社会科学理论取径（不只是马克思主义）提出了根本的批判，并对许多历史—社会现象提出了令人惊讶的诠释。他主要集中在五个议题领域。

（1）卡斯托里亚迪斯首先基于他从对马克思主义的批判所提出的观点，建立一种**不确定事物的本体论**，亦即建立一种关于存在（Sein／being）的非决定论学说。正因为符号乃基于人类原初的想象能力之上，因为符号的意涵与不可化约的想象面向密切交织在一起，所以符号的意涵无法追溯最初的肇因。历史—社会空间是由意涵链构成的，但意涵链不能完全从因果链中推导出来（ibid., p.46）。用一个也许比较极端的讲法换句话说，这意思是，历史和社会根本上也包含着无因果性的事物。

> 无因果性的事物……并非仅是"无法预见的"，而是意指（个体的、团体的、阶级的、整个社会的）**创造性的**行为；不只是偏离现有事物，而是**确立出**新的行为类型，新的社会规则的**制度**，新的对象或新的形式的**发明**。简单来说，无因果性的事物是某种无法从至今的情境中得出的事物，一种超越原先条件、产生新的条件的成果。（ibid., 44）

573

之所以会提出这种说法，当然是因为卡斯托里亚迪斯怀疑，如果世界真是一个封闭的、由无尽的因果链所决定的空间，那么人们如何还能想象有一种创造性的行动。卡斯托里亚迪斯不认为世界是封闭的、由因果链决定的。他认为，所有的社会科学理论，都是基于一种确定性的因果科学本体论，所以忽略了个体行动的创造性面向，也忽略了社会的创造性。

> 如果没有一种**创造性的、生产性的**，或我们所谓的**极端的想象力**，如同"历史性的作为（doing）"和与此同时建立起来的"**意涵宇宙**"两者不可分割的结合所显示的，那么历史就既不可能出现，也无法被理解。如果历史有一个观念论哲学称作"自由"的面向，或更好的说法是"非决定论"的面向……那么这个面向就存在于**作为**当中。因为，作为会让事情成为另外的样子，让事情不只是保持原样而已。而**意涵**则寓居于作为当中。意涵不只是所知觉到的事物的摹本，也不只是动物性的欲望的延伸和升华，也不是用严格的理性来对现存事物进行加工。（ibid., p.146）

这样的观点，让卡斯托里亚迪斯提出一个非常独特的隐喻和一个影响深远的结论：他认为，历史—社会世界的基础是流动的，绝非，也从未是固定的。卡斯托里亚迪斯援用了火山学的术语"岩浆"。意涵的指代具有无限可能性，意涵岩浆总是那么捉摸不定。社会即是以此意涵岩浆为基础以组织并加以设置的。社会会用它自己特殊的方式，借助语言和行动将**某些**意涵固定下来，形成诸如"神""罪""禁忌""金钱""国家"或"资本"等符号。这些符号似乎是稳定不变、坚不可摧的岩石，使得社会意涵和行动在很长一段时间都会围绕着它们。但是，卡斯托里亚迪斯不断强调，因为语言和行动是面向可能性而开放的，会超越现存事物，发明新的意涵或新的行动形式，并将之再次制度化，因此社会从来不是静止的（ibid., p.269f.）。就连那些难以动摇、坚若磐石的符号，也是一样。我们必须将社会理解成一种"进行设置"与"被设置"的相互作用；唯有如此，我们才能理解社会为什么不断会具有突破性的创造性。

574

（2）卡斯托里亚迪斯还从这个观点出发，提出了一个清楚的、以自主性为核心概念（虽然他对自主性没有进一步提出论据）的规范立场（ibid., p.100）。这种立场，用反面的话来讲，就是：如果社会"在制度的想象力中再也没有属于自己的产物"（ibid., p.132），那么社会就是不自主的、异化的。如果一个社会自我宣称它是基于外在于社会的支柱（如神、自然、超时间的理性等等）之上建立起来的，并且以此把制度、意涵和符号永远固定下来，那么它就会失去自我形塑力与行动能力。换句话说：一个他律的社会，会拒绝负起设置新事物的责任。不过在这里，卡斯托里亚迪斯急于在个体和集体的层面上把宗教信仰当作他律的。难道有宗教信仰的人就都没有自主性吗？有信仰的人，跟创造性地亵渎信仰的人，真的都会水火不容吗？在这个问题上，卡斯托里亚迪斯，这位好战的雅典人，跟下文要介绍的图海纳和尤其是利科，看法是非常不同的。

卡斯托里亚迪斯对于社会自主性真的实现了，或（保守一点说）至少有显著可能性的历史时期，特别感兴趣。他认为，这种时期不是经常出现的，也就一次出现在古希腊、一次出现在现代社会。他许多重要的研究，就是在探讨希腊哲学的形成，以及他认为与之密切相关的民主（参阅：Castoriadis, "La Polis grecque et la création de la démocratie"；以及"Aeschylean Anthropology and Sophoclean Self-Creation of Anthropos"）。他指出，公元前 5 世纪第一次有一个社会认为自己，即希腊人民，可以做自己的主人，可以自己领导自己、自己形塑自己的事务。这产生

575 了一种社会的自我设置的过程，亦即不理会神的规章，有意由社会来进行创造，并以此作为目标，质疑当时所有的权威。用一种比较矛盾的说法来讲，就是：在古希腊，人类第一次想到，且部分实现了**制度化的制度化**，亦即人类出现了一种意志，要去持续质疑旧事物，并以此创建新事物。卡斯托里亚迪斯看到，这正是民主的基本观念。

卡斯托里亚迪斯这种关于自主性与民主的极端观念，几乎无可避免地让他会认为某些政治形式在规范层面特别优异，这也让他和像是哈贝马斯的立场有显著

的差异（参阅：Arnason，*Praxis und Interpretation*，pp.236ff.；Kalyvas，"The Politics of Autonomy and the Challenge of Deliberation：Castoriadis Contra Habermas"）。哈贝马斯从来没有认真地讨论规范和价值的形成，而只是在不断追问政治过程的**正当性**问题。他的民主理论观念始终如一，亦即认为重要决策应该要在遵守规则的政治系统中根据特定程序来决定，特别是必须受到批判性的公共领域的控制。按照这种观点，政治应引导一种渐进的、按部就班的变迁。卡斯托里亚迪斯则相反。因为他钟情于社会创造性，所以他的政治观是更为激进的。他更喜欢激进的转变与革命性的断裂，认为这特别表现出了社会的自我活化。人们很难不注意到他的这种偏好。但这里也有一件值得注意的事：尽管与哈贝马斯相比，卡斯托里亚迪斯对马克思的批判，因为更加深层，所以也更为尖锐，但与哈贝马斯不同的是，卡斯托里亚迪斯**并没有**放弃革命计划。虽然他没有具体指出革命计划的担纲者是谁，但他依然想继续思考革命行动的可能性，并要求**更为激进的人类经济平等**。他直到晚年，尽管有前述的一些经历，却还是会不经意地赞赏这种乌托邦式的计划。卡斯托里亚迪斯拒绝转向在他看来没有乌托邦内涵的（哈贝马斯式的）自由民主理论，因为对他来说，这种民主理论放弃了激进的自主性。但令人惊讶的是，他 576 的研究却没有明确指出，他究竟想提出什么样的政治纲领。1989 年在中欧和东欧的政治变革，虽然证明了历史总是会出现新的事情，但这些变革却完全没有带来让卡斯托里亚迪斯认为足以表现出另一种现代性的新制度。欧洲政治的一些新制度，至今都和乌托邦的想法没有什么关系。

（3）尽管卡斯托里亚迪斯如此坚持革命计划，但他拒绝将（社会主义）革命理所当然地视为历史的终结。因为，由于人类具有创造性的想象力，所以原则上历史**永远不会**是静止的。但是，出于同样一个原因，他认为关于长期发展过程的非马克思式的预言，注定会失败。类似的社会学思维模式，像是会让人联想起韦伯的理性化理论，以及部分运用了理性化理论的现代化理论（参阅第十三讲），也是注定失败的。艾森斯塔特曾宣称，不同的文明，面对西方社会的挑战，会以自己的文化纲领进行回应，因此我们不能认为各个文明的历史发展会汇聚到一起。卡斯托里亚迪斯的说法与此类似，**但他的**论据和阐述不太一样。他没有为了阐明"现代性的多样性"这个命题而援用轴心时代与宗教传统生命力的概念。对卡斯托里亚迪斯来说，之所以现代性是多样的，是因为历史是不可预见的，而且历史—社会空间具有非因果性的要素。虽然想象力有赖于现存的符号，但想象力也会与符号一同"上演"并且改变符号。正是社会的创造性会造成断裂，让各文明的长期发展不会是线性的，也不太可能会广泛地**汇聚**在一起（参阅：Castoriadis，"Reflections on 'Rationality' and 'Development'"）。 577

但是，如果这种统一性的"理性化"和"现代化"一直是一个荒谬的**观念**，那么这个观念为什么还会这么广为流传、吸引了这么多的支持者？对卡斯托里亚迪斯来说，这种主要在西方社会形成的观念，是一种想象的意义复合物，并且这种观念想通过把事情推诿给外在因素，以此让历史停下来。意思是，这种观念都在声称，历史可以说已经都是被决定好了的，就算是具有创造力的人类行动可能性，也改变不了什么。

（4）卡斯托里亚迪斯还认为，这种推诿给外在因素的现象，还会带来一个非常可怕的后果：极权主义（参阅："Les destinées du totalitarisme"）。卡斯托里亚迪斯不断根据自己的生平经历，对苏维埃的统治系统进行深入分析，并且认为这个统治系统非常极端，极度想把历史给固定下来。意思是，苏维埃统治系统的基础在于一个想象出来的观念，即历史变迁已经完全被控制住了，资本主义之后必然会发展成社会主义。卡斯托里亚迪斯认为，这种观念几乎必然相反地造成一种对大众进行残忍迫害的趋势——一种从偏执地根除所有偏离到左派或右派的异党分子，到消灭所有非"预先计划好"的阶级的趋势。虽然从哲学的角度来看，卡斯托里亚迪斯有过度诠释的嫌疑，而且他对于苏联的判断也不总是恰当的（例如他在20世纪60和70年代的一些演讲宣称，苏联的军事力量比西方更优越），但这还是成功地让他深度地参与到70年代在法国兴起的，社会科学界与哲学界关于极权主义的激烈讨论（参阅 David Bosshart, *Politische Intellektualität und totalitäre Erfahrung. Hauptströmungen der französischen Totalitarismuskritik*）。不过这场争论在德国几乎完全没有引起人们的注意；这实在是德国的社会科学界的一大损失。就连德国具有领军地位的理论家，如哈贝马斯或卢曼，也都完全没有关注到这场辩论。

（5）卡斯托里亚迪斯对他的"想象力的不可化约性"的命题，处理得最广泛、最仔细之处，并不是在社会的层面，而是在个体的层面。他写了无数的精神分析的论文。这里我们只能简短地指出，他这方面的立场，常常是在反对结构主义精神分析学者拉康（Jacques Lacan）。值得注意的是，卡斯托里亚迪斯在面对弗洛伊德的精神分析和社会学的社会化理论时，他的立场是，他反对用过于理性主义的方式来理解主体的生成，并且他也声称，我们不可能完全看透个体，就像我们不可能完全看透社会一样。无意识是无法撤除的，也是无法看清的。所以卡斯托里亚迪斯认为，关于弗洛伊德所提出的"本我曾所在之处，即自我应生成之处"（Wo Es war, soll Ich werden），应再补充第二点："自我所在之处，即本我应出现之处"（Wo Ich bin, soll Es auftauchen）（Castoriadis, *The imaginary Institution of Society*, p.104）。这两点的结合，也同时表现出卡斯托里亚迪斯对道德自主性的理解。因为若我们基于这两点来思考的话，那么道德自主性就不会如康德的道德哲学所声称的那样，当我们不顾自己的偏好而反思道德问题时就会拥有道德自主性，而是唯有我们**认识并承认**我们的驱力与欲望**是我们自己的驱力与欲望时**，我们才会拥有道德自主性。

欲望、驱力——不论是性爱欲望还是死亡欲望——这也是我。这些不只必须要被意识到，而且还要被表达出来、被实现出来。一个自主的主体要能理直气壮地自我宣称：的确没错，这的确是我的欲望。（ibid., p.140）

这样一种立场，当然是以卡斯托里亚迪斯的一个核心命题为前提，这个命题与自我的想象力的原初性与不可还原性有关：正是想象力，让自我得以和现实与自身的驱力保持距离。在上一段引文当中，卡斯托里亚迪斯想表达的意思是

我可以学着把一段关于"真实"的宣称当作是真的而接受下来，就算这个宣称所说的事非我所愿。同时我也可以学着承认我的驱力是我的驱力，就算我其实并不想遵循着我的驱力。（Joas, *Pragmatismus und Gesellschafstheorie*, p.162）

同时这也指出了，我们并不是直面着真实与驱力，而是通过想象力来触及的。

于此，有一个在卡斯托里亚迪斯整个作品里始终徘徊着的主题，我们要在下一位介绍的学者那里继续讨论，即个人与社会的创造潜力。大多社会理论（实用 579 主义除外）就算没有忽视这个议题，也总是将它视作很冷门的议题。

*　　*　　*

对于图海纳（Alain Touraine），一位在 20 世纪 70 年代最能与布迪厄并驾齐驱的法国社会学家，我们不太能说他和卡斯托里亚迪斯一样都是学识广博、跨领域、在哲学方面野心勃勃的学者。图海纳的愿望与卡斯托里亚迪斯相比谦逊得多，他就仅仅在社会学领域深耕而已。但是图海纳有部分直接受到卡斯托里亚迪斯的影响，并和他有相似的哲学知识背景，所以图海纳在不同的创作阶段，也对社会学不断产生深具影响力的推动作用。

图海纳出生于 1925 年，他的早期著作有着清楚的经验研究旨趣。他最先的研究领域是工业社会学，并且他很快就成为法国该领域最负盛名的代表学者。不过事实上，特别是因为他曾在哈佛大学跟着帕森斯学习过，所以他的工业社会学有很明确的理论推进方向，并且借此方向他很快就成为很重要的帕森斯批评者。图海纳通过对企业的研究指出，企业里的决策并不仅仅根据规范和价值而定，并非帕森斯式的规范主义范式所期待的那样。相反，企业雇员会在企业里的权力斗争中将现有的价值和文化模式当作资源来使用。不过与布迪厄不同，图海纳的这个

观点并没有让他以一种几近功利主义的方式来诠释文化。他更多的是想解决一个在帕森斯的著作里从来没有说清楚的问题，即文化方针是**如何形成的**。

在图海纳于 1965 年出版的第一本纯理论的大部头研究著作《行动社会学》（*Sociologie de l'action*）中，他**也**从冲突论的角度来批判帕森斯，指责帕森斯太过强调社会秩序的共识面向。但与冲突论不同的是，图海纳在分析社会进程时，并不打算完全无视价值与规范。如他强调的，在人类行动中，目的理性与价值理性的面向是直接彼此相联结的。冲突中的行动也是如此。就算是阶级冲突，也不是只关系到纯物质的事情，而是也在争取规范方面的要求。对争取规范方面的忽视，当然就是马克思主义的经济决定论取向被人所批评的地方，也是法国共产党偏爱的政治分析（这种分析总是忽略了个体与集体的创造性的面向）为人诟病之处。

而创造性的面向，对图海纳来说恰恰就是最关键的。他的这种看法也受到萨特的影响。萨特的自由哲学为图海纳建立了一个出发点，让他可以避免马克思主义的片面之处，也能避免帕森斯的那种文化主义决定论的缺失。图海纳认为社会学

> 也应该是一种自由社会学，这种社会学致力于追求变动。变动同时既建构，也反对社会生活形式；既组织，又抵制社会生活形式。（*Sociologie de l'action*, p.123）

这种源自萨特的基本立场，当然也遇到一个问题：萨特的那种高度个人主义、甚至是无政府主义的哲学，很难用来探讨社会性。这使得图海纳必须将萨特和帕森斯的思想综合起来。他必须在强调人类行动的自由与创造性的同时，承认规范与价值的存在，因为唯有如此，他才能解释社会关系的稳定性。

这个综合工作最重要（虽然也不是完全没问题）的一步，就是图海纳将造就价值的、具有创造性的行动，先**不**关联到个体那里去。他为了一开始就避免萨特哲学的那种无政府主义倾向，因此他将行动与从总体社会的面向来理解的劳动概念相提并论：行动即是"社会"的劳动。不过，虽然提出了这种集体主义的行动概念，但图海纳当然并没有把"社会"假设为一个同质的整体或一个单一整体的行动者。他只是想指出在历史上新出现的一件事，即现代社会的形成同时也释放出了巨大的控制能力。这种巨大的控制能力，让社会可以把自己理解为一种被生产出来的东西，并将自己的产物与生产关系重新认识为一种由自己所创造出来的产品。这让社会在历史上首次可以不将规范和价值当作是被给定好的，而是当作在冲突过程当中所造就出来并制度化的。

> 社会行动是通过人类劳动而造就出文化作品宇宙的创作。这种创作只能是集体性的。（ibid., p.60）

这段引文也表达出了"社会的自我生产"这个观念；这也是图海纳在 20 世纪 70 年代出版的代表作的标题（*Production de la société*, 1973）。图海纳在这里提出了一个命题，这是他于 20 世纪 60 年代末就已经在不同书里呈现过并不断处理过的（例如 *La société post-industrielle*, 1969）。这个命题就是：一个"后工业"社会如果越重视知识与科学，这个社会就会有越大的自我影响能力。这里值得注意的地方，不在于图海纳强调了知识对社会变迁的重要性，以及教育水平对新形成的社会形式的结构所扮演的重要角色。知名的美国社会学家，贝尔（Daniel Bell, 1919—2011）在他于 1973 年出版的知名著作《后工业社会的来临》（*The Coming of Post-Industrial Society*）中，就已经提出了类似的看法。他所提出的这个时代诊断，在 20 世纪 70 年代可以说比图海纳的影响力还要大。图海纳的这个命题真正重要的地方在于，他至少还认真探究了规范议题。就这一点来看，图海纳和卡斯托里亚迪立场的相似性，是无法被忽视的。因为图海纳从社会学的角度为卡斯托里亚迪斯所谓的社会自我设置，以及社会自主性指标提供了进一步的论据。自主的**可能性**虽然（用卡斯托里亚迪斯的话来说）有赖于某些文化前提。但自主的可能性若要**实现**，社会必须也可以通过科学而获得自我影响的能力，或是获得图海纳所谓的 582 （后工业）社会的"历史性"。

虽然图海纳希望能通过知识和科学来使社会的改变得以可能，但他并没有因此从实证主义的立场相信科学—技术的进步。图海纳不是那种想用社会科学来控管社会进程的社会工程师，而且他也压根不认为价值是能用科学来加以证明的。与卡斯托里亚迪斯再次很相似的是，图海纳致力与当代资本主义社会形式**决裂**。他梦想能找到新的社会模式与文化模式，以告别旧的、仅讲究生产进步的资本主义工业社会。他想找出当下资本主义社会的冲突轴线与矛盾，为集体行动者提供一个出发点，让集体行动者可以创造并实现**新的**社会模式与文化模式。

谈到集体行动者，首先让人们想到的当然就是传统的劳工运动。但正好就是劳工运动，让图海纳很快就放弃了所有希望。因为，不论是法国的社会主义政党或共产主义政党为人们带来的经验，还是各种社会主义国家的权力领域，都没有为社会带来真正自主的未来。所以图海纳开始致力于研究所谓的"新社会运动"。因为 20 世纪 60 和 70 年代，正好是各种社会起义的年代。在学生运动、女性运动、环境运动中，都似乎有种新的集体行动者登上了社会和政治舞台，这种集体行动者似乎更像是图海纳所梦想的那样。不过，这些社会运动真的抛弃了旧的劳工运动的目标，宣扬了一种新的文化模式，一种民主的生产控制模式、知识模式、有意识地控制社会变迁的模式吗？

图海纳当时随即就对这些新出现的社会运动进行了不同的经验研究。他对学生运动、生态运动、反核运动，以及法国的区域主义运动、波兰的团结工联运动和其他 583 拉丁美洲的社会运动，都进行了大量的分析，这些研究也让他成为社会运动社会学领域的领军学者。他在 1978 年出版的《声音与目光》（*La voix et la regard*）即是与此相关的代表作。他的这些研究指出，"制度化"很少是没有冲突、顺利完成的过程（但帕森斯却是如此预设的）。不同社会行动者总是在争夺制度中的价值定义与价值实施。不过，图海纳的研究也因为他的研究方法而充满争议。他并不是保持距离对现有的运动现象进行观察，而是通过所谓"社会学干预"主动参与进社会事件中，其目的是推动"研究对象"去阐述现有的冲突，甚至是推动他们再激化现有的冲突。这个方法最受到批评的地方在于，这会让研究者很有可能不恰当地将由理论所界定、本来与研究对象无关的冲突强加在研究对象身上。

　　不论图海纳在社会运动领域的研究结果如何，结果都是令他失望的。20 世纪 60 年代，图海纳致力于找出后工业社会的冲突主轴，以及能实现新的社会文化模式，并作为行动者取代旧的劳工运动的社会运动。但他当然找不到这样一种具有一致性的运动。图海纳必须承认（虽然他很晚才承认），后工业社会没有核心冲突，而是人们只能观察到在后工业社会里有零碎分裂的各种冲突场域。这些不同的"新社会运动"并没有联合成**一个**一般形式。这与这些社会运动的很成问题的构成基础有关。因为 20 世纪 70、80 年代的新社会运动实质上的社会文化后备军，是由自由业和从事学术工作的人所构成的团体，而这些团体都比图海纳原先希望的还要歧异、"不可信"。

*　　　*　　　*

　　但图海纳的学习能力很强。他随后逐渐离开社会运动社会学，并且从 1990 年开始越来越集中地从历史的角度对现代社会进行诊断。不过此时又再度反映出萨特和卡斯托里亚迪斯的反结构主义倾向对他的影响，因为他把被结构主义和后结构主义弃如敝屣的"主体"置于他的研究核心。而且很有趣的地方还在于，在政治竞争场域，他也同样表现出和结构主义的理论分歧。图海纳和深受结构主义影响的布迪厄（见上一讲），并列 80 年代到 21 世纪最初 10 年中法国最重要的公共知识分子。但是他跟布迪厄的政治立场大相径庭。这在 20 世纪 90 年代表现得最为明显。那时，布迪厄的标志是全球化批评者，且因此立场而支持 1995 年在法国的一些大型抗议活动，特别是公务员为维护自身权益而发起的抗议活动。但图海纳不同。在这方面，他很同意克罗齐尔（Michel Crozier, 1922—2013）的"受阻的社会"的说法。他也部分认可曾于 1997—2001 年担任法国总理的法国社会党领袖乔斯班（Lionel Jospin）的政治意见。图海纳在 80 年代末采取了**某种**自由主义的立

584

场，但这正是布迪厄（卡斯托里亚迪斯也是）不断强烈反对的。连在外交政策方面的意见二人也不同。与布迪厄相反，图海纳明确支持 1999 年北大西洋公约组织对科索沃的介入行为。

让我们回到图海纳基于历史层面与反结构主义的时代诊断吧。1992 年，他出版了《现代性的批判》（*Critique de la Modernité*）。书中，他探讨了 20 世纪 80 年代末出版的研究现代社会的形成的各种思想史著作，例如加拿大哲学家、政治学家泰 585 勒（Charles Taylor）的《自我的根源》（*Sources of the Self*, 1989）。泰勒在书中精彩地概览了西方思想，尝试挖掘出现代认同的根源以及我们当代道德判断能力的基础。而图海纳的著作也有类似的宏大计划的野心，但他的提问与泰勒明显不同。图海纳倾向找寻现代的摩擦，亦即**政治争议问题**和这段时期的**各种冲突**，以及造成这些争论的各种社会哲学与社会思想。他对此提出了一个命题，在这个命题中，他的主体理论立场也愈发明确。

根据图海纳的诠释，现代性的特征，在于**理性与创造性之间、理性化和"主体化"之间无法化解的张力**。图海纳认为，现代性的"古典"时期，以卢梭和康德的著作为顶点。他们的思想取代了"人与宇宙乃一体的"这个基于宗教的命题，以此开创了一个新时期（*Critique de la Modernité*, p.46）。因为在这段现代性的古典时期，传统宗教的答案似乎已不再适用。运用了如"理性"或"社会"概念来进行探讨的论点，便取而代之地进入了哲学讨论。图海纳认为，人与宇宙之间的一体性问题，要么用超主体的理性（如康德），要么用和谐—合理的社会概念（如卢梭），来加以回答。即便当时有些批评者质疑由这样一种哲学建构出来的人类主体性及其具有创造性的行动潜能，是否符合事实，质疑人类是否真的能如此平顺地镶嵌进社会，是否人类真的能用理性范畴来加以掌握，但康德或卢梭等人的回答方式，在 18 世纪的确拥有相对强大的说服力。

但这种说服力没有维持多久。从 19 世纪开始，由于遍地开花的资本主义工业化，原本稳定的社会结构开始越来越充满裂痕了。曾经的一体性支离破碎了。最 586 终，即便像马克思和涂尔干不愿承认一体性的支离破碎，因此还坚持使用像是"总体性""革命"，或是"有机团结"等概念来尝试挽救一体性，但在图海纳眼中这都已经是白费力气、徒劳无功了！之所以徒劳无功，是因为现代的解组趋势越来越明显了。民族、民族主义，或是仅关心获利的大型企业及其策略，构成了集体现象、联合行动者。这些现象或行动者与至今所想象的社会理性都是背道而驰。此外，在个体的层次上，也有一种变迁趋势。过去人们假设公民是冷静而理性的。但一方面，在"性"方面，出现了越来越多不冷静的、反理性的话语，另一方面也出现了以促进大众消费为目的的广告。在"古典现代"阶段中，人们想象个体的合理性和社会的合理性是一体的；但现在这种观念已经崩塌了。社会进步和个体解放之间的一体性也同样崩塌了（ibid., p.155）。图海纳认为，20 世纪

50、60 年代的帕森斯的社会学，是最后一个构思一种和谐、一致的现代性，并且把现代性当作一种理想而介绍给这个学科领域的尝试（尽管在历史上，这种尝试很长时间内是不断出现的，亦可参阅图海纳的论文："La théorie sociologique entre l'acteur et le structures"）。

图海纳从思想史层面对现代性的根源进行的重构，清楚揭示了主体从现代之始就成功抵御了所有"整合尝试"。意思是，主体从未具有无时间性的理性，或者从未被收编进一个和谐的社会。未来，任何类似的收编主体的尝试，也都是会失败的。但是图海纳所谓的这种顽强的"主体""主体化"究竟是什么意思呢？他在后来的著作〔1994 年出版的《何谓民主？》（*Qu'est-ce que la démocratie?*），以及 1997 年出版的《我们能否共同生活？》（*Pourrons-nons vivre ensemble?*）〕中清楚表明，"主体"只能用否定的方式来定义。因为他认为，个体不是仅仅在现代化的框架中摆脱传统的束缚，就可以成为主体的。与个体化理论家（见第十八讲）不同，图海纳的主体概念，并不等同于一个单一化的、主要牵涉自我的个体。对他来说（这里他又再一次地关联上萨特的某些想法），要成为主体，首先要**斗争**，为自主的行动可能性而斗争。现代史上，斗争很少是单一个体的斗争，而是在不同的文化运动中志同道合者的共同斗争。也是因为如此，图海纳有时候把主体概念和社会运动的主体概念相提并论（*Critique de la modernité*, p.273）。这当然不是说主体会顺畅无碍地投身进运动与集体认同当中。完全相反，图海纳认为，个体化是在极权统治结构、纯粹由目的理性所支配的社会秩序，**以及**会扼杀主体的共同体中，通过对去主体化趋势的反抗而形成的。不过，除了与个体化理论家之间有着难以忽视的差异之外，图海纳对主体的理解方式，也和象征互动论，以及与哈贝马斯密不可分的沟通理论和社会化理论不同。图海纳坚持（这一点令人再次强烈联想到萨特）主体具有非社会的面向。意思是，人们不能认为主体是从社会关系中形成的，否则我们无法解释主体的抵抗能力。

> 很多人认为沟通是最重要的。但相反地，我相信，与自我的关系决定了与他人的关系。有一个非社会的原则，决定了社会关系。有很长的一段时期，人们只能用社会的事物来解释社会的事物。但这段时期过后，我们现在得再次承认，社会事物乃基于非社会事物之上。并且社会事物的定义，取决于那个非社会的原则是承认它，还是否认它。而这个非社会的原则，就是主体。（Touraine, *Pourrons-nous vivre ensemble?* p.89）

由于图海纳认为主体之间有着极大的差异，因此他拒绝接受哈贝马斯的那种理想的沟通共同体观念。他觉得哈贝马斯的这种观念太过和谐了。当然，主体有理性，图海纳不反对这件事；但主体也是"自由、解放、有所拒绝的"（ibid., p.80）。图海纳宣称，所有想通过和谐的社会化模式与沟通模式，粉饰人类行动的"自由、解放、有所拒绝的"面向与人类沟通的对立性质的人，都会无法掌握主体的特质。也因为如此，图海纳认为性经验（不只是孩童时期关于性的早期经验）在认同的建构过程中扮演了一个很重要的角色。这种经验是无法完全用语言来形容、无法用理性充分掌握的。这也难怪，图海纳指出有一种超越感官直觉的经验，这种经验让主体表现出，或能够表现出一种非社会的、没有经过社会化的、因此可以反抗**社会**的无理要求的态度（ibid., p.113f.）。

图海纳对现代性的重构，以及他以此相关的命题（即现代化是一种理性化与主体化之间持续不断的张力），让他得出一些观点，并且这些观点至少因为四个与其他理论取向的不同而值得一提。

（1）与吉登斯和艾森斯塔特类似，但与哈贝马斯不同的是，图海纳并**不认为现代性在规范方面**，有不同于其他时期的可称道之处。他不认为西方现代性比起其他时期或其他文明，有更广泛的理性潜能。对他来说，前文提到的"古典现代性"的解组，只是我们这个现代性**中**的一个过程。所以有些现象，例如民族主义，或是不断被卡斯托里亚迪斯当作讨论重点的极权主义，也**跟**民主一样不过同样是现代性的组成部分。图海纳认为，我们不能认为总体社会在历史进程中，只会往理性发展、将会彻底摆脱野蛮，所以就因此把民族主义的崛起、战争、独裁体制的形成等等当作不值得注意的意外。

出于类似的理由，他也**不从制度方面**去定义现代性。意思是，他不用如市场经济、自主的法律系统、特殊化的国家部门，或是民主机构等等的分化的概念，来定义现代性。他认为，要开放地对**不同的现代化路径**进行分析。当然这样做的前提是，不能将欧美的发展当作是现代化的唯一可能道路。欧洲与北美，民族国家、市场经济、民主，很幸运的**都是**同时发生的。但世界上其他地方在可预见的未来，可能并不会是这样子的，即便这些地方也许无疑地也属于现代区域。图海纳对此是很持开放态度的。

（2）图海纳长久以来认为社会有**一个冲突主轴**，这个主轴取代了旧工业社会的阶级冲突，形成**一个新的大型社会运动**，以此建立（或有时放弃）一个新的社会模式。但现代社会显然相当碎片化，使他无法再期待一个核心的冲突。所以他后来认为现代性不再有个清楚的主轴，而是矛盾的。人们只能在不同的战线，看到各种各样的主体与不同的对手进行斗争。于是，图海纳的立场和鲍曼的立场也就越来越像了（见第十八讲）。

（3）图海纳强调，主体会同所有去主体化的形式进行斗争，同时他也突出超验的经验的重要性。以此为基础，图海纳对于世俗化过程有着明显矛盾的态度（这又再次与如哈贝马斯或卡斯托里亚迪斯等理论家不一样）。对于图海纳来说，世俗化同样**不是**现代性的基本标志或特质（*Critique de la modermoté*, p.256）。即便他对宗

589

教运动明确表示质疑，而且认为宗教运动有可能会不幸地压抑了主体，但他还是同时强调，对神的信仰，以及宗教共同体形式，与现代化现象并不是相违背的。世界上许多地方已有经验研究证明情况的确如此，证明世俗化理论不是放诸四海皆准的。世俗化理论放在西欧（可能在一定程度上）是适当的，但在北美就不是590　这样。

（4）最后，值得注意的，还有图海纳对于民主理论的看法，因为他也与社会理论的各个不同"战线"就民主理论方面在进行争辩。关于第一条"战线"，图海纳作为一位"新社会运动"理论家时，总是希望追求直接民主。但值得注意的是，他在后来的著作中开始强烈质疑直接民主，尤其对革命计划抱持着反对态度（这一点，与卡斯托里亚迪斯有着无法忽视的差异）。要理解他为什么有这种**反对直接**民主的转向，就要先去看他的主体理论。他相信，直接民主有个危险，就是会以为所有的政治决策既然都是直接出自人民，亦即"无损地"由人民代表所居中制定的，那么就可以幻想个体是顺利地被镶嵌进共同体和社会的。这是一种认为"人民是一体的"观念。但图海纳认为，这种观念有可能误让主体屈从于"社会必然性"，导致极权主义的出现。图海纳认为，民主的元素虽然的确有平等原则与多数原则，但也应该保证直接有效的市民权与清楚的国家权力界限（*Qu'est-ce que la démocratie?*, p.115）。以**此**而言，图海纳比较像是一位保守的自由主义者，因为他为代议民主辩护，并且强调市民社会与政治之间是有清楚分界限的（ibid., p.65），亦即认为政党的自主性和国家的自主性，应免于政治的压迫，并且要保护个体的生活免于完全的政治化。他认为，西方的自由现代性应该保持结构分化的状态。

这也就是为什么他拒绝卡斯托里亚迪斯所支持的那种革命计划。图海纳赞成勒夫特（Claud Lefort, 1924—2010）的立场。勒夫特是卡斯托里亚迪斯在《社会主义与野蛮》期刊上的"老"对手，法国最有创造性的政治哲学家之一。勒夫特在政治方面很早就和卡斯托里亚迪斯形成了鲜明的对比，并且明确反对理性主义式591　的革命观念。因为他认为，社会事务不可能是真正透明的，所以革命非常可能有转变成极权主义的危险（参阅：Lefort, "Interpreting Revolution within the French Revolution"）。勒夫特认为，革命的观念都是基于一种假设，即"认为思想、话语、意志，与自我的存有、社会的存有、历史、人性是相一致的荒诞宣称"之上的（ibid., p.106）。图海纳同样觉得这是一种荒诞的观念，因为，如前文提到的，他认为主体与社会之间有不可化解的张力，就算是革命计划也无法化解。

图海纳的自由主义的政治立场很明确，但他绝对不是一个天真的自由主义者。他的第二条"战线"，是拥护一种积极的国家，认为国家应该强化团体的行动能力，使之在社会争执中可以持存下来。他也不认为主体是一种私有性质的概念，而是认为个体的认同与利益，是在社会斗争与政治斗争中凝结出来的。

不过图海纳还在第三条"战线"为他的民主理论观念力争到底。这里也表明了他与哈贝马斯立场的差异。虽然图海纳和哈贝马斯一样，某种程度上对社群主义的一种谈法表示怀疑，即认为相对稳定的社群联结对民主的运作是必要的（这里可以参阅第十八讲会提到的社群主义）。图海纳和哈贝马斯都认为，社群主义低估了个体之间的极大差异，同时这也可能会错误地压制了主体。但是图海纳同时又批判哈贝马斯的一个核心观点，即认为我们只能将民主想成一个普遍的计划。与哈贝马斯不同，图海纳认为民主是一种生活形式，其普遍主义的和特殊主义的特质是密不可分的（ibid., p.28）。图海纳认为，如果主体化也是，而且恰恰就是在集体斗争中形成的，那么特殊主义的运动也许根本上并不是像哈贝马斯所认为的那样那么不可信。这里明显是在指民族主义。哈贝马斯充满希望、期待、自信 592 地认为我们必然会过渡到一种后民族的社会关系形式（Habermas, *Die postnationale Konstellation*，以及 *Die Einbeziehung des Anderen. Studien zur politischen Theorie*, p.8）。但图海纳不一样，他觉得我们很难去谴责民族主义与族群化过程（Touraine, *Pourrons-nous vivre ensemble?*, p.243ff.）。图海纳深知民族主义的矛盾之处，他很明确谴责民族主义的阴暗面，加上民族主义运动常常奴役了主体。但是图海纳也知道，族群化过程也提供了一个政治参与与主体形成的机会。因此，对他来说，族群化过程不必然会和种族主义绑在一起。对于图海纳来说，不论是在经验方面，还是在规范方面，民主都不能只被定义成一种普适计划。

* * *

图海纳在 1999 年的理论转向，令人印象深刻；他的主体理论命题和他基于此所建立的时代诊断分析，是对其他社会理论取向的一个重要修正。当然在图海纳的所有著作当中，有个理论弱点。图海纳在他对社会运动的研究中，总是探讨流动的社会过程而不是固定的制度；但固定制度无疑也是存在的。他对制度的相对漠视，在他学术生产力和创造力相当旺盛的 20 世纪 90 年代，依然没有消失。虽然图海纳探讨了主体化，也探讨了主体是如何全力对付、反抗国家机器和市场，但他并没有真的去研究那个"机器"和市场，而是常常很笼统地将之称为"反主体"。而且他不只是在经验层面没有分析制度要素，忽略了制度在主体化过程中是很重要的，他还犯了一个理论错误，即把那个"机器"和制度给实体化了。这种错误和哈贝马斯在讨论系统概念时所犯的有点像。而且，如果人们和图海纳一样 593 很认真地看待社会过程的流动性，那么人们就应该不只会对社会运动感兴趣，而是也会对表面上看起来很稳定的一些制度的变迁过程感兴趣。但这却是图海纳的分析中最薄弱的地方。

　　　　　　　　　　*　　　*　　　*

　　这一讲的最后我们想再来简短介绍一位法国思想家，利科（Paul Ricœur，1913—2005）。利科在法国知识圈长期以来像一位隐士。但是，虽然他是哲学家，却因为他的基础理论研究，所以对社会学理论和社会理论来说扮演着一个越来越重要的角色。如同梅洛-庞蒂，利科早期的哲学源于 20 世纪 30 年代法国的"基督教存在主义"。同时，在战争期间成为德国阶下囚的时候，他也研读了胡塞尔哲学。20 世纪 50 年代末，利科成为法国哲学的一颗闪亮的明星。不过，在 20 世纪 60 年代法国结构主义开始盛行时，他很快就被排挤到边缘了。利科虽然也钻研过结构主义的**议题**，尤其是符号系统与语言，也是结构主义最重要的批评者之一，但他的理论和结构主义没有什么太大的关系，而是和深受现象学启发的诠释学有关。这个理论方向在 20 世纪 60 年代已彻底过时了。这个理论方向的边缘化，与 1968 年后高校政治的动荡情况是密切相关的。在动荡最高峰的时候，利科受到激进左派学生的残酷打击，因此远走他乡，1970 年到芝加哥大学神学院，接替 1965 年过世的伟大的新教神学家田立克（Paul Tillich）的教席（参阅 Joas，"Gott in Frankreich"；亦可参阅 Dosse，*Paul Ricœur. Les sens d'une vie*）。

594　　　利科著作的广博，远远超过一本介绍社会理论的教科书的范围。他的著作所涉猎的主题，从早期的意志现象学、讨论恶的象征、文本诠释学，一直到弗洛伊德（可参阅他在 1965 年出版的著名研究：*De l'interprétation，essai sur Freud*），还有 1983 年出版的三大册的《时间与叙事》（*Temps et récit*）。对我们来说，重要的是他在 1990 年出版的代表作《作为一个他者的自身》（*Soi-même comme un autre*）。其中，他通过与现象学和英国分析哲学的对话，尝试阐明自我性概念，并基于此提出一些影响深远的伦理学的看法。

　　利科想通过他的自我诠释学，来阐释一个非常难，或很模糊的概念：当我们一般人在谈到"自我"时，我们到底意指什么？当哲学家、心理学家和社会学家在谈到"自我性"的时候，他们到底意指什么？这是在说人都是始终如一、不会改变的吗？但这不太可能，因为我们会不断学习、不断发展。但到底自我、自我性又是什么意思？有不少哲学的讨论，尤其是分析哲学，虽然也会谈到"自我性"或"自我"，但都忽略一件事："我们所说的人、进行行动的行动者，是有历史、有他们自己的历史的。"（Ricœur，*Oneself as Another*，p.113）利科认为，如果要解决这个潜藏在背后的问题，就必须谨慎地区分一些术语，把常用或惯用的自我性概念（像是英文的 selfhood、法文的 ipséité、德文的 Identität）拆解分析，好能更准确地确认这个概念的意涵。他最终建议将同一性（mêmeté）与自我性（ipséité）区分开来。前者仅指一个人在很久之后仍具有可被指认性，而后者则指一个人就算改变了，但其自我的连续性还是可以被指出来。换句话说：当我说某人还是同一个人时，并不是说这个人有一个不变的核心（ibid., p.2）。相反，利科认为"自我性"是经由**叙事**所生产出来的。我们是谁、怎么成为这个样子的，是我们对我们自己或对他人所**叙述**出来的。

> 一个作为故事角色的人，是一个无法和**这个人的**"经历"分开的实体。相反，当一个人在叙说其故事时，这个故事不只有着独特的动态同一性，而且这个人就是这个动态整体的故事的一部分。故事构成了这个角色的自我性，亦即这个角色的叙事自我性；而这个叙事自我性，也构成了所叙说的这个故事的同一性。正是这个故事同一性，造就了角色自我性。（ibid., pp.147—148）

人生当中的事件没有完结的时候，故事也没有结束的一天。利科将之称作人生的"叙事未完性"。但他也提到了"各个人生故事的相互纠葛性"，最后还提到了"回忆与期待的辩证"（ibid., p.161）。利科的这些论证都非常严谨，并以此成为所有后现代立场的非常重要的批评者，因为后现代学者声称（后现代的）自我是完全碎片化的，自我性是可以自由选择的。利科认为，这种立场忽视了他所建议的概念差异。利科也提醒我们，"叙事"建立了自我性，也因此是人生的一个面向。叙事是人类的一种原初经验，因此也有一些伦理学方面的直接后果。因为，

> 如果一个行动主体没有总结他的人生，那么他自己的、作为整体来看待的人生，要怎么被赋予伦理性质呢？而如果不用叙事形式，要怎么总结人生呢？（ibid., p.158）

利科在这本书的第八和第九篇文章里，关于当代的伦理学构思，提供了一个令人印象深刻、严谨且广博的探讨，并提出他自己的一个立场。他以一种令人激赏的方式，在两种立场之间取得平衡：一边是康德、罗尔斯、哈贝马斯（见第十七和十八讲）的普世正义道德，另一边是亚里士多德和黑格尔那种具体的伦理生活（Sittlichkeit）的伦理。利科清楚知道普世正义概念的弱点在于很容易忽视人类的具体生活实践。但他决没有因此不假思索地成为一位"伦理生活理论家"，因为，如同他一个精彩的段落里所说的：

当由道德原则所指导的实践，被冲突撼动了，而我们却没有经历这些冲突，那么我们就会被道德情境主义诱惑，无力地受专断独裁的摆布。（ibid., pp.240—241）

利科认为，我们非常需要康德式的普遍规则，才能得出实际一致的结论。我们不能放弃罗尔斯和哈贝马斯的观点，即便这些观点本身难以实现。但我们不是非得在普世道德与伦理生活当中二择一，不是非得在抽象论点与传统当中二择一。利科认为，这都是错误的二分法。他更倾向认为这是"论证与信念的辩证"（ibid., p.287）。"论证与信念的辩证"是利科在和哈贝马斯的商谈伦理进行辩论时，所采用的一个富含洞见的术语。利科认为，哈贝马斯在其商谈伦理中假设人们在交换论点时，都单纯只想"淬炼出一个最好的论点"并消除其他论点。但哈贝马斯，就像所有普世主义的道德理论家一样，忽略了在商谈情境中，人们讨论的是**很实际的生活事务**。辩论，不只是习俗与传统的敌人，也是信念**内在**、只有用叙事才能表达出来的实际生活事务**内在的**恳切批判（ibid., p.288）。而信念是无法消除的。

之所以信念是不可消除的一方，是因为信念表现了立场。意义、诠释、评估，都是来自立场，尤其是与各种划分实践等级的利益有关的立场：不论是关于实践及其内在固有的利益，关于生活规划、生活故事，还是关于人类独自或共同拥有的完满的生活的想象。（ibid., p.288）

由于哈贝马斯把论点与生活事务混为一谈，所以他的商谈理论在伦理方面太过抽象了。对我们来说，有趣的地方在于利科和图海纳类似，都与哈贝马斯的商谈理论保持距离，且与那种商谈理论所暗含的民主理论思想保持距离；但利科所使用的理论工具和图海纳的不一样。除此之外，更令人印象深刻之处还在于，由于利科与分析哲学有很激烈的辩论，因此他努力不懈且精确地将伦理学中的亚里士多德主义和康德主义结合起来，并以一种很漂亮的方式，克服了在美国土地上形成的自由主义与社群主义之间的辩论（见第十八讲）中，某种程度上被认为无解的问题。

虽然利科本身还讨论了历史学的方法论问题，因此可以想见已经太偏离了社会学的讨论范围；但关于诠释，以及关于自我性的建立与叙事之间的关系，及其与伦理之间的关系，利科提出的命题对一般社会理论的讨论还是很有启发。特别是当结构主义和后结构主义思想在法国（但也不是只有在法国）开始显著地失去重要性之后，不令人意外的，利科的思想在社会科学界中越来越被认为有"很值得援用之处"。

第十七讲

各种女性主义社会理论

当我们现在准备谈女性主义的社会理论，而这一讲的标题里却强调了"各种"⁵⁹⁸时，就表明了我们的介绍会直接面对一个很重要的问题：没有**单一一种**，而是只有各种各样的女性主义社会理论。女性主义内部的理论是非常五花八门的，因为女性主义理论家的具体目标和计划当然不总是一致的，他们论点的理论基石也都大相径庭。这些论点所牵涉的大部分理论，我们在前面几讲就已经介绍给各位读者了。虽然只有很少的女性主义者直接承接自帕森斯的理论，但有很多女性主义者会运用如冲突理论的论点。而且目前女性主义辩论中最盛行，也最有影响力的潮流，可以关联上常人方法论、后结构主义，以及哈贝马斯的立场。此外，精神分析的影响力也是不容忽视的。

于是这也带来一个问题：这么多不同女性主义的理论，真的有共同之处吗？而且女性主义的各种辩论不只存在于社会学中而已，而是在心理学、人类学、历史学、哲学、政治理论中也有；学科边界于此没有什么重要性（参阅：Will Kymlicka, *Contemporary Political Philosophy: An Introduction*, pp.238ff.）。这个问题当然很重要，因为这显示出女性主义的讨论可能是零散碎裂的。但事实上，一般都同意，女性主义理论在规范目标和政治目标方面，还是有共通之处的。这个目标，可以从历史追溯到女性主义理论建立的起源，亦即源自女性运动。大部分人认为，所有女性主义流派的目标最终是对蔑视或压抑了女性的权力关系与支配关系进行批判，并将女性从这种关系中**解放**出来。女性哲学家贾格尔（Alison M. Jaggar, ⁵⁹⁹1942—　）的一段话，便清楚表明了这件事：

> 女性在当代社会处于系统性的次级地位。为了提供行动方针，以推翻、而非强化这种次级地位，女性主义取向的伦理学必须在一种更广泛的社会实践脉络中理解个体行动，评估任何行动的象征性的和累积性的可能影响，以及行动可以立即观察到的后果。（Jaggar, *Feminist Ethics*, p.98；亦可参阅：Pauer-Studer, "Moraltheorie und Geschlechterifferenz", p.35ff.）

这样的声称，同样可以放在社会理论或政治理论的脉络下。

（各种）女性主义理论的规范—政治动力，也为其中的各流派提供了一个动力，让性别研究在特别是近二十年来变成一个很热门的领域（参阅：Regina Becker-Schmidt and Gudrun-Axeli Knapp, *Feministische Theorien*, p.7）。性别研究与各流派的女性主义对于（历史上与当代）性别之间的社会关系和政治关系的形成，有着共同的学术兴趣。不过性别研究可以是"中立"的。对男子气概的表现形式进行研究，不是非得带着批判的意图。但女性主义就不一样了：对女性主义者来说，批判社会现有的性别配置，是非常核心的任务。

但这里必须马上强调的是，虽然女性主义理论有共同的规范—政治推动方向，但我们不能忽视一件事，就是其中的概念和理论工具都是极为不同的。这也会让这些理论共同的连带关系变得很脆弱。所以要呈现（各种）女性主义社会理论是很难的。而且由于我们这本《社会理论二十讲》的主题之故，所以这个难度又更大了。我们在本书开头提到了，**社会理论的**核心主题是探讨行动、社会秩序、社会变迁的问题，并且大多数理论的特色是想要进行时代诊断。但不是所有的女性主义分析都符合我们这本书的"理论"范畴，而且也不是很多女性主义分析可以被我们归到如阶级结构、国家理论、现代社会的伦理构成等现代社会理论的核心领域中去。我们认为，对（现代）社会中女性所遭受的忽略与蔑视所进行的分析，不是本质上即为女性主义的**社会理论**。也因为如此，所以我们不得不忽略某些女性主义的讨论领域，就像我们也排除了主流社会学的一些研究领域与主题一样，因为我们必须聚焦在能与我们这本书里介绍的其他理论有意义地关联在一起的那些文献。当我们决定如此来选取要介绍的主题时，没有办法探讨到所有的女性主义研究。

我们这一讲分为三个部分。**首先**，我们会简短地从历史层面来交代，为什么我们会认为纯粹的女性主义社会理论是一个相对晚近的产物。**然后**，我们会讨论一个问题：20世纪70和80年代，有哪些关于女性"本质"的辩论，还有——这是这一讲最后，也是最长的一个部分——为什么这些流派对"性"与"性别"之间的关系，亦即"生物学的"性别和"社会性的"性别之间的关系，有非常热烈的讨论，以及有哪些参与讨论的立场是特别重要的。

*   *   *

1. 如前文所述，女性主义社会理论源于女性运动。组织性的女性运动，已经有超过 200 年的历史了。当然，女性在为了平等而斗争的情况下，也会提出一些支持斗争的理论概念（关于德国的女性运动，可参考：Ute Gerhard, *Unerhört. Die Geschichte der deutschen Frauenbewegung*；美国的女性运动，可参阅如：Janet Zollinger Giele, *Two Paths to Women's Equality. Temperance, Suffrage, and the Origins of Modern Feminism*；对不同国家的女性主义的历史比较，见：Christine Bolt, *The Women's Movement in the United States and Britain from the 1790s to the 1920s*）。然而真正要说的话，**系统性** 601 **的女性主义理论建构最早**是在 20 世纪 60 年代才开始的。当然这主要是因为那时候，教育改革让有值得一提数量的女性能够上大学。但有趣的是，女性主义意识的迅速发展并不是源自女性在高校的经历，也不在于在高校中生产出来的理论，而是源自 20 世纪 60 年代由男性主导的学生运动，一个"没人会在乎女性运动"（Firestone, *The Dialectic of Sex：The Case for Feminist Revolution*, p.43）的学生运动。许多女性积极分子必须学到一件事，就是她们的事——亦即在生活的所有领域当中追求平等——在主要深受马克思论点影响的讨论氛围里，是完全被忽略的。男女之间的不平等关系，被诠释成不过是资本主义的一个"次要矛盾"而已，与劳资之间的"主要矛盾"是没法比的。许多学生运动和新左派的男性代表人物，都用这种论调当作很方便的正当基础。这些人和他们的敌人"资产阶级"都有性别歧视的态度。这使得参与政治的女性，不论是在组织上，还是在理论上，都和新左派脱钩或割裂开来。因为她们知道，不论在社会科学研究，还是在理论建立方面，都必须要走出一条新的道路。

这个割裂过程有不同的形式。有一批女性学者主要致力于对不同社会领域的性别关系的**后果**进行经验研究。她们指出，劳动市场的结构是多么不公平，几乎只有女性在操持的家事劳动是怎么，以及为什么不受到社会的承认，且几乎没有得到任何报酬，哪些福利国家政策是如何从过去到现在都将女性跟家庭与小孩束缚在一起，今天还有哪些机制妨碍了女性优秀的政治表现……等等。然而，女性主义者虽然在理论上野心勃勃，但却推进得太快了，以至于缺乏对性别关系的前提进行分析，也没有去问，现有的社会科学理论，是否以及在多大程度上能够推 602 动这些知识上的进展。还有，这些女性主义者所开辟的道路过于分歧。费尔史东（Shulamith Firestone, 1945—2012），一位非常积极的女性学者，在我们上文引用过的著作《性的辩证》（*The Dialectic of Sex*, 1970）里，便指出男女之间在生物学方面的差异，以此与马克思主义导向的学生运动，以及马克思主义所持有的那种经济化约主义进行论战。她将性别之间的冲突视为比阶级斗争更为根本的基本冲突，并同时解释了在阶级冲突中亦存在男性的性别歧视。布朗米勒（Susan Brownmiller, 1935—　），一位女记者，在她 1975 年出版的著作《反对我们的意志：男人、女人与强奸》（*Against our will：Men, Women and Rape*），探讨了男性执行暴力——特别是性暴力——的能力与意志，并宣称"**所有男人让所有女人处于恐**

惧中"（p.15），并迫使女性处于次等的社会地位。不过有其他女性学者试图避免这种极端的生物学主义。这些学者认为这样一种解释方式几乎无法说明性别不平等关系中的巨大文化差异，无法说明如女性人类学家卢宾（Gayle Rubin）所说的"无穷的多样性与单调的相似性"（*The Traffic in Women*, p.10）。这也让性别研究得以回头关联上马克思，或更多的是关联上恩格斯，以此，不同形式的性别分工可以解释成各种性别不平等的形式。以这种观点视之，资本主义与父权制的家庭都同样影响了性别关系。（男性的）薪资劳动与（女性的）家事劳动彼此紧密地交织在一起，以此不断再生产出男女之间的不平等，以维持男性的权力（参阅：Walby, *Theorizing Patriarchy*）。但是，随着 20 世纪 80 年代马克思主义的没落，这种603 取向也失去了影响力，连带在不同理论流派中（不只是马克思主义的女性主义）常被使用的父权制、男性统治概念也是。这些在 20 世纪 70 年代、80 年代初期，还算是女性主义的核心概念，但后来就越来越显得毫无特殊之处，无法推动出与众不同的经验分析，也因此逐渐淡出舞台了（参阅：Gudrun-Axeli Knapp, "Macht und Geschlecht", p.298）。如同卢宾早期所说的：

> ……重要的是，即便历史如此让人抑郁，我们还是必须将人类创造性别世界的能力与必要性，和在经验层面组织起性别世界的压迫方式，给区分开来。但父权制将这两种意义混为一谈了。（Rubin, "The Traffic in Women", p.168）

　　女性主义社会理论当中这种概念转变的结果，就从 20 世纪 70 和 80 年代开始，微观社会学导向的研究，以及性别关系的理论化工作，变得越来越流行了。许多女性主义者也因此与"传统的"社会理论紧密联系在一起。80 年代在女性主义的讨论中流行的，不再是从"宏大"历史去找寻（而且可能从来也无法真正获得解释的）"错误的"性别关系的成因，而是去问，性别平等到底是什么意思、如何可能，以及如果想降低对于女性来说因性别差异而带来的蔑视后果的话，那么到底该推动什么，或是男女之间的差异到底何在，这种差异在日常中是如何不断再生产出来的。换句话说：过去，从生物学主义来进行论证的女性学者，总是强调性别之间有着无法撼动的差异，而父权制命题的支持者则不断抱怨男性支配在历史当中是如何根深蒂固，几乎无法改变的。但从 20 世纪 80 年代开始，越来越多学者开始追问，性别差异是如何在非常具体的日常生活中形成与构成的。显而易见地，这些问题已经开始（至少稍微）触及"传统的"社会理论核心问题了，例如：什604 么是（男性或女性的）行动？什么是男性或女性的主体？性别秩序是如何、通过什么方式来进行再生产的？所以我们才会说，（各种）女性主义（的各种）社会理论，至少在其（希望能）作为现代社会理论的主要构成部分之一，是相对晚近的。女性主义社会理论的发展至今也还不超过半个世纪。所以，我们接下来就来介绍从 20 世纪 70、80 年代开始，至今仍很重要的各理论流派。

＊　　　＊　　　＊

2. 女性主义辩论在这段时期，一直在两个极端、两个非常不同的论证类型之间游移。一个是在文学上有时被称作"极繁主义"的立场，这种立场喜欢强调男女之间的差异，但这种差异却**不必然**要追溯到生物学的论点，而是——且越来越是——也可以去看不同性别的**心理发展过程**。

> 这些学者通常相信，差异乃深植于并源于不同的朝向世界的途径，在某些情况下会创造出不同的女性"文化"。他们认为，这样一些差异对社会是有利的，应该承认与表扬。（Epstein, *Deceptive Distinctions*, p.25）

而另外一种所谓的"极简主义"的立场，相反则坚持性别之间有极大的相似性，现有的性别差异不是不可撼动的，而是会随历史而异，是由社会建构的（ibid.）。

在 20 世纪 70 和 80 年代，上述对于性别关系的**新的**立场，首先是在心理学的各种分支以及强烈仰赖心理学观点以进行探讨的社会学中发展出来的。其中最引人注意的，就是"极繁主义的立场"。其中有两位女性学者特别值得一提，她们的作品对于许多彼此相邻的社会科学领域都很有影响力。

其中一位，是美国社会学家乔多萝（Nancy Chodorow, 1944—　）。她尝试从精神分析视角出发来解释，为什么女性总会受到一种心理动力的影响，使得性别关系总会维持下去，并让女性处于社会从属地位。她的命题是，小女孩早期和她妈妈的关系，扮演着一个非常重要的角色（参阅：*The Reproduction of Mothering：Psychoanalysis and the Sociology of Gender*, 1978）。乔多萝的出发点是一个假设，即性别认同的建立对于两性来说都是在相对早期的时候就出现了，最晚在五岁时就变成一种人格中不再改变的核心了。如果这个在精神分析中很有代表性的命题是正确的，同时如果的确，至少在西方社会孩童（不论是男孩还是女孩）的重要他人主要是母亲，那么，根据乔多萝的说法，**两性的性别认同的建立必须以非常不同的形式进行：**

> 最早的个体化模式，最优先的自我及其内在世界的建构，最早的自我冲

突与最早的无意识的自我定义，个体化最早的威胁，唤起防卫的最早的焦虑，所有这些，男孩女孩之间是有差异的，因为男孩女孩最早的母子关系的特征是不同的。（Chodorow, *The Reproduction of Mothering*, p.167）

女孩的性别认同，是在与母亲的紧密关系下建立的，以母亲及其行动形式为榜样。但对男孩来说，母亲是他的**相反端**，他是通过与母亲的差异来定义自己的。乔多萝指出，这使得男性的发展会更强烈地从自我出发，更鲜明，甚至过分鲜明地划出自我界限。而女孩的个体性则更倾向"同情"他人，更有对他人感同身受的能力。这也解释了为什么男性与他人的关系更容易产生问题，为什么男性的个体化形式会如此刚烈、与女性是如此截然不同的（ibid., p.167ff.）。

乔多萝的分析针对的是精神分析那深受"男性"刻画的一个理论预设。这可606 以追溯到弗洛伊德的理论预设，认为**男孩**的发展才是常态，而女孩的自我认同建立形式则被贬低成是有缺陷的（可以参阅乔多萝著作的第九章）。但此外，乔多萝还想解释，为什么性别关系会不断在其不平等中被再生产出来。母女之间最早的关系与女孩性别认同的建立形式，总是会以一种被称作"作为母亲"（mothering）的行动类型来进行的，而这在很多方面都和男性的行动不一样，因为女性的自我认同建立是有很强烈的关系导向的。这样的命题也标示出了一种规范立场。因为乔多萝和她的支持者们既不认为女性在认同建立形式及其行动原则上是有缺陷的（ibid., p.256），也不认为美国当代典型的家庭关系所特别强调的"作为母亲"是唯一可能或甚至唯一理想的父母形式，尤其因为"作为母亲"正好会强化性别不平等。

> 当代，"作为母亲"的问题，是从家庭与性别社会组织的潜在内在矛盾当中产生出来的——产生自女性的"作为母亲"和异性恋承诺之间的矛盾，产生自女性的作为母亲和女儿的个体性之间的矛盾，产生自情感联结与儿子的男性气概之间的矛盾。家庭外部——尤其是经济——所产生的改变，又更激化了这些矛盾。（ibid., p.213）

乔多萝认为，若通过其他男女分工形式（像是强化女性的职业活动并加强男性的家庭工作），那么就有可能至少削弱现今的性认同建立形式，因为这样母亲就不再是孩童唯一的重要他人。如此一来，我们就有很大的机会能停止"作为母亲"的再生产，及其对女性自主造成的负面后果。

美国女性心理学家吉莉根（Carol Gilligan, 1936—　）在其1982年出版的著作607 《不同的声音》（*In a different voice*）里，也有类似的规范推动方向，而且甚至比乔多萝的影响力还大。吉莉根的理论心理学方向，跟乔多萝的**精神分析**做法不一样。

吉莉根师从于当时相当知名的**发展心理学家**柯尔伯格（Lawrence Kohlberg）。柯尔伯格的研究对发展心理学之外的其他相关领域都影响很大，吉莉根的研究结果却批评了柯尔伯格，并且几乎无可避免地也直接引发了道德哲学和社会学的反动，因为吉莉根质疑了这些学科的核心预设。

　　柯尔伯格的著作，在受到哈贝马斯（见第十讲）的影响下，运用了皮亚杰（Jean Piaget）的研究，发展了关于孩童与成人的道德发展理论，指出他的经验研究表明了道德意识建立是一个有着多重阶段的发展过程。他区分了三种道德水平（前习俗的、习俗的、后习俗的），每一个水平都还有两个次水平（不过这与我们的旨趣无关，就不细谈了）。在**前习俗水平**方面，行动者只会遵循某些道德规则，因为行动者只是基于自我中心主义的观点，想免于惩罚而已。"好"，仅意味着对行动者来说是有用的、有助于免于惩罚而已。而当我认为我的道德义务在于满足我周遭人的期待、我面对周遭人想当"一个好人"、我想为我所属的群体福祉尽一份心力时，那么我所做出的就会是**习俗的**—道德的论点与行动。至于要达到**后习俗阶段**，我必须根据普遍伦理原则进行行动，亦即我在进行道德行动时所采取的立场与特殊的关系与共同体无关，而是基于对**所有**人都同等有效、都可接受的规则（参阅：Kohlberg，"Moral Stages and Moralization"，pp.170ff.）。

608

　　柯尔伯格认为，道德发展遵循着一种相当特定的逻辑，即人在社会化的过程中会依次经过这三个（或说六个）阶段，会从前习俗，经过习俗，到后习俗（当中各自还会再经历两个次阶段）的道德。当然不是每个人都会达到最高的道德水平或道德阶段。只有少数成人能够达到最高水平，只有少数人的论点和行动最后会遵循后习俗道德、遵循普遍的伦理与道德原则。柯尔伯格的研究最受争议（也是吉莉根的发现与批判）之处在于，在他的理论中女性显然几乎无法达到后习俗道德水平，几乎只能停留在习俗道德水平，只能停留在整个道德发展的第三和第四个次水平（连第四的次水平都很少达到）。

　　　　在柯尔伯格的量表测量中，道德发展似乎有所缺陷的人，最显眼的就是女性。女性的判断能力似乎只能符合他那六阶段中的第三阶段而已。在这个阶段，道德是以人际之间的概念来构想的，善意指帮助他人并使他人愉悦。在柯尔伯格的想法中，善的概念在女性成人那里，就只发生在家庭生活当中。柯尔伯格暗示，女性唯有当进入传统的男性活动领域时，才会认识到这种道德观的不足，并且像男性一样朝向更高的阶段，让人际关系服从于规则（第四阶段），进而让关系服从于普遍的正义原则（第五、六阶段）。在此，很矛盾的是，女性的特点在于她们的善良，她们关心他人的需求、对他人的需求很敏锐，但这却是她们的道德发展的缺陷。（Gilligan，*In a Different Voice*，p.18）

就像乔多萝在探讨传统的精神分析时所做的那样，吉莉根从柯尔伯格的这种观点中得出一个结论，即他的道德发展心理学理论模型是从男性的视角来进行建609 构的，所以女性的道德发展对他来说是有缺陷的。吉莉根认为，若对女性的道德发展进行一种不受偏见影响的研究的话，那么就会得出不一样的结果。她自己的经验研究指出，女性会用和男性相当不同的方式来应对道德问题，所以对于女性的道德发展路径也必须以另一种方式来诠释。男性一般会根据抽象原则来思考与行动。但女性不一样，女性倾向根据情境与叙事来进行判断，而这是柯尔伯格在他的研究里从来没有考虑到的事。女性根据情境与叙事来判断的方式，建立出一种关于"关怀"的道德。女性的道德观以"责任感与关系为中心"，而男性则偏好"公平"的抽象道德，一种基于"权利与规则"的道德（ibid., p.19）。

吉莉根对他的老师柯尔伯格的批评之处在于，他呈现的道德发展模式是以男性的道德理解方式为基础，亦即一种以抽象的权利与正义伦理为基础的道德。这也难怪，女性几乎无法达到柯尔伯格的发展框架的最高阶段，大多无法或不想根据抽象普遍规则来行动与进行讨论。吉莉根则提出与柯尔伯格相反的、更适用于女性发展的模式，一种基于情境敏锐度、非抽象的"关怀伦理"的**关怀**阶段模式（ibid., p.74）。这种模式也牵涉社会制度的形成（这也是她的论点的规范—政治动力面向），因为这也指出了另外一种必须满足女性道德观的社会制度形式。

这样一种男性正义伦理与女性关怀伦理之间的鲜明对比，在女性主义运动内部与外部引发了很大的争议。连女性主义者，也对吉莉根提出了尖锐的批判，尤610 其认为她所鼓吹的关怀道德，不过只是一种尼采意义下的奴隶道德的变体。意思是，吉莉根所抱持的观点，是否也不过是一种忽略了权力关系的自由主义的女性主义立场。

> 据说女性重视关怀。但女性之所以重视关怀，也许是因为男性根据女性所给予的关怀来评价女性。据说女性是以关系角度来思考的。但女性之所以从关系角度来思考，是因为女性的社会存在是根据与男性的关系来定义的。这些研究的自由主义的观念论正显示了她们没有把社会支配与权力关系当一回事。（MacKinnon, *Toward a Feminist Theory of the State*, pp.51—52；关于这方面的辩论，可参阅：Benhabib, *Situating the Self*, pp.179ff.）

这种非常尖锐的指责，部分是不公平的，因为吉莉根不断强调，关怀道德**不是**意指自暴自弃与自我牺牲。但对吉莉根的责难是有说服力的，而且也是女性主义者提出来的。例如批评吉莉根研究的经验基础是不够的，或是对经验基础的诠释是错误的，因为孩童的早期发展并没有像吉莉根假设的那样有着如此泾渭分明的性别差异。吉莉根所谓的女性关怀道德，不过是历史上的某种角色道德的表现，而这也随着渐增的女性平权而有所改变（Nunner-Winkler,"Gibt es eine weibliiche Moral?"）。在某些情况下，男性也会偏好情境与叙事式的思考。最后，还有一件事值得批判，就是吉莉根（跟乔多萝的著作类似）最终并没有解释性别差异的**社会**事实与**历史**事实，而是直接将其当作既成的事实（Benbabib, *Situating the Self*, p.178）。

但毋庸置疑的，尽管有许多值得批判的点，吉莉根的论点也开启了一个很大的空间，并对道德哲学与社会学的讨论产生很大的影响。因为很快就显而易见的是，普遍的道德理论，亦即柯尔伯格的道德发展框架中的后习俗水平，是有问题的。这些理论希望提出一种不依情境而异的、适用于所有人（而不是只适用于某些特定团体）的解决道德问题的规则；但这些理论有个缺点，就是几乎没有提到个人关系、友谊与怜悯，甚至是美好生活等问题的重要性（参阅：Pauer,"Moraltheorie und Geschlechterdifferenz", p.44）。所有的康德追随者，不论是哈贝马斯的商谈伦理，还是罗尔斯（John Rawls）的道德哲学（见下一讲），他们的普遍主义理论都有这种难辞其咎的理论盲点，也因此招致批评。

> 康德的错误就在于假设了自我，一个纯粹理性的、自己思考的行动者，可以得出一个所有人、所有时间、所有地点都能接受的结论。在康德的道德理论中，道德行动者就像处于不同房间的几何学家，全都可以推想出同一个问题解答。（Benhabib, *Situating the Self*, p.163）

根据哈贝马斯的商谈伦理，规范正确性的有效性要求必须要以互为主体、不受支配的检视作为支撑（参阅本书第十讲），因此哈贝马斯的商谈理论似乎避免了上述问题，因为它从一开始就是**对话式**的，而**不是**以孤单的主体作为出发点。但哈贝马斯的理论在根本上对道德和政治的理解非常狭隘，而且对规范与价值、权利与善进行了很有争议的区分。所以关于前文提到的许多问题，会被他的理论认为没什么好讨论的，或被认为与道德和政治的问题无关而排除掉。最迫切的（道德）问题，常常正是来自个人的、情境式的领域（ibid., p.170），而这却恰恰是哈贝马斯的商谈理论的原初构想所没有处理的，因为他认为这些问题没有价值领域或美好生活领域来得更重要，没法放在普遍主义的价值观中来讨论。就算人们赞同哈贝马斯对善与权利、价值与规范之间的区分，哈贝马斯的商谈理论依然令人不满，因为一个原则上不能或不想回答的最迫切的道德—个人问题的道德理论，就只能是一个有缺陷的道德理论。事实上，吉莉根的研究对于道德理论家和哈贝马斯来说（参阅：*Moralbewußtsein und kommunikatives Handeln*, p.187ff.），也是一个契机，可以更认真地思考关怀道德与正义道德之间的关系，并且可以让这些理论家去问，这两种道德是否不可偏废，或是像本哈比（Seyla Benhabib, 1950—　）所提到的，是否关怀和正义在孩童发展过程中有共同的源头。

> 从这方面来看，哈贝马斯和柯尔伯格都过快忽视了吉莉根和其他女性主义的一个重要洞见：我们在作为成人之前，都是孩子。而天性、关怀和对他人的责任，对我们发展为有道德能力、自我独立的个体来说是非常重要的。（Benhabib, *Situating the Self*, p.188）

也就是说，人们除了将吉莉根的研究诠释成一种天真的自由主义的女性主义之外，也可以将它诠释成另一种样子。她的研究无疑具有批判的潜力，因为她揭露了某些道德理论字面背后的（男性的）意思。吉莉根的理论性（虽然不必然具有政治性）的推动力与社群主义思想家（见下一讲）所促进的推动力，有重叠之处。而且她的理论与各个女性主义理论家的关怀可以很好地协调在一起。例如任教于芝加哥大学的相当知名且优秀的女性主义哲学家纳斯鲍姆（Martha Nussbaum, 1947—　），回溯到亚里士多德哲学，批判了大多数道德哲学思想体系的超理性主义的思维模式。这些道德哲学在面对日常经验的感觉时，都仅仅将之视作非理性的，然后就忽略不顾了。纳斯鲍姆的意思并不是老掉牙地说，因为女性天生（亦即生物学上就注定）比男性更强调感觉，所以人们必须提高感觉的价值。她的立场完全是另一回事：感觉根本上深受社会情境所影响；也就是说，感觉是社会建构的。所以她——毫不令人意外地——认为，在一个没有性别平权的社会，不同性别也会有不同的感觉。此外，感觉常常是对不确定的情境与依赖性的情境的反应，而由于历史原因，女性总是比男性更强烈地暴露在这种情境下。但613是，纳斯鲍姆的一个最重要的哲学与社会学命题指出，强调感觉的差异，并**不是**说同时也就必须假设女性是较不理性的。因为就算今天西方社会的女性比男性更加强调感觉，但感觉也并不单纯是空泛且不理性的一件事，而是大多时候会借由判断而与某个对象联系在一起。感觉不是不理性的，而是观看世界的一种方式（Nussbaum, "Emotions and Women's Capabilities", pp.366ff.）。纳斯鲍姆的结论是（而且这个结论和吉莉根的命题完全可以很好地协调在一起），道德哲学和社会学毫无依据地急于质疑非理性，对某些日常生活现象置之不理，是一种毫无益处的做法。哲学与社会学的讨论，大多由男性所支配，其讨论也常基于抽象且形式性的前提。这刚好也为女性主义提供了一个机会，在男性的这种讨论模式之外，再提供一种可以更恰当地探讨社会真实（而且不只是女性的社会真实）的新的角度。

＊　　＊　　＊

3. 乔多萝和吉莉根在20世纪70年代和80年代早期所引发的辩论，我们就先谈到这里。不过，虽然她们的影响非常大，但人们还是可以说，最晚到了80年代，就有另一个研究传统更占据了主流地位，这个传统激进地对"极繁主义的立场"刨根问底，并且运用一些非常特定的理论工具，更偏好转向极简主义的立场，也就是强调两性之间的高度相似性。于此，英语学界很重要的"性"（sex）与"性别"（gender）之间的区分扮演着核心角色。"性"（牵涉男女之间不同的解剖学、生理学、荷尔蒙与基因的构成）是受生物要素决定，或会被生物要素决定的，而"性别"则是由社会与文化所交织而成的身份状态。

女性主义者和性别研究者特别强调性与性别之间的差异，以此反对男性关于 614 "女性（处于劣势的）本质"的说法，并以此坚持性别差异是在历史当中发展出来的压迫与蔑视的结果，而非什么天生就有或因生物要素而来的差异。这方面的命题认为，生物要素并不会决定"性别特质"。

> 性别是一种关系范畴，需要从某种人类存有之间的差异的建构来找寻解释。女性主义理论，不论是精神分析的、后现代的、自由主义的，还是批判的，都一致假设性别差异的构成是一种社会与历史的过程，而且性别不是天然的事实。（Benhabib, *Situating the Self*, p.191）

自从20世纪80年代开始，女性主义内部最热烈的理论讨论目标就逐渐在于消解"本质论"，以及消解在吉莉根那里还能看得到的关于"女性的普遍本质"的说法（ibid., p.212）。这些理论辩论从原本对性别差异的强调，转而指出性别差异的社会或历史**建构**（Gildemeister and Wetterer, "Wie Geschlechter gemacht werden", p.201）。这首先意味着，我们必须把握住"性"与"性别"之间的差异，以此指出女性认同的特殊构成形式的历史与文化肇因。后来这种讨论甚至变得更加极端，认为我们根本不用管"性"与"性别"之间的差异，这两者的差异根本是种伪命题，因为就算是"性"，也不真的是"生物性的"或"自然的"，而是同样也是一种建构。这个令人惊讶的命题认为，根本没有自然、生物性的性别！基于这个命题展开辩论，当然并没有带来一个统一的女性主义理论，而是造成各种争议和规 615 范—政治结论。

　　（1）这场辩论最辉煌、在理论上最创新的开端，是从两位美国女性社会学家的著作开始的：柯斯勒（Suzanne J. Kessler, 1946—　）与麦肯娜（Wendy Mckenna, 1945—　）在 1978 年出版的《性别：常人方法论的取径》（*Gender. An Ethnomethodological Approach*）。这本书不只清楚表明了"性别"是一种"社会建构"（这在当时并不是什么革命性的创新观点），而且还指出，人们至今几乎都没有研究过人是**如何**作为男人或女人而进行等级分类的。柯斯勒与麦肯娜认为，就连那些强调"性"与"性别"之间差异的学者，也从来没有认真分析过人是如何把其他人归类成某一性别的，"性别归类"（gender attribution）究竟是以什么基础来进行的。

> 　　有时候……我们会看到有些人的性别不是那么明显的……。这时候我们就会开始有意识地去找出他们"真正"的性别的线索。这些线索是由什么构成的呢？当去问人们男女之间的差别是什么的时候，他们的回答几乎都包含"生殖器"。但是，在原初的互动中，一般人几乎不可能去检视对方的生殖器。这也清楚表明，这并不是真的用来当作证据的东西……（Kessler and McKenna, *Gender*, p.VIII）

　　在这类性别不明确的例子中，显然人际之间的行动有一种持续但复杂的过程，将互动参与者归类到某个"性别"，而且这种归类很少是根据性别特征来进行的。柯斯勒与麦肯娜认为，我们认为理所当然、没有问题的事，其实是一种非常需要前提的社会过程。但不只是对他人贴标签一事是很复杂的，而是"活出"或"表演出"某种性别认同也是很复杂的。这在变性现象那里特别明显，因为变性表明了原本的生理特质并不能决定一个人是女性还是男性，而是，尤其是当一个人通过手术改变解剖学意义上的性别时，这个人就必须持续、努力地呈现出作为一位616 女性或男性。"性别是由实践所造就的"（ibid., p.153），或是，用常人方法论的说法来说：

> 　　**表现性别**意指生产出女孩和男孩、女人和男人之间的差异，而且这些差异不是天然的、本质的，或生物性的。（West and Zimmerman, "Doing Gender", 1987, p.137；着重处为约阿斯和克诺伯所加）

　　持此观点的学者会将这类研究回溯到 1950 年便已出现的常人方法论取径的"奠基者"那里去。在加芬克尔的著作《常人方法论研究》（参阅第七讲）那里，就可以看到一个非常有趣的关于变性人艾格尼丝的研究（"Passing and the managed achievement of sex status in an 'intersexed' person, part I"）。艾格尼丝在 17 岁之前被认为是男的，而且他的生理性征也很"正常"。但艾格尼丝觉得自己是女的，她也想用女性的方式来生活，所以最后她就接受了变性手术。加芬克尔非常详细地描述了这个人在活出新的性别时所遇到的困难，以及她如何学着做一位女性，如何，以及为什么要从一个性别身份跨越到另一个性别身份，这是一个持续、且必须不断重新维持的任务。因为"性别"在任何日常生活事务当中都是极为重要的。加芬克尔指出，像艾格尼丝这样的变性人必须不断展演自己，让所有其他人都不会发现她"原本的"性别。加芬克尔，以及柯斯勒与麦肯娜所呈现的，其旨趣不在于"变性"这个相对少见的现象。研究变性者的行为，更多是出于**一般的理论旨趣**。这些研究指出了"性别"是如何被每位男性和女性习以为常地进行归类，并且如何（必须）过出这个性别的生活。

> 然而，必须谨记在心的是，我们研究变性人，不是因为变性人以一种特殊的方式创造了性别归类，而是相反，因为这些人就像我们所有人一样，是以非常平常的方式在创造性别的。（Kessler and McKenna, *Gender*, pp.127—128）

到这里为止，这些说法听起来可能并没有特别新颖或特别挑衅。人们可以说，用上这种常人方法论的研究取向，只不过是用一种明确的目光来看到一个老现象， 然后不过就是用更详细的说法来阐述"性别"为何是社会建构的而已。但事实上，柯斯勒与麦肯娜的研究所意味的更多，她们也很清楚表明了这件事。如果人们认为"性别"是建构的，那么当然就会接着问，社会现实是如何被建构出来的，使得至少在我们的社会里总是会形成两种——而且只有两种！——性别。

> 我们究竟在将什么规则运用在什么样的展现上，以至于在每个具体的例子中我们会觉得只有男性和女性，而且会觉得这是一个客观事实、不依赖于特定的例子呢？（ibid., pp.5—6）

此外，如果"性别"归类的确是一个社会过程，这个过程不是直接由生物因素方面的性别所决定的，那么不就也应该可以想见，性别并**不是**二分的，并**不**总是只能被区分为男性和女性、男孩和女孩吗？这两位学者援用了文化人类学的研究指出，性别并不总是被认为只有两种的。西方社会以生物要素作为性别归类的基础，认为社会性的性别毋庸置疑地源于生物性的性别，男性总是具有男性的性征、女性总是具有女性的性征；但其他文化并不完全是这样。在其他文化那里我们可以观察到，"生物性的"女性只要表现出某一些男性角色行为，也可以被归为"男性"。解剖学、生理学或类似的事实，在这里一点都不重要。同样地，我们也可以观察到，也有一些文化，在其不必然只有两个性别，而是有三种或更多种！

617

　　　　若要说性别身份是普遍的，可能就所有人都知道他们会隶属于某个范畴而言是对的；但若要说我们知道这些人不是女性就是男性，也许就是错的了。（ibid., p.37）

　　若这样的说法已经够挑衅的了，那么柯斯勒与麦肯娜还不只是如此而已。这两位学者，以一种在当时几乎被认为是歪门邪道的说法来追问，现代科学根据生
618 物要素来确认男性或女性的做法，是否比一般所认为的还要更有问题。"性"是不是跟"性别"一样模糊且纠结？事实上，在性别确认上，根本没有清楚的科学准则。不论是解剖学、人类的荷尔蒙"状态"，还是基因符码，都没有提供明确的区分准则。对两性畸形的幼儿的研究指出，医学专家

　　　　对于一个有 XY 染色体，但生殖器异常的幼儿，也仅是用阴茎的大小来区分为男孩或女孩。如果阴茎太小了，就将之分类为女孩，然后再通过变性手术给她做个人工阴道。（Lorber, *Paradoxes of Gender*, p.38；类似的亦可见：Hagemann-White, "Wir werden nicht zweigeschlechtlich geboren...", p.228）

　　那时（现在也是）由于没有明确的生物特征，所以看似客观的标准（例如基因符码）反而还让位给对阴茎大小的主观评判。对于持常人方法论观点的社会科学家来说，这样的观察结果并没有特别令人惊讶之处。因为常人方法论（见第七讲）对知识社会学研究有很深的影响，其研究也总不断指出，自然科学的实验室研究是如何受日常观念的渗透。柯斯勒与麦肯娜也同样指出这件事，而且她们也强调，生物学和医学研究也皆以社会的文化预先假设为基础，所以不断努力——但（至今仍）徒劳无功地——尝试，论证一个很有问题的命题，即性别有两个，且只有两个（Kessler and McKenna, *Gender*, p.77）。

　　柯斯勒与麦肯娜的论点倾向用激进，或令人惊讶的命题，处理对许多女性主义者来说非常重要的"性/性别"的区分。她们的命题是，**表面上**清楚明白的"生物性别"也不是如此明确的，而是非常显然也有社会建构的因素在起作用。在文献中，这有时候也被称为"虚无假设"。哈格曼-怀特（Carol Hagemann-White,
619 1942—　）是如此定义虚无假设的：

　　　　一直以来，对我而言，"虚无假设"对女性生活的多样性更为开放，对于父权压迫的看法更为激进。亦即虚无假设认为：性别并非必然、自然而然原本就是两种；性别不过是不同的文化的建构而已。毕竟我们已知，人类不受区分，可塑性非常高，可以胜过荷尔蒙或基于身体特质的事实。（Hagemann-White, "Wir werden nicht zweigeschlechtlich geboren...", p.230）

柯斯勒与麦肯娜将这种"虚无假设"关联上一种清楚的规范—政治纲要。她们认为，在我们的社会中，关于性别明确二分的典型假设，几乎无可避免地会造成性别之间的**层级化**，亦即造成一个让女性因为长久以来的权力关系而被迫处于从属的社会地位的过程。如果二分化与层级化是密切相关的，并且造就了"男性中心主义"的后果，那么女性主义理论的任务就是要去论证，性别之间的二分并非本来就是必然的。长期来看，唯有扬弃这种性别二分法，才能有机会在人与人之间建立一种平等的关系。

> 一旦将人二分，就很难避免用一个人来评估另一个人；这也是造成蔑视或压迫的基础。当性别的表现**包含了生理要素**时，那么除非，且直到性别被视为社会建构的，否则我们的行动无法激进地改变我们那无法改变的地位。人们必须直面另外各种可能性的实现，以及另外各种现实的可能性。（Kessler and McKenna, *Gender*, p.164）

柯斯勒与麦肯娜的研究基础，是特别在英语学界中牵涉相当广泛的"性"与"性别"之间关系的基本讨论。这个争论在英美学界很快就变得很主流，因为英美学界的社会人类学通过其研究，开辟了一个（从西方的观点进行的）研究异文化中"值得注意"的性别身份的领域。不过在其他国家，这种辩论并没有很快就流行开来 620（参阅：Becker-Schmidt and Knapp, *Feministische Theorien zur Einführung*, p.9ff.）。在德国，一直到 20 世纪 90 年代早期，特别是从姬德麦丝特（Regine Gildemeister, 1949—　）和薇特乐（Angelika Wetterer）的文章开始，才有这方面的讨论。她们在 1992 年发表的《性别是如何表现出来的》，探讨了这个至今主要是在英语学界所进行的争论。姬德麦丝特与薇特乐因为也是很接近常人方法论的路子，所以与柯斯勒及麦肯娜很类似地指出，将"性"与"性别"区分开来只是一种表面上的解决方案，因为这种解决方案只是把生物学主义转移到其他地方而已：虽然这种区分不再把"女性"假设为一种**社会**本质，但这种区分还是认为有**生物**本质，而这是有问题的。因为其实并没有生物学方面的标准可以用来明确界定性别。此外，假设男女是二分的，也还是暗暗隐含着生物主义。因为，如前文提过的，即便是生物学，在二分建构上也并没有提供什么很好的指导（Gildemeister and Wetterer, "Wie Geschlechter gemacht werden", p.205ff.）。

如果确是如此，如果我们同意柯斯勒与麦肯娜的命题，那么姬德麦丝特与薇特乐的结论是，这样的命题会为社会学理论带来许多后果。因为如此一来，我们也不能再认为历史上有一个**前社会**范畴的"女性"，不能再认为是因为历史上某个时候的什么原因不断持续推动性别分化。所谓女性身体比较柔弱、怀孕期间比较脆弱等等，不能被理所当然地视为性别分工的理由。因为，如果自然和文化都同时是构成人类的要素，那么虽然人们可以说女性的生育能力造就其（受到压迫的）身份，但人们也同样可以反过来说，是文化过程与社会过程让女性的生育能力成为其受压迫的社会身份的符号。若有人想将女性（自然的）生育能力解释成
621 性别分工的原因，那么无论如何都是在避而不谈一件事，即

> 像"生育可能性猜想"这样一种复杂的假设性构想，都已经是抽象与分类的结果。唯有当我们去追问，身体特征是在什么样的一个有待解释的社会分化过程中被赋予了文化意涵时，我们才能破译这种假设性的构想。（ibid., p.216）

　　尽管姬德麦丝特与薇特乐极为依赖最初由柯斯勒与麦肯娜提出的论证轴线，并且比两位美国学者还更加谨慎地仔细探讨这样一种路径的理论后果，但姬德麦丝特与薇特乐却也同时让人注意到她们理论框架的一个相对令人不舒服的政治后果。因为，虽然她们似乎希望能扬弃性别二分，如同柯斯勒与麦肯娜已强调过的；但她们始终没有说清楚女性主义取向的政治目标到底是什么，而只是极端地宣称反本质论的立场。这与希望让女性能有所提升的努力是很难兼容的，或至少会产生很明显的问题。因为，如果要提出一套能让女性有所提升的政治话语，那么首先必须得确定谁是女性、谁不是。但姬德麦丝特与薇特乐认为，确定谁是或不是女性的做法，只是在强化与重新刻画旧的传统性别区分，但旧的传统性别区分是大家应该要克服掉的。这样就产生了一个"从行动理论层次来看，看不到出路"的矛盾（ibid., p.249）。

　　事实上，这样一个悖论也让女性主义的常人方法论取向备受批评。被批评的不只是其政治计划的模糊性。还有她们希望扬弃性别二分的想法，是不是真的有道理，也是有问题的。柯斯勒与麦肯娜，以及姬德麦丝特与薇特乐，都认为性别二分几乎自动就会带来阶层化，但这是值得商榷的。反过来说：难道用更多样的性别可能性来消解性别二分，阶层化的思想真的就会消失了吗？种族主义的经验
622 就给了我们否定的答案。因为，例如种族主义者，不必然只认识**两种**不同的肤色，而是知道要准确区分不同的皮肤"色调"，好实施种族主义判断。这表明了，"范畴的多样化并不会免于阶层化，而是会提升分化可能性与阶层化可能性的数量"（Becker-Schmidt and Knapp, *Feministische Theorien zur Einführung*, p.80）。性别关系领域完全也可能会有类似的机制，消灭性别二分之后人们所希望的平等趋势可能并不会出现。

　　受常人方法论启发的女性主义饱受批评之处，还在于其内在的理论缺陷。这个缺陷在常人方法论之"父"，加芬克尔那里就已经出现了，即：缺乏对制度的分析。批评者认为，常人方法论因为几乎仅聚焦在所有互动的基本前提，认为制度

是固定、寻常的，完全不重要，所以这类研究在中观，特别是宏观社会学方面是不足的。批评这件事的女性主义者，也指责基于常人方法论来进行论证的女性主义者在很大的程度上忽略了造就性别差异的制度背景（Heintz and Nadai，"Geschlecht und Kontext"，p.77）。因为**什么时候、在哪些具体的制度情境与关系中**性别差异被刻画或消弭，是需要通过经验研究才能得知的。在什么样的制度背景下，两种性别扮演着重要角色？在哪种制度背景下，两种性别的重要性比较小？这都必须经验地根据脉络，从不同的性别差异来加以探讨。我们不只要在社会学的日常秩序上研究"表现性别"，还应该要去研究"消除性别"（undoing gender）（这里也可以参阅：Hirschauer，"Die soziale Fortpflanzung der Zweigeschlechtlichkeit"）。

> 因为，如果性别归属事实上是一种"**成果**"，那么至少在理论上应该可以想见还有一种**性别的消除**。消除性别，就像性别的上演一样，都是同样复杂的呈现成果，而且也同样绝非是性别中立的。（Heintz and Nadai，"Geschlecht und Kontext"，p.82）

海恩慈（Heintz）和娜妲依（Nadai）认为，为了能辩证地分析性别的"表现"与"消除"，宏观社会学的基础研究是必须进行的。但面对当时微观社会学导向的"性别研究"以及类似导向的女性主义社会理论的支配地位，至少在德国，人们几乎无法期待能有什么宏观社会学的基础研究（ibid.，p.79）。

（2）如前所述，女性主义的广泛的宏观社会学研究能否有机会得以展开，是令人怀疑的；而这种怀疑不是完全没有道理的。有一种更广泛的、在国际上影响力极大的女性主义理论分支，这个分支和受后结构主义影响的关于后现代的**哲学**辩论交织在一起。而在这个思想传统中，宏观社会学分析同样只扮演着次要的角色，人们主要也是在基础理论的层次上反思"性"与"性别"之间的关系。不过在这个女性主义理论分支中所援引的学者，部分和我们前面提到的学者非常不一样。关于所谓的后现代的辩论，对于部分的女性主义运动来说，到底有什么吸引力，不是很容易让人一目了然的；但我们以下会一步步地介绍，让读者理解其吸引力何在。要知道，即便在女性主义中，这部分也是非常有争议的。

有一些科学研究，在许多情况下不假思索地从生理、社会、知识维度"证明"女性是低人一等的。而女性主义理论从一开始就在讨论，科学得出的这些研究结果，究竟仅仅是因为**科学实践**出了差错，还是因为科学观念从根本上就站不住脚（参阅Sandra Harding，"Feminism, Science, and the Anti-Enlightenment Critiques"）。如果只是科学实践出了差错，那么女性主义者可以寄望于推动女性进入科学的中心堡垒，排除错误的实践，得出更为客观的知识。但是，如果是第二个命题，亦即如果是自欧洲启蒙时代所诞生的"科学"计划，认为要生产，或希望能生产出所谓历久弥新的真理，根本就是很值得商榷的呢？这里所说的第二种科学理论立场的重要动力，一方面来自关于库恩式的范式概念的争论（参阅第一讲）。例如费耶阿本德，激进地批判科学理性，想要抛弃科学理性。另一方面则来自福柯式的分析（参阅第十四讲），认为（科学）真理与权力是直接挂钩在一起的，所以根本完全没有"客观性"可言。如利奥塔这样的后现代理论家也运用这些论点，认为所有宏大叙事（包括科学）都已经终结了。以此而言，也难怪部分的女性主义理论受到后现代论点的启发，并加以运用，认为这对于敌视女性的科学的持存，似乎可以提出很好的解释。

特别热切且激进地认为后现代与女性主义必须相联结的，当属芙拉克丝（Jane Flax）。她想把整个欧洲启蒙传统都驳斥掉，因为就连康德最著名的关于"回答何谓启蒙"格言，"勇于求知！要有勇气运用你自己的理智！"，都基于男性中心主义的前提。之所以如此，不只是因为"像康德这样的启蒙哲学家，在提到能摆脱传统权威形式的人的时候，也不打算把女性算进去"（Flax，"Postmodernism and Gender Relations in Feminist Theory"，p.42），也因为康德的认识论立场以某种男性的主体构成形式和自我意识为基础，排除了其他思维与理性的形式。

> 所有这类超验声称，都只对少数人——大部分是西方白人男性——的经验加以反思与具体化。事实上，就像其他后现代主义者一样，女性主义者的开端亦来自对这类超验声称的质疑。这些超历史的声称，对我们来说似乎还蛮有道理的，这部分是因为他们所反思的是支配了我们社会世界的那些人的经验的重要面向。（ibid.，p.43）

625

即便芙拉克丝注意到，将后现代与女性主义紧密结合起来会有陷入相对主义的危险（因为，如果真理或知识都只是一场权力游戏，那么女性主义理论和权力游戏的差别在哪？），但她还是声称，女性主义理论是批判启蒙的后现代批判阵营中的一员（ibid.，p.42）。因为不存在什么超历史的知识和真理，因为知识都是与背景相关的，并且主体的形成也不是独自与孤立的，而是来自关系当中的，所以女性主义理论必须坦承自己无法生产出终极真理（ibid.，p.48）。芙拉克丝认为，虽然要坦承这件事不容易，但我们已经回不到"现代"了，因为作为现代的基础的欧洲启蒙的核心前提，是很成问题的了。

> 在当代西方思想中，认为"理性已脱离了'仅是偶然的'存在"的观念，依然占据着主导地位，而且现在似乎还掩盖了自我对社会关系的镶嵌与依赖，以及这个自我存在的不完整性与历史特殊性。（ibid.，p.43）

当然，芙拉克丝的这种说法有个问题，就是这一种对启蒙的诠释，在特殊的、西方的哲学史中，总的来看可能太片面了。因为这种说法忽略了许多流派，而且这些流派正好想避免，且也避免了芙拉克丝所抱怨的偏颇问题。众所皆知，不是所有的现代哲学都接受以极端的笛卡尔怀疑作为出发点，不是所有现代社会哲学都以孤立主体作为出发点，也不是所有现代认识论都要求生产出超时间的真理。这些对芙拉克丝思路的批判无疑都非常重要，但我们这里不再进一步讨论了。重要的是，芙拉克丝论点的基本特征，是很多其他学者都有的；其中，最具有影响力的，非美国女性哲学家、修辞学教授巴特勒（Judith Butler, 1956—　　）莫属了。

巴特勒以在 1990 年出版的著作《性别麻烦》（*Gender Trouble*）获得了极高的国际知名度。书中，她以其命题的激进性成为一种女性主义的文化要角。巴特勒在 626 这本书一开始就明确指出，她参考的学者是尼采和福柯（*Gender Trouble*, p.X）。她通过这两位学者，设定了她进一步的论证道路。就像在福柯早期和中期的著作中那样，巴特勒想"解构"主体概念。在她追问女性主义的主体问题的时候，以及她在论证"女性"这个范畴根本不存在的时候，解构主体概念的做法就特别明显。因为她认为，性别身份都仅是在随文化而异的政治脉络中建构的，所以性别身份也都是流动的（ibid., p.1）。这样一种立场看起来还蛮有道理的，因为西方中产阶级白人女性和其他阶级、种族、世界上其他地区的女性之间的差异，会让她们的利益和问题几乎都是不一样的。女性主义运动有时候过于分化、太过国际化，使得很难对"女性"进行有意义的讨论。

巴特勒这种对性别身份的脉络性的强调，一开始跟基于常人方法论来论证的学者，像是柯斯勒与麦肯娜，没有什么太大的不同。因为巴特勒声称，"性"不是在讨论之前就自动成立的事实，而是也属于"性别"范畴（ibid., p.6），并且解剖学上的性别，最终也无法为性别认同设下分界限（ibid., p.128f.）。然而，她也通过两个命题反驳了传统的常人方法论的女性主义。**第一**，巴特勒声称（虽然她没有非常有力的经验证据），是**异性恋的**欲望，将社会中的性别固定在两种：

> 欲望的异性化，要求并构成了"阴柔"与"阳刚"之间分离且不对称的对立，并将这种对立理解为"男性"与"女性"的表现属性。（ibid., p.17）

巴特勒的这种说法其实是值得商榷的，因为很有可能就算是同性恋，也会在其欲望中区分成两种性别。但最后，巴特勒没有要为同性恋的身份进行正名或赋 627 予其特权，而是要消解僵固的（个人）身份的概念与事实。这也让巴特勒在下一点也与常人方法论的女性主义分道扬镳，即：**第二**，身份概念是有误导性的，主体概念，以及所有基于这种主体概念的哲学，也是站不住脚的。巴特勒认为，根本没有固定的主体，因为主体并非自身即如其所"是"，而是通过语言和语言游戏建构起来的。如同巴特勒在后来的著作当中详细呈现的：

> 我的假设是，言说总是以某些方式脱离我们的控制。……将言说行动与自主的主体脱钩开来，可以建立一种不一样的能动性概念，最终可以建立一种不一样的责任性概念，是即我们必须更加承认，主体是在语言中构成的，并且承认主体所创造的东西如何源自其他地方的。……一个（不同于自主的主体的）行动者，显然是在他或她被构成行动者的程度上在行动的，并且因此是在一个使外在限制得以可能的语言场域中运作的。（Butler, *Excitable Speech: A Politics of the Performative*, pp.15—16）

巴特勒认为，在语言背后没有主体。我们在根本上都是被说出来的。借由这个命题（虽然她后来也部分收回了这个命题，见：Butler, *The Psychic Life of Power*; *Theories in Subjection*，特别是 pp.1—31），巴特勒再次将常人方法论的立场推向极端。常人方法论的立场指出，变性者为了不断宣称自己的性别身份必须作出什么样的**努力**，"性别身份"是一种多么困难的"成就"，以及"性别"这个范畴在日常互动当中是多么重要。但对于巴特勒来说，性别身份问题似乎会消解在一场相对混乱的身份游戏当中（而且身份最终是由语言所构成的）（关于这方面的批判，可参阅：Schröter, *FeMale*, p.42）。例如女性范畴，

628

> 本身……是一种过程性的概念，一种生成，一种建构，人们无法正确地说它是开始了还是结束了。作为一种持续的话语实践，它在面对干涉与意义重构时都是开放的。（Butler, *Gender Trouble*, p.33）

从这里也可以看出来巴特勒的女性主义的政治计划。虽然不存在前话语的自我或主体，但巴特勒并不是说因此就不存在行动可能性。相反，正是因为语言意涵的过剩阻碍了身份的最终固定，所以新的意涵总是可以不断被生产出来，语言符号的重新诠释也不断得以可能。巴特勒认为身份是一种可变的实践，一种"标示性的实践"（ibid., p.144）。

> 矛盾的是，身份的重新概念化是一种**效果**，也即是被**生产出来**或**产生出来**，这种效果开启了"能动"的可能性。如果将身份范畴当作是基本且固定的，这种能动性反而会被隐密地排除掉。因为，身份作为效果，就意味着身份既不是被致命地决定好的，也不完全是人为和任意的。（ibid., p.147）

虽然在这里没有讲清楚的是，这种标示性的实践可以**由谁或什么**来加以改变

（"实践"这个概念总是需要有个主体，或至少要有个主动的作为），但巴特勒在这里相对坦率地表现出了一个女性主义的政治目标：女性主义的任务，必须通过讽刺的策略破坏在我们社会里被固定建立起来的性别二元性，"扰乱性别二元性"。女性主义及其理论家的任务不需要大家联合起来进行，因为有将"女性"的本质给固定下来的危险，也有否认所希望的身份多样性、破坏性、流动性的危险（ibid., pp.14f.）。女性主义者的目标，也不需要把国家的审判拉进自己的阵营来执行，如禁止情色等禁令。巴特勒在这里是极为不信任国家的。对她来说，唯一的可能策略是用讽刺和滑稽的语言与非语言实践，来侵蚀现有的两性制度。至于情色禁令，许多女性主义者认为是需要的，但巴特勒却反对这件事。她认为：

> 在国家支持的审查下，会产生语言的社会斗争与文化斗争。在这种斗争 629 中，能动性来自伤害，但也正是因此而有伤害。（Butler, *Excitable Speech*, p.41）

就如同种族歧视的话语可以通过讽刺来加以破坏一样，以类似的方式来破坏性别歧视的做法也是可以想见的。因为，不论是种族主义的意涵还是性别主义的意涵，都不是永远固定的。对巴特勒来说，语言斗争**正是这样一**种手段，可以让女性主义的计划带来成功的完结，将性别二元性完全消解掉，并且——巴特勒希望——从此不再有阶层化。因为，如果没有固定的身份，阶层也就几乎无法续存了！

巴特勒的女性主义计划有极为广泛的影响力，加上巴特勒：

> 为读者呈现了一个很有吸引力的社会性别蓝图，很接近我们那渴望消除边界的梦想和心中暗藏的希望。这个文本浮现出一个不同次元的宇宙，宣誓了一个我们没有想过的自由观念，展现出加诸我们自身存有上的限制是可以被克服的。（Schröter, *FeMale*, p.10）

但是巴特勒的立场也遭遇到尖锐的批判，尤其是以下三点。**第一**，巴特勒计划的出发点的适切性，是特别受到质疑的。她极为依赖福柯的理论，福柯的著作对于巴特勒的整个论证风格来说扮演着极为重要的角色。福柯对权力的作用方式的洞见，是少有人可比拟的，所以女性主义者以福柯为基础的做法乍看之下是很明智的。但是，因为福柯认为权力无处不在、不坐落于任何地方，所以人们也无法得知该如何对权力关系进行具体的分析，以及对具体的团体的"解放斗争"来说究竟具有什么价值。"他的看法只能为抽象的个体，而不是为女人、男人或工人，提供空间"（Hartsock, "Foucault on Power: A Theory for Women?", p.169）。这当然也跟福柯关于主体性的看法不无关联。福柯对（有行动能力的）主体之**死**，

曾有过相当著名的解释（见本书第十四讲）。所以某些女性主义理论家，尤其是巴
630　特勒，会遭遇到一个批判性的提问：福柯的权力普遍主义，明明把权力、暴力、
正当统治、极权都混为一谈，因而放弃了对现存社会关系提出有理据的规范批判
（Fraser, *Unruly Practices: Power, Discourse and Gender in Contemporary Social Theory*,
pp.27f.），而且还质疑主体的行动能力（这可是所有社会运动，当然也包括女性运
动的重要前提）；既然如此，还把这样一种思想家解释成运动的"守护信徒"
（Knapp, "Macht und Geschlecht", p.288），有意义吗？本哈比因此就不认为激进的
福柯式的取向或后现代的取向在事实上能符合女性主义的要求，因为后现代理论
家把女性主义的规范要求都破坏掉了。如果没有规范批判的可能性，如果没有具
备行动能力的主体，那么女性主义的理论计划本身都会被摧毁掉（Benhabib,
Situating the Self, pp.213ff.）。对巴特勒以福柯、尼采和后现代作为前提的做法的批
评者，所针对的也是同样的事：就是因为巴特勒依赖这样的理论传统，放弃具有
自主行动能力的主体，使得她陷入了理论问题困境，连带也让她的政治计划——
把希望寄托于以嘲弄与讽刺为手段的语言斗争——很成问题。因为，如同前文简
短提到的，她很难回答一个问题：是**谁**有嘲弄与讽刺的能力？而且因为她拒绝谈
论有行动能力的主体，所以其实她也根本无法回答这个问题。虽然巴特勒在她近
来的著作中，也试着通过对主体概念的深入检视，来反驳对她的这些批评，也就
是说她还是在讨论主体（见：*The Psychic Life of Power: Theories in Subjection*）；但是，
巴特勒对主体理论的探讨，显然只源自福柯的晚期著作（见第十四讲），所以相比
于心理学和社会学关于身份建立的扎实文献，她的探讨苍白无力，她的理论取向
的问题还是没有得到解释。

631　　是什么让自我能够"转变"性别符码、反抗霸权话语？我们该将什么样
心理的、知识的或其他种的创造资源与反抗资源归于主体，好让这种转变得
以可能？（Benhabib, *Situating the Self*, p.218）

这里也就涉及对巴特勒的政治计划的模糊性的**第二点**批判。批评者认为，巴
特勒显然都一直致力于研究话语，但却没有把话语镶嵌进客观化的与制度性的权
力关系中（Knapp, "Macht und Geschlechts", p.305）。正是因为忽视了制度化的权
力结构，所以巴特勒才会如此直截了当地寄望于以嘲弄与讽刺为手段的语言斗争。
但于此就会有个问题：语言真的就是全部了吗？巴特勒的最尖锐的批评者，纳斯
鲍姆，便表示：

在巴特勒那里，反抗总是被想象成是个人的，多少是私下的，不涉及以
正经的、组织性的公共行动来进行合法的或制度的改变。但这不就很像和一

个奴隶说，奴隶制度永远不会改变，不过你可以找到嘲笑它和暗中捣乱的方法，在谨慎有限的违抗中找到自己的个人自由吗？然而，事实上，奴隶制度是可以改变的，而且也已经改变了——但改变的人并没有采取巴特勒的那种可能性的观点。之所以改变，是因为人们并不满足于嘲弄讽刺。他们要求社会改变，而且社会在某种程度上也改变了。此外，还有一项事实，即形成女性生活的制度结构，也已经改变了。（Nussbaum，"The Professor of Parody：The Hip Defeatism of Judith Butler"，p.43）

这项批判是说，巴特勒的整个理论体系不只对女性运动的政治行动可能性视而不见，而且也无法解释女性主义在过去的成就。

最后，**第三点**，且和前两点批判密切相关的是，语言学的观念论或语言的观念论，也对巴特勒提出了批评（参阅：Becker-Schmidt and Knapp, *Feministische Theorien zur Einführung*, p.89）。这项批评指出，巴特勒极端的建构主义排除了一件事，即并不是语言之外就别无他物了。和基于常人方法论来进行论证的学者一样，巴特勒也宣称，"性"是一种"性别范畴"，所以男女之间的生物学区分并没有坚实的基础。这个二分法不过是异性恋欲望的产物而已，原则上是可以改变的。性别与性别身份所拥有的不过是一种语言建构的特质，所以也可以通过语言，通过嘲弄与讽刺，来破坏。 632

但，不只是针对巴特勒，而是也可以针对柯斯勒与麦肯娜，我们可以提出一个批判性的问题：真的是这样吗？真的**所有**现象都是语言建构与社会建构，或是可被语言和社会建构的吗？朗特薇尔（Hilge Landweer, 1956—　）便对这种极端的建构主义提出批判。她的论点和纳斯鲍姆的看法有些共通之处，虽然也有不一样的地方。朗特薇尔的说法是，任何文化，都会有与性别有关的范畴化。这一点她跟常人方法论的女性主义和巴特勒是一致的。但是，朗特薇尔与这些立场分道扬镳之处在于，她认为，性别特质的建立与**生殖**的二元性有密切的关联。对每个文化来说，生殖都非常重要，也是界定"作为女人"的出发点。

> 虽然这不是性别特质的自然决定要素，但对于随文化而异的性别概念的构成来说，与生殖二元性的联结还是不可避免的。（Landweer, "Generativität und Geschlecht", p.151）

朗特薇尔的命题是，并非所有事都是可以任意建构的。在社会中会有某些生或死的经历，这些经历会成为某些社会建构的"挂钩"。这些经历是无法绕过或无法消除的。朗特薇尔认为，巴特勒关于"只有话语才会造就性别差异"的假设，和本质论的观点，即认为有所谓的"可明确指认的自然性别区分"，一样都是天真

且错误的（ibid., p.156）。在朗特薇尔看来，巴特勒以一种站不住脚的方式，把**语**
633　**言的符号**（如同我们从索绪尔那里知道的，语言符号是任意随俗的），和**身体的**符
号或特质相提并论了。但性别符号不完全是任意的，因为在性别符号那里，身
体—情感相关的面向（例如生育能力）也是很重要的，文化想象和语言表达必须
"考虑"到这件事。

> 行动者并不是以无性别的状态进入到一个情境里，然后语言游戏才根据
> 相同性别与相异性别来安置这个行动者。……身体的情感性也是被呈现、再
> 现、表现出来的，所以也是一种符号。感觉与表述的形成当然也是可以回溯
> 到社会情境那里去的。但身体—情感相关的面向是一种自成一类的现象，是
> 通过符号已进入社会性的"形成"的过程的前提。（ibid., p.162）

这项批评认为巴特勒始终忽视这个观点。她的结论来自一项假设，即任何关
于"自然""物质"或"身体"的说法都是一种语言过程，都是由符号所再现出
来的概念，在语言系统之外这些东西都不存在。但，如果人们要谈及世界的语言
建构或话语建构，那么至少得假设语言之外是有真实的（ibid., p.164）。对女性主
义的计划和女性主义理论来说，尤其是对于认为女性身体一直以来都极为重要的
理论来说，这个看法非常重要。纳斯鲍姆反对巴特勒，她说：

> 而且，说身体完全就是权力，也太简化了点。我们也许过去拥有鸟、恐
> 龙或狮子的身体，但我们现在没有。这个事实形成了我们的选择。文化可以
> 形成或再形成我们身体存在的某些面向，但不能形成所有面向。就如恩披里
> 柯（Sextus Empiricus）很久以前就说过的，"人会有饥渴的困扰，不可能通过
> 辩论就可以让人不会饿不会渴"。对女性来说，这是一项很重要的事实，因为
> 女性的自然需求（还有她们在怀孕或哺育时的特殊需求）是很重要的女性主
> 义议题。即便是在性别差异无关紧要之处，把所有事情都写成文化也是太过
634　简化的。（Nussbaum, "The Professor of Parody: The Hip Defeatism of Judith But-
> ler", p.42）

这里提出的批判性的问题是，女性主义是否真的会喜欢巴特勒所推荐的那种
极端的后现代主义与语言学的道路。

（3）提出这项批判的，是我们这里最后要来介绍的女性主义理论方向。这个
方向的学者并不打算以后现代的风格来驳斥启蒙的遗产，也看到常人方法论和巴
特勒的研究在宏观社会学方面的欠缺，鄙视这类取向在政治方面的天真态度。像
是蓓克－施米特（Regina Becker-Schmidt, 1937—　）和克娜普（Gudrun-Axeli

Knapp，1944—　）便指出（*Feministische Theorien zur Einführung*, pp.147f.），国际上女性主义的讨论，热衷于"性/性别"的基础理论讨论，结果都几乎不再认真尝试将哲学与微观社会学研究，同中观与宏观结构分析结合起来，使得女性主义理论的解释潜力极为薄弱。我们可以很合理地批评常人方法论导向的女性主义和巴特勒，指责她们没有说清楚，"表现性别"或"不表现性别"会如何受到更高一层的制度脉络的影响，以及语言与这个脉络之间的关系究竟是什么。于是，不令人惊讶的是，有些女性主义者开始依赖"传统的"社会学理论框架，同时又用女性主义的计划来改写。像是哈贝马斯的研究于此就受到关注了。因为她们相信可以对这种理论框架的某些批判环节加以去芜存菁，这些环节恰好是后现代理论家和常人方法论学者完全欠缺的。除此之外，哈贝马斯理论的某些概念，例如公共领域，也很适合用来分析总体社会脉络的政治行动。这里，有两位女性理论家特别值得一提。一位是本哈比，1950 年生于伊斯坦布尔，目前任教于耶鲁大学的哲学家、政治学家。我们在前文已多次引用过她的研究了。另一位是弗雷泽（Nancy Fraser，1947—　），我们在这一讲最后要对她多谈一点。

　　弗雷泽也是哲学家与政治学家，和本哈比一样都在美国教书，对哈贝马斯的理论计划多有赞赏，因为哈贝马斯在例如《沟通行动理论》（见本书第十讲）所发展出来的理论框架，既能当作宏观社会学的研究视角，又充满规范内涵的论点。不过弗雷泽认为，从女性主义的视角来看，哈贝马斯的著作有不容忽视的缺点。哈贝马斯对系统与生活世界、行动领域的社会整合与系统整合的僵化区分，不是很有说服力。我们在第十讲就提过关于这一点的基本理论问题。不过弗雷泽的女性主义取向对此的说法不太一样。她主要批评的地方在于，哈贝马斯将权力与权力分析首先缩限在科层制度方面，亦即缩限在政治系统领域，所以在基本概念上几乎没有涉及一件事，就是家庭也同样被（家父长制的）权力渗透，也必须完成经济任务。

> 　　哈贝马斯应该要更好地区分不同的权力类型，例如一方面是家事—父权的权力，另一方面是科层—父权的权力——更不用说在这中间还有许多不同的类型与结合。（Fraser, *Unruly Practices*, p.121）

　　弗雷泽认为，哈贝马斯最终只是在用新的说法再生产出了一组老套的区分，即一边是家庭与私人领域，其中子女养育被当作女性的职责，另一边是男性的（政治）公共领域。也正因此他没有讨论到这种区分是基于性别不平等关系而来的（ibid., p.122）。

　　然而弗雷泽承认，哈贝马斯的理论具有一种"真正的批判潜能"（ibid., p.123）。但这种批判潜能，唯有当我们把他所谓的"社会事务"以不同于哈贝马斯的方式来理解时，才能够充分发挥。弗雷泽认为，社会事务领域不能等同于哈贝马斯所定义的那种"传统的政治商谈公共领域"（ibid., p.156）。"社会事务"更多的是关于**所有**有问题的需求的商谈领域，原则上是一个贯穿了家庭、经济或国家的开放的行动空间，而不是直接等同于这些领域。弗雷泽强调，社会事务争论也必须涵盖"私人的"需求。也是因为如此，与哈贝马斯不同，弗雷泽提出了两种在商谈中倾向被认为去政治性的主要制度类型：市场与家庭。对弗雷泽来说，哈贝马斯老是把他的范畴框架用来对市场的去政治性作用进行分析，而忽略了一件事，即一般的家庭也同样会产生这种作用，使得女性的需求在这之中是被压制的。所以哈贝马斯也没有看到，公共事务领域（弗雷泽也将之称为"社会事务"）必须有更广泛的定义。哈贝马斯暗含的假设是，政治事务、在公共领域当中所协商的事务，其意涵是既定的（或是在过去就定下来了，只是通过意识形态机制而有所改变）。对于新的社会运动（当然也包括女性运动），他就只能解释为是因为系统律令侵入生活世界了。但至少在女性主义方面，这种因果假设，压根是错误的（ibid., p.133）。因为女性运动并非起因于生活世界捍卫自身免于系统，而是因为女性对于权利的要求，以及因为女性尝试将在父权家庭中被私有化的关系公之于众。哈贝马斯忽略了女性提出的问题不只是男女平权，而且还有关于养育儿女的责任、家事劳动的报酬等等问题，这些问题都是很重要的政治事务。弗雷泽认为，"社会事务"也是一个争取政治事务意涵的斗争之处，争取**新**权利的斗争之处，而不只是对**现有的**政治观点或权利诠释的争辩而已。

> 简单来说，我支持那些乐于将合理的需求转化为社会权利的人。就像许多对现有的社会福利计划所提出的批评那样，我致力于反对将需求要求与权利要求区分开来的家长式作风。而且，我也和一些社群主义者、社会主义者与女性主义批评家不同，我不相信关于权利的讨论必然是个体主义的、资产阶级—自由主义的、男性中心主义的。关于权利的讨论如果会有那些特质，那只是因为社会建立起了**错误的**权利。（ibid., p.183）

弗雷泽的女性主义深受社会主义影响，也很依赖哈贝马斯的理论，这与以常人方法论进行论证的学者和巴特勒都明显不同。确切来说，她的理论既有启蒙式的面向，也有规范—政治的纲要，而且这些都有女性权利的要求，以及要求女性要为这些权利而斗争。弗雷泽的讨论没有模糊的权利游戏，也不认为一切都是话语、讽刺和嘲弄，而是讨论阻碍（女性）需求的发声的具体权力结构，强调要反抗这种权力结构。同时也很清楚的是，女性主义的动力如果没有和现代社会理论的各种一般取向进行基本辩论的话，是无法富有成果的。

*　　*　　*

最后我们来为读者推荐一些书吧。对女性主义的理论辩论有着紧凑且好懂的概览的著作，参阅：Becker-Schmidt and Knapp，*Feministische Theorien zur Einführung*，这本书在 2001 年出了第二版。Schörter，*FeMale. Über Grenzverläufe zwischen den Geschlechtern*，2002 年出版，这本书从常人方法论的观点出发，研究了"性"与"性别"之间的关系的一些棘手的讨论要点。最后是一本出版于 2000 年的基础理论性 638 质的研究：Nagl-Docekal，*Feministische Philosophie. Ergebnisse*，*Probleme*，*Perspektiven*。

第十八讲

现代性的危机？新的诊断

（贝克、鲍曼、贝拉，以及自由主义与社群主义的辩论）

639 　　从 20 世纪 80 年代开始，人们在社会科学界可以很明显地看到一波对现代性的热烈讨论。这些辩论部分是由后现代理论家的批判推动的。在一定意义上，这是一种"后现代"的诊断，而且这个诊断带来了对"现代"的反思。后现代理论家声称：现代性对于理性的理解，无可避免地与权力面向有所挂钩，所以完全无法说自己有什么普遍性。但后现代理论家的这个声称也遭遇反驳。就像我们在第十讲最后看到的，哈贝马斯就在他的《现代性的哲学话语》中反对这种后现代理论的假设，并点燃了关于现代性基础的全面**哲学**论战。但是现代性的话语不是只在哲学讨论中出现，而且也同时出现在**全然的社会科学**的提问中，因为现代社会出现了新的问题，或是（旧）问题变得比以前人们所意识到的还更加严峻。至少社会学也提出了一系列引发热烈讨论的时代诊断，并且对此，不是只有学术界，而且广大公众也加入了探讨与论证。这使得即便常常有人提到社会学面临了危机，但是这门学科还是对当代社会进行了非常有趣的分析。我们在这一讲主要来讨论三个学者，这些学者在 20 世纪 80 年代提出了非常有力的时代诊断，直到今天都很有影响力。

　　1. 贝克（Ulrich Beck, 1944—2015）在 1986 年出版《风险社会》（*Risikogesell-schaft. Auf dem Weg in eine andere Moderne*）时，并没有预料到这本书会如此大获成功。

640 贝克当时是一位小有名气的班堡大学社会学教授。他那时候发表了各种关于科学理论和职业社会学的研究，但那些研究就只在社会学领域吃得开而已，出了社会学圈子就默默无闻。不过，1986 年他很好地将关于现代工业社会发展趋势的经验研究结果综合起来，浓缩成一项时代诊断，而且这项诊断因为一个历史事件而变得非常有说服力：切尔诺贝利核事故。这场事故造成了数千名受害者和极大地区的辐射灾难，恰好印证了贝克在书中发展出来的一个命题，即我们今天不再生活在一个阶级社会，而是生活在"风险社会"。他的这个说法，由于没有许多社会学家常会使用的一些抽象术语，也毫不掩饰学者对此的忧虑与责任，所以让贝克吸引了极为庞大的读者群。

这本书的副标题，"通向另一个现代之路"，便指出了在贝克那里不断出现的一个论证模式，亦即宣称一个时代或持续性的断裂（虽然贝克自己也常常试着削弱他的这项宣称，或是使之不要那么绝对）：过去存在的那些结构**今天**已经消失了，以前非常重要的社会与政治进程**现在**已经失去了重要性，取而代之的是**新的**动力。我们在利奥塔那里就已经看过这类宣称："宏大叙事"的正当性已经终结了。这类的修辞形态当然也是很有道理的。贝克之所以这么说，是来自三个新的总社会趋势。（1）今天的社会是一个"风险社会"，面临着由工业生产出来的大型风险，所以旧的阶级社会的冲突和结构已经失去重要性了。（2）今天的社会也是一个由高度个体化所推动的社会，所以过去的社会氛围也在不断消失。（3）在所谓的"反思性现代化"的符号下，过去的政治关系与经济关系的有效性被剧烈地改变了。我们来接着讨论一下这三项时代诊断观察。

（1）首先是"风险社会"命题，这也是贝克这本著作的书名，且因切尔诺贝利核事故而声名大噪。贝克在这里很强烈地宣称，19世纪、20世纪早期的阶级社会，在今天可以观察到的趋势和潮流下，已经不复存在了。至少我们不能再通过对阶级社会里典型的冲突和进程的分析得知当代社会的本质了。贝克的诊断指出，我们现在活在一个"风险社会"，其中（旧的）阶级冲突因为大量的风险而被新的冲突战线给覆盖掉了。所有工业社会都会生产出来的新风险，不是只有某些阶级或阶层会遭遇，而是**所有人**都逐渐会遭遇到。**在个体层次上**，不可能有人可以免于这样的风险与危害。只有整个阶级，甚至是整个国家的行动，才有办法去面对风险与危害。不论是政党干部，还是苏联集体农场，都同样遭受了切尔诺贝利的放射性物质，而且这个核污染也不是只局限在乌克兰，而是扩散到了数千公里远的西欧和北欧。许多化学意外不是只危害在生产设备处的工人，而且也危害到相对遥远的区域之外的居民，化学物质的作用是不分贫富贵贱的。对于空气污染，也没有人真的能永远置身事外，因为受到污染的空气迟早也会飘到有钱人的空气疗养地那儿去。

贝克认为，风险和工业危害贯穿了阶级结构。在过去的社会里，也许财物与生产工具的持有者与非持有者处于社会的两极；但今天，风险的遭遇者和非遭遇者不再明显位列于社会的两端了。所以贝克的命题认为，社会科学用来分析阶级社会的工具，现在有时候已经失效了。

　　用一句话来说：**贫困是阶层的，雾霾是民主的**。随着现代化风险的延伸，随着自然、健康、食品的危害，社会的区分与边界都不再是绝对的了。这会带来很多不同的后果。但客观来看，风险在其范围内，特别是对遭遇者来说，其发挥的作用是平等的。正是在这之中出现了新的政治力量类型。风险的危害情况不能被当作阶级情况来理解，它的冲突也不能被当作阶级冲突来理解。（Beck, *Risikogesellschaft*, p.48）

　　从工业大型风险中产生的"新的政治力量类型"是什么呢？贝克认为，要回答这个问题，我们必须注意这样一种由工业生产出来的风险的特殊性。在 18、19 世纪的早期资本主义社会里，人们相对容易意识到当时该社会形式的问题，因为我们可以直接看到苦难、知觉到贫穷、认识到剥削。但是工业风险完全不是这么一回事。今天的危险不是人们真的能掌握的。我们感觉不到核辐射，我们作为消费者通常对吃到肚子里的食品的化学成分一无所知，我们作为外行人也并不了解基因改造植物的种植会带来什么副作用。贝克要我们注意到，我们大多数必须借助科学知识才能知觉到今天的危害。我们对此几乎无能为力，但这也意味着，我们要么不管怎样就是相信科学家所说的，要么如果我们想要打破主导性的科学家对定义的垄断，即便我们不专业也得培养一些科学知识。因为，唯有通过自己的科学鉴定，我们才能去争论某某化学原料到底有没有危险、某某有害物质的负荷临界值到底合不合理、某某放射性物质容器"对人类来说"到底需不需要担心。

　　风险的科学查知，总是基于高度复杂的因果诠释；风险分析的定义过程总是非常重要。但这也就是说，由主导性的科学所提出的定义常常也是有争议的，而643 这就表示科学的鉴定常常也是有矛盾的。专家之间的争论让一般民众无所适从。贝克总结指出，在风险社会里，是意识（亦即知识）决定存在（ibid., p.70）。因为，与阶级社会不同，我们不再直接遭遇危险，而是，很矛盾的，我们通过科学知识的启蒙才知道危险。贝克认为，这开始形成了一种前所未有的人类日常意识。

　　　　为了把风险当作风险来看，以及为了造就自己的思想与行动，因此我们
　　　　必须相信，在事物、时间、空间方面根本不相关的各种条件之间，有着不可
　　　　见的因果关系，并且相信一些多少基于推测之上的计划，才能对各种可能的
　　　　矛盾争论有免疫力。但这也就是说，不可见的东西，甚至是原则上根本知觉
　　　　不到的东西，只在理论上有联系、用理论计算出来的东西，变成了在文明世
　　　　界的危机意识里，一个人的思想、知觉和体验的毋庸置疑的成分。日常思想
　　　　的"经验逻辑"仿佛翻转了。人类不再是从自身的经验得出一般的判断，而
　　　　是从与自身经验无关的一般知识得出自身经验的决定性的核心。（ibid., p.96）

　　贝克认为，我们是不是真的遭遇了风险或危害，并不是重点，因为我们已经在依赖自然科学的分析了。这也让自然科学变成了纯粹的政治化过程。自然科学不再确认事实，而是去看遭遇风险与危害的临界值在哪里，以此提出决策。但贝克认为，这带来了爆炸性的后果。因为一般公众在面对极有威胁性的危险时，一

方面要求科学家给出一点错误都没有的临界值，另一方面却又一直认为科学家可能是错的，而这无可避免地会提高对科学家的合理性的不信任态度。于是越来越显然的，自然科学家暗示他们在进行控制与预言，但最后并没有能力做到控制与预言，因为他们所生产出来的副作用是不受掌控的，因果链也太过广泛与太过复杂，根本无法作出明确的说明。如果我们每天在接触某项物质时，也同时接触到无数其他物质，可是科学对那其他无数物质一无所知，更不用说如何去评估这些物质之间的相互作用，那么我们又怎么能说某项物质是不是真的实际上会致癌呢？不过不只是自然科学关于控制与预言的能力的威名扫地了，就连法律道德规范，例如"责任"，在风险社会里也开始变得很成问题了。因为，一种大规模的技术与劳动分工的生产，和很多国家部门密切交织在一起，如果这种生产真的带来灾难了，那么我们几乎没有办法抽丝剥茧地找出**唯一的**罪魁祸首。

贝克认为，尤其是绿色运动对自然科学所提出的批评，并不是没有道理的。而且相反，这里出现的问题，揭示出了非常深刻的两难。因为，应用科学和尤其是自然科学，过去和现在总是与提升生产力的观念密不可分。这些学科的研究首先都是为了生产出更好的产品、带来更理性的劳动过程等等。自然科学与财富分配逻辑是密切相关的。但在财富分配与财富生产的过程中形成的风险与副作用，却都是在事后才能看到的。贝克认为，在科学领域中有一种"经济的片面性"，这种片面性会导致人们对风险有一种系统性的忽略。所以，我们要是以为生态灾难的发生只是一种"意外"，那就大错特错了。灾难更多的都是在由自然科学所指导的生产的运作方式下，被系统性地生产出来的。

> 科学是在极为专殊化的劳动分工中，在自身对方法和理论的理解中，在因为外部因素而不过多涉入实践的情况中，被生产出来的。而这种科学，在面对文明风险时**完全没有**适当的反应能力，因为科学本身就深深参与到风险的形成与增长中。而且科学——有时候带着"纯粹科学"的良知，有时候却又越来越良心不安——还常常成为替全世界的工业提供正当性的帮凶，帮着正当化这些工业对空气、水、食品所造成的污染和毒害，以及这些污染和毒害为植物、动物、人类带来的普遍疾病与死亡。（ibid., p.78）

正是因为人类知道这些事，所以人类在风险社会中既批判科学，又相信科学。我们无法预见这究竟会带来什么样的政治后果。贝克设想了许多在风险社会中可能会出现的场景。这些几乎无法否认，但又无法被明确诠释的现代化风险，让贝克一方面谈到可能即将到来的"文明信仰斗争"（ibid., p.53）。意思是，关于当代工业社会，以及关于"正确的现代道路"的知识，可能会出现拥护者与批评者的激烈争论。相较于 19 世纪与 20 世纪初的阶级冲突，即将来临的这个时代可能还更像某些中世纪的宗教信仰斗争（ibid.）。此外，我们对于超越地方性的风险的恐惧，似乎越来越重要。无处不在的风险，以及事实上的确也发生了的大型灾难，可能会导致"例外状态的国家干预政治"（ibid., p.104），导致"科学—官僚的极权主义"（ibid., p.106）。

　　另一方面，贝克也并不是悲观论者。在他的书中，还是可以找到乐观的论调，而且最后这还是主要的论调。因为他认为，公众对于风险的意识，还是有可能会日益增长，并且这样的意识可以开启一条道路，通往我们能给予正面评价的社会。贝克提到，全方面的风险拆毁了各个特殊领域之间的界限，亦即带来了去差异化，或是至少造就了例如科学与政治之间的**另外一种**差异化形式。于此，我们也许会看到一种新的生态道德，这种生态道德不再局限于单一个社会，而是由于**全球**风险而牵涉全世界。贝克提出一种"世界社会的乌托邦"，而且唯有我们告别阶级社会，这种世界社会的乌托邦才有可能到来。

> 　　即便对此的意识与政治组织形式（目前还）是欠缺的，但我们可以说，在这个危害动力中，由危害动力所释放出来的风险社会，侵蚀了民族国家的边界，侵蚀了联邦系统的边界，也侵蚀了经济集团的边界。阶级社会是可以由民族国家所组织的；但风险社会不同，风险社会构成了客观的"共同遭遇的危害"，而且我们最终唯有借助世界社会的框架，才能抵挡这种共同遭遇的危害。（ibid., p.63）

　　（2）该书在说明完风险社会特殊性之后，紧接着就是一个篇幅很长的时代诊断部分。在这之中，他发展了他的"个体化命题"。不过（这也是他第一个受到批判的地方）这个命题实际上和他关于风险社会的阐述几乎没有什么关系。他的这个命题要说的是，人们可以看到，除了工业的大型风险之外，还有个体化过程也瓦解了阶级社会。这个过程有助于我们"向阶级与阶层道别"。贝克用他的这个个体化命题，把一个旧有的社会学议题——即过往的共同体*的约束（表面上）已经崩解了——进行了些微的改变。关于今天的西方工业社会，贝克认为，有一种"没有阶级的资本主义，伴随着与其有关的社会不平等结构与社会不平等问题而存在着"（ibid., p.117）。在这种资本主义当中，精心设计个体生平，变成一个很重要、但绝不简单的任务。

> 　　社会阶级根本上不再有约束力了。深受社会等级所影响的社会氛围，以

---

　　*"共同体"和"社群"在原文里是同一个词，但这一讲为了语句的顺畅，会在不同地方根据不同的语境而选用适当的译词。——译注。

及具有阶级文化的生活形式，已经退场了。取而代之的是一个朝向个体化的
存在形式与个体化的存在状态的趋势。这个趋势迫使人们为了讨生活，不得
不将自己的生活规划与生活运作当作最重要的事。在此意义下，在传统大型
团体社会的范畴里的思维，其现实生活方面的基础，都被个体化给扬弃掉
了——亦即社会阶级，等级，或是阶层，被扬弃掉了。（ibid., p.117）

　　曾经如此根深蒂固的氛围与生活形式之所以被消解掉的原因，主要在于福利
国家（不只是德国，而且其他西方社会也是）的兴起，还有 20 世纪 60 年代开始
在这些国家可以看到的教育扩张。通过福利国家和教育扩张，广大的阶层能够
集体向上流动。在这一点上，贝克提到了"电梯效果"："**集体**多数都能拥有收入、647
教育、迁徙能力、权利、知识、大众消费"，并且带来了"生活状况与生活风格的
个体化和多样化的后果"（ibid., p.122）。

　　但个体化不是只在社会经济层面上发生而已。贝克认为，就连家庭与亲属领
域也出现了一种新的共同生活形式，因为婚姻被认为也不过是两人在一起稍微久
一点而已（ibid., p.192）。连亲属关系都是选择性的，例如根据好感度来选择的。
婚姻和亲属关系不再是不可改变的制度，而是可以由个体自由选择的。与此有关
的角色也不是预先给定的，而是不断协商来的（虽然协商过程中都会充满冲突，
并且会带来对这些关系来说颇为负面的后果）。

　　　随着不断前进的现代化，在所有社会行动领域里，作决定，以及不得不
　　作决定的情况越来越多。稍微夸张一点地说："**怎样都行**"。谁得在什么时候
　　洗碗盘，谁来带小孩，谁负责买菜，谁来收拾吸尘器，谁该养家，谁决定住
　　哪，是不是一定要民政局安排并登记之后春宵时刻才能有个枕边人，这些问
　　题全都没有标准答案了。婚姻和性行为不再绑在一起了，也不再和养育子女
　　绑在一起了。离婚让养育子女的做法变得更多样化。全部这些事可以因为同
　　居或分居而出现不同的情况，也会因为更多的可能住处和随时可以反悔的机
　　会而变得更剧烈。（ibid., p.190）

　　贝克当然不会认为这种个体化的动力全然是正面的。虽然他知道，比起过去
的时代，个体的选择可能性与自由可能性是有价值的；但氛围与固定的生活形式
的衰败，也会带来客体必须得克服的不确定性。例如女性若遭遇离婚，且同时没
有很好的就业能力时，常常就会陷入贫穷状态而苦于其中（ibid., p.197）。

　　（3）贝克著作最后的第三部分，在探讨"风险社会"里政治与科学的关系。
这里，他更仔细地处理了一个在第一部分就阐述过的东西，并且同时进一步探讨　648
了"反思性现代化"这个概念。贝克对（自然）科学的理性和研究实践再次提出

了一个磅礴的，但也非常片面的批判。他的这个批判，延续着德国 20 世纪 80 年代非常激烈的环保运动，援用并更强化了环保运动的论点。对贝克来说，社会中人们对理性的质疑与批判，并不意味着（如同利奥塔所说的）现代就终结了。贝克更多地认为，现代已步入一个新的时期，这个时期的原则比至今已展现出来的还要更清楚。现代并没有"终结"，而是更完善了。在工业社会，人们天真地相信科学，这个社会表现出来的是一种"单纯的现代"。但今天人们对科学（不无道理的）批判，已经标明了一个新的现代的来临，一种"反思的现代性"。

> ［技术批判与科学批判］与现代并不是矛盾的，反而是表现出超越了工业社会计划的一贯的进一步的发展。（ibid., p.15）

这种由工业社会所生产出来的副作用与风险，会造成大型灾难，使社会自食恶果。但是，在风险社会里人们对危害的处理，正好也开启了人们的风险意识，也首次开启了一个机会，让人们批判性地追问与**反思**现代的基础。这也会带来一个对政治过程来说无法视而不见的后果。在贝克较新的著作里，他说到"反思性现代化"这个概念

> 虽然与现代的自我反思与自我批判的传统是密切相关的，但反思性现代化的含义更丰富且不太一样。这个概念的核心在于高度发展的国家当中的工业现代化，会改变工业现代化的框架条件和基础。现代化——我们不能再将之想成是目的理性的、线性的，而是断裂的、受副作用支配的——变成了社会史的推动力。（Beck，*Die Erfindung des Politischen*，pp.12—13）

649　　如同前文已提到的，贝克这三条论证路线的结合，引起了非常广大的回响。就连德国之外的读者，也觉得《风险社会》很好地描述了西方工业社会的问题，使得风险概念在社会学和社会理论中可以被用来进行更广泛的分析，连同贝克的个体化命题也进一步被大家热烈引用。

　　贝克的个体化理论的说法和吉登斯的理论有很密切的关联。吉登斯在 90 年代出版了一些关于现代性的著作，特别强调了亲密关系的改变。他在 1991 年出版的《现代性与自我认同》（*Modernity and Self-Identy*），还有特别是 1992 年出版的《亲密关系的转变》（*Transformation of Intimacy*）中，都宣称有一种时代的断裂（他将新的时代称为"高度现代"，或是在贝克的影响下称为"第二现代"），并且指出对两人关系或家庭关系来说，专家知识扮演了一个新的角色。吉登斯认为，从历史上来看，亲密关系的建立形式可以分为三个阶段。在**前现代**时期，爱首先被理解为**性方面的情欲**，人们也理所当然地多半在婚姻之外寻找情欲。但随着**现代**的降临，

情况就改变了。最晚从**浪漫主义的爱情观**的出现开始，相爱的人被认为随着婚姻缔结才走入了永浴爱河的关系，但同时性别之间的不平等以及性别角色的严峻差异，也开始被视为理所当然的了。到了今天的"**高度现代**"，一个**伴侣之爱**的时代，吉登斯认为，性别角色与所有的家庭关系模式出现了去传统化。吉登斯的说法和贝克很像，也认为今天的关系是持续协商的。同时，个体在面对自己的情欲与性欲的解放时也发展出很高的要求。个体不断在追寻一个"最终的"，但几乎无法完全达到的满足。在追寻满足时，专家知识的指导也越来越重要。吉登斯指出，在养育问题、性问题方面寻求治疗专家或类似于治疗手册的建议，就像想建立令人印象深刻的"个性"时去阅读专家建议一样，变得很理所当然。

650

　　因为对于个体化问题有着共同的兴趣，因此吉登斯在 90 年代担任伦敦政治经济学院院长时，便邀请了贝克到该学院。吉登斯将贝克的时代诊断誉为当代社会学最重要的著作之一。于是他们便开始了相对密切的合作，这次的合作也关系到更进一步的主题。吉登斯在 20 世纪 80 年代末期便已经开始探讨全球化问题了。他当时更倾向认为，全球化不只是经济现象，也是一种文化现象（见本书第十二讲）。贝克也支持这样的方向，他在 1997 年出版的《何谓全球化?》（ *Was ist Globalisierung?* ）中检视了全球化的机会与危害（虽然他对全球化现象的评价没有提出明确的结论）。他对于全球化的基本论调基本上都是乐观的，他的论证也很符合 20 世纪 90 年代的"时代精神"。所以人们可以毫不夸张地说，贝克和吉登斯用这些命题，在很大的一部分上，对**大众媒体的副刊上**关于现代社会的风险、个体化的现象、全球化的后果等的争论，提供了一些说法。不过很多社会学家对他们非常不以为然。无论如何，时任慕尼黑大学与伦敦政治经济学院教授的贝克，很成功地在德国苏尔坎普出版社创立了一套题为"第二现代汇编"的系列丛书，吸引了大批支持他和吉登斯的命题的读者与作者。

＊　　　＊　　　＊

　　人们可以对贝克抱着批判性的敬意，总结他的著作并指出，他对大型科技风险的分析成果相当丰硕。他的著作（亦可参考他在 1988 年出版的：*Gegengifte. Die organisierte Unverantwortlichkeit* ）以非常优秀的启蒙文风，既为社会学领域，也为一般公众，说明现代工业社会的相关问题。同时，贝克采取的路径也可以看作对分化理论（或至少是认为当代西方社会的分化形式几乎是无可避免的那类理论）的拥护者所采取的一个很有价值、很有理论指导性的批判。因为贝克全然是从行动理

651　论来进行论证的，所以他的著作既没有卢曼自身的那种玩世不恭、宿命论的调调，也没有灰暗、历史悲观主义的味道。贝克对于当代社会的诊断，总是也会用一种源于黑格尔和马克思的遗产而来的论证框架来进行辅助，指出这些危机也**可以**是行动的转机，并且也会造就很富生产力的答案。他始终认为，大型科技会生产出它自己的对手，这些对手相信未来是可以更美好的。与这种期许相关联的概念，是所谓的"亚政治"，一种"来自底层的"政治。这种亚政治反对现有的政治风格与形式，反对无视各种副作用的研究实践，反对因为大型科技装置而萎靡不振的群众。

> 若有人还在坚持与等待来自上层的政治，那么这种人也就会忽略了政治事务的自我组织能力。至少就可能性来看，政治事务的自我组织能力，能将许多，甚至所有社会领域通过"亚政治"而置入变动状态。（Beck, *Die Erfindung des Politischen*, p.156）

正是因为工业资本主义总是会不断生产出预料之外的副作用，因为它的副作用，像是风险和危险，让工业化和现代化变成"社会史的推动力"（ibid., p.13；71），所以我们也总是可以期待会有人对这种社会形成形式提出批判，并尝试转变历史的发展方向。对贝克来说，现代化绝不是一个线性过程。现代化更应该被想成是"断裂的"（ibid., p.13）。这**不只是**对"传统的"现代化理论家与进化论者的信仰进步与单向线性史观的批判而已。贝克认为，未来是不确定的，会生产出副作用的工业社会也有不受控的一面，所以我们完全可以想见一条在规范层面非常成问题的"反现代"之路。而贝克**在此之外，也**批判了卢曼的分化理论。贝克不无道理地认为，分化具体来说是以什么形式发生的，取决于（集体的）行动者。贝克和吉登斯、图海纳或艾森斯塔特一样，同属所谓的"构成理论家"，都尝试用
652　社会成员的行动来理解"社会过程"，都不认为有一种超历史的发展趋势（Joas, *Die Kreativität des Handelns*, p.337）。贝克明确指出，在"反思现代"或"第二现代"里，分化本身就变成了问题。意思是，行动者必须为争取适合于他的分化形式，即便是在系统之间并没有（卢曼所说的）那么泾渭分明的那种分化也是如此。所以我们可以说，对贝克而言，"分化问题的民主化"是值得关注的。贝克的命题是，

> 功能分化问题被**功能协调**问题、网络化问题、协议问题、综合问题等等给取代了。再次强调："与"已经削弱了"要么……要么……"，在系统理论里也是如此。**分化本身已经成为了一个社会问题**。行动系统的划分方式因为由此产生的后果而充满问题。科学和经济、经济和政治、政治和科学，为什

么会**以这种方式**彼此划分开来，为什么它们的任务和职责不会**以其他方式**契合或"切分开来"？我们如何将子系统想成同时既在功能上是自主的，又是相互协调的，并以此方式来组织子系统？（Beck, *Die Erfindung des Politischen*, p.78）

然而，当我们在赞赏贝克的敏锐观察力，以及在上述引文可以看到的在时代诊断方面表现出来的洞察力的同时，也可以不断发现在他的著作中各个论证的缺陷。我们至少可以提出四点批判或问题。

第一，"时代的断裂"这种修辞虽然有一定的吸引力，但（不只是贝克，在吉登斯那里也一样）这是非常粗糙的声称。我们大可问：在"第一现代"是否真的像贝克所描述的那样，有着如此僵固稳定的社会氛围与生活形式，与"第二现代"形成了如此鲜明的对比？或是我们也可以反过来问：是否真的如贝克所宣称的那样，所有的氛围在今天都烟消云散了，个体化实际上不断挺进？在规划人生时，不同阶层与阶级之间的个体，也许没有，也不再有巨大的差异了吗？"旧的"阶级社会结构已经完全消失了吗？最后，严格区分出不同阶段，是一个很老套、也很　653有问题的论证手法，"旧的"现代化理论就已经深受其害了。"旧的"现代化理论就有的"传统"对"现代"的二分法，现在只是换了一种新形式而已，也就是"现代"对"高度现代"，"第一现代"对"第二现代"。有一些批评者（参阅：Alexander, "Critical Reflections on 'Reflexive Modernization'"）便指责贝克和吉登斯的理论，认为他们的"反思现代性"理论，只是用很粗糙的二分法来重新包装"旧的"现代化理论而已。

第二，贝克所提出的（世界）风险社会，以及在这个社会当中产生的新的政治动力，也遭遇到同样的批评。在风险面前真的人人平等，阶级问题真的不重要了吗？或者1986年的时代诊断是不是只适合当时联邦德国的特殊情境，只适合两德统一**之前**、一个人们还会相信一个相对稳定的福利国家（所以社会经济问题，以及由社会经济问题产生的政治过程，不是那么重要）的时代？

第三，很矛盾的，贝克的个体化命题之所以在表面上看来还能说得通，恰恰是因为他把社会学里讨论到的个体化概念不加区分地拿来用了。"个体化"这个概念的意义有很多面向，它可以是让个体脱离传统社会构成形式的社会文化肇因，也可以是指人们变得越来越一个人、越来越孤单，或者也可以说人获得了越来越高的自主性或行动能力。这还只是个体化概念的众多面向中的三个面向而已，而且这三个面向不必然是彼此息息相关的。传统社会构成形式消亡了，不必然会放任人们变得越来越孤立；越来越孤立，也不会自动就让人们获得个体自主性（参阅：Honneth, *Desintegration*, p.24ff.）。但因为贝克没有清楚区分这些不同的意涵，所以他的个体化命题让人感到"迷惑"。他在这方面的时代诊断虽然有启发性，但最终并没有乍看之下的那么清楚，因为读者无法确切知道他的"个体化"到底是　654

什么意思。

　　第四，之前我们已经提到，贝克有一个被批评的地方，在于他的"风险社会"和他的个体化命题这两个诊断之间没有什么关联。让这件事显得特别值得注意的原因尤其在于，贝克提到了行动的亚政治形式，以此强调他希望有一个更好的现代。而且，就像图海纳在 20 世纪 70 年代晚期那样，他还认为专业人士与专家堪为亚政治的担纲者（参阅：Beck, *Die Erfindung des Politischen*, p.242）。但这里让人们不禁想问，如果人们真的如贝克所描述的那样都个体化了，那这些专业领域的成员又如何可能构筑出集体行动？当然我们也不能排除，真的会有这样一种行动。但贝克并没有告诉我们，个体化和这种（充满机会的）反抗形式之间的关系是什么。这也使得贝克的时代诊断很成问题，也很不清楚（虽然在大众媒体副刊上，常常可以看到人们把贝克的说法诠释得好像在经验层面上已经有了确切证明似的）。关于在理论方面与经验方面对贝克的责难，可以参阅这个文献的回顾：Richard Münch，"Die'Zweite Moderne'：Realität oder Fiktionen?"。

*　　*　　*

　　2. 如果我们转而去看鲍曼（Zygmund Bauman），一位在 20 世纪 80 年代末，尤其是在 90 年代因其时代诊断的著作而引起轰动的学者，那么我们可能一开始会觉得到了一个熟悉的领域。因为鲍曼最早期的著作也经常谈到某些会让人们联想起吉登斯与贝克的面向，如个体化命题。鲍曼声称，我们的"出发点是一个越来越个体化的世界"（参阅 Bauman, *Postmodernity and Its Discontents*, p.204）。他们的相似性也并不令人惊讶，因为鲍曼与吉登斯的密切联系深刻影响了鲍曼。但是大家不要误以为鲍曼的著作就只是从另一种版本的个体化理论来进行时代诊断而已。鲍曼的出发点其实是不一样的。而且可能令人惊讶的是，我们这本书现在已经到第十八讲了，竟然都还没有谈到鲍曼作为出发点的这个重大历史事件。这个事件就是二战时的犹太人大屠杀，而鲍曼是第一批从大屠杀事件出发，去思考现代性形成的社会科学家之一。并且他的时代诊断立场与伦理立场，也是**从这个事件出发**并发展出来的。

　　鲍曼于 1925 年生于波兰犹太家庭，在德国侵略波兰后向东逃到当时的苏联，1945 年作为苏联军人搬到柏林。战后他在波兰作为一名马克思主义社会学家进行学术工作。1968 年，由于波兰共产主义的反犹运动，鲍曼离开了教学工作。他在以色列的特拉维夫教了很短时间的书，然后就去了英国的利兹大学工作，直到退休。在英国，他以马克思主义和诠释学的专家闻名。但一直到80年代中期，才以一本严格意义上算是时代诊断的著作，突然家喻户晓。这本书就是1989年出版的《现代性与大屠杀》（*Modernity and the Holocaust*）。之后他又出版了一系列的著作，其中的讨论部分建立在对欧洲犹太人的谋杀的研究之上，并以此为基础，在关于至今仍在发生的所谓的后现代的讨论中提出了严肃的伦理问题。

关于大屠杀，鲍曼提出了一个非常惊人的诠释，认为这并不是一件"德国人的罪行"，不是仅仅在德国的社会和政治条件下才会出现的一种工业化的大屠杀。他也不像时隔不久戈德哈根（Daniel Goldhagen）的著作《希特勒的志愿行刑者》（*Hitler's Willing Executioners: Ordinary Germans and the Holocaust*）所说的那样，认为大屠杀源于德国人根深蒂固的反犹性格。鲍曼和古典法兰克福派理论家，如阿多诺，也很不一样，不认为可以用德国大量存在的权威人格解释纳粹的兴起以及大屠杀发生的可能原因。

> 当人们处于促使他们变得残忍的互动脉络当中时，他们的人格特质并无　656
> 法阻止他们犯下残忍的罪行。（Bauman，*Modernity and the Holocaust*，p.154）

最后，鲍曼也不是从资本主义的动力来推导出大屠杀的（许多马克思主义学者都尝试通过资本主义的动力来解释大屠杀）。

鲍曼的命题是更深刻的，所以也很有争议。他宣称，大屠杀与现代的文明化有着密切的关联。大屠杀不是现代的意外，不是陌生的要素，而是与现代深刻地交织在一起。甚至如果没有现代，大屠杀是无法想见的。"大屠杀是现代在追求对世界进行全面的规划与控制，但却越来越失控、疯狂时，所产生的副产品。"（ibid.，p.93）所以造成大屠杀的，也不是几个世界、几千年来的古老的反犹主义。鲍曼很有道理地指出，反犹主义不必然会导致暴力，也不必然会导致在20世纪中那样不受掌控的暴力。

> 从个别来看，反犹主义不能用来解释大屠杀（更一般地来看，**怨恨本身**
> **无法充分解释任何种族的灭绝**）。如果对于大屠杀的概念与执行来说，反犹主
> 义的确在发挥作用，且也许是不可或缺的，那么我们也必须注意一个事实，
> 即大屠杀的设计者和执行者，必须要有一些不同于任何可能的执行者、协作
> 者、顺从的目击者等人的反犹情绪的其他重要面向。同样重要的事实是，大
> 屠杀要得以可能，任何的反犹主义都还必须融合某些完全不同的特质要件。
> （ibid.，p.33；强调处为约阿斯与克诺伯所加）

鲍曼相信，这些要素是可以名状的：大屠杀是一个科层程序的结果，而且这

个程序也进而表现出在现代中越来越显著的对唯一性、明确性和秩序的追求。这种追求导致惨无人道的现实，而科层程序为这种追求提供了手段。很矛盾的是，欧洲犹太人大屠杀，源于一个更好的、更纯粹的、更明确的社会。如鲍曼所言，这些大屠杀，

657

> 不是解体的结果，而是创造的结果。消灭他们，是为了建立一个客观来看更好（更有效率、更道德、更美好）的人类世界。……一个种族上更为纯净的雅利安世界。这是为了更有序地控制一个和谐的世界，一个没有冲突、顺从于统治者的世界。（ibid.，p.92）

为什么现代的"领导者"和"监督者"会特别针对**犹太人**？这与他们在欧洲社会的情况有关。由于被驱逐、不被整合，让犹太人正好体现了无法被一眼看穿的不确定性。而从现代之始，社会就一直在追求能一眼看穿的确定性（ibid.，p.56）。种族主义表现的就是这种追求，它以科学的方式尝试确立纯粹与不纯。它想建立一个完美的社会，一个极端的理念，而这正是**伴随着欧洲启蒙**才出现的一种想法。因为正是启蒙，鼓吹人们尽情地形塑自然、将自然加以客体化，而这也为人们对于"不纯"和缺乏确定性的人种或族群进行主动、系统的解决方案（亦即所谓的"最终解决方案"，一种科层、有组织的大屠杀），提供了前提（ibid.，p.68ff.）。鲍曼在这里，吸收了在历史科学中所谓的"功能主义的"或"结构主义的"关于纳粹统治或大屠杀的诠释（在这里，这两个概念和本书在前面几讲提到的功能论与结构主义理论没有什么太大关系）指出，纳粹政治的最终结果不是来自希特勒或其他纳粹头号人物的反犹主义，而是来自某些纳粹科层制的自身动力。正是因为科层制的这个自身动力，让纳粹的政策能极为一贯——而且比所要求的更为一贯——地施行下去。

> 诚然，科层制不会孵化出对种族污染的恐惧和对种族优生的痴迷。要形成这些事，得要有一些煽动性的领袖，科层制只是将煽动性的领袖所止步之处再继续延续下去而已。但科层制造成了大屠杀，而且是以科层制自己的形象造成了大屠杀。（ibid.，p.105）

鲍曼把这个对于大屠杀的诠释再进一步推到对于现代性的诠释，强调现代性
658 的阴暗面。他反对把大屠杀当作德国特殊道路的结果（进而当作一次性的意外），以此粉饰现代性、维护现代性的"纯洁"。鲍曼罗列了许多不是真的相信现代性自身的和谐形象的思想家，例如福柯。福柯正是因为如此才作为一位"考古学家"或"系谱学家"来拆穿现代性。

鲍曼的分析在很多方面都诉诸他这本通过大屠杀，从社会哲学的角度撼动人心的著作。这里也让人联想到两位法兰克福学派的代表人物，霍克海默（Max Horkheimer）与阿多诺（Theodor W. Adorno）在流亡时撰写的一部带有深深的历史悲观主义论调的著作《启蒙辩证法》。在我们介绍哈贝马斯的那一讲，就已经简短讨论过这本书和其中提到的哲学难题。从阿伦特（Hannah Arendt）在 1951 年出版的《极权主义的起源》（*The Origins of Totalitarianism*），以及特别是 1963 年出版的那本引起争议的著作《在耶路撒冷的艾希曼》（*Eichmann in Jerusalem. A Report on the Banality of Evil*）中，我们也可以看到与纳粹大屠杀的科层制特质交织在一起的命题。但从今天的知识水平来看，我们可以对鲍曼和提出类似命题的这些"前辈们"，提出一些批判性的问题。

（1）这些命题在谈到大屠杀的科层制特质时，是不是低估了对欧洲犹太人施加大屠杀的人的情感面向与冲动面向，亦即低估了许多谋杀者杀害犹太人时的正面情绪与其背后的反犹动机？是否除了科层制之外，也正是这些情绪与动机，使得对成千上万人进行的残杀得以可能？而且，不是所有犹太人都是被用毒气，以近似工业化和匿名的方式谋杀的，而是常常很多谋杀都是加害者与受害者在面对面的情况下发生的。不少学者，至少例如布朗宁（Christopher Browning, *Ordinary Men：Reserve Police Battalion 101 and the Final Solution in Poland*）、索夫斯基（Wolfgang Sofsky, *Die Ordnung des Terros：Das Kontentrationslager*）和戈德哈根都质疑，是否人们真的可以仅将科层制和在科层制当中体现的现代对于秩序和明确性的追求当作重 659 点，将之视为造成大屠杀的决定性因素。

（2）我们还可以再批判地问，大屠杀的决定性因素是否真的是科层制，还是因为在某些政治背景下才得以可能的科层制的**独立性**，才让科层制能超越一切的控制释放出它的所作所为。这个问题足以动摇鲍曼对于现代性与深刻的现代制度的判断。

（3）我们也可以问，鲍曼强调在现代性中有着对秩序的追求，且会尝试消除无法确定的事物，但鲍曼的这种说法是不是几乎无可避免地会以过于肤浅的方式呈现历史进程？对于现代性的讨论，确实必须对造成大屠杀的特殊历史过程进行详细的研究。但我们是不是也应该对施加权力与颁布命令的人的决策过程，给予更高的重视呢？还有一个更重要的问题：在分析大屠杀的时候，我们是不是也应该把战争的角色当作更重要的因素而纳入考虑？毕竟所谓的"最终解决方案"是在战争的脉络下所决定的。把战争因素纳入考虑，并无损鲍曼对现代性的阴暗看法。而且完全相反：战争——在现代，并不罕见——必须被当作对现代的诠释中更进一步的"黑暗"现象来更认真地被纳入考虑。一旦思及战争，也许就会让对于大屠杀的解释，比在鲍曼的书中所呈现的还更为详细，毕竟关于战争及其后果是大屠杀的可能条件一事，鲍曼在书中几乎只字未提。

（4）最后我们可以问，鲍曼关于现代性的总体图像，他那仅仅关注国家权力与科层制的做法，是不是会完全忽略现代性的"正面"的部分。例如现代性也是有着自主管理和共同民主决策的形式。虽然鲍曼所关心的，恰好在于是否能克服霍克海默与阿多诺在《启蒙辩证法》里的绝望感，但他的时代诊断在很多方面也非常阴暗。这种"深不见底的黑暗"的时代诊断，有时候也让人强烈联想起福柯的现代性图像，而且和福柯的现代性图像一样，并不总是非常有说服力（对此，详细的讨论，可参阅：Joas, *Kriege und Werte*, p.236ff.）。

不过鲍曼并没有停留在对现代性的这项诊断上。这也表现出他的高度生产力。他在 20 世纪 90 年代更多地将他对于现代性的思考再关联上他自己所谓的"后现代伦理"上。这个后现代伦理，一方面是从大屠杀以及现代性的其他扭曲那里得到的特殊教训，另一方面，在他看来，20 世纪 90 年代人们也应该要开始思考后现代的社会关系了。

就上述鲍曼对大屠杀与现代性之间的关系的反思来看，鲍曼的这个理论进展也不是太令人意外，因为鲍曼不再相信道德在历史中是会进步的，也不相信现代的典型结构与思想模式会促进这种道德进步（Bauman, *Postmodern Ethics*, p.229）。完全相反，他认为现代的道德话语总是会陷入无法克服的矛盾。现代道德话语假设有一种伦理规章，这种伦理规章对所有人都适用，必然是一目了然的。并且也假设，这样一种道德规则可以毫无矛盾地建立起来，对于所有在道德方面有争议的情况，都可以提供一个明确单一的解答。然而鲍曼认为，恰恰就是这种对于明确性、纯粹性与确定性的追求，造成了最一贯，也最极端的形式，即大屠杀。如果要说历史带给我们什么教训的话，那就是我们必须坚持暧昧、模棱两可。对于伦理学与道德领域来说也是一样。我们必须接受，我们永远也找不到一个"万无一失——即普遍且不可动摇——的伦理符码"（ibid., p.10）。还有，鲍曼认为，"道德现象天生就是**非理性的**"，在组织和制度中我们都**无法**找到道德。在法西斯主义中，现代制度，例如德国的科层组织，会排除掉其成员的道德疑虑，让大屠杀可以毫无问题地正当化。这件事深深震撼了鲍曼，让他认为**社会空间中不存在道德**。道德是深植于个人的、**前社会的**，我们必须**从现代那里夺回**这种理智。现代性就是因为让社会制度，乃至于社会代替了个人良知，所以才造成了 20 世纪那难以想象的罪行。

> 把道德从人为建构的伦理符码的僵硬盔甲中脱离出来（或是放弃把道德留在盔甲中），意指把道德重新**个人化**。人类的激情一直习惯被认为是过于容易犯错且无常的，而确保人类可以安全地共同生活的任务又太严峻，使得我们只能将人类共同存在的命运交付给诸多人的道德实践。我们现在要去理解的是，这个命运无法交付给任何东西；这个命运也许无法得到适当的关照。

（Bauman，*Postmodern Ethics*，p.34）

鲍曼这种后现代的，基于个人来设想的伦理，依赖一位学者的想法，即在立陶宛出生、长大，后来在 20 世纪 30 年代入籍法国的道德哲学家列维纳斯（Emmanuel Levinas，1906—1995）。对列维纳斯来说，"为彼此而存在"是人类主体性的基本形式。列维纳斯致力于和胡塞尔与海德格尔进行对话，但很长一段时间默默无名。但利科（见第十六讲）非常依赖列维纳斯的思想。一直到那些以宣扬相对主义而崛起的后现代思想家（例如德里达）带动了伦理转向，列维纳斯的作品才获得强烈的重视。列维纳斯深受塔木德教义的影响，而鲍曼所理解的列维纳斯，认为自我对他者是有责任的，他者的经验总是会受到我在面对他者时的道德义务与责任的影响，**不论他者是否会回报我的关怀**。

> 在道德关系中，我与他者是不可交换的，因此无法被"叠加"成"我们"这种复数形式。在道德关系中，所有能想得到的"责任"和"规则"，都仅仅只是在针对我、构成我，而且就只有"我自己"。当如此针对我的时候，责任就是道德的。（ibid.，p.50）

662

在鲍曼那里，这种"我""个体"的责任，就是后现代道德的特质。但这不意味着相对主义。不少后现代学者的立场完全从尼采的观点出发，认为道德尺度表现了权力利益。但鲍曼与这种立场不一样。虽然鲍曼知道，道德不是对一切事物来说都会有道理，但他也认为，这不必然会导致相对主义立场，因为自我会不断为了他人而被召唤出来承担责任。鲍曼认为，他的后现代伦理不是一种"我们啥也做不了"的态度（ibid.，p.14）。

不过，这种后现代伦理不只是基于对**过去的**现代社会形式与现代思想系统的（灾难事件的）体验论证而得来的，而是今天的社会事物的结构，刚好都禁止了一种关于普遍性、无所不包的理性、明确性的思想。这段期间内，表面上僵固的社会关系，也越来越表现出流动性与倏忽性。鲍曼声称，1945 年之后，或最晚自苏联解体开始，社会与文化的基本模式出现了巨大的变革。和吉登斯与贝克一样，鲍曼宣称有一种根本的时代断裂。鲍曼有点像吉登斯和贝克，也是在尝试论证这件事。鲍曼也提到了国家与家庭作为社会形式，过去是在抵御个体的不确定性，保证稳定性，但现在开始出现了崩坏。但崩坏之后，并没有新的东西取而代之，自我成为人类最后的参照点。后现代最深层的特质，就是私人化的个体。这也会深深影响到政治（参阅 Bauman，*In Search of Politics*，pp.38ff.）。鲍曼对这种影响的观感，显然比贝克和吉登斯还要负面。他认为，"新自由主义"政治与意识形态带来的市场的挺进，最终会造成越来越多的不确定性。面对政治关系的根本碎裂化，不论是市民公共领域，还是知识分子的批判话语，都会受到威胁。在鲍曼看来，后现代没有带来更大的自由，而仅仅让市民变成了市场消费者（Bauman, *In Search of Politics*, pp.78）。

663

鲍曼的命题还更尖锐地指出，现代性的典型角色是军人与制造商，这两个都稳固**关联**上国家组织和工业企业组织，表现出高度的坚固性与稳定性。但这些角色在后现代里已经失去其重要性了。取而代之的，后现代情境的典型形象，是"观光客"，它体现了对固定模式的"否定"，因为观光客从未真正属于其所旅游的社会，只是在这个社会里出席而已，因为观光客很快会改变停留地点，他们没有受到约束，只追求短暂的情感满足，而不追求稳定的关系。对鲍曼来说，"观光客"这个角色可说是对后现代社会结构的不稳定性与不确定性的一种回应，也是对后现代文化不再有所扬弃的暧昧模糊性的回应。

> 人类行动变得碎片化、不稳定；而人类行动试图铭刻于其中，以之为方针的那个世界，似乎更是如此。如果神庙与禁区变动不居、不断被亵渎，一下神圣不可质疑，一下却又不再神圣，且这段变换的时间比到达神庙与禁区的旅程时间还要短，我们又要怎么把我们的生活过得像是一趟朝圣之旅呢？如果今天的价值到了明天就必然会贬值与通胀，我们又要怎么为一辈子的成就来投资呢？如果辛苦习得的技能在成为资产的第二天就变成了负债，如果专业和工作一不注意就会消失，昨天的专业在今天就变成了迂腐，我们又要怎么为终身的志业进行培训呢？（Bauman, *Postmodernity and Its Discontents*, p.88）

鲍曼在面对他所诊断的后现代社会结构本质时，抱持着无畏、冷静的态度：虽然我们遭遇经济全球化时必须反抗这个过程，但我们不能用现代的思维工具来进行反抗。我们不能再说有什么事情是普遍的，不能再从**单一的一种**理性出发，因为后现代的特质就是无法被扬弃的模棱两可。我们必须承认，

664

> 我们活在一个如彩虹般多义、多样的文化中，它不羞于展现它的模棱两可，在判断上沉默不语，对他人展现容忍，因为最终这也会变成对自身、自身的终极偶然性与无穷尽的解释深度的容忍。（Bauman, Modernity and Ambivalence, p.159）

在这里，鲍曼表现为一名对社群主义者的尖锐批评者。在鲍曼看来，社群主义认为，为了维持共同体的稳定与价值观，因此宽容是没有必要的。鲍曼反对社群主义，因为，跟利奥塔类似的是，对他来说不论是哈贝马斯关于共识的想法，还是社群主义那维护共享价值的观念，都不是可想象或可寄望的。鲍曼更赞扬

"多文化社会"的观念，一种以多元主义和宽容为特质的观念（*In Search of Politics*, p.199）。

当然，我们在这里可以批判地问，若我们从这样一种悲观的态度出发，那么究竟该如何对经济全球化的负面作用进行具体的抗争？因为鲍曼虽然呼吁人与人之间要团结，赞扬［如同在二战结束时，一位"激进自由主义者"贝弗里奇（William Beveridge）所设想的那种］福利国家的持存与建立（Bauman, *Postmodernity and Its Discontents*, p.205），但他却也同时让他的读者很疑惑，如果真如鲍曼所言，个体化命题是所有当代政治分析与规范分析的最终出发点，那么这种团结要怎么来、从哪里来，要如何（成功地）让**集体**持续地为争取某些福利国家制度而抗争。而且人们可以在更根本的层次上质疑鲍曼的后现代伦理。因为，在社会学当中说人的道德感乃是**前社会**的预先给定的事（如同鲍曼基于列维纳斯的理论所提出的那样），是非常大胆、大逆不道的。虽然，没错，不少现代制度从根本上来说是不道德的，但也不能因此就得出结论认为，我们只有在制度事务之外才能"学到"道德。像是柯尔伯格，便从认知主义或道德主义的角度提出道德发展理论，这也是一种说得通的讲法（见第十七讲）。就算反过来说也是如此：我们 665 可以批评柯尔伯格的理论，但这也不会真的就得出"道德乃在社会事物**之外**"的命题。我们有理由可以认为柯尔伯格和吉莉根之间的辩论，**不会**围绕着道德的社会起源的问题，而是会围绕着（随历史而异的）道德形成的社会发展形式及其后果。虽然道德理论必须能够指出，与他人之间有所触动的相遇，是如何带来了在社会层面上彼此交织在一起的道德，但这种触动无论如何都是一种社会的，而非前社会的经验［参阅伯恩斯坦（Richard J. Bernstein）与列维纳斯的对话，见：*The New Constellation*；以及参阅：Hans Joas, *Die Entstehung der Werte*, p.162ff］。因为鲍曼并不真的关心这种纯社会学和社会心理学的问题，而是不加改变地基于列维纳斯的哲学观点（即便鲍曼在著作里不断强调他对列维纳斯的哲学观点是有质疑的），所以在鲍曼整套著作里，根本的基石在理论上是没有发展的。

不过，这个鲍曼碰触到，但没有真正回答的经验问题与理论—规范问题，在20世纪80年代有一位学者很认真地对此讨论了。他是我们在提到帕森斯主义的翻新（第十三讲）时已经认识到的学者：贝拉（Robert Bellah）。贝拉的时代诊断，也明显激起了我们前面提到过的社群主义运动。

3. 为了能恰当地评估贝拉的著作和在美国兴起的社群主义之间部分非常激烈的争论，我们首先有必要花稍微长一点的篇幅，回顾20世纪70年代和80年代美国的社会科学图景的特色。我们已经提到，差不多自70年代开始，在社会学领域里理论研究的基地就转移回欧洲了。虽然像新功利主义和新帕森斯主义这样的理论取向，可说在美国有很重要的一席之地，但较新的综合取向主要还是在欧洲获得发展。高度专业化的美国社会学，质疑过于理论性的研究取向，但欧洲不太有 666

这种质疑。不过，最晚在 80 年代初，美国社会科学界部分出现了可以让人明显感受到的转向。这也受到（美国）政治科学和哲学的某些发展的影响。这让美国再次为社会理论的接续发展提供了厚实的基础。

　　这里提到的发展，与罗尔斯（John Rawls, 1921—2002）这个名字是分不开的。他在 1971 年出版的巨著《正义论》（*A Theory of Justice*）在这两个领域都引发了一场革命，让规范—政治问题重新回到社会理论辩论的中心。罗尔斯的书如此新颖又如此振奋人心，但也很有争议，因为自文艺复兴时代开始的现代政治思想在根本上都是在两个极端游移。简单来说，姑且不论关于细节的诠释争论，可以说，是马基雅维利（Niccolò Machiavelli, 1469—1527）带来了影响深远的政治思想的两极化。作为第一批现代政治思想家之一，马基雅维利尝试把伦理问题排除在政治哲学的核心之外。他认为，政治理论化工作不应该牵扯上伦理问题，而应仅探讨争取权力的政治行动者的实际态度，或是仅应探讨在权力竞赛中被使用的策略。马基雅维利的著作让古代的"实践哲学"分裂成两端，一端是一种关于政治理性的精确科学，另一端是道德理论。这产生了两边的"分工"：一边是去道德化的政治学说，这种学说不关心政治机构或系统实际运作方式的伦理问题；另一边是政治中立的道德学说或德行学说，这种学说与公众的关系不是那么明显（参阅：Otfried Höffe, *Strategien der Humanität*, p.11ff）。当然在现代哲学史当中，一直都不乏有人尝试弥合两边的断裂，也一直有人反对分工趋势，想将政治思想重新加以规范化。但值得注意的是，这种强烈的"分工"，在政治哲学思想里，一直到 20 世纪 60 年代都还是存在的，并具有结构性的影响力。在二战之后，美国的政治哲学和经验的政治科学还是几乎不相往来。在这样一段平淡无奇的时期，罗尔斯的《正义论》是第一个大规模且引起轰动地把伦理问题重新带回公共决策过程的尝试，而且他的尝试方式让实践哲学的重要性马上就显露出来了。罗尔斯成功地将政治哲学的这两个思潮之间几乎无法弥合起来的鸿沟联结起来了，让规范问题重新地回到政治理论的核心，引起热议。

　　罗尔斯的特色是，把**正义**的价值置于他的理论思考的绝对核心位置，并以此探讨"合乎正义的"社会制度结构与权力结构，以及公正的财物分配要如何形成。罗尔斯的信念是，实践哲学必须从**总体社会的制度结构**着手进行讨论，因为社会成员的生活机会深受这种结构影响。专注在个别个体的道德哲学取向，在面对复杂的现代社会时，相对来说没什么用处。罗尔斯认为，在道德方面迫切的问题，例如贫穷、社会内部权力不平等等等，若想依靠仅专注在个体行为的伦理学，是看不到出路的。一个讨论正义的理论，必须从社会基本结构着手。这也就是他在《正义论》开头所说的："正义是社会制度的首要美德"（Rawls, *A Theory of Justice*, p.3）。但人们怎么知道现有的社会制度或社会正不正义呢？罗尔斯认为，这可以用一个简单的问题来判断："理性的人，如果有机会从底层发展新的社会结构的话，他们会不会真的建立起现在这些制度或社会？"如果答案是肯定的，那这个制度或社会就是合乎正义的！当然罗尔斯提出的这个问题——如读者们可能马上会注意 668 到的——是非常简化的，因为我们当然可以继续问：什么是理性？谁可以称得上是"理性的人"？我们会提出这些质疑，是因为罗尔斯的这个问题应该要给出判断社会或制度的精确标准，但却隐藏了许多不明确的东西，所以关于这个问题，所有人根本无法得到一个令人满意的答案。

罗尔斯当然知道这个问题的缺陷，但这个问题不是没有意义的。他认为，这个缺陷可以用一个思想实验来解决，而且在哲学史上——像是在欧洲启蒙时代的契约论思想家那里——就已经用过类似的思想实验了。他的论证如下：在对当代制度是否合乎正义进行理性判断，以及对未来新的、合乎正义的社会进行理性讨论时，人们必然会有不同的愿望、需求、价值、生活规划、政治认知、宗教认知、权力资源、财物等等。面对这些差异，人们是不可能有共识的。然而——这也是罗尔斯建议的一个思想实验——如果参与讨论的各个不同的人**对他们自己的需求、价值、目标、资源等等都一无所知**的话，这样一种共识是可以实现的，并且大家是可以得出一个所有人都能接受、合乎正义的决策的。人们必须将讨论参与者带进一个对自身在社会中的位置一无所知的情境，如此一来，他们就必然可以用一种不偏不倚的方式进行讨论。这样一种讨论情境，看起来会是这个样子：

> 首先，人们不知道他在社会中的位置、他的阶级地位或社会身份；他也不知道他的自然资产和能力方面的财富分配、不知道他的智力和力量等等。同样地，人们也不知道他关于美好的概念，他的理性人生规划的细节，或甚至不知道他的心理特质，他对风险的厌恶，或对乐观或悲观的偏好。（ibid., p.137）

669

如此一来，在进行讨论时，就会有一层罗尔斯所谓的"无知之幕"（veil of ignorance）挂在人们及其个人处境之前。这样一层幕可以避免人们赞许社会基本结构中过于鲜明的财富差异与权力差异，因为在这种情况下每个人都必须考虑到自己可能处于社会阶级最底端的情况。例如，罗尔斯认为，这种情况下没有人会赞成奴隶制度，因为大家都不能排除自己也可能属于奴隶阶级。

通过这个思想实验，借助"无知之幕"的概念，罗尔斯相信我们就可以有一个尺度来判断社会结构或社会决策过程是否在事实上合乎正义。如果人们处于人为的无知情境而面临一个社会结构或社会政治决策时，会赞许这个结构设置或决策，那么这就是合乎正义的。

这种说法听起来好像很抽象，而且在政治方面可能没有下文了。但事实上，罗尔斯从这个"无知之幕"的概念出发，推导出许多结论，并得出许多对政治的非常具体的要求。他宣称，在无知之幕的条件下，讨论参与者必须一致同意两个基本原则。

> 第一，每个人都必须要有同等权利享有与他人自由兼容的最广泛的基本自由。
>
> 第二，对社会不平等和经济不平等进行安排时，应该要同时（a）人们能理性地期待这样的安排合乎每个人的利益，以及（b）与这样的安排有关的地位与职务，能对所有人开放。（ibid., p.60）

第一个原则是说，在无知情况下的人们，要被保证具有意见自由、宗教自由、选举自由、法律保障的安全、财产权等等，因为每个人都会希望拥有这些权利，不希望在一个不保护（所有）这些权利的社会中承受着失去这些权利的风险。第 670 二个原则的（b）原则，旨在建立一个由成就（而非例如出身）决定地位的精英社会，是否贵族出身不再是担任政治职务的前提。而（a）原则，在文献里人们通常以"差异原则"这个概念来讨论。这个原则乍听之下没有什么问题，不过这个原则针对的是一类的社会政治计划，这类计划在某些情况下会令人想起（德国所谓的）左翼自由主义思想。因为这种差异原则意指，在一个需要造就正义的社会，社会不平等的产生和以此而来的财物分配不再"依循自然"而进行。当谈到"合乎每个人的利益"时，就意味着整个社会的财富增长不能牺牲某些人民群体。例如，有一种说法认为，最底层的受薪群体的薪资水平有必要压低，才能维持德国的经济标准，并确保或增加总体社会的财富；而这种说法想来会被认为是不正义的。但罗尔斯认为（这也与卡斯托里亚迪斯的极端公平的观念不一样），社会不平等常是无法避免的，甚至社会不平等常常是增长的。不过，如果不平等在最糟糕的情况下还是可以带来最大的利益时，这就会是合乎正义的。这就是"合乎每个人的利益"的意思。我们举个例子：如果我们希望，最顶端的管理者的成就可以额外增加总体社会的财富，那么一个社会最上层的受薪群体是有特权得到更多钱的。但罗尔斯强调，这只有**在一个合乎正义的社会**才是行得通的。意思是，当社会的财富增长时，这个社会里最底层的受薪群体，失业者，或是社会救助接受者，可以真的从中获利，没有特权的这些人真的可以获得好处，例如加薪、有更高的失业救济金、更慷慨的社会救助等等。罗尔斯的政治哲学也造就一种动态的福利 671 概念，可以被用作针对一种社会政治措施的辩护，这种措施方针以社会弱势群体福利为导向，同时也很重视所宣称的劳动分工的优点、社会分化，以及由此而来的社会不平等。

就像我们强调过的，罗尔斯的政治哲学引起了热烈的回响。他的"无知之幕"的概念启发了另外一位思想家，这位思想家用类似的方式找寻一个合乎正义标准的判断程序。他就是哈贝马斯。哈贝马斯的（不受支配的）商谈概念（见本书第十讲），跟罗尔斯的思维形式有很大的差异，但这个思维形式对哈贝马斯来说也是一个很重要的观点，因此哈贝马斯也对罗尔斯提出的纲领的优缺点进行了讨论与处理。

＊　　＊　　＊

尽管罗尔斯的论证非常精彩，但还是免不了受到批评。尤其是，从 20 世纪 80 年代早期，罗尔斯通过**他**提出的纲领所得出的（社会）政治结论，就被批评其整个论证推进带有高度个体主义的预设。批评者认为，罗尔斯把人视作原子化的存在。这在社会理论界引起了爆炸性的争论。

这个争论是由一位非常有名的美国政治科学家桑德尔（Michael Sandel, 1953— ）引起的。他在 1982 年出版的《自由主义与正义的局限》（*Liberalism and the Limits of Justice*），对罗尔斯关于正义优先于善的看法，提出了非常出色的批判，并且堪为政治哲学界所谓的自由主义与社群主义代表者之间的争论的里程碑。

罗尔斯的政治哲学反思是以一个命题开始的，即"正义是社会制度**首要的善**"。他认为，哲学的任务不能像亚里士多德那样认为某些价值、某些生活形式、某些社会结构自然而然就是好的。因为在多元社会里，"良善的生活"也是会伤害到某些人的。今天哲学的任务顶多只能是确认**符合正义的**决策的形成在**形式上**的 672 标准。所以罗尔斯坚称正义优先于善。哲学只能看管决策是否公平且合乎正义；哲学不能指示人们在自己的生活中应该选择哪些价值和具体生活形式。

桑德尔正是对这一点提出批评。桑德尔的命题是，罗尔斯在提出"无知之幕"时的个体主义的出发点是没有说服力的，也跟他关于"差异原则"的说法有相矛盾之处。这里，桑德尔不只针对罗尔斯，但他的确专注于批评罗尔斯，因为他把罗尔斯当作最精通政治哲学的自由主义的一位代表人物，而且这位代表人物的前提是有问题、有矛盾的。自由主义的前提值得批评的地方，被桑德尔总结如下：

> ……社会是由许许多多的人所构成的，每个人都有他自己的目标、兴趣、对善的概念。当这些人以不预设任何关于善的特殊概念为原则来治理社会时，社会就可以得到最好的安排。能证明这些规制原则的，首先不是因为它们能使社会福祉最大化，也不是因为能促进善，而是因为它们符合公正概念，一种符合优先于善且独立于善的道德范畴。（Sandel, *Liberalism and the Limits of Justice*, p.1）

桑德尔想和这种在康德那里就已经可以找到的"自由主义式的"道德哲学基本概念进行辩论。他想要挑战康德和罗尔斯的这个公正优先命题，并且阐明正义原则的局限。所以他这本书的标题才会叫作《自由主义与正义的局限》。桑德尔特别要大家注意罗尔斯哲学的一项后果，以及在那里可以看到的公正先于善的前提。那里，正义原则被认为可以独立于善的概念来定义："这个基本的优先性允许公正可以和主流价值与善的概念保持距离"（ibid., p.18）。但桑德尔认为，这暗含一种深远的关于人类个体的定义。如果人们接受罗尔斯（和其他自由主义）的说673 法，那么这也就意味着，对我们的目标、价值、愿望等等的内容来说重要的不是我们的身份，而是我们（理性地）**选择**某些目的、价值和愿望**的能力**。但这也就是说，自我是独立于他具体的目标、愿望、价值等等而存在的。这假设了"自我必须优先于所选择的目的"（ibid., p.19），暗示了"自我的整体性是某种预先被建立起来的东西，自我的形塑优先于在其经历过程中所作出的选择"（ibid., p.21）。

桑德尔的批评在于，罗尔斯的整个理论规划预设了一个"内容"完全空白，具体的愿望、目标、价值都完全空白（或可以空白）的主体。这种自由主义的（康德式或罗尔斯式的）个体概念，是一个"不受妨碍的自我"，并暗示了，个人完全可以跟他自己的特质、价值、责任义务保持距离，且可以（理性地）进行选择。唯有这样假设，公正才能优先于善。但是，我们真的可以认真假设说，深受某种价值吸引的人，可以为了进行合乎正义的商谈（甚至可能这场商谈会质疑这种价值）而与这种价值保持距离吗？还有：为什么参与讨论的人应该遵守结果？罗尔斯思想实验里的人，是抽象的，非常模糊的，这个假想的人会接受道德动机，认真执行讨论结果。桑德尔认为，这整套思想实验的基础，是一个与现实离得太遥远的想象，把人视为孤立、无拘无束的，而这必然会让罗尔斯的整套理论体系遭遇悖论。

当在分析罗尔斯的差异原则，亦即研究罗尔斯对福利国家政治的要求时，这个悖论就会变得很清楚了。罗尔斯的差异原则，要求福利国家政治能关照到社会里大多数弱势群体。这要求政治把一个社会里的所有群体关联成一个"政治共同体"，这必然会操弄一套承认**主体间构成的**目标的语汇，但如此就与罗尔斯的思想674 实验里个人主义基本前提相矛盾了。

> 罗尔斯在探讨社会联合体观念的时候，从公共资产到公共目的或目标，他都使用着主体间性的语汇，使用着极为接近目的论的修辞，谈到人类时也同样认识到人类的共同本质。（ibid., p.81）

桑德尔对罗尔斯提出的异议，跟帕森斯对功利主义，以及尤其是对霍布斯提出的异议（见本书第二讲），很类似。许多人都尝试用功利主义的工具来解决社会秩序"问题"，但帕森斯反对这种做法。他认为，我们唯有认清功利主义的局限，才能真的找到答案。桑德尔用类似的说法反对罗尔斯，认为他的差异原则暗藏着规范要求，而要理解这种规范要求，就必须放弃"无知之幕"情境那高度个体主义的前提预设。

上述结论也意味，所谓的公正优先于善这个预设的观念，是有问题的。因此，桑德尔要求，我们必须把公正与善之间的关系翻转过来（这也是所谓的自由主义与社群主义之间的核心辩论要点）。这里的理由是：从人类学的角度来看，假设人类是个体地、独自地决定自己的目标与愿望，却又很违反我们日常直觉地把自我想象成是"没有内容的"，这是很成问题的做法。

> 将人想象成没有构成性的依附能力，不是在把人设想为一种理想上自由且理性的行动者，而是在把人想象成完全没有特质、没有道德深度的。（ibid., p.179）

相反，桑德尔宣称，人类是生活在共同体中的。人类的目标、价值、愿望都是在**与其他人的联系中**设想的，都是镶嵌在某个制度和社会结构中的。一个（完整的）社会结构是必要的，这样的结构让每一个人得以可能获得对自己的了解。只有当我们清楚知道什么是"良善的"，我们想要哪些生活形式，我们才能讨论正义问题。相反，罗尔斯的假设，不考虑个体的共同前提，但如果没有这个前提，675桑德尔认为，主体就根本无法被构成出来。正是因为如此，所以桑德尔认为，罗尔斯的理论会陷入非常明显的困境。

不过，桑德尔不只是在对罗尔斯的理论就人类学基本概念框架方面进行批判。他的批判也指向了政体的政治稳定性假设。这种假设完全以个人权利为基础，此外就没有什么价值基础了。桑德尔认为，这种纯然的"程序性共和体制"在现实中缺乏扎实的基础。现实中，共和体制基于共享价值，而不仅仅以抽象或形式上的正义问题为导向。桑德尔是美国人，他的诊断也是在美国社会与政治的情况下针对一个严重的危机，即政治变成不过就是在为权利而斗争，完全忽视善的问题。

> 在我们的公共生活中，我们比以前更交织在一起，却更少联系了。自由主义伦理假设的那种不受羁绊的自我，仿佛真的开始实现了——但这却不是一种解放，而是公正的剥夺。人们被卷入一张与任何意志行动都没有关联的义务网络与参与网络当中。共同的身份界定或全面性的自我定义，让人们与意志行动脱离开来的，却也让人们能忍受这一切。当社会组织与政治组织的规模变得更加无所不包的时候，我们的集体认同的条件就会变得更碎片化，政治生活的形式就会超出维持这些形式所需的共同目标。（Sandel, "The Pro-

cedural Republic", p.124)

美国社会之所以会遭遇这个危机，是因为美国缺乏共同价值，而一个社会只有共享这种价值才能实现真正的稳定。桑德尔自己虽然没有给出具体的共同伦理，但他确信，罗尔斯的规范理论跟他的公正前提对脱离危机是没有帮助的。

*　　　*　　　*

由桑德尔引发的自由主义与社群主义的辩论，在开头的尖锐激辩之后，两边的立场也慢慢彼此靠近了。在社群主义立场方面，例如哲学家兼政治科学家泰勒
676 （Charles Taylor）和沃尔泽（Michael Walzer, 1935—　），不得不将他们的立场进行微调；在自由主义立场方面，像罗尔斯和哈贝马斯这样的程序伦理捍卫者也是一样（如我们在本书第十讲结尾处所指出的）。当这两边立场在彼此靠近时，它们也发现其实它们都对某些个体主义的形式有共同的批判。两边立场都与"功利主义"的个体主义和"表现主义"的个体主义保持距离，而这两种个体主义在美国社会（可能甚至是整个西方社会）中都处于主流地位。贝拉和他的同事便指出了这种功利主义的个体主义和表现主义的个体主义的问题，只不过他们不是用哲学的方式，而是用非常广泛的**社会学**的研究来讨论。他们的研究，也为至今都相当抽象、哲学的辩论，提供了经验性的实质内涵。

《心的习性》（*Habits of the Heart. Individualism and Commitment in American Life*），是贝拉和他的共同作者们（Richard Madsen, William M. Sullivan, Ann Swidler, Steven M. Tipton）于 20 世纪 80 年代出版的一本很伟大的时代诊断著作。不过这本首次出版于 1985 年的著作的作者们，不只对误入歧途的个体主义提出了坚实的批判，也同时探讨桑德尔所诊断的现代社会危机。根据贝拉等人的诠释，桑德尔指出价值基础的缺失危害了社会稳定性。贝拉自己对这类的问题是很敏锐的。作为帕森斯的学生，贝拉在 20 世纪 60 年代就已经在对美国市民宗教的研究中，指出美国社会那基于宗教的价值基础了（见第十三讲）。在 80 年代的大型研究中，他又将他早期的研究再往前推进。不过这次他基于广泛的经验研究基础，考虑到显然更加广泛的问题。

《心的习性》的出发点是托克维尔（Alexis de Tocqueville）在 1835 年的著作《论美国的民主》（*De la démocratie en Amérique*）中提出的一个很有名的命题，即对
677 于自由制度的续存来说，私人生活与公共生活之间的密切关系是很关键的。民主

要有活力、能续存下去，就必须要市民们准备好超越直接的私人脉络（如家庭、亲属关系），在公共领域（朋友圈、协会、政党等等）里强调他们自己的个人观点。若退回到私人领域，会有造成一个全能、管制一切的国家的危险，会使得一个自由民主社会日渐消亡。

贝拉及其共同作者吸收了这个命题，并用它来衬托他们的时代诊断与当代批判。他们采访了大约 200 位美国白人中产阶级成人，根据某些他们的私人生活（亦即他们的婚姻、爱情、医疗等关系）和"公共"生活（即他们对协会、联盟、地方政策的参与）进行访问。研究结果在一定程度上符合桑德尔的危机诊断，但此外又发现一些非常不同的现代个体主义形式，得出了新的看法。

贝克的个体化命题，几乎没有花心思去区分不同的个体主义形式；但对于贝拉等人来说，这却是非常优先的任务。通过访谈和知识史的回顾，他们对美国生活比较重要的方面区分出四种个体主义类型。在美国基于宗教因素而来的移民阶段，是**圣经传统**。在革命时期，以及以希腊罗马的政治理解模式为导向的**共和传统**。最后一个传统，可以再细分出两个密切相关的次主流，即**功利主义**的个体主义和**表现主义**的个体主义。

单就访谈本身的评定，当然只能提供一个片面的图像。托克维尔在他对 19 世纪 30 年代的研究中，主要观察到一种宗教的个体主义和共和的个体主义，并且认为，正是这两种个体主义类型让美国建立起强大且有生命力的政体与民主。但就今天的访谈来看，这已经几乎不再存在了。温斯罗普（John Winthrop，1743— 678 1826），美国本土的"第一位清教徒"，认为人类自由是一种善，让人面对上帝及其诫令时能抱着崇敬之心。但这个观念在今天已经失去影响力了。杰佛逊（Thomas Jefferson，1743—1826），美国独立宣言的撰写人之一，他的个体观念里，认为纯粹形式上的自由是不够的。他借用了古典政治传统，认为值得我们注意的政体只有一种，就是其中的人民事实上可以共同参与决定，并且主动参与政治事件。但温斯罗普和杰佛逊的道德说法，在贝拉的大多数访谈里，完全找不到了，大多数人并不理解这两位先贤说的是什么，更遑论自己表达出这种观念。贝拉认为，这是因为今天的个体主义要么是功利主义的，也就是主要针对短暂的、大部分是物质层面的利益考虑的满足，要么是表现主义的，亦即针对情感需求的满足以及自我的涵养。贝拉认为，这两种现代个人主义的类型分属两种社会角色类型，这两种角色类型支配了美国现代文化（但也只支配了美国现代文化），即经理人与治疗医师。经理人与治疗医师体现了今天主流的功利主义的个体主义与表现主义的个体主义。

这两种极端的个体主义值得注意之处在于，依照个体主义来行动的人大部分都缺乏将自身利益与他人进行联系的能力。这些人也常深受缺乏连带与缺乏关系之苦，也无法界定他所理解的"美好生活"到底是什么。受访者（有意无意地）强调他们对这种缺乏连带的生活感到痛苦，甚至常常表现出他们如何反抗经理人和治疗医师的社会霸权，但也同时表现出他们如何无法用超越功利主义的和表现主义的个体主义的道德语汇，来表达这种痛苦与反抗。因此，贝拉也指出，我们需要"找出有助于克服极端个体主义的道德语汇"（Bellah, *Habits of the Heart*, p.21）。这是很迫切的，因为显然地，不论是职业中的自我实现（这对功利主义的个体主义来说是很典型的），还是纯粹私人的个人爱好涵养（这是表现主义的个体主义所强调的），都无法带来真正的满足。而且这两种个体主义，还为人们带来一个问题，就是让人们缺乏有深度的、持续的社会接触。

679　贝拉的命题指出，要消除这个难题，就必须用在美国历史中曾扮演重要角色、但在今天尚未完全消失的文化方针，让与共同体和仍有生命力的传统联系在一起的身份界定得以可能，以此取代或至少补充极端的个体主义。唯有与在美国始终留有蛛丝马迹的圣经传统和/或共和传统相关联，才能持续保持美国民主的生命力。

> 如果我们还没有完全成为聚合体中的一些可以替换的碎片，如果我们还是一个整体中部分具有质的差异性的成员，那是因为传统（尽管有各种困难）还在我们之间起作用，告诉我们世界的本质、社会的本质，告诉我们，作为人民的我们是谁。如我们已经看到的，先前的圣经传统与共和传统，对许多美国人来说非常重要，甚至某种程度上来说对所有人都很重要。无论出自什么原因，家庭、教堂、各种文化协会，甚至社会缝隙中的学校、大学，都致力传达一种生活形式、一种拜德雅（*paideia*），述说着我们是在一个道德和知识层面可以理解的世界当中成长的。（ibid., pp.281—282）

只是，（美国）政治体制崩散成了众多原子个体，或是变成了一群"生活风格飞地"，在其中每个人顶多就是志同道合地聚在一起（例如同志社群、白人中产阶级群体、新世纪风格爱好者等等），所以妨害了传统的个体主义，让人们再也无法与**其他**共同体沟通，更不用说采取共同的政治行动。就像托克维尔看到的那

680　样，私人生活和公共生活之间需要理性的平衡，才能确保民主的生命力与稳定。

贝拉关于内涵丰富、诉诸传统的共同体的研究，并不是复古地追溯遥远过去的生活形式。完全相反：他渴望看到，能有社会运动关联上20世纪50、60年代民权运动的理念，不要再以功利主义的利益追求或情感需求的满足为目标，而是可以引导一场朝向具有生命力的民主文化的变迁，造就真挚的民主政治文化，让政治体制里的黑人与白人彼此为了建立一个最好的共同体而努力。

贝拉等人在《心的习性》中对美国社会状态的精彩批判，以及与此相关的时代诊断，在接下来的著作（Bellah et al., *The Good Society*, 1991）中，进一步转化成对美国政体复苏的具体建议。这些建议，从军事国家建议的要求（ibid., p.78），

到工作场所的民主化（ibid., p.101），都有涉及。这样一种纲领指示，对我们来说之所以很重要，是因为贝拉和社群主义的社群修辞学，在德国常常遭到反对，被认为是保守、反动的。这部分是因为纳粹主义对共同体概念的滥用（例如"民族共同体"），而且的确也是有保守的社群主义者。但是美国概念史里的共同体概念和在德国的情况完全不是一回事（Joas, "Die vergessene Vorgeschichte der Kommunitarismus-Diskussion"），因此美国的改革派或保守派是值得德国参考的，从贝拉的具体政治要求中就可见一斑。

现在，多亏一个在政治上直觉敏锐、在组织上又有天分的人，在20世纪90年代早期基于学术取向和政治潮流建立起"社群主义网络"。这人就是埃齐奥尼（Amitai Etzioni）。

埃齐奥尼生于1929年，他在美国的学术生涯和政治生涯在很多方面来看都很有趣（参阅他的自传：*My Brother's Keeper. A Memoir and a Message*）。埃齐奥尼原名法尔克（Werner Falk），生于科隆的犹太家庭，后来在纳粹统治时期移民到巴勒斯坦，并作为士兵参与了以色列建国运动。他在耶路撒冷跟随布伯（Martin Buber）读社会学。我们在第十三讲提到过布伯，他是艾森斯塔特很重要的启蒙者。埃齐奥尼后来又到了美国留学，1958年在伯克利大学攻读博士，进行组织社会学主题的研究。之后他"定居"在纽约的哥伦比亚大学，并很快就成为美国一位很重要的组织社会学家。1968年他出版了一本野心勃勃的社会理论著作，只是这本书一直被严重低估了。这本《积极的社会》（*The Active Society. A Theory of Societal and Political Processes*），是第一批，可说非常早，但绝非不重要的社会学理论综合尝试。这比15年后欧洲的哈贝马斯、卢曼，甚至是吉登斯的工作都还早。换句话说，埃齐奥尼也是第一位偏离帕森斯范式的人，也因此实际上提供了一套广泛的、极为精致的**另一种理论**。埃齐奥尼成功地集合了帕森斯的元素，系统理论—控制论的基石，冲突理论的观念，以及现象学和互动论的观点，以对一个重要的问题进行分析：我们该如何思考集体行动，如何思考总体社会层次上的共识？在回答这个问题的时候，埃齐奥尼成功绕过了不少理论家掉进过的"陷阱"。因为关于这个问题，他既没有将结构视为宏观层次，也没有将行动视作微观层次。并且他也没有（像哈贝马斯一样）落入一个有问题的观念，即认为宏观尺度的事物只能用系统理论的工具来处理。虽然他用一种类似于吉登斯后来的做法运用了系统概念（见第十二讲），但他的做法并不是本质论的，而是经验实在论的：当唯有实际拥有上能带来稳定过程的循环时，系统才会存在。因此埃齐奥尼在基本概念层次上，以行动理论为取向，并尝试在详细的、经验的分析方面去理解，（科学）知识、权力与共识现象如何且以何种方式构成了集体行动，如何造就了总体社会动员过程。埃齐奥尼以一种令人联想到图海纳的研究的方式，在书中探问一种"积极的社会"，并问在这样一种社会中宏观社会变迁是如何出现的。即便我们不能，也没有想否认这本书是在变动的 20 世纪 60 年代脉络中形成的（这本书是献给他在伯克利大学和哥伦比亚大学的学生的），因此确实想追求一种规范目标；但这本书依然指出了，埃齐奥尼不只（像许多马克思主义的思潮那样）预设有一种集体主体，而更多的是在进行一种**经验**研究，探讨集体行动者，乃至总体社会行动，是在什么样的具体行动中形成的。但是他这个问题，并没有让他像哈贝马斯那样急于引入系统概念来进行探讨（见本书第九讲），而是致力于保留一贯的行动理论探讨方式来进行。

埃齐奥尼的学术生涯中令人关注的一件事是，他自己并没有继续建立一套前途大好的理论取向。这本著作并没有引起回响，让他很失望。此外，他也一直都很渴望追求实际的政治效果。因为埃齐奥尼在进行组织社会学研究的同时，他在和平研究与冲突研究的领域中也非常积极，1970 年后就越来越热衷参与政治，甚至成为后来获得诺贝尔和平奖的美国总统卡特（Jimmy Carter）的顾问。在里根（Ronald Wilson Reagan）主政时期，埃齐奥尼致力于批判微观经济学范式和功利主义，而这两者对美国的知识生活和政治生活都越来越具影响力。由此他出版了我们在第五讲就提到的著作《道德的面向》（*The Moral Domension*），基于当代状态，该书对古典社会学家和帕森斯的那种功利主义展开批判。20 世纪 90 年代，埃齐奥尼成为美国社群主义者的精神领袖，并组织起了"社群主义网络"，旨在呈现与推广公共领域和政治企业里的社群主义观念。尤其是在这个社群主义网络的活动框架中，埃齐奥尼提出了现代社会（当然也包含美国社会）稳定问题，将此问题置于他的思想核心，并且致力于探讨桑德尔和贝拉提出的问题，即该通过什么方式来振兴社会的"基础沟通建设"。在一些纲领性的著作，像是《社群精神》（*The Spirit of Community. The Reinvention of American Society*，1993），他批评当代美国社会缺乏"我们"，过度强调个体权利，同时又缺乏对共同体的责任义务。因此，症结点就在于要建立个体与共同体之间的新关系，强化基础沟通建设，让共同体的建立和振兴得以可能。他的建议，从学校政治观念（例如强化班会）（ibid., p.107f.），或是"国家服务"设施的建立，订定义务性的、完成公共福利目的的青年成人服务年龄（ibid., p.113ff.），一直包括到对竞选献金的强力管制。

埃齐奥尼面对自由主义的指责时不断为自己辩解，说他依其理念提倡的最终是一种保守的社群生活，想建立的是一种狭义的共同体形式。因为他要的不是一个完全只以共同体为中心的社会约束。埃齐奥尼清楚知道，共同体完全可以是压制性的，所以他也指出，"一个好的社会的特质，是强大的公共约束，与对自我的保护，彼此能有相似的力量取得平衡"（Ezioni, *The Monochrome Society*, p.144）。埃齐奥尼理解的社群主义，并没有天真、保守地将共同体过于理想化。

这些关于社群主义的辩论，与对"公民社会"的辩论，有很明显的相似性。对"公民社会"的辩论，主要是 20 世纪 70 年代，由苏联统治时期下东欧异议分子所引发的讨论。他们借助"市民社会"这个带有规范意涵的概念，标示一种既远离国家、不受国家支配，但又不单纯是私人性质的空间。这种空间不应受到国家政党统治的染指，以能够发展出一种纯粹的民主生活。70 年代后期、80 年代，这个概念在西方社会理论辩论中扮演着越来越重要的角色。这个概念和哈贝马斯的公共领域概念（见本书第九讲）可以很好地结合在一起。"公民社会"大部分描述一种市民活动空间，这种空间不受国家和市场管制（可参阅如：Jean Cohen and Andrew Arato, *Civil Society and Political Theory*）。90 年代初，美国政治学家普特南（Robert D. Putnam）指出美国的"社会资本"不断没落了，这个命题又引起了进一步的相关争论。这个进一步的争论通过一些其他有亲近性的概念工具，来处理一些相似的主题：在哪些地方，市民会参与共同体？今天在多大程度上这些市民还在参与？（同样的问题，在德国的讨论与研究，可参阅：Joas and Adloff, "Milieuwandel und Gemeinsinn"）

从埃齐奥尼的观点来看，这方面的取向虽然很有价值，但还不够。他警告，"市民社会"都只能是"好的社会"的一个部分领域或部分面向。因为"市民社会"观念的拥护者，如普特南，最终几乎都并没有说某些社会形成形式是好的还是不好的。他们似乎把所有社会团结与社会连带形式当作同质的，不论团结的形成与目标是什么。参与一个协会、俱乐部、政党、社会运动等等，对他们来说通通是好的，"原则上，一个自愿的结合和所有其他自愿的结合都是一样好的"（*The Monochrome Society*, p.198）。对于埃齐奥尼这位社群主义者来说，这种把所有立场都相对化了的说法是无法令人满意的，因为他认为，"好的社会"一直都以一个明确特殊（但不是特殊主义）的价值为核心，所以科学家和所有的知识分子不能把不同的制度与政党形式的对于规范的不同想象全都一视同仁。 685

埃齐奥尼在这里，把社群主义常受到的责难，亦即社群主义无法区分"好的"和"坏的"社群，某种程度上用来指责市民社会概念。但把这种指责用在市民社会概念这里不是那么适用的。哈贝马斯的公共领域概念是有强烈规范面向的；哪些市民社会形式在民主方面是好的还是不好的，东欧异议分子是有明确想象的；普特南的立场，就埃齐奥尼所要求的分类方面，也是有一些调整的。

但埃齐奥尼说，公共辩论里的强烈价值是可以且应该强调的，却也是有道理的。如果对于价值没有共识，那么社会应该有机会进入埃齐奥尼所谓的"巨大对话"，一种"遍及整个社会的对话的情境，将许多社群的对话关联到一个整个国家能互谦互让的对话情境"（ibid., p.157）。唯有如此，现有的规范差异才能厘清。埃齐奥尼相信，由巨大对话造就的"好的社会"，比罗尔斯的说法，还更可能在最终面对社会不平等时采取一个牢固的立场。埃齐奥尼认为，罗尔斯面对巨大的社会不平等时的自由主义态度，是无法让人接受的。埃齐奥尼认为，一个好的社会，要比罗尔斯所要求的差异原则还更能够从根本上强力减少社会不平等（ibid., p.147）。我们不能因为最弱势的一群人可能从差异原则中获得好处，就觉得所有的不平等形式都可以无关紧要。我们对于一个社会中的社会不平等态度是有强烈的价值基础的，而且这个价值不能（例如因为差异原则）就随便被忽略不管。

在埃齐奥尼的政治纲领作品里，我们可以看到大量保守性的建议，但从他对罗尔斯的批判那里我们也可以看到左派或改革派的观念。就像埃齐奥尼自己说的，社群主义运动在政治上不能归成左派或右派。这和另外一位当代极为知名的社会理论家，吉登斯，在其政治著作里所提出的社会民主的"第三条路"，有很显著的相似性。社群主义和尤其是吉登斯，在 20 世纪 90 年代的欧洲都对社会民主纲领辩论有很大的影响力。他们的首要目标不只是要击退传统的社会民主党派、抑制典型的国家利益至上论与由国家订定的导向，而是还更多地想为政治的再道德化作出一些贡献。在这一点上，社群主义、吉登斯，或是像罗尔斯那种典型的自由主义者，都是类似的。并且他们的理论，不是狭隘上的道德化，而是以新的方式，将对所希望的共同体形成模式进行的道德思考，与关于这种共同体的特质和发展趋势的经验知识，联结在一起。于此，当代政治理论和社会理论以一种对两方来说都很有益的方式碰触到了对方。不过除此之外，还有一种思潮，在社会科学史上早期主要是在美国得到了重要发展，但越来越处于边缘位置，后来又逐渐有类似的复兴：实用主义与不同形式的新实用主义。我们下一讲就来看看这个思潮。

第十九讲

新实用主义

如同我们在第六讲探讨象征互动论时提到的，为美国社会学打下基础的世代 687
（例如米德和社会学的芝加哥学派），和美国实用主义哲学是密不可分的。人们甚至可以明确地这么说：对于实用主义思想的推进发展，以及使之能用于社会过程和社会关系的分析，像米德这些学者的参与是非常关键的。而且毋庸置疑的是，至少到 20 世纪 30 年代为止，美国社会学的发展都深受实用主义哲学的影响。

但在这之后，实用主义对社会学的影响力就显著下降了。社会学对实用主义思想的接受之所以日渐减弱，与帕森斯在 1937 年出版的著作《社会行动的结构》里建立起的大师名录有关。我们在第二、三讲已经指出，帕森斯在谈到所谓社会学的奠基人物时，完全只提到欧洲的思想家（特别是韦伯和涂尔干），并且完全忽略深受实用主义思想影响的美国学者。从 20 世纪 40 年代晚期开始，帕森斯的社会学占据了支配性的地位。因此也难怪，那时社会学的理论建构会在完全**欠缺对实用主义传统的回顾**的情况下进行。一直到 20 世纪 60 年代，情况才稍微有点改变。因为那时候，象征互动论开始将自身定位为一种"新的"理论取向，以及帕森斯主义之外的另一种理论选择。当然，象征互动论其实一点都不"新"。作为米德的学生，布鲁默（Herbert Blumer）更多的是想试着把他老师的观点，从 20 世纪 40、50 年代帕森斯主义的霸权中"解救"出来。这项尝试实际上的确也很成功，象征互动论在 20 世纪 60 年代的兴盛便证明了这件事（请再次参阅我们的第六讲）。688
实用主义的思想遗产的生命在象征互动论中延续了下去，不过是以一种极为有限的方式续存的。因为，对于象征互动论来说最重要的参照学者是米德，但美国实用主义的其他重要奠基人物，例如皮尔士、詹姆士（William James）、杜威（John Dewey），在象征互动论那里显然就没有什么重要性。

除了象征互动论之外，**美国社会学内部也有个别学者自认与实用主义是有联系的**。这里让人可以想到的像是冲突理论家米尔斯（C. Wright Mills）（参阅我们第八讲），他在不同的情况总是不断诉诸实用主义学者［见他身后才在 1964 年出版的博士论文《社会学与实用主义》（*Sociology and Pragmatism: The Higher Learning in America*）］。在他的文化批判著作中，也不断宣扬一些让人们很容易联想到实用主义改革计划的观念。另外可以想到的还有塞兹尼克（Philip Selznick，1919—2010），一位美国很伟大的法律社会学与组织社会学家。他出版于 1949 年的著名的研究《田纳西流域当局与农业区》（*TVA and the Grass Roots. A Study in the Sociology of Formal Organization*）运用了杜威的社会心理学的观点分析组织是怎么运行的。塞兹尼克后来出版于 1992 年的让人印象深刻的著作《道德联邦》（*The Moral Commonwealth. Social Theory and the Promise of Community*），也广泛地提及实用主义思想家，讨论了一些社会理论的核心问题。

在**欧洲**战后的社会学界，实用主义长久以来都不受重视。一直到 20 世纪 70 年代，哈贝马斯受到他的哲学家好友阿佩尔（Karl Otto-Apel，1922—2017）的影响，开始大幅关联米德、皮尔士和杜威，以一方面获得一个更扎实的主体间性的概念，另一方面奠定他关于商谈伦理的思想。尽管哈贝马斯的著作有很大的影响力，但欧洲对实用主义的接受情况还是不温不火。人们可以说，不论是美国，还是欧洲，实用主义在 1945 年到 70 年代晚期之间，在整个科学图景中并没有什么特别的影响力。

689

但在这之后，很快就出现巨大的改变。该为这件事"负责"的，当属美国哲学家罗蒂（Richard Rorty，1931—2007），尤其是他在 1979 年出版了《哲学与自然之镜》（*Philosophy and the Mirror of Nature*），一本引起轰动的实用主义复兴之作。在这本复兴之作中，罗蒂主要以一种令人惊讶的方式，将杜威和维特根斯坦（Ludwig Wittgenstein）、海德格尔等哲学家相关联，然后说这三位思想家是 20 世纪"最重要的哲学家"（*Philosophy and the Mirror of Nature*, p.5）。杜威至今还被许多学识浅薄之士当作一位很无聊的常识哲学家。但罗蒂的著作将他视作与现实有高度关联的学者之一，并把他的著作关联上来自法国、那时候非常时髦的后结构主义思想。罗蒂的命题是什么呢？还有，他怎么诠释实用主义、怎么诠释杜威？我们这一讲首先就要来介绍两位新实用主义很重要的哲学代表人物［罗蒂与普特南（Hilary Putnam）］的异同，并且试着处理伯恩斯坦（Richard Bernstein）与本书其中一位作者约阿斯（Hans Joas）的新实用主义社会理论。

《哲学与自然之镜》是一部当代哲学思想史，在其中罗蒂尝试弄懂"心智过程"概念的历史起源，并尝试批评这个观念，甚至将之批评得一无是处。罗蒂的思路不是很好懂，但大致内容是：从笛卡尔开始，传统的当代哲学很大一部分是想试图逃脱历史，认为哲学的任务就是生产**超越历史**、超越时间的真理。而获得真理的方式，就是把意识视为一面镜子，也就是认为除了物理事物之外还有一种**心智过程**或意识过程，并且这种过程多少能够恰当地描摹，或甚至"镜射"物理事物。这背后的假设是，人类能优先进入自己的心智状态，可以比其他人更了解自己的心智状态，且正是因为这样所以必须将"真实的"或"客观的"知识直接关联上内在心智过程。从这个假设出发看，要达到正确的知识或真理，必须有

690

"意识"才能尽可能正确地再现对象或自然。换句话说，人们相信"意识"或"心智"必须是任何哲学的基础，因为唯有如此，才可能会有确切的、超越时间的知识。

罗蒂尝试指出，关于"心智"过程与物理过程不同的说法，其实没有什么帮助，甚至是没有意义的。对身体与心灵、物质与精神之间的区分也是如此。与此相关的二元论都是站不住脚的。因为在传统哲学中被称为"意识"的东西，都是以这样或那样的简略方式来进行描述的。罗蒂在批评德国哲学家兼数学家莱布尼茨（Gottfried Wilhelm Leibniz, 1646—1716）时说得更清楚。莱布尼茨宣称思想最终是不可见的，在罗蒂看来这正是二元论的代表。

> 莱布尼茨说，如果我们把大脑放大到一个工厂的大小，那么就算我们步行在其中也不会看到思想——莱布尼茨的这个说法到底有什么好令人困扰的？如果我们足够了解神经的相互关系，那么我们在其中应该的确是可以看到思想的，亦即我们的视觉会为我们揭示大脑拥有者的思想是什么。如果我们不够了解，当然就看不到。如果我们步行在任何工厂，而我们却不了解工厂的各个部分与其之间的相互关系，我们当然就看不到工厂所进行的工作是什么。进一步来说，即便我们没有发现神经的相互关系，即便我们完全搞错了思想在大脑中的位置，为什么只因为我们无法根据部分来解释一个人的思想和心智影像，就说它是非物理的？用普特南的例子来说：我们也无法根据方形钉和圆形钉孔的基本粒子，来说明为什么方形钉与圆形钉孔是无法嵌合的，但不会有人觉得这种宏观结构与微观结构有什么令人感到困惑的本体论断裂。
>
> （*Philosophy and the Mirror of Nature*, p.26）

691

罗蒂不是要强迫我们接受心智过程与意识过程的存在，也不是要强迫我们修改笛卡尔式的身心二元论。把在大脑中进行的个别过程（思想）当作"头脑"这种总复合体的功能状态，其实也就够了。如果我们真的要理解这些个别过程，那么就必须掌握大脑的总体结构、运作方式。但在此，我们不需要"意识是无形的"这种观念，因为我们并不能说运作状态是"无形的"。就像上述引文中最后一句讲到的，我们没必要仅仅因为无法从头脑的结构直接推导出思想，就说这两个现象之间有着本体论断裂。同样，我们没必要仅仅因为无法从部分元素解释方形钉和圆形钉孔的不合嵌，就假设物理的微观结构和宏观结构之间是断裂的。

罗蒂这种极端的立场当然不是没有争议的。上述引文提到，我们在上一讲也介绍过的权威学者、实用主义哲学家普特南，在**他晚期的著作**里也问到，"心智状态"与"运作状态"是不是真的能相提并论，以及我们是不是能完全放弃心智观念（对此，可参阅例如 Putnam, *Representation and Reality*, p.1）。后来罗蒂自己也放弃这种极端的物理主义。但这不是这里的重点。因为罗蒂首先谈到，要对哲学家如此拼命坚持明明充满问题的二元论的理由，在历史层面进行重构。罗蒂认为，这个理由与笛卡尔这个名字是分不开的。是笛卡尔，让哲学在某种程度上行差踏错了。哲学最关键的错误在于，哲学假设所谓的"意识"是自然之镜，然后基于此假设之上，想寻找与看到一种"无可怀疑的"认识论根基。像笛卡尔、洛克、还有康德等认识论学者，都不想也无法接受认识论无法思考出一种超越时间的"真理"，所以都在想办法通过意识来获得这种真理，而不是把知识仅当作"一个人和一个命题之间的一种关系"（*Philosophy and the Mirror of Nature*, p.141）。罗蒂认为，知识并不取决于内在直观或"心智"对现实的正确展现，而是取决于两个或多个人之间，为了尝试对命题进行辩论，或相互说服而进行的言说实践。

692

罗蒂的这个立场乍看之下也许没什么特别的。但事实上他却带来了显著且颇具争议的后果。因为罗蒂在这里抨击了被大多人认为理所当然的真理概念。根据罗蒂的观点，从来都没有（超越历史的）"真理"这种东西。当我们天真地谈到"真"或"较不真"的时候，我们只不过是在说我们意见"不容易被反驳"或"较容易被反驳"的反驳难易度差异而已（ibid., p.157；亦可见：Rorty, *Truth and Progress*, pp.1ff.）。不论是科学还是哲学，都不是真的在以（超越时间的）"真理"为目标，而只不过是在试图证成某些命题。证成的形式是一种社会话语实践的运作（*Philosophy and the Mirror of Nature*, p.170）。这种运作取决于文本脉络，受时空所约束，不是超越历史的。所以根本就没有什么确切的"真理知识"、最终的知识基础。

> 当我们了解信仰的社会证成时，我们便会了解知识。我们不需要把知识看作一种准确的再现。一旦对话取代了对照，作为自然之镜的心智概念就可以被抛弃了。哲学这门学科，一直想在各种构成之镜中找出最优的再现；但在此，这门学科已经令人难以理解了。……如果我们把知识视为一种对话事务，或社会实践事务，而不是认为知识就是要镜射自然，那么我们就不会认为会有一种元实践可以批判所有可能的社会实践形式。（ibid., pp.170—171）

即便哲学首先与命题的证成有关，罗蒂还是和哈贝马斯不一样，不认为能通过可在语言当中进行扬弃的合理沟通可能性找出一种最基础的哲学论证，不认为可以找出一种"元实践"。罗蒂很坚定地提出一种针对传统的"反基础主义思想"。从他对杜威、海德格尔和维特根斯坦的诠释中可以看到，这种反基础主义的思想意指不（再）相信（哲学）论证可能会有一个无可置疑、超越历史的基础。所以对于罗蒂来说，想建立（超越历史的）"元实践"或"元理性"的尝试，都是徒劳无功的。所以罗蒂自认，也被他人视为是一位"脉络主义者"（参阅 Habermas,

693

Nachmetaphysisches Denken. Philosophische Aufsätze，p.174ff.，以及 Habermas，*Wahrheit und Rechtfertigung*，p.230ff.）。罗蒂的论证导向之所以是脉络主义的，是因为他声称，证成只不过是**在某一个语言共同体中**占据有效性而已。一旦超出了这个语言共同体的边界，这种证成就不会被视作理性的理由、不会被接受。而且罗蒂的立场也的确一贯如此。对他来说，连哲学本身也不过就是一种操着某特殊语言与特殊立论传统的社群，所以他也同时认为，不用再误以为哲学能够提出某种深思熟虑下的理性要求。在他看来，"哲学也不过就是（辅以生物学、历史学等等）提出一些关于知识和真理的常识而已"（*Philosophy and the Mirror of Nature*，p.176）。他甚至还进一步宣称，"悟解""知识""真理"都是没有什么根基的概念，只是一种赞扬，"赞扬人们相信现在所证成的事一时半刻不需要再进一步地证成了"（Rorty，"Solidarity or Objectivity?"，p.24）。

如果各位读者还记得我们在第一讲提出的问题"何谓理论"的话，那么可能会发现我们曾谈到、讨论到类似的问题；当时谈的与库恩的范式概念有关。事实上，库恩和"无政府主义"科学哲学家费耶阿本德（Paul Feyerabend）也都是罗蒂参考的学者。像是库恩在提到不同（科学）范式的"不可通约性"时，至少部分和脉络主义的真理观是很像的，所以罗蒂也很偏爱库恩的说法（参阅：*Philosophy* 694 *and the Mirror of Nature*，pp.330ff.）。但库恩觉得罗蒂把现实消解成语言的做法有点过头了（可参阅 Thomas Haskell，*Objectivity is not Neutrality*，p.142，其中引用了库恩一份未出版材料中对罗蒂的评论）。

读者在这里可能会问，"但是这和实用主义有什么关系？为什么要说罗蒂是新实用主义者？为什么要把他贴上'实用主义者'的标签？"罗蒂在这里的回答是：杜威，就像他的另外两位英雄——后期的维特根斯坦和海德格尔——一样，都不再认为哲学的核心目标是给出确切的知识，也不再尝试为哲学追求超越历史的基础。维特根斯坦、海德格尔，以及尤其是杜威，都不是"系统性的"哲学家，也不想当这样一种哲学家，而是想作为"启迪世人""实用的"思想家。

> 这些边缘的、实用的哲学家都首先怀疑**系统性的哲学**，怀疑整个普遍通用的计划。在我们的时代，杜威、维特根斯坦、海德格尔，是伟大的启迪世人、边缘的思想家。这三位都尽可能让我们难以把他们的思想看作在对传统哲学问题表达看法，让我们难以把他们看作在为哲学作为一个合作或进步的学科来建立一套计划。他们都在取笑古典的人类图像，因为这幅图像包含了系统性的哲学，在最终语汇里找寻普遍通理。（*Philosophy and the Mirror of Nature*，p.367）

现在，如果读者们还记得我们在第六讲对美国实用主义的详细解说，那么可能会问，即便罗蒂把杜威跟海德格尔与维特根斯坦算作一伙的，但他对于实用主义的理解也还是没有什么特别之处，更何况他根本都没有碰触到实用主义思想啊。罗蒂简直就是忽视了"古典"实用主义思想的核心议题和成就。我们可以想象得到罗蒂对于在"古典"实用主义那里致力探讨的行动与意识的问题根本没有特别

695 感兴趣，因为他想把意识概念撤除掉。不过有一件令人感到惊讶的事：杜威对于行动者在有问题的行动情境中的行动与创造力作过反思，但罗蒂却没有把杜威的这个反思当一回事。连米德对（象征）沟通与人类原初社会性的人类学式的理论思考罗蒂都觉得不重要。

　　罗蒂对于"实用主义"的改写与界定（对罗蒂来说，"实用主义"这种观点，不过就是认为，"事物自然秩序的准确再现"这种观点可以抛弃了。见："Is it Desirable to Love Truth?"，p.22），非常流于形式，而且没有什么说服力。这可能和罗蒂的（语言）分析哲学的出身背景有关，所以他对美国实用主义的主要兴趣几乎完全只与其**认识论**潜能有关，较少关注杜威和米德关于**人类的经验和行动的特殊性**的原创分析。罗蒂对于实用主义（以及尤其是杜威的思想）的吸收明确表现出相当大的片面性。

　　　杜威哲学最高的成就在于，认为像是"真"和"正确"这类评价性的术语，不是关联上某种预先存在的事物——例如"上帝的意志""道德法则"，或是"客观真实的内在本质"——的表述，而是表示因为找到问题的解决方式而感到的满足，尽管这个问题也许某天会过时，所以感到的满足也许在某天是不恰当的。（Rorty, *Achieving Our Country：Leftist Thought in Twentieth-Century America*, p.28）

在这里，罗蒂完全没有把杜威看作行动理论家。

　　连罗蒂的民主理论声称也很难和杜威或米德的参与式民主理念相一致，而且罗蒂自己也意识到这一点（ibid., p.96）。罗蒂自认是极为传统的自由主义者，虽然他的自由主义所采取的不是功利主义的，而是高度唯美主义的形式。罗蒂的民主理论思想的出发点，是我们上述提过的他所表达的信念：公共领域和私人领域必须被截然区分开来，因为在（政治）价值与规范的领域里，没有超越时间的真

696 理。如同罗蒂所说的，（国家）共同体所必不可少的团结，很难和个人的自我塑造的所需相一致（*Contingency, Irony and Solidarity*, p.xiv）。但是，自我塑造的可能性是必须维护的，个体的特殊需求也必须受到保护，而这正是民主制度最重要的任务。但民主制度若要做到这些事，这个制度就必须被镶嵌在既自由，同时又具有反讽性的文化当中，告知在其中生活的人们放弃施行"真理"，接受个体生活规划的多样性。罗蒂没有对（自由）民主再提出进一步的要求，也因此他关于"自由主义"

或"自由主义文化"的概念定义显得特别单薄。

> 我对"自由主义"的定义是从施克莱（Judith Shklar）那里借来的。她说，自由主义者就是那些认为暴行是我们所做的最糟糕的事的那群人。我用"反讽主义"来指称那些直面自身中心信仰与欲望的偶然性的那类人——那类人是十足的历史主义者和唯名论者，他们不再认为中心信仰和欲望背后还有某些超越时间与机会范围的东西。自由主义的反讽主义者则除了上述这些之外，还有一个没有根基的愿望，希望苦难能被消除，由他人造成的羞辱可以终结。（*Contingency，Irony and Solidarity*，p.vx）

罗蒂的自由主义文化不是某种价值或甚至具有（像帕森斯所说的那种）共同约束力的伦理，也不是（像哈贝马斯似乎所采用的那样）通过哲学信念所凝聚起来的文化，而顶多是一个共识，认为所有自由主义文化下的人民都应该有机会来进行个体的自我塑造，且不受他人的暴行与羞辱（ibid.，pp.84—85）。但罗蒂也强调，他所钟爱的这种自由主义文化，以及以此为基础的民主政体，并不真的需要**提出**不同于其他政治组织形式的**理由**。这种自由主义秩序是偶然的，就像其他政 697 治构想一样。而且也没有证据能说自由主义秩序就是一种不同于其他秩序的深思熟虑过的选项。因为罗蒂认为，不论是赞成，还是反对一种生活形式，都只在某一个语言共同体**内部**有说服力。这听起来很相对主义，但罗蒂自己很反对被贴上这个标签。相对主义这种立场声称每种道德观都一样好。但罗蒂的立场不是这样。他相信，他所钟爱的自由主义文化比其他观点都好，**即便他无法证明这文化到底哪里好**。

> 错误地断定我们与纳粹没有什么不同，是一回事。但是正确地说我和纳粹哲学家之间没有一个中立、共享的基础，以供我们讨论出我们的不同，是另外一回事。（Rorty，"Trotsky and the Wild Orchids"，p.15）

罗蒂的民主理论的立场不是相对主义，而是脉络主义，或是（罗蒂自己所谓的）"民族中心主义"。正是因为罗蒂不相信普遍主义的规范论据，并且把哲学家论点的说服力贬得很低，所以他认为，想把曾有过的团结扩展到所有人或所有文化的信念，都是幻想（*Contingency，Irony and Solidarity*，p.191）。团结感的强度，取决于我们把其他人诠释得与自己有多"像"或多"不像"，而这种诠释都是在历史情境中偶然出现的，任何哲学论点都强求不来，也无法强化。这不是说团结的扩展是不值得奢望的。对罗蒂来说，团结的扩展是道德进步的一种标志，但**只限**从（无法提出论据，但想尽可能阻止可能暴行的）**自由主义文化的观点来看是如此**

（亦可参阅 *Truth and Progress*，pp.167ff.）！

如从我们对罗蒂的民主理论思想的介绍中可以看到的，他的哲学立场完全转
698 变成政治观念了。另外一方面不容忽视的是，他在这方面的说法并不是什么深思
熟虑的说法，而且也和社会理论的问题完全没有关联。罗蒂无疑是美国知识分子
中最知名的左派政治作家之一。他在 1998 年出版的（我们上述援引过的）著作
《成就我们的国家》 （*Achieving our Country. Leftist Thought in Twentieth-Century
America*）更再次让他声名大噪。但是他既没有系统性地探讨自由主义社会公共领域
有哪些价值，也没有反思为什么必须避免"暴行"是最值得宣扬的说法（毕竟，
众所周知，我们可以对暴行有不同的诠释方式）。另外，被罗蒂给予高度评价的人
际团结，究竟其来源、基础是什么，对社会理论来说是一个很重要的问题，但罗
蒂却完全不感兴趣，即便他明明可以在"古典"实用主义者那里找到蛛丝马迹
（对罗蒂在这方面的批判，可参阅：Richard Bernstein，*The New Constellation. The Eth-
ical-Political Horizons of Modernity/Postmodernity*，p.258ff.；Thomas McCarthy，*Ideals and Il-
lusions: On Deconstruction and Reconstruction in Contemporary Critical Theory*，pp.25ff.；Hans
Joas，*Die Entstehung der Werte*，pp.247ff.）。

*　　*　　*

罗蒂关于哲学（剩余的）任务的命题，他摒弃真理概念的做法，以及他关于
自由主义民主的概念，不令人意外地遭到极大的批评。当然，自诩为传统的美国
实用主义者，也会觉得罗蒂很挑衅。虽然我们完全可以承认，罗蒂的著作让实用
主义再次变得很有活力，且极大地推广了实用主义。但我们多半还是可以合理地
质疑，罗蒂对于实用主义的理解，跟"古典的"实用主义的计划到底有什么关系。
对罗蒂的哲学立场的批判最一针见血的，当属普特南，一位近代最有名的美国哲
学家与逻辑学家之一。他与罗蒂有一些共同之处。普特南和罗蒂很像，他也觉得
699 维特根斯坦与杜威及皮尔士有很大的相似性。而且罗蒂和普特南的思想根源都来
自分析哲学，然后才渐渐走向实用主义的思想遗产。不过，与罗蒂最显著的差异
是，普特南的走向实用主义的方式，更符合"古典"实用主义的意向。

普特南（1926—2016）保留着至少四个"古典的"实用主义的前提。第一，
他一贯地抱持着**反怀疑论的立场**，也就是我们在第六讲提到的皮尔士的那种反笛
卡尔的论点：我们不会同时怀疑所有事，并且引导哲学研究的不是只有原则性的
怀疑，而且还有真正的怀疑与问题。第二，普特南和"古典的"实用主义一样，

根本上都相信可错论，亦即我们都可以证明我们的信念是错的，没有最终的真理。第三，普特南**不认为事实与价值是泾渭分明的**，不认为价值是不可探讨的。只要有好的理由，价值依然是可以讨论的。而且，第四，他也强调，**人类思想镶嵌在人类实践当中**，人类思想总是不断在与自然环境和社会环境进行对话（参阅 Marie-Luise Raters and Marcus Willaschek，"Hilary Putnam und die Tradition des Pragmatismus"，p.12）。

普特南一贯地坚守着**所有**这些实用主义的前提，并且在与罗蒂的辩论中，让他的立场越来越鲜明。从他最重要的一本出版于 1981 年的著作《理性、真理与历史》（*Reason, Truth and History*）的开头，他就马上表现得和罗蒂**既**相近、**又**保持距离：

> 我想捍卫的观点是……**真理**和**理性**之间有极为密切的联结。……对于何谓事实的唯一准则，就在于我们能理性接受的是什么。（我这里的意思就是字面上的那样，而且泛指所有事；因此，如果我们能理性地接受一幅画是美的，那么**事实**就是它是美的。）根据此观念，**价值事实**可以存在。但是理性上的可接受性和真理之间的关系是两个不同的概念之间的关系。一项声称可以是理性上可接受的，但**同时**却不是**真**的。（Putnam, *Reason, Truth and History*, p.x）

700

普特南有一个观点和罗蒂是一致的，就是"理性"不是超越历史的东西，而是与论点有关，只有在特殊的脉络下才有说服力。不过普特南并没有要导向极端的脉络主义、相对主义的结论，但罗蒂认为我们必须往这方面走。普特南认为，不是所有的理性证成都可以被"当作准则"，不是什么相对于理性准则的东西都可以用语言游戏定义成理性准则。普特南更多地认为（这也清楚展现出他和罗蒂的相反之处），对于理性本质的讨论都必须以理性证成的概念为前提，这个概念可以超越所有特殊脉络（哈贝马斯也提出了相似的论点以反对罗蒂。参阅：*Wahrheit und Rechtfertigung*，p.265ff.）。他在讨论库恩的"不可通约性"命题（罗蒂也常常以赞许的态度谈到这个命题）时，表现得尤为明显。普特南宣称，这个命题本身就是矛盾的，也显示了提出者本身就自相矛盾的论证方式。人们不能说两个范式是"不可通约的"，也不应尝试描述与凸显出两个范式之间的差异。因为如果人们这么做了，就等于放弃了"不可通约性"这个概念，或至少承认两者之间部分是可以彼此翻译的！

> 如果费耶阿本德（和库恩在他最知名的不可通约性方面）是对的，那么其他文化——包含 17 世纪的科学家——的成员都只会被我们概念化成只会生产刺激—反应（以及发出奇怪的听起来像是英语或意大利语的声音）的动物

了。一边告诉我们伽利略有"不可通约的"观念，但**一边又不断在详细地描述他们**，这完全是没道理的。（Putnam, *Reason, Truth and History*, pp.115ff.）

普特南最终认为，不论是费耶阿本德与库恩，还是罗蒂，都错误诠释了维特根斯坦的语言游戏观念。在他们的诠释下，维特根斯坦是在封闭的数学计算或计算机程序意义下设想语言游戏——亦即将语言游戏设想成一种在特殊文化中占据701 统治地位的语言规则和论证规则。在这种诠释下，语言游戏仿佛无法相互翻译，因为它们被理解成彼此封闭隔开的符号系统（参阅 Putnam, *Pragmatism：An Open Question*, pp.33ff.）。但是，不论是维特根斯坦，还是杜威和古典实用主义者，他们是以另一种方式理解语言游戏的，所以并没有得出库恩或罗蒂的那种极端的结论。普特南认为，罗蒂的立场根本就与维特根斯坦无关，也根本没有以实用主义的传统为基础。在实用主义传统思潮中，并不怀疑语言游戏至少部分是可以彼此翻译的。而这也意味着，理性证成的观念并不仅仅是脉络—相对的（参阅：Putnam, *Renewing Philosophy*, p.77，以及 *Pragmatism：An Open Question*）。

这里所说的认为语言游戏至少部分可翻译的立场，尤其和普特南的一个信念有关（这也明确显示出他与罗蒂的不同），即完全是有客观价值存在着的（以下参阅：R. Bernstein, "Putnams Stellung in der pragmatistischen Tradition", 2002, p.41ff.）。普特南反对把规范和伦理态度当作纯粹主观的，也反对将之视为随文化而相异，或是随范式而异的。例如科学乃以认知价值（例如连贯、纯粹）为基础，所以某些说法才会是可以证成的，我们也才得以获得进入世界的入口。普特南认为，这不是说我们都可以根据单一的一件事就确定什么叫作连贯或纯粹，但是无论如何我们都还是完全可以理性地讨论价值的意涵。这种价值是"客观的"，就像其他社会领域（亦即非科学的领域）中的其他价值一样客观。

> 相信有正义并不是相信有鬼，"正义感"也不是一种像是看到鬼似的超常感。……伦理学和物理学并不如"不科学"一词所暗示的那样是**相冲突的**。
702 "公正""善""正义感"等概念的话语，不能被**还原**成物理学的话语。……谈论"正义"……可以是**非**科学，但不必是**不**科学的。（Putnam, *Reason, Truth and History*, p.145）

罗蒂和普特南的辩论（普特南对罗蒂的批判，可见：*Renewing Philosophy*, pp.67ff.）显著提升了人们对实用主义的兴趣；然而，一样地，这些辩论与社会理论几乎没有什么实质的联系。即便普特南明显比罗蒂还更紧抓着实用主义的传统，即便他比罗蒂更掌握杜威对民主的理解（ibid., pp.180ff.），但他也还是在"一般的"**哲学**参照框架内推动讨论；社会理论的问题在当中极少被提到，我们在其中也几乎找不到与我们这几讲介绍的各种理论取向有关的讨论。这其实很令人惊讶，因为普特南的实用主义命题明明就一直都处于行动与思想的交叉点上。

但当然不是所有受实用主义影响的思想家，都在社会理论问题方面裹足不前。最起码伯恩斯坦就是少数不断从社会学的角度对实用主义哲学提出问题的人。伯恩斯坦（1932—　，顺带一提，他和罗蒂是共同在芝加哥大学度过学生时期的好朋友）从一开始就对美国实用主义（尤其是杜威）很感兴趣，并以此作为他哲学思想的出发点。伯恩斯坦与罗蒂乃至普特南明确分道扬镳的点在于，他纯粹以社会理论为导向，尤其是他特别致力于探讨**人类行动**。伯恩斯坦首先没有采取对"古典"实用主义的认识论或认识论批判的立场，而是从对"古典"实用主义的行动理论的反思出发。这个旨趣从他早期的著作，1971 年出版的《实践与行动》（*Praxis and Action. Contemporary Philosophies of Humans Activity*）中，就可以看到。伯恩 703 斯坦在这本书中处理四个不同的主要对人类行动与人类实践进行反思的哲学思潮：马克思主义，萨特［与克尔恺郭尔（Søren Kierkegaard，1813—1855）］的存在主义，分析哲学（虽然其行动概念首先是非常形式化的），以及以杜威和皮尔士为代表的美国实用主义。伯恩斯坦的强项在他这本书中就表现得很明显：他不只是以令人印象深刻的方式表现出他调和不同哲学传统与"翻译"其各自问题的能力（他自认他的一个主要任务，就是把欧洲思潮介绍给美国哲学），而且他还成功地把行动议题确定为（当代）哲学的核心基本问题。他用一种很独特的方式，尝试"赞扬"（语言）分析哲学对行动概念的清楚研究，以及如马克思那种"极端的人类学"，和马克思对"实然"与"应然"二分问题的克服（*Praxis and Action*，p.307）。他也指出对人类行动自由的强调，以及杜威与皮尔士致力于重建"由理性和知识所引导的实践"（ibid.，p.313），很值得赞赏。

这种将行动概念置于中心地位的观点，让伯恩斯坦参与到 20 世纪 70 年代批判性地从杜威和皮尔士的观点出发而来的、日益盛行的哲学与社会学的辩论。他在其接下来出版于 1976 年的大部头的著作《重建社会理论与政治理论》（*The Restructuring of Social and Political Theory*）中，便令人印象深刻地对此提出他的论证。在书中，他特别与堪为现象学社会学与常人方法论的"权威人士"的舒茨（Alfred Schütz）（见本书第六讲）和哈贝马斯进行对话。伯恩斯坦的对话基础比罗蒂和普特南的还要广泛，不是仅局限在认识论或对认识论的批判之上。到了 20 世纪 90 年代，伯恩斯坦还致力于探讨行动议题，而且由于他坚守着实用主义的行动概念，因此成功调和了哈贝马斯和后现代主义的立场，并以一种极富启发性的方式同时 704 把后现代思想家（隐而未显的）基本伦理假设给揭示出来。

＊　　＊　　＊

　　实用主义和新实用主义在罗蒂与普特南的辩论中有了非常蓬勃的发展，但**主要在哲学领域**。这里的特色是，大部分都只谈到实用主义的认识论面向，至于杜威和皮尔士的著作里的行动理论的潜力就被忽视了。而且极少人系统性地从"传统"实用主义的行动概念探讨在社会理论方面的**后果**，更遑论把实用主义的行动理论**继续发展下去**。

　　所以也有人［例如沃尔夫（Alan Wolfe）］说，"美国社会科学错失了对实用主义的复兴"。对实用主义进行新的、更时髦一点的翻新，在社会科学里严格来说几乎没有。不只是美国，在欧洲也是。不过还是有例外，还是有人在实用主义的社会学与社会理论方面继续发展下去的。其中一位代表人物，就是本书的作者之一，德国社会学家约阿斯（Hans Joas，1948—　）。约阿斯致力于从"古典"实用主义前提出发，重新对行动理论进行根本的定位。接下来我们要来从第三人称介绍我们这本书的其中一位作者。这种做法可能会有点奇妙，但我们觉得这能最好地符合本书的教科书风格。

　　约阿斯目前任教于德国柏林洪堡大学与美国芝加哥大学。他从学术生涯的一开始，就决定要探究美国实用主义传统。他于 20 世纪 80 年代出版的博士论文《实践的主体间性》（*Praktische Intersubjektivität. Die Entwicklung des Werkes von G. H. Mead*）［英译本改名为《米德：其思想的当代检视》（*G. H. Mead：A Contemporary Re-examination of His Thought*）］是欧洲第一本对米德所有著作进行广泛重构的著作，并且同时尝试将米德的社会理论和欧陆哲学与社会学的主流思潮进行对照。约阿斯的这本书中，将米德呈现为一位基于其深刻地对行动与意识所作的分析，因而解决了许多行动理论问题的思想家。米德解决的行动理论问题，许多欧洲的社会理论家都没有解决。同时，米德还通过他的人类学式的沟通理论，让主体间性——主体与主体**之间**的性质——真正成为内涵丰富的概念。

　　但约阿斯的这本早期著作的目标不只是重构一个过去的思想家而已。这本书首先要指出，不论是基于米德那高度碎片化的遗著而建立起来的象征互动论，还是马克思主义和批判理论对行动、主体间性、民主的贫乏的理解，都不是恰如其分的理论。基于此，约阿斯开始找寻自己的道路，并且越来越觉得应该可以**全面**探讨"古典"实用主义。这也让他开始研读杜威的著作，后来也开始研读詹姆士（William James）的著作。如约阿斯在《实践的主体间性》后来的新增前言里自我

705

批评地承认，他是在这本博士论文写完之后才意识到杜威的重要性的。

> 如果我的兴趣主要是在主体间性的话，那么米德无疑是很重要的一位学者。但如果我的主题是"实践的主体间性"，因此必须认真探讨"实践"的环节的话，那么杜威那重要且广泛的实用主义就是更本质性的了。（Joas, *Praktische Intersubjektivität*, p.XIII）

对杜威著作的广泛探讨，也帮助约阿斯在 20 世纪 90 年代初以其著作《行动的创造性》（*Die Kreativität des Handelns*）对至今所有的行动理论构想作出了批判，并提出了自己的一套行动理论。

《行动的创造性》里的讨论系统性地聚焦在理论史面向上。这本书的第一部分旨在指出，古典社会学家在提出行动理论或对行动进行分类时，都没有办法很好地处理人类的创造现象。约阿斯指出，涂尔干、滕尼斯、齐美尔，还有韦伯，都是这样。而且这种情况在韦伯那里还很奇怪，因为，一方面，他一贯且颇原创地发展出行动类型学，区分出了目的理性、价值理性、传统、情感这四种行动，但同时在韦伯的各种资料研究中，他却又明显离开了他的类型学，而不断探讨各种历史与社会现象。例如韦伯的所有著作里，卡里斯玛概念，尤其是对于他的统治社会学来说，特别重要，但我们完全无法知晓到底"卡里斯玛"该对应上韦伯所说的哪种行动。卡里斯玛式的行动方式显然

706

> 无法被归类到韦伯的行动类型学中。当然，类型学可以把所有现象加以分类，只是任何一种类型学，就如韦伯的那种，都或多或少会有剩余范畴，而且剩余的往往比得到分类的还多。但重要的是，韦伯这个分类学的原则没有考虑到行动的一个面向：创造面向。（Joas, *Die Kreativität des Handelns*, p.74）

一方面，韦伯作品的一个特色，就是卡里斯玛现象总是扮演着非常重要的角色。因为正是卡里斯玛改变了历史过程、为世界带来新东西。而且我们只有从行动的创造面向才能掌握这个现象！但另一方面，也正是这个现象，是韦伯的行动理论没有注意到的。

不过韦伯不是个案。因为所有古典社会学家都没能"把探讨'创造性'的理论思想顺畅地整合到他们的著作中"（ibid., p.105）。意思是，古典社会学家总是不断讨论到直接让创造性成为值得探讨的问题的现象，但却没有一贯、持续地把这个问题放到理论框架中。

"创造性"这个问题在社会学中处于如此边缘的位置，其实是很令人惊讶的，因为这个问题在当代知识史中一直扮演着很重要的角色。如同约阿斯在书中第二

707 部分指出的，例如一直到 19 世纪中的马克思的生产和革命概念，19 世纪末的生命
哲学中的"生命"概念，以及 20 世纪初实用主义思想中的（创造性的）"知识"，
创造性都以"隐喻"的形式处于核心地位。所有这些现象因为很难用概念来把握，
所以对于以规范行动或理性行动为导向的行动理论来说，这些现象都无法被"描
绘"。这让关于创造性的理论，都不得不提出一些"奇特的"反思和表述，但这些
致力于研究创造性的理论家于此也都没能把他们的创造理论接合上有说服力、能
用于社会学的人类行动理论。

　　这也正是约阿斯在书里探讨基本理论的第三部分所要讨论的。如同该书的书
名所指出的，约阿斯并**没有**要人们注意某一种特殊的行动类型，例如一种和其他
（比如仪式性的）行动形式相区隔开来的"创造行动"。他更多想试着指出，所有
行动都蕴含着创造面向。所以该书的书名才会说是"行动**的**创造性"！约阿斯是这
么说的：

　　　　这不是单纯在扩展行动理论，而是对常见的行动理论的基础进行根本性
　　的调整。并非常见的行动类型学还不完整，而是分类原则根本就是可以质疑
　　的。每种行动类型学或多或少都是在处理还没有被分类到的范畴，以将没有
　　被明显分类到的现象包含进来。以这种形式上的意义来说，每种行动类型学
　　都是完备的。但这绝不是说，这样的类型学就真的有揭示现象的力量。（ibid.，
　　pp.213—214）

　　"对常见的行动理论的基础进行根本性的调整"的意思是，约阿斯想要探讨
的，是几乎所有——不论是经济学、哲学、心理学，以及尤其是社会学——的行
动理论里，被当作出发点的所谓的"理性行动"。我们这里就只谈社会学，这样可
708 以让我们直接来谈像是韦伯、帕森斯，甚至是哈贝马斯等不同的学者。因为韦伯
的行动理论建立得很明确，亦即将价值理性、传统、情感行动当作是比较缺乏理
性的行动，与目的理性行动相对立。帕森斯在《社会行动的结构》中则仅仅通过
规范行动模式来扩展理性行动模式，而且规范行动模式也和目的论的行动模式密
切相关，因为他把目的理性或规范行动的目标诠释为被预先给予的，行动的完成
不过是在实现事先被提出的目标而已（见本书第二讲）。连哈贝马斯所建构的行动
模式，也是在根据行动的不同世界关系，从目的理性或策略行动出发，以推进他
的行动概念。他的行动概念意在指出更多的世界关系，并尝试从中发展出更高的
理性潜能（见本书第十讲）。这三位学者的行动理论虽然不同，但出发点是一样
的："理性行动。"约阿斯认为，这么做是有问题的。之所以这么认为，至少有两
个理由。一来这些行动模式最终都没有捕捉到关于创造性方面的问题。当从"理性
行动"出发时，都自动会生产出一种"不理性事物的对立图像"（ibid.，p.214），并

且同时也会生产出行动类型学没有真正包含到的剩余范畴。这种剩余范畴的产生一直都是个很麻烦的问题。二来更根本的问题在于，理性行动完全被视作是本来就有、理所当然的，而没有去追问这种看法的根本假设是什么。

不过这里要澄清一件可能被误解的事：约阿斯并不怀疑理性行动模式在经验上可以很有用，也的确很有用。他只是反对把这样一种行动的理性模式，在没有对其基础进行系统性讨论的情况下就直接拿来运用。这种做法也许太过小心翼翼，甚至没必要。但事实上唯有这样做，才能够对至今的各种行动理论进行根本批判（这也是约阿斯的目标），并且，也唯有如此才能够掌握不被以往的行动理论所处理的创造性问题。换句话说，唯有如此，才能推进关于（工具）理性与规范性的 709 另一种完全不同的理解方式（ibid., p.218）。

如约阿斯指出的，所有从理性行动类型出发的行动理论，都假设"行动首先是一种有能力朝向目标的行动，其次是掌控了自身身体的行动，第三是自主地对立于他人与环境的行动"（ibid., p.217）。但这三个假设都不是理所当然的。首先我们有必要系统性地研究、探问，我们手上有哪些理论可以揭示至今都还没有被追问的前提。

1.如果我们专心在第一个假设，也就是行动者会尝试根据目的—手段框架的规则来实现其意图，那么我们马上就可以找到一些很有说服力的哲学与社会学批判，指出目的—手段框架对于诠释人类行动来说是否如此理所当然，是值得商榷的。如同我们在本书第十一讲提到的，卢曼早期著作就极为质疑韦伯和米歇尔斯（Robert Michels）的科层与组织模式，指出我们不能认为组织就只是在遵循最上层所设置的目的而运作的。但，卢曼当然不是唯一一个有很好的理由质疑目的—手段框架适用性的社会学家。就连行动理论家也对这框架是否如此不需追问感到怀疑。读者可以想想哈贝马斯和他的沟通行动模式，就不是目的论式的，因为哈贝马斯提出的商谈就恰好认为不是为了某个目的，而是商谈的结果是开放的（参阅本书第十讲）。只要我们概览一下社会学的各文献，就可以指出，很多人都认为社会现象和社会行动不是非得要被诠释为目的论的。

约阿斯接受了这种看法，但是得出不同于卢曼和哈贝马斯的、部分来说颇为极端的结论。卢曼和他对于古典组织社会学的批判同时把行动理论整个抛弃了，并建立起他的功能—结构理论，并且之后又导向了一个高度抽象的（自我生产 710 的）系统理论。而哈贝马斯仅仅提出了一种非目的论的沟通行动，但对于策略行动或目的理性行动，以及规范导向的行动，都没有再进一步分析。约阿斯的策略与这两人都不一样。不同于卢曼，约阿斯还是一位行动理论家。但也不同于哈贝马斯，约阿斯进一步追问，在诠释目的理性和道德导向行动时，是不是更应该假设所有行动一开始都不是目的论的。这里，约阿斯认为，杜威在分析人类行动时，指出目的/手段框架的适用性不是没有问题的，而杜威的这个看法相当与众不同

（杜威的这个看法也影响了卢曼）。

约阿斯认为，我们可以从杜威那里学到，行动目标不只是对未来状态的展望，而且也直接是行动在其当下所组织起来的，因此行动目标与行动手段之间的关系也是相互构成的。

> ……行动目标大部分一开始是相对不确定的，直到所用的手段确定下来之后，才随之而定。目标和手段之间的相互构成，意味着手段选择与目标澄清是相互作用的。手段面向在面对目标面向时并不是中立的。只有我们认识到，我们有什么样特定手段，我们才会定下目标，而且我们一开始并没有意识到这目标。（ibid.，p.227）

实用主义者，以及尤其是杜威，都很有说服力地探讨了目标是如何**在行动的执行过程中**具有随执行情况而产生的流动性与可变性。而且目标通常不是一开始就设置好了的，也不能被当作是固定不变的。我们设想如何达到目标时，都会在行动可能性与可供使用的手段之间进行富有创造性的衡量。这不只适用于目的理性行动，也适用于**道德行动**。这很重要，因为这直接也会影响到道德理论。从杜威的伦理立场来看这也是很显见的，因为这和僵化的道德理论强烈地分道扬镳。所谓的僵化的道德理论，都认为道德行动仅仅在遵守"预先存在"着的最高价值与规范。

711

> 任何作为一种价值自身的目的神圣性，都在行动者之前掩盖了其目标设置与手段选择的其余后果，仿佛这些奇妙的后果都不会发生或是可以忽略似的。（ibid.，p.228）

约阿斯回溯了杜威，但也回溯了其他哲学传统后指出，若要对行动进行具有经验丰富性的分析，就必须超越目的—手段框架，"不论是常规行动、还是意义满足行动，不论是创造行动还是存在反思行动，都不能根据这种框架来进行思考"（ibid.，p.230）。但如果是这样，那么马上就会出现一个问题：为什么社会科学史上可以看到的行动理论都会以目的—手段框架为基础，而且长久以来都没有遭到反驳。约阿斯的回答是，因为人们通常有意将行动理论概念建立在笛卡尔的身心、世界与自我的二元论之上。如此一来，人们就必须设置一个前提，即把目的设想成与行动脱离开来的理性计划目标，也就是想象目标是**先**在心灵过程中定下的，**然后才**有（身体的）行动。这也随即暗指了进一步的二分，也就是知觉与思想为一边、行动为另外一边的二分。但相反地，如果人们接受实用主义对笛卡尔主义的批判（参阅第六讲），那么就会得出另外一种行动与知觉、思想之间的关系，并且同时也可能得以抛弃目的论、目的—手段框架的行动模式。

> 另外一种不同于目的论式的行动与其中随之传承下来的笛卡尔式的二元论的理论，在于不认为知觉和认识是预先于行动而存在的，而是将之视为行动的阶段，并且行动会通过这样的阶段在其随情境而异的脉络中进行与调整。从这样一种不同的观点来看，目的的设置不是**先于**自身行动的精神活动，而是在我们行动当中**不断**根据有效的、先于反思的渴望与方向性，所反思的结果。在这样的反思活动中，这种渴望会变成主题，但我们在运作过程中往往不会有意识地注意到它。那么这种渴望处于哪里呢？处于我们的身体：身体的能力、习惯与关联世界的方式，呈现了所有有意识的目标设置的背景，呈现了我们的意向性的背景。意向性本身处于我们行为过程的反思性控制当中。（ibid., p.232）

借着实用主义的思想，我们可以明白指出，对目的概念进行批判性的研究，可以让我们认真看待行动的身体性，同时也可以让我们认真看待行动活动的创造性。这里重要的是对于情境、"情境脉络"的强调，亦即指出"'情境'这个概念，可以取代目的—手段框架，作为行动理论的第一根本范畴"（ibid., p.235）。因为知觉过程和认识过程，计划和目标的规划，都是**在各个行动情境中**形成的，并且一旦出现了新的情境诠释，这一切都会改动或甚至重新提出。"……哪一种行动会实现，取决于我们如何反思地看待我们与在情境当中体验到的挑战之间的关系"（ibid., p.236）。如此一来，这些情境挑战也总是会要求新的和创造性的解决方式，而不是死板地遵循单一的一次设置好的目标和计划。动机和计划是**行动情境**的反思的产物，而不是（在时间上先于）行动的原因。

这样一种基于实用主义的对目的—手段框架的批判，通过情境概念，可以让我们认识到所有行动所具有的创造性，并且强调了行动的身体性。关于行动的身体性，吉登斯提出了类似的看法（但所谈的内容部分与约阿斯所讨论的不是一回事），然而在其他行动理论那里大部分都完全被忽视了。因为对情境挑战的反思并不是遵循着高度理性和抽象的、精神性的方式。之所以要反思，更多的是因为我们"与世界的身体—实践的关系"，亦即我们日常的行动流，我们没有真的意识到的习惯、常规和我们习以为常的知觉方式，不再能维持下去，所以必须在情境中找出创造性的解决方式。

> 若以我们在这里所建议的理解意向性的方式为基础，那么目的设置反而是情境的结果，因为行动者在情境里进行未经反思的行动时遭到了阻碍。在这样的情境中，行动者必须将反思的情况与未经反思的渴望关联起来。（ibid., p.238）

反过来说，这种关于意向的观点也会影响道德理论的思考。因为，不只是对于目的理性的目标的遵循，而且还有规范相关或价值相关的行动，都可以用非目的论的逻辑来理解。这里同样可以说，我们是在具体的行动情境中才找出来"是什么可以满足我们的渴望，是什么符合我们的价值。不论是价值的具体化，还是需求的满足，都是创造性的结果"（ibid., p.239）。

2. 在分析第二个不被大部分行动理论当作问题的假设（即行动者可以控制自己的身体）时，约阿斯也指出，我们有必要澄清，人类是在哪一个发展阶段才能实际控制自己的身体，以及人类如何能够（至少暂时地）不那么专心在身体控制上。我们不能假设，人类实际上有能力把自己的身体当作随便一种对象来使用，也不能假设可以用随便一种形式来控制身体。例如我们在笑和哭的时候身体是部分不受控制的，但我们不会觉得这种身体的不受控制是一种病。关于身体受行动者控制的假设，绝不是毋庸置疑的。

约阿斯在回顾哲学人类学与梅洛-庞蒂（Maurice Merleau-Ponty）和米德的研究后指出，行动能力的基础，是在孩童时期建立起来的"身体框架"或"身体图式"。唯有当"行动者意识到其身体的形态发生学结构，其部分与姿态，其运动与边界"时（ibid., p.257），才有可能主动参与到世界中。但是这里所说的"意识"不是一个可以清楚表达出来的与自己身体的关系。因为正是身体尚未意识到的、先于反思的成就，才是我们必须信任的，且让行动得以可能。这个破坏了身心二元论的命题，我们在讨论吉登斯的时候就已经认识到了。

关于身体框架的**重要性**，梅洛-庞蒂的讨论是最令人印象深刻的，尤其是关于幻肢的例子。手臂截肢的人，一方面会感觉到他（缺失了）的手臂，而且感觉一直很强烈；但另一方面却同时又必须不断忘却他的手臂。对梅洛-庞蒂来说，"感觉到"手臂不能被诠释为一种"生理"现象，因为那里的感觉接收器已经不存在了。但也不能被当作一种"心理"层面的事，因为截肢者并不是单纯地想把截肢事实当作不存在。梅洛-庞蒂更多的是想否定身心二元论，并如下论证：

> 幻肢不是手臂的再现，而是手臂的矛盾在场。……拥有幻肢，就是仍对所有手臂能做到的行动保持开放，仍保持着截肢之前享有的实践领域。……因此，患者唯有忘却手臂才能知道他残疾了，而且也因为他知道他残疾了，所以才能忘却他的手臂。（Merleau-Ponty, *Phenomenology of Perception*, pp.81—82）

因为行动也是一种身体现象，因此我们也总是朝着世界的某个面向。世界先于我们的反思而存在。于此，身体图式既是个人生命历程的结果，而且当中这个人与世界之间的实践关系一直都很重要；同时它也是一个从不结束的过程。因为我们身体的意识也会通过其中的过程变化比如衰老、怀孕、生病、截肢等等而必然有所改变。建构与再建构身体图式，是先于行动者意识的持续任务。身体是**先于反思**地、习惯性地朝向某些不断改变的与世界的实践关系，而这也同时意味着，行动理论不能轻易假设我们总是在有意识地控制我们自己的身体。

715

虽然梅洛-庞蒂精彩地阐述了身体图式的重要性，但他仅片段地澄清了身体图式是如何、以何种方式构成的，亦即如何在社会化理论方面设想身体图式的**形成**。梅洛-庞蒂**仅仅指出了**，身体经验总是与他人身体的经验联系在一起，我们身体经验的基础不能从孤立的个体出发来设想，而是必须从主体间性来看。真正进行详细研究的，是美国实用主义，尤其是米德。米德早在梅洛-庞蒂之前就提到"孩童的前语言的沟通，是关于身体图式构成的重要解释环节"（Joas, *Die Kreativität des Handelns*, p.265）。并且米德也详细呈现了，孩童如何根据角色取代的模式，以及如何有能力将自己等同于他人，以建立与客体的关系。这种与物之间的关系形式，在孩童长大之后还会保留着。对于米德来说，

> 当我们假定客体具有实质的内在性质，让我们在与客体建立关系时经验到客体有一种对立于我们的抗力时，手与眼的合作才会构成"物"，一种恒常的客体。当我们说"内在性质"时，我们不是指某种占据内部、客体表层底下的某个东西，而是一种主动的、阻抗的性质，这种抗力的作用中心在物中。我们在与客体建立实践关系时，假定客体有一种内在性质，而这也就是说，一种出自客体本身、独立于我们的抗力。（ibid., p.267）

之所以我们可以假定客体内在性质有对立于我们的抗力，是因为孩童总是处于社会互动当中。当孩童还没有自我与世界之间分界的意识时，就已经会对父母和重要他人的姿态进行反应了。孩童在幼儿早期阶段时，就会发展出一种由姿态进行的沟通。而通过姿态进行沟通的前提，是必须要可以将自己等同于互动对象（父母）。对于孩童来说，这种角色取替是一种可以用来与物理对象建立关系的模式，因为物也被假设具有内在性质，会产生抗力。对物的作用力和经由姿态而对 716 互动对象产生的作用力，是以类似的方式来被理解的。孩童的所有这些反应，会回过头来对孩童产生作用。

当然这只是澄清了行动的性质如何在面对物理客体时形成，但还没有澄清身体图式本身的形成。根据米德的说法，当我们在进一步的沟通过程中有能力达到自我认同，亦即知道我们自己具有不同于无生命对象的其他性质，认识到其他对象不具有社会性时，身体图式就形成了。也是在这时候，孩童才有可能将身体与意识区分开（ibid., p.267f.），然后才真的能够控制自己的身体（传统的行动理论总是假设"控制自己的身体"是一件理所当然的事）。

如果身体对行动者来说不是自然而然的东西，而是通过身体图式才得到的，

在主体之间构成的，那么行动者与身体的关系就深受行动者成长于其中的社会关系结构的影响。

3. 这里我们就直接接触到大部分行动理论的第三项假设了，亦即认为人在面对他人与环境时具有自主性。约阿斯在这里追溯了他之前那本诠释米德思想的著作。米德与众不同地尝试反对这个第三项假设，强调行动者的**原初社会性**。这里我们简单再提一下。米德通过他的人类学式的沟通理论，澄清了整体的自我是如何在沟通当中才建立起来的。对米德来说，个体行动不是生物学层次上事先给予的，而是"有前提的发展结果"（ibid., p.276）。而大部分的行动理论对这件事的反思都是不足的。这里关系到的不只是个体性的形成，而且也关系到一直都很碎裂的个体性持存条件。

717

* * *

这种对行动理性模式前提的重构是非常重要的。因为如此一来，我们不只清楚知道我们在描述行动过程时，必须注意到行动者的身体性与原初社会性，否则我们会无法真正了解互动的根本面向。而且我们还会注意到，在批判许多行动理论所假设的目的—手段框架，以及强调每种行动的创造面向时，也可以让我们在分析社会学研究的核心领域时，改变我们的分析方向。约阿斯认为，基于实用主义思路的行动理论，认真实质考虑到行动的创造性的行动理论，也必须能适用于**宏观社会学**。这也是约阿斯的《行动的创造性》的第四部分。这里，他特别着重分析两个领域。他试着指出，社会运动研究由于都以理性行动模式为导向，所以都忽略了集体行动的一个重要现象：不论是资源动员理论的做法（即仅从冲突理论前提或功利主义前提来理解社会运动的形成，见本书第八讲），还是仅从某些事先给予的规范目标的执行或实现来诠释社会运动的研究者（如斯梅尔瑟），他们的基本概念都忽略了，在社会运动中，如同象征互动论学者已尝试指出的（见本书第六讲），都会出现**新的**价值与行动目标，而且这是在大众行动的**情境中**才产生的。

这种新实用主义的视角，也要求"传统的"宏观社会学变迁理论要有类似的修改。如果我们认真看待约阿斯的行动模式，那么我们就几乎不会把历史当作一种会自动产生理性化过程和分化过程的进展，如韦伯和帕森斯传统下的分化理论家所认为的那样。而是，我们很快就可以指出，行动者自己也会步入新的情境，然后不得不提出**具有创造性的解决方案**。这种过程，可以说是功能论的逻辑所无

718

法考虑到的。约阿斯在这里进一步援用了卡斯托里亚迪斯的立场（见本书第十七讲）。他从不同的理论前提出发，但同样特别强调了"创造性"这个议题，而且也正因此尖锐地批判了（以分化理论来进行论证的）功能论。同时约阿斯也赞同吉登斯和贝克对功能论的批判。约阿斯认为，谈论"分化"当然是很有意义的，但是我们必须记得，不是系统自身的逻辑，而是行动者，才是分化的真正推手。因此，与功能论的理论家非常不同的是，约阿斯提出了"分化问题的民主化"，以对立于卢曼并指出，决定分化过程具体形态与必然性的，可不是理论家，而是行动者。

接续着约阿斯的理论，贝克尔特（Jens Beckert, 1967—　，目前是科隆的马克斯–普朗克社会研究院院长）也基于这种实用主义行动模式指出，这种创造行动的观念对经济社会学来说也是必不可少的。因为对市场过程的分析，也会不断接触到不确定的决策情境，而在决策情境当中，行动者因为缺乏确定的线索，所以必须找出创造性的解决方式。另外一方面，对于生产过程与市场过程来说非常重要的创新现象，也几乎必然要依赖以行动者的创造性为核心的行动模式（参阅：Jens Beckert, *Grenzen des Marktes. Die sozialen Grundlage wirtschaftlicher Effizienz*，以及：Joas and Beckert, "Action Theory"）。

*　　　*　　　*

约阿斯在后来的著作当中也继续探讨一些在《行动的创造性》中仅稍微碰触到的主题，并详细处理了与此相关的议题。其中也包含了上述提到的宏观社会学领域。这里特别值得强调的是他与分化理论和现代化理论所作的持续不断的对话。[719] 约阿斯跟吉登斯很像，从 20 世纪 80 年代中期以来，都特别注意到现代性中的战争暴力现象。对约阿斯来说，这个议题特别值得探讨，因为现代社会学常常都"完美避开"了这个问题，所以常常对进步抱持着很成问题的乐观态度（参阅：Joas, *Kriege und Werte. Studien zur Gewaltgeschichte des 20. Jahrhunderts*，尤其可见 pp.49—86）。对战争及其原因和结果的社会学分析，有助于社会学和现代化理论得出除了常见的进步观之外的观点。这个主题之所以值得讨论，是因为战争可以被视为降临到历史上的典型偶然性、非必然性。战争不只是因为过于黑暗，所以常在朝向光明的"进步"当中被忽略的时期；它也是历史的交会点，因为对于行动者来说，战争经历与战争后果会产生**不可预见**的可能性，以一种无法预料的规模显露出来的**新的**过程，映衬出人们常认为的线性历史是多么荒谬的假设。用行动理论的说法来说：行动者会以新的创造性的规划来应对战争"情境"。简单来说，"创造性"这个概念不包含规范价值。因为在战争中或在战后形成的富含创造性的计划绝非在所有道德面向上都会是"好的"。就像人们常谈到的"从第一次世界大战的精神中诞生的法西斯主义"即为一例。

对于战争的详细探讨，有助于开拓宏观社会学变迁理论的想象。相同的功能，也表现在约阿斯越来越密切进行的宗教研究上（参阅：Joas, *Braucht der Mensch Religion? Über Erfahrungen der Selbsttranszendenz*）。宗教现象分析也可以为宏观社会学变迁过程带来一些洞见。现代化理论简单假设世俗化是现代化的必要构成部分。但这种看法在今天越来越站不住脚了。

720

＊　　　＊　　　＊

除了专注在具体的社会科学研究领域之外，约阿斯也很系统性地构筑出他的纯理论观点。与此相关的，特别是他在 1997 年出版的《价值的形成》（*Die Entstehung der Werte*）。如同《行动的创造性》，他在《价值的形成》里也通过理论史和理论上的系统性的论证，来回答一个相对简单的问题：价值约束是怎么形成的？

> 对我来说，这与……我们对行动脉络和经验类型的期待有关。唯有在行动脉络和经验类型中，我们才会产生"某件事有价值"的主观感觉。（Joas, *Die Entstehung der Werte*, p.22）

这里的出发点是，我们可以看到从帕森斯到哈贝马斯，现代社会理论一直都谈到价值，但都没有认真探讨到底价值是怎么**形成**的，也没有分析**人们如何、以及通过什么而感觉受到某些价值的约束**。对此，约阿斯一个很重要的理论史命题指出，关于这些问题，一些知名学者是在欧美知识史的一个相当特殊的阶段才产生兴趣的。出于不同的动机，以及借助极为不同的思想工具和研究结果，19 世纪末和 20 世纪 30 年代有一些思想家，例如尼采（Freidrich Nietzsche）、詹姆士、涂尔干、齐美尔、舍勒（Max Scheler）、杜威，都尝试探讨过这个问题。在这之后，出于不同原因，讨论热度逐渐下降，直到社群主义辩论才重新回到主流，尤其是加拿大哲学家泰勒（Charles Taylor）在 20 世纪 80 年代持续的系统性的讨论（ibid., p.195）。但这些思想家的解释也总是有其问题。约阿斯在系统性地通览了这些学者的著作，对比了他们的论点并对其进行相互补充之后以一个很强烈的命题指出，价值形成于一种"自我形塑与自我超越的经验"中（ibid., p.10）。 721

这个命题的**第一部分**是：当个体自我在童年与青少年时期建立起来时，当例如个人认同在对话中，或是在脱离双亲照顾的过程中形成时，价值与价值约束就形成了。但我们也不能忘了，个体认同和集体认同，也完全可以是在对抗权力与避免受到排挤的过程中构成的，而且在这种过程中形成的价值也是很不一样的。如果我们再关联到上述提到的宏观社会学现象，那么也可以看到，战争暴力的经历也会导致将这种暴力（如军国主义或法西斯主义那样）加以英雄化，又或是让人们更深信和平主义的价值。不过，如约阿斯提出的**命题的第二部分**指出的，价值与价值约束也会产生非日常情境下的自我超越的体验，例如宗教仪式或集体狂欢的时刻，又例如"在面临死亡的时候，在极度羞耻或充满罪责、在懊悔和屈从的时候，在谈话中或自然体验中自我敞开的时候"（ibid., p.256）。约阿斯讨论了不同的学者对这方面的阐述，但他也通过丰富的价值经验现象学，进一步深入探讨这些自我超越的体验。

关于价值形成问题，从理论上给出的答案，是经验研究计划的出发点。我们可以把"形成"这个概念区分出不同的面向，为历史社会学提供丰富的基本思想。

> 第一，我们可以探究一项价值在历史上初次为人所宣扬的情况。第二，也可以探讨小型，但逐渐壮大的门徒团体如何捍卫价值。第三，探讨个体是如何通过例如改信宗教而形成了新的价值约束，这在历史上绝不少见。最后，第四，探究逐渐没落或被人遗忘的价值，是如何得到复兴的。（ibid., p.257）

当然我们也总是可以说，在价值的形成过程中**偶然的情况**也总是扮演着关键角色。价值绝不遵循着发展逻辑，而且对某些价值的约束也不是一个必然的进程。 722 价值更多的是在具体行动情境中"诞生"、被接受、传播开来的。约阿斯接下来的研究重点，一方面在于对人权价值与普遍的人类尊严的形成的历史社会学研究，另一方面则把偶然性"刻意放在心上"，以此对 20 世纪进行分析。他也对道德普遍主义如何在具体历史当中形成感兴趣。

不论是对于社会科学，还是对于哲学来说，价值形成的偶然性与道德普遍主义的要求如何互相协调，是个很迫切的问题。关于这个问题的回答，约阿斯的立场比较接近我们在第十七讲介绍过的利科（Paul Ricoeur）。利科把社群主义和自由主义很丰富地整合在一起。当然，约阿斯对于协调自由主义与社群主义的立场的尝试，其论点和利科是不一样的，约阿斯对这问题的论证策略也还是基于实用主义前提。

如我们多次提到的，实用主义伦理一直都是从行动者角度发展出来的。对杜威和米德来说，这意味着重要的不是抽象的规范证成，而是具体行动问题的解决。这让"传统的"道德理论在这里受到批判。例如米德就指责康德，提出：

> 这样一种范畴律令，只是在让行动屈从于普遍化的检视，而无法发现到底什么样的行动才是最适当的。（ibid., p.266）

米德批评康德的伦理学有一种假设，认为我们唯有依从一种所有人类都会接受的规则，才能找到具体的行动指示；然而这是有问题的。因为行动者面对的是一个具体的情境，其"行动也必须是在偶然的条件下拟定的"。所以对行动者来说，对于一个行动情境里什么是好的，或是正确的，"首先不是要去进行证成，而是要去看具体要求是什么"（ibid., p.267）。

正因为实用主义者始终是从行动理论来进行论证的，因此对实用主义者来说，"情境"概念对于道德理论问题非常重要。约阿斯在尝试以新实用主义的方式调和自由主义和社群主义时，也关联上情境概念。约阿斯认为，当我们在检视各种道德替代方案时，不能放弃康德的范畴律令或其他普遍化规则。以此而言，道德话语中的"正确"当然还是很重要，连米德也承认这件事。众所皆知，米德并不反对范畴律令观念。但另外一方面，普遍化规则不能决定我们的决定。我们是在情境的偶然条件下作决定的。以此我们可以得出一个结论：既不是公正比善更重要（此为自由主义的立场），也不是善比公正更重要（如社群主义所宣称的那样），而是要经由反思取得两者的平衡。

> 如果有一种行动理论认为，意向性是在我们根据情境对前反思的意欲加以反思之后才确定下来的，并且如果我们把这种行动理论当作出发点，那么我们就可以清楚看到，一件事公正与否永远是可以受到检视的。……我们在情境中可以做到什么，永远都是对我们的各种倾向进行反思后取得平衡的。诚然，我们对我们倾向的检视程度是可变的。从公正的视角来看，一件事是否为善，永远都有可改变的可能性，所以我们也永远可以对普遍化加以检视。但是公正的普遍性，既不会让我们在行动情境中进行各项评估时自然而然更偏好公正，也不会让我们因此就认为我们不应该做这件事。（ibid., pp.270—271）

对于普遍规范与特殊价值之间的关系来说，上述引言意味着：规范和价值处于一个非常有张力的关系之中。普遍价值无论如何都不可能推导出特定价值。如果我们再将此关联上政治理论，那么这也同时意味着，我们不能宣称（如哈贝马斯长久以来所假设的那样）在基于普遍规范的宪法国家中，特殊价值没有一席之地。我们的出发点更应该是在特殊的西方民主价值系统中，还是可以发现：

普遍道德规则被转化进特殊政治制度中。因此普遍道德规则……无可避免还是会有特殊性，而且也必须在转入其他文化的过程中重新受到检视，看看其特殊性是不是一种特殊主义。但是，如果认为为了克服特殊主义，因此特殊性本身必须消失，那么这种看法并没有认清价值的偶然性质……（ibid.，p.274）

约阿斯在此的立场，与哈贝马斯（见本书第十讲）不同，认为仅通过普遍主义的正确规范，把各社会整合起来，既在经验上不可信，也在论证上不具必然性。约阿斯的立场和社群主义比较类似，他为完全有可能（且在经验上也可以想象到的）社会的团结仍保有特别且特殊的价值，同时这不必然会和自由主义者假设的普遍价值产生冲突。这样一种调和自由主义与社群主义的立场，也暗含着对哈贝马斯的商谈伦理的批判，因为哈贝马斯的商谈伦理认为价值无法被普遍化，所以没有探讨价值问题，但这反而让他的论证陷入更大的困难。约阿斯完全认同哈贝马斯的商谈伦理的意图。但是约阿斯认为，如果我们恰当地处理被哈贝马斯置之不理的价值问题，会得到更丰硕的成果。这样一种商谈伦理，至少需要顾及以下的价值方面，而且约阿斯认为这些价值方面的重要性是显而易见的：

在商谈中我们可以检视，人们觉得在价值评估方面自身被牵引到了何处。如没有价值约束，人们不会感觉到自己想要参与商谈、遵守规则。如果人们觉得自己受到商谈结果的约束，那只能是因为这个结果遵循着他们的价值约束，或是因为参与经验本身形成了价值约束。（ibid.，p.285）

除了理性商谈理论之外，相应的价值沟通的逻辑也是必要的（这里暂时可以参阅 Hans Joas，"Werte versus Normen. Das Problem der moralischen Objektivität bei Putnam, Habermas und den klassischen Pragmatisten"，特别是 pp.275—278）。约阿斯的这个观点明显和利科有相近之处，而这里我们也要再次强调在第一讲所提到的，社会理论的发展不是各理论毫不相关地先后出现，而是当中存在着共同的问题，而且这些问题有时候会汇聚到一起。自由主义和社群主义之间已出现一种学习过程，让两方截然不同的立场逐渐靠近彼此；哈贝马斯的商谈理论，也在美国—德国的新实用主义框架，以及在法国的反结构主义—诠释学框架影响下，进行了类似的调整。我们不能错误地以为在帕森斯的霸权结束之后，社会理论发展在国际化过程中就分崩离析了。在我们接下来于本书最后一讲要介绍的社会理论当代现状中，情况也是如此。

第二十讲

社会理论的当代现状

726　　只要我们回顾第九讲到第十九讲就可以看到，在 20 世纪 70、80 年代，一些新的和大有可为的社会理论综合工作出现并探讨了帕森斯理论体系中没有得到处理的古典理论取向与学派。但这些新的工作只是补充性的参与。他们虽然在知识方面进行了综合性的工作，但是在制度上却都没有取得霸主地位（即便他们最初无疑都有争夺霸主地位的意图）。尽管有许多理论综合工作已经广为人知，但当代社会理论现状依然绝不是可以一目了然的。此外，近代一些重大事件（如苏联的解体）也标示了深刻的全球历史变迁，要从社会理论来处理这些事件也需要时间。所以我们在最后一讲不打算令读者觉得好像所有问题都得到解决似的。我们更多地想为读者介绍当代人物群像，概览最新的创作趋势，让读者在眼花缭乱的领域中找到方向。当然，读者必须时时谨记，我们要来讨论的这些新的趋势，都是在以这样或那样的方式对我们在前面介绍过的理论家或理论流派进行推进。所有我们之前介绍过的潜在趋势和最新研究也是这样。也就是说，最后一讲我们旨在介绍最新的补充，而不是要下结论般地进行加冕仪式。也许此处带来的一些开放的问题和当代发展，可以鼓励读者在社会理论领域发展出自己的观点，并在未来加入讨论，推进本书介绍的自第二次世界大战以来的历史。

　　1. 我们先来看看，对一些特别有雄心壮志且广获认可的理论综合工作，像是哈贝马斯、卢曼、吉登斯、图海纳等人的理论，在当代的探讨现状是什么样子的。

727 其中最没有什么后续发展的，无疑是吉登斯的结构化理论。吉登斯自己并没有尝试继续扩展他的行动理论纲要，他的学生对此也没有认真、系统性地尝试。也许吉登斯建构论的类型与方式就解释了为什么他后来会如此停滞。与卢曼、哈贝马斯不同，吉登斯的综合工作从一开始就很少在他的研究领域加入深刻的哲学思想。他在很大的程度上更多的是从不同的领域引入经验观察，以此探讨他的基础观念。对于他的作品的大众接受度来说，这是优点；但对于系统性地发展研究之路来说，就不是这样了。所以他的著作虽然很有启发性，但没有办法作为一个流派的出发点。

　　　　　　　　＊　　　＊　　　＊

　　卢曼理论的情况有点不太一样。跟吉登斯不同，卢曼有众多弟子，这些弟子
也慢慢步入"大师"之列，并且事实上尤其在德国的社会学界获得了很大的影响
力。当然卢曼的计划有个问题：卢曼的理论非常极端、结论明确，这种情况下，
这样一种理论是否真的还能再（字面意义上的）"继续发展下去"呢？卢曼自己不
是已经把所有事情都说完了吗？事实上，不讳言地说，卢曼学派一定程度上常常
是在模仿卢曼。当然也有例外，这例外首先值得一提的是施迪希韦（Rudolf Stich-
weh，1951—　）。卢曼退休后，施迪希韦接任了卢曼在比勒费尔德的教席。
2012 年他转任波恩大学。他以强烈的历史学导向参与了系统理论的辩论，并且一
方面持续关注科学社会学与职业社会学，另一方面则致力于所谓的"世界社会"
社会学。

　　施迪希韦的许多历史研究，不只呈现了欧洲科学系统早期的分出阶段（如
《早期现代的国家与欧洲大学》[*Der frühmoderne Staat und die europäische Universität. Zur
Interaktion von Politik und Erziehungssystem im Prozeß ihrer Ausdifferenzierung* (16.—18. Jahr-
hundert)]，而且也明确以分化理论论点，探讨了大学学科分化的特殊性与复杂性。[728]
这种学科分化的特殊性与复杂性，不是碎裂分化的或功能分化的概念工具就可以
掌握的。施迪希韦以此把系统理论运用到经验层面，恰当地描述了现代社会，而
且做得更胜于卢曼，也比卢曼的过度强调现代社会功能分化的绝对优先性的命题
还来得更好。

　　　　一方面，学科分化和功能分化的不同之处在于，学科分化并不是一个系
　　统把自己内部彼此有互补关系的部分问题，分派给一个个子系统来进行进一
　　步的处理，而是把环境片段的分化，内化进学科当中，以此进行分化的。另
　　一方面，学科分化也和碎裂分化不一样，学科分化里的一个个并列、原则上
　　不相同的单位，是通过与其他单位的不同一性以确认下来的。（Stichweh，*Wis-
　　senschaft, Universität Professionen. Soziologische Analyse*，p.22）

　　自 20 世纪 90 年代中期，施迪希韦也尝试推进卢曼所谓的"世界社会"的命
题，以尝试提升系统理论在热门的所谓"全球化"辩论中的阐释力。卢曼在 70 年
代中期就已经谈到"世界社会"了，他特别在沟通理论方面为这个概念提出了论

据。今天，新的传播工具和运输工具，为沟通提供了全世界联结的可能性；这使得关于国家社会的说法不论在经验上，还是理论上，都不再有意义了，因为今天就只有**一个**"世界社会"。施迪希韦对卢曼观念的处理，有两个地方很有趣。**第一**，他比卢曼更仔细地试着解释，为什么听起来和世界社会概念很相似、基于华勒斯坦式的马克思主义的"世界体系"这种说法，以及在其他理论脉络（如贝克和吉登斯）那里出现的关于所谓"全球化"的命题，是错误的。施迪希韦认为，对华勒斯坦来说很重要的、基于经济学而提出的核心/边陲区分，是一种"旧式欧 729 洲"思维模式，这种思维模式误判了可说是现代社会特质的功能分化现象（Stichweh, *Die Weltgesellschaft*, p.15, p.199）。世界城市与农村区域、核心国家与边缘国家等等的区分，在日益重要的功能分化过程中，在经验层面都已经失去意义。出于相似的观点，全球化概念也不再适当了，

> 因为这个概念首先看到的是发生学式的，至今都限于局部地区的扩展现象或去在地化现象的环节，但却没有看到同时在更高系统层次上形成的系统，没有把全球化机制看作系统自身的建立机制。（ibid., p.14）

施迪希韦认为，正是因为如此，所以世界的系统性质都一直被忽略了。

第二，不过，施迪希韦关于"世界社会"的说法之所以值得注意，也因为不同于卢曼，施迪希韦认真讨论了规范结构。卢曼对于规范问题总是抱持着几乎可说是嘲讽而冷眼旁观的态度。姑且不论关于"世界社会"的说法是不是真的像他的追随者那样认为的那么有用，也姑且不论大部分时候这个概念太快撇开了民族国家的概念，这个概念至少在社会理论面向上很有趣。施迪希韦部分很依赖帕森斯，并相应地声称，在"世界社会"里国家负有现代性的责任，或更具体地说：负有福利国家行动的规范责任（ibid., p.58）。以此而言，施迪希韦至少与卢曼明确的反规范主义小心地保持距离，毕竟卢曼的反规范主义在经验分析上也站不住脚。

与卢曼保持更明确距离的人，还有另外一位系统理论代表人物：任教于毕勒费尔大学的威尔可（Helmut Willke, 1954—   ）。威尔可乍看之下，完全就是采用了卢曼的假设，因为他宣称：

> 功能分化的离心动力推动了社会秩序原则的变形，彻底转变成以异构分 730 层、多中心、去中心的形式进行配置的诸多社会自主子系统。（Willke, *Ironie des Staates. Grundlinien einer Staatstheorie polyzentrischer Gesellschaft*, p.7）

和卢曼一样，威尔可反对将政治想象为一个支配或指示其他子系统的最上层的

社会控制中心。但是他既没有援用卢曼的"世界社会"的说法（参阅：*Supervision des Staates*, p.9f.），也没有卢曼那么极端，对政治的操控完全就只有讪笑而已。从20 世纪 80 年代开始，有越来越多的政治学家和社会学家对卢曼的理论走向感到失望，而威尔可也加入这个失望行列。如果卢曼的理论计划，因为关于子系统的自身逻辑的说法很符合当时西方社会改革能力等现象，所以在 20 世纪 70 年代很有吸引力的话，那么随着卢曼的操控悲观论越来越极端、仅停留在逻辑层面进行推论、在经验上越来越站不住脚的趋势，他的说法在政治社会学领域就几乎必然遭到反对。"落户"在科隆的马克斯—普朗克社会研究中心的一些学者，像是夏普夫（Fritz Scharpf）和麦恩茨（Renate Mayntz），虽然长期钻研卢曼的理论，但后来也背弃了卢曼的理论计划，并且不同于卢曼，他们后来试着探讨集体行动者的共同作用，以描写政治过程，并且特别也因此可以解释为什么某些社会里在政治层面上推动的改革计划可以成功执行，在其他社会却不行（关于卢曼和夏普夫之间的差异，可以参阅他们在 1989 年的辩论：*Politische Vierteljahresschrift*）。威尔可最后也走上这条道路。威尔可令人惊讶地很依赖埃齐奥尼的巨著《积极的社会》（我们在第十八讲介绍过），精力充沛地探讨我们是否可能提出一套有说服力的操控理论。威尔可在这里的做法跟卢曼很不一样，他是从行动理论出发的，非常强烈地参照具体行动者的不同情况，以此进行论证（*Systemtheorie III: Steuerungstheorie*, pp.21ff.）。威尔可将民主政治理解为一种很重要的操控类型，这种操控类型不同于市场操控和层级操控。731当然，他认为民主操控只能在"保持距离的参与"意义下去思考，在脉络控制的意义下去思考。（民主）政治不能命令其他子系统、指望他们能成功完成什么，不能给其他子系统下指令。威尔可认为卢曼在这一点上是正确的。但是民主政治可以担任监督的角色，它可以促使其他功能系统进行反思。这也为操控可能性奠定基础。

> 在功能分化的现代民主体制中，所有功能系统策略上都是同级别的。但为什么刚好就是政治扮演着监督审查的角色呢？不是因为政治还残留着优先性，而是因为政治本身有特殊的功能：它负责社会必要财物的生产与安全。这种功能依据暗含两个政治监督的基础原则。第一，唯有关系到"最根本的"集体财物的生产与安全方面的决策，才会受到政治的监督。第二，政治监督不能用自己的决策来取代已定下的决策，否则会伤害到功能系统的自主性。面对被证明不充分、有问题的决策，监督会把自己限制在"驳回"上，亦即限制自己只让功能系统去修改它的选项、检测它的政策选项。（Willke, *Ironie des Staates*, p.335）

这种把卢曼的理论开启出一个行动理论面向的做法，在多大程度上可以延续下去，以及这种做法和卢曼关于"自我生产"的（子）系统的说法，在多大程度上可以协调起来（批判性地指出这个问题的，可以参阅：Schimank, *Theorie gesell-schaftlicher Differenzierung*, p.196ff.），都还需要未来有更广泛，甚至是更根本的讨论。但现在很显然的是，如果没有开启出这样一种行动理论的面向，系统理论的论点在经验层面上的重要性势必会缩减，让整个系统理论变得非常枯燥乏味。

*   *   *

和"卢曼的情况"有类似发展，都和"学派首脑"小心保持距离的，还有
732 20 世纪 80 年代末期图海纳的反结构主义社会学。图海纳"提拔"了许多才华横溢的同事和学生，但其中至少有部分人走出了自己的路。值得一提的首先当属杜贝（François Dubet, 1946—   ）和韦耶维欧卡（Michel Wieviroka, 1946—   ），他们在经验研究方面有明显的拓展。图海纳的研究素材主要专注在社会运动上，以此建立起他的时代诊断反思。他的学生则超越图海纳的做法，**在经验层面上**研究了更广泛的议题类型，为图海纳的理论思考提供了补充说明。杜贝的研究重点不只在社会运动领域，而且也包括了城市、青少年、移民、职业和教育社会学（例如可参阅：Dubet, *La Galère：jeunes en survie*, 1987；Dubet and Didier *Lapeyronnie*, *Les quartiers d'exil*, 1992）。韦耶维欧卡则以恐怖主义和种族主义的分析而闻名（Wievir-oka, *Sociétés et Terroisme*, 1988；Wieviroka et al. *La France raciste*, 1992；*La différence*, 2001；*La violence*, 2004）。

这样一种经验研究领域的扩展不是偶然的。这更多地表达了与理论观点之间越来越大的距离。至少在图海纳著作发展的中期，他们与图海纳保持距离的态度就已经出现了。20 世纪 80 年代，图海纳深信有一种新的大型社会运动将会出现，取代之前的劳工运动的位置，就算是在 90 年代他也没有完全放弃这种信念。但杜贝和韦耶维欧卡完全不是这样。他们认为，社会结构有时候会变得太过异质与不稳定，使得我们无法说可以在主题方面专注于**一个**社会运动上。因此，他们非常有意识地探讨人们以前所谓的"社会问题"的光谱，但不会奢望社会问题能广泛
733 动员起一个大规模的群众团体。

尤其是杜贝，明确对此提出了理论反思（参阅 *Sociologie de l'expérience*, 1994）。杜贝很像他的老师图海纳，也对所谓的"古典社会学"的观念提出批评，但他的批评比他的老师更尖锐。所谓的"古典社会学"认为，通过规范的内化过程，可以平顺地将个体整合进稳定的"社会"当中。杜贝认为，这样一种认为个体与制

度之间、个体与社会之间有一个单一整体性的想象，今天在经验层面不再是可取的。社会的制度结构变得更是充满裂纹的，乃至解体的。也因为这种杂乱无章的情况，行动者也必须遵循极为不同、常常几乎无法相互协调的行动逻辑。这最终也意味着，（图海纳式的）单一社会中心冲突的图像不再符合现实了（*Sociologie de l'expérience*, p.15），因为就连这种深受冲突理论影响的想象，也就是以（错误的）**单一整体**假设为基础，认为某些特定的行动者能够针对这样一种单一整体来进行抗争。所以，杜贝比晚期图海纳（见本书第十六讲）还要更强调，我们必须放弃一种"历史主体"的观念，而且要看到各种社会运动（注意，是复数的"各种"！），如何因其不同的动员形式和规范计划具有的差异性（ibid., p.214ff., p.258）。

如同杜贝尝试用他自己的经验研究所指出的那样，在这种时候，一方面，系统、制度、社会就出现了分裂，另一方面各行动者之间也会出现分裂，而这是"古典社会学"的思想工具所无法处理的。不论是（韦伯或涂尔干意义下的）"古典的自主个体"，还是马克思脉络下的概念，如"异化""危机""矛盾"，今天都已经没有揭露现实的力量了（ibid., p.58）。杜贝清楚指出，例如"异化"经验，必须存在着一个稳定的制度脉络，人们才有被排除、异化可言。但今天的情况已经不再是这样了。因为对于主体来说，重点越来越在于不断（有时候还带点疑虑）地追寻认同，而且再也没有一个制度可以保证这种认同的稳定性 734（ibid., p.18）。

也就是说，系统和制度已经失去了以前曾经拥有，或也许只是假设拥有过的超稳定性、联结个体的力量。社会学（尤其杜贝极为尖锐，但并不是没有说服力地特别针对结构主义和系统理论）已经很理智地回应了这个趋势：20世纪90年代以来，人们已经开始对所有结构与系统的超稳定构造感到怀疑，并也因此开始发现行动理论是值得注意的（ibid., p.79）。杜贝很赞同这种发展趋势，甚至还希望推动这个趋势。他建议，把"行动"这个概念替换成"社会经验"，因为社会经验不像行动概念那样受到很成问题的理性假设的影响：

> 经验是一种认知活动，它是一种建构真实、"证明"真实、用真实来**进行实验**的方式。经验建构了知性与理性范畴之外的现象。（ibid., p.93）

杜贝的这个"经验"概念虽然很有趣，也正好对于美国的实用主义（可参阅：Dewey, *Experience and Nature*）很重要，但他却没有在理论上继续处理这个概念。杜贝只是把经验概念当作一种标签来描绘一种时代诊断，强调稳定制度形式的解体。不过，由于杜贝没有认真处理行动概念与经验概念，所以他的诊断没有完整的说服力，而我们因此也可以好奇，究竟"图海纳的情况"未来会走向什么样的理论方向。

*　　　*　　　*

　　哈贝马斯的圈子中，其弟子和同事中显著转向的，首先当属霍耐特（Axel Honneth，1949—　），继承哈贝马斯在法兰克福大学哲学教席的学者。他在 80 年代担任过哈贝马斯的助理，早期专注的是广义上的"冲突理论"的社会理论，并尝试强化某些哈贝马斯早期可以发现到，但随着著作的发展就逐渐湮没不见的想法。其研究成果是他在 1986 年出版的探讨批判理论、福柯，以及哈贝马斯的博士论文《权力的批判》（*Kritik der Macht. Reflexionsstufen einer kritischen Gesellschaftstheorie*）。在该书中，霍耐特批评哈贝马斯对系统与生活世界的区分，以及以区分为基础的演化理论（见本书第十讲）。因为这种区分掩盖了一件事，即所有领域的社会制度结构，不论过去还是现在，都是团体之间的斗争和协商过程的结果。霍耐特认为，哈贝马斯正是基于他那特殊的演化理论的路径，将系统与生活世界之间的历史关系描述为自然而然就会进行下去的（学习）过程，哈贝马斯的这种做法阻碍了一种可能性，即：

　　　　将社会秩序理解为一种在**通过文化而整合起来的团体**之间，由制度所中介的沟通关系。而只要社会的权力分配是不对称的，这种沟通关系就会是以**社会斗争**作为媒介来进行的。（Honneth, *Kritik der Macht*, p.334；着重处为约阿斯与克诺伯所加）

　　这种冲突理论的思想，在霍耐特出版于 1992 年的教授资格论文《为承认而斗争》（*Der Kampf um Anerkennung. Zur moralischen Grammatik sozialer Konflike*）中，又进一步地延伸下去。如该书的书名指出的，"承认"概念在理论策略上有着非常重要的意义。霍耐特虽然在许多方面都很依赖哈贝马斯的思想，但他同时"不再从语言理论，而是从承认理论"来把握哈贝马斯的沟通范式（*Das Andere der Gerechtigkeit*, p.103）。这是什么意思？霍耐特的论证方向确切来说是什么呢？

　　显然，"承认"这个术语在早期黑格尔的著作中就可以看到。这个术语是用来掌握人类在不同社会斗争阶段中的道德发展，而这也显然很好地表达了霍耐特的"冲突理论"的意图。对于霍耐特来说，这个概念有很多优点。一方面，我们可以将历史过程理解为一种不同团体或阶级之间，为了某种制度结构而进行的斗争。

只要社会团体或阶级觉得没有得到足够的承认，斗争就会继续下去。霍耐特在其他地方指出，

> 　　黑格尔预料到认知发展理论会受到唯物论的反对，因而将类属的道德学习过程，回溯到一种负面的实际斗争经验，其中，主体旨在争取其身份的法律承认与社会承认。将"社会斗争"转变成这样一种概念，对批判的社会理论来说，即便在今天都是有好处的。因为这样一种社会斗争概念可以开启一种理论可能性，将历史过程阐释为有倾向性的道德冲突与道德辩论的过程。（Honneth, "Moralische Entwicklung und sozialer Kampf. Sozialphilosophische Lehren aus dem Frühwerk Hegels"）

　　通过承认概念，不只可以保留哈贝马斯的理论中逐渐丧失的马克思的冲突理论环节。而且同时，如上面引文最后指出的，承认概念还可以避免马克思的经济主义，因为马克思将社会阶级的斗争最终简化成**经济利益冲突**。"承认"能把握到的更多，因为，当承认受到了损害，这种感觉不只是经济方面的不公正造成的，而且也来自例如文化方面的蔑视、语言的歧视等等。这让承认概念不只可以超越马克思主义理论，也可以对如罗尔斯的那种普遍主义的道德理论提出扎实的批判，因为霍耐特很有道理地指出，蔑视的感觉不只源于社会的不符合正义的财物分配。此外，承认概念还很适合参与由各种不同的集体权利进行协商的当代辩论，像是女性主义关于女权的讨论，和多元文化主义关于伦理群体或语言群体的政治再现的辩论。最后，承认概念还可以减少哈贝马斯的时代诊断的理性特质。哈贝马斯 737 的时代诊断里提出的社会病态，完全就只有一种，即系统对广泛的日常沟通理性造成了限制。但霍耐特认为，除此之外我们也完全可以再提出其他种类的社会病态，例如社会凝聚力的崩解；而且，一种转向承认理论的沟通理论，恰好比哈贝马斯的理论工具更适合用来掌握这样一些其他种类的社会病态（*Das Andere der Gerechtigkeit*, p.102）。

　　如果如霍耐特通过不同的历史研究和社会化理论研究所指出的，团体与阶级行动以及个体的道德行为，的确直觉地受到正义观念引导；如果在团体与阶级行动以及个体的道德行为中，正义观念的确扮演着很重要的角色，且与自我尊严、名誉、操守是否得到尊重有关，那么一种沟通理论式的社会理论，就必须以不同于哈贝马斯所建议的那样来进行。因为，很显然地，"在获得社会承认的过程中，我们可以看到所有沟通行动都具备**道德前提**"（ibid., p.99；着重处为约阿斯与克诺伯所加）。霍耐特在这里批评哈贝马斯，说他从未真正将这个前提当作主题来讨论，也没有关注到每次沟通的道德基础，所以他的时代诊断非常片面，某些方面也不太有说服力。

不过，霍耐特自己也知道，他的这个立场对他提出了一个非常庞大的论证要求，有两大问题是他必须处理的。**第一**，他必须明确提出不同的承认与蔑视形式。这任务他在其著作《为承认而斗争》中完成了。在该书中，他通过对黑格尔和米德的著作进行评注，诠释出**这两人的思想里可以发现到的**承认概念的分化，以及**可以从这两人的思想里可以指出的**蔑视形式。但是他不能只停留在黑格尔和米德的著作评注中，而是显然还必须走出来，至少通过一种**正规的人类学**以阐述承认
738 和蔑视究竟意味着什么。霍耐特自称，"用人类学概念取代哈贝马斯的普遍语用学，以更广泛地解释社会互动的道德前提，是一个艰难的任务"（ibid., p.101）。在他一些较新的论文里，尤其是他在回应他的批评者时，我们可以看到他在这方面的工作（ibid., pp. 171—192；霍耐特在这方面最仔细的阐述，可见：Nancy Fraser and Axel Honneth, *Umverteilung oder Anerkennung?*）。但这里也出现一个问题：承认概念是不是被加上太多超过它原初任务的负担了？一个冲突导向的主体间性概念其实也不必回答所有基于行动理论的社会科学所提出的问题。

但霍耐特认为，基于扎实的人类学而来的承认与蔑视现象学，是非常必要的，因为——这亦是霍耐特在处理的**第二**个大问题——唯有如此，才能发展出一套朝向他所谓的"病理学"或"资本主义现代化矛盾"（参阅：Honneht, "Zur Zukunft des Instituts für Sozialforschung", p.62f.）的研究纲领，真正与其他时代诊断（包含哈贝马斯的时代诊断）一争高下。也就是说，原则上，霍耐特必须能够切实地确定，现代社会究竟什么时候、在什么样的地方会有真正的蔑视存在。若他能成功做到这件事，那么他就能指出至今仍建在的、与批判理论密切相关的法兰克福大学社会研究所究竟在研究什么，因为霍耐特担任了这个研究所的所长，直到2018年才卸下所长职务。但无论如何，这个由霍耐特所推动的理论方向，很显然比我们目前所看到的例子都还要更背离了"学派首脑"。当然这不是说原本哈贝马斯的理论水平不够；毋宁是说，这表现出哈贝马斯的理论还可以开启哪些非常不同的探讨形式。

*　　　*　　　*

2. 我们前文在介绍法国社会学与社会理论时，只讨论到图海纳的理论体系研
739 究状态的后续发展，也就是其弟子的后续发展形式。我们大可把同样的讨论方式在布迪厄这里"操演一遍"，探讨布迪厄的一位很有趣的弟子华康德（Loïc Wacquant, 1960—　）。但这种做法对我们来说不是很恰当，因为这样会让我们忽略法

国社会理论自 20 世纪 90 年代以来的重大转变。

这个转变，始自青年世代极端地摒弃结构主义和后结构主义，并转向了法国的［如利科（Paul Ricœur）］、德国的和英国的行动理论。科学史学家多斯（François Dosse）把这个转变称为"社会科学的人文化"过程。青年世代

> 似乎终于发现了一种表达形式与精神工具，在不需要有目的论的假设情况下追寻意义，不需要偏好历史主义就能发挥他们对于历史性的敏锐度，不需要行动主义就可以表现出他们的行动需求。（Dosse，*L'empire du sens：L'homanisation des sciences humaines*，p.15）

由于这个转变正好在我们的时代能让一些重要的工作更加丰富，所以我们在介绍法国较新的社会理论时，不能不对此作一个相对仔细的呈现。

多斯在介绍这个转变时用的概念听起来有点抽象。但只要我们看一下这些青年世代在反对谁或是什么，就会比较好懂了。关于这点，博尔坦斯基（Luc Boltanski，1940— 。顺带一提，他是布迪厄的学生）和夏佩洛（Eve Chiapello，1965— ）的说法最为清楚。这两位学者强调，法国社会学在 60 和 70 年代（这时候正是结构主义和布迪厄的天下）卷入了一个论证结构，而且这个论证结构有很值得注意的矛盾之处。一方面，社会现实在这里被描述成由一种不变的法则所控制着，另一方面，宣称有一种不变法则的社会科学家却又积极支持左派运动，积极介入各种事件、想改变世界。此外，还有一个更矛盾的地方：一方面，人们抱怨纯粹科学性的立场，总是在将道德价值与个体理念揭露成一种意识形态；但另外一方面，当 740 这些人作为科学家时，自己却也带着批判的理想，因为唯有如此，他们的揭露才有意义。

> 这个张力在布迪厄的统治社会学里最为明显。布迪厄的统治社会学的目的是发现"机制"，正是这种机制让统治以每时每刻运行，让统治表现成颠扑不破的法则。同时布迪厄又要求我们，要以将个体从权力和外在干涉当中解放出来的方式来解放个体。但是如果真如这样的分析所指出的那样，一切都关系利益冲突，一切都只关系权力关系，并且这牵涉固有的社会秩序法则，那么一位昆虫学家是不是也可以用这种激愤的批判态度，而不是冷静的态度来研究蚂蚁社会？但这样做的用处在哪？（Boltanski and Chiapello，"Die Rolle der Kritik in der Dynamik des Kapitalismus und der normative Wandel"，p.460）

这种反结构主义，而且也与布迪厄针锋相对的论证方式，也为我们说明了多斯在标示青年世代的理论计划时所提到的一些"抽象"概念。像博尔坦斯基和夏

佩洛这样批评结构主义者和布迪厄的人，自己不会以"目的论"的方式来进行论证，亦即不会假设有一个历史终点；也不会从"历史主义"的角度进行假设，亦即不会认为社会过程有一个必然的、符合法则的过程。也因为这些批评者意识到历史的偶然性，所以行动都非常谨慎，不会扮演如先知一般的"行动主义者"，（错误地）认为历史时刻已经来临了。这里有个概念出现了，即"偶然性"。这个概念让我们知道，为什么例如常人方法论和象征互动论这两个在法国知识图景中长期以来被完全忽视的理论，会在法国青年世代中被广泛接受。因为，正是这些从所谓诠释的范式（参阅本书第六、第七讲）中得出的洞见，清楚显示了行动者必须在非常特殊的**情境**和**偶然的**状态当中做决定。互动论和常人方法论的命题认

741 为，行动不再是可以被简单预见或推导出来的，而且行动者的行为也不再是简单和规范与规则相一致的，而是这些规范和规则都是在非常复杂的**诠释过程**中持续**协商与修改**的。借着这种命题，以前也许只是稍微感觉到的对结构主义思想体系的不安感，现在显然毫无疑问可以在理论上更明确地表达出来了。

　　这样一种看待行动的理论视角，也让人们重新评估了价值与规范的角色。深受结构主义影响的社会学大多没有认真看待价值与规范，只是将之当作一种意识形态的面具，或是错误意识的表现。但青年世代不同，他们重新靠向了古典社会理论的一个问题，亦即

　　　　去追问社会秩序以及社会秩序是如何"呈现出来"的……，而不是将之先验地化约成单纯的力量的相互作用，而且还认为行动者对其毫无影响。（ibid.）

　　这也暗指，人们要认真看待行动者的价值与规范、价值与规范的批判形式和证成，但不用立刻就将价值与规范视作意识形态而加以指责。博尔坦斯基和夏佩洛把他们这个看法总结成一个好记的说法：所谓的批判的（亦即结构主义—决定论式的）社会学，最终必须替换成一种**批判社会学**（ibid.）。

　　事实上，后来博尔坦斯基跟不同的学者合作，在发表的不同作品中都提出了这样的计划。其中，他与经济学家泰弗诺（Laurent Thévenot）合写并于1991年出版的《论正当化》（*De la justification. Les économies de la grandeur*），也许是最让人印象深刻的。如这两位作者在他们的研究开头所解释的，他们的任务是对话语中的行动者的不同正当化逻辑进行分类，并且从经验层面指出，人们是如何提出正当理由与形成共识的。他们反驳了传统的共识与冲突的二分法（*De la justification*, p.39）。在纵览了政治哲学史后，他们首先处理了六种"正当化体制"或"提出理由的形式"。人们会在不同的情境运用这些正当化体制，通过一种普遍的类型与方式来将

742 某些决策加以正当化或加以批判。他们用非常原创的用语，将之称为六种"城邦"，

因为在政治哲学史中有不同的特定城邦类型，为个体实现宏大（grandeur）抱负提供不同背景，而个体必须在公共话语中提出相应的各种论点作为依据。例如希波的奥古斯丁（Augustinus Hipponensis, 354—430）的"天主之城"所要求的理由依据，就跟亚当·斯密（Adam Smith）的"商人之城"所要求的不一样。具体来说，博尔坦斯基和泰弗诺区分出：神启之城（cité inspirée），其伟大来自神圣性，意思是，其中提出正当理由的策略在于指出事物或人的神圣性；家所之城（cité domestique），其伟大属于头生子、最年长的人等等；意见之城（cité de l'opinion），其伟大取决于许许多多的他人的意见；公民之城（cité civique），其伟大属于政治上的民意代表；商人之城（cité marchande），其伟大的人，是懂得把握市场机会的人；产业之城（cité industrielle），其伟大在于在既定方法中发挥效率（ibid., pp.107ff）。

借着这个看来似乎很引人注意的话语分析的这些"打包起来"的研究结果，博尔坦斯基和泰弗诺进一步研究了经济企业里的决策过程与讨论过程。尤其是在博尔坦斯基的推动下，这个研究计划至少得出了三个理论洞见。**第一**，最明显地，在经济领域里，这六种提出理由的形式都会用上（当然程度不一）。也就是说，在经济领域里没有一种正当化策略占据支配地位。这同时也意味着，每次的决策情境都有其模糊性，因为协商过程是不同的行动者在不同的论证运用中进行的（这里也可参阅：Wagner, "Die Soziologie der Genese sozialer Institutionen", p.472）。适用于这个经济决策过程研究的途径，就是我们在诠释范式那里也可以看到的纯粹的行动理论。但这个研究计划当然还有更进一步之处，因为博尔坦斯基——这也是其理论方面的**第二个重点**——也总是致力于在宏观层面进行讨论。他和夏佩洛 743 后来共同撰写著作指出，20 世纪 80 年代开始，历史上出现了一种资本主义的"新"精神，一种新的"城邦"，"项目之城"（cité par projets），同时一些概念，如创造性、灵活性、创新性，在 20 世纪中也取代了资本主义的效率话语（Boltanski and Chiapello, "Die Rolle der Kritik", pp.463ff.；亦见：Boltanski and Chiapello, *Le nouvel esprit du capitalism*, 1999）。为了探讨这件事，这两位作者必须发展出资本主义不同历史阶段的类型学，亦即必须采取宏观分析，而这是诠释范式的代表人物大部分都退避三舍的事。博尔坦斯基和夏佩洛清楚指出，他们所谓的资本主义的"精神"不是暗指一种观念论的途径，不是认为我们只研究话语、不需要看"现实"的经济结构。他们更多的是说，正当化的话语会反过来对"真正的现实"起作用，如此才能将某些资本主义积累形式加以正当化，并以此才能够

> 把阻碍积累的力量给调动起来。如果人们认真看待我们所介绍的正当化策略，那么就会知道，不是所有的利润都是正当的，不是生财都会被认为有道的，不是任何一种积累（不管这种积累快不快、重不重要）都是被允许的。

（Boltanski and Chiapello，"Die Rolle der Kritik"，p.463）

最后一点同时也是在针对马克思主义的立场以及经济学的新古典主义的立场，因为这些立场都只谈到"一种"资本主义，以及这种资本主义不具规范的"逻辑"，亦即认为市场参与者只有利益计算而已。

最后，**第三**，博尔坦斯基的计划也明显力求对社会变迁的社会学作出贡献，因为他也问，新的正当化体制，新的"城邦"，是如何进入生活的，如何得以执行，其中精英扮演哪些角色。

744

> 正当化体制的变迁，与一个尝试避免自身利益与范围扩大受到阻碍的团体的形成，是密切相关的。这些团体试图发现新的成功之路与承认之路，可以让他们不需要为他们在某个时间点具有正当性的选择标准进行说明。（ibid.，p.472）

虽然博尔坦斯基和夏佩洛没有明说，但他们的"规范变迁的动态模式"，与艾森斯塔特（Shmuel N. Eisenstadt）的那种文化理论论点，有很好的衔接能力，同时他们也暗暗地批判了缺乏行动者的分化理论。

虽然法国社会学界有一批和博尔坦斯基走得很近的学者，他们并没有特别优秀突出，但在 80 和 90 年代，还有另外一群很活跃的学者，他们遵循的理论策略关怀和博尔坦斯基很像，而他们中有部分学者的研究主题领域是完全不一样的。我们在这里无法深入探讨所有重要的研究，但希望至少能介绍一些极富盛名的学者，来为各位读者提供当下法国讨论脉络的一些明确方向。社会学家盖雷（Louis Quéré，1947—　）最初是在图海纳的圈子里发展的，同样进行社会运动研究，但后来他越来越转向了常人方法论的研究。历史学家兼哲学家格歇 [Marcel Gauchet，1946—，与历史学家诺拉（Pierre Nora）同为期刊《争鸣》（Le Débat）的创办人]，是参与了 70 年代勒夫特（Claude Lefort）与卡斯托里亚迪斯圈子中关于极权主义与民主的热烈的哲学争辩的学者之一 [参阅：Ulrich Rödel（ed.），*Autonome Gesellschaft und libertäre Demokratie*]。在 80 年代，格歇以宗教经验为例，提出了历史的连续性与不连续性的问题，并追问：当宗教在 18 世纪被排除在官方国家制度系统外之后，扮演了哪些角色？什么取代了原本宗教的位置？这些问题不止关于民主理论面向，也碰触到了个体认同的面向（参阅：Gauchet，*Le Désenchantement du mond*，1985）。最后，社会学家卡耶（Alain Caillé，1944—　），是勒夫特的弟子，也是一位非常有趣的学者。他是一个小型团体的主角，这个团体的任务是去抑制

745 社会科学的实用主义的影响，并且为了这个目的，在 1980 年代创办了一份期刊《莫斯期刊》[*La Revue du MAUSS*，"莫斯"其实是"反社会科学功利主义运动"

（**M**ouvement **A**nti-**U**tilitariste dans les **S**ciences **S**ociales）的缩写]。虽然这份期刊的发行量从来没有好过，但还是很重要，因为这份期刊为多斯所谓的反结构主义的"新世代"提供了一个发表平台。当然，这份期刊不意外地令人联想到一位伟大的法国社会学家莫斯（Marcel Mauss），涂尔干的侄子、知名著作《礼物》的作者（可参阅本书第十四讲）。卡耶在很多研究中都不断提及《礼物》，并尝试指出，赠礼不只是原始社会才有的特色，这种隐含在赠礼当中的相互原则同样是现代社会行动者的行动的核心决定要素（Jacques Godbout and Alain Caillé, *L'Esprit du don*）。赫纳夫（Marcel Hénaff, 1943—2018）把这个想法运用得更为广泛（*Le Prix de la verité*: *Le Don*, *l'argent*, *la philosophie*）。

国际上最知名的，当属科学社会学家拉图尔（Bruno Latour, 1947— ）。拉图尔是一个相对大型的、致力于科学人类学的国际研究网络的成员。不过拉图尔并不是只停留在名为科学社会学的研究上而已，他还得出了一系列不论对于社会理论，还是对于政治哲学来说，都相当有趣的结论。在1991年出版的《我们从未现代过》（*Nous n'avons jamais été modernes*；英译：*We Have Never Been Modern*）中，拉图尔指出，我们必须考虑到，科学家都在建构他们的客体，而自然与社会之间的结合正是从科学家的建构工作中产生的。

> 臭氧层破洞太社会、太具叙事性了，以致它很难是真正的自然现象；工业厂房和国家领袖的策略，又太过充满化学反应，以致很难被化约成权力和利益；生态领域的话语也太过真实和太过社会，以致很难被归结为意义效果。（Latour, *We Have Never Been Modern*, p.6）

科学造就了许多的混杂体、"准客体"，这些既不是单纯的自然物，也不是人类或主体。如果人们想认真探究这些东西，那么马上会遇到一个政治问题：我们 746 要如何面对已成为社会构成部分的准客体？我们要如何再现它？拉图尔的答案是我们需要有一种"物的议会"（ibid., p.189ff.），一种自我反思的民主，人民代表必须意识到他们常常都会谈到准客体，谈到社会—自然的物，要意识到他们必须确实地再现这些物。这样的民主不只关系到利益代表，而且也关系到一件事，即在议会和公共领域里，一直都存在着一种反思过程，反思社会与自然之间无可避免的结合。我们必须正视这种结合，也必须与这种结合的后果共处。

尽管拉图尔的政治观点很不具体，但他还是从他的科学社会学研究出发清楚指出一件事，即现代——不论在过去还是现在，现代与科学总是密不可分的——始终包含着两类群体的实践：一方面是科学家不断建构出社会与自然的混杂体，另一方面，人们却一直拼命反对这种混合性，拼命把我们的这**一**个自然和这**一**个社会严格区分开来（ibid., p.19）。拉图尔指出，现代科学史和现代社会史一开始就存在这种矛盾，所以他才会得出他的书名所标示的见解：**我们从未现代过**。现代从来不是单面向的，而是一直存在着拉图尔所描述的那种矛盾。不论是古典现代理论家还是后现代理论家，都错误地从片面（不论是正面还是负面）的现代图像出发。

> 我们从未陷入一个同质的、全球的、要么来自未来要么来自时间深处的流动。现代化从未发生过。没有什么是长期潮起，而今天潮落的。从来就没有什么潮起潮落。我们可以往另一件事走去——回到总是以不同的方式发生的多元实体那里去。（ibid., 76）

747

拉图尔认为，我们今天应该承认这种矛盾，而且要接受一个事实，即自然与社会的结合无可避免的是以混杂客体的形式发生的。如此一来，我们不只可以抛弃现代与后现代之间令人不悦的争论，而且同时还可以获得新的、更适当的看法来看待世界的急迫问题。

对法国知识图景较新的发展的概览，就到这里。对我们来说，这个图景之所以重要，是因为它很值得一提地为未来开启了本讲所讨论的行动理论的取向。因为，唯有反抗结构主义以及基于结构主义的社会理论取向，法国思想传统当中的潜能才能有真正的发挥——有助于其朝向**国际**"科学社群"。

*　　*　　*

3. 从 20 世纪 80 年代开始，跨领域运动就越来越引人注目了。这个运动也为我们在第一讲提出的一个声称提供了较强的说服力，即不同范式之间完全是有"通廊"的，因此说范式之间有不可通约性，是不对的。这里所说的跨领域运动，是所谓的"新制度主义"。从名称上我们就可以知道，早先就有一些制度主义理论家和制度主义的理论取向。其中人们马上会想到的，当属美国社会学家兼经济学家凡伯伦（Thorstein Veblen, 1857—1929），康芒斯（John Commons, 1862—1945），或是米切尔（Wesley Mitchell, 1874—1948）。这些学者批判古典经济学假设，强调个体乃镶嵌在制度中，因此（市场中的）个体并不像古典经济学假设的那样其行为都只在追求利益最大化而已。不过，不是只有美国有这种"旧的"制度主义取向。在德国，也有所谓的国民经济学历史学派的信徒，而这与施穆勒（Gustav Schmoller, 1838—1917）这个名字是分不开的。德国国民经济学历史学派与美国

"旧的"制度主义取向的目标是类似的，而且所奠定的思想还影响了所谓的美国经济学。古典社会学家也可以看作"制度主义者"。像涂尔干和韦伯都清楚知道，文 748 化模式和制度会影响个体的行动动机。最后，帕森斯也可以算在内。如果读者还记得本书第二、三讲的内容的话，帕森斯承接涂尔干的观点，强调经济行动的非经济前提，也特别凸显出制度化的价值的重要性。所以帕森斯也是一位"制度主义者"。

但为什么一个再次把强调制度主义思想推上前台的运动会很重要？要回答这个问题相对简单——而且这又再次表明我们以帕森斯作为全书开头是多么有意义的一件事：20 世纪 60 和 70 年代，帕森斯和古典社会科学家的许多看法都逐渐式微（下文的介绍，可参阅：Paul J. DiMaggio and Walter W. Powell, "Introduction"，以及：W. Richard Scott, *Institutions and Organizations*, p.2ff.）。在政治科学界，所谓的行为主义的某些经验研究方法越来越热门。政治科学界的行为主义不认为制度有什么重要性可言，认为制度不过是个别个体共同行动的总和结果，此外不值一提。在组织理论与组织社会学中，人们常常都遵循着功利主义的思想模式，但这种思维模式无法掌握某些经验现象，例如组织的正当性要求。在经济学界，微观经济学假设在行动者认知能力方面，很明显地在经验层面有不足之处，因为行动者能得到的信息是有限的。或是在市场上，信任扮演很重要的角色，因为唯有通过信任，以低廉成本确保双方遵守合约的情况才是可以想见的。如果都只认为行动者就是在追求利益最大化，只以功利主义的行动模式为基础，那么上述这些现象都是不可理解的。这也就是为什么制度越来越需要被带入社会科学分析中。

所以，从 20 世纪 80 年代开始，许多不同的研究领域都转向对制度进行分析或 749 提出理论。不过，不同学科的推进方式不一而足。诺贝尔经济学奖得主诺斯（Douglass North, 1920—2015），借助功利主义视角来处理制度问题。他尤其探讨了一个问题：哪些制度结构使一些没什么效益的市场机制续存下来（North, *Institutions, Institutional Change and Economic Performance*, 1990）？与在诺斯这里不同，其他社会科学更明确质疑功利主义的行动模式。在经济社会学、组织社会学、政治社会学和历史社会学中，都非常强烈地强调行动者在制度中的规范强制力，强调引导行动的世界观、认知框架、在工作中学到的行动实践与思想等等，此外也很强调（政治）权力面向。唯有把这些现象包含进来，才能够在实际中有足够的说服力，解释例如为什么市场不会"乖乖听从"微观经济学范式的法则，为什么组织和政治过程几乎无法有意义地用理性行动者模式来进行分析（参阅：Paul DiMaggio, "The New Institutionalisms: Avenues of Collaboration"，以及：Peter A. Hall and Rosemary C. R. Taylor, "Political Science and the Three New Institutionalisms"）。

关于所谓"新制度主义"的辩论，现在都还在进行中，而且毋庸置疑的是，这对经验研究来说也是很重要的推动力。但同时，这种"新制度主义"几乎无法建立起独立的理论运动，因为辩论的参与者的出发立场都非常不一样。有的人旨在修正理性选择理论，有的人则是想通过冲突理论、常人方法论和认知心理学的观点，来拓展帕森斯的制度模式。不只每个学科不一样，就连在同一个学科里，每个制度主义理论家的讨论也常常都是沿着不同的、我们在前面几讲介绍过的理论方向在进行的。所以我们不排除"新制度主义"并非真的单一性的理论运动，而是一种标签而已，其标示的是事实上非常分散的研究计划，只是当中大家都共同在探讨制度［无意间也提到这件事情的，可参阅：Andrea Maurer and Michael Schmid（ed.），*Neuer Institutionalismus. Zur soziologischen Erklärung von Organisation，Moral und Vertrauen*］。

　　不过，这些制度主义思想在相关领域也产生了一种社会学的宏观理论，这种理论目前在国际上很受到重视，且与全球化理论相竞争。这种所谓的"世界政治"取向的代表人物，是长期在斯坦福任教的美国社会学家迈耶尔（John W. Meyer，1935—　）。他从20世纪70年代开始，就持续推动基于经验研究的相应理论计划，探讨相同形态的制度模式在全世界的扩散与执行。

　　"世界政治"取向是关于什么的呢？我们从迈耶尔和他的合作者的从政治哲学的问题视角进行讨论的思路，就可以很简单地弄懂（参阅：Thomas and Meyer. "The Expansion of the State"）。如果我们来检视国际国家系统的近代史，迈耶尔认为，我们就直接可以发现各个国家之间在形式上都非常相似。所有国家或多或少都有同样形态的科层结构，几乎各地的政治领域都以同样的模式来划分部门层次，政治过程都是受到同样的手段来推动的——虽然各国文化背景和冲突状况都非常不同。

　　当然，这里也出现了一个理论问题。迈耶尔的命题认为，对于这些国家结构的惊人相似性，不论是功能论还是权力理论的说法，都无法给出有说服力的解释。因为，这些国家背景如此不同，竟到处都有相同的科层结构，这不是用功能需求就能说得通的；同样地，我们也实在很难假设说，有权力意识的行动者（阶级、党派、工会），明明在各个国家背景下的利益都不一样，却都建立起相同的国家结构。所以，迈耶尔的结论认为，国家形式和国家系统的特殊形态不能被解释为"由下往上的"（意思是，不是来自个体或集体行动者的利益），而是只能被解释为"由上往下的"：国家和国家系统的特殊性某种程度上来说都是来自一种广泛的存在原则，一种"世界文化"或"世界政治"。"世界政治"这个概念就是这样来的。迈耶尔认为唯有当我们假定有这样一种世界文化，我们才能弄懂，为什么这些国家都会建构出如此相似［他称为"同构"（isomorphic）］的结构特质，而且现在都还是如此。

　　这里看起来似乎只是从相对抽象的理论所推导出来的结果，是迈耶尔和他的同事70年代以来从不同的教育社会学和组织社会学的经验分析中所证实的。迈耶尔从实际角度指出，如大学以至少表面上相似的课程、相似的学位等等传散至各处。人们也可以类似地指出，几乎所有 1945 年后新建立的国家，其宪法都有非常相似的文本段落，例如都会要求人权、民主程序等等。迈耶尔认为，这一切都显示出，在这段期间有一种世界文化已然制度化了，其对全世界正在进行的过程和过程类型，都产生了显著的结构化的影响。换句话说：正是这种世界文化，常常决定了组织和国家必须采纳哪些政治和结构，或是例如必须遵守哪些教育目标，或是一个大学系统必须符合哪些要求，诸如此类。

但我们该如何确切地描述这种世界文化？迈耶尔认为，世界文化乃由许多种、原本来自基督教—新教的价值元素所构成的，尤其是对个体特殊价值的强调，对 752 基于理性的权威的接受，以及相信基于理性而来的进步。在迈耶尔看来，这些价值或原则，深深影响了世界社会的个体行动者与集体行动者的行动，并且这些行动者，例如在需要为他们自己的行动加以辩护时，会反过来理所当然地援用这些价值或原则。公开违反这些价值或原则，是不可被接受、不会被准许的。也就是说，这些价值或原则，是所有行动在世界文化层面上被制度化的前提。

迈耶尔不是要说，他这样描述的这些世界文化（如同人们可能会猜测的）必然会导向世界和平与和谐。他认为，冲突当然一直都还是会存在的，而且之所以如此，是因为某些源自这种世界文化的结构，在不同地区背景下执行的时候，不论是过去还是现在，都会引起暴力反抗（我们只要想想，统一的、结构合理的国家，在贯彻其观念时，时常会因此激发伦理的少数群体并造成其反抗）。但即便会有大量的冲突，这些冲突总是会不断涉及世界文化的理性原则。如迈耶尔所呈现的，连原教旨主义运动和伦理运动，如果想要对世界公共领域表达他们的要求，也必须依据这样一种理性原则或基于特殊世界文化的法权（Meyer et al., "World Society and the Nation-State"）。

这种制度主义的"世界政治"取向，有时候也被称为"世界社会"取向，无疑是现在最有趣、而且在经验层面上也有所要求的宏观社会学理论计划之一［顺带一提，这种取向，和一些来自卢曼的理论阵营、同样用到世界社会概念的想法（参阅本书边码第 727 页），是有一些重叠之处的］。当然，关于这个取向实际上的解释潜力，也不是毋庸置疑的。迈耶尔在自己的组织社会学研究中，一直强调，组织在实际上运作的过程，有可能和所处的文化所要求的理性标准，是"去耦"的（Mayer, "Institutionalized Organisations"）。迈耶尔也明确指出，这种"去耦" 753 的情况当然也很值得注意，尤其是如果人们要检视这种由世界文化所造成的"同构"（或是结构同化过程）的话。虽然这种结构和过程在表面上非常相似、有同化现象，但是深层的结构和过程也是如此吗？社会学的学习培养方案，以及各学位的头衔，在第三世界国家的大学和在芝加哥大学可能会非常相像，但对于实际上的教学条件和由此产生的教学成果来说，这种相似性的意义不是太大。不过我们仍不得不说，迈耶尔由于过于强调世界文化的同构性，因此他的世界文化取向会错过许多重要的社会过程（对此的批判，可参阅：Wolfgang Knöbl, *Die Kontingenz der Moderne*, pp.30—45）。

＊　　　＊　　　＊

4. 在我们这本书的最后，我们还想为各位读者指出理论之路的三大问题，目前许多社会科学家在致力于概念与理论研究时会专注在这三大问题上，这也是最新的讨论焦点。对于时代诊断来说，这三大问题的重要性是毋庸置疑的。但我们在为读者指出这三大问题时，读者们千万不要误以为我们前面介绍过的许多理论就没有产生同样重要的新的研究。

（1）拉图尔关于"现代从未发生过"的命题，首先指出了一个现在很热门的问题，亦即关于西方现代性的文化结构的问题。现代，不论是在过去还是现在，是单一的吗？现代性有哪些内在文化张力？一些学者想与现代化理论家和后现代理论家对于现代的片面图像保持距离，因此特别关心这个议题。这也难怪，现在对于现代及现代史的最创造性的诠释，用阿尔纳森（Johann P. Arnason）的说法来说，都是所谓的"非一体性的诠释"，亦即清楚表现出这段时期的断裂与矛盾。这个命题指出，西方现代性，不论是过去还是现在，都不是单一复合体；这也解释了西方现代性的喧闹的历史。

我们在介绍法国反结构主义那一讲时，就已经碰到了这种非一体性的诠释。图海纳在重构西方现代性时，就认为主体化与系统的去主体化之间，有值得注意的无法调和的对立，并以此继续发展他的思想。卡斯托里亚迪斯也有很类似的做法。卡斯托里亚迪斯谈到了从古希腊发展出来的"自治"这个观念。这个观念虽然从欧洲启蒙时代开始就再次得到了持存下来的机会，但是却不断受到他治的威胁。卡斯托里亚迪斯把民主作为一边，把促进他治的资本主义和极权国家机器作为另外一边，并将两者极为鲜明地对立起来。这种做法让卡斯托里亚迪斯能够对极权主义概念进行非常有趣且成果丰硕的讨论。

不过，最广泛且最有说服力的对现代性的文化张力进行的重构，却是来自其他脉络，并且是由我们前面已经提到过的社群主义哲学家和政治科学家泰勒（1931—　）所提出的。他那令人印象深刻的著作《自我的根源》（*Sources of the Self. The Making of the Modern Identity*, 1989），大规模地尝试通过对西方知识史的纵览，来找出我们的现代认同至今仍相当依赖的起源或传统。泰勒指出了三个在不同历史时期形成的传统：（一）可以回溯到奥古斯丁和笛卡尔的对"内在心灵"的推崇；（二）以正面的态度面对日常生活与工作（"肯定平常的生活"），这可以归功于（但不只归功于）宗教改革；以及最后，（三）包容、接受对自然的浪漫主义诠释，以及尊重创造性与表现力（"自然之声"）。这些不同的传统构成，一方面，如果我们在这当中找到平衡关系，那么我们就可能可以有一个非常丰富多彩的认同图像。但另外一方面，这也造成了许多张力。不只是每个个体，而是整个 755 西方文化，都可以发现这种张力。泰勒在根本上指出了三种现代性的张力或冲突。**第一**：虽然存在有对于普遍正义、自由、平等的要求，我们原则上都认同这些要求，而且正好西方民主体制在很显著的程度上实现了这些要求；然而除此之外，我们却非常不确定到底什么是美好生活，也非常不确定超越了我们同意的这些原则之外的强烈价值与最高的善究竟是什么（Charles Taylor, *Source of the Self*, p.495）。**第二**，日常生活和劳动世界所要求的工具主义，以及基于浪漫主义的方式对抗害我们变得片面、有时候甚至变得麻木不仁的目的理性的做法，两者之间显然有无法协调的冲突。**第三**，有一个问题一直很有争议，即我们的道德标准，与我们所希望、追求的丰富多彩的认同，实际上是否真的是相一致的，以及我们在实现认同的具体情况下，到底什么是最重要的（ibid., p.498）。

＊　　　＊　　　＊

就在泰勒的《自我的根源》出版后没多久，生于伦敦的科学史学家与科学哲学家图尔敏（Stephen Toulmin, 1922—2009）就在 1990 年出版了《国际都市》（*Cosmopolis. The Hidden Agenda of Modernity*）。该书处理了罗蒂关于现代哲学中维特根斯坦、海德格尔和杜威的立场的命题。图尔敏的问题是：如果这些 20 世纪的伟大哲学家是对的，的确事实上没有固定的知识基础，如果"追求确定性"（这 756 也是杜威的一本名著的书名）是徒劳无功的，那么我们就必须问，追求确定性是在什么时候、什么情况下开始的。如此一来，像罗蒂那样只从哲学史来讨论、指向笛卡尔思想体系的内在建构，是不够的。我们必须更仔细地从观念史和社会史来研究由笛卡尔开启的从中世纪到现代的（哲学）转变（Toulmin, *Cosmopolis*, p.12）。

在这样的背景下，图尔敏指出，现代至少有两个在不同历史时期形成的传统源头。一个是文艺复兴时代，造就了现代的文学与人文遗产。其中，伊拉斯谟（Erasmus von Rotterdam, 1467—1536）、蒙田（Michel de Montaigne, 1533—1592）、莎士比亚（William Shakespeare, 1564—1616）也许是最令人印象深刻的代表人物。另一个是笛卡尔（René Descartes, 1596—1650），相比起来似乎完全属于新的时代。他是科学思想与系统性的哲学思想的代表，被图尔敏认为表现了现代的第二个传统。图尔敏的问题是，为什么在一个相对短的时间段中，思想会突然就与文艺复兴中断了。图尔敏很令人意外地提出了一项政治方面的说法：笛卡尔的计划，笛卡尔对于固定知识基础、确定性的追求，既不能归因于哲学发展逻辑，也不是起因于这些思想家的个人生平。笛卡尔对于确定性的追求，始于他所身处的高度不确定的情境。在 30 年战争和法国的政治动乱当中，政治团体都带着武器，宗教教条、意识形态在斗争，这让对哲学感兴趣的人兴起一种心境。图尔敏对这种心境的描述是这样的：

> 757

> 如果欧洲人想要避免陷入怀疑论的困境，那么他们似乎就必须找到"确定"的**某些东西**。战斗持续的时间越久，新教徒就越不会承认天主教的教条的"确定性"，更不用说虔诚的天主教徒当然也不会承认新教异端的"确定性"。而其他唯一能追寻"信仰确定基础"的地方，就只能是蒙田所排除掉的认识论证据了。(ibid., pp.55—56)

因此笛卡尔反对蒙田的人文主义的怀疑论，不认为我们需要怀疑追求确定的知识有没有意义。因为，对于笛卡尔来说，在内战与政治谋害的时期，从哲学追求确定性的方式，是唯一可以想象到的出路。在图尔敏的诠释下，笛卡尔的哲学计划和牛顿的自然科学计划，首先不是出于逻辑和实践的需求，而是源于一种政治—宗教的背景。所以例如牛顿的世界观，才会这么快受到中央集权的民族国家的推动与接受（ibid., p.119）。

图尔敏的诠释很重要。理由有二：第一，当然，现代性在根本上一直都有文化张力，一种处于一边是科学对确定性的追求，一边是人文主义、文学方面的追求之间的张力。但，第二，有趣的是，图尔敏的陈述突然就给欧洲知识史投下了一片前所未有的阴影。因为，图尔敏认为，笛卡尔的思想与科学世界观诞生，并没有因此就让人们充满活力、无需前提地驶向港湾。对笛卡尔个人来说，他的这个思想更多地与他对于暴力、战争、内战的经历密切相关，他经历的这些事件在整个欧洲历史上都扮演着很重要的角色。所以很显然的是，欧洲的现代性，若没有战争，不只中心性的制度化是不会形成的（读者们只要想想民族国家就知道了），而且就连远离政治的（不论是根本上还是表面上的）知识史思潮也不会出现。

* * *

最后，在巴塞罗那任教的德国社会科学家华格纳（Peter Wagner, 1956—   ），是关于现代的文化张力的辩论中，另外一位很优秀的参与者。他在柏林自由大学完成 758 的教授资格论文《现代性社会学》（*A Sociology of Modernity. Liberty and Discipline*）提供了一种关于现代制度的历史社会学。华格纳认为现代性可以再被区分出几个不同的时期。一个是 19 世纪的自由主义现代性，一个是 20 世纪初的组织性的现代性，另一个则是约 1960 年可以察觉到组织性的现代性的持续危机，以及因为这个危机而带来的前一阶段的瓦解、复数化的新制度实践的出现。华格纳以一种令人想到卡斯托里亚迪斯和图海纳，但也让人想到福柯的方式，指出堪为现代性的特质的自由，其实一直受到同样堪为现代特色的规训化的实践的抵制。华格纳这本书的强项无疑在于，他不只尝试从文化史和哲学史的角度，而且事实上也尝试从制度理论的角度，阐述了充满冲突的现代情境。图海纳的著作一直缺乏对制度进行深入的讨论。但华格纳不只处理了政治改变过程与市场改变过程的变化，而且也讨论了学术界的变化。通过这种做法，他成功呈现出**对社会学来说**非常丰富的关于现代性的断裂与冲突的图像，其丰富程度更甚法国反结构主义者至今的研究成果。当然我们可以提出一个批判的质疑：华格纳以类似法国学者的方式所提出的自由与规训之间的相互作用，是不是落入一种二元论的思想，使得他有低估现代的复杂性及其传统的多样性的危险。但无论如何，他的说法有一点很重要，就是不论是过去、现在还是未来，现代性的特色，一直都会是**无法调解的**张力，而且这个问题没有普遍适用的解答："一旦各种理由以不同的说法轮番上演，关于理由的争辩就会永无止境"（Wagner, *Theorizing Modernity. Inescapability and Attainability in Social Theory*, p.10）。华格纳不只在哲学层面宣称一种无法克服的价值多元主义（ibid., p.19f.），而且他也尝试提出历史学—社会学的证据以指出，**不同时代的**现代性中 759 的**不同行动者**是如何回应无法消解的张力的。因此，华格纳现在的研究兴趣，在一定程度上跟图尔敏有相似性，而且与约阿斯有直接的关联，亦即尝试将对于确定性的追求加以**历史化**（关于对确定性的追求，在杜威和罗蒂那里，都仅从观念史的层面上进行描述而已）。

＊　　　＊　　　＊

　　读者们可以发现，在关于现代性的文化张力的讨论框架中，可能会有非常不同的诠释。我们希望读者们注意到，不论是在社会学，还是在历史科学当中，都没有**一个**真正的、最终的诠释。这更多的是一种重构，我们多少能理解为什么会有这样的重构，而这些重构是否有说服力，则跟其背景有关。因为，对于例如不同的学者，或是历史上不同的历史诠释世代来说，究竟哪些面向有趣且重要，都会是不一样的。但另一方面，读者们不能误以为这是一种完全的相对主义。因为如果读者们仔细检视我们介绍的这些（从历史层面出发的）对现代性的诠释，那么就会发现这些诠释并不真的在根本上是互相矛盾的，而是彼此相互补充的。在当代特别重要的"多元现代性"的辩论中，读者也可以发现同样的"诠释冲突"。而且，顺带一提，"多元现代性"的辩论跟关于西方现代性当中的内在文化张力的辩论，不是完全没有关系的。

＊　　　＊　　　＊

　　（2）"多元现代性"的辩论，读者在我们这本书的第十三讲就已经遇到过了，当时我们将艾森斯塔特当作这方面讨论的主要人物。不过这里我们要为读者介绍参与这个辩论的其他重要人物，并指出人们在这个讨论中最新的一些问题［第一批对这方面进行概览的文献，可参阅美国的一份期刊《代达洛斯》（*Daedalus*），2000 年冬季出版的题为"多元现代性"的专辑］。

　　关于"多元现代性"的辩论，无疑出自关于韦伯思想的传承接受的脉络。艾森斯塔特本身深受韦伯的影响，早年也提出了具有相似野心的比较研究计划。跟韦伯一样，艾森斯塔特在其研究中至少也进行了部分世界诸宗教的研究。

　　不过，韦伯**在这方面的**研究计划当时在国际上还相对鲜为人知（帕森斯及其弟子，包括艾森斯塔特，也许是少数的例外）。20 世纪 60 和 70 年代，韦伯这方面的研究主要在德国才有人讨论。当时人们感兴趣的主要是韦伯的理性化理论，然后才在总体脉络上对他的宗教社会学比较研究感兴趣。我们在第十讲已经指出，哈贝马斯的理性化理论运用了韦伯的思想，以此提出关于现代性形成的演化论诠释，以及以此证明他关于生活世界受到系统的胁迫的时代诊断。然而，如果没有另外一位德国社会学家如此系统性地阐述韦伯的理性化理论，这些追溯到韦伯的研究都是无法想象的。这位学者就是施鲁赫特（Wolfgang Schluchter，1938—　）。施鲁赫特详细地根据韦伯的宗教社会学作品，以及其中蕴含的极为复杂的理性化理论，来阐述韦伯的著作。并且没有人像他一样如此致力于将韦伯的著作当作一个非常有竞争力的时代诊断理论之一，带进时代诊断方面的理论辩论中［Schluchter, *Die Entwicklung des okzidentalen Rationalismus. Eine Analyse von Max Webers Gesellschaftstheorie*，1979；不过这本书在 1998 年换了一个更具特色的标题再版，亦值得参阅：*Die Entstehung des modernen Rationalismus. Eine Analyse von Max Webers Entwicklungsgeschichte des Okzidents*。新版前言（pp.9—37）交代了他之所以改书名的理由］。

　　不过，尽管哈贝马斯有巨大的影响力，但以理性化理论来诠释现代性的做法在国际上还是没有怎么获得承认。因为人们显然还是怀疑，韦伯的理性化理论是否不过是一种认为精神有自身发展逻辑的德国观念论的遗产。没错，人们颇怀疑韦伯如此强调理性化理论的诠释方式实际上是否真的恰当。英国的社会学家，例如吉登斯或迈克尔·曼（Michael Mann），似乎更把韦伯当作**冲突理论家**而非理性化理论家。以此而言，人们实在不能说主要在德国奠定基础的理性化理论的讨论，⁷⁶¹对酝酿"多元现代性"的辩论真的有什么帮助。所以人们一般把韦伯或是哈贝马斯/施鲁赫特的理性化理论，仅当作现代化理论的一个比较精致的变体，而"多元现代性"的辩论整体来说则相反，明显采取一个反对现代化理论的走向。

　　但施鲁赫特不只是用理性化理论重构韦伯的工作而已，他还尝试把韦伯的宗教理论，包含他对古犹太教、儒家思想、道教、印度教、佛教、伊斯兰教，乃至于古罗马和西方的基督教的研究，与今天社会科学和人文科学的知识进行对比。在一系列的国际会议中（大部分的会议艾森斯塔特都参加过，而且后来也集结成质量非常高的会议论文集，读者可以参阅本书最后列出的参考文献），清楚呈现出来，世界上各个不同的宗教形成了哪些非常不同的社会构想，以及现代化过程也因此是如何地各不相同。以此而言，施鲁赫特完全可以是一位"多元现代性"辩论的倡议人。

　　还有一位学者，从不同于艾森斯塔特和施鲁赫特的传统出发，对"多元现代性"的讨论也有很重要的贡献；他就是阿尔纳森（Johann Arnason）。阿尔纳森1940 年生于冰岛，60 年代到布拉格读书。1968 年，当时苏联武装入侵捷克斯洛伐克，残酷地终结了捷克斯洛伐克当时推动的"带有人性面孔的社会主义"的实验。因为这个事件，阿尔纳森随后便离开布拉格、去了德国，然后活跃于哈贝马斯的圈子中。最后他去了澳大利亚墨尔本的乐卓博大学（La Trobe University）任教，并长期担任一份很有趣的国际社会理论期刊《论题十一》（*Thesis Eleven*）的编辑。

　　阿尔纳森的学术生涯始于纯粹的社会哲学，80 年代晚期才精力充沛地转向以
经验为基础的现代性分析。他始终处于哈贝马斯的理论和法国反结构主义（如图
海纳和卡斯托里亚迪斯）之间，以一种令人惊讶的方式把他原本旧有的社会理论
观点用于经验研究上。他出版过一本关于苏联社会模式的重要著作（*The Future that
Failed. Origins and Destinies of the Soviet Model*, 1993），同时自 90 年代起也越来越专注
在日本和东亚地区的历史与社会分析（参阅：*Social Theory and Japanese Experience. The
Dual Civilization*, 1997；*The Peripheral Centre. Essays on Japanese History and Civilization*,
2002）。他的核心命题（这里他也探讨了卡斯托里亚迪斯的创造性命题）是我们不
能把这些地区的政治史理解为一种内因性的发展。苏联和日本的"发展"更多的
是对反于西方现代性的一种具有创造性的计划。例如苏联社会模式，我们应该将
之诠释成想用另外一种方式，以追赶和超越西方社会，但却极为糟糕地失败了的
尝试。

　　阿尔纳森在许多方面采纳了艾森斯塔特的文明理论的做法，因为他也相信我
们必须检视整个文明及其文化张力，才能理解文明中的社会的动力。但是他在一
些关键之处修改了艾森斯塔特的做法。他的一个批判点在于，艾森斯塔特把轴心
时代太过理解为一种文化纲领，误将这种纲领当作在文明当中相对独立于其他事
件并因而自主地进行的过程。相反地，阿尔纳森建议一种披着"程序性外衣"的
文明理论，把**各文明之间的接触**当作一个重要的变项来关注，以获得一种扎实的
超文明与超国家的推进方向。这和华勒斯坦的世界体系理论的意图并不是不类似，
但华勒斯坦的经济主义没能令人满意地实现这个推进方向。阿尔纳森的做法也描
绘出了一幅很重要的变迁过程动态图像。他不像艾森斯塔特认为日本的发展遵循
的是一种古代陈旧的逻辑，而是把日本历史上许多时期对外国文化模式的成功采
纳**与**加工置于他分析的核心（此处亦可参阅：Knöbl, *Spielräume der Modernisierung*,
p.330ff.）。

　　近来，阿尔纳森转向研究一个艾森斯塔特一直没有提到的议题，即文明概念
的适切性。艾森斯塔特假设，文明无疑是存在的，它取决于宗教的发展，同时对
社会学分析来说它**就是**一个参照单位。我们在第十三讲已经批判过艾森斯塔特的
这个假设。我们的论点是，文明概念比起"社会"这个"传统的"社会学概念也
没有清楚多少。即便今天关于民族国家终结的说法很流行，与民族国家概念息息
相关的社会概念也越来越受到质疑，但我们不能简单用另外一个不清楚或含糊的
概念取代社会概念。阿尔纳森探讨了这个对艾森斯塔特的批判，并尝试在他
2003 年 出 版 的 著 作 （*Civilization in Dispute. Historical Questions and Theoretical
Traditions*）中一口气检视了在社会科学界当中文明概念的各种不同的用法，并探讨
各种用法的优缺点。不论阿尔纳森的分析结果的评价如何，在"多元现代性"辩
论中的文明理论取向，今天唯有通过这样一种理论的努力和概念的澄清，才能获

得吸引力。

＊　　　＊　　　＊

　　除了文明概念是否适当之外，"多元现代性"辩论还有一个颇具争议性的问题，即关于社会变迁研究中文化要素与结构要素的估量。而且，如同艾森斯塔特和他的轴心时代命题指出的，尤其是在宗教社会学方面进行讨论时，文明概念大多数时候都格外强调文化要素。我们当然可以问，这个面向是不是有点简化了，或有点扭曲了。像华勒斯坦的世界体系理论，虽然采取的是经济主义的论点，但他在讨论北美、西欧和中欧之外的国家的经济发展的阻碍（包括结构性的和外生性的因素）时，难道不也是有道理的吗？任教于英国剑桥大学的瑞典社会学家瑟伯尔尼（Görna Therborn，1941—　　）用一个很特别的说法表述了这个问题。他尝试指出，我们完全可以在艾森斯塔特的意义上，谈论许多条走进或穿过现代性的路径，但不需要采用艾森斯塔特几乎只强调**文化**要素的文明理论所具有的那种内因性观点，也不需要抱着华勒斯坦的那种经济主义。瑟伯尔尼提到四种现代化路径：（一）欧洲现代化；（二）新大陆（北美洲、南美洲、澳大利亚、新西兰）的现代化；（三）由**外在**因素引起，但却是自主执行的现代化，例如日本；（四）在所谓的"殖民地区"——亦即世界上的其他地方——的强制现代化，在这些地方，现代性简直就是"枪杆子"暴力逼出来的，也因此伴随着文化创伤（Therborn，*European Modernity and Beyond：The Trajectory of European Societies*，1945—2000，p.5；亦可见：Therborn，"The Right to Vote and the Four Word Routes to / through Modernity"，1992）。不论我们是否赞成瑟伯尔尼的建议，但无论如何比起艾森斯塔特那种主要采用内因性、"功能性的"文明理论—文化理论路径的做法，瑟伯尔尼那种认真看待极为暴力的殖民历史的做法的确提供了另一种，而且绝非不重要的看待现代性的角度。所以我们也很期待，未来在"多元现代性"的辩论中的核心论点，关于结构因素和文化因素、内因性和外因性的比重能够有所转变。另外一位瑞典社会学家、政治科学家，威特洛克（Björn Wittrock，1945—　　），目前便尝试进行一系列非常深入的研究，通过受商谈理论和知识社会学启发的文化理论，并从全球史的角度，来在这方面开辟出以前从未有人涉足过的主题（Wittrock，"Modernity：One，None，or Many？European Origins and Modernity as a Global Condition"）。

＊　　＊　　＊

（3）瑟伯尔尼提到在世界上许多地方的"现代化"是"枪杆子"暴力逼出来的，这种说法清楚指出，如果我们没有关注到宏观社会暴力，那么就不可能得出一个适当的社会变迁理论，也无法提出一个有说服力的时代诊断。我们前面简短提到的图尔敏的"国际都市"也清楚表明，就连现代性的重要文化成就，如果我们没有包含欧洲（和美洲）的暴力史，也会是无法理解的。因此，对于社会理论来说，恰恰在这个国际上都充满不稳定性的时代，在这个战争再次几乎变成了政治中很正常选项的时代，"宏观社会暴力史"是一个非常值得探讨的面向。至今这个主题都没有得到充足的讨论。当然像吉登斯、约阿斯，还有图尔敏，都注意到这个现代性的黑暗面，但总的来说社会理论和社会学都还是缺乏**关联当下来分析**战争与和平的敏锐度。人们把这个议题让给隔壁学科，政治科学；但政治科学对这方面的主题（先姑且不论像国际关系这种特殊领域）常常不感兴趣。人们常常忘了，不少社会学之父的研究中都会连带谈到战争与和平的问题。但只有英国社会理论才真的尝试提出关于社会变迁的对暴力有敏锐度的理论概念。例如我们提到的迈克尔·曼和他四种权力网络的理论工具，承认军事权力有很高的重要性（见本书第十二讲）。在冷战结束之后，战争冲突的重要性日益增长，但总的来说社会理论却太少这方面的时代诊断（值得参考的当代诊断，可见：Michael Mann, *Incoherent Empire*）。

之所以致力于探讨战争，以及其他现代性的黑暗面的议题很重要，是因为对于社会理论来说，这些议题决定了社会理论要以什么样的标准来探讨历史，以及社会理论要从何处得到它的规范标准。因为，如果我们显然**不宜**对现代性的规范成就过于深信不疑（Joas, *Kriege und Werte*, p.84ff.），如果我们在讨论自由、法治国家和民主时，**不宜**忽略对其的反抗，如果，就算是西方社会，也**不宜**认为这些价值是永恒无疑的，那么我们就应该提出一个新的尖锐问题：社会真的有进步可言吗？在多大程度上，"整个社会有道德学习过程"这种说法是恰当的？我们真的不需要像后现代学者那样把进步或道德学习过程完全当作毫无意义的吗？或是我们真的不需要像吉登斯那样，采用一种极端非连续性的历史检视方式吗？还是我们可以想出另外一种出路：因为主体会诠释自身的历史，以其历史图像为背景来构筑当下，借此至少部分能维持回望过去的连续性，维持希望与经历，维持其成就与痛苦？如果我们的出发点再也不能是认为历史会驶向一个目标，一个体现了所有的善与美的目标，如果我们再也不能相信历史同时也担负着道德的进步——那么，无可避免地，社会理论就不能从进化论或目的论的假设来获得自身的规范立场。

无论如何，单纯对过去与当下事件进行描述，对社会理论来说也是不够的。规范问题总是必然会不断"冒出来"。如果我们不能随便就接受帕森斯和古典社会学家的回答，那么这样的问题就依然还会是社会科学的构成要素之一。协调规范与历史，是且一直都会是社会理论很重要的**自我理解**的问题，也是其在现代的任务。

参考文献

Abbott, Andrew(1988), *The System of Professions: An Essay on the Division of Expert Labor*. Chicago: University of Chicago Press.

Adler, Patricia, Peter Adler and Andrea Fontana(1987), "Everyday Life in Sociology", *Annual Review of Sociology* 13: 217—35.

Adorno, Theodor W.(1976 [1969]), *The Positivist Dispute in German Sociology* [*Der Positivismusstreit in der deutschen Soziologie*]. London: Heinemann.

Adorno, Theodor W. and Max Horkheimer(1979 [1944]), *Dialectic of Enlightenment* [*Dialektik der Aufklärung. Philosophische Fragmente*]. London: Verso.

Adorno, Theodor W., Else Frenkel Brunswick, Daniel Jacob Levinson and Robert Nevitt Sanford (1950), *The Authoritarian Personality*. New York: Harper.

Alexander, Jeffrey C.(1982), *Theoretical Logic in Sociology*. Volume I: *Positivism, Presuppositions, and Current Controversies*. Berkeley and Los Angeles: University of California Press.

(1982), *Theoretical Logic in Sociology*. Volume II: *The Antinomies of Classical Thought: Marx and Durkheim*. Berkeley and Los Angeles: University of California Press.

(1983), *Theoretical Logic in Sociology*. Volume III: *The Classical Attempt at Theoretical Synthesis: Max Weber*. Berkeley and Los Angeles: University of California Press.

(1983), *Theoretical Logic in Sociology*. Volume IV: *The Modern Reconstruction of Classical Thought: Talcott Parsons*. Berkeley and Los Angeles: University of California Press.

(1985), "Introduction", in Jeffrey C. Alexander(ed.), *Neofunctionalism*. London: Sage, pp.7—18.

(1987), *Twenty Lectures: Sociological Theory since World War II*. London: Hutchinson.

(1988), "Culture and Political Crisis: 'Watergate' and Durkheimian Sociology", in Jeffrey C. Alexander, *Durkheimian Sociology: Cultural Studies*. Cambridge: Cambridge University Press, pp.187—244.

(1994), "Modern, Anti, Post, and Neo: How Social Theories Have Tried to Understand the 'New World' of 'Our Time'", *Zeitschrift für Soziologie* 23, 3: 165—97.

(1996), "Critical Reflections on 'Reflexive Modernization'", *Theory, Culture & Society* 13, 4: 133—8.

(1998), "Citizen and Enemy as Symbolic Classification: On the Polarizing Discourse of Civil Society", in Jeffrey C. Alexander(ed.), *Real Civil Societies: Dilemmas of Institutionalization*. London: Sage, pp.96—114.

(1998), *Neofunctionalism and After*. Malden, MA and Oxford: Basil Blackwell.

Alexander, Jeffrey C. and Paul Colomy(1985), "Toward Neo-Functionalism", *Sociological Theory* 3, 2:

11—23.

Almond, Gabriel and Sidney Verba(1989 [1963]), *The Civic Culture: Political Attitudes and Democracy in Five Nations*. Newbury Park, London and New Delhi: Sage.

Arendt, Hannah(1958), *The Human Condition*. Chicago: University of Chicago Press.

(1958 [1951]), *The Origins of Totalitarianism*. New York: Meridian Books.

(1964 [1963]), *Eichmann in Jerusalem: A Report on the Banality of Evil*. New York: Viking Press.

(1970), *On Violence*. London: Allen Lane.

Arnason, Johann P.(1988), *Praxis und Interpretation. Sozialphilosophische Studien*. Frankfurt am Main: Suhrkamp.

(1993), *The Future that Failed: Origins and Destinies of the Soviet Model*. London and New York: Routledge.

(1996), "Totalitarismus und Modernisierung", in Lars Clausen(ed.), *Gesellschaften im Umbruch*. Frankfurt am Main: Campus, pp.154—63.

(1997), *Social Theory and Japanese Experience: The Dual Civilization*. London and New York: Kegan Paul.

(2002), *The Peripheral Centre: Essays on Japanese History and Civilization*. Melbourne: Transpacific Press.

(2003), *Civilizations in Dispute: Historical Questions and Theoretical Traditions*. Leiden: Brill.

Barber, Bernard(1992), "Neofunctionalism and the Theory of the Social System", in Paul Colomy (ed.), *The Dynamics of Social Systems*. London: Sage, pp.36—55.

Barthes, Roland(1972 [1957]), *Mythologies* [*Mythologies*]. London: Jonathan Cape.

Baudrillard, Jean(1978), *Agonie des Realen*. Berlin: Merve.

(1988 [1986]), *America* [*Amérique*]. London: Verso.

(1993 [1976]), *Symbolic Exchange and Death* [*L'échange symbolique et la mort*]. London: Sage.

Bauman, Zygmunt(1989), *Modernity and the Holocaust*. Cambridge: Polity Press.

(1991), *Modernity and Ambivalence*. Oxford: Polity Press.

(1993), *Postmodern Ethics*. Oxford: Blackwell.

(1997), *Postmodernity and its Discontents*. Cambridge: Polity Press.

(1999), *In Search of Politics*. Cambridge: Polity Press.

Beck, Ulrich(1986), *Risikogesellschaft. Auf dem Weg in eine andere Moderne*. Frankfurt am Main: Suhrkamp.

(1992 [1986]), *Risk Society: Towards a New Modernity* [*Risikogesellschaft. Auf dem Weg in eine andere Moderne*]. London: Sage.

(1995 [1988]), *Ecological Politics in an Age of Risk* [*Gegengifte. Die organisierte Unverantwortlichkeit*]. Cambridge: Polity Press.

(1997 [1993]), *The Reinvention of Politics* [*Die Erfindung des Politischen*]. Cambridge: Polity Press.

(2000 [1997]), *What is Globalization?* [*Was ist Globalisierung?*]. Cambridge: Polity Press.

Becker, Gary S.(1981), *A Treatise on the Family*. Cambridge, MA and London: Harvard University Press.

Becker, Howard S.(1963), *Outsiders: Studies in the Sociology of Deviance*. New York: Free Press.

Becker-Schmidt, Regina and Gudrun-Axeli Knapp(2001), *Feministische Theorien zur Einführung*. Hamburg: Junius.

Beckert, Jens(2002 [1997]), *Beyond the Market: The Social Foundations of Economic Efficiency* [*Grenzen des Marktes. Die sozialen Grundlagen wirtschaftlicher Effizienz*]. Princeton and Oxford: Princeton University

Press.

Bell, Daniel(1973), *The Coming of Post-Industrial Society: A Venture in Social Forecasting*. New York: Basic Books.

Bellah, Robert(1985 [1957]), *Tokugawa Religion: The Cultural Roots of Modern Japan*. New York and London: Anchor Books.

(1991 [1970]), *Beyond Belief: Essays on Religion in a Post-Traditional World*. Berkeley, Los Angeles and London: University of California Press.

Bellah, Robert, Richard Madsen, William M. Sullivan, Ann Swidler and Steven M. Tipton(1985), *Habits of the Heart: Individualism and Commitment in American Life*. Berkeley and London: University of California Press.

(1991), *The Good Society*. New York: Knopf.

Bellow, Saul(2000), *Ravelstein*. London: Viking.

Bendix, Reinhard(1963 [1952]), "Social Stratification and Political Power", in Reinhard Bendix and Seymour MartinLipset(eds.), *Class, Status and Power: A Reader in Social Stratification*. Glencoe: Free Press, pp.596—609.

(1966 [1960]), *Max Weber: An Intellectual Portrait*. London: Methuen.

(1974 [1956]), *Work and Authority in Industry: Ideologies of Management in the Course of Industrialization*. Berkeley, Los Angeles and London: University of California Press.

(1986), *From Berlin to Berkeley: German Jewish Identities*. New Brunswick, NJ: Transaction Books.

Benhabib, Seyla(1984), "Epistemologies of Postmodernism: A Rejoinder to Jean François Lyotard", *New German Critique* 33: 103—26.

(1992), *Situating the Self: Gender, Community and Postmodernism in Contemporary Ethics*. Cambridge: Polity Press.

Berger, Peter L. and ThomasLuckmann(1971 [1966]), *The Social Construction of Reality*. Harmondsworth: Penguin.

Bergson, Henri(1912 [1889]), *Time and Free Will: An Essay on the Immediate Data of Consciousness* [*Essai sur les données immédiates de la conscience*]. London: George Allen.

Bernstein, Richard(1971), *Praxis and Action: Contemporary Philosophies of Human Activity*. Philadelphia: University of Pennsylvania Press.

(1976), *The Restructuring of Social and Political Theory*. Oxford: Blackwell.

(1992), *The New Constellation: The Ethical-Political Horizons of Modernity/Postmodernity*. Cambridge, MA: MIT Press.

(2002), "Putnams Stellung in der pragmatistischen Tradition", in Marie-Luise Raters and Marcus Willaschek(eds.), *Hilary Putnam und die Tradition des Pragmatismus*. Frankfurt am Main: Suhrkamp, pp.33—48.

Bittner, Egon(1967), "Police Discretion in Emergency Apprehension of Mentally Ill Persons", *Social Problems* 14, 3: 278—92.

Blau, Peter M.(1964), *Exchange and Power in Social Life*. New York, London and Sidney: John Wiley & Sons.

Blumer, Herbert(1969), "The Methodological Position of Symbolic Interactionism", in Herbert Blumer, *Symbolic Interactionism: Perspective and Method*. Englewood Cliffs, NJ: Prentice-Hall, pp.1—60.

（1969），*Symbolic Interactionism：Perspective and Method*. Englewood Cliffs，NJ：Prentice-Hall.

（1975），"Comment on Turner，'Parsons as a Symbolic Interactionist'"，*Sociological Inquiry* 45，1：59—62.

（1981），"George Herbert Mead"，in B. Rhea（ed.），*The Future of the Sociological Classics*. London：Allen & Unwin，pp.136—69.

（1990），*Industrialization as an Agent of Social Change：A Critical Analysis*. New York：Aldine de Gruyter.

Bolt，Christine（1993），*The Women's Movements in the United States and Britain from the 1790s to the 1920s*. Amherst：University of Massachusetts Press.

Boltanski，Luc（1987［1982］），*The Making of a Class：Cadres in French Society*［*Les cadres. La formation d'un groupe social*］. Cambridge：Cambridge University Press.

Boltanski，Luc and Eve Chiapello（2001），"Die Rolle der Kritik in der Dynamik des Kapitalismus und der normative Wandel"，*Berliner Journal für Soziologie* 11，4：459—77.

（2005［1999］），*The New Spirit of Capitalism*［*Le nouvel esprit du capitalisme*］. London：Verso.

Boltanski，Luc and Laurent Thévenot（2006［1991］），*On Justification：Economies of Worth*［*De la justification. Les économies de la grandeur*］. Princeton and Oxford：Princeton University Press.

Bosshart，David（1992），*Politische Intellektualität und totalitäre Erfahrung. Hauptströmungen der französischen Totalitarismuskritik*. Berlin：Duncker & Humblot.

Boudon，Raymond（1982），*The Unintended Consequences of Social Action*. New York：St. Martin's Press.

Bourdieu，Pierre（1970），*Zur Soziologie der symbolischen Formen*. Frankfurt am Main：Suhrkamp.

（1977［1972］），*Outline of a Theory of Practice*［*Esquisse d'une théorie de la pratique，précédé de trois études d'ethnologie kabyle*］. Cambridge：Cambridge University Press.

（1982），*Leçon sur la leçon*. Paris：Les Editions de Minuit（reprinted as the closing chapter of *In Other Words*；see below）.

（1984［1979］），*Distinction：A Social Critique of the Judgement of Taste*［*La distinction. Critique sociale du jugement*］. Cambridge，MA：Harvard University Press.

（1985），"The Social Space and the Genesis of Groups"，*Theory and Society* 14，6：723—44.

（1986［1983］），"The Forms of Capital"，in John Richardson（ed.），*Handbook of Theory and Research for the Sociology of Education*. New York：Greenwood Press，pp.241—58.

（1988［1984］），*Homo academicus*［*Homo academicus*］. Cambridge：Polity Press.

（1990［1980］），*The Logic of Practice*［*Le sens pratique*］. Cambridge：Polity Press.

（1990［1987］），*In Other Words：Essays Towards a Reflexive Sociology*［*Choses dites*］. Cambridge：Polity Press.

（1993［1980］），*Sociology in Question*［*Questions de sociologie*］. London：Sage.

（1996［1992］），*The Rules of Art*［*Les règles de l'art. Genèse et structure du champ littéraire*］. Cambridge：Polity Press.

（1998［1994］），*Practical Reason：On the Theory of Action*［*Raisons pratiques. Sur la théorie de l'action*］. Cambridge：Polity Press.

（1999［1993］），*The Weight of the World：Social Suffering in Contemporary Society*［*La misère du monde*］. Cambridge：Polity Press.

（2000［1997］），*Pascalian Meditations*［*Méditations pascaliennes*］. Cambridge：Polity Press.

Bourdieu，Pierre and Jean-Claude Passeron（1971），*Die Illusion der Chancengleichheit. Untersuchungen zur*

Soziologie des Bildungswesens am Beispiel Frankreichs. Stuttgart: Ernst Klett Verlag.

(1981), "Soziologie und Philosophie in Frankreich seit 1945: Tod und Wiederauferstehung einer Philosophie ohne Subjekt", in Wolf Lepenies(ed.), *Geschichte der Soziologie. Studien zur kognitiven, sozialen und historischen Identität einer Disziplin*. Volume III. Frankfurt am Main: Suhrkamp, pp.496—551.

Bourdieu, Pierre and Loïc J. D. Wacquant(1992), *Invitation to Reflexive Sociology* [*Réponses pour une anthropologie réflexive*]. Cambridge: Polity Press.

Browning, Christopher R.(1992), *Ordinary Men: Reserve Police Battalion 101 and the Final Solution in Poland*. New York: Aaron Asher Books.

Brownmiller, Susan(1975), *Against Our Will: Men, Women and Rape*. London: Secker & Warburg.

Butler, Judith(1990), *Gender Trouble*. New York and London: Routledge.

(1997), *Excitable Speech: A Politics of the Performative*. New York and London: Routledge.

(1997), *The Psychic Life of Power: Theories in Subjection*. Stanford, CA: Stanford University Press.

Camic, Charles(1979), "The Utilitarians Revisited", *American Journal of Sociology* 85, 3: 516—50.

(1989), "*Structure* after 50 Years: Th e Anatomy of a Charter", *American Journal of Sociology* 95, 1: 38—107.

(1991), "Introduction: Talcott Parsons before *The Structure of Social Action*", in Charles Camic(ed.), *Talcott Parsons: The Early Essays*. Chicago: University of Chicago Press, pp.ix—lxix.

Cardoso, Fernando H. and EnzoFaletto(1979 [1969]), *Dependency and Development in Latin America* [*Dependenciay desarrollo en América Latina. Ensayo de interpretación sociológica*]. Berkeley and London: University of California Press.

Castoriadis, Cornelius(1983), "Destinies of Totalitarianism", *Salmagundi* 60: 107—22.

(1984 [1978]), *Crossroads in the Labyrinth* [*Les carrefours du labyrinthe*]. Brighton: Harvester.

(1984/85), "Reflections on 'Rationality' and 'Development'", *Thesis Eleven* 10/11: 18—35.

(1987 [1975]), *The Imaginary Institution of Society* [*L'institution imaginaire de la société*]. Cambridge: Polity Press.

(1997), "The Greek Polis and the Creation of Democracy", in David Curtis(ed.), *The Castoriadis Reader*. Oxford: Blackwell, pp.267—89.

(2001), "Aeschylean Anthropogony and Sophoclean Self-Creation of Anthropos", in Johann P.Arnason and Peter Murphy(eds.), *Agon, Logos, Polis: The Greek Achievement and its Aftermath*. Stuttgart: Franz Steiner, pp.138—54.

Caws, Peter(1988), *Structuralism: The Art of the Intelligible*. Atlantic Highlands, NJ: Humanities Press.

Chalmers, A. F.(1986), *What is this Thing Called Science?* Second Edition. Milton Keynes and Philadelphia: Open University Press.

Charle, Christophe(1997), *Vordenker der Moderne. Die Intellektuellen im 19. Jahrhundert*. Frankfurt am Main: Fischer.

Chazel, François(1994), "Away from Structuralism and the Return of the Actor: Paradigmatic and Theoretical Orientations in Contemporary French Sociology", in Piotr Sztompka(ed.), *Agency and Structure: Reorienting Social Theory*. Yverdon, Switzerland and Langhorn, PA: Gordon and Breach, pp.143—63.

Chodorow, Nancy(1978), *The Reproduction of Mothering: Psychoanalysis and the Sociology of Gender*. Berkeley and London: University of California Press.

Cicourel, Aaron V.(1964), *Method and Measurement in Sociology*. New York: Free Press.

(1981), "Basic and Normative Rules in the Negotiation of Status and Role", in David Sudnow(ed.), *Studies in Social Interaction*. New York: Free Press, pp.229—58.

Cohen, Jean and AndrewArato(1992), *Civil Society and Political Theory*. Cambridge, MA: MIT Press.

Cohen-Solal, Annie(1987 [1985]), *Sartre: A Life [Sartre. 1905—1980]*. New York: Pantheon Books.

Coleman, James(1982), *The Asymmetric Society*. Syracuse, NY: Syracuse University Press.

(1990), *Foundations of Social Theory*. Cambridge, MA: Harvard University Press.

Collins, Randall(1971), "Functional and Conflict Theories of Educational Stratification", *American Sociological Review* 36, 6: 1002—19.

(1975), *Conflict Sociology: Toward an Explanatory Science*. New York, San Francisco and London: Academic Press.

(1979), *The Credential Society: An Historical Sociology of Education and Stratification*. New York: Academic Press.

(1985), *Three Sociological Traditions*. New York: Oxford University Press.

(1986), *Weberian Sociological Theory*. Cambridge: Cambridge University Press.

(1998), *The Sociology of Philosophies: A Global Theory of Intellectual Change*. Cambridge, MA and London: Harvard University Press.

(2008), *Violence: A Micro-Sociological Theory*. Princeton: Princeton University Press.

Collins, Randall, Janet Saltzman Chafetz, Lesser Rae Blumberg, Scott Coltrane, Jonathan H. Turner (1993), "Toward an Integrated Theory of Gender Stratification", *Sociological Perspectives* 36, 3: 185—216.

Colomy, Paul B.(1986), "Recent Developments in the Functionalist Approach to Change", *Sociological Focus* 19, 2: 139—58.

Colomy, Paul B. and David J. Brown(1995), "Elaboration, Revision, Polemic, and Progress in the Second Chicago School", in Gary Alan Fine(ed.), *A Second Chicago School? The Development of a Postwar American Sociology*. Chicago and London: University of Chicago Press, pp.17—81.

Coser, Lewis A.(1956), *The Functions of Social Conflict*. London: Routledge.

(1967), *Continuities in the Study of Social Conflict*. New York and London: Free Press.

Dahrendorf, Ralf(1958), "Out of Utopia: Toward a Reorientation of Sociological Analysis", *American Journal of Sociology* 64, 2: 115—27.

(1972 [1957]), *Class and Class Conflict in Industrial Society [Soziale Klassen und Klassenkonflikt in der industriellen Gesellschaft]*. London: Routledge.

(1972), *Konflikt und Freiheit. Auf dem Weg zur Dienstklassengesellschaft*. Munich: Piper.

(1986 [1955]), "Struktur und Funktion. Talcott Parsons und die Entwicklung der soziologischen Theorie", in Ralf Dahrendorf, *Pfade aus Utopia. Zur Theorie und Methode der Soziologie*. Munich and Zurich: Piper, pp.213—42.

(1988), *The Modern Social Conflict: An Essay on the Politics of Liberty*. London: Weidenfeld & Nicolson.

(2002), *Über Grenzen. Lebenserinnerungen*. Munich: C. H. Beck.

Denzin, Norman K.(1977), "Notes on the Criminogenic Hypothesis: A Case Study of the American Liquor Industry", *American Sociological Review* 42, 6: 905—20.

(1984), *On Understanding Emotion*. San Francisco, Washington and London: Jossey-Bass Publishers.

(1991), *Images of Postmodern Society: Social Theory and Contemporary Cinema.* London, Newbury Park and New Delhi: Sage.

Derrida, Jacques(1978 [1967]), *Writing and Difference [L'écriture et la différence].* London: Routledge.

Dewey, John(1925), *Experience and Nature.* London: George Allen & Unwin.

(1930 [1929]), *The Quest for Certainty.* London: George Allen & Unwin.

DiMaggio, Paul J. (1998), " The New Institutionalisms: Avenues of Collaboration ", *Journal of Institutional and Theoretical Economics* 154: 696—705.

DiMaggio, Paul J. and Walter W. Powell(1991), "Introduction", in Walter W. Powell and Paul J. DiMaggio (eds.), *The New Institutionalism in Organizational Analysis.* Chicago and London: University of Chicago Press, pp.1—38.

Dosse, François(1997 [1991f.]), *History of Structuralism. 2 vols. [Histoire du structuralisme].* Minneapolis and London: University of Minnesota Press.

(1998 [1997]), *The Empire of Meaning: The Humanization of the Social Sciences [L'empire du sens. L'humanisation de sciences humaines].* Minneapolis: University of Minnesota Press.

(2000), *Paul Ricoeur. Les sens d'une vie.* Paris: La Découverte.

Douglas, Jack D.(1967), *The Social Meanings of Suicide.* Princeton: Princeton University Press.

Dreyfus, Hubert L. and Paul Rabinow (1982), *Michel Foucault: Beyond Structuralism and Hermeneutics.* Chicago: University of Chicago Press.

Dubet, François(1987), *La galère. Jeunes en survie.* Paris: Fayard.

(1994), *Sociologie de l'expérience.* Paris: Éditions du Seuil.

(2002), *Le déclin de l'institution.* Paris: Éditions du Seuil.

Dubet, François and Didier Lapeyronnie(1992), *Les quartiers d'exil.* Paris: Éditions du Seuil.

Durkheim, Emile(1982 [1895]), *The Rules of Sociological Method.* London: Macmillan.

Eder, Klaus(1989), "Klassentheorie als Gesellschaftstheorie. Bourdieus dreifache kulturtheoretische Brechung der traditionellen Klassentheorie", in Klaus Eder (ed.), *Klassenlage, Lebensstil und kulturelle Praxis. Theoretische und empirische Beiträge zur Auseinandersetzung mit Pierre Bourdieus Klassentheorie.* Frankfurt am Main: Suhrkamp, pp.15—43.

Eder, Klaus(ed.) (1989), *Klassenlage, Lebensstil und kulturelle Praxis. Theoretische und empirische Beiträge zur Auseinandersetzung mit Pierre Bourdieus Klassentheorie.* Frankfurt am Main: Suhrkamp.

Eisenstadt, Shmuel N.(1963), *The Political Systems of Empires.* New York: Free Press.

(1973), *Tradition, Change and Modernity.* New York: Wiley-Interscience.

(1978), *Revolution and the Transformation of Societies: A Comparative Study of Civilizations.* New York: Free Press.

(1981), "Cultural Traditions and Political Dynamics: The Origins and Modes of Ideological Politics" (Hobhouse Memorial Lecture), *British Journal of Sociology* 32, 2: 155—81.

(1985), "This Worldly Transcendentalism and the Structuring of the World: Weber's ' Religion of China' and the Format of Chinese History and Civilization", *Journal of Developing Societies* 1, 2: 168—86.

(1989), "Cultural Premises and the Limits of Convergence in Modern Societies: An Examination of Some Aspects of Japanese Society", *Diogenes* 37: 125—47.

(1992), " Frameworks of the Great Revolutions: Culture, Social Structure, History and Human

Agency", *International Social Science Journal* 133: 385—401.

(1995), "Introduction", in Shmuel N. Eisenstadt, *Power, Trust and Meaning: Essays in Sociological Theory and Analysis*. Chicago: University of Chicago Press, pp.1—40.

(1995), "Social Change, Differentiation, and Evolution", in Shmuel N. Eisenstadt, *Power, Trust and Meaning: Essays in Sociological Theory and Analysis*. Chicago: University of Chicago Press, pp.106—22.

(1996), *Japanese Civilization: A Comparative View*. Chicago and London: University of Chicago Press.

(2000), *Die Vielfalt der Moderne*. Weilerswist: Velbrück.

Elias, Norbert(1982 [1937]), *The Civilizing Process*. 2 vols. Oxford: Blackwell.

Elster, Jon(1979), "Imperfect Rationality: Ulysses and the Sirens", in Jon Elster, *Ulysses and the Sirens: Studies in Rationality and Irrationality*. Cambridge: Cambridge University Press, pp.36—111.

(1983), *Sour Grapes: Studies in the Subversion of Rationality*. Cambridge: Cambridge University Press.

(1999), *Alchemies of the Mind: Rationality and the Emotions*. Cambridge: Cambridge University Press.

Emerson, Richard M. (1962), "Power-Dependence Relations", *American Journal of Sociology* 27, 1: 31—41.

Epstein, Cynthia Fuchs(1988), *Deceptive Distinctions: Sex, Gender, and the Social Order*. New Haven and London: Yale University Press.

Eribon, Didier(1991 [1989]), *Michel Foucault* [*Michel Foucault (1926—1984)*]. Cambridge, MA: Harvard University Press.

Erikson, Kai(1966), *Wayward Puritans: A Study in the Sociology of Deviance*. New York: John Wiley & Sons.

Esser, Hartmut(1993), *Soziologie. Allgemeine Grundlagen*. Frankfurt am Main and New York: Campus.

(1999—2000), *Soziologie. Spezielle Grundlagen*. 6 vols. Frankfurt am Main and New York: Campus.

Etzioni, Amitai(1968), *The Active Society: A Theory of Societal and Political Processes*. New York: Free Press.

(1988), *The Moral Dimension: Towards a New Economics*. New York: Free Press.

(1993), *The Spirit of Community: The Reinvention of American Society*. New York: Crown.

(2001), *The Monochrome Society*. Princeton and Oxford: Princeton University Press.

(2003), *My Brother's Keeper: A Memoir and a Message*. Lanham, MD: Rowman & Littlefield.

Ferry, Luc and Alain Renaut(1990 [1985]), "French Marxism(Bourdieu)" in Luc Ferry and Alain Renaut, *French Philosophy of the Sixties: An Essay on Anti-Humanism* [*La pensée 68. Essai sur l'antihumanisme contemporain*] . Amherst and London: University of Massachusetts Press, pp.153—84.

Feyerabend, Paul(1982), *Science in a Free Society*. London: Verso.

Firestone, Shulamith(1971), *The Dialectic of Sex: The Case for Feminist Revolution*. London: Jonathan Cape.

Flax, Jane(1990), "Postmodernism and Gender Relations in Feminist Theory", in Linda J. Nicholson (ed.), *Feminism/Postmodernism*. New York and London: Routledge, pp.39—62.

Foucault, Michel(1977 [1975]), *Discipline and Punish: The Birth of the Prison* [*Surveiller et punir.Naissance de la prison*]. London: Allen Lane.

(1979 [1976]), *The History of Sexuality*. Volume I: *The Will to Knowledge* [*Histoire de la sexualité. La volonté de savoir*]. London: Allen Lane.

(1986 [1984]) , *The History of Sexuality*. Volume III: *The Care of the Self* [*Histoire de la sexualité. Le souci de soi*] . London: Pantheon.

(1987 [1984]) , *The History of Sexuality*. Volume II: *The Use of Pleasure* [*Histoire de la sexualité. L'usage des plaisirs*] . London: Penguin.

(1988 [1961]) , *Madness and Civilization: A History of Insanity in the Age of Reason* [*Histoire de la folie*] . New York: Vintage.

(2001 [1966]) , *The Order of Things: An Archaeology of the Human Sciences* [*Les mots et les choses*] . London: Routledge.

(2002 [1996]) , *Society Must be Defended: Lectures at the Collège de France, 1975—1976* [*Il faut défendre la société*] . New York: Picador.

Frank, Manfred(1989 [1984]) , *What is Neostructuralism?* [*Was ist Neostrukturalismus?*] . Minneapolis: Universityof Minnesota Press.

Fraser, Nancy(1989) , *Unruly Practices: Power, Discourse and Gender in Contemporary Social Theory*. Minneapolis: University of Minnesota Press.

Fraser, Nancy and AxelHonneth (2003) , *Redistribution or Recognition? A Political Philosophical Exchange*. London: Verso.

Fraser, Nancy and Linda J. Nicholson (1990) , "Social Criticism without Philosophy: An Encounter between Feminism and Postmodernism", in Linda J. Nicholson (ed.) , *Feminism /Postmodernism*. New York and London: Routledge, pp.19—38.

Freidson, Eliot(1970) , *Profession of Medicine: A Study of the Sociology of Applied Knowledge*. New York: Dodd, Mead & Co.

Friedman, Debra and Michael Hechter(1988) , "The Contribution of Rational Choice Theory to Macrosociological Research", *Sociological Theory* 6, 2: 201—18.

Fühmann, Franz (1978) , "Drei nackte Männer", in Franz Fühmann, *Bagatelle, rund um positiv. Erzählungen*. Frankfurt am Main: Suhrkamp, pp.7—22.

Gardner, Howard(1976) , *The Quest for Mind: Piaget, Lévi-Strauss and the Structuralist Movement*. London: Quartet Books.

Garfinkel, Harold(1959) , "Aspects of the Problem of Common-Sense Knowledge of Social Structures", in *Transactions of the Fourth World Congress of Sociology*. Volume IV: *The Sociology of Knowledge*, pp.51—66.

(1963) , "A Conception of, and Experiments with, 'Trust' as a Condition of Stable Concerted Actions", in O. J. Harvey (ed.) , *Motivation and Social Interaction*. New York: Ronald Press, pp.187—238.

(1967) , *Studies in Ethnomethodology*. Englewood Cliffs, NJ: Prentice-Hall.

(1991) , "Respecification: Evidence for Locally Produced, Naturally Accountable Phenomena of Order, Logic, Reason, Meaning, Method, etc. in and as of the Essential Haecceity of Immortal Ordinary Society, (I)— an Announcement of Studies", in Graham Button(ed.) , *Ethnomethodology and the Human Sciences*. Cambridge: Cambridge University Press, pp.10—19.

Garfinkel, Harold and Harvey Sacks(1970) , "On Formal Structures of Practical Actions", in Edward Tiryakian and John MacKinney(eds.) , *Theoretical Sociology: Perspectives and Developments*. New York: Appleton-Century Crofts, pp.337—66.

Gauchet, Marcel(1997 [1985]), *The Disenchantment of the World: A Political History of Religion* [*Le désenchantement du monde*]. Princeton: Princeton University Press.

Gehlen, Arnold(1956), *Urmensch und Spätkultur*. Bonn: Athenäum.

(1968 [1940]), "Mensch und Institutionen", in Arnold Gehlen, *Anthropologische Forschung. Zur Selbstbegegnung und Selbstentdeckung des Menschen*. Reinbek: Rowohlt, pp.69—7.

(1988 [1940]), *Man: His Nature and Place in the World* [*Der Mensch. Seine Natur und Stellung in der Welt*]. New York: Columbia University Press.

Gerhard, Ute(1992), *Unerhört. Die Geschichte der deutschen Frauenbewegung*. Reinbek: Rowohlt.

Gerhardt, Uta(ed.)(1993), *Talcott Parsons on National Socialism*. New York: Aldine de Gruyter.

Giddens, Anthony(1971), *Capitalism and Modern Social Theory*. Cambridge and New York: Cambridge University Press.

(1973), *The Class Structure of the Advanced Societies*. London: Hutchinson.

(1976), "Classical Social Theory and the Origins of Modern Sociology", *American Journal of Sociology* 81, 4: 703—29.

(1976), *New Rules of Sociological Method*. London: Hutchinson.

(1979), *Central Problems in Social Theory: Action, Structure and Contradiction in Social Analysis*. Basingstoke: Macmillan Press.

(1981), *A Contemporary Critique of Historical Materialism*. Volume I: *Power, Property and the State*. Basingstoke: Macmillan Press.

(1982), "Commentary on the Debate", *Theory and Society* 11, 4: 527—39.

(1984), *The Constitution of Society: Outline of the Theory of Structuration*. Cambridge: Polity Press.

(1985), *The Nation-State and Violence. Volume Two of A Contemporary Critique of Historical Materialism*. Cambridge: Polity Press.

(1987), "Structuralism, Post-structuralism and the Production of Culture", in Anthony Giddens, *Social Theory and Modern Sociology*. Cambridge: Polity Press, pp.73—108.

(1989), *Sociology*. Cambridge: Polity Press.

(1990), *The Consequences of Modernity*. Stanford, CA: Stanford University Press.

(1991), *Modernity and Self-Identity: Self and Society in the Late Modern Age*. Cambridge: Polity Press.

(1992), *Transformation of Intimacy*. Cambridge: Polity Press.

(1994), *Beyond Left and Right: The Future of Radical Politics*. Cambridge: Polity Press.

(1998), *The Third Way: The Renewal of Social Democracy*. Malden, MA and Cambridge: Polity Press.

Giele, Janet Zollinger(1995), *Two Paths to Women's Equality: Temperance, Suffrage, and the Origins of Modern Feminism*. New York: Twayne Publishers.

Gilcher-Holtey, Ingrid(1995), *Die "Phantasie an die Macht". Mai 68 in Frankreich*. Frankfurt am Main: Suhrkamp.

Gildemeister, Regine and Angelika Wetterer(1992), "Wie Geschlechter gemacht werden. Die soziale Konstruktion der Zweigeschlechtlichkeit und ihre Reifizierung in der Frauenforschung", in Gudrun-Axeli Knapp and Angelika Wetterer (eds.), *Traditionen Brüche. Entwicklungen feministischer Theorie*. Freiburg: Kore, pp.201—54.

Gilligan, Carol(1982), *In a Different Voice: Psychological Theory and Women's Development*. Cambridge, MA and London: Harvard University Press.

Glaser, Barney G. and Anselm L. Strauss(1966 [1965]), *Awareness of Dying*. London: Weidenfeld & Nicolson.

(1967), *The Discovery of Grounded Theory: Strategies for Qualitative Research*. New York: Aldine de Gruyter.

Godbout, Jacques and Alain Caillé(1998 [1992]), *The World of the Gift [L'esprit de don]*. Montreal and London: McGill-Queen's University Press.

Goffman, Erving(1956), *The Presentation of Self in Everyday Life*. Edinburgh: Edinburgh University Press.

(1961), *Asylums: Essays on the Social Situation of Mental Patients and Other Inmates*. Garden City, NY: Doubleday & Co.

(1963), *Stigma: Notes on the Management of Spoiled Identity*. Englewood Cliffs, NJ: Prentice-Hall.

(1972 [1971]), *Interaction Ritual: Essays on Face-to-Face Behaviour*. Harmondsworth: Penguin.

(1975 [1974]), *Frame Analysis: An Essay on the Organization of Experience*. Harmondsworth: Penguin.

Goldhagen, Daniel J.(1996), *Hitler's Willing Executioners: Ordinary Germans and the Holocaust*. London: Little, Brown.

Goldstone, Jack A.(1994), "Is Revolution Individually Rational? Groups and Individuals in Revolutionary Collective Action", *Rationality and Society* 6, 1: 139—66.

Gottschall, Karin (1997), "Sozialkonstruktivistische Perspektiven für die Analyse von sozialer Ungleichheit und Geschlecht", in Stefan Hradil(ed.), *Differenz und Integration. Die Zukunft moderner Gesellschaften. Verhandlungen des 28. Kongresses der Deutschen Gesellschaft für Soziologie in Dresden 1996*. Frankfurt am Main and New York: Campus, pp.479—96.

Habermas, Jürgen(1963), "Literaturbericht zur philosophischen Diskussion um Marx und den Marxismus", in Jürgen Habermas, *Theorie und Praxis. Sozialphilosophische Studien*. Frankfurt am Main: Suhrkamp, pp.387—463.

(1969), *Technik und Wissenschaft als "Ideologie"*. Frankfurt am Main: Suhrkamp.

[(1971), *Toward a Rational Society: Student Protest, Science and Politics*. London: Heinemann].

(1973 [1963]), "Between Philosophy and Science: Marxism as Critique" ["Zwischen Philosophie und Wissenschaft. Marxismus als Kritik"], in Jürgen Habermas, *Theory and Practice*. Cambridge: Polity Press in association with Basil Blackwell, pp.195—252.

(1973 [1967]), "Labour and Interaction: Remarks on Hegel's 'Jena Philosophy of Mind'" ["Arbeit und Interaktion. Bemerkungen zu Hegels 'Jenenser Philosophie des Geistes'"], in Jürgen Habermas, *Theory and Practice*. Cambridge: Polity Press in association with Basil Blackwell, pp.142—69.

(1976 [1973]), *Legitimation Crisis [Legitimationsprobleme im Spätkapitalismus]*. London: Heinemann.

(1978 [1968]), *Knowledge and Human Interests [Erkenntnis und Interesse]*. London: Heinemann.

(1983 [1971]), *Philosophical-Political Profiles [Philosophisch-Politische Profile]*. Cambridge, MA: MIT Press.

(1984—7 [1981]), *The Theory of Communicative Action [Theorie des kommunikativen Handelns]*. London: Heinemann.

(1987 [1981]), "The Paradigm Shift in Mead and Durkheim: From Purposive Activity to Communicative Action", in Jürgen Habermas, *The Theory of Communicative Action*, Volume II [*Theorie des kommunikativen Handelns*]. Cambridge: Polity Press, pp.1—92.

(1989 [1962]), *The Structural Transformation of the Public Sphere: An Inquiry into a Category of Bourgeois So-*

ciety [*Strukturwandel der Öffentlichkeit. Untersuchungen zu einer Kategorie der bürgerlichen Gesellschaft*]. Cambridge, MA: MIT Press.

(1990 [1983]), *Moral Consciousness and Communicative Action* [*Moralbewußtsein und kommunikatives Handeln*]. Cambridge, MA: MIT Press.

(1991 [1976]), "Toward a Reconstruction of Historical Materialism" ["Zur Rekonstruktion des Historischen Materialismus"], in Jürgen Habermas, *Communication and the Evolution of Society*. Cambridge: Polity Press, pp.130—77.

(1992), *Postmetaphysical Thinking: Philosophical Essays*. Cambridge: Polity Press.

(1996 [1992]), *Between Facts and Norms: Contributions to a Discourse Theory of Law and Democracy* [*Faktizität und Geltung. Beiträge zur Diskurstheorie des Rechts und des demokratischen Rechtsstaats*]. Cambridge: Polity Press.

(1998 [1996]), *The Inclusion of the Other: Studies in Political Theory* [*Die Einbeziehung des Anderen. Studien zur politischen Theorie*]. Cambridge, MA: MIT Press.

(2003), *Truth and Justification*. Cambridge, MA: MIT Press.

Habermas, Jürgen and Niklas Luhmann(1971), *Theorie der Gesellschaft oder Sozialtechnologie—Was leistet die Systemforschung?* Frankfurt am Main: Suhrkamp.

Haferkamp, Heinrich and WolfgangKnöbl(2001), "Die Logistik der Macht. Michael Manns Historische Soziologie als Gesellschaftstheorie", in Michael Mann(ed.), *Geschichte der Macht. Die Entstehung von Klassen und Nationalstaaten*. Band 3, Teil II. Frankfurt am Main and New York: Campus, pp.303—49.

Hagemann-White, Carol(1988), "Wir werden nicht zweigeschlechtlich geboren...", in Carol Hagemann-White and Maria S. Rerrich(eds.), *Frauen Männer Bilder. Männer und Männlichkeit in der feministischen Diskussion*. Bielefeld: AJZ Verlag, pp.224—35.

Hall, John A.(1985), *Powers and Liberties: The Causes and Consequences of the Rise of the West*. Oxford: Basil Blackwell.

(1994), *Coercion and Consent: Studies in the Modern State*. Cambridge: Polity Press.

Hall, Peter A. and Rosemary C. R. Taylor(1996), "Political Science and the Three New Institutionalisms", *Political Studies* 44, 5: 936—57.

Hall, Peter M.(1972), "A Symbolic Interactionist Analysis of Politics", *Sociological Inquiry* 42, 3/4: 35—75.

(1987), "Presidential Address: Interactionism and the Study of Social Organization", *The Sociological Quarterly* 28, 1: 1—22.

Hall, Peter M. and Dee Ann Spencer-Hall(1982), "The Social Conditions of the Negotiated Order", *Urban Life* 11, 3: 328—49.

Harding, Sandra(1990), "Feminism, Science, and the Anti-Enlightenment Critiques", in Linda J. Nicholson(ed.), *Feminism/Postmodernism*. New York and London: Routledge, pp.83—106.

Hartsock, Nancy(1990), "Foucault on Power: A Theory for Women?", in Linda J. Nicholson(ed.), *Feminism/Postmodernism*. New York and London: Routledge, pp.157—75.

Harvey, David(1989), *The Condition of Postmodernity: An Enquiry into the Origins of Cultural Change*. Oxford: Basil Blackwell.

Haskell, Thomas(1998), *Objectivity is Not Neutrality: Explanatory Schemes in History*. Baltimore: Johns

Hopkins University Press.

Hechter, Michael(1987), *Principles of Group Solidarity*. Berkeley, Los Angeles and London: University of California Press.

Heilbron, Johan(1995), *The Rise of Social Theory*. Minneapolis: University of Minnesota Press.

Heintz, Bettina and EvaNadai(1998), "Geschlecht und Kontext. De-Institutionalisierungsprozesse und geschlechtliche Differenzierung", *Zeitschrift für Soziologie* 27, 2: 75—93.

Hénaff, Marcel(2002), *Le prix de la vérité: Le don, l'argent, la philosophie*. Paris: Éditions du Seuil.

Heritage, John(1984), *Garfinkel and Ethnomethodology*. Cambridge and New York: Polity Press.

Hettlage, Robert and Karl Lenz(eds.)(1991), *Erving Goffman—ein soziologischer Klassiker der zweiten Generation*. Stuttgart: UTB.

Hirschauer, Stefan(1994), "Die soziale Fortpflanzung der Zweigeschlechtlichkeit", *Kölner Zeitschrift für Soziologie und Sozialpsychologie* 46, 4: 668—92.

Hirschman, Albert(1977), *The Passions and the Interests: Political Arguments for Capitalism Before its Triumph*. Princeton and Guildford: Princeton University Press.

Hobbes, Thomas(1914 [1651]), *Leviathan*. London: J. M. Dent & Sons.

Hochschild, Arlie(1979), "Emotion Work, Feeling Rules, and Social Structure", *American Journal of Sociology* 85, 3: 551—75.

(1983), *The Managed Heart*. Berkeley and London: University of California Press.

Höffe, Otfried(1985), *Strategien der Humanität. Zur Ethik öffentlicher Entscheidungsprozesse*. Frankfurt am Main: Suhrkamp.

Homans, George C.(1950), *The Human Group*. New York: Harcourt, Brace & World.

(1958), "Social Behavior as Exchange", *American Journal of Sociology* 63, 6: 597—606.

(1961), *Social Behavior: Its Elementary Forms*. London: Routledge.

(1964), "Bringing Men Back In", *American Sociological Review* 29, 5: 809—18.

Honneth, Axel(1989), "Moralische Entwicklung und sozialer Kampf. Sozialphilosophische Lehren aus dem Frühwerk Hegels", in Axel Honneth, Thomas McCarthy, Claus Offe and Albrecht Wellmer (eds.), *Zwischenbetrachtungen im Prozeß der Aufklärung. Jürgen Habermas zum 60. Geburtstag*. Frankfurt am Main: Suhrkamp, pp.549—73.

(1990), "A Structuralist Rousseau: On the Anthropology of Claude Lévi-Strauss", *Philosophy and Social Criticism* 16, 2: 143—58.

(1991 [1986]), *The Critique of Power: Reflective Stages in a Critical Social Theory* [*Kritik der Macht. Reflexionsstufen einer kritischen Gesellschaftstheorie*]. Cambridge, MA and London: MIT Press.

(1994), *Desintegration. Bruchstücke einer soziologischen Zeitdiagnose*. Frankfurt am Main: Fischer.

(1995 [1990]), "The Fragmented World of Symbolic Forms: Reflections on Pierre Bourdieu's Sociology of Culture", in Axel Honneth and Charles W. Wright(eds.), *The Fragmented World of the Social: Essays in Social and Political Philosophy* [*Die zerrissene Welt des Sozialen. Sozialphilosophische Aufsätze*]. Albany: State University of New York Pres, pp.184—201.

(1995 [1992]), *The Struggle for Recognition: The Moral Grammar of Social Conflicts* [*Kampf um Anerkennung. Zur moralischen Grammatik sozialer Konflikte*]. Cambridge: Polity Press.

(2000), *Das Andere der Gerechtigkeit. Aufsätze zur praktischen Philosophie*. Frankfurt am Main: Suhrkamp.

(2001), 'Die Zukunft des Instituts für Sozialforschung', *Mitteilungen des Instituts für Sozialforschung* 12:

54—63.

(2007) *Disrespect: The Normative Foundations of Critical Theory*. Cambridge: Polity Press.

Honneth, Axel and Hans Joas(1988 [1980]), *Social Action and Human Nature* [*Soziales Handeln und men-schliche Natur. Anthropologische Grundlagen der Sozialwissenschaften*]. Cambridge: Cambridge University Press.

(2002), *Kommunikatives Handeln. Beiträge zu Jürgen Habermas' "Theorie des kommunikativen Handelns"*. Erweiterte und aktualisierte Ausgabe. Frankfurt am Main: Suhrkamp.

Horster, Detlef(1997), *Niklas Luhmann*. Munich: Beck.

Hughes, Everett C.(1994), "Professions", in Everett C. Hughes, *On Work, Race, and the Sociological Imagination*, ed. and intro. Lewis A. Coser. Chicago and London: University of Chicago Press, pp.37—49.

Husserl, Edmund(1970 [1936]), *The Crisis of European Sciences and Transcendental Phenomenology* [*Die Krisis der europäischen Wissenschaften und die transzendentale Phänomenologie*]. Evanston: Northwestern University Press.

Irrgang, Bernhard(1993), *Lehrbuch der evolutionären Erkenntnistheorie*. Munich and Basel: Ernst Reinhardt.

Jaggar, Alison M.(1993), "Feministische Ethik. Ein Forschungsprogramm für die Zukunft", in H. Nagl-Docekal and H. Pauer-Studer(eds.), *Jenseits der Geschlechtermoral. Beiträge zur feministischen Ethik*. Frankfurt am Main: Fischer, pp.195—218.

James, William(1978 [1907]), *Pragmatism: A New Name for Some Old Ways of Thinking*. Cambridge, MA and London: Harvard University Press.

Jameson, Fredric(1991), *Postmodernism, or, The Cultural Logic of Late Capitalism*. London and New York: Verso.

Jaspers, Karl(1953 [1949]), *The Origin and Goal of History* [*Vom Ursprung und Ziel der Geschichte*]. London: Routledge.

Joas, Hans(1993 [1986]), "The Unhappy Marriage of Hermeneutics and Functionalism: Jürgen Habermas' Theory of Communicative Action", in Hans Joas, *Pragmatism and Social Theory* [*Pragmatismus und Gesellschaft stheorie*] Chicago and London: University of Chicago Press, pp.125—53.

(1993 [1992]), "Pragmatism in American Sociology", in Hans Joas, *Pragmatism and Social Theory* [*Pragmatismus und Gesellschaftstheorie*]. Chicago and London: University of Chicago Press, pp.14—54.

(1993 [1992]), "A Sociological Transformation of the Philosophy of Praxis: Anthony Giddens's Theory of Structuration", in Hans Joas, *Pragmatism and Social Theory* [*Pragmatismus und Gesellschaftstheorie*]. Chicago and London: University of Chicago Press, pp.172—87.

(1996 [1992]), *The Creativity of Action* [*Die Kreativität des Handelns*]. Oxford: Polity Press.

(1997 [1980]), *G. H. Mead: A Contemporary Re-examination of His Thought* [*Praktische Intersubjektivität. Die Entwicklung des Werkes von G. H. Mead*]. Cambridge, MA: MIT Press.

(1998), "The Autonomy of the Self: The Meadian Heritage and its Postmodern Challenge", *European Journal of Social Theory* 1: 7—18.

(1998/99), "Macroscopic Action- On Amitai Etzioni's Contribution to Social Theory", *The Responsive Community* 9: 23—31.

(2000 [1997]), *The Genesis of Values* [*Die Entstehung der Werte*]. Chicago: University of Chicago Press.

(2001), "The Gift of Life: Parsons Late Sociology of Religion", *Journal of Classical Sociology* 1, 1: 127—41.

(2002), "Values versus Norms: A Pragmatist Account of Moral Objectivity", *The Hedgehog Review* 3, 1: 42—56.

(2002 [2000]), *War and Modernity* [*Kriege und Werte. Studien zur Gewaltgeschichte des 20. Jahrhunderts*]. Oxford: Polity Press.

(2003), "Gott in Frankreich. Paul Ricoeur als Denker der Vermittlung", *Merkur* 57: 242—6.

(2003), "Max Weber und die Entstehung der Menschenrechte. Eine Studie über kulturelle Innovation", in Gert Albert, Agathe Bienfait, Steffen Siegmund and Claus Wendt (eds.), *Das Weber-Paradigma. Studien zur Weiterentwicklung von Max Webers Forschungsprogramm.* Tübingen: Mohr Siebeck, pp.252—70.

(2007 [2004]), *Do We Need Religion? On the Experience of Self-Transcendence* [*Braucht der Mensch Religion? Über Erfahrungen der Selbsttranszendenz*]. Boulder: Paradigm Publishers.

Joas, Hans and Frank Adloff(2002), "Milieuwandel und Gemeinsinn", in Herfried Münkler and Harald Bluhm(eds.), *Gemeinwohl und Gemeinsinn.* Volume IV: *Zwischen Normativität und Faktizität.* Berlin: Akademie Verlag, pp.153—85.

Joas, Hans and Jens Beckert(2001), "Action Theory", in Jonathan H. Turner(ed.), *Handbook of Sociological Theory.* New York: Kluwer Academic, pp.269—85.

Kalyvas, Andreas(2001), "The Politics of Autonomy and the Challenge of Deliberation: Castoriadis Contra Habermas", *Thesis Eleven* 64: 1—19.

Kessler, Suzanne J. and Wendy McKenna(1978), *Gender: An Ethnomethodological Approach.* Chicago and London: University of Chicago Press.

Kippenberg, Hans G. and Brigitte Luchesi(eds.)(1978), *Magie. Die Sozialwissenschaftliche Kontroverse über das Verstehen fremden Denkens.* Frankfurt am Main: Suhrkamp.

Kitsuse, John I.(1962), "Societal Reaction to Deviant Behavior: Problems of Theory and Method", *Social Problems* 9, 3: 247—56.

Knapp, Gudrun-Axeli(1992), "Macht und Geschlecht. Neuere Entwicklungen in der feministischen Macht- und Herrschaftsdiskussion", in Gudrun-Axeli Knapp and Angelika Wetterer(eds.), *Traditionen Brüche. Entwicklungen feministischer Theorie.* Freiburg: Kore, pp.287—325.

(1997), "Differenz und Dekonstruktion. Anmerkungen zum 'Paradigmenwechsel' in der Frauenforschung", in Gudrun-Axeli Knapp, *Differenz und Integration. Die Zukunft moderner Gesellschaften. Verhand lungen des 28. Kongresses der Deutschen Gesellschaft für Soziologie in Dresden 1996.* Frankfurt am Main and New York: Campus, pp.497—513.

Kneer, Georg and Armin Nassehi(1993), *Niklas Luhmanns Theorie sozialer Systeme.* Munich: Wilhelm Fink.

Knöbl, Wolfgang(2001), *Spielräume der Modernisierung. Das Ende der Eindeutigkeit.* Weilerswist: Velbrück.

(2007), *Die Kontingenz der Moderne. Wege in Europa, Asien und Amerika.* Frankfurt am Main and New York: Campus.

Knorr-Cetina, Karin(1981), *The Manufacture of Knowledge: An Essay on the Constructivist and Contextual Nature of Science.* Oxford: Pergamon.

Kohlberg, Lawrence(1996), "Moral Stages and Moralization", in Lawrence Kohlberg, *The Psychology of*

Moral Development. San Francisco and London: Harper & Row, pp.170—206.

Kuhn, Thomas S.(1962), *The Structure of Scientific Revolutions*. Chicago and London: University of Chicago Press.

Kurzweil, Edith(1980), *The Age of Structuralism: Lévi-Strauss to Foucault*. New York: Columbia University Press.

Kymlicka, Will(1990), *Contemporary Political Philosophy: An Introduction*. Oxford: Clarendon Press.

Lamont, Michèle(1992), *Money, Morals, and Manners: The Culture of the French and the American Upper-Middle Class*. Chicago and London: University of Chicago Press.

Landweer, Hilge(1994), "Generativität und Geschlecht. Ein blinder Fleck in der sex/gender-Debatte", in Th-eresa Wobbe and Gesa Lindemann(eds.), *Denkachsen. Zur theoretischen und institutionellen Rede vom Geschlecht*. Frankfurt am Main: Suhrkamp, pp.147—76.

Larson, Magali Sarfatti(1977), *The Rise of Professionalism: A Sociological Analysis*. Berkeley, Los Angeles and London: University of California Press.

Latour, Bruno (1993 [1991]), *We Have Never Been Modern* [*Nous n'avons jamais été modernes. Essai d'anthropologie symétrique*]. New York and London: Harvester Wheatsheaf.

Leach, Edmund(1989), *Claude Lévi-Strauss*. Chicago: University of Chicago Press.

Lefort, Claude(1988), "Interpreting Revolution within the French Revolution", in Claude Lefort, *Democracy and Political Theory*. Oxford: Polity Press, pp.89—114.

Lemert, Edwin M.(1975), "Das Konzept der sekundären Abweichung", in Friedrich W. Stallberg (ed.), *Abweichung und Kriminalität. Konzeptionen, Kritik, Analysen*. Hamburg: Hoffmann und Campe, pp.33—46.

Lenski, Gerhard(1966), *Power and Privilege: A Theory of Social Stratification*. New York: McGraw-Hill.

Lerner, Daniel(1965 [1958]), *The Passing of Traditional Society: Modernizing the Middle East*. New York: Free Press.

Lévi-Strauss, Claude (1966 [1962]), *The Savage Mind* [*La pensée sauvage*]. London: Weidenfeld & Nicolson.

(1968 [1958]), *Structural Anthropology* [*Anthropologie structurale*]. London: Allen Lane.

(1973 [1955]), *Tristes Tropiques* [*Tristes Tropiques*]. London: Jonathan Cape.

(1977 [1949]), *The Elementary Structures of Kinship* [*Les structures élémentaires de la parenté*]. Boston: Beacon Press.

Lidz, Victor(2000), "Talcott Parsons", in George Ritzer(ed.), *Blackwell Companion to Major Social Theorists*. Oxford: Basil Blackwell, pp.388—431.

Lipset, Seymour Martin(1988 [1959]), *Political Man: The Social Bases of Politics*. Baltimore: Johns Hopkins University Press.

Lockwood, David (1956), "Some Remarks on *The Social System*", *British Journal of Sociology* 7: 134—46.

(1964), "Social Integration and System Integration", in George Zollschan and Walter Hirsch(eds.), *Explorations in Social Change*. London: Routledge, pp.244—57.

(1992), *Solidarity and Schism: "The Problem of Disorder" in Durkheimian and Marxist Sociology*. Oxford: Clarendon Press.

Lorber, Judith(1994), *Paradoxes of Gender*. New Haven and London: Yale University Press.

Luhmann, Niklas(1964), *Funktionen und Folgen formaler Organisation*. Berlin: Duncker & Humblot.

(1970), "Funktionale Methode und Systemtheorie", in Niklas Luhmann, *Soziologische Aufklärung 1. Aufsätze zur Theorie sozialer Systeme*. Opladen: Westdeutscher Verlag, pp.31—53.

(1970), "Funktionen und Kausalität", in Niklas Luhmann, *Soziologische Aufklärung 1. Aufsätze zur Theorie sozialer Systeme*. Opladen: Westdeutscher Verlag, pp.9—30.

(1970), "Soziologie als Theorie sozialer Systeme", in Niklas Luhmann, *Soziologische Aufklärung 1. Aufsätze zur Theorie sozialer Systeme*. Opladen: Westdeutscher Verlag, pp.113—36.

(1970), "Soziologische Aufklärung", in Niklas Luhmann, *Soziologische Aufklärung 1. Aufsätze zur Theorie sozialer Systeme*. Opladen: Westdeutscher Verlag, pp.66—91.

(1972 [1968]), *Zweckbegriff und Systemrationalität. Über die Funktion von Zwecken in sozialen Systemen*. Frankfurt am Main: Suhrkamp.

(1979 [1968]), *Trust and Power* [originally published in German as two separate volumes, *Vertrauen* and *Macht*]. Chichester: Wiley.

(1980), *Gesellschaftsstruktur und Semantik. Studien zur Wissenssoziologie der modernen Gesellschaft*. 4 vols. Frankfurt am Main: Suhrkamp.

(1983 [1969]), *Legitimation durch Verfahren*. Frankfurt am Main: Suhrkamp.

(1986 [1982]), *Love as Passion: The Codification of Intimacy* [*Liebe als Passion. Zur Codierung von Intimität*]. Cambridge: Polity Press.

(1989 [1986]), *Ecological Communication* [*Ökologische Kommunikation. Kann die moderne Gesellschaft sich auf ökologische Gefährdungen einstellen?*]. Cambridge: Polity Press.

(1989), "Politische Steuerung. Ein Diskussionsbeitrag", *Politische Vierteljahresschrift* 31, 1: 4—9.

(1990 [1981]), *Political Theory in the Welfare State* [*Politische Theorie im Wohlfahrtsstaat*]. Berlin: de Gruyter.

(1995 [1984]), *Social Systems* [*Soziale Systeme. Grundriß einer allgemeinen Theorie*]. Stanford, CA: Stanford University Press.

(1997), "Biographie im Interview", in Detlef Horster, *Niklas Luhmann*. Munich: Beck, pp.25—45.

(1997), *Die Gesellschaft der Gesellschaft*. 2 vols. Frankfurt am Main: Suhrkamp.

(2000), *Die Politik der Gesellschaft*. ed. André Kieserling. Frankfurt am Main: Suhrkamp.

Lukács, Georg(1971 [1923]), *History and Class Consciousness: Studies in Marxist Dialectics* [*Geschichte und Klassenbewußtsein*]. London: Merlin Press.

Lynch, Michael, Eric Livingston and Harold Garfinkel(1983), "Temporal Order in Laboratory Work", in Karin Knorr-Cetina and Michael Muller(eds.), *Science Observed: Perspectives on the Social Study of Science*. Beverly Hills and London: Sage, pp.205—38.

Lyotard, Jean-François(1984 [1979]), *The Postmodern Condition: A Report on Knowledge* [*La condition postmoderne*]. Manchester: Manchester University Press.

MacKinnon, Catharine A.(1989), *Toward a Feminist Theory of the State*. Cambridge, MA and London: Harvard University Press.

Maines, David R. (1977), "Social Organization and Social Structure in Symbolic Interactionist Thought", *Annual Review of Sociology* 3: 235—59.

(1982), "In Search of Mesostructure: Studies in the Negotiated Order", *Urban Life* 11, 3: 267—79.

(2001), *The Faultline of Consciousness: A View of Interactionism in Sociology*. New York: Aldine de Gruyter.

Mann, Michael(1986), *The Sources of Social Power*. Cambridge: Cambridge University Press.

Marwell, Gerald and Ruth E. Ames(1981), "Economists Free Ride, Does Anyone Else? Experiments on the Provision of Public Goods, IV", *Journal of Public Economics* 15: 295—310.

Marx, Karl(1970 [1919]), *A Contribution to the Critique of Political Economy*. London: Lawrence & Wishart.

Marx, Werner(1987), *Die Phänomenologie Edmund Husserls. Eine Einführung*. Munich: Fink.

Maurer, Andrea and Michael Schmid(eds.)(2002), *Neuer Institutionalismus. Zur soziologischen Erklärung von Organisation, Moral und Vertrauen*. Frankfurt am Main and New York: Campus.

Mauss, Marcel(1990 [1923/24]), *The Gift: The Form and Reason for Exchange in Archaic Societies* [*Essai sur le don*]. London: Routledge.

Mayer, Hans(1982), *Ein Deutscher auf Widerruf. Erinnerungen*. Volume I. Frankfurt am Main: Suhrkamp.

McCarthy, John and Mayer Zald(1977), "Resource Mobilization and Social Movements: A Partial Theory", *American Journal of Sociology* 82, 6: 1212—41.

McCarthy, Thomas(1978), *The Critical Theory of Jürgen Habermas*. London: Hutchinson.

(1991), *Ideals and Illusions: On Reconstruction and Deconstruction in Contemporary Critical Theory*. Cambridge, MA and London: MIT Press.

McClelland, David(1961), *The Achieving Society*. New York and London: Free Press.

Mehan, Hugh and Houston Wood(1976), "Five Features of Reality", in Jodi O'Brien(ed.), *The Production of Reality*. Thousand Oaks and London: Pine Forge Press, pp.365—80.

Meltzer, Bernard N., John W.Petras and Larry T. Reynolds(1975), *Symbolic Interactionism: Genesis, Varieties and Criticism*. London and Boston: Routledge & Kegan Paul.

Merleau-Ponty, Maurice(1962 [1945]), *Phenomenology of Perception* [*Phénoménologie de la perception*]. London: Routledge.

Merton, Robert K.(1957), "Continuities in the Theory of Reference Groups and Social Structure", in Robert K. Merton, *Social Theory and Social Structure*. Revised and enlarged edition. Glencoe, IL and New York: Free Press, pp.281—386.

Meyer, John W.(1977), "Institutionalized Organizations: Formal Structure as Myth and Ceremony", *American Journal of Sociology* 83, 2: 340—63.

Meyer, John W., John Boli, George M. Thomas and Francisco O. Ramirez(1997), "World Society and the Nation-State", *American Journal of Sociology* 103, 1: 144—81.

Mill, John Stuart(1992 [1863]), "Utilitarianism", in John Stuart Mill, *On Liberty and Utilitarianism*. New York: Alfred A. Knopf, pp.113—72.

Miller, James(1993), *The Passion of Michel Foucault*. New York: Simon & Schuster.

Mills, C. Wright(1956), *The Power Elite*. New York: Oxford University Press.

(1959), *The Sociological Imagination*. New York: Oxford University Press.

(1964), *Sociology and Pragmatism: The Higher Learning in America*. New York: Paine-Whitman Publishers.

Müller, Hans-Peter(1992), *Sozialstruktur und Lebensstile. Der neuere theoretische Diskurs über soziale Ungleichheit*. Frankfurt am Main: Suhrkamp.

Mullins, Nicolas C. and Carolyn J. Mullins(1973), "Symbolic Interactionism: The Loyal Opposition", in Nicolas C. Mullins, *Theories and Theory Groups in Contemporary American Sociology*. New York: Harper & Row, pp.75—104.

Münch, Richard(1984), *Die Struktur der Moderne. Grundmuster und differentielle Gestaltung des institutionellen Aufbaus der modernen Gesellschaften.* Frankfurt am Main: Suhrkamp.

(1986), *Die Kultur der Moderne.* 2 vols. Frankfurt am Main: Suhrkamp.

(1987 [1982]), *Theory of Action: Towards a New Synthesis Going Beyond Parsons* [translation of part of *Theorie des Handelns. Zur Rekonstruktion der Beiträge von Talcott Parsons, Emile Durkheim und Max Weber*]. London: Routledge.

(1988 [1982]), *Understanding Modernity: Toward a New Perspective Going beyond Durkheim and Weber* [translation of part of *Theorie des Handelns. Zur Rekonstruktion der Beiträge von Talcott Parsons, Emile Durkheim und Max Weber*]. London: Routledge.

(2002), "Die Zweite Moderne: Realität oder Fiktion? Kritische Fragen an die 'Theorie reflexiver Modernisierung'", *Kölner Zeitschrift für Soziologie und Sozialpsychologie* 54, 3: 417—43.

Nagl, Ludwig(1992), *Charles Sanders Peirce.* Frankfurt am Main and New York: Campus.

Nagl-Docekal, Herta (2000), *Feministische Philosophie. Ergebnisse, Probleme, Perspektiven.* Frankfurt am Main: Fischer.

Nipperdey, Thomas (1996 [1983]), *Germany from Napoleon to Bismarck 1800—1866* [*Deutsche Geschichte. 1800—1866. Bürgerwelt und starker Staat*]. Dublin: Gill & Macmillan.

North, Douglass C.(1990), *Institutions, Institutional Change and Economic Performance.* Cambridge: Cambridge University Press.

Nunner-Winkler, Gertrud (1991), "Gibt es eine weibliche Moral?", in Gertrud Nunner-Winkler (ed.), *Weibliche Moral. Die Kontroverse um eine geschlechtsspezifische Ethik.* Frankfurt am Main and New York: Campus, pp.147—61.

Nussbaum, Martha C. (1995), "Emotions and Women's Capabilities", in Martha C. Nussbaum and Jonathan Glover (eds.), *Women, Culture and Development.* Oxford: Oxford University Press, pp.360—95.

(1999), "The Professor of Parody: The Hip Defeatism of Judith Butler", *New Republic*, 22 February: 37—45.

Offe, Claus and Helmut Wiesenthal(1980), "Two Logics of Collective Action: Theoretical Notes on Social Class and Organizational Form", *Political Power and Social Theory* 1: 67—115.

Oliver, Pamela E. and Gerald Marwell(1988), "The Paradox of Group Size in Collective Action: A Theory of the Critical Mass. II", *American Sociological Review* 53, 1: 1—8.

(2001), "Whatever Happened to Critical Mass Theory? A Retrospective and Assessment", *Sociological Theory* 19, 3: 292—311.

Olson, Mancur Jr.(1965), *The Logic of Collective Action.* Cambridge, MA: Harvard University Press.

Opp, Karl-Dieter(1994), "Der 'Rational Choice'-Ansatz und die Soziologie sozialer Bewegungen", *Forschungsjournal NSB* 2: 11—26.

(1994), "Repression and Revolutionary Action", *Rationality and Society* 6, 1: 101—38.

Parsons, Talcott(1939), "Actor, Situation and Normative Patterns: An Essay in the Theory of Social Action"(unpublished manuscript).

(1964 [1951]), *The Social System.* New York and London: Free Press.

(1964), "Democracy and Social Structure in Pre-Nazi Germany", in Talcott Parsons, *Essays in Sociological Theory.* New York: Free Press, pp.104—23.

（1964），"The Motivation of Economic Activities"，in Talcott Parsons，*Essays in Sociological Theory*. New York：Free Press，pp.50—68.

（1964），"The Professions and Social Structure"，in Talcott Parsons，*Essays in Sociological Theory*. New York：Free Press，pp.34—49.

（1966），*Societies：Evolutionary and Comparative Perspectives*. Englewood Cliffs，NJ：Prentice-Hall.

（1967），"Full Citizenship for the Negro American?"，in Talcott Parsons，*Sociological Theory and Modern Sociology*. New York：Free Press，pp.422—65.

（1967），"On the Concept of Political Power"，in Talcott Parsons，*Sociological Theory and Modern Society*. New York：Free Press，pp.297—354.

（1968［1937］），*The Structure of Social Action：A Study in Social Theory with Special Reference to a Group of Recent European Writers*. 2 vols. New York and London：Free Press.

（1969），"On the Concept of Influence"，in Talcott Parsons，*Politics and Social Structure*. New York and London：Free Press，pp.405—38.

（1969），"On the Concept of Value-Commitments"，in Talcott Parsons，*Politics and Social Structure*. New York and London：Free Press，pp.439—72.

（1971），*The System of Modern Societies*. Englewood Cliffs，NJ：Prentice-Hall.

（1974），"Comment on Turner，'Parsons as a Symbolic Interactionist'"，*Sociological Inquiry* 45，1：62—5.

（1978），*Action Theory and the Human Condition*. New York and London：Free Press.

Parsons，Talcott and Edward A.Shils（1951），*Toward a General Theory of Action*. Cambridge，MA：Harvard University Press.

Parsons，Talcott and Neil Smelser（1956），*Economy and Society：A Study in the Integration of Economic and Social Theory*. London：Routledge.

Parsons，Talcott，Robert F. Bales and Edward A.Shils（1953），*Working Papers in the Theory of Action*. New York and London：Free Press.

Pauer-Studer，Herlinde（1993），"Moraltheorie und Geschlechterdifferenz. Feministische Ethik im Kontext aktueller Fragestellungen"，in H. Nagl Docekal and H. Pauer-Studer（eds.），*Jenseits der Geschlechtermoral. Beiträge zur feministischen Ethik*. Frankfurt am Main：Fischer，pp.33—68.

Peirce，Charles S.（1934），"The Fixation of Belief"，in Charles Hartshorne and Paul Weiss（eds.），*Collected Papers of Charles Sanders Peirce*. Volume V：*Pragmatism and Pragmaticism*. Cambridge，MA：Harvard University Press，pp.358—87.

（1934），"Some Consequences of Four Incapacities"，in Charles Hartshorne and Paul Weiss（eds.），*Collected Papers of Charles Sanders Peirce*. Volume V：*Pragmatism and Pragmaticism*. Cambridge，MA：Harvard University Press，pp.156—89.

Plummer，Ken（1991），"Introduction：The Foundations of Interactionist Sociologies"，in Ken Plummer（ed.），*Symbolic Interactionism*. Volume I：*Foundations and History*. Aldershot and Brookfield：Edward Elgar Publishing，pp.x—xx.

Pope，Whitney，Jere Cohen and Lawrence E. Hazelrigg（1975），"On the Divergence of Weber and Durkheim：A Critique of Parsons' Convergence Thesis"，*American Sociological Review* 40，4：417—27.

Popper，Karl Raimund（1989），*Logik der Forschung*. Ninth edition. Tübingen：Mohr.

(1992 [1934]), *The Logic of Scientific Discovery* [*Logik der Forschung*]. London: Routledge.

Psathas, George(1976), "Die Untersuchung von Alltagsstrukturen und das ethnomethodologische Paradigma", in Richard Grathoff and Walter Sprondel(eds.), *Alfred Schütz und die Idee des Alltags in den Sozialwissenschaft en*. Stuttgart: Enke, pp.178—95.

Putnam, Hilary(1981), *Reason, Truth and History*. Cambridge: Cambridge University Press.

(1988), *Representation and Reality*. Cambridge, MA and London: MIT Press.

(1992), *Renewing Philosophy*. Cambridge, MA and London: Harvard University Press.

(1995), *Pragmatism: An Open Question*. Oxford: Blackwell.

Raters, Marie-Luise and Marcus Willaschek(2002), "Hilary Putnam und die Tradition des Pragmatismus", in Marie-Luise Raters and Marcus Willaschek(eds.), *Hilary Putnam und die Tradition des Pragmatismus*. Frankfurt am Main: Suhrkamp, pp.9—29.

Rawls, John(1972 [1971]), *A Theory of Justice*. Oxford: Clarendon Press.

Rex, John(1970 [1961]), *Key Problems of Sociological Theory*. London: Routledge.

Reynolds, Larry T. and Nancy J. Herman-Kinney (eds.) (2003), *Handbook of Symbolic Interactionism*. Walnut Creek, CA: Alta Mira Press.

Ricoeur, Paul(1970 [1965]), *Freud and Philosophy: An Essay on Interpretation* [*De l'interpretation. Essai sur Freud*]. New Haven and London: Yale University Press.

(1984f. [1983f.]), *Time and Narrative*. 3 vols. [*Temps et récit*]. Chicago: University of Chicago Press.

(1992 [1990]), *Oneself as Another* [*Soi-même commeunautre*]. Chicago and London: University of Chicago Press.

Rock, Paul(1991), "Symbolic Interaction and Labelling Theory", in Ken Plummer(ed.), *Symbolic Interactionism*. Volume I: *Foundations and History*. Aldershot and Brookfield: Edward Elgar Publishing, pp.227—43.

Rödel, Ulrich(ed.)(1990), *Autonome Gesellschaft und libertäre Demokratie*. Frankfurt am Main: Suhrkamp.

Rorty, Richard(1980), *Philosophy and the Mirror of Nature*. Oxford: Basil Blackwell.

(1989), *Contingency, Irony, and Solidarity*. Cambridge: Cambridge University Press.

(1991), "Solidarity or Objectivity?", in Richard Rorty, *Objectivity, Relativism and Truth*. Cambridge: Cambridge University Press.

(1998), *Achieving Our Country: Leftist Thought in Twentieth-Century America*. Cambridge, MA and London: Harvard University Press.

(1998), *Truth and Progress*. Cambridge: Cambridge University Press.

(1999), "Trotsky and the Wild Orchids", in Richard Rorty, *Philosophy and Social Hope*. London: Penguin, pp.3—20.

(2000), "Is it Desirable to Love Truth?", in Richard Rorty, *Truth, Politics and 'Postmodernism'*. Assen: Van Gorcum, pp.1—22.

Rostow, Walt W. (1971 [1960]), *The Stages of Economic Growth: A Non-Communist Manifesto*. Cambridge: Cambridge University Press.

Rubin, Gayle(1975), "The Traffic in Women: Notes on the 'Political Economy' of Sex", in Rayna R. Reiter (ed.), *Toward an Anthropology of Women*. New York and London: Monthly Review Press, pp.157—210.

Ryan, Alan(1991), 'When It's Rational to be Irrational', *The New York Review of Books*, 10 October:

19—22.

Sacks, Harvey(1972), "Notes on Police Assessment of Moral Character", in David Sudnow(ed.), *Studies in Social Interaction*. Glencoe: Free Press, pp.280—93.

Sandel, Michael J.(1982), *Liberalism and the Limits of Justice*. Cambridge: Cambridge University Press.

(1993), "The Procedural Republic and the Unencumbered Self", in ColinFarrelly(ed.), *Contemporary Political Theory: A Reader*. London: Sage, pp.113—25.

Sartre, Jean-Paul(2003 [1943]), *Being and Nothingness: An Essay on Phenomenological Ontology* [*L'être et le néant. Essai d'ontologie phénoménologique*]. London: Routledge.

Saussure, Ferdinand de(1983 [1915]), *Course in General Linguistics* [*Cours de linguistique générale*]. London: Duckworth.

Scharpf, Fritz W.(1989), "Politische Steuerung und Politische Institutionen", *Politische Vierteljahresschrift* 31, 1: 10—21.

(2000), *Interaktionsformen. Akteurzentrierter Institutionalismus in der Politikforschung*. Opladen: Leske & Budrich.

Schegloff, Emanuel A.(2001), "Accounts of Conduct in Interaction: Interruption, Overlap, and Turn-Taking", in Jonathan H. Turner(ed.), *Handbook of Sociological Theory*. New York: Kluwer Academic, pp.287—321.

Schelling, Thomas C.(1960), *The Strategy of Conflict*. Cambridge, MA: Harvard University Press.

(1978), *Micromotives and Macrobehavior*. New York and London: W. W. Norton & Co.

Schelsky, Helmut(1977 [1975]), *Die Arbeit tun die anderen. Klassenkampf und Priesterherrschaft der Intellektuellen*. Munich: dtv.

(1984 [1957]), *Die skeptische Generation. Eine Soziologie der deutschen Jugend*. Frankfurt am Main, Berlin and Vienna: Ullstein.

Schimank, Uwe(1996), *Theorien gesellschaftlicher Differenzierung*. Opladen: Leske & Budrich.

Schiwy, Günther(1978), *Der französische Strukturalismus*. Reinbek: Rowohlt.

Schluchter, Wolfgang(1981 [1979]), *The Rise of Western Rationalism: Max Weber's Developmental History* [*Die Entwicklung des okzidentalen Rationalismus. Eine Analyse von Max Webers Gesellschaftsgeschichte*]. Berkeley and London: University of California Press.

(1998), *Die Entstehung des modernen Rationalismus. Eine Analyse von Max Webers Entwicklungsgeschichte des Okzidents*. Frankfurt am Main: Suhrkamp.

Schluchter, Wolfgang(ed.)(1981), *Max Webers Studie über das antike Judentum. Interpretation und Kritik*. Frankfurt am Main: Suhrkamp.

(1983), *Max Webers Studie über Konfuzianismus und Taoismus. Interpretation und Kritik*. Frankfurt am Main: Suhrkamp.

(1984), *Max Webers Studie über Hinduismus und Buddhismus. Interpretation und Kritik*. Frankfurt am Main: Suhrkamp.

(1985), *Max Webers Sicht des antiken Christentums. Interpretation und Kritik*. Frankfurt am Main: Suhrkamp.

(1988), *Max Webers Sicht des okzidentalen Christentums. Interpretation und Kritik*. Frankfurt am Main: Suhrkamp.

(1999 [1987]), *Max Weber and Islam. Interpretations and Critiques* [*Max Webers Sicht des Islams. Interpretation und Kritik*]. New Brunswick, NJ: Transaction.

Schröter, Susanne (2002), *FeMale. Über Grenzverläufe zwischen den Geschlechtern.* Frankfurt am Main: Fischer.

Schulze, Gerhard (1992), *Die Erlebnisgesellschaft. Kultursoziologie der Gegenwart.* Frankfurt am Main and New York: Campus.

Schütz, Alfred (1972 [1932]), *The Phenomenology of the Social World* [*Der sinnhafte Aufbau der sozialen Welt. Eine Einleitung in die verstehende Soziologie*]. London: Heinemann.

Schütz, Alfred and Thomas Luckmann (1974/1989 [1979/1984]), *The Structures of the Life-World.* 2 vols. London: Heinemann.

Schwingel, Markus (2000), *Pierre Bourdieu zur Einführung.* Hamburg: Junius.

Scott, Richard W. (1995), *Institutions and Organizations.* Thousand Oaks, London and New Delhi: Sage.

Sebeok, Thomas A. and Jean Umiker-Sebeok (1980), "*You Know My Method*": *A Juxtaposition of Charles S. Peirce and Sherlock Holmes.* Bloomington: Gaslight Publications.

Selznick, Philip (1966 [1949]), *TVA and the Grass Roots: A Study in the Sociology of Formal Organization.* 'With a new preface by the author'. New York: Harper.

(1992), *The Moral Commonwealth: Social Theory and the Promise of Community.* Berkeley, Los Angeles and London: University of California Press.

Shibutani, Tamotsu (1988), "Herbert Blumer's Contribution to Twentieth-Century Sociology", *Symbolic Interaction* 11, 1: 23—31.

Shils, Edward A. (1958), "Tradition and Liberty: Antinomy and Interdependence", *Ethics* 68, 3: 153—65.

(1966), "The Intellectuals in the Political Development of the New States", in Jason L. Finkle and Richard W. Gable (eds.), *Political Development and Social Change.* New York, London and Sydney: John Wiley & Sons, pp.338—65.

(1982), "Center and Periphery", in Edward A. Shils, *The Constitution of Society.* "With a new introduction by the author". Chicago and London: University of Chicago Press, pp.93—109.

(1982), "Charisma, Order, and Status", in Edward A. Shils, *The Constitution of Society.* "With a new introduction by the author". Chicago and London: University of Chicago Press, pp.119—42.

Shils, Edward A. and Morris Janowitz (1948), "Cohesion and Disintegration in the Wehrmacht in World War II", *The Public Opinion Quarterly* 12, 2: 280—315.

Shils, Edward A. and Michael Young (1953), "The Meaning of the Coronation", *Sociological Review* 1, 2: 63—81.

Simmel, Georg (1964 [1908]), *Conflict* [a translation of chapters from *Soziologie. Untersuchungen über die Formen der Vergesellschaftung*]. New York: Free Press.

Simon, Herbert A. (1959), "Theories of Decision-Making in Economics and Behavioral Science", *American Economic Review* 49, 3: 253—83.

Smelser, Neil J. (1960 [1958]), *Social Change in the Industrial Revolution: An Application to the Lancashire Cotton Industry 1770—1840.* London: Routledge & Kegan Paul.

(1962), *Theory of Collective Behavior.* New York and London: Free Press.

(1991), *Social Paralysis and Social Change.* Berkeley: University of California Press.

(1997), *Problematics of Sociology: The Georg Simmel Lectures, 1995.* Berkeley, Los Angeles and London: University of California Press.

Snow, David A. and Phillip W. Davis(1995), "The Chicago Approach to Collective Behavior", in Gary Alan Fine(ed.), *A Second Chicago School? The Development of a Postwar American Sociology*. Chicago and London: University of Chicago Press, pp.188—220.

Sofsky, Wolfgang(1997 [1993]), *The Order of Terror: The Concentration Camp* [*Die Ordnung des Terrors. Das Konzentrationslager*]. Princeton and Chichester: Princeton University Press.

Srubar, Ilia(1988), *Kosmion. Die Genese der pragmatischen Lebenswelttheorie von Alfred Schütz und ihr anthropologischer Hintergrund*. Frankfurt am Main: Suhrkamp.

Stichweh, Rudolf(1991), *Der frühmoderne Staat und die europäische Universität. Zur Interaktion von Politik und Erziehungssystem im Prozeß ihrer Ausdifferenzierung* (16.—18. *Jahrhundert*). Frankfurt am Main: Suhrkamp.

(1994), *Wissenschaft, Universität, Professionen. Soziologische Analysen*. Frankfurt am Main: Suhrkamp.

(2000), *Die Weltgesellschaft. Soziologische Analysen*. Frankfurt am Main: Suhrkamp.

Strauss, Anselm(1977 [1959]), *Mirrors and Masks: The Search for Identity*. London: Martin Robertson.

(1978), *Negotiations: Varieties, Contexts, Processes, and Social Order*. San Francisco, Washington and London: Jossey-Bass Publications.

(1982), "Interorganizational Negotiation", *Urban Life* 11, 3: 349—67.

(1993), *Continual Permutations of Action*. New York: Aldine de Gruyter.

Stryker, Sheldon(1987), "The Vitalization of Symbolic Interactionism", *Social Psychology Quarterly* 50, 1: 83—94.

Taylor, Charles(1975), *Hegel*. Cambridge: Cambridge University Press.

(1985), "Legitimation Crisis?" in Charles Taylor, *Philosophy and the Human Sciences: Philosophical Papers 2*. Cambridge: Cambridge University Press, pp.248—88.

(1985), *Philosophy and the Human Sciences: Philosophical Papers 2*. Cambridge: Cambridge University Press.

(1989), *Sources of the Self: The Making of the Modern Identity*. Cambridge, MA: Harvard University Press.

Therborn, Göran(1992), "The Right to Vote and the Four World Routes to/through Modernity", in Rolf Torstendahl(ed.), *State Theory and State History*. London, Newbury Park and New Delhi: Sage, pp.62—92.

(1995), *European Modernity and Beyond: The Trajectory of European Societies, 1945—2000*. London: Sage.

Thomas, George M. and John W. Meyer(1984), "The Expansion of the State", *Annual Review of Sociology* 10: 461—82.

Tompson, Edward P.(1963), *The Making of the English Working Class*. London: Victor Gollancz.

Tilly, Charles(2003), *The Politics of Collective Violence*. Cambridge: Cambridge University Press.

Tiryakian, Edward A.(1991), "Modernization: Exhumetur in Pace(Rethinking Macrosociology in the 1990s)", *International Sociology* 6, 2: 165—80.

Tocqueville, Alexis de(2003 [1835/1840]) *Democracy in America* [*De la démocratie en Amérique*]. London: Penguin.

Toulmin, Stephen(1990), *Cosmopolis: The Hidden Agenda of Modernity*. New York: Free Press.

Touraine, Alain(1965), *Sociologie de l'action*. Paris: Éditions du Seuil.

(1974 [1969]), *The Post-Industrial Society* [*La société post-industrielle*]. London: Wildwood House.

(1977), *The Self-Production of Society*. Chicago and London: University of Chicago Press.

(1981 [1978]), *The Voice and the Eye* [*La voix et le regard*]. Cambridge: Cambridge University Press.

(1992) , "La théorie sociologique entre l'acteur et les structures", *Schweizerische Zeitschrift für Soziologie ⁄ Revue suisse de sociologie* 18, 3: 533—5.

(1995 [1992]) , *Critique of Modernity* [*Critique de la modernité*]. Oxford: Blackwell.

(1997 [1994]) , *What is Democracy?* [*Qu'est-ce que la démocratie?*]. Boulder: Westview Press.

(2000 [1997]) , *Can We Live Together? Equality and Difference* [*Pourrons-nous vivre ensemble? Égaux et différents*]. Oxford: Polity Press.

Tugendhat, Ernst(1982 [1976]) , *Traditional and Analytical Philosophy: Lectures on the Philosophy of Language* [*Vorlesungen zur Einführung in die sprachanalytische Philosophie*]. Cambridge: Cambridge University Press.

Turner, Jonathan H.(1974) , "Parsons as a Symbolic Interactionist: A Comparison of Action and Interaction Theory", *Sociological Inquiry* 44, 4: 283—94.

(1998) , *The Structure of Sociological Theory*. Sixth edition. Belmont: Wadsworth Publishing Company.

Turner, Ralph(1962) , "Role-Taking: Process versus Conformity", in A. Rose(ed.) , *Human Behavior and Social Processes: An Interactionist Approach*. London: Routledge & Kegan Paul, pp.20—40.

(1970) , *Family Interaction*. New York and London: John Wiley & Sons.

Turner, Ralph and Lewis M. Killian(1972) , *Collective Behavior*. Second edition. Englewood Cliffs, NJ: Prentice Hall.

Turner, Stephen(1999) , "The Significance of Shils", *Sociological Theory* 17, 2: 125—45.

(2003) , "The Maturity of Social Theory", in Charles Camic and Hans Joas(eds.) , *The Dialogical Turn*. Lanham, MD: Rowman & Littlefield, pp.141—70.

Van der Linden, Marcel(1997) , "Socialisme ou Barbarie: A French Revolutionary Group (1949—65)", *Left History* 5, 1: 7—37.

Wagner, Helmut R.(1983) , *Alfred Schütz: An Intellectual Biography*. Chicago and London: University of Chicago Press.

Wagner, Peter(1993) , "Die Soziologie der Genese sozialer Institutionen—Theoretische Perspektiven der 'neuen Sozialwissenschaften' in Frankreich", *Zeitschrift für Soziologie* 22, 6: 464—76.

(1994 [1995]) , *A Sociology of Modernity: Liberty and Discipline* [*Soziologie der Moderne. Freiheit und Disziplin*]. London: Routledge.

(2001) , *Theorizing Modernity: Inescapability and Attainability in Social Theory*. London, Thousand Oaks and New Delhi: Sage.

Walby, Sylvia(1990) , *Theorizing Patriarchy*. Oxford: Basil Blackwell.

Wallerstein, Immanuel(1974 f.) , *The Modern World-System*. 3 vols. New York: Academic Press.

(1983) , *Historical Capitalism*. London: Verso.

Warner, Stephen R.(1978) , "Toward a Redefinition of Action Theory: Paying the Cognitive Element Its Due", *American Journal of Sociology* 83, 6: 1317—67.

Weber, Max (1975 [1908]) , "Marginal Utility Theory and the So-called Law of Psychophysics" ["Die Grenznutzlehre und das 'psychophysische Grundgesetz'"] , *Social Science Quarterly* 56: 21—36.

(1979) , *Economy and Society: An Outline of Interpretive Sociology* [*Wirtschaft und Gesellschaft. Grundriß der verstehenden Soziologie*]. Berkeley and London: University of California Press.

Weingarten, Elmar and Fritz Sack (1976) , "Ethnomethodologie. Die methodische Konstruktion der Realität", in Elmar Weingarten, Fritz Sack and Jim Schenkein(eds.) , *Ethnomethodologie. Beiträge zu einer Soziologie des Alltagshandelns*. Frankfurt am Main: Suhrkamp, pp.7—26.

Welsch, Wolfgang(2002), *Unsere postmoderne Moderne*. Berlin: Akademie Verlag.

Wenzel, Harald(1990), *Die Ordnung des Handelns. Talcott Parsons' Theorie des allgemeinen Handlungssystems*. Frankfurt am Main: Suhrkamp.

(1993), "Einleitung: Neofunktionalismus und theoretisches Dilemma", in Jeffrey C. Alexander, *Soziale Differenzierung und kultureller Wandel*, ed. Harald Wenzel. Frankfurt am Main and New York: Campus, pp.7—30.

(2001), *Die Abenteuer der Kommunikation. Echtzeitmassenmedien und der Handlungsraum der Hochmoderne*. Weilerswist: Velbrück.

West, Candace and Don H. Zimmerman(1987), "Doing Gender", *Gender & Society* 1, 2: 125—51.

Wieder, D. Lawrence and Don H. Zimmermann(1976), "Regeln im Erklärungsprozeß. Wissenschaftliche und ethnowissenschaftliche Soziologie", in Elmar Weingarten, Fritz Sack and Jim Schenkein(eds.), *Ethnomethodologie. Beiträge zu einer Soziologie des Alltagshandelns*. Frankfurt am Main: Suhrkamp, pp.105—29.

Wiesenthal, Helmut(1987), "Rational Choice. Ein Überblick über Grundlinien, Theoriefelder und neuere Themenakquisition eines sozialwissenschaftlichen Paradigmas", *Zeitschrift für Soziologie* 16, 6: 434—49.

Wieviorka, Michel(1993 [1988]), *The Making of Terrorism* [*Sociétés et terrorisme*]. Chicago and London: University of Chicago Press.

(2004), *La violence*. Paris: Ballard.

(2007), *The Lure of Anti-Semitism: Hatred of Jews in Present-Day France*. Leiden: Brill.

Wieviorka, Michel(ed.)(1992), *La France raciste*. Paris: Éditions du Seuil.

Wiggershaus, Rolf(1994 [1988]), *The Frankfurt School: Its History, Theories and Political Significance* [*Die Frankfurter Schule. Geschichte-Theoretische Entwicklung-Politische Bedeutung*]. Cambridge: Polity Press.

Willke, Helmut(1987), *Systemtheorie. Eine Einführung in die Grundprobleme*. Stuttgart and New York: Gustav Fischer Verlag.

(1992), *Ironie des Staates. Grundlinien einer Staatstheorie polyzentrischer Gesellschaft*. Frankfurt am Main: Suhrkamp.

(1995), *Systemtheorie III: Steuerungstheorie. Grundzüge einer Theorie der Steuerung komplexer Sozialsysteme*. Stuttgart and Jena: Gustav Fischer Verlag.

(1997), *Supervision des Staates*. Frankfurt am Main: Suhrkamp.

Wilson, R. Jackson(1968), *In Quest of Community: Social Philosophy in the United States, 1860—1920*. New York, London, Sidney and Toronto: John Wiley & Sons.

Wolfe, Alan(1998), "The Missing Pragmatist Revival in American Social Science", in Morris Dickstein (ed.), *The Revival of Pragmatism*. Durham, NC: Duke University Press, pp.199—206.

Zald, Mayer N. and John D. McCarthy(1987), *Social Movements in an Organizational Society: Collected Essays*. New Brunswick, NJ and Oxford: Transaction Books.

(2002), 'The Resource Mobilization Research Program: Progress, Challenge, and Transformation', in Joseph Berger and Morris Zelditch, Jr.(eds.), *New Directions in Contemporary Sociological Theory*. Lanham, MD: Rowman & Littlefield, pp.147—171.

Zapf, Wolfgang(1996), "Die Modernisierungstheorie und unterschiedliche Pfade der gesellschaftlichen Entwicklung", *Leviathan* 24, 1: 63—77.

专有名词索引

（术语后的数字为原书页码，即本书边码）

人名索引

（人名后的数字为原书页码，即本书边码）

图书在版编目(CIP)数据

社会理论二十讲/(德)汉斯·约阿斯(Hans Joas),
(德)沃尔夫冈·克诺伯著;郑作彧译.—上海:上海
人民出版社,2021
ISBN 978－7－208－17141－1

Ⅰ.①社… Ⅱ.①汉… ②沃… ③郑… Ⅲ.①社会学
Ⅳ.①C91

中国版本图书馆 CIP 数据核字(2021)第 101285 号

责任编辑 毛衍沁 于力平
封面设计 COMPUS·道辙

社会理论二十讲
［德］汉斯·约阿斯
　　　　　　　　　　著
［德］沃尔夫冈·克诺伯
郑作彧 译

出　　版　上海人民出版社
　　　　　　(201101　上海市闵行区号景路 159 弄 C 座)
发　　行　上海人民出版社发行中心
印　　刷　上海商务联西印刷有限公司
开　　本　787×1092　1/16
印　　张　34.75
插　　页　2
字　　数　671,000
版　　次　2021 年 9 月第 1 版
印　　次　2022 年 6 月第 4 次印刷
ISBN 978－7－208－17141－1/C·634
定　　价　128.00 元